Klassiker der Philosophie
Zweiter Band

KLASSIKER DER PHILOSOPHIE

ZWEITER BAND

VON IMMANUEL KANT

BIS JEAN-PAUL SARTRE

*Herausgegeben von
Otfried Höffe*

Zweite, verbesserte Auflage

VERLAG C.H. BECK MÜNCHEN

Mit 23 Porträtabbildungen

CIP-Kurztitelaufnahme der Deutschen Bibliothek

Klassiker der Philosophie / hrsg. von Otfried Höffe. –
München : Beck
NE: Höffe, Otfried [Hrsg.]
Bd. 2. Von Immanuel Kant bis Jean-Paul Sartre.
– 1981. 2., verbesserte A. 1985.
ISBN 3 406 30849 X

ISBN 3 406 30849 X

2., verbesserte Auflage. 1985
© C. H. Beck'sche Verlagsbuchhandlung (Oscar Beck), München 1981
Satz: C. H. Beck'sche Buchdruckerei , Nördlingen
Druck und Bindung: May & Co., Darmstadt
Printed in Germany

INHALT

Otfried Höffe: Immanuel Kant (1724–1804) 7
Ludwig Siep: Johann Gottlieb Fichte (1762–1814) 40
Hans Friedrich Fulda: Georg Wilhelm Friedrich Hegel (1770–1831) 62
Hermann Braun: Friedrich Wilhelm Joseph Schelling (1775–1854) 93
Wolfgang Breidert: Arthur Schopenhauer (1788–1860) 115
Dieter Birnbacher: John Stuart Mill (1806–1873) 132
Annemarie Pieper: Sören Kierkegaard (1813–1855) 153
Ernst Michael Lange: Karl Marx (1818–1883) 168
Hans Ineichen: Wilhelm Dilthey (1833–1911) 187
Josef Simon: Friedrich Nietzsche (1844–1900) 203
Ekkehard Martens: Amerikanische Pragmatisten 225
    Charles Sanders Peirce (1839–1914) 228
    William James (1842–1910) 237
    John Dewey (1859–1952) 242
Günther Patzig: Gottlob Frege (1848–1925) 251
Klaus Held: Edmund Husserl (1859–1938) 274
Günther Pflug: Henri Bergson (1859–1941) 298
Erich Fries: Bertrand Russell (1872–1970) 315
Mark Helme: Ludwig Wittgenstein (1889–1951) 340
Gerd Haeffner: Martin Heidegger (1889–1976) 361
Wilhelm K. Essler: Rudolf Carnap (1891–1970) 385
Rolf Wiggershaus: Max Horkheimer (1895–1973)
    Theodor W. Adorno (1903–1969) 409
Martin Meyer: Jean-Paul Sartre (1905–1980) 433

Bibliographien 453
Anmerkungen 513
Personenregister 525
Sachregister 540
Abbildungsverzeichnis 552
Die Autoren 553

Otfried Höffe

IMMANUEL KANT

(1724–1804)

Die Philosophie Immanuel Kants bedeutet den intellektuellen Höhepunkt und zugleich eine Wende der europäischen Aufklärung. „Sapere aude! Habe Mut, dich deines *eigenen* Verstandes zu bedienen!« – dieser Wahlspruch der Epoche wird von Kant aufgenommen (*Was ist Aufklärung?* 1. Abs.) und ins Prinzipielle gewendet. Durch den Entschluß zum Selbstdenken befreit sich die Vernunft aus der Bevormundung durch gesellschaftliche Kräfte und dogmatische Philosophie, um ihren eigentümlichen Grund, die Freiheit als Autonomie, zu entdecken. Zugleich wird der naive Optimismus und Fortschrittsglaube der Aufklärung, der schon durch Rousseaus *Ersten Diskurs* (1750), aber auch durch das „sinnlose" Erdbeben von Lissabon (1755) erschüttert worden war, ebenso grundsätzlich zurückgenommen. Im Ausgang von einem innerphilosophischen Problem stößt Kant nicht nur zu den Ursprüngen, sondern auch zu den Schranken reiner Vernunft, der theoretischen wie der praktischen Vernunft, vor.

Vom neuzeitlichen Fortschritt der Naturwissenschaften (Galilei, Newton) sowie der noch älteren Entwicklung der Logik und Mathematik tief beeindruckt, betrachtet Kant den fortdauernden Streit in der Fundamentalphilosophie (die traditionell Metaphysik heißt) als einen Skandal. Deshalb stellt er die metaphysische Untersuchung transzendenter Gegenstände wie zum Beispiel Gott, Freiheit und Unsterblichkeit zuerst einmal zurück. Er setzt eine Stufe radikaler an und fragt, ob die Fundamentalphilosophie, die Metaphysik, überhaupt als Wissenschaft möglich sei. Vor der Aufgabe, die Gegenstände der natürlichen und der sozialen Welt aus ihren Gründen zu erforschen, erhält die Philosophie erneut jenen Auftrag, den sie seit ihren Anfängen bei den Griechen immer wieder anerkennt; sie erhält den Auftrag, erst die Bedingungen der Möglichkeit von Philosophie zu ergründen; sie wandelt sich wieder zu einer „Theorie von Philosophie".

Auf die erneuerte Frage antwortet Kant mit einer neuen Denkweise (Methode), der transzendentalen Vernunftkritik. Mit seiner Diskussion der Leistungsfähigkeit der Vernunft begründet Kant ein autonomes Philosophieren und zugleich dessen prinzipielle Grenze. Wer mit Mendelssohn in Kant nur den ‚Alleszermalmer der Metaphysik' sieht, ist daher ebenso einseitig wie jener, der bei ihm bloß den Ursprung einer neuen Metaphysik, der Metaphysik der Natur und der Sitten (Moral), erkennt.

Die Frage nach der Möglichkeit einer wissenschaftlichen Philosophie wird im Durchgang durch eine Untersuchung der Bedingungen der Möglichkeit von Erkennen und sittlichem Handeln, dann auch von ästhetischen und teleologischen Urteilen beantwortet. So verbindet sich die ,,Theorie der Philosophie" mit einer Theorie grundlegender Sachprobleme. In Analysen von beispielgebender Originalität und begrifflicher Schärfe klärt Kant, wie trotz der Endlichkeit (Rezeptivität und Sinnlichkeit) des Menschen die Allgemeingültigkeit und Notwendigkeit seines Wissens und seines sittlichen Handelns möglich sei. Den Angelpunkt bildet die epochale Entdeckung, daß für die Mathematik und die Naturwissenschaft ebenso wie für das sittliche Handeln apriorische Elemente konstitutiv sind.

Mit seiner transzendentalphilosophischen Grundlagendiskussion will Kant alle bisherige Art des Denkens revolutionieren und die Philosophie zum ersten Mal auf ein wirklich sicheres, nämlich auf ein vernunftkritisches Fundament stellen. Und in der Tat gilt: Auch wer Kant nicht immer folgt, kann nicht bestreiten, daß seit ihm die philosophische Szene, daß Erkenntnis- und Gegenstandstheorie, Moralphilosophie und Rechtsbegründung, aber auch Geschichts- und Religionsphilosophie grundlegend verändert sind.

Die Schlüsselbegriffe der Kantischen Philosophie: Vernunft und Freiheit, sind zugleich die entscheidenden Stichworte des ,,Zeitalters der Französischen Revolution" (etwa 1770–1815). So ist Kant nicht bloß einer der herausragenden Klassiker der Philosophie. Er ist zugleich einer der wichtigsten Vertreter jener Epoche, die Jaspers' Titel ,,Achsenzeit" verdient und die bis heute unser Denken und unsere Lebenswelt wesentlich bestimmt.

I. Leben und philosophische Entwicklung

Unter den großen Philosophen der Neuzeit ist Kant der erste, der seinen Lebensunterhalt als professioneller Lehrer seines Faches verdient. Anders als die meisten Vertreter der englischen und der französischen Aufklärung hat er das zwar arbeitsreiche, an äußeren Ereignissen aber arme Leben eines Gelehrten geführt. Über die nähere Umgebung von Königsberg ist Kant nie hinausgelangt; seine ungewöhnliche Weltkenntnis verdankt er der Lektüre, dem Gespräch und der Einbildungskraft.

Immanuel Kant wird am 22. April 1724 als viertes von neun Kindern eines einfachen Riemermeisters in Königsberg geboren, der wirtschaftlich aufblühenden Hauptstadt von Ostpreußen mit ihrem internationalen Handelshafen. Kants im Zusammenhang mit Hume gern vorgebrachte Meinung, sein Großvater sei aus Schottland eingewandert, wird durch die Archivdaten nicht bestätigt. Der junge Immanuel besucht die Vorstädter Hospitalschule (1730–32), dann das streng pietistische Friedrichskollegium (1732–40). Wegen der Armut der Familie ist er auf die Unterstützung durch Freunde, namentlich durch den Kollegiumsdirektor und Theologieprofessor F. A. Schultz angewiesen. Am Kollegium erhält Kant vor allem eine gründliche Kenntnis der alten Sprachen. Die Mutter, die von ihrem Sohn wegen ,,natürlichen Verstandes und echter Religiosität" verehrt wird, stirbt schon 1737.

Mit Hilfe von Privatstunden studiert Kant 1740–46 an der Königsberger Universität Mathematik und Naturwissenschaften, Theologie und Philosophie. Besonderen Einfluß gewinnt der Professor für Logik und Metaphysik Martin Knutzen (1713–51), ein Schüler des bedeutenden deutschen Aufklärers Christian Wolff (1679–1754). Durch Knutzen wird Kant auf die von Wolff und seinem Schüler Alexander Gottlieb Baumgarten (1714–62) entwickelte Schulmetaphysik auf der Grundlage Leibnizscher Philosophie, aber auch auf die Naturwissenschaften hingewiesen. Namentlich die Physik Newtons (1643–1725) ist für Kant seitdem das Muster strenger Wissenschaft.

Nach dem Tod des Vaters verläßt Kant die Universität und verdient seinen Lebensunterhalt – wie damals für unbemittelte Gelehrte üblich – als Hauslehrer bei verschiedenen Adelsfamilien. In dieser Zeit (1746–55) eignet sich Kant nicht nur weltmännische Gewandtheit an, sondern führt auch seine philosophisch-naturwissenschaftlichen Studien fort. Seine Erstlingsschrift *Gedanken von der wahren Schätzung der lebendigen Kräfte* (1746, erschienen 1749) ist allerdings der noch etwas hochgegriffene Versuch, im Streit um die Berechnung der Kraft (K) zwischen Cartesianern (K = m · v) und Leibnizianern (K = m·v^2) zu vermitteln. Die schon 1743 von D'Alembert veröffentlichte richtige Lösung (K = ½ m·v^2) bleibt unbeachtet.

1755 promoviert Kant in Königsberg mit einer Arbeit über das Feuer *Meditationum quarundam de igne succincta delineatio*. Im gleichen Jahr habilitiert er sich mit der Abhandlung *Principiorum primorum cognitionis metaphysicae nova dilucidatio* (Neue Erhellung der ersten Grundsätze der metaphysischen Erkenntnis). Schon hier wendet sich Kant gegen die Wolffsche Schulmetaphysik. Er diskutiert das Verhältnis von Leibniz' Realprinzip des zureichenden Grundes zu den logischen Prinzipien der Einheit und des Widerspruchs. Mit dem eigenständigen Leibniz-Schüler und Wolff-Kritiker Christian August Crusius (1715–75) hält Kant Wolffs Versuch für gescheitert, das Realprinzip den logischen Prinzipien unterzuordnen, und bestreitet damit, daß sich alle Grundsätze der Erkenntnis letztlich auf ein einziges gemeinsames Prinzip zurückführen lassen. Von seiner späteren These über die synthetische Natur jeder Wirklichkeitserkenntnis ist er allerdings noch weit entfernt.

Weniger metaphysisch als naturwissenschaftlich bedeutsam ist die im selben Jahr (1755) anonym erscheinende *Allgemeine Naturgeschichte und Theorie des Himmels*. Auf der Grundlage der Galileisch-Newtonschen Physik skizziert Kant eine rein mechanische Theorie der Entstehung des Planetensystems und des ganzen Kosmos. Wichtige Teile, besonders die Theorie der Saturnringe und der Nebelsterne, werden später durch Beobachtungen des Astronomen Herschel (1738–1822) bestätigt. Mit einigen Veränderungen durch Laplace (1749–1827) wird Kants Kosmogonie als Kant-Laplacesche Theorie lange Zeit eine wichtige Diskussionsgrundlage der Astronomie bilden.

Auch sonst befaßt sich Kant in diesen Jahren vor allem mit naturwissenschaftlichen Fragen; eine strenge Trennung zwischen empirischer und philosophischer Naturerkenntnis besteht in dieser Zeit ohnehin nicht: Der Philosoph schreibt über Vulkane, über physische Geographie und das Erdbeben von Lissabon. Bedeutsam sind vor allem die modern anmutende Definition der kleinsten Teilchen als ,,raumerfüllender Kraft" (*Monadologia physica*, 1756), die Erklärung über die Entstehung der Passat- und Monsunwinde (*Neue Anmerkungen zur Erläuterung der Theorie der Winde*, 1756), schließlich jene Idee einer von der bloß klassifizierenden Naturbeschreibung abrückenden ,,Geschichte" der Natur (neben der *Allgemeinen Naturgeschichte* auch *Von den verschiedenen Rassen der Menschen,* 1775), die als Geschichte der Veränderung der Erdgestalt sowie der Evolution der Pflanzen und Tiere (vgl. Darwin) im 19. Jahrhundert allgemeine Anerkennung findet.

Von seiner Habilitation an übt Kant für mehr als 40 Jahre eine beliebte, zum eigenen Mitdenken auffordernde, aber auch zeitraubende Lehrtätigkeit aus (teilweise mehr als 20 Wochenstunden). Zu den Hörern gehört auch Johann Gottfried Herder (1744–1803). Zuerst ist Kant als Privatdozent ausschließlich auf die Kolleggelder angewiesen; ab 1766 erhält er zusätzlich das bescheidene Einkommen eines Unterbibliothekars der königlichen Schloßbibliothek. Erst 1770 wird er ordentlicher Professor für Metaphysik und Logik, für Disziplinen, die er gemäß den Universitätsregeln auf der Grundlage von Lehrbüchern doziert. Kant liest auch über mathematische Physik, über Geographie und Anthropologie, über philosophische Theologie, Moral und Naturrecht, selbst über Festungsbau und Feuerwerkerei. Er ist mehrmals Dekan seiner Fakultät und in den beiden Sommersemestern 1786 und 1788 Rektor der Universität.

In den Jahren 1757–61 erscheint keine Schrift von Bedeutung. Dann betritt Kant den ,,Kampfplatz der Metaphysik" mit ihren Teildisziplinen der sogenannten rationalen Psychologie, der transzendentalen Kosmologie und der natürlichen Theologie. Allerdings betritt er den Kampfplatz nicht mit der Absicht, ein noch größeres und prächtigeres metaphysisches Denkgebäude zu errichten. Angesichts der bestehenden und für eine Wissenschaft skandalösen Streitigkeiten zwischen den verschiedenen Schulen verfolgt er das propädeutische Ziel, zuallererst das Gelände für ein solches Denkgebäude zu erforschen.

Kant bestreitet, daß die Logik unsere Erkenntnis wirklich erweitern könne (*Die falsche Spitzfindigkeit der vier syllogistischen Figuren erwiesen,* 1762, Akademieausgabe [= AA] Bd. II. S. 57). Er legt Wert auf den Unterschied zwischen einem Realgegensatz und einem logischen Widerspruch (*Versuch den Begriff der negativen Größen in die Weltweisheit einzuführen,* 1763). Die Prüfung der Gottesbeweise fällt noch nicht so negativ wie in der kritischen Periode seines Denkens aus; wenn Kant auch drei Gottesbeweise verwirft und die Cartesianische Form des vierten, ontologischen Beweises ablehnt, billigt er einer anderen Version all jene Schärfe zu, ,,die man in einer Demonstration fordert" (*Der einzig mögliche Beweisgrund zu einer Demonstration des Daseins Gottes,* 1763, AA Bd. II, S. 161). In der mit dem zweiten Preis der Berliner Akademie der

Wissenschaften gekrönten *Untersuchung über die Deutlichkeit der Grundsätze der natürlichen Theologie und der Moral* (1764) fordert Kant nicht bloß für die ersten Gründe der natürlichen Theologie, sondern auch für die der Sittlichkeit den größten Grad philosophischer Evidenz. Freilich müsse ,,noch allererst ausgemacht werden, ob lediglich das Erkenntnisvermögen oder das Gefühl (der erste, innere Grund des Begehrungsvermögens) die ersten Grundsätze dazu entscheide" (AA Bd. II, S. 300).

In *Träume eines Geistersehers erläutert durch Träume der Metaphysik* (1766) zeigt Kant am Beispiel des schwedischen Theosophen und Geistersehers Emmanuel Swedenborg (1688–1772), wie man – sobald man nur den sicheren Boden der Erfahrung verlasse – auf streng logische Weise zu den seltsamsten Sätzen und Systemen gelangen könne. Hier nimmt Kant von der (Leibniz-Wolffschen) Schulmetaphysik endgültig Abschied. Er bestimmt die Metaphysik nicht mehr als ein Vernunftsystem, sondern als ,,eine Wissenschaft von den Grenzen der menschlichen Vernunft" (ebd., S. 368), ohne freilich die Grenzen schon angeben zu können; sie zu bestimmen, ist fortan seine Hauptaufgabe. In diesem Zusammenhang stößt Kant auf die neuere britische Erkenntnistheorie, vor allem auf Hume, von dem er später sagt, daß er ,,zuerst den dogmatischen Schlummer unterbrach und meinen Untersuchungen im Felde der spekulativen Philosophie eine ganz andre Richtung gab" (AA Bd. IV, S. 260). Kant läßt sich von Humes Kritik an der dogmatischen Metaphysik überzeugen; doch erkennt er die empiristisch-skeptischen Folgerungen nicht an. Nach Hume entspringt das Kausalitätsprinzip der Gewohnheit, nach Kant dem reinen Verstand.

Einen wichtigen Schritt auf dem Weg zur kritischen Philosophie stellt die Dissertation zum Antritt seiner Professur dar: *De mundi sensibilis atque intelligibilis forma et principiis* (Von der Form der Sinnen- und Verstandeswelt und ihren Gründen, 1770). Um die Metaphysik durch ein neues wissenschaftlich gesichertes Fundament aus ihrer Sackgasse herauszuführen, unterscheidet Kant zwischen zwei Erkenntnisarten, der sinnlichen und der Verstandeserkenntnis. Auch hebt er die Gesetze der Vernunft von den Prinzipien a priori der sinnlichen Erkenntnis, Raum und Zeit, ab. Damit verfügt er über eine wichtige Voraussetzung seiner Transzendentalphilosophie. Doch erst nach einer elfjährigen Publikationspause erscheint das von Freunden und Kollegen dringend erwartete erste Hauptwerk *Kritik der reinen Vernunft* (1781, in stark veränderter zweiter Auflage: 1787). Der tüchtige akademische Lehrer und geschätzte philosophische Forscher erweist sich jetzt, im Alter von 57 Jahren, als philosophisches Genie. Kant wird über die Grenzen Deutschlands hinaus berühmt; er erhält zahlreiche Ehrungen und wird 1786 Mitglied der Berliner, 1794 der Petersburger und 1798 der Sieneser Akademie der Wissenschaften.

Nach dem ersten Hauptwerk erscheinen in rascher Folge eine Fülle weiterer Schriften. In den *Prolegomena zu einer jeden künftigen Metaphysik, die als Wissenschaft wird auftreten können* (1783) gibt Kant – durch grundlegende Mißverständnisse provoziert – in ,,analytischer Methode" im Unterschied zur ,,synthetischen Lehrart" der ersten Kritik eine Übersicht über seine Theorie. Dann folgen die Grundschrift zur Geschichtsphilosophie *Idee zu einer allgemeinen Geschichte in weltbürgerlicher Absicht* (1784) und das erste Hauptwerk zur Moralphilosophie, die *Grundlegung zur Metaphysik der Sitten* (1785). Genau 100 Jahre nach Newtons epochemachendem Werk *Philosophiae Naturalis Principia Mathematica* und in offensichtlicher Anspielung auf den berühmten Titel erscheinen 1786 *Metaphysische Anfangsgründe der Naturwissenschaft* mit dem Versuch, den Bereich apriorischer Grundsätze der Physik näher zu bestimmen. Es folgen die zweite Hauptschrift zur Moralphilosophie, die *Kritik der praktischen Vernunft* (1788), die dritte Kritik, die *Kritik der Urteilskraft* (1790), und schließlich *Die Religion innerhalb der Grenzen der bloßen Vernunft* (1793), durch die Kant in Konflikt mit der wieder enger gewordenen Preußischen Zensur gerät.

Kants Leben fällt zuerst in die Regierungszeit der preußischen Könige Friedrich Wilhelm I., des Soldatenkönigs (1713–40), und Friedrich II., des Großen (1740–86). Unter diesen beiden exemplarischen Vertretern des aufgeklärten Absolutismus wird durch eine Art von „Revolution von oben" der absolutistische Wohlfahrts- und Obrigkeitsstaat mit seinem starken Heer, aber auch seiner merkantilistischen Wirtschaftspolitik, mit moderner Bürokratie, strengem Steuersystem und geordnetem Rechtswesen eingeführt. Durch Verzicht der beiden Könige auf Kabinettsjustiz und durch die grundsätzliche Anerkennung einer unabhängigen Rechtsprechung, durch eine Milderung der Strafjustiz und Abschaffung der Folter, durch staatliche Prüfung und Besoldung der Juristen, durch einheitliche Rechtsinstanzen, durch Prozeß-, Straf- und Gefängnisordnungen wandelt sich Preußen vom Polizei- zum Rechtsstaat und wird zu einem der fortschrittlichsten Gemeinwesen der Zeit. Allerdings bleiben – was Kant kritisiert – die Gutsuntertätigkeit der Bauern und die politisch-sozialen Privilegien des Adels erhalten.

Der Nachfolger Friedrichs II., König Friedrich Wilhelm II. (1786–97), setzt die Entwicklung nur teilweise fort. Zwar läßt er das unter seinem Vorgänger in Angriff genommene moderne Rechtswerk, das *Allgemeine Landrecht für die Preußischen Staaten,* 1794 in Kraft treten. Aber der aufgeklärten Toleranz seines Vorgängers wird durch das Religionsedikt von 1788 ein Ende bereitet. Mit diesem Edikt gerät Kant durch seine Religionsschrift in Konflikt. Danach erscheinen die Schriften *Zum ewigen Frieden* (1795) und die *Metaphysik der Sitten* (1797) mit ihren beiden Teilen *Metaphysische Anfangsgründe der Rechtslehre* und *Metaphysische Anfangsgründe der Tugendlehre* (1797). Im Alter von 73 Jahren beendet Kant seine Lehrtätigkeit, die er in den letzten Jahren eingeschränkt hatte. Im nächsten Jahr veröffentlicht er die *Anthropologie in pragmatischer Hinsicht* und den *Streit der Fakultäten,* worin Kant – nach dem Tod Friedrich Wilhelms II. – die Religionsfrage wieder aufgreift. Noch zu Lebzeiten werden einige der Vorlesungen gedruckt, so die *Logik* (1800), die *Physische Geographie* (1802) und *Über Pädagogik* (1803). Nach Kants Tod erscheinen weitere Vorlesungen: *Über die philosophische Religionslehre* (1817), *Die Metaphysik* (1821), *Menschenkunde oder philosophische Anthropologie* (1831) und *Ethik* (erst 1924).

Nach allmählicher Erschöpfung der geistigen und körperlichen Kräfte stirbt

Kant am 12. Februar 1804 an Altersschwäche. Seit der Geburt von schwacher Gesundheit, zudem klein und etwas verwachsen, hat Kant ohnehin nur durch enorme Willenskraft, durch strenge Gesundheitsregeln und einen genau eingeteilten Tageslauf seine große Lehr- und vor allem seine gewaltige Forschungsarbeit leisten können. Das schloß die Teilnahme am gesellschaftlichen Leben der Stadt nicht aus. Seine ausgedehnten Mittagsmahlzeiten nützte Kant zu geselliger Unterhaltung; bei Freunden und Bekannten war der „elegante Magister" als liebenswürdiger und humorvoller Gesellschafter allgemein geschätzt.

II. Das Werk

1. Die Idee einer transzendentalen Vernunftkritik

Das Programm seiner philosophischen Grundwissenschaft, der kritischen Transzendentalphilosophie, entwickelt Kant zunächst nur in bezug auf die Vernunft als Erkenntnisvermögen. Seine erste Kritik könnte daher genauer „Kritik der reinen theoretischen (spekulativen) Vernunft" heißen. Eine Kritik ist sie nicht im Sinne eines negativen Urteils, sondern in der ursprünglichen Bedeutung von Prüfen, Unterscheiden und Rechtfertigen. Die Möglichkeit einer reinen Vernunfterkenntnis wird nicht verworfen, selbst nicht die einer Metaphysik; wohl aber wird sie nach ihrem Umfang, ihrem Inhalt und ihren Grenzen bestimmt.

Die erste Kritik geht von der verfahrenen Situation der Metaphysik aus, daß sie als notwendig und zugleich als unmöglich erscheint. Der menschlichen Vernunft drängen sich nämlich Fragen auf – die Fragen nach der Freiheit des Willens und der Unsterblichkeit der Seele, nach dem Ganzen der Welt und ihrem Anfang sowie nach der Existenz Gottes –, die sich nicht abweisen lassen, da die Vernunft nach den schlechthin letzten Grundsätzen aller Wirklichkeit sucht; die Fragen lassen sich aber auch nicht sicher beantworten, weil die letzten Grundsätze den Bereich möglicher Erfahrung überschreiten, durch die Erfahrung also weder bestätigt noch widerlegt werden können. Deshalb ist die Metaphysik der Kampfplatz endloser Streitigkeiten: zwischen (a) der rationalistischen Schulmetaphysik, die die menschliche Erkenntnis über alle Grenzen möglicher Erfahrung glaubt erweitern zu können, (b) dem Empirismus Lockes, nach dem alle Erkenntnis aus der (inneren oder äußeren) Erfahrung stammt, und (c) dem Skeptizismus eines Hume, der jeder Erkenntnis den Anspruch auf Objektivität bestreitet.

Als Ausweg aus der verfahrenen Situation läßt Kant die Vernunft einen Gerichtshof einsetzen, der sowohl die legitimen Ansprüche der Vernunft sichert als auch ihre grundlosen Anmaßungen zurückweist. Dabei ist die reine Vernunft nicht nur der Gegenstand, sondern auch der Urheber der Kritik; die *Kritik der reinen Vernunft* ist die Selbstprüfung und Selbstrechtfertigung der erfahrungsunabhängigen Vernunft. Die Selbstprüfung der Vernunft weist den

Rationalismus zurück, da ohne Anschauung keine Wirklichkeitserkenntnis möglich sei. Sie verwirft aber auch den Empirismus. Zwar gibt Kant zu, daß alle Erkenntnis *mit* der Erfahrung beginne. Doch folge daraus nicht, daß die Erkenntnis ausschließlich aus der Erfahrung entspringe. Im Gegenteil sei selbst die Erfahrungserkenntnis ohne erfahrungsunabhängige Erkenntnisquellen nicht möglich; denn die Grundvoraussetzungen der Erfahrung können nicht wiederum der Erfahrung entnommen sein. Da sich die Grundvoraussetzungen als allgemeingültig erweisen, hält Kant schließlich im Gegensatz zum Skeptizismus eine objektive Erkenntnis für möglich.

Die spezifische Erkenntnisart der reinen Vernunft und Metaphysik erläutert Kant durch eine doppelte Unterscheidung: (1) Anders als die Erfahrungserkenntnis *a posteriori* („vom späteren") ist die metaphysische Erkenntnis von aller Erfahrung unabhängig. Als Bemühen, durch bloßes Nachdenken die Grundstruktur der Wirklichkeit zu erkennen, ist sie *a priori* („vom früheren") gültig. Das Kriterium einer solchen Erkenntnis sind Allgemeinheit und Notwendigkeit. (2) Im Unterschied zur Logik soll die Metaphysik die menschliche Erkenntnis erweitern; ihre Aussagen haben *synthetischen,* nicht *analytischen* Charakter. Als analytisch bezeichnet Kant jene Urteile (im Sinne von Aussagen oder Behauptungen, nicht von Urteilsvollzügen), deren Prädikat schon versteckterweise im Begriff des Subjekts enthalten ist (z. B.: Ein Kreis ist rund). Über ihre Wahrheit kann daher allein aufgrund des Satzes vom Widerspruch entschieden werden, allgemeiner: allein aufgrund der Gesetze der Logik sowie der Bedeutungsregeln jener Sprache, in der die Urteile formuliert sind. Synthetisch dagegen sind die Urteile, deren Wahrheit erst aufgrund weiterer Kriterien ausgemacht werden kann. Als reines und doch nicht bloß analytisch wahres Wissen sind die Urteile der Metaphysik synthetisch a priori gültig. Daher heißt das Grundproblem der ersten Kritik genauer: „Wie sind synthetische Urteile a priori möglich?" Zugleich ist dies „die Schicksalsfrage der Philosophie"; denn von ihrer Beantwortung hängt es ab, ob sich die Philosophie als eigenständige Wissenschaft behaupten kann.

Die Metaphysik selbst gilt für Kant nur als ein spezieller, zudem problematischer Fall synthetischer Urteile a priori. Solche Urteile findet er auch in der Mathematik (Geometrie und Arithmetik) sowie in der reinen Naturwissenschaft: etwa im Trägheitsgesetz oder im Gesetz der Gleichheit von actio (Wirkung) und reactio (Gegenwirkung) der Newtonschen Mechanik. So untersucht die *Kritik der reinen Vernunft* (= KrV) nicht nur die Voraussetzungen einer wissenschaftlichen Metaphysik, sondern auch die der Mathematik und der reinen Naturwissenschaft.

Bevor sich Kant dieser Aufgabe stellt, wirft er die Frage auf, warum die Metaphysik – im Unterschied zur Mathematik und Physik – bislang noch keinen sicheren Weg der Wissenschaft gefunden habe. Den Grund sieht er darin, daß alle bisherige Metaphysik die Voraussetzung gemacht habe, „alle unsere Erkenntnis müsse sich nach den Gegenständen richten; aber alle Versuche, über sie a priori etwas durch Begriffe auszumachen, wodurch unsere

Immanuel Kant (1724–1804)

Erkenntnis erweitert würde, gingen unter dieser Voraussetzung zunichte. Man versuche es daher einmal, ob wir nicht in den Aufgaben der Metaphysik damit besser fortkommen, daß wir annehmen, die Gegenstände müssen sich nach unserem Erkenntnis richten" (KrV, 2. Aufl., S. [= B] XVI). Damit schlägt Kant eine Revolution der Denkart vor, die die Objektivität der Gegenstandserkenntnis aus einer transzendentalen Theorie der theoretischen (erkennenden) Subjektivität begründet.

Kants Vorschlag, eine zweite „kopernikanische Wende", hat zunächst nur den Charakter einer Hypothese. Doch sollte sich auf ihre Grundlage der Streit der Vernunft mit sich selbst beenden lassen, so könnte die Hypothese als bewährt gelten und den Rang einer gültigen Theorie erhalten. Transzendentale Denkentwürfe sind also keineswegs, wie häufig behauptet, unfehlbar. Nur geschieht deren Widerlegung nicht mit den Mitteln empirischer Wissenschaften. Es handelt sich um Gedankenexperimente der Vernunft, die sich vor ihr selbst bewähren müssen oder aber scheitern.

Auch ein weiterer Vorwurf trifft nicht zu: Kants erste Kritik ist nicht an den Stand der Mathematik und der Naturwissenschaften seiner Zeit, sie ist weder an die damals noch unbestrittene Euklidische Geometrie noch an ein vorrelativistisches Raum-Zeit-Verständnis und an eine vorquantentheoretische Interpretation des Kausalgesetzes gebunden. Zwar kann man eine Untersuchung der Möglichkeit von Mathematik und reiner Naturwissenschaft zu einer dann freilich transzendentalen Wissenschaftstheorie zählen. Ihre Frage nach den erfahrungsunabhängigen Bedingungen führt aber zu einer Theorie *jeder* Wissenschaft. (Der Vorwurf ist also höchstens gegen die *Metaphysische(n) Anfangsgründe der Naturwissenschaften* berechtigt, in denen Kant mit Hilfe idealisierter Grundbegriffe der Erfahrung zwischen seinen transzendentalen Grundsätzen und den Sätzen der Newtonschen Physik zu vermitteln sucht.) Ferner folgt aus Kants Programm einer erfahrungsunabhängigen Vernunfterkenntnis zwar ein autonomes philosophisches Denken, doch nicht ein eigener, von den Realwissenschaften deutlich unterschiedener Objektbereich, ein Bereich transzendenter Objekte. Vielmehr wird derselbe Objektbereich, die Erfahrung, unter einem anderen Aspekt und mit Hilfe eines neuen Denkverfahrens betrachtet. Der Schlüsselbegriff dazu heißt: „transzendental".

Der Begriff des Transzendentalen ist nicht erst von Kant in die Philosophie eingeführt worden. Er existiert schon im mittelalterlichen Denken, das jene schlechthin ersten Begriffe transzendental nennt, die selbst die obersten Gattungsbegriffe übersteigen und die immer schon vorausgesetzt sind, sofern überhaupt Begriffe gebraucht werden. Auch die Metaphysiker des 17. und 18. Jahrhunderts, insbesondere Wolff und Baumgarten, sprechen von „transzendental", freilich in einem stark ausgehöhlten Verständnis. Durch Kant gewinnt der Begriff wieder die Schärfe eines philosophischen Begriffs. Der Philosoph nennt „alle Erkenntnis *transzendental*, die sich nicht so wohl mit Gegenständen, sondern mit unserer Erkenntnisart von Gegenständen, sofern diese a priori möglich sein soll [„sondern mit unseren Begriffen a priori von

Gegenständen": 1. Aufl. = A 11 f.], überhaupt beschäftigt." (B 25) In dieser Formulierung ist die transzendentale Erkenntnis von vornherein auf den Bereich der Gegenstandserkenntnis (Naturerfahrung) und damit auf das Thema der ersten Vernunftkritik eingeschränkt. Mit seiner Transzendentalphilosophie tritt Kant zunächst nur das Erbe der klassischen Erkenntnistheorie (vgl. „... Erkenntnisart von Gegenständen") und Ontologie (vgl. „... mit Gegenständen"), nicht auch das der klassischen Ethik und Politik an. Zugleich stellt er die These einer sachlichen Verschränkung von Erkenntnis- und Gegenstandstheorie auf; eine philosophische Theorie des Seienden hält Kant als Theorie der Erkenntnis a priori vom Seienden, eine Theorie der Erkenntnis nur als Bestimmung des Begriffs von einem Gegenstand als solchem für möglich.

Nicht alle Vorstellungen a priori haben deshalb schon einen transzendentalen Charakter. So ist zum Beispiel „weder der Raum noch irgendeine geometrische Bestimmung desselben a priori eine transzendentale Vorstellung" (KrV, A 56/B 80 f.). Nicht diese Bestimmungen selbst heißen transzendental, vielmehr die Erkenntnis, daß diese Bestimmungen nicht empirischen Ursprungs sind, sich aber gleichwohl auf Erfahrung beziehen. Allgemein heißen jene Vorstellungen transzendental, die – über ihren apriorischen Charakter hinaus – notwendige Bedingungen für die Möglichkeit von Erfahrung sind. Aufgrund dieser Voraussetzung fallen sowohl mathematische Begriffe als auch empirische (physische, wirtschaftliche, geschichtlich-gesellschaftliche) Bedingungen von Erfahrung zwar nicht aus dem Kreis der Wissenschaften, wohl aber aus dem transzendentalphilosophischen Programm heraus.

Die Einsicht in die Grundvoraussetzungen jeder Gegenstandserkenntnis vermehrt nicht die Erkenntnis der Gegenstände. Die Transzendentalphilosophie befördert nicht den Fortschritt des Alltagswissens oder des Wissens der Einzelwissenschaften. Vielmehr gewinnt man durch sie ein Wissen vom Gegenstandswissen. In einer Reflexion auf die (Natur-)Wissenschaften, in einer Erkenntnis zweiter Stufe, wird das Wissen sich selbst durchsichtig; es wird in einem formalen Sinn vollendet. Deshalb steht die Transzendentalphilosophie auch in keiner Konkurrenz zu den Realwissenschaften, stellt für sie vielmehr eine philosophische Metatheorie dar: Das Denken distanziert sich von jedem Gegenstandswissen, um in erneuter Zuwendung zu ihm jene Möglichkeitsbedingungen zu entdecken, die selbst nicht empirischer Natur sind.

Als Erkenntnis zweiter Stufe geht das transzendentale Denken von einer Erkenntnis erster Stufe aus, der Gegenstandserkenntnis und ihrer methodischen Vollendung in den Wissenschaften. Das transzendentale Denken läßt jedoch die Gegenstandserkenntnis mit ihrem Objektivitäts-(Intersubjektivitäts-)Anspruch nicht als ein über jeden Zweifel erhabenes Faktum stehen. Das verbietet sich schon deshalb, weil an der Möglichkeit einer solchen Erkenntnis immer wieder neu gezweifelt wird und der Zweifel bis hin zur prinzipiellen Skepsis reicht. In dieser Situation betrachtet die Transzendentalphilosophie die Gegenstandserkenntnis mit ihrem Objektivitäts-(Intersubjektivitäts-)Anspruch als etwas Abgeleitetes und Bedingtes. In einer regressiven Analyse wird nach den Prinzipien a priori oder Vernunftprinzipien gesucht, die als Bedingungen des Bedingten eine objektive (intersubjektive) Erkenntnis als prinzipiell möglich erweisen. So bewegt sich die Transzendentalphilosophie auf einer anderen Ebene als die Realwissenschaften. Während diese nach Gegenstandserkenntnis suchen, wirft die Transzendentalphilosophie die Frage auf, ob das Bemühen, Gegenstandserkenntnis zu suchen und Aussagen(systeme) immer neuen Widerlegungsversuchen auszusetzen, als sinnvoll, weil als überhaupt möglich gedacht werden kann. In Abkehr von der gewöhnlichen Frage, welche Aussagen(systeme) wahr (objektiv bzw. intersubjektiv gültig), welche falsch sind, fragt Kant, wie es überhaupt Gegenstandserkenntnis geben kann, das heißt jene Beziehung auf Gegenstände, die wahr zu sein beansprucht. Er fragt, wie Wahrheit als allgemeine Verbindlichkeit von Gegenstandserkenntnis frei von Widersprüchen und Aporien als möglich gedacht werden kann. In diesem transzendentalen Sinn ist Kants erste Vernunftkritik auch eine ,,Logik der Wahrheit" (A 62/B 87). Sie sucht weder nach dem semantischen Gehalt von ,,Wahrheit" noch nach einem Kriterium, um über die Wahrheit von Aussagen entscheiden zu können, wohl aber nach der Möglichkeit von Wahrheit. Dabei geht sie von der traditionellen Bestimmung der Wahrheit als Übereinstimmung von Denken und Gegenstand aus und zeigt, daß der Gegenstand kein subjektunabhängiges Ansich ist, vielmehr durch die erkennende Subjektivität mitkonstituiert wird.

Mit der Einsicht in die Bedingungen der Möglichkeit a priori von Erfahrung verbindet sich eine Einsicht in die Grenzen jedes erfahrungsmäßigen Erkennens. Deshalb kann die Transzendentalphilosophie sogar ein Wahrheitskriterium aufstellen, freilich kein Kriterium für die Wahrheit von Aussagen(systemen), jedoch ein Kriterium dafür, über welche Gegenstände überhaupt wahre Aussagen im Sinne von erfahrungswissenschaftlichen Aussagen möglich sind. Um die Erfahrung als möglich zu denken, bildet die Vernunft zwar Begriffe des Unbedingten. Doch sind diese reinen Vernunftbegriffe (transzendentalen Ideen) – Gott als das schlechthin höchste Wesen, die Welt als der Inbegriff aller Erscheinungen, die Freiheit als unbedingter Anfang und die Seele als Unsterblichkeit – einem gegenständlich-begrifflichen Erkennen grundsätzlich entzogen. So führt die *Kritik der reinen Vernunft* schließlich zu dem Resultat, daß die Metaphysik trotz ihres erfahrungsfreien Wissenscharakters sehr wohl möglich ist. Allerdings ist sie es nicht transzendent: als Übersteigen des Erfahrungsbereichs, als Erkenntnis übersinnlicher Gegenstände, sondern transzendental: als Zurückfragen nach den Bedingungen, die allem empirischen Wissen vorausliegen. Kants neue, nicht mehr dogmatische, vielmehr kritische Metaphysik wirft die Frage auf: ,,Was kann ich wissen?" und beantwortet sie durch eine Theorie der apriorischen Tiefenstruktur von Erfahrung überhaupt.

2. Grundzüge der „Kritik der reinen Vernunft"

Im Rahmen der *Kritik der reinen Vernunft* entfaltet Kant eine neue Lehre des Denkens, die „transzendentale Logik". Diese untersucht im Unterschied zur formalen Logik nicht die Gültigkeit von Aussagen bloß aufgrund ihrer Form unter Absehung jeden Inhalts. Ihr geht es um Inhalte, nämlich um die Frage, wie die Erfahrungserkenntnis sich auf Gegenstände beziehen und deshalb beanspruchen kann, nicht bloß widerspruchsfrei, sondern auch wahr zu sein.

Die Einteilung der Aristotelischen Logik in Analytik und Dialektik (Topik, einschließlich der Fehlschlüsse) aufgreifend, führt Kant die transzendentale Logik zuerst analytisch, dann dialektisch durch. In der „transzendentalen Analytik" als der „Logik der Wahrheit" entfaltet er das komplexe Gefüge von a priori gültigen Voraussetzungen, ohne die der Objektbezug der Erfahrungserkenntnis nicht als möglich zu begreifen ist. In der „transzendentalen Dialektik" als der „Logik des Scheins" zeigt Kant, wie sich die Vernunft unvermeidlich in Widersprüche verwickelt, sobald sie nur den Erfahrungsbereich übersteigt; darüber hinaus bereitet er eine neue Metaphysik vor.

Kants Vernunftkritik geht davon aus, daß die Erkenntnis logisch (nicht psychologisch) das Resultat eines Konstitutionsprozesses ist, in dem passive (rezeptive) und aktive (spontane) Faktoren zusammenwirken: (1) Die einzige Möglichkeit, mit deren Hilfe dem Menschen Gegenstände gegeben werden, liegt in der Sinnlichkeit. Als notwendige Grundlage, aber auch unüberschreitbare Grenze aller menschlichen Erkenntnis beweist sie deren Endlichkeit. (2) Das bloße Hinnehmen eines Gegebenen schafft aber noch keine Erkenntnis. Dazu sind auch Begriffe nötig, mit deren Hilfe die sinnlichen Empfindungen „gedacht": nach Regeln zusammengefaßt und geordnet, werden: „Ohne Sinnlichkeit würde uns kein Gegenstand gegeben, und ohne Verstand keiner gedacht werden. Gedanken ohne Inhalt sind leer, Anschauungen ohne Begriffe blind." (A 51/B 75) (3) Als weiteres Erkenntnisvermögen ist die Urteilskraft erforderlich, die entscheidet, unter welchen Begriff die Mannigfaltigkeit von Sinnesempfindungen tatsächlich fällt. (Dies ist ein Stuhl, kein Tisch.) Für alle drei Vermögen, die für die menschliche Erkenntnis unabdingbar sind, kann Kant nachweisen, daß sie nicht bloß eine empirische, sondern auch eine erfahrungsunabhängige Seite haben.

1. Die der transzendentalen Logik vorangestellte „transzendentale Ästhetik" (als Lehre von der Anschauung oder Sinnlichkeit, nicht vom Schönen) ist einer der originellsten Teile der ersten Vernunftkritik. Kant zeigt, daß alles Mannigfaltige der Anschauung unter formalen Bedingungen steht, die selbst nicht wahrgenommen werden, aber für alle Wahrnehmungen vorausgesetzt sind, nämlich Raum und Zeit. Um nachzuweisen, daß Raum und Zeit reine Formen der Anschauung sind, isoliert Kant aus dem Gesamtkomplex der Erkenntnis zuerst die rezeptive Komponente der Anschauung von der spontanen des Verstandes und von der verbindenden Komponente der Urteilskraft. Dann trennt er in der Anschauung all das ab, was zur empirischen Empfin-

dung gehört: Farben, Töne, Wärmeeindrücke usw., so daß die ursprünglichen Vorstellungen von Raum und Zeit überhaupt (nicht die Vorstellung dieses oder jenes Raumes, dieser oder jener Zeit) übrig bleiben. Die ursprünglichen Vorstellungen von Raum und Zeit können nun deshalb keine empirischen Vorstellungen sein, weil sie der Grund jeder inneren und äußeren Erfahrung sind. Sie können aber auch keine Vorstellungen des Verstandes, also Begriffe, sein. Denn Begriffe beziehen sich auf mehrere Gegenstände. Es gibt aber nur *einen* Raum und *eine* Zeit, die alle Teilräume und Teilzeiten in sich enthalten.

Auf diesen Nachweis von Raum und Zeit als Formen reiner Anschauung, auf die ,,metaphysische Erörterung", folgt die ,,transzendentale Erörterung". Sie zeigt, wie durch Raum und Zeit reine Wissenschaft, nämlich synthetische Erkenntnis a priori, möglich wird. Die Räumlichkeit ermöglicht die Geometrie (sie gehört zu den Bedingungen der Möglichkeit von Physik), die Zeitlichkeit ermöglicht das Zählen und damit die Arithmetik. So beweist Kant, daß mathematische Erkenntnis nicht schon durch Logik allein erreicht wird, sondern darüber hinaus einer reinen Anschauung und Konstruktion bedarf.

Mit der Behauptung, ohne Raum und Zeit gäbe es keine Erkenntnis, verwirft Kant den ,,dogmatischen Idealismus" von G. Berkeley (1684–1753), und gegenüber Newtons Physik stellt er eine prinzipiellere Erörterung an, weshalb seine eigene transzendentale Begründung der Geometrie und Arithmetik sowie der mathematischen Physik nicht an eine bestimmte Raum- und Zeitvorstellung gebunden ist. Gegen die später aufgetauchten Alternativen: euklidische oder nichteuklidische Geometrie, klassische oder relativistische Raum-Zeit-Auffassung, bleibt Kants Vernunftkritik offen; die nähere Entscheidung hängt von zusätzlichen, nicht mehr apriorischen Bedingungen ab.

2. In bezug auf das Denken bzw. den Verstand heißen die Elemente a priori reine Verstandesbegriffe oder Kategorien. Sowohl die reinen Verstandesbegriffe als auch die empirischen Begriffe sind Regeln, nach denen ein Anschauungsmaterial zu einem ,,Gegenstand" geformt wird. Während bei den empirischen Begriffen die Ordnung aus der Erfahrung stammt, sind die reinen Verstandesbegriffe erfahrungsunabhängig. Kant findet sie mit Hilfe der reinen Urteilsformen, von denen er vier Mal drei Formen und entsprechend viele Kategorien kennt. (Diese Einteilung hat Kant durch eine kritische Aufnahme von entsprechenden Lehrstücken bei Baumgarten, Crusius und Lambert gefunden.) Den Urteilsformen der Quantität (allgemeine, besondere und einzelne Urteile) entsprechen die Kategorien der Einheit, der Vielheit und der Allheit; denen der Qualität (bejahende, verneinende und unendliche Urteile) die Kategorien der Realität, der Negation und der Limitation; denen der Relation (kategorische, hypothetische und disjunktive Urteile) entsprechen die Kategorien von Substanz und Akzidenz, von Ursache und Wirkung sowie von Wechselwirkung zwischen dem Handelnden und dem Leidenden. Zu den (problematischen, assertorischen und apodiktischen) Urteilen der Modalität schließlich gehören die Kategorien von Möglichkeit und Unmöglichkeit, von Dasein und Nichtsein sowie von Notwendigkeit und Zufälligkeit. Von diesen zwölf

„Stammbegriffen" des reinen Verstandes leitet Kant weitere Begriffe ab, von der Kategorie der Kausalität zum Beispiel die Begriffe von Kraft, Handlung und Leiden.

Dem Aufsuchen der reinen Verstandesbegriffe, der metaphysischen Deduktion, folgt die spezifisch transzendentale Aufgabe, die transzendentale Deduktion. Diese leitet nicht gewisse Sätze aus anderen Sätzen ab, erklärt vielmehr, wie sich überhaupt Begriffe a priori auf Gegenstände beziehen können. Obwohl die Kategorien subjektive Bedingungen des Denkens sind, haben sie doch objektive Gültigkeit, da ohne sie keine Gegenstandserkenntnis möglich wird. Wo immer die in der Anschauung gegebene Mannigfaltigkeit von Sinnesempfindungen zu einer objektiv gültigen Einheit zusammengefaßt wird, handelt es sich um einen Zusammenhang gemäß den Kategorien. Daraus folgt einerseits, daß ohne die Kategorien keine systematische Erfahrungserkenntnis möglich ist; andererseits, daß es keine Erkenntnis jenseits der Erfahrungsgrenzen geben kann. Denn die Kategorien sind auf die Zusammenfassung der in Raum und Zeit gegebenen Empfindungen verpflichtet. Das menschliche Erkennen ist auf den Bereich des Phänomenalen: auf die *Erscheinung* der Dinge in Raum und Zeit, beschränkt. Im Gegensatz zur klassischen Metaphysik läßt sich nach Kant das Wesen des Seienden selbst nicht erkennen; der theoretische Zugang zu den *Dingen an sich,* der Bereich des Noumenalen, ist dem Menschen grundsätzlich versperrt.

Die transzendentale Deduktion der Kategorien, für manche das Kernstück der ersten Kritik, gipfelt in dem Nachweis des Prinzips (im Sinne von Ursprung) aller Kategorien. Die Kategorien sind verschiedene Formen, mit deren Hilfe die Mannigfaltigkeit gegebener Vorstellungen zu einer Einheit verbunden (synthetisiert) wird. Sieht man vom unterschiedlichen Inhalt der Formen ab, in denen die Einheit geleistet wird, so besteht die Gemeinsamkeit der Kategorien darin, daß sie überhaupt Einheit stiften. Um die nichtempirische Einheitstiftung der Kategorien als möglich zu denken, muß man ein ebenso nichtempirisches, ein reines Bewußtsein, ein ursprüngliches „ich denke" als Prinzip annehmen. Das „ich denke", die ursprünglich-synthetische Einheit der Apperzeption, ist die transzendentale Einheit des Selbstbewußtseins, die letzte Bedingung der Möglichkeit aller Erkenntnisse a priori. Es leistet kein konkretes Zusammenfassen, sondern ist das Prinzip, nach dem alles Zusammenfassen (Urteilen) stattfindet: „Und so ist die synthetische Einheit der Apperzeption der höchste Punkt, an dem man allen Verstandesgebrauch, selbst die ganze Logik, und, nach ihr, die Transzendental-Philosophie heften muß, ja dieses Vermögen ist der Verstand selbst." (B 134)

3. Die vom Verstand spontan gebildeten Begriffe sind Regeln, mit deren Hilfe sich die Vorstellungsinhalte zu einer Einheit verbinden lassen. Damit diese Einheit tatsächlich zustande kommt, ist ein weiteres Vermögen nötig: die Urteilskraft, die entscheidet, ob etwas unter eine gegebene Regel fällt oder nicht. In der transzendentalen Erörterung der Urteilskraft zieht Kant die Konsequenzen dieses Tatbestandes für die reinen Begriffe: Die Anwendung der

Kategorien auf Erscheinungen setzt eine vermittelnde Vorstellung, das transzendentale Schema, voraus. Für die Kategorie der Substanz zum Beispiel heißt das Schema: Beharrlichkeit des Realen in der Zeit; das Schema der Wirklichkeit ist das Dasein in einer bestimmten Zeit, das der Notwendigkeit das Dasein eines Gegenstandes zu aller Zeit.

Die Anwendung der Kategorien auf die Erscheinungen mit Hilfe der Schemata folgt gemeinsamen, a priori gültigen Grundsätzen. Während die analytischen Urteile dem Satz des Widerspruchs unterworfen sind, gilt für die synthetischen Urteile, daß die Bedingungen, die eine Erfahrung überhaupt möglich machen, zugleich die Bedingungen der Möglichkeit der Gegenstände der Erfahrung sind (A 158/B 197). Dieser oberste Grundsatz läßt sich in spezifischere Grundsätze auffächern; unter dem Titel ,,Analogien der Erfahrung" beispielsweise gehören dazu (1) das Beharren der Substanz im Wechsel der Erscheinungen, (2) die Veränderung nach dem Gesetz der Verknüpfung von Ursache und Wirkung (Kausalitätsprinzip) sowie (3) die Wechselwirkung der Substanzen.

Mit dem Nachweis des Kausalitätsprinzips als a priori gültig kritisiert Kant ebenso die ,,Schwärmerei" Lockes, der die ursächliche Verknüpfung zweier Vorgänge aus der Erfahrung ableitet, wie den Skeptizismus Humes, nach dem das Kausaldenken einer zwar praktisch gerechtfertigten, aber doch bloß gewohnheitsmäßig begründeten Einstellung entspringe. Daß jede Veränderung im Zustand einer Substanz notwendig eine Ursache hat, das wissen wir nach Kant a priori, weil wir die Abfolge der Zustände einer Substanz nur dann als Abfolge erkennen können, wenn wir die verschiedenen Zustände als Ursache und Wirkung miteinander verknüpfen. Diese Auffassung wird nicht etwa durch die moderne Quantenphysik in Frage gestellt, da diese nur den näheren, nicht mehr transzendental zu bestimmenden Begriff der Kausalität betrifft.

4. In der transzendentalen Dialektik greift Kant das Ausgangsproblem seiner Schrift auf; daß die Metaphysik nicht einem willkürlichen Einfall entspringt. Sie gründet im ,,natürlichen" Fortgang des Denkens zum Unbedingten (Unendlichen, Absoluten), nämlich im Fortgang zur absoluten Einheit des denkenden Subjekts (rationale Psychologie), zur absoluten Totalität der Dinge in Raum und Zeit (transzendentale Kosmologie) und zum schlechthin höchsten Wesen, zu Gott (natürliche Theologie). Bei diesem Fortgang verwickelt sich die Vernunft in Widersprüche. Dabei handelt es sich nicht um zufällige Mißverständnisse und Fehlschlüsse, vielmehr um den unvermeidlichen Gegensatz zweier je für sich einleuchtender Denkmöglichkeiten. Kant gelingt es nun, die Widersprüche aufzulösen, indem er sie aus ihrem Prinzip erklärt; sie gründen im Versuch, eine sachhaltige Erfahrung von schlechthin umfassender Geltung zu gewinnen und über die Totalität des Empirischen Aussagen zu machen. Dabei wird jedoch übersehen, daß die Notwendigkeit zum Ganzen der Erfahrung fortzuschreiten, keine objektive, sondern nur eine subjektive Notwendigkeit ist.

Mit der Auflösung der Widersprüche der reinen Vernunft wird die *traditio-*

nelle Metaphysik endgültig verworfen. An ihre Stelle tritt die Lehre vom regulativen Gebrauch der reinen Vernunft. Mit der Tradition erkennt Kant die Unsterblichkeit der Seele, die Freiheit des Willens und Gott als die höchste Realität an. Er bestreitet jedoch, daß es sich dabei um die objektive Erkenntnis von Dingen an sich handelt. In Wahrheit geht es zwar um Vorstellungen, die denkmöglich, in gewisser Weise sogar denknotwendig sind: ,,So fängt denn alle menschliche Erkenntnis mit Anschauung an, geht von da zu Begriffen, und endigt mit Ideen." (A 702/B 730) Doch werden aus den metaphysischen Ideen transzendentale Ideen, die keine konstitutive, wohl aber eine regulative Bedeutung haben. Sie erweitern nicht unsere Erfahrung, auch sind sie keine Bedingungen für die Möglichkeit von Erfahrung, sondern nur Vorstellungen von der Vollständigkeit und Ganzheit des Denkens, die dem Verstand vergegenwärtigen, daß die Reihe *aller* Bedingungen, daß die systematische Einheit des Mannigfaltigen aller empirischen Erkenntnis nicht gegeben, vielmehr ständig aufgegeben ist. Die transzendentalen Ideen weisen den Menschen auf die Unabschließbarkeit, mithin Endlichkeit all seines Wissens hin.

3. Kritik der praktischen Vernunft

,,Zwei Dinge erfüllen das Gemüt mit immer neuer und zunehmender Bewunderung und Ehrfurcht, je öfter und anhaltender sich das Nachdenken damit beschäftigt: *der bestirnte Himmel über mir und das moralische Gesetz in mir.*" (AA Bd. V, S. 161) Wegen dieser Überzeugung richtet Kant seine intellektuelle Revolution nicht nur auf die Prinzipien der Naturerkenntnis, sondern in gleicher Weise auf die Grundlagen der Moral. Sie führt im Bereich des Praktischen zur Überwindung eines sittlichen Skeptizismus, der an der Wirklichkeit des sittlich Guten prinzipiell zweifelt. Kants Hauptschriften zur Begründung einer Ethik, die *Grundlegung zur Metaphysik der Sitten* (= GMS) und die *Kritik der praktischen Vernunft* (= KpV), erörtern in erster Linie nicht bestimmte Beispiele von Moral, sondern ihre letzte Begründung. Dazu untersucht Kant das Vermögen zu wollen, das heißt das Vermögen, sich – im Unterschied zu reinen Naturwesen, die allein nach Gesetzen handeln – aufgrund der Vorstellung von Objekten zum Handeln zu bestimmen. Das Vermögen zu wollen nennt Kant ,,Willen" oder ,,praktische Vernunft". Nun kann man im Bereich des Praktischen genauso wie im Bereich des Theoretischen eine empirisch bedingte von einer reinen Vernunft unterscheiden. Während dort der Wille von Objekten, von der Materie des Begehrungsvermögens, nämlich der Lust an ihrer Wirklichkeit und damit jederzeit empirisch bestimmt wird, ist er hier von aller Erfahrung unabhängig. Die reine praktische Vernunft ist zugleich die moralische (sittliche) Vernunft beziehungsweise der reine oder gute Wille.

Im Gegensatz zu populären Mißverständnissen meint Kant mit dem guten Willen keinen Rückzug des Menschen aus der Wirklichkeit seines persönlichen, gesellschaftlichen und politischen Lebens in eine Welt tatloser Innerlichkeit. Der Wille ist vielmehr der bestimmende Grund dieses Lebens – soweit der Grund im handelnden Subjekt selbst liegt. Freilich kann die Manifestation des Willens, die Handlung, wegen körperlicher, seelischer, geistiger, wirtschaftlicher oder anderer Mängel hinter dem Gewollten zurückbleiben. Weil sich die Sittlichkeit aber nur auf den Verantwortungsraum des Handelnden bezieht, kann das nackte Resultat des Tuns, der objektive Erfolg, selbst kein Gradmesser der Sittlichkeit sein. Kant behauptet daher zu Recht, daß die Sittlichkeit nicht an der Handlung als solcher, sondern nur an der Qualität des zugrundeliegenden Willens bestimmt werden könne. Andererseits ist die Sittlichkeit nicht schon dort gegeben, wo eine Handlung mit dem sittlich Richtigen übereinstimmt. Es kommt auch darauf an, daß das Richtige als solches und nicht etwa aus einem zufällig übereinstimmenden Selbstinteresse oder aus Angst vor Strafen gewollt wird. Die Sittlichkeit, begrifflich als das uneingeschränkt Gute bestimmt, findet sich nicht schon in der Legalität, der Pflichtgemäßheit, sondern erst in der Moralität, dem Handeln aus Pflicht.

Im Ausgang von der Unterscheidung der reinen von der empirisch bedingten praktischen Vernunft findet in der zweiten Kritik gegenüber der ersten eine Umkehrung der Untersuchungsrichtung statt. Die erste Kritik weist die ,,Anmaßungen" der reinen, die zweite gerade die der empirisch bedingten Vernunft zurück; sie verwirft den Anspruch des ethischen Empirismus, man könne nur aufgrund empirischer Bestimmungsgründe handeln, so daß selbst die Prinzipien der Moral von der Erfahrung abhängig wären. Diese praktische Vernunftkritik hat vor allem drei Teilaufgaben. Ihr geht es (1) um die Bestimmung des Sittengesetzes, (2) um jene Voraussetzung a priori, die es dem Subjekt möglich macht, das Sittengesetz zu befolgen, (3) um den Nachweis der Realität der Sittlichkeit.

1. Das Gesetz, das dem reinen Willen zugrunde liegt, heißt Sittengesetz oder Grundgesetz der reinen praktischen Vernunft. Da der reine Wille von empirischen Bestimmungsgründen unabhängig ist, gilt das Sittengesetz ohne empirische Einschränkungen; es ist kategorisch, das heißt unbedingt gültig. Bei endlichen Vernunftwesen, die wie der Mensch auch durch Antriebe der Sinnlichkeit: durch Triebe, Bedürfnisse und Interessen, bestimmt sind, nimmt das Sittengesetz die Form eines Imperativs an, der zwar befolgt werden soll, aber nicht notwendigerweise tatsächlich befolgt wird; das Sittengesetz wird zum kategorischen Imperativ. Dieser Imperativ ist von den hypothetischen Imperativen zu unterscheiden, die entweder als technische Imperative der Geschicklichkeit nur unter Voraussetzung gewisser Absichten gelten (*wenn* man reich werden will, *dann* muß man ...) oder die als pragmatische Imperative der Klugheit bestimmte Handlungen als Mittel zum eigenen Glück gebieten. Der kategorische Imperativ dagegen fordert zu Handlungen auf, die nicht in bezug auf etwas anderes, sondern die für sich selbst gut sind. Weil er jede subjektive Absicht, auch die allgemeinste, das eigene Glück, als *letzten* Bestimmungsgrund ausschließt, ist er objektiv, allgemein und notwendig gültig. Die Sittlichkeit ist daher mehr als wohlwollende Selbstliebe (Rousseau). Sie gründet auch nicht in einem moralischen Gefühl (moral sense: Shaftesbury, Hutche-

son, Hume), da Gefühle lediglich die zufällige Befindlichkeit eines Subjekts ausdrücken und nicht streng allgemeingültig sind.

Mit der Aufforderung zum sittlichen Handeln nennt der kategorische Imperativ zugleich das höchste Kriterium dafür: ,,handle nur nach derjenigen Maxime, durch die du zugleich wollen kannst, daß sie ein allgemeines Gesetz werde" (GMS, AA Bd. IV, S. 421; ähnlich: KpV, AA Bd. V, S. 30). Da das Dasein der Dinge nach allgemeinen Gesetzen den formalen Begriff des Naturgesetzes ausmacht, lautet der kategorische Imperativ auch: ,,handle so, als ob die Maxime deiner Handlung durch deinen Willen zum allgemeinen Naturgesetze werden sollte" (GMS, S. 421; vgl. KpV, S. 69). Eine weitere Formulierung geht von der Vernunftnatur als Zweck an sich selbst aus: ,,Handle so, daß du die Menschheit sowohl in deiner Person, als in der Person eines jeden andern jederzeit zugleich als Zweck, niemals bloß als Mittel brauchst." (GMS, S. 429)

Es wird häufig übersehen, daß der kategorische Imperativ die Verallgemeinbarkeit nicht von Handlungen, sondern von Maximen fordert. Maximen sind selbstgesetzte Willensgrundsätze eines hohen Allgemeinheitsgrades. Es sind normative Leitprinzipien von der Art: ehrlich oder aber betrügerisch, hilfsbereit oder aber aus Gleichgültigkeit gegen fremde Not zu handeln. Solche Lebensgrundsätze werden mit Hilfe des kategorischen Imperativs daraufhin geprüft, ob sie nicht bloß subjektiv gültig und dann nichtsittlich, sondern auch objektiv, für jedes Vernunftwesen gültig und damit sittlich sind. Diese Prüfung auf allgemeine Gültigkeit geschieht rein rational, während die Anwendung der sittlichen Grundsätze auf eine konkrete Situation empirisch-pragmatische (Folge-)Überlegungen nötig machen kann.

Im Anschluß an den kategorischen Imperativ haben zeitgenössische Moralphilosophen wie Hare und Singer das Prinzip der Verallgemeinerung (Universalisierungsprinzip) formuliert: ,,Man sollte keine Handlung ausführen, deren allgemeine Ausführung schlechte Folgen hat." Doch werden hier nicht die Maximen, sondern direkt die Handlungen dem Test der Verallgemeinerung unterworfen; ferner werden Folgeüberlegungen in bezug auf die Grundsätze benötigt, was der kategorische Imperativ prinzipiell ausschließt.

2. In einem weiteren Teil der praktischen Vernunftkritik sucht Kant jene Grundvoraussetzung auf, ohne die das Subjekt dem kategorischen Imperativ gar nicht folgen kann. Nach dem kategorischen Imperativ soll der Wille von allen empirischen (materialen) Bestimmungsgründen unabhängig sein und die gesetzgebende Form der Maximen allein den zureichenden Bestimmungsgrund abgeben. Da die empirischen Bestimmungsgründe Begebenheiten in der Natur und folglich dem Gesetz der Kausalität unterworfen sind, ist der sittliche Wille vom Kausalitätsprinzip ganz unabhängig. ,,Eine solche Unabhängigkeit aber heißt *Freiheit* im strengsten, d. i. transzendentalen Verstande." (KpV, S. 29) So liegt das subjektive Prinzip der Sittlichkeit im freien oder autonomen, sich selber die Gesetze gebenden Willen.

In der Dialektik der reinen Vernunft hatte Kant die Freiheit als einen denkmöglichen, ja sogar als einen denknotwendigen Begriff erwiesen, der im Bereich der Naturerkenntnis allerdings nur eine regulative Bedeutung hat. Erst im Zusammenhang der Ethik erhält der Begriff, als Bedingung der Möglichkeit a priori von Sittlichkeit, eine konstitutive Funktion. Ähnliches gilt für die beiden anderen Grundfragen der Metaphysik: die Unsterblichkeit der Seele und das Dasein Gottes. Nach dem zweiten Teil der *Kritik der praktischen Vernunft* sind sie Postulate der reinen praktischen Vernunft, nämlich notwendige Voraussetzungen, um das höchste Gut als möglich zu denken.

Als höchstes (nicht bloß oberstes, sondern vollendetes) Gut versteht Kant die Übereinstimmung der Glückseligkeit mit der Sittlichkeit (Tugend) als der Glückswürdigkeit. Diese Übereinstimmung setzte die völlige Angemessenheit des Willens an das Sittengesetz voraus. Das aber sei einem bedürftigen Vernunftwesen nur in einem unendlichen Fortschritt möglich, der seinerseits an die Unsterblichkeit der Seele gebunden sei. Weil zum anderen die Sittlichkeit das Streben nach Glück als letzten Bestimmungsgrund ausschließt, folge die Übereinstimmung nicht schon aus dem Sittengesetz. Sie werde erst durch Gott als Urheber der Natur garantiert. So finden für Kant die klassischen Fragen der Metaphysik: Gott, Freiheit und Unsterblichkeit, nicht schon in der Ontologie, sondern erst in einer Theorie der Sittlichkeit ihre Beantwortung.

3. Die Begründung des kategorischen Imperativs und des transzendentalen Begriffs der Freiheit sind notwendige, aber noch keine zureichenden Argumente gegen den ethischen Empirismus und den moralischen Skeptizismus. Die Bestimmung des höchsten Kriteriums der Sittlichkeit und ihre Zurückführung auf die Autonomie des Willens bleiben so lange ein bloßes „Gedankending", wie die Sittlichkeit nicht als eine Realität nachgewiesen ist. Diese dritte Teilaufgabe der praktischen Vernunftkritik behandelt Kant – leider nur mehr beiläufig – unter dem Stichwort „Faktum der Vernunft". Darunter versteht Kant die Wirklichkeit der sittlichen Erfahrung, das Bewußtsein des Sittengesetzes. Er spricht von einem Faktum, weil er dieses Bewußtsein nicht für eine Selbsttäuschung, sondern für etwas Wirkliches hält. Und zwar handelt es sich um die unbestreitbare (apodiktisch gewisse) Tatsache, daß sich die Menschen einer unbedingten Verpflichtung bewußt sind. Dieses Bewußtsein dokumentiert sich in solchen Urteilen, in denen unabhängig von einer möglicherweise konkurrierenden Neigung der sittlich richtige Wille ausgesprochen wird. So mag ein bewußt falsches Zeugnis wider einen ehrlichen Mann unter besonderen Umständen (etwa einer unmittelbaren Todesdrohung) verständlich sein. Trotzdem beurteilen wir es als sittlich illegitim. Damit setzen wir aber voraus, daß wir zu bestimmten Handlungen schlechthin: nämlich ohne Rücksicht auf entgegenstehende Antriebe, verpflichtet sind.

4. Politische Philosophie: Rechts- und Geschichtsphilosophie

4.1 Rechts- und Staatsphilosophie: Viele Interpreten übersehen, daß Kant seine transzendentalphilosophische Grundfrage auch für den Bereich des Sozialen und Politischen aufgeworfen und die rein rationale, von aller Erfahrung unabhängige Bedingung des Zusammenlebens frei handelnder Wesen gesucht hat. Eine (a) rein rationale Bedingung des Zusammenlebens ist zugleich (b) seine Vernunftbedingung, die (c) notwendig und allgemeingültig ist. So begründet Kant in seiner politischen Philosophie einen strengen Vernunftbegriff und ein universal gültiges Kriterium menschlichen Zusammenlebens, mit deren Hilfe Rechts- und Staatsordnungen auf ihre grundsätzliche Legitimität: auf ihre Sittlichkeit im Sinne von Vernünftigkeit oder politischer Gerechtigkeit, zu beurteilen sind. Die erste Formulierung gibt Kant 1784 in der kleinen Schrift *Idee zu einer allgemeinen Geschichte in weltbürgerlicher Absicht* (= *Idee*). So hat Kant, ein Vertreter des politischen Frühliberalismus Deutschlands, schon mehrere Jahre vor der Französischen Revolution und vor der damals vorbildlichen Rechtskodifikation, dem *Allgemeinen Preußischen Landrecht* von 1794, den philosophischen Begriff eines umfassenden Rechtsstaates, den einer Republik, entwickelt.

Kants Überlegungen setzen bei den Anwendungsverhältnissen von Recht an, das heißt bei der Frage, unter welchen Bedingungen überhaupt eine Rechtsordnung nötig ist. Eine Rechtsordnung ist nur dort notwendig, wo endliche Freiheitswesen (praktische Vernunftwesen) miteinander leben. Endliche Freiheitswesen können sich selbst Zwecke setzen und die Zwecke mit Hilfe der ihnen als sinnvoll erscheinenden Mittel und Wege verfolgen; in diesem Sinn haben sie einen Willen. Andererseits sind ihre Willensbestimmungen (Zwecksetzungen) nicht notwendigerweise vernünftig und daher verallgemeinerungsfähig, sondern folgen dem freien Gutdünken. Sofern es mehrere solcher Wesen gibt, die den gleichen Lebensraum miteinander teilen, können sie sich wechselseitig beeinflussen, gegenseitig bedrohen und sogar einander die Handlungsfreiheit rauben. In dieser Grundsituation einer wechselseitigen Bedrohung freier Willkür (einer formaleren, voraussetzungsärmeren und daher überzeugenderen Begründung von Hobbes' Naturzustand als Zustand latenten Krieges) ist das Recht nach seinem Vernunftbegriff „der Inbegriff der Bedingungen, unter denen die Willkür des einen mit der Willkür des andern nach einem allgemeinen Gesetze der Freiheit zusammen vereinigt werden kann" (*Die Metaphysik der Sitten, I. Metaphysische Anfangsgründe der Rechtslehre* [= RL], § B).

Eine a priori oder prinzipiell gültige Aufhebung der wechselseitigen Bedrohung geschieht nur dort, wo die unbegrenzte Handlungsfreiheit eines jeden soweit eingeschränkt wird, daß sie mit der Freiheit eines jeden anderen nach gleichen Grundsätzen vereinbar ist. Das Recht ist einem Vernunftbegriff nach eine Freiheitseinschränkung um des Freiheitsschutzes willen nach streng allgemeingültigen Gesetzen. Eine Ordnung der Konfliktbewältigung, die dem Kriterium der allgemeinen Gesetzlichkeit genügt, ist gleichsam durch einen gemeinschaftlichen Willen (vgl. Rousseaus ‚volonté générale') gesetzt. Deshalb greift Kant in seiner Begründung von Recht und Staat auf die schon von Hobbes, Locke und Rousseau her bekannte Idee des Gesellschaftsvertrages zurück und sagt, das Recht sei eine durch den Gesellschaftsvertrag begründete Ordnung (RL, § 46 u. ö.). Dabei meint der Vertrag kein historisches Ereignis, überhaupt kein Faktum, sondern eine normativ-kritische Idee: das Prinzip a priori von Recht und Staat. Die Vernunftidee des Gesellschaftsvertrages fordert den Gesetzgeber und die Regierung dazu auf, sich nach Grundsätzen zu orientieren, die der gemeinschaftliche Wille *aller* Betroffenen sich selbst auferlegen würde. Modern gesprochen: die Gesetze bzw. die sie leitenden (geschriebenen oder ungeschriebenen) Verfassungsgrundsätze sind auf ihre universale Konsensfähigkeit zu überprüfen. Freilich kann die Übereinstimmung mit dem allgemeinen Willen durch keinen bloß historisch-faktischen Diskurs, durch keinen konkreten Einigungsprozeß als solchen, garantiert werden.

Aufgrund des Universalitätsaspekts ähnelt der Vernunftbegriff des Rechts dem kategorischen Imperativ. Beide Kriterien fordern zu einem Gedankenexperiment der Verallgemeinerung und zu einer Praxis auf, die dem Gedankenexperiment genügt. Allerdings beziehen sich beide Kriterien auf verschiedene Bereiche menschlicher Praxis: der kategorische Imperativ auf selbstgesetzte Lebensgrundsätze (Maximen), der Rechtsbegriff dagegen auf Prinzipien der Konfliktregelung. Für die normativ-kritische Funktion des Rechtsprinzips hat Kant selbst einige Proben geliefert. So hat er das Recht auf freie Meinungsäußerung gefordert und das Vorrecht des Adels verworfen, eine höhere politische Stellung als das Bürgertum einzunehmen. Er hat die Leibeigenschaft (Erbuntertänigkeit, Sklaverei) ebenso zurückgewiesen wie eine despotische Regierung oder einen staatlich verordneten unveränderlichen Kirchenglauben.

Die auf dem Vernunftprinzip menschlichen Zusammenlebens aufbauende philosophische Rechtslehre zerfällt für Kant – der damaligen Rechtssystematik folgend – in die beiden Hauptgebiete des Privatrechts und des öffentlichen Rechts. In bezug auf das Privatrecht erfahren Institutionen wie Besitz und Eigentum, Erwerbung, Schenkungsvertrag, Leihvertrag und Wiedererlangen von Verlorenem eine prinzipielle Begründung. In bezug auf das öffentliche Recht werden der Begriff und das Kriterium des Rechts- und Staatszustandes im Gegensatz zum staatslosen (anarchischen) Zustand, dem Naturzustand, legitimiert. Noch vor dem privaten und öffentlichen Recht entwickelt Kant die Idee des Menschenrechts als eines angeborenen und unveräußerlichen Rechtes jedes Menschen; sie ist nichts anderes als der Vernunftbegriff des (objektiven) Rechts, nur als Anspruch, als subjektives Recht formuliert, das jedem Mitglied einer (staatlichen) Rechtsordnung zukommt. Danach hat jeder Mensch ein Recht auf jenes Höchstmaß an Handlungsfreiheit, das zugleich mit der Handlungsfreiheit jedes anderen nach einem allgemeinen Gesetz vereinbar ist (RL, AA Bd. VI, S. 237 f.). Um ein solches Recht jedem Menschen tatsächlich zu sichern, muß es notfalls auch gegen den entgegenstehenden Willen anderer, das heißt mit Zwang, durchgesetzt werden. Daher ist das Recht seinem Vernunftbegriff nach „mit der Befugnis zu zwingen verbunden" (RL, § D), und die staatliche Kriminalstrafe ist eine grundsätzlich legitime Institution.

Als Anhänger der Idee der Gewaltenteilung von Montesquieu billigt Kant im Unterschied zu Hobbes dem Regenten nicht die ganze höchste Gewalt, vielmehr nur einen Teil zu. Jeder Staat enthält drei Gewalten: die Herrschergewalt (Souveränität) des Gesetzgebers, die „nur dem vereinigten Willen des Volkes" zukommt, die vollziehende Gewalt der Regierung und die rechtsprechende Gewalt der Richterschaft (RL, §§ 45–46). Wenn aber Kant trotz seines Prinzips der Volkssouveränität das Wahlrecht nicht allen Bürgern zubilligt, wenn er es an die wirtschaftliche Selbständigkeit bindet und deshalb den Gesellen, den Dienstboten und alle Frauen davon ausnimmt (RL, § 46), so greift er unbemerkt auf nicht rein rationale Überlegungen zurück, zudem Überlegungen, die nicht mehr überzeugen.

Mit seinem Vernunftprinzip menschlichen Zusammenlebens verwirft Kant ebenso eine Privatisierung der Moral, wonach nur die persönliche Praxis auf das Sittliche verpflichtet ist, wie er einen Dezisionismus und Rechtspositivismus ablehnt, die nach Hobbes' Grundsatz „auctoritas non veritas facit legem" die rechtlichen Verbindlichkeiten dem Belieben eines absoluten Souveräns überlassen. Ferner kritisiert Kant die entgegengesetzte Tendenz einer Moralisierung des Rechts; denn weder nach seinen Inhalten noch nach seinen Triebfedern fällt das Recht als die öffentliche Sittlichkeit mit der personalen Sittlichkeit zusammen. Die im zweiten Teil der *Metaphysik der Sitten,* der *Tugendlehre* (= TL), entwickelten Pflichten persönlicher Moral, die Tugendpflichten, sind als solche nicht schon Rechtspflichten. Bei den Tugendpflichten unterscheidet Kant die Pflichten gegen sich selbst, die dem Prinzip der eigenen Vollkommenheit folgen, von den Pflichten gegen andere, den Pflichten des Wohlwollens, deren Zweck die fremde Glückseligkeit ist. Von beiden Gruppen gehört die erste auf keinen Fall zu den Rechtspflichten. Deshalb hat Kant zum Beispiel den Selbstmord zwar für sittlich unerlaubt gehalten, aber die Versuche zeitgenössischer Juristen kritisiert, die Erhaltung des eigenen Lebens zu einer Rechtspflicht zu machen. Selbst die Pflichten gegen andere sind nicht allesamt Rechtspflichten, so z. B. nicht die Liebespflichten: die Pflichten der Wohltätigkeit, der Dankbarkeit und des Mitleids. Zu den Rechtspflichten gehören nur jene sozialen Pflichten, deren Nichtbeachtung wie beispielsweise Verleumdung, Vertragsbruch, Diebstahl oder Tötung das menschliche Zusammenleben a priori unmöglich machen. Und sogar in diesem Bereich müssen die Rechtssubjekte keineswegs moralisch sein. Denn sie brauchen ihre Pflichten nicht frei anzuerkennen. Sie können sie aufgrund irgendwelcher Bestimmungsgründe, namentlich aus Angst vor Strafen, erfüllen. Daher leitet Kant das Prinzip des Rechts auch nicht aus dem Prinzip personaler Sittlichkeit, der Autonomie des individuellen Willens, vielmehr aus dem Begriff der reinen praktischen Vernunft ab – bezogen auf die soziale Grundsituation konkurrierender Handlungsfreiheiten.

Das Vernunftprinzip des Rechts gilt nicht bloß für die innere Verfassung eines Staates. Denn auch die Staaten leben zuerst (von Natur aus) in einem nichtrechtlichen Zustand miteinander, in dem das „Recht des Stärkeren" herrscht. Dieser Zustand eines mindestens tendenziellen Krieges unter den

Völkern wird erst durch eine weltweite Gemeinschaft der Staaten in einem „Völkerbund nach der Idee eines ursprünglichen gesellschaftlichen Vertrages" beendet (RL, § 54). Die Staatengemeinschaft soll also nicht die Form eines Weltstaates annehmen, der nur zum schrankenlosen Despotismus führen würde. Als Völkerbund hat er keine souveräne Gewalt, die es erlauben würde, sich in die inneren Angelegenheiten der Staaten einzumischen; doch schützt der Bund die Staaten gegen Angriffe von außen. Er beschränkt sich auf die Aufgabe, das höchste politische Gut, den wahren Frieden unter den Staaten, der ja nicht einfach vorhanden ist, zu stiften, um endlich „dem heillosen Kriegführen, worauf als den Hauptzweck bisher alle Staaten ohne Ausnahme ihre innere Anstalten gerichtet haben, ein Ende zu machen" (RL, § 62, Beschluß). Ein solcher Völkerbund hat die methodische Bedeutung eines Rechtsprinzips; er ist die „Vernunftidee einer *friedlichen,* wenn gleich noch nicht freundschaftlichen, durchgängigen Gemeinschaft aller Völker auf Erden" (ebd.). Nach dem Ersten Weltkrieg hat diese Idee Kants der Gründung des Völkerbundes und nach dem Zweiten Weltkrieg der der Vereinten Nationen Pate gestanden.

4.2 Geschichtsphilosophie: Kant hat die Geschichtserfahrung nicht einer ähnlichen Kritik unterzogen wie die Naturerfahrung und die sittliche Erfahrung, und zwar deshalb nicht, weil er – anders als Hegel – ihr nicht dieselbe prinzipielle Bedeutung zugebilligt hat. Doch finden sich in seinen mehr populären Beiträgen zur Geschichtsphilosophie die wesentlichen Grundelemente einer vernunftkritischen Geschichtstheorie. Ihr Gegenstand ist nicht die Geschichte von einzelnen Individuen, Gruppen oder Völkern; es ist die Weltgeschichte als Geschichte der ganzen menschlichen Gattung. Kants Grundfrage nach der Bedingung der Möglichkeit a priori lautet in bezug auf die Geschichte daher: „Durch welches Vernunftprinzip kann die Menschheitsgeschichte als insgesamt sinnvoll gedacht werden?" Nun erscheint die Geschichte dann als sinnvoll, wenn sie zur Begründung von Rechtsstaaten und ihrer internationalen Friedensgemeinschaft führt. Der Sinn der Geschichte liegt im Rechtsfortschritt der ganzen Menschheit. Damit greift Kant auf eine Grundidee der Aufklärung zurück, die des gattungsgeschichtlichen Fortschritts, und schränkt sie auf den Bereich des Rechts ein. Weil es in der Geschichte um äußere Ereignisse geht, kann ihr letzter Sinn auch nur in einem „äußeren" Fortschritt gesucht werden, im Fortschritt der Legalität bis hin zu einer weltweiten Rechtsgemeinschaft (von Kant auch weltbürgerliche Gesellschaft genannt). Er liegt nicht im „inneren" Fortschritt der Moralität bis hin zu einer sichtbaren Gemeinschaft nach Tugendgesetzen.

Den Rechtsfortschritt sieht Kant durch die menschliche Natur gesichert, die weder – wie bei Hobbes – letztlich durch Egoismus noch – wie bei Locke – durch einen Trieb der Geselligkeit, die vielmehr durch „die ungesellige Geselligkeit des Menschen" bestimmt sei (*Idee,* 4. Satz). Die Neigung des Menschen zur Vereinzelung treibe zur Entwicklung der Kultur, die Neigung zur Gesellschaft dagegen zur Stiftung von Rechts-(Friedens)verhältnissen, die zugleich die Bedingung kultureller Fortschritte seien. Zudem gibt es für Kant ein geschichtliches Ereignis, das das fundamentale Interesse der Menschen an der Einrichtung rechtsstaatlicher Verhältnisse beweise. Es ist die geradezu enthusiastische Teilnahme, die die Weltöffentlichkeit trotz damit verbundener politischer Gefahren der Französischen Revolution entgegenbrachte. So erkennt Kant noch vor dem französischen Historiker und Soziologen Tocqueville jene Grundtendenz der bis heute andauernden Epoche, daß die Völker trotz vielfältiger Widerstände und Rückschläge nach republikanischen Staatsformen streben.

5. Religionsphilosophie

In Übereinstimmung mit einer Grundüberzeugung der Aufklärung (vgl. Voltaire, Lessing, auch Rousseau) ist Kants Religionsphilosophie eine Fortsetzung seiner Moralphilosophie: „*Religion* ist (subjectiv betrachtet) das Erkenntnis aller unserer Pflichten als göttlicher Gebote." (*Die Religion innerhalb der Grenzen der bloßen Vernunft* [= Rel.], AA Bd. VI, S. 153)

Schon die *Kritik der reinen Vernunft* stellt einem bloß doktrinalen Glauben den moralischen Glauben gegenüber (B 855 f.) und entwirft eine philosophische Gotteserkenntnis (Theologie), die als Moraltheologie (B 842) vornehmlich in den Bereich der Ethik gehört. Zudem ist die Kritik der theoretischen Vernunft gegenüber der Religion nicht durch und durch negativ. Zwar verwirft sie jeden spekulativen Gottesbeweis: den physiko-teleologischen Beweis, der zu einer höchsten Ursache außer der Welt führe, den kosmologischen, der ein schlechthin notwendiges Wesen, und den ontologischen, der eine höchste Realität beweise. (Am berühmtesten ist jene Kritik am ontologischen Gottesbeweis, die die Grundvoraussetzung verwirft, die Existenz sei ein reales Prädikat.) Aber die erste Kritik zeigt auch, daß die Vorstellung Gottes keineswegs unsinnig ist. Indem die Idee Gottes als eine widerspruchsfrei denkbare Hypothese aufgewiesen und darüber hinaus gezeigt wird, daß die Gottesidee selbst im Zusammenhang der Gegenstandserkenntnis eine regulative Bedeutung hat, wird der Raum für eine moralische Begründung des Glaubens an Gott vorbereitet. „Ich mußte also das *Wissen* (von Gott, Freiheit und Unsterblichkeit. O.H.) aufheben, um zum Glauben Platz zu bekommen" (KrV, B XXX).

In der *Kritik der praktischen Vernunft* und in der Religionsschrift werden die Grundzüge der philosophischen Religionslehre näher entwickelt. Im Unterschied zu einer biblischen Theologie geht die philosophische (natürliche) Theologie nicht von einer Offenbarung, sondern von bloßen Prinzipien a priori aus; als Moraltheologie gründet sie im Begriff und Prinzip der Sittlichkeit. Allerdings geht die Moral vom Begriff des Menschen als eines freien, sich durch seine Vernunft selbst an unbedingte Gesetze bindenden Wesens aus. Insofern hat sie die Religion keineswegs nötig. Zur Begründung der Moral bedarf es weder der Idee Gottes als eines über dem Menschen stehenden Wesens noch einer anderen Triebfeder als des Sittengesetzes, etwa der Erwartung von Strafen oder Belohnungen im Jenseits; solche Triebfedern würden der Sittlichkeit nur Abbruch tun. Daraus folgt allerdings nicht, daß die Religion für die Moral überflüssig oder gar verwerflich sei. Denn die Vernunft muß sich auch fragen, was denn der Zweck des autonomen als des sittlichen Handelns sei. In diesem Zusammenhang bildet sie die Idee eines höchsten Gutes in der Welt: die Idee einer Übereinstimmung von Glückseligkeit und Glückswürdigkeit. Um diese Idee als möglich zu denken, muß man ,,ein höheres, moralisches, heiligstes und allervermögendes Wesen annehmen... Moral also führt unumgänglich zur Religion, wodurch sie sich zur Idee eines machthabenden moralischen Gesetzgebers außer dem Menschen erweitert, in dessen Willen dasjenige Endzweck (der Weltschöpfung) ist, was zugleich der Endzweck des Menschen sein kann und soll." (Rel., AA Bd. VI, S. 5f.)

So steht nach Kant die Moral zwar in einem notwendigen Verhältnis zur Religion: der Gottesbegriff ist ein unverzichtbares Postulat der autonomen Sittlichkeit. Doch bildet die Religion nicht die Grundlage, sondern die Folge der Moral. Während diese Leitvorstellung schon in der *Kritik der praktischen Vernunft* entwickelt wird, begründet die spätere Religionsschrift die genaueren Prinzipien eines (Moral-)Glaubens. Stillschweigend an Grundelementen des Christentums (wie der Lehre von der Erbsünde, von Jesus als Christus und von der Kirche) orientiert, untersucht sie in vier Teilen die Beziehung der Religion auf die menschliche, teils mit guten, teils mit bösen Anlagen behaftete Natur. Dabei geht Kant von der Hypothese einer möglichen Verständigung zwischen Vernunft und Schrift, zwischen philosophischer und biblischer Theologie aus (ebd., S. 13).

Schon der Titel des ersten Teils nennt die berühmte These *Von der Einwohnung des bösen Prinzips neben dem guten; oder über das radikale Böse in der menschlichen Natur*. Daß der Mensch ,,von Natur aus" böse sei – diese an die Lehre der Erbsünde erinnernde Teilthese bedeutet, daß die Bösartigkeit nicht nur für dieses oder jenes Individuum, sondern für die ganze Gattung gilt. Und das ,,radikale" Bösesein heißt nicht, daß der Mensch durch und durch, wohl aber, daß er wurzelhaft böse sei. Wie es eine vielfache Erfahrung (also nicht die bloße Vernunft!) zeige und daher einen förmlichen Beweis überflüssig mache, habe der Mensch nicht bloß natürliche, für sich genommen noch moralisch indifferente Neigungen, sondern auch den grundlegenden Hang, diese Neigungen zum letzten Bestimmungsgrund seines Tuns und Lassens zu machen. Damit handle er aber, obwohl er sich des moralischen Gesetzes bewußt sei, eben diesem Gesetz zuwider. Eine solche Auflehnung gegen das Sittengesetz bedeutet nicht bloß Gebrechlichkeit und Unlauterkeit, sondern sogar Bösartigkeit, nämlich den Hang, böse Maximen anzunehmen. Gleichwohl liege keine Bosheit vor, die das Böse als Böses zur Triebfeder mache, was nach Kant teuflisch wäre. Weil die Bösartigkeit als angeboren gilt, ist nicht bloß eine Besserung der Sitten, eine Disziplinierung der von Natur aus undisziplinierten Neigungen, sondern eine Revolution der Gesinnung notwendig.

Wegen des teils guten, teils bösen Prinzips kommt es – so der Titel des zweiten Teils – zum *Kampf des guten Prinzips mit dem bösen um die Herrschaft über den Menschen*. Für diesen Kampf gibt uns – Kants „Christologie" – die personifizierte Idee des guten Prinzips als „Menschheit in ihrer moralischen ganzen Vollkommenheit" das Beispiel und Vorbild ab. Damit wird das böse Prinzip zwar nicht völlig ausgerottet, doch wird seine Gewalt gebrochen.

Der dritte Teil *Vom Sieg des guten Prinzips über das böse und die Gründung eines Reiches Gottes auf Erden* fordert die Menschen auf, aus dem ethischen (nicht rechtlichen!) Naturzustand, „der unaufhörlichen Befehdung des guten Prinzips, das in jedem Menschen liegt, durch das Böse" (S. 97) herauszutreten und eine Gesellschaft nach zwangsfreien Tugendgesetzen (im Unterschied zu den mit Zwang verbundenen Rechtsgesetzen) zu errichten. Da die sittlichen Gebote auch die göttlichen Gebote sind, kann diese Gemeinschaft ebenso Volk Gottes genannt werden. Wie die reine Tugend so ist auch die Gemeinschaft nach Tugendgesetzen kein Gegenstand möglicher Erfahrung; sie existiert in der Form einer unsichtbaren Kirche. Kant verwirft zwar nicht jede sichtbare Kirche als versinnlichte Darstellung der Idee des Reiches Gottes auf Erden, wohl aber warnt er davor, die sinnliche Darstellung für die Sache selbst zu halten. Wie Kant nachdrücklich wiederholt, liegt der erste Grund aller wahren Religionen in der rein moralischen Gesetzgebung. Durch sie wird „der Wille Gottes ursprünglich in unser Herz geschrieben" (S. 104). Konsequenterweise kündigt sich die Annäherung des Reiches Gottes dadurch an, daß der bloße Kirchenglaube sich allmählich in einen reinen Vernunftglauben, den moralischen Religionsglauben, verwandelt.

Vom Dienst und Afterdienst unter der Herrschaft des guten Prinzips, oder Von Religion und Pfaffentum schließlich teilt – wie ähnlich schon Rousseaus *Gesellschaftsvertrag,* Kap. IV 8 – alle Religionen in die der Gunstbewerbung (des bloßen Kultus durch Satzungen und Observanzen) und die moralische Religion des guten Lebenswandels ein. Alle religiös opportunistischen Absichten, die – von der moralischen Gesinnung abweichend – auf das Wohlgefallen Gottes und seine Gnadenwirkung spekulieren, werden verworfen.

Die der Kantischen Moraltheologie angemessene hermeneutische Maxime fordert, die Aussagen der Bibel im Sinne moralischer Sätze zu interpretieren, wodurch die christliche Religion letztlich zur natürlichen, gleichwohl geoffenbarten Religion würde: zu einer Religion, auf die „die Menschen durch den bloßen Gebrauch ihrer Vernunft ... von selbst hätten kommen *können* und *sollen*" (S. 155).

6. Kritik der Urteilskraft

Die Philosophie zerfällt für Kant in die beiden Hauptteile der Natur- und der Moralphilosophie (einschließlich der Rechts-, Geschichts- und Religionsphilosophie). Während jene die Gesetzgebung durch Naturbegriffe des reinen Verstandes untersucht, erörtert diese die Gesetzgebung durch den Freiheitsbegriff der reinen Vernunft; nur im Bereich des Praktischen ist die Vernunft gesetzgebend. Beide Bereiche dürfen aber nicht unverbunden nebeneinander stehen, damit die Moral jene Einwirkung auf die Sinnenwelt verwirklichen kann, die ihr durch die Freiheitsgesetze aufgegeben ist. Um die Kluft zwischen Theorie und (moralischer) Praxis zu überwinden, ist eine Vermittlung gesucht. Kant glaubt sie in der (reflektierenden) Urteilskraft als dem Mittelglied zwischen Verstand und Vernunft gefunden zu haben. Ihre Bedingungen der Möglichkeit a priori untersucht die *Kritik der Urteilskraft* (= UK).

Dieser dritte Hauptteil der kritischen Transzendentalphilosophie hat eine doppelte, eine systematische und eine sachhaltige Bedeutung. Zum einen wird der Zusammenhang von theoretischer und praktischer Philosophie untersucht. Zum anderen wird dieser Zusammenhang durch ein drittes subjektives Vermögen hergestellt, das ebenfalls eine Leistung a priori erbringt, deren transzendentale Begründung daher zugleich die kritische Fundierung eines neuen Sachgebietes bedeutet. Das den Zusammenhang stiftende Vermögen hat zwei Grundformen: die ästhetische und die teleologische Urteilskraft. Die Analyse der Verbindung zwischen Natur- und Moralphilosophie setzt daher nicht nur einen systematischen Endpunkt für die transzendentale Kritik. Sie leistet ebenso die transzendentale Grundlegung von Geschmacks- und von (objektiven) Zweckmäßigkeitsurteilen; sie enthält auf der einen Seite die transzendentale Theorie des Schönen, des Erhabenen, der Kunst und des Genies und auf der anderen Seite die transzendentale Theorie für die Welt des Organischen (für die Forschungslogik der Biologie) und für die systematische Einheit aller Natur und Naturerkenntnis.

Den Hauptbegriff, die Urteilskraft, definiert Kant als „das Vermögen, das Besondere als enthalten unter dem Allgemeinen zu denken" (UK, Einleitung, Abschn. IV). Von den beiden Formen subsumiert die „bestimmende Urteilskraft" das Besondere unter das gegebene Allgemeine (als Regel, Prinzip oder Gesetz). Die „reflektierende Urteilskraft" dagegen soll zum gegebenen Besonderen das Allgemeine finden. Die dritte Kritik untersucht nun, wie die reine reflektierende Urteilskraft etwas, das aus der Sinnlichkeit gegeben ist, kraft subjektiver Spontaneität unter eine Bestimmung bringt, die allgemein und a priori gültig ist. Darin liegt die große Systembedeutung der dritten Kritik, daß hier die Möglichkeit der Verknüpfung zweier heterogener Glieder: der Sinnlichkeit mit der Spontaneität, und somit die Möglichkeit der Verbindung von Natur und Moral zum Gegenstand transzendentaler Reflexion gemacht wird.

Da der bestimmenden Urteilskraft das Gesetz, nämlich das jeweilige Allgemeine, vorgegeben ist, braucht es zu ihrer Möglichkeit keines weiteren Gesetzes. Jedoch bedarf die reflektierende Urteilskraft „eines Prinzips, welches sie nicht von der Erfahrung entlehnen kann, weil es eben die Einheit aller empirischen Prinzipien unter gleichfalls empirischen, aber höheren Prinzipien und also die Möglichkeit der systematischen Unterordnung derselben untereinander begründen soll. Ein solches transzendentales Prinzip kann also die reflektierende Urteilskraft sich nur selbst als Gesetz geben, nicht anderwärts hernehmen (weil sie sonst bestimmende Urteilskraft sein würde), noch der Natur vorschreiben" (ebd.). Der Begriff a priori der reflektierenden Urteilskraft, der zugleich die Vermittlung zwischen Natur und Freiheit leistet, ist die Zweckmäßigkeit. Für sie kennt Kant zwei Grundformen: die formale und subjektive Zweckmäßigkeit der ästhetischen Vorstellung und die objektive und materiale Zweckmäßigkeit der logischen Vorstellung der Naturzweckmäßigkeit.

Der erste Hauptteil der Schrift, die *Kritik der ästhetischen Urteilskraft,* zeigt, daß die ästhetische Einstellung des Subjekts zum Objekt von der theoretischen und der praktischen Einstellung verschieden ist und keineswegs auf eine der beiden zurückgeführt werden kann. Über den Begriff der ihr entsprechenden Geschmacksurteile gab es in der Aufklärungsphilosophie eine weitgefächerte Diskussion. Kant wendet sich gegen die drei Hauptpositionen. Er lehnt die rationalistische Ästhetik von A. G. Baumgarten ab, nach der die Geschmacksurteile eine (freilich niedere) Form des Erkennens sind; er kritisiert die an phänomenologischem Material reiche sensualistische Ästhetik von E. Burke, nach der den Geschmacksurteilen ein bloßes Gefühl zugrunde liegt, schließlich auch die empiristische Ästhetik, nach der die ästhetischen Urteile letztlich bloß auf Konvention und Gewohnheit beruhen. Nach Kant werden in den ästhetischen Urteilen (des Schönen und des Erhabenen) Dinge nach einer Regel, aber nicht nach Begriffen beurteilt.

Die *Analytik des Schönen* gibt am Leitfaden der „Titel" Qualität, Quantität, Relation und Modalität eine vierfache Bestimmung des Schönen. Der Qualität nach handelt es sich um ein interesseloses oder freies Wohlgefallen (beim Häßlichen: um ein Mißfallen); wir halten Gegenstände für schön, wenn sie – ohne Rücksicht auf Begriffe oder auf Empfindungen des Angenehmen – für sich selbst gefallen. Obwohl die Beurteilung einer Sache als schön oder häßlich ohne Begriffe vorgenommen wird, kann sie doch der Quantität nach allgemeingültig sein; denn zugrunde liegt ein freies Spiel der Erkenntnisvermögen, das gemeinsamen Regeln folgt. Der Relation nach geht es um die Form der Zweckmäßigkeit; schön ist etwas, bei dem sich alles einzelne „zweckmäßig" in das Ganze einfügt, ohne daß das Ganze noch einen weitergehenden Zweck hätte. Der Modalität nach schließlich kann ein Geschmacksurteil nur unter der Voraussetzung gefällt werden, daß es einen Gemeinsinn gibt, woraus Kant folgert: „Schön ist, was ohne Begriff als Gegenstand eines notwendigen Wohlgefallens erkannt wird." (UK, AA Bd. V, S. 240)

Beim zweiten Gesichtspunkt der Geschmacksurteile, dem Erhabenen, geht es um die Erfahrung des schlechthin Größten. Angesichts besonderer Naturerfahrungen, zum Beispiel bei einem Gewitter, einem Vulkanausbruch oder dem Anblick des Ozeans, empfindet der Mensch die Natur als übermächtige Gewalt, ohne vor ihr Angst zu haben. Damit erfährt sich der Mensch als der äußeren Natur überlegen; er fühlt sich als ein sittliches Wesen, das sich sogar mit der allgewaltigen Natur messen kann.

Der zweite Hauptteil, die *Kritik der teleologischen Urteilskraft,* untersucht die

Zweckmäßigkeitsurteile in den Naturwissenschaften. Hier ist der Zweckbegriff eine notwendige, freilich bloß regulative Idee, die – anders als die konstitutiven Begriffe, die Kategorien – keine objektiv gültige Erkenntnis des Gegenstandes erbringt. Für die Naturwissenschaften ist der Zweckbegriff in doppelter Hinsicht notwendig. Er ist zunächst erforderlich, um organische Prozesse vollständig zu begreifen. Denn nach Kant lassen sich Pflanzen und Tiere nur dann sinnvoll verstehen, wenn man sie nicht allein in mechanischen Begriffen, sondern auch als zweckorientierte Prozesse auffaßt. Das Lebendige werde als Lebendiges nur dann einsichtig, wenn es – kraft der reflektierenden Urteilskraft – unter Gesichtspunkten von Organisation, System und Reproduktion betrachtet wird. Der notwendige, gleichwohl nur regulative Charakter des Zweckmäßigkeitsbegriffs ermöglicht es, diese teleologische Begrifflichkeit ohne Widerspruch zusammen mit einer mechanischen zu verwenden, also einerseits die mechanische Verfassung der gesamten Natur zu behaupten und andererseits für die Welt des Organischen zusätzlich Beurteilungsprinzipien zu wählen, die der Idee von Zwecken verpflichtet sind.

Der Zweckbegriff ist weiterhin notwendig, um zu verstehen, daß die Wissenschaftler nicht nur nach neuen Phänomenen, sondern auch nach einem durchgängigen Zusammenhang der empirischen Erkenntnis forschen, daß sie also trotz der schier unübersehbaren Mannigfaltigkeit der Naturprozesse nach Gemeinsamkeiten in Form empirischer Gesetze und nach der Gemeinsamkeit von Gesetzen in Form einer systematischen Theorie suchen. Dabei lassen sie sich von methodischen Prinzipien leiten wie zum Beispiel: „die Natur nimmt den kürzesten Weg ...; ihre große Mannigfaltigkeit in empirischen Gesetzen ist gleichwohl Einheit unter wenigen Prinzipien (principia praeter necessitatem non sunt multiplicanda)" (UK, Einleitung, Abschn. V). Es ist die a priori gültige Idee der Zweckmäßigkeit, die die Natur als systematisch verfaßt denkt und sie beurteilt, „als ob" sie eine durchgängige Einheit bilde.

III. Wirkung

Kant hat die wesentlichen Probleme des neuzeitlichen Denkens, die bis dahin in teils sich ignorierenden, teils sich befehdenden Richtungen entfaltet worden waren, auf eine höhere Stufe der Reflexion gebracht und unter gemeinsamen Prinzipien zu lösen gesucht. Seine revolutionäre Neubehandlung der verschiedensten Bereiche des Denkens haben die philosophische Diskussion seitdem beherrscht und ihre Entwicklung bis in die Gegenwart hinein bestimmt. Dabei sind sich seine Nachfolger keineswegs darüber einig, worin die genaue Leistung Kants besteht und in welcher Richtung sein Denken fortzuentwickeln sei. Mehr noch: die Geschichte der Fortwirkung Kants liest sich in wesentlichen Teilen als Geschichte schöpferischer Mißverständnisse.

Zunächst erfährt Kants kritische Philosophie eine rasche Rezeption und häufig – neben mancherlei satirischer Polemik (etwa F. Nicolai) – eine geradezu enthusiastische Zustimmung. 1785/86, kaum fünf Jahre nach der ersten Auflage der *Kritik der reinen Vernunft*, erschienen gleich drei bedeutende Werke, die zeigen, wie schnell sich Kants Philosophie durchgesetzt hat: C. Chr. E. Schmids *Kritik der reinen Vernunft im Grundrisse zu Vorlesungen nebst einem Wörterbuche zum leichtern Gebrauch der kantischen Schriften,* Joh. Schultzes *Erläuterungen über des Herrn Professor Kant Kritik der reinen Vernunft* und Karl Reinholds *Briefe über die Kantische Philosophie.* Die starke Begeisterung über die neue Denkart schlägt sich in einem Brief Jean Pauls nieder, der einem Freund rät: „Kaufen Sie um Himmels willen zwei Bücher: Kants Grundlegung zu einer Metaphysik der Sitten und Kants praktische Vernunft. Kant ist kein Licht der Welt, sondern ein strahlendes Sonnensystem auf einmal." (13. 7. 1788) Ein eigenes Kant-Kolloquium findet 1798 in Paris statt, wo Wilhelm von Humboldt die neue Philosophie vorstellt. Auch die gelehrte Welt der Niederlande und Großbritanniens setzt sich mit Kant auseinander; und in Deutschland gibt es am Ende der neunziger Jahre kaum noch eine Universität, an der nicht Kants Philosophie gelehrt wird. Allerdings melden sich auch gewichtige Kritiker zu Wort, unter denen J. G. Hamann (*Metakritik über den Purismus der Vernunft,* 1784, veröffentlicht 1800) und J. G. Herder *(Verstand und Erfahrung, Vernunft und Sprache. Eine Metakritik zur Kritik der reinen Vernunft,* 1789) hervorragen.

Der erste, der ausdrücklich Kant nicht nur zu deuten oder zu kritisieren, vielmehr zu vollenden unternimmt, ist Fichte, mit dem der spekulative Idealismus, auch *Deutscher Idealismus* genannt, beginnt. Fichte greift die Idee der kopernikanischen Wende aus der ersten, das Prinzip Freiheit aus der zweiten und das Systeminteresse aus der dritten Kritik auf, wirft jedoch Kant vor, daß er in der theoretischen Philosophie die reinen Verstandesbegriffe, die Kategorien, und in der praktischen Philosophie die Moralität nicht wirklich deduziert habe. Zudem kenne Kant drei Letztbegriffe: die sinnliche Erfahrung, die moralische Welt und die Urteilskraft. In einer Radikalisierung der Kritik, die auch die Grundvoraussetzungen in die Prüfung mit einbezieht, und im Bemühen um eine wirkliche Letztbegründung, die zugleich den Zusammenhang des theoretischen und des praktischen Wissens aus einem Prinzip verständlich machen soll, sucht Fichte nach dem höchsten Einheitspunkt von Wissen überhaupt. Bei Fichte, dann auch bei Schelling und Hegel, ist die Philosophie wesentlich Systemphilosophie, die alle Gebiete des Wissens: Natur und Geist, Theorie und Praxis, aus einer gemeinsamen Wurzel zu entfalten sucht. Bei Fichte kommt allerdings – wogegen Schelling in seinen genialen Frühwerken Stellung nimmt – die Theorie einer neben dem Geist gleichrangigen Natur zu kurz.

Schon bei Fichte und Schelling, schließlich bei Hegel erhält die Dialektik im Unterschied zu Kant eine stärker positive Bedeutung. Denn nach einer Grundthese des Deutschen Idealismus führt das Denken des Absoluten mit seinen Totalitätsbegriffen nicht von selbst und notwendig zu unauflösbaren Widersprüchen. Um aber die Totalitätsbegriffe positiv zu denken, ist die Methode der Dialektik vonnöten. – Während Fichtes erste Schrift *Versuch einer Kritik aller Offenbarung* (1792) bei Kant große Anerkennung findet, wird sein System der Philosophie, die Wissenschaftslehre, in einer öffentlichen Erklärung Kants verworfen (7. 8. 1799). Daraufhin schreibt Fichte an Schelling, daß Kants Philosophie, nicht im Fichteschen Sinn aufgefaßt, „totaler Unsinn" sei. So verbindet sich mit der Entfaltung des Deutschen Idealismus eine Abwertung Kants. Schelling sieht in Kant nur die „Morgenröte der Philosophie", nicht ihre Erfüllung, die er im Wettstreit mit Fichte, später auch mit Hegel zu geben sucht.

Hegel verwirft schon in seiner frühen Abhandlung *Glauben und Wissen* (1802/03) nicht nur die Position Kants, sondern auch die Fichtes und überhaupt jede Reflexionsphilosophie, an deren Stelle die neue, die spekulative Philosophie des Geistes treten solle. Für sie gilt der nichtkritizistische Grundsatz: „Das verschlossene Wesen des Universums hat keine Kraft in sich, welche dem Mute des Erkennens Widerstand leisten könnte." In seiner Philosophie verbindet Hegel den Grundgedanken des absoluten Geistes mit dem der Geschichtlichkeit. Dadurch erhält jenes Stichwort einen zentralen Rang im europäischen Denken, das schon in der vorkritischen Naturphilosophie Kants, dann vor allem in der weiteren Entwicklung von Fichte und Schelling Bedeutung erlangte. – Von Kant stark beeinflußt sind auch Hölderlin, der große Anreger für Schelling und Hegel, dann Schiller, namentlich mit seinen Briefen *Über die ästhetische Erziehung des Menschen* (1795), sowie Kleist, dessen *Prinz Friedrich von Homburg* (1810, veröffentlicht 1821) Grundgedanken Kantischer Rechtsphilosophie in Dramenform darstellt.

Der amerikanische *Pragmatismus* (z. B. Peirce) und der *logische Empirismus* (Positivismus) verstehen Kant nicht als Neubegründer einer Metaphysik, sondern wesentlich als Metaphysikkritiker. Daher greifen sie die erkenntniskritische und wissenschaftstheoretische Seite Kants auf und radikalisieren deren Ergebnisse. So wird die Möglichkeit von synthetischen Urteilen a priori verworfen, was zu einer von Kant verschiedenen, bloß empirisch-analytischen Wissenschaftstheorie führt. Ebenso wie später der kritische Rationalismus von K. Popper sind der Pragmatismus und der Empirismus der Grundtendenz des Kantischen Kritizismus verpflichtet, Täuschungen, Fehler und Irrtümer auszuräumen. Allerdings wird diese Intention weniger wie bei Kant gegenüber der Fundamentalphilosophie als gegenüber den Wissenschaften, insbesondere den Naturwissenschaften, angewendet. Seitdem gelten die Naturwissenschaften als prinzipiell irrtumsfähig (fallibel): Die Gemeinschaft der Wissenschaftler forscht nach der Wahrheit, ohne sich ihrer je sicher sein zu können. So wird der Kritizismus in der spekulativ verflachten Form des Fallibilismus zu einem Grundelement der modernen Wissenschaftstheorie.

Der *Neukantianismus,* der die Philosophie in Deutschland etwa zwischen 1870 und 1920 beherrscht, sucht eine streng wissenschaftliche Philosophie durch ein „Zurück zu Kant!" (Otto Liebmann, *Kant und die Epigonen,* 1865). Zu seinen Vertretern gehören nicht nur die wichtigsten Philosophen und Philosophiehistoriker dieser Zeit: Kuno Fischer, Hans Vaihinger, Hermann Cohen, Paul Natorp, Ernst Cassirer, Heinrich Rickert und Leonard Nelson, sondern auch bedeutende Naturwissenschaftler, allen voran der Physiker Hermann von Helmholtz (1821-94). In Form einer Erkenntnistheorie vertritt der Neukantianismus die Philosophie als Grundlegungsdisziplin der Wissenschaften, der exakten Naturwissenschaften ebenso wie der Geisteswissenschaften.

Kants Intention, die ,,Philosophie als strenge Wissenschaft" zu begründen, wird auch von Husserl aufgegriffen, dem Begründer der neueren Phänomenologie. Husserl dehnt die transzendentale Geltungsfrage über die Wissenschaften hinaus auf jede ,,Welterfahrung" aus. In der Form streng ausgewiesener, alle Zweifelsmöglichkeiten ausschließender apriorischer Evidenzen sucht er eine umfassende Analyse der apriorischen Strukturen des Bewußtseins, sofern es Gegenständlichkeit möglich macht.

Heidegger hat seine Philosophie zwar nicht unter den Titel einer Transzendentalphilosophie gestellt; doch haben seine phänomenologischen Analysen (etwa in *Sein und Zeit*) einen transzendentalen Charakter. Zudem hat Heidegger mehrere seiner systematischen Werke in kritischer Auseinandersetzung mit Texten Kants geschrieben.

Bedeutsam ist der Einfluß Kants auch auf Schopenhauer, Nietzsche und Freud, auf französische Kantianer wie C. Renouvier, O. Hamelin und L. Brunschvicg, auf die Neuscholastik seit J. Maréchal, auf Nicolai Hartmann, auf Jaspers und auf Wittgenstein. In der Gegenwart läßt sich besonders in der analytischen Philosophie eine intensive Hinwendung zu Kants Transzendentalphilosophie, vor allem zur *Kritik der reinen Vernunft*, beobachten. Zugleich zeigt sich hier eine gewisse Konvergenz zweier für lange Zeit neben- und gegeneinander laufender Traditionen des Philosophierens: des im englischen Sprachraum vorherrschenden empirisch-analytischen Denkens mit der kontinentalen Diskussion. In der namentlich durch Strawson initiierten Renaissance der Transzendentalphilosophie unter analytischen Vorzeichen werden die Struktur und die Möglichkeit transzendentaler Argumente geprüft. Die Rehabilitierung Kants in der Ethik und Rechtsphilosophie ist dagegen weniger an der transzendentalen Methode als an den inhaltlichen Aussagen Kants orientiert. Das gilt ebenso für die im Anschluß an den kategorischen Imperativ vorgenommene Bestimmung des Prinzips der Verallgemeinerung als höchsten Moralkriteriums (Hare, Singer) wie für die sich auf Kants Begriff der Autonomie und ebenfalls auf den kategorischen Imperativ berufende Gerechtigkeitstheorie J. Rawls' (A *Theory of Justice*, 1971, dt. 1975).

Schon diese knappe Wirkungsgeschichte zeigt die überragende Bedeutung Kants. Ob er dabei verbessert oder aber produktiv mißverstanden wird: wie kaum ein anderer Klassiker der Philosophie wird Kant bis heute immer wieder neu als systematischer Gesprächspartner in Anspruch genommen.

Ludwig Siep

JOHANN GOTTLIEB FICHTE

(1762–1814)

„Kants unmittelbarer Nachfolger Fichte (1762–1814) verzichtete auf die ‚Dinge-an-sich' und trieb den Subjektivismus in einer Art auf die Spitze, die schon an Wahnsinn grenzt". Mit diesen Worten beginnen die 15 Zeilen, die Bertrand Russell in seiner *History of Western Philosophy*[1] der Philosophie Fichtes widmet. Noch heute dürfte Fichte in der angelsächsischen Welt kaum als Klassiker gelten. Ist er es?

Sicher dann, wenn man seinen Einfluß auf die Philosophie und die Dichtung seiner Zeit zum Maßstab macht oder wenn man die Nachwirkungen betrachtet, die seine Philosophie der „Selbstsetzung" des Ich auf Hegel, die junghegelianische „Philosophie der Tat", auf Marx, Lassalle, Teile des Neukantianismus (Cohen, Lask), auf Sartre und Heidegger hatte – nicht immer bewußte Nachwirkungen übrigens. Aber „klassisch" ist ein philosophischer Autor für eine spätere Zeit nur dann, wenn diese mit ihm in ihren eigenen Problemstellungen weiterkommt oder zumindest an der Gültigkeit ihrer Lösungen oder der Bedeutung ihrer Fragestellungen zweifeln lernt. Daß Fichte diesen Rang für die Gegenwartsphilosophie besitzt, soll vorweg an einer Frage angedeutet werden, die gerade durch Hermeneutik, Kommunikations- und Sprachphilosophie gleichermaßen obsolet geworden zu sein scheint: am Problem der Gewißheit.

Der Ursprung der neuzeitlichen Philosophie der Gewißheit *(certitudo)* ist ein theologischer: die persönliche Glaubensgewißheit als Ruhepunkt in der Krise eines kosmo-theologischen Weltbildes, das Bewußtsein religiöser „Erleuchtung", des direkten, von keiner Autorität verwalteten Zugangs zu Gottes Wort und seiner Gnade. Die Philosophie hat – das zeigen die *Meditationen* des Descartes – an diesen Ursprung des neuzeitlichen Selbstbewußtseins angeknüpft, ihn aber zugleich „entprivatisiert" und durch seine Verknüpfung mit der „objektiven" Methodik neuzeitlicher Wissenschaften „diszipliniert". Destruktion kirchlicher Autorität und Kontrolle „sektiererischer" Authentizität gehen bei ihrer Ausbildung Hand in Hand – Hobbes ist dafür ein Musterbeispiel. Trotzdem ist noch der späte Fichte überzeugt, daß „jeder, der der Gewißheit teilhaftig werden wolle, eben selber und in eigener Person das Gewisse denken müsse, und keinen anderen das Geschäft für sich könne verrichten lassen" (SW V, S. 438).[2]

Die Gegenwartsphilosophie scheint dagegen vom rein „intersubjektiven"

Sinn von Wahrheit und Wissen überzeugt zu sein. Wahrheit ist ein Resultat von Kommunikation, und Fundament wissenschaftlicher Theorien sind Aussagesätze, mittels derer ein ,,Sprecher" auf intersubjektiv identifizierbare Fakten verweist. Es geht um ,,Kontrollierbarkeit" statt um Gewißheit.

Aber ist es wirklich ein faktischer oder vorgestellter Dialog, der über meine Überzeugung von einer Sache entscheidet? Würde ich nicht auch in einem ,,idealen" Gespräch nur dem Argument zwingende Kraft zutrauen, das mir selber in einem ,,monologischen" Gedankengang als schlechthin zwingend einleuchtet? Ist nicht die Deutlichkeit, mit der mir meine eigenen Gedanken vor Augen stehen, die Klarheit, mit der ich mich – gelegentlich – selbst durchschaue, und die Sicherheit, mit der ich mich – in seltenen Fällen – entscheide, das ,,Paradigma" für Klarheit einer Sache und Entschiedenheit eines Urteils? Für Fichte hat Gewißheit etwas von dem alltäglichen ,,so wahr ich lebe" oder ,,so wahr ich ich bin". Das heißt nicht, daß sie auf einem unreflektierten Selbstgefühl beruhte. Gewißheit – auch über das eigene Selbst – setzt einen ,,Bildungsprozeß" voraus, in dem alle unreflektierten Gefühle und Urteile – private wie ,,öffentliche" – in Frage gestellt werden. Und doch gibt es die ,,objektivste" Gewißheit nur für mich – sie leuchtet *mir* ein; denn ein subjektloses Einleuchten gibt es nicht, auch kein Wissen ohne wissende Subjekte.

Mir scheint, die Frage, inwieweit Wissen mit Gewißheit und diese mit Subjektivität zusammenhängt, ist für die Philosophie nach wie vor ein wichtiges Thema. Schon wegen ihrer Aktualität für dieses Thema ist Fichtes Philosophie ,,klassisch".

I. Leben

Fichtes Leben ist durch zwei dramatische Wendepunkte charakterisiert: der erste ist der unerhörte Aufstieg eines unbekannten Hauslehrers und Kandidaten der Theologie zu dem (neben dem alternden Kant) berühmtesten deutschen Philosophen und zum Haupt des literarischen und politischen ,,Fortschritts". Der zweite ist der durch den ,,Atheismusstreit" erzwungene Weggang von Jena, mit dem der Einfluß Fichtes auf den ,,Zeitgeist" rapide schwindet und trotz aller Anstrengung nicht mehr zurückgewonnen werden kann. An diesem Abstieg hat sicher der Neid der Umgebung und der Widerstand religiös und politisch konservativer Kreise großen Anteil gehabt – aber auch Fichtes Charakter, der von ,,lutherischer" Aufrichtigkeit und Wahrheitsliebe sowie von ungestümem Stolz und missionarischem Eifer für seine Sache geprägt war. Das hatte zur Folge, daß Fichte in der letzten Phase seines Lebens in eine unablässige kämpferische Verteidigung seines Werkes verwickelt war, die dessen Vollendung in einer ihn selbst befriedigenden literarischen Form verhinderte.

Fichte wurde am 19. Mai 1762 in Rammenau in der Oberlausitz geboren. Er war das älteste von zehn Kindern eines kleinen Handwerkers, eines Bandmachers. Vom Dorfpfarrer und dann von einem Edelmann „entdeckt", erhält er eine überdurchschnittliche Ausbildung auf der Stadtschule von Meißen und der Fürstenschule in Pforta. Schon dort scheint er – ähnlich wie später Hegel, Schelling und Hölderlin im Tübinger Stift – den „Generationenkonflikt" zwischen Orthodoxie und Aufklärung erlebt zu haben („Wieland, Lessing, Goethe waren streng verboten"; vgl. *Fichte im Gespräch*, I, S. 16). Mit 18 Jahren beginnt Fichte in Jena Theologie zu studieren. Nach vierjährigen Studien in Jena, Wittenberg und Leipzig zwingt ihn seine finanzielle Lage und vielleicht auch seine Abneigung gegen das Pfarramt, ohne Examen die wechselvolle und bedrückende „Karriere" des Hauslehrers einzuschlagen – wie viele andere „Intellektuelle" der Zeit. Als Hauslehrer in Zürich (1788–1791) wird er mit Lavater und Pestalozzi bekannt. Im Hause eines wohlhabenden Bankiers lernt er seine spätere Frau, Johanna Rahn, kennen. Das Jahr 1790 bringt Fichte auch die für sein gesamtes Leben entscheidende geistige „Revolution":[3] die Entdeckung der Philosophie Kants. In dessen Geist verfaßt er seine erste philosophische Schrift, die *Kritik aller Offenbarung*, die er 1791 bei einem Besuch in Königsberg Kant präsentiert. Kant empfiehlt die Schrift zum Druck – obwohl er offenbar nur wenige Seiten darin gelesen hat. Da die „geistige Welt" auf ein Werk Kants zur Religionsphilosophie wartet, wird die außerhalb Königsbergs nur anonym erschienene Schrift ihm zugeschrieben (z. B. von Reinhold und Jean Paul). Als Kant dies korrigiert, ist Fichte mit einem Schlage eine Berühmtheit. Nur wenig später erregt seine Verteidigung der Französischen Revolution gegen Rehberg[4] *(Beiträge zur Berichtigung der Urteile des Publikums über die französische Revolution)* ebenfalls erhebliches Aufsehen. Obwohl Fichte darin weniger „jakobinisch" oder gar „sansculottisch" als vielmehr extrem individualistisch argumentiert (man braucht nur Gesetzen zu gehorchen, denen man selbst zugestimmt hat), zeugt es von Courage, daß der Weimarer Hof auf Anraten Goethes Fichte 1794 als Nachfolger des Kantianers Reinhold nach Jena beruft.

Dort ist Fichte im Mittelpunkt des geistigen Lebens deutscher Kultur. Für eine kurze Zeit scheint sein Ruhm selbst den Goethes und Schillers zu überstrahlen – was sich unter anderem in einem gewissen Neid der letzteren auf seine Verlegerhonorare geäußert haben soll (*Fichte im Gespräch*, I, S. 140). Für Friedrich Schlegel, der wie Novalis, Hölderlin und Schelling zu seinen Schülern zählt, markieren Fichtes 1794 erschienene *Wissenschaftslehre*, Goethes *Wilhelm Meister* und die Französische Revolution die „größten Tendenzen des Zeitalters". Fichtes Leben in Jena ist freilich trotz der Erfolge alles andere als harmonisch. Sein Versuch, die studentischen „Orden" (eine Art geheime Corps) aufzulösen, führt zu Aufruhr und vorübergehender Flucht aus Jena (Sommer 1795). Seine Zusammenarbeit mit Schiller endet in heftigem persönlichem und wissenschaftlichem Streit über Fragen der Ästhetik und der *Erziehung des Menschengeschlechts*. Und schließlich vertreibt ihn 1799 der sogenannte „Atheismusstreit" aus Jena. Eine Verleumdungskampagne, die sicher ebenso dem „Jakobiner" Fichte wie dem vermeintlichen Atheisten gilt, führt zu einer

Démarche des Kurfürsten von Sachsen beim Hof in Weimar. Goethes diplomatische Finessen werden von Fichte mit Geradlinigkeit und Arroganz zugleich durchkreuzt: Am Ende muß der Philosoph seine eigene Drohung wahrmachen und die Universität verlassen.

Er folgt Schlegel in das liberale Preußen und seine „aufgeklärte" Hauptstadt Berlin, wo er, vor allem in den literarisch-politischen Salons von Henriette Herz und Rahel Levin, als ein Verfolgter kirchlicher Orthodoxie und politischer Restauration willkommen ist. An gesellschaftlicher Anerkennung hat es Fichte während seiner Berliner Zeit (bis zu seinem Tode 1814) nicht gefehlt. Gleichwohl scheitern alle Versuche, seine Philosophie in die Praxis umzusetzen. Aus der Freimaurerloge, die er zum Instrument der Verbreitung der Wissenschaftslehre machen wollte, scheidet er nach heftigem Streit aus. In den Kriegen gegen Napoleon versucht er vergebens, die Position einer Art säkularisierten Feldpredigers zu erhalten (1806 und 1813). Und zweimal scheitern Pläne für eine grundlegende Universitätsreform: Der eine, im Jahre 1805 an der Universität Erlangen entwickelt, wird durch den Ausbruch des preußischfranzösischen Krieges obsolet. Der andere, sein Plan der neuen Universität zu Berlin (1807), als deren erster gewählter Rektor er amtiert (1810–1812), unterliegt den Vorstellungen Schleiermachers und Humboldts.

Wichtiger für sein philosophisches Schicksal ist indes, daß er in den Augen der Öffentlichkeit den Kampf gegen Schellings „Naturphilosophie" verliert. In den Jahren 1801 bis 1804 steigt Schellings Einfluß auf Dichtung, Naturwissenschaft und Philosophie immer mehr – und im gleichen Maße wird das öffentliche Interesse an Fichtes Wissenschaftslehre zurückgedrängt. Im vollen Mannesalter, mit 45 Jahren, hat Fichte den Ruf seines Werkes bereits überlebt. Daran ändert auch der Einfluß wenig, den Fichtes Privatvorlesungen auf die reformerischen Kräfte der preußischen Führung (Altenstein, Beyme, Schrötter) und während des gemeinsamen Königsberger Exils vielleicht auch auf den Hof selber gehabt haben. Nur einmal noch gelingt ihm eine nachhaltige Wirkung auf das öffentliche Bewußtsein: mit den *Reden an die deutsche Nation* (1807/08), die dem Widerstand gegen Napoleon und dem erwachenden nationalen Bewußtsein eine sprachphilosophische Begründung liefern. Während aber die zu Lebzeiten fast wirkungslose späte Wissenschaftslehre gerade in jüngster Zeit im Zentrum einer Art Fichte-Renaissance steht, haben die erfolgreichen *Reden* den Nachruhm des Philosophen eher verdunkelt – vor allem außerhalb Deutschlands. Daran ist freilich in erster Linie die Benutzung der Reden durch den deutschen Nationalismus des zwanzigsten Jahrhunderts schuld – ein Beispiel für den Mißbrauch eines „Klassikers" (vgl. Willms, 1967, S. 4f.). Denn Fichte verkündet weniger politischen Nationalismus als eine moralisch-kulturelle Sendung der Deutschen (einschließlich der Skandinavier). Zeitgenossen wie Goethe, Jean Paul und Tieck waren davon nicht unbeeindruckt – die Gegenwart ist hoffentlich darüber hinweg.

Fichte ist am 29. Januar 1814 in Berlin am Typhus gestorben, den seine Frau sich bei der Pflege von Soldaten in Berliner Lazaretten zugezogen hatte.

Johann Gottlieb Fichte (1762–1814)

II. Werk

1. Die Struktur des Wissens nach der frühen Wissenschaftslehre

Fichte nennt die Philosophie ,,Wissenschaftslehre". Und zwar deshalb, so erklärt seine Programmschrift *Über den Begriff der Wissenschaftslehre* zu Beginn der Tätigkeit in Jena, weil eine Analyse dessen, was Wissen und Wissenschaft bedeutet, ausreicht, um alle Streitigkeiten in der Philosophie zu beenden und sie selber zu einer Wissenschaft zu machen. (Kant hat deshalb gesagt, die Wissenschaftslehre müsse eigentlich ,,Wissenschaftswissenschaft" heißen, vgl. *Fichte im Gespräch*, I, S. 489). Die unter dem Titel ,,Wissenschaftslehre" veröffentlichten Schriften – und auch die meisten unveröffentlichten Vorlesungen zu diesem Thema – behandeln aber nur den allgemeinen, grundlegenden Teil der Philosophie. Doch sind auch Rechtsphilosophie und ,,Sittenlehre", Religions- und Naturphilosophie Teile der Wissenschaftslehre – der ,,besonderen" Wissenschaftslehre, wie Fichte das nennt. Nach den verschiedenen Bearbeitungen unterscheidet man zudem eine ,,frühe" (Jenaer) und eine ,,späte" (Berliner) Wissenschaftslehre, wobei die letztere eigentlich wieder in verschiedene Phasen zu unterteilen wäre (vgl. Guéroult, 1930; Verweyen, 1975; Brüggen, 1979).

Indessen hat Fichte nachhaltige Wirkungen in seiner Zeit und – sieht man von der jüngsten Fichte-Forschung ab – auch der ,,Nachwelt" nur mit der ersten Fassung ausgeübt, der *Grundlage der gesamten Wissenschaftslehre* von 1794, sowie mit den sie ausführenden und erläuternden Schriften der ersten Jenaer Jahre. Auf sie konzentrieren sich im wesentlichen die folgenden Darstellungen.

Im Mittelpunkt der frühen Wissenschaftslehre steht der Begriff des ,,Ich". Auf die Spontaneität, die Einheit und die Selbstgewißheit des Ich soll alles Wissen gegründet werden. Aber genau an diesem Begriff haben sich die Mißverständnisse entzündet: Von Reinhold, dem berühmtesten ,,Kantianer" vor Fichte, über den Dichter Jean Paul bis zu Bertrand Russell und anderen analytischen Philosophen wurde dieses ,,Ich" als das Bewußtsein individueller (,,natürlicher") Personen verstanden. Wenn dieses Bewußtsein sich selbst, seine Vorstellungen über die Welt *und* deren Realität hervorbringen soll, dann kann man den Fichteschen Idealismus bzw. ,,Subjektivismus" in der Tat nur als ,,Wahnsinn" beurteilen. Fichte selbst hat dieses Mißverständnis von Anfang an heftig bekämpft – in immer gereizterem und ungeduldigerem Ton (vgl. etwa sein Antwortschreiben an Reinhold, SW II, S. 509). Das Ich soll nicht nur eine allgemeine Struktur des Selbstbewußtseins eines jeden sein – so wie etwa Räumlichkeit eine allgemeine Struktur unseres Anschauens ist –, sondern auch gerade eine solche, bei der von Individualität abgesehen werden kann. Dies entspricht sicher nicht dem gewöhnlichen Sprachgebrauch, in dem das Wort ,,Ich" in der Regel zur Selbstidentifikation eines Individuums gegenüber anderen dient. Auch dieser individuelle Ich-Begriff spielt in Fichtes Philosophie eine wichtige Rolle, aber er darf nicht verwechselt werden mit dem „transzendentalen" Ich, das die Bedingung der Möglichkeit alles Wissens sein soll. Fichtes Philosophie ist in erster Linie eine Theorie des Wissens und der Wissenschaft – nicht des Selbstbewußtseins. Selbstbewußtsein wird in ihr als Ursprung und Bedingung des Wissens erörtert. „Wissen" allerdings ist bei Fichte ein weiterer Begriff als derjenige, den wir heute meist verwenden: Er bezeichnet alle „von dem Gefühle der Notwendigkeit begleiteten Vorstellungen" (vgl. SW I, S. 423; GA I/4, S. 186). Dazu gehören z. B. auch Gewissensbefehle hinsichtlich unserer moralischen Pflichten. Um die Erklärung dieser Notwendigkeit geht es in der Wissenschaftslehre – aber nicht um psychologische, sondern um transzendentallogische Erklärung.

Was sind nun die grundlegenden Merkmale dessen, was wir „Wissen" nennen, im Unterschied zu materiellen Gegenständen, lebenden Wesen, Zahlen – kurz zu allem, dem wir Wissen absprechen, obgleich wir ihm „Sein" zusprechen? Nach Fichte sind Spontaneität, Selbstbezug und Einheit diese Merkmale. Das ist zunächst nichts grundsätzlich Neues: Als *enérgeia, actus,* Tätigkeit war Wissen bzw. Einsehen schon in der philosophischen Tradition seit den Griechen bestimmt worden.[5] Es ist eine Tätigkeit, die von keinerlei außer dem Wissen liegenden Prozessen in der Weise bestimmt wird, wie eine natürliche (mechanische, chemische usw.) Wirkung von ihrer Ursache. Das gilt auch, wenn man annimmt, daß dem menschlichen Denken Gehirnprozesse entsprechen, ohne die es in einem Individuum nicht vollzogen werden kann, oder daß unser Denken oft durch Wünsche, Interessen, soziale Prägungen usw. auf bestimmte Gegenstände und vielleicht auch in die Richtung bestimmter Antworten gezogen wird. Solange man so etwas wie Wissen und Wissenschaft für möglich hält, muß man davon ausgehen, daß man Gedankengänge (z. B. Beweise) frei in sich erzeugen, „durchlaufen" und sich von den dabei ergebenden notwendigen Zusammenhängen zu Ergebnissen führen lassen kann. Wissen bringt sich in gewisser Weise selbst hervor, es entsteht „spontan", aus sich selbst. Dabei kann zunächst noch offenbleiben, ob solche Spontaneität jemals „rein" vorkommt, ohne Einwirkung von außerhalb des Wissens, ohne Passivität.

Wie steht es aber mit der „Notwendigkeit" der Zusammenhänge des Wissens? Auch sie kann nicht ohne weiteres auf eine außer dem Wissen vorhandene Ordnung der Dinge – etwa des Nebeneinander, Nacheinander und „Wegen-einander" – zurückgeführt werden. Denn wie sähe diese Ordnung aus, wenn man von der unterscheidenden und zusammenfassenden Tätigkeit des Wissens abstrahierte? Für wen stünde dieses in dieser bestimmten Relation zu jenem? Wer würde den jetzigen Zustand vergleichen können mit dem vormaligen? Es ist kein idealistischer Hochmut, wenn man, wie Fichte, behauptet, man könne von der Welt, ihrer Ordnung, ihrer objektiven Realität usw. immer nur insoweit sprechen, als diese Ordnung „für uns" besteht und durch unser Wissen hervorgebracht wird. Das heißt nicht, daß es die Welt ohne

Wissen nicht „gibt" oder daß sie vor der Menschheit nicht da war – es heißt nur, daß wir auch über eine Welt ohne Menschen nur reden können in Begriffen und Zusammenhängen, die aus unserem Wissen stammen und die uns insofern, wie Fichte sagt, zu dieser Welt „hinzudenken". Daß erst im Wissen die uns bekannte Ordnung der Welt entsteht, setzt aber voraus, daß im Wissen Ordnungsprinzipien liegen, daß das Wissen, wie Fichte sagt, ein „System" enthält. Das Wissen mag ein Unterscheiden und Entgegensetzen von Gegenständen, Begriffen, Zeichen sein – „Wissen" ist es nur, wenn es dabei Zusammenhänge entdeckt, wenn es Einheiten stiftet, Regeln aufstellt, Gesetze formuliert, die einheitlich „für alle x" gelten und die unter höheren Gesetzen zusammengefaßt werden können.

Nun ist Wissen selber nicht etwas, das zuerst da wäre und dann zu „ordnen" begänne. Es ist vielmehr eine in spontanen Denktätigkeiten entstehende Ordnung, eine sich hervorbringende Einheit von Unterschieden. Der Grund dieser Einheit aber kann ebensowenig wie der seiner Tätigkeit bzw. Wirklichkeit außerhalb seiner selbst liegen. Doch gibt es „werdende" Einheiten nicht auch außerhalb des Wissens, im organischen Wachstum etwa oder in Prozessen der Evolution? Was ist das Spezifische an der werdenden Einheit des Wissens? Fichte antwortet: daß sie eine Einheit „für sich" ist. Das aber kann sie nur, weil die spontane, unterscheidend vereinigende Tätigkeit „für sich" ist, sich selbst unmittelbar präsent ist, sich zu sich selbst verhält. Damit haben wir den dritten Grundzug des Wissens, seinen Selbstbezug, das dem „Sein" fehlende, aber von keinem Wissen wegzudenkende „für sich".

Wie verhält sich dieser dritte Grundzug zu den ersten beiden? Schon Kant hatte zwischen der Einheit des Wissens und seinem Selbstbezug eine enge Verbindung hergestellt. Die Lehre von der transzendentalen Apperzeption besagte, daß die Einheit unserer Vorstellungen letztlich auf das „Ich denke" zurückgeht, das alle meine Vorstellungen „muß begleiten können".[6] Nur weil sie „meine" sind, sind sie verbunden – aber nicht, weil sie diesem denkenden Individuum angehören, sondern weil das Vorstellen sich bei jeder Vorstellung selber mit vorstellen kann. Fichte hat diesen Gedanken aufgenommen. Aber bei ihm sind die Grundzüge der Kantischen transzendentalen Apperzeption noch enger miteinander verbunden: Wissen beruht auf einer sich als Selbstverhältnis tätig hervorbringenden Einheit. Dieses Prinzip alles Wissens, das die untrennbare Einheit dreier Grundzüge ist – Spontaneität, Einheit, Selbstpräsenz – nennt Fichte „Ich". Es ist nicht das Bewußtsein seiner selbst, das jeder von uns im „Wachzustand" jederzeit hat. Dies nennt Fichte das „empirische Ich". Das Ich, mit dessen „Sich-Setzen" die Wissenschaftslehre beginnt, ist vielmehr ein transzendentales Prinzip.

Was bedeutet das? Transzendentalität ist nicht etwas, was über die diesseitige, endliche Welt hinaus ist („Transzendenz"), sondern die Bedingung dafür, daß es ein Denken, Sprechen, Wissen von der Welt und ein Zwecke verfolgendes Handeln in ihr geben kann. Dies ist schon ein Grundzug der mittelalterlichen Transzendentalienlehre: Ohne „Seiendes", ohne unterscheidbares „Etwas", ohne „Wahrheit" und ohne etwas, das man zu erreichen suchen kann *(bonum)*, gäbe es kein Denken, kein Handeln, keine menschliche Wirklichkeit. Kant hatte diese transzendentalen Bedingungen in der notwendigen Beschaffenheit der menschlichen Vernunft aufgesucht, in ihren raumzeitlichen Anschauungsformen, ihren Formen des Verknüpfens von Begriffen und Eindrücken usw. Diese Verknüpfungsformen sind im Denken normalerweise „am Werk", ohne selber Gegenstand des Bewußtseins zu sein. Wir denken kausal, ohne über Kausalität nachzudenken, wir sehen Dinge nebeneinander, ohne uns über die Räumlichkeit unseres Anschauens Gedanken zu machen. Es ist auch fraglich, ob wir uns diese Formen jemals ohne „Anwendung" rein als solche vorstellen können – etwa den Raum ohne geometrische Figuren. Insofern kann man diese Aktivitäten der Vernunft „bewußtlos" nennen. Man muß auf sie zurückgehen, um etwas zu erklären, an dem man nicht sinnvollerweise zweifeln kann, ohne daß es von sich her verständlich wäre.

Diese Form des Erklärens heißt noch heute „transzendentales Argumentieren". Allerdings unterscheiden sich „transcendental arguments" in der analytischen Philosophie[7] oder auch transzendentale Überlegungen in der kritischen Theorie dadurch von der Transzendentalphilosophie Kants und Fichtes, daß die aufgestellten transzendentalen Bedingungen in diesen neueren Theorien nicht „a priori", d. h. unabhängig von aller über die Sinne in Raum und Zeit eingeholten Erfahrungen gültig und gewiß sein müssen. Bezüglich dieser Gewißheitsforderung – und damit kommen wir zum transzendentalen Prinzip des Ich zurück – stellt Fichte noch höhere Ansprüche als Kant. Er verknüpft nämlich die transzendentale Methode mit den Forderungen des Rationalismus seit Descartes und Spinoza, alles Wissen auf ein durch sich selbst begründetes und unbezweifelbar evidentes Prinzip zu begründen. Diese Vereinigung zweier Methoden hat dem Verständnis der ersten Wissenschaftslehre große Schwierigkeiten bereitet: Fichte geht in den drei obersten Grundsätzen seiner Wissenschaftslehre zugleich von mehreren transzendentalen Bewußtseinshandlungen (Setzen, Entgegensetzen, durch Gegensatz bestimmbar Setzen) aus, die alle in zumindest einer Hinsicht unbedingt, durch nichts mehr zu erklären und zu begründen sind, und von *einem* absoluten Prinzip, d. h. der Formulierung eines aus sich selbst evidenten Grundsatzes über die erste, in jeder Hinsicht unbedingte unter diesen Tätigkeiten. Von diesem Prinzip (dem „Ich bin") hängen die beiden anderen obersten Grundsätze der Wissenschaftslehre ab, obgleich sie im „Wie" ihrer Tätigkeit bzw. im „Was" ihres Resultats (Fichte spricht von Form und Gehalt) nicht durch es zu erklären sind. Erst alle drei zusammen bilden die elementaren Voraussetzungen für „Wissen".

Man kann daher vom „Ich" des ersten Grundsatzes der Wissenschaftslehre nur sagen, daß es allem Wissen zugrunde liegt und daß es sich für jeden unbezweifelbar in seinem Wissen zeigt bzw. zeigen läßt: als eine sich auf sich selbst beziehende Tätigkeit, d. h. eine Tätigkeit, die notwendig „für sich" ist und deren „Fürsichsein" sich selbst produzierende Tätigkeit ist. Die Realität und die Einheit dieser Tätigkeit – die Einheit dessen, dem etwas präsent ist, und dessen, was da präsent ist (mit dem von Fichte später verwandten, nicht unproblematischen Ausdruck: von Subjekt und Objekt) – ist für sich selber und für alles Wissen unbezweifelbar gewiß. Hier ist Fichte Descartes verpflichtet: Man kann die Nicht-Existenz seines Denkens nicht vorstellen, ohne selbstbewußt zu denken. Aber er weicht von Descartes in zweifacher Hinsicht ab: zum einen ist das Ich reiner wissender Vollzug seiner selbst und sonst nichts, es ist keine ,,res" (Ding), hat kein Sein, das nicht in seinem Gedachtsein durch sich selber aufgeht. Und zum anderen versteht Fichte die Gewißheit des transzendentalen Ich-Prinzips nicht als ,,Selbsterfahrung". Sie ist zwar unter philosophischer Anleitung von jedem nachvollziehbar, aber in ihr soll von der Existenz denkender Individuen gerade abgesehen werden. Sie gilt, weil es ohne sie so etwas wie Wissen nicht geben könnte. Insofern ist sie transzendental bewiesen – ein Beweis, den die gesamte Wissenschaftslehre zu liefern hat. Die ersten Schritte dieses Beweises sollen zeigen, daß ohne eine solche Ich-Tätigkeit weder der Realitätsbezug des Wissens noch die elementaren logischen Gesetze als begründet gelten können.

Das Wissen artikuliert sich in Urteilen. Urteilen bedeutet – ganz allgemein formuliert –, daß Begriffe voneinander unterschieden und zueinander in Beziehung gesetzt werden: entweder, indem sie als verschiedene Hinsichten desselben gesetzt werden (Identitätsurteil), oder, indem sie einander bestimmen. Man könnte annehmen – und Fichte erörtert diese Möglichkeit zunächst –, daß die Begründung für diese ,,Urteilsstruktur" in den logischen Prinzipien der Identität (für alle A: A = A) und des Widerspruchs (A $\neq$ noch A) liege. Aber diese Prinzipien gelten für Fichte (ähnlich wie später für Frege) nur konditional: Wenn es irgendein wißbares A gibt, dann gilt ... Sie sagen aber nichts darüber, ob unserem Urteilen überhaupt eine Realität entspricht und ob das Unterscheiden und Beziehen überhaupt irgendeiner Sache angemessen ist. Urteilen könnte uns die Wirklichkeit ja auch verdecken, etwa wenn es statt Selbigkeit nur puren Wechsel gäbe oder wenn das Sein der Welt in Wahrheit unterschiedslos wäre (Parmenides). Gibt es etwas, von dem mit Notwendigkeit gesagt werden kann, daß es ,,von sich aus" dasselbe in verschiedenen Hinsichten ist, und das gleichsam ,,im Vollzuge seiner selbst" sich bestimmt, indem es sich von anderem bzw. anderes von sich unterscheidet?

Eben dies ist für Fichte die Ich-Struktur des Wissens. Diese sichert, daß das Wissen sich ursprünglich auf etwas bezieht, an dessen Realität nicht gezweifelt werden kann: auf die eigene Tätigkeit, und zwar so, daß es sich notwendig in die Hinsichten des Wissend-Seins und des Gewußt-Seins unterscheidet und beide als ,,Gegebenheitsweisen" desselben, der selbstbezogenen Tätigkeit, weiß.

Ist diese Lösung nicht ein ,,Trick"? Es scheint, daß der Realitätsbezug des Wissens gerade dadurch gesichert sein soll, daß das Wissen von nichts anderem als sich selber weiß. Daß es also, abgelöst von aller Sachhaltigkeit und Objektivität, in sich selber kreist. Wäre das nicht eher leere Selbstreflexion als ,,Wissen"? Aber die Ich-Tätigkeit muß sich nicht nur in sich unterscheiden, sondern auch von etwas, das sie selber nicht ist. Sie muß also nicht nur die eigene Tätigkeit in zwei Hinsichten betrachten, sondern sie auch von einer Nicht-Tätigkeit oder einer nicht auf sich bezogenen Tätigkeit (die nicht im eigentlichen Sinne „Tätigkeit" genannt werden kann) absetzen. Anders kann sie sich selbst nicht erfassen und charakterisieren. Nur wenn das Ich nicht nur „Ich" und „Mich" unterscheidet, sondern auch „Ich" und „Nicht-ich", bezieht es sich nicht nur auf eine ununterscheidbare Fülle der Realität reiner Tätigkeit, sondern auf ein Bestimmbares: ein bestimmbares Selbst und ein bestimmbares Etwas. Die Bestimmung dieses Etwas ist nach Fichte immer entweder eine Negation oder eine „Übertragung" von Hinsichten des Selbst (Tätigkeit, Einheit, Selbständigkeit, Unterschiedenheit usw.) auf das Nicht-Ich bzw. den Gegenstand. Aus dieser wechselseitigen Abgrenzung von Ich und Nicht-Ich ergeben sich alle für unser Wissen notwendigen Kategorien ebenso wie die Grundbegriffe des Handelns. Das setzt allerdings voraus, daß im wechselseitigen Abgrenzen auch der Gedanke notwendig wird, daß sich unser Wissen nach etwas von ihm Unabhängigen richtet und daß unser Wollen etwas von ihm Unabhängiges nach eigenen Begriffen einzurichten sucht. Fichte hat das im Beweisgang des dritten Grundsatzes der Wissenschaftslehre von 1794 („Ich setze im Ich dem theilbaren Ich ein theilbares Nicht-Ich entgegen", vgl. SW I, S. 110; GA I/2, S. 272) zu zeigen versucht.

Das Ergebnis der transzendentalen Begründung des Wissens aus dem Ich-Prinzip lautet also: Unser schon immer auf Realität – ursprünglich: die eigene – bezogenes Wissen muß kraft eigener Gesetzlichkeit etwas von sich unterscheiden, das es als im Wissen gegeben und doch von ihm nicht völlig abhängig weiß. Auch ohne das „Ding an sich" löst Fichte die Wirklichkeit nicht in Subjektivität auf. Die Grundbestimmungen für das Gegebene müssen aber aus dem Unterscheiden und Beschränken von Ich und Nicht-Ich erklärbar sein.

Dieses Ergebnis erscheint freilich nur dann konsequent, wenn man über eine der größten Schwierigkeiten der frühen Wissenschaftslehre etwas „unauffällig" hinweggeht: die des notwendigen Zusammenhanges zwischen dem ersten und den beiden weiteren Grundsätzen der Wissenschaftslehre. Diese Schwierigkeit ist eine doppelte: einmal, wie von „Ich" und „Sich", Wissen und Gewußtem als unterschieden im ersten Grundsatz schon gesprochen werden kann, wo dieser doch reine „Thesis", reines, durch keine Negation (kein „nicht") begrenztes Selbstproduzieren ausdrücken soll; zum anderen, wie von einem absoluten, in sich begründeten und nur auf sich bezogenen Sich-Wissen her der Übergang zu einem Sich-Unterscheiden von einem Nicht-Ich begründet werden soll. Auf diese beiden Schwierigkeiten haben ausdrücklich Reinhold und Hegel hingewiesen, aber es scheint, daß sie auch Fichte selber schon früh klar waren. Als Reinhold sich nach anfänglicher Opposition vorübergehend zur Wissenschaftslehre „bekehrte", wollte er das Ich verstanden wissen als „bloße Selbsttätigkeit noch keineswegs Vernunft – noch nicht vernehmende Selbsttätigkeit. Um das zu werden, muß sie aus sich selbst herausgehen – zu etwas, das nicht Selbsttätigkeit ist ... Wer also das Ich des Bewußtseins

Diese Karte entnahm
ich dem Buch

Wir unterrichten Sie künftig gern regelmäßig über unser Verlagsprogramm. Bitte geben Sie uns umseitig Ihre Adresse bekannt.

Ihr Buchhändler wird Ihnen gern jedes Buch unseres Verlags liefern.

Verlag C.H.Beck München

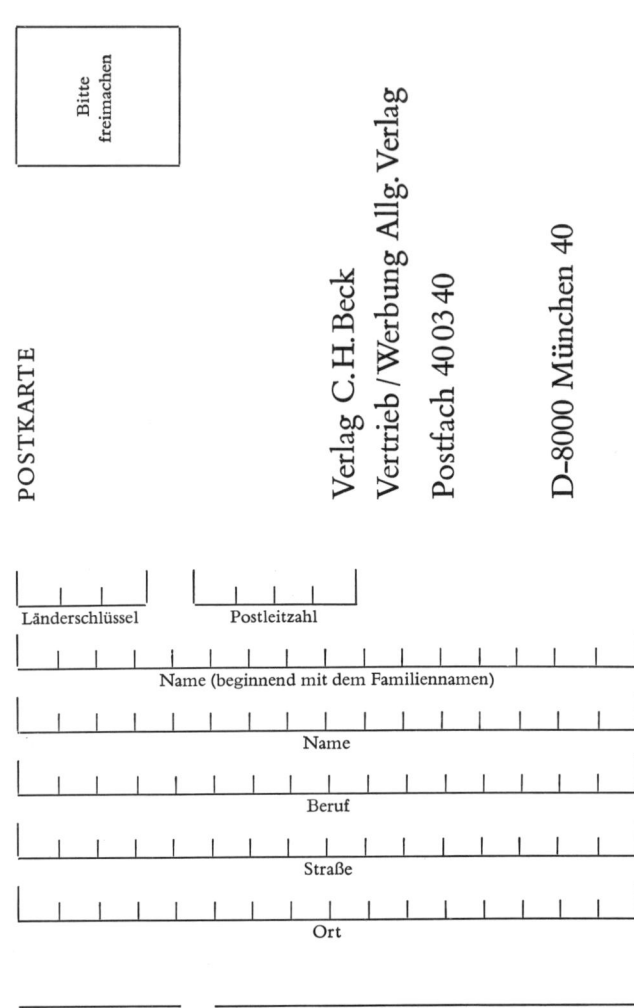

darunter versteht, der versteht Fichte ebensowenig als der Beurteiler der Kritik (sc. der reinen Vernunft), der unter dem Noumenon, das Kant der Erscheinung zum Grunde legt, das Ding an sich gemeint glaubt" (vgl. *Fichte im Gespräch,* I, S. 405). Diese Fichte-Interpretation Reinholds vermeidet in der Tat die Schwierigkeit, ein *Bewußtsein* von sich denken zu müssen, das sich noch nicht von einem Nicht-Ich unterscheidet. Für diese Interpretation gibt es auch durchaus Stützen im Text der Wissenschaftslehre, wenn es z. B. heißt, Reflexion sei nicht ohne Bestimmung möglich. Bestimmung aber bedeute immer, etwas von etwas zu unterscheiden, durch ein ,,nicht" abzugrenzen. Demnach müßte ein reines Selbstproduzieren reflexionslos und damit bewußtlos sein: ,,Die reine Thätigkeit aber ist diejenige, die gar kein Object hat, sondern in sich selbst zurückgeht" (SW I, S. 256; GA I/2, S. 393). Ein Ich dagegen, das von sich weiß, das ,,sich setzt als sich selbst setzend" bzw. als ,,Subject", ist ,,nur unter der Bedingung möglich, daß es sich selbst durch ein entgegengesetztes begrenze" (SW I, S. 218; GA I/2, S. 361).

Wenn aber die reine Tätigkeit des ersten Grundsatzes noch gar kein ,,Für sich" besäße, dann könnte sie weder gewiß sein, noch wäre das Wissen ,,aus einem Stück" und nicht erst durch Zusammensetzung begründet. Fichte könnte dann auch nicht gegen Spinoza darauf bestehen, daß es ein notwendiges durch sich selber sein *(esse per se)* nur ,,für mich" gebe: ,,Ich bin nur für Mich; aber für Mich bin ich nothwendig" (SW I, S. 98; GA I/2, S. 260). Man muß also annehmen, daß im ersten Grundsatz ein ,,Unterscheiden des Nicht-Unterschiedenen" – wie Hegel später formulierte – gemeint ist: eine gleichsam ,,innere" Unterscheidung des Sich-Wissens, die noch kein Unterscheiden durch Entgegensetzen bzw. Negieren ist. Deshalb ist in der Tat noch nicht von einem bestimmten Bewußtsein die Rede, das sich durch Unterscheidung von einem bewußtlosen Sein und einem anderen bewußten Individuum erfaßt – aber es ist ein ,,Vernehmen" in ihm, ein gleichsam vor-reflexives ,,Innesein" seiner selbst.

Mit dieser Annahme ist allerdings die zweite Schwierigkeit noch nicht gelöst, nämlich wie man von diesem Grundsatz aus zu den beiden anderen weitergehen kann. Entweder enthält er nur eine der transzendentalen Bedingungen des Wissens, zu der andere hinzutreten müssen. Dann ist aber, so wendet Hegel ein, der Übergang von etwas angeblich absolut Unabhängigem, durch sich selbst Begründetem, zu einem Bedingten durch den Mangel des Absoluten begründet. Ein mangelhaftes Absolutes aber ist ein Widerspruch. Oder man kann sagen: Der unentwickelte Gegensatz muß sich zu einem bestimmten, ausdrücklichen entwickeln. Aber ist dann nicht erst die Entwicklung der Bestimmtheiten aus dem unentwickelten Anfang das wirklich Absolute? Diese Konsequenz hat Hegel gezogen. Fichte konnte sie nicht ziehen, weil er davon ausging, daß ein System, ein Zusammenhang von Sätzen, keine Gewißheit enthalten kann, wenn sie nicht in *einem* Satz enthalten ist und von ihm auf die anderen übertragen wird (vgl. SW I, S. 40; GA I/2, S. 114). Seine Lösung in der Spätphilosophie hat daher darin bestanden, den absoluten

Grund alles Wissens in der Tat als gänzlich unterschiedslos und daher – vom
endlichen Bewußtsein her gesehen – auch als bewußtlos zu fassen. Und ihn
zugleich als die einzig mögliche Erklärung eines endlichen Wissens zu erweisen, in dem dies absolut Einfache erscheint – so daß erst diese Erscheinung in
Differenzen sich „spaltet".

2. Erkennen und Handeln

Wie kann diese abstrakte und befremdliche Spekulation der Wissenschaftslehre
eine solche Ausstrahlung auf Dichter, Politiker und Theologen, auf Logen und
Salons haben? Wie kann sie Begeisterung für die Französische Revolution und
Auflehnung gegen die Napoleonische Fremdherrschaft entfachen? Um das zu
verstehen, muß man sich klar machen, was für Konsequenzen Fichte aus
seinen Prinzipien gezogen hat – Konsequenzen, die ihm offenbar seit seinen
frühesten Schriften klar vor Augen standen.

Fichte selber hat eine unübertreffliche Zusammenfassung der Hauptpunkte
seines frühen Systems in einer bereits vor der ersten Wissenschaftslehre veröffentlichten Rezension gegeben, der sogenannten *Aenesidemus-Rezension,* die
sich mit der skeptischen Kritik eines ehemaligen Mitschülers an Reinhold und
Kant befaßt.[8] Fichte geht dort aus von dem Zwiespalt, ja sogar „Widerspruch", in dem sich das Ich befindet, insofern es einerseits reines, von allem
unabhängiges Selbstsetzen ist und andererseits „empirisches Bewußtsein", das
in seinem Erkennen immer an Gegenstände („Intelligibles") gebunden ist.
Dieser Widerspruch würde die Einheit des Ich zerstören, wenn es nicht die
praktische Vernunft gäbe, die Fichte deutet als „Streben" des Ich, das „Intelligible von sich selbst abhängig zu machen." Das Ziel dieses „Strebens" ist die
Vereinigung von „sich selbst setzendem Ich" und „vorstellendem Ich". Und
nun entwirft Fichte in wenigen Zügen eine neue Begründung der Kantischen
„Moraltheologie" innerhalb eines Systems, das Erkennen, Handeln und Glauben des Menschen wieder als Einheit begreifen will: „Jene Vereinigung: Ein
Ich, das durch seine Selbstbestimmung zugleich alles Nicht-Ich bestimme (die
Idee der Gottheit), ist das letzte Ziel dieses Strebens; ein solches Streben, wenn
durch das intelligente Ich das Ziel desselben außer ihm vorgestellt wird, ist ein
Glaube (Glauben an Gott). Dieses Streben kann nicht aufhören, als nach Erreichung des Ziels, d.h. die Intelligenz kann keinen Moment ihres Daseyns, in
welchem dieses Ziel noch nicht erreicht ist, als den letzten annehmen (Glauben
an ewige Fortdauer). An dieser Idee ist aber auch nichts Anderes, als ein *Glaube*
möglich, d.h. die Intelligenz hat zum Object ihrer Vorstellung keine empirische Empfindung, sondern nur das nothwendige Streben des Ich [...] Dieser
Glaube ist aber so wenig bloß eine *wahrscheinliche Meinung,* daß er vielmehr,
wenigstens nach des Rec. innigster Überzeugung, mit dem unmittelbar gewissen: *Ich bin* den gleichen Grad der Gewißheit hat, welche alle, erst durch das
intelligente Ich mittelbar mögliche, objective Gewißheit unendlich übertrifft"
(SW I, S. 22f.; GA I/2 S. 65).

An dieser Passage wird wohl eher deutlich, warum Fichte seine Zeitgenossen faszinierte. Hier wird die Idee eines unendlichen Strebens nach Vereinigung mit Gott zum Erklärungsgrund für alles Erkennen und Handeln des Menschen. Hier wird die Kantische Destruktion der Gottesbeweise und die Reduktion der Religion auf einen Glauben ,,in moralischer Absicht" gleichsam aufgefangen durch die Begründung dieses Glaubens in der unmittelbaren Gewißheit des ,,Ich bin". Und hier wird schließlich – was für die Zeitgenossen der Französischen Revolution und des ,,Sturm und Drang" mindestens ebenso wichtig war – das Streben nach Vereinigung mit dem Göttlichen notwendig verbunden mit dem Streben nach absoluter Selbständigkeit des Ich. Von dieser Selbständigkeit ist jedem gleichsam ein ,,Vorgeschmack" möglich, wenn er die ,,intellektuelle Anschauung" des Ich vollzieht, d.h. wenn er von aller Gegenstandsbezogenheit seines Denkens und Wollens abstrahiert und sich die reine selbstpräsente Tätigkeit, von der oben die Rede war, einsichtig macht. Eine solche Einsicht ist nach Fichte nichts die Grenzen der Vernunft Übersteigendes und auch kein bloßes Produkt der Einbildungskraft. Sie ist vielmehr immer schon am Werk – wenn auch unbewußt –, wenn wir z.B. ein unbedingtes moralisches ,,Du sollst" empfinden. Denn ein solches ,,Du sollst unabhängig von allen Verlockungen der äußeren und inneren Natur, von allen Interessen, Ängsten und Rollenzwängen schlechthin das tun, was vernünftig ist, was alle in einer solchen Lage tun sollten etc." – kurz: ein solches Bewußtsein des ,,Sittengesetzes", wie Kant es genannt hat, setzt nach Fichte eine Einsicht in die absolute Selbständigkeit der Vernunft voraus; allerdings nur als ein *Moment* des kategorischen ,,Du sollst", denn zu diesem gehört auch das Bewußtsein, von etwas außerhalb der reinen Vernunft bestimmt zu sein. Im ,,empirischen Bewußtsein" kommt die absolute Selbständigkeit der Vernunft nur im Kontrast gegen die fortdauernde Abhängigkeit von Unvernünftigem zum Vorschein: als zu Erstrebendes, nicht als Gegebenes.

Aber es gilt auch das Umgekehrte: Wie Fichte in der Wissenschaftslehre ausführlicher dargelegt hat, ist alles Wissen um die Gebundenheit der Vernunft nicht nur im Handeln, sondern auch im Erkennen nur als Kontrast gegenüber der Gewißheit der ,,an sich" unbeschränkten vernünftigen Tätigkeit möglich. Fichte zeigt, daß alles, was uns von der Realität der Objekte überzeugt, ihre Widerständigkeit als Zeichen ihrer Materialität, die Gebundenheit unserer Vorstellungskraft an die ,,Konturen" der Objekte etc., als eine Grenze unserer eigenen, für sich selber unbegrenzten Tätigkeit erklärt werden muß. Mit dieser Unbegrenztheit ist wiederum nicht die ,,Grenzenlosigkeit" unserer empirischen Vorstellungskraft gemeint, sondern die Tatsache, daß der Begriff der Notwendigkeit, der Gebundenheit des Wissens und Wollens, nur ,,bestimmt" – durch Unterscheidung gefaßt – werden kann im Gegensatz zu einem Denken, das, indem es sich selbst denkt, alle Bestimmungen frei hervorbringt. Das ,,Gefühl der Notwendigkeit" im Wissen und des Widerstandes der Objekte im Handeln ist nur durch einen gleichsam unbewußten Vergleich mit dieser Idee erklärbar. Diese Idee – die Idee eines unendlichen denkenden Wesens – ist aber nicht etwas, das gänzlich außerhalb des endlichen menschlichen Wissens und Wollens liegt, sondern an dem dieses selber teilhat, weil es ja selber nur aufgrund eines „Momentes" von reiner Selbsttätigkeit erklärt werden kann. Insofern erscheint das Resultat dieses Vergleiches, das Bewußtsein der Beschränktheit, als etwas dem Absoluten *im* menschlichen Wissen und Wollen nicht Entsprechendes, als etwas „Anstößiges",[9] das der eigentlichen Bestimmung des Menschen zuwider ist. Diese Bestimmung verlangt vielmehr das Streben nach Vereinigung mit dem Unendlichen – obwohl sich diese Vereinigung selber theoretisch weder erkennen noch erklären läßt: denn menschliches Bewußtsein ist nur im Gegensatz von Ich und Nicht-Ich denkbar.

Die Begrenztheit des Erkennens durch die Notwendigkeit des „Entgegensetzens" und die Unbegrenztheit des Strebens nach Verwirklichung des Absoluten in uns, zugleich ein Streben nach absoluter Selbständigkeit und unendlicher „Harmonie": das sind die wesentlichen Elemente eines Menschenbildes, mit dem Fichte seine Zeitgenossen faszinierte, weil es ebenso der inneren Spannung wie der unzerstörbaren Würde des Menschen Rechnung trug. Fichte hat damit aber nicht nur das „Selbstgefühl" des Zeitalters zwischen Französischer Revolution und Romantischer Bewegung auf den Begriff gebracht. Mit dem Versuch, das praktische Streben des Menschen nach absoluter Selbständigkeit als Grund der Einheit alles Bewußtseins und alles Wissens zu erweisen, hat Fichte Kants These vom Primat der praktischen Vernunft in einer Weise radikalisiert, die seine philosophischen „Nachfahren" von Hegel bis Habermas immer wieder beschäftigt hat. Bei Fichte hat die These vom Primat des Praktischen aber verschiedene Bedeutung, die man auseinanderhalten muß. Einmal ist darunter zu verstehen, daß erst unter Voraussetzung des sittlichen Strebens der systematische Zusammenhang der Vermögen und Gesetze der Vernunft erklärt werden kann – und zwar so, daß zwischen der Evidenz unmittelbar selbstbezogener Tätigkeit und dem Bewußtsein der Begrenztheit des Ich durch das Nicht-Tätige kein Widerspruch besteht. Denn im Streben ist das „schlechthin gesetzte, unendliche Ich" als „Forderung" präsent, das entgegensetzende, begrenzende Ich hingegen als „Reflexion" auf die Erfüllung dieser Forderung: „Das Ich muß – das liegt gleichfalls in seinem Begriffe – über sich reflektieren, ob es wirklich alle Realität in sich fasse. Es legt dieser Reflexion jene Idee zum Grunde, geht demnach mit derselben in die Unendlichkeit hinaus, und insofern ist es *praktisch*" (SW I, S. 277; GA I/2, S. 405).

Zum anderen bedeutet „Primat des Praktischen" aber auch, daß für Fichte der menschliche Geist in allen seinen Vermögen in einem umfassenden Sinne „tätig" ist. Dies liegt schon in dem berühmten, in der Wissenschaftslehre aber nicht klar definierten Begriff des „Setzens", über den Fichte in einem Brief schreibt: „Jenes ursprüngliche Setzen nun, und Gegensetzen, und Theilen ist NB. kein Denken, kein Anschauen, kein Empfinden, kein Begehren, kein Fühlen, u. s. f. sondern es ist die gesammte Thätigkeit des menschlichen Geistes, die keinen Namen hat, die im Bewußtseyn nie vorkommt, die unbegreiflich ist; weil sie das durch alle besondre (u. lediglich insofern ein Bewußtseyn bildende) Akte des Gemüths bestimmbare, keinesweges aber ein bestimtes ist" (GA III/2 S. 344; vgl. Baumanns 1974, S. 142). In einem ähnlich umfassenden Sinne gebraucht Fichte gelegentlich auch den Begriff „Trieb". So heißt es in der Abhandlung *Über Geist und Buchstab in der Philosophie:* „Aber das einige Unabhängige, und aller Bestimmung von außen völlig Unfähige im Menschen nennen wir den Trieb. Dieser, und dieser allein ist das höchste Princip der Selbstthätigkeit in uns; er allein ist es, der uns zu selbständigen, beobachtenden, und handelnden Wesen macht" (SW VIII, S. 278; GA I/6 S. 340). Dieser Trieb hat nach Fichte drei Grundformen: er ist Erkenntnistrieb, praktischer Trieb und ästhetischer Trieb. Als Erkenntnistrieb „zielt (er) ab auf Erkenntniß, als solche, um der Erkenntniß willen [...] auf seinem Gebiet hat die Vorstellung keinen anderen Werth und kein anderes Verdienst, als das, daß sie der Sache vollkommen angemessen sey". Beim praktischen Trieb hingegen liegt eine „ihrem Inhalte nach durch freie Selbstthätigkeit erschaffne Vorstellung in der Seele zum Grunde, und der Trieb geht darauf aus, ein ihr entsprechendes Product in der Sinnen-Welt hervorzurufen". Der ästhetische Trieb schließlich bildet die Mitte zwischen beiden: Er geht auf eine Vorstellung, die „ihr eigener Zweck" ist, die ihren „Werth nicht von ihrer Übereinstimmung mit ihrem Gegenstande [...] sondern nach der freien unabhängigen Form des Bildes" erhält. In dieser freien, unabhängigen Form tritt uns unsere eigene erstrebte Selbständigkeit objektiv gegenüber. Diese „Harmonie des Gegebenen mit jener Richtung der Selbstthätigkeit" des Menschen ist das Gefühl der Lust, nicht als Befriedigung eines Begehrens, sondern als ein „völlig zweckloses und absichtloses Behagen". (Alle ebd., SW VIII, S. 279 ff; GA I/6, S. 341 ff.)

Worauf alle Formen des menschlichen Triebes gehen, ist also die Selbständigkeit und Selbsttätigkeit des Menschen. Damit ist nicht nur die sittliche Freiheit aller gemeint, sondern auch die Unabhängigkeit der Menschheit von einer sie bedrohenden Natur. So gehört zur Idee des autonomen Ich nach Fichtes Schrift über *Die Bestimmung des Menschen* ausdrücklich auch die Beherrschung der äußeren Natur, um die Menschheit von Katastrophen und Mangel unabhängig zu machen. Das heißt aber nicht, daß der Erkenntristrieb nur als Mittel zur äußeren Befreiung dem „Primat des Praktischen" Ausdruck verliehe. Denn da die menschliche „Grundkraft" sich selber produzierende Tätigkeit bzw. „Tathandlung" ist, hat auch jede Form des Triebes sich selber zum Zweck – auch die „interesselose" Erkenntnis. Sie würde sich aber mißverstehen, wenn sie vergäße, daß es Objekte für uns nur im Gegensatz zur Idee völliger Selbständigkeit der Menschheit gibt.

3. Individualität, Interpersonalität, Recht und Staat

Die Umrisse der frühen Fichteschen Philosophie, die eine Ich-Philosophie ist, lassen sich sichtbar machen, ohne daß der Begriff des Individuums dabei eine Rolle spielt. Beweist das nicht, daß Fichtes „Ich" eine unfaßbare Konstruktion, eine körperlose Subjektivität oder eine ungreifbare Seelensubstanz ist? Hat uns nicht die moderne Philosophie hinreichend darüber belehrt, daß Selbstbewußtsein und Personalität nur über den Körper identifiziert werden kann?[10]

Es wird oft übersehen, daß auch nach Fichte der Körper für das individuelle Ich-Bewußtsein und den Begriff der Person konstitutiv ist. Da das individuelle Bewußtsein aber wiederum zu den Bedingungen der Möglichkeit dafür gehört, daß die oben skizzierte „Ich-Struktur" zum Bewußtsein kommen kann, ist auch für Fichte Körperlichkeit eine notwendige Bedingung für Selbstbewußtsein. Allerdings eine solche, die nicht das Wesen der „Ich-Struktur" unseres Wissens und Wollens erklärt, sondern nur, unter welchen Bedingungen diese Struktur erfahrbar, empirisch zugänglich werden kann.

Fichte hat diese „Deduktion" von Individualität und Körperlichkeit zuerst in seiner Rechtsphilosophie (*Grundlage des Naturrechts nach Prinzipien der Wissenschaftslehre*, 1796/97) ausgeführt.[11] Er zeigt, daß ein Bewußtsein seiner selbst als zugleich bestimmt (im „objektiven" Vorstellen) und frei zur Selbstbestimmung (im Wollen) nur unter Voraussetzung einer „Aufforderung" zustande kommen kann: In einer an mich ergehenden Aufforderung zum Handeln erfahre ich die Möglichkeit zu freier Selbstbestimmung als eine „objektive", gegenständlich gebundene Vorstellung (keine bloße Phantasie), die doch nicht auf eine Einwirkung von Objekten zurückgeht. Wenn ich die Aufforderung zu selbständigem Handeln aber verstehen will, dann muß ich ihren Urheber als ein Vernunftwesen erfassen, das seinen Handlungsspielraum zugunsten meiner Handlungsmöglichkeiten begrenzt – und mich so als „mögliches" Vernunftwesen anerkennt. Nur ein solcher „Urheber" kann mich statt zu bloßen Reaktionen zum bewußten Ergreifen eigener Handlungsmöglichkeiten veranlassen. Ich kann diese daher auch nur ergreifen, wenn ich mich als ein bestimmtes unter mehreren Vernunftwesen begreife – als ein Individuum. In diesem Verständnis der Aufforderung ist nach Fichte auch die Erkenntnis impliziert, daß ich mich dem anderen nur als Vernunftwesen zu erkennen geben kann, wenn ich ihn ebenfalls durch Begrenzung meines Handlungsspielraumes anerkenne. Zugleich mit dem Bewußtsein der Individualität entsteht daher die Einsicht, daß Vernunftwesen in der „Sinnenwelt" nur in einem bestimmten Verhältnis wechselseitiger Selbstbeschränkung „in Kontakt treten" können. Dieses Verhältnis ist das Rechtsverhältnis. Es ist ebenso wie Individualität und Interpersonalität eine notwendige Bedingung der Erfahrbarkeit von Selbstbewußtsein.

Wie steht es aber mit der Körperlichkeit? Der vierte Lehrsatz der *Grundlage des Naturrechts* lautet: „Das vernünftige Wesen kann sich nicht, als wirksames Individuum, setzen, ohne sich einen materiellen Leib zuzuschreiben, und denselben dadurch zu bestimmen" (SW III, S. 56; GA I/3, S. 361). Das bedeutet: Individuelles Selbstbewußtsein setzt das Bewußtsein „unverwechselbar" eigener Wirkungen in der Sinnenwelt voraus. Die in der „produktiven Einbildungskraft" angeschaute individuelle „Sphäre" freier Handlungen aber ist der

Leib. Anders als im vorkantischen Naturrecht ist der Leib nicht der erste Gegenstand freier Verfügung, das erste ,,Eigentum" (Locke), sondern die Bedingung der Möglichkeit freier Handlungen in der Sinnenwelt, aber nicht lediglich im instrumentellen Sinne, sondern letztlich deshalb, weil er ein ,,Schema", eine Verbildlichung der Selbsttätigkeit des Ich in Raum und Zeit ist.

Interessant im Hinblick auf gegenwärtige Persontheorien ist dabei vor allem zweierlei: einmal, daß Fichte Individualität und Leiblichkeit notwendig verknüpft und beide als Bedingung für die Erfahrbarkeit reiner Selbsttätigkeit bzw. ,,Ichhaftigkeit" ableitet, zum anderen die sich daraus ergebende Deutung des Satzes ,,Ich bin der und der (z. B. Joh. Gottl. Fichte)". Dieser Satz schließt nämlich ,,das geistige, die bloße Ichheit" und einen ,,individuellen Charakter" zusammen (ebd.). Das Subjekt-Ich bedeutet das Wissen und Wollen schlechthin, insofern es ,,auf sich selbst tätig" ist bzw. sich auf sich bezieht. Der Satz sagt, daß diese Ichheit in einem bestimmten, individuellen Leib ,,inkorporiert" ist, durch ihn wirkt und gleichsam durch seine Perspektive ,,sieht" – wobei der Leib alles durch äußere Einflüsse (z. B. genetische, lebensgeschichtliche etc.) Formbare eines Charakters einschließt. Diese Interpretation der Identität der Person als einer Einheit von allgemeinem Selbst und individuellem Charakter ist nicht so hoffnungslos ,,idealistisch" und vom Standpunkt der Gegenwartsphilosophie aus obsolet, wie es zunächst scheint. Sie wird von neueren Arbeiten auch sprachanalytisch geschulter Autoren zumindest teilweise gestützt. Ähnlich wie Fichte sucht z. B. Thomas Nagel[12] in einer Analyse des Satzes ,,Ich bin TN" dem Sachverhalt gerecht zu werden, daß wir uns selber mit den Augen eines objektiven Selbst betrachten, als ,,Theil der Welt" (SW III, S. 57; GA I/3, S. 362), wie sie unabhängig von einer individuellen Perspektive aussieht. Als ein solches Selbst kann ich mich nicht nur von persönlichen, sondern auch von kulturellen, historischen, ja sogar gattungsmäßigen (anthropomorphen) Blickwinkeln frei machen und sie in eine nicht-perspektivische *(centerless)* Konzeption der Welt als Inhalte einordnen. Die möglichst objektive Sicht der Welt und meiner selbst in ihr ist mit diesen Perspektiven nicht notwendig verbunden. Und doch sammelt ein solches ,,wahres" bzw. ,,objektives" Selbst Erfahrungen ,,durch die Augen" eines besonderen Individuums. Obwohl Nagels Begriff des wahren Selbst keineswegs mit Fichtes Konzeption der selbstbezogenen Tätigkeit identisch ist, hat auch für ihn der Ausdruck ,,Ich" in dem Satz ,,Ich bin der und der" die Bedeutung eines allgemeinen Selbst, nicht bloß die eines Rückverweises *(token reflexive)* eines individuellen Sprechers auf sich, wie dies in der sprachanalytischen Philosophie gewöhnlich behauptet wird. Daß dagegen der Satzteil ,,bin der und der" die intersubjektiv identifizierbare Charakterisierung einer (bestimmten) Person enthalten muß – darin stimmt auch Fichte mit der Sprachanalyse überein.

Die Deduktion der wechselseitigen Anerkennung leibhafter Personen dient in der Rechtsphilosophie Fichtes der Grundlegung des Rechtes auf Unantastbarkeit des Körpers und des ,,Eigentums" an der eigenen Tätigkeit. Anders als für Locke und später Marx folgt für Fichte daraus aber nicht ein primärer Eigentumsanspruch auf das „Werk der Hände", sondern die Notwendigkeit einer staatlichen Garantie der Selbsterhaltung durch eigene Tätigkeit. Das Recht auf Arbeit und ein gesichertes Existenzminimum ist nach Fichte aber nur durch die staatliche Kontrolle des Berufszuganges in einer geplanten Wirtschaft zu verwirklichen. Diese bereits im zweiten Band des Naturrechts angedeutete Konsequenz hat dann der drei Jahre später (1800) erschienene *Geschlossene Handelsstaat* ausführlich entwickelt. Das Ergebnis dieser philosophischen Deduktion ist freilich paradox: Um die ständige Möglichkeit eigener Tätigkeit zu sichern, muß das, was für Fichte der eigentliche Charakter von Selbsttätigkeit „in der Sinnenwelt" ist, nämlich die Wahl einer „Sphäre" eigenen Handelns, auf einem wichtigen Gebiet eliminiert werden: der Wahl des Berufes. Obwohl Fichte sich später über diese Schwierigkeit klargeworden ist (vgl. SW X, S. 535), hat er in keiner der späten Schriften zur Staatsphilosophie eine befriedigende Lösung für sie gefunden.[13] Was ihn später interessiert, ist vielmehr die Entwicklung der kulturellen und sittlichen Einheit und Lebendigkeit eines Volkes als Manifestation des absoluten Lebens bzw. „Seins", das in der Spätphilosophie anstelle der Selbstsetzung des Ich zum absoluten Prinzip der Fichteschen Philosophie wird.

4. Die Spätphilosophie

In seiner Berliner Zeit (1800–1814) hat Fichte kaum noch durch das eigentliche „Kernstück" seiner Philosophie, die Wissenschaftslehre, Aufmerksamkeit und Wirksamkeit entwickelt. Wirkungsvoll waren vielmehr seine politischen und staatsphilosophischen Reden und Schriften, die zur Schaffung eines deutschen Nationalbewußtseins im Widerstand gegen die Napoleonische Herrschaft wesentlich beitrugen. Interesse und Verständnis fanden auch die an ein breiteres Publikum gerichteten ethischen und religionsphilosophischen Schriften (*Über das Wesen des Gelehrten,* 1805; *Die Anweisung zum seligen Leben,* 1806). Die Hinwendung zu Sprache, Kultur und Nationalcharakter in der Staatsphilosophie und zu einem an der Mystik orientierten Christentum in der Religionsphilosophie haben oberflächliche Betrachter dazu verführt, Fichtes späte Entwicklung als romantische Abkehr von Aufklärung und Transzendentalphilosophie zu deuten. In Wahrheit ist nicht nur Fichtes gesamte Berliner Zeit vom Kampf gegen die „romantische" Naturphilosophie (Schelling), Kunstphilosophie (Schlegel) und Religionsphilosophie (Schleiermacher) bestimmt. Die zumeist unveröffentlichten Neufassungen der Wissenschaftslehre zeigen auch, daß Fichte mit nicht nachlassender Anstrengung um die alten Probleme der Grundlegung des Wissens und des vernünftigen Handelns kreist. Einer der Gründe für die Esoterik dieser Schriften ist freilich die neue Sprache, die Fichte sich für seine Gedanken schuf, die aber von seinen Zeitgenossen nicht angenommen wurde und leider auch in der gegenwärtigen Fichte-Forschung nur wenig „übersetzt" wird.

Wie die *Bestimmung des Menschen* aus dem Jahr 1800 zeigt, ist Fichte durch die Kritik Jacobis am ,,Nihilismus" aller Transzendentalphilosophie stark beeindruckt worden.[14] In der Auseinandersetzung mit ihr kommt Fichte zu dem Resultat, daß eine Begründung des Wissens nur dann möglich ist, wenn man über seine wesenhafte Reflexivität, Relationalität und Bildhaftigkeit hinausgeht und das Wesen von Evidenz als das Erfaßtwerden des Wissens von einem notwendigen Sein versteht. Das Charakteristische am ,,ist"-Sagen des normalen Wissens (etwas *ist* so und so) liegt darin, daß dieses *ist* gerade nicht beansprucht, die Sache selbst zu sein, sondern sie gleichsam nur zu vertreten. Dies ist nicht im Sinne einer materialistischen Abbildtheorie gemeint, sondern gilt für alle, auch für ,,geistige Objekte" (SW V, S. 436) wie Regeln, Gesetze, Prinzipien usw. Es gilt auch für das Wissen vom Wissen: Solange dieses Reflexion ist, bezieht es sich auf ein Wissen, das es nicht selber ist. Diese Feststellung knüpft an die im zweiten Grundsatz der frühen Wissenschaftslehre formulierte notwendige Handlung des Unterscheidens an. Wissen unterscheidet sich notwendig von dem, was es weiß. Und es kann das, was es weiß, auch nur begreifen durch Unterscheidung von etwas anderem. Weil es in diesem Sinne ,,diskursiv" ist – diesen Schluß hatte schon Kant gezogen –, kann es ein Wissen von etwas durch sich selbst Seiendem und Wißbarem, also Absolutem, offenbar nicht geben.

Andererseits hat aber jede ein wirkliches Wissen hervorbringende Evidenz den Charakter des durch sich selbst Einleuchtens – und die diskursiven Erklärungen haben dann nur die Bedeutung einer nachträglichen Analyse. In solchen Einsichten entsteht das Wissen gleichsam als Folge einer sich zeigenden Sache. Das heißt nicht, daß die Evidenz ein divinatorisches Sehen ist, das mit Reflexion nichts zu tun hat. Sie setzt im Gegenteil höchste reflexive Anstrengung voraus. Aber so, daß sie mit ihrem Hervortreten diese Reflexivität ,,negieren" muß, von der sie keinesfalls hervorgebracht wird. Die späte Wissenschaftslehre erläutert ihre Einsicht in das Wesen des Wissens nicht nur auf diesem Wege einer Art ,,Phänomenologie der Evidenz". Es gibt auch einen kritischen Weg, der die Grundlosigkeit und ,,Relativität" aller realistischen und idealistischen Ansätze zu erweisen sucht – auch dies ist die Fortführung einer schon in der frühen Wissenschaftslehre behandelten Thematik (vgl. Schüßler 1972). Und es gibt erneut den Versuch zu zeigen, daß alles ,,Synthetische" des Urteilens auf eine einfache Einheit zurückgeführt werden muß.

Alle diese Wege führen zu der Einsicht, daß das Wissen nicht mehr auf sein eigenes notwendiges Fürsichsein gegründet werden kann. Denn das besagt nur, daß Denken sich immer in sich selber spiegeln muß. Begründet ist das Wissen vielmehr nur, wenn es als Manifestation eines in sich notwendigen ,,Seins" verstanden werden kann, eines Seins, das nichts mit Materialität oder Objektivität zu tun hat, sondern den ,,ichhaften" Charakter absoluter Selbsttätigkeit behält. Diese darf aber mit der ,,Produktivität" und Selbstbezüglichkeit eines endlichen Denkens nicht verwechselt werden, sondern ist als ein ,,Sich-Erzeugen" zu verstehen, das im menschlichen Wissen nur ,,Dasein",

Manifestation, Offenheit gewinnt. Die späte Wissenschaftslehre macht sich zur Aufgabe, ein solches im Wissen erscheinendes Sein als einzig möglichen Erklärungsgrund für die Grundbestimmungen des Wissens und Handelns aufzuweisen. Insofern bleibt sie Transzendentalphilosophie. Aber sie versteht sich nicht als transzendentale Argumentation in dem Sinne, daß erst durch diesen Aufweis die Einsicht in das absolute Sein verifiziert würde. Diese Einsicht ist vielmehr ,,mit unerschütterlicher, schlechthin alle Möglichkeit des Zweifels vernichtender Gewißheit und Evidenz die Seele ergreifend" (SW V, S. 438).

Das absolute, in sich selber gründende und durch sich selber im Wissen erscheinende Sein – das ist der Gottesbegriff der späten Wissenschaftslehre. Auf die Gewißheit dieses Seins gründet sich alle Selbstgewißheit und alle transzendentale Deduktion. In der Spätphilosophie Fichtes hat die neuzeitliche Philosophie der subjektiven Gewißheit ihren theologischen Ursprung ins Wissen eingeholt. Mehr noch als in der frühen Wissenschaftslehre aber ist es in der späten das *Wissen,* worin sich Menschliches und Göttliches vereinen. Die Gottesgewißheit beruht nicht mehr auf einer moralischen Glaubensgewißheit, und der Gottesbegriff wird nicht als Idee der Vereinigung von Selbsttätigkeit und Gegenstandsbezug eingeführt. Die Evidenz göttlichen Seins und die Vereinigung mit ihm ist vielmehr in einem ,,theoretischen", durch einen philosophischen ,,Aufstieg"[15] vorbereiteten Wissen möglich: ,,Das reale Leben des Wissens ist daher, in seiner Wurzel, das innere Sein und Wesen des Absoluten selber, und nichts anderes; und es ist zwischen dem Absoluten oder Gott, und dem Wissen in seiner tiefsten Lebenswurzel, gar keine Trennung, sondern beide gehen ineinander auf." (SW V, S. 443). Wie bei Hegel, so ist auch beim späten Fichte das philosophische Wissen eine Möglichkeit der Vereinigung mit dem Absoluten – aber nicht als ,,absolute Reflexion" bzw. ,,absolutes Begreifen", sondern nur als eine in der Selbstnegation der Reflexion aufleuchtende Evidenz, daß alle Notwendigkeit im Wissen Manifestation eines göttlichen Seins ist. Die Reflexion und das diskursive Begreifen sind dagegen nur als das nicht mehr weiter begründbare ,,Sich-Spalten" dieser Manifestation im Wissen zu verstehen. Mit dieser Selbstbegrenzung des endlichen, diskursiven Wissens bleibt auch die späte Wissenschaftslehre noch dem Inhalt der ,,Erleuchtung" treu, die den Denker Fichte auf seine Bahn und zu seinem philosophischen Lebenswerk gebracht hat: der Philosophie Kants.

III. Wirkung

Fichtes Theorie des Ich ist vor allem in zwei Richtungen weiterentwickelt worden: Hegel knüpft an den Gedanken der Subjektivität als Einheit von Sich-Entzweien und sich mit sich Zusammenschließen an, Marx und die Existenzphilosophie an die Vorstellung der Selbsterzeugung des Menschen.

Für Hegel bedeutet das ,,Prinzip" der Subjektivität nicht mehr, daß alle Kategorien und Regeln des Denkens und Wollens aus der selbstpräsenten

Tätigkeit abgeleitet werden. Es heißt vielmehr, daß allen notwendigen Entwicklungen und begreifbaren Zusammenhängen in Natur und Geschichte, Kunst, Religion und Wissenschaft eine ,,selbsthafte" Struktur zugrunde liegt: ein sich von sich Abstoßen in Gegensätze und ein sich durchsichtig Werden als ein Ganzes einander enthaltender Gegensätze. Die genaue Bestimmung dieser Struktur ist nur in einer systematischen Bedeutungsanalyse aller Grundbegriffe des Seins und des Wissens möglich: in einer *Wissenschaft der Logik*.

Im Gegensatz zu dieser Auffassung des Selbst als einer ,,logischen" Bewegung in aller Wirklichkeit hat die nachhegelsche Philosophie den Gedanken des Selbstsetzens als einen Schlüssel zum Verständnis des Menschen als eines weder durch Natur, noch durch Geschichte und Kultur ganz festgelegten, vielmehr sich wesentlich selbst erzeugenden oder ,,entwerfenden" Wesens verstanden. An die Stelle des transzendentalen Ich tritt dabei in Marx' Frühschriften der Mensch als ,,Gattungswesen" – bei Heidegger und Sartre die individuelle, ,,jemeinige" Existenz. Zweifellos ist bei ihnen allen die Selbsterzeugung nicht ,,spontan", unbedingt und von nichts abhängig wie Fichtes reine Ichhaftigkeit. Selbstsetzung schließt vielmehr Negation *und* Hinnahme einer natürlichen, geschichtlichen oder sozialen ,,Faktizität" ein. Aber auch der Gedanke, sich selbst nur im stets zu erneuernden Versuch der Überschreitung des eigenen Andersseins (être-pour-autrui, Man-selbst) gewinnen zu können, erscheint noch als eine existentialphilosophische Wendung von Fichtes Theorie des Selbstwerdens durch ,,Hinausschieben" der notwendigen, transzendental gesetzten Grenze des Nicht-Ichs bzw. der Passivität.

Über dieser Konkretisierung des Selbstsetzens drohte aber Fichtes transzendentale Theorie des Wissens in Vergessenheit zu geraten. Es scheint, daß ihr in der wiederaufgelebten Diskussion über die Möglichkeit transzendentaler Theorien und die Haltbarkeit transzendentaler Ansprüche – z. B. der Sprachphilosophie – eine neue Wirkung bevorstehen könnte.

Hans Friedrich Fulda

GEORG WILHELM FRIEDRICH HEGEL

(1770–1831)

Ein Wörterbuch der Gemeinplätze, wie Gustave Flaubert es entworfen hat, könnte unter dem Stichwort „Hegel" vermerken: „Philosoph des (→) spekulativen Idealismus; hielt sich für den Erfinder der (→) dialektischen Methode und versuchte, mittels dieser Methode ein allumfassendes (→) System zu errichten. Integrierender Bestandteil dieses Systems ist eine aprioristische (→) Geschichtsphilosophie. Sie dient der Apologie der modernen Welt und des Christentums, läßt aber keinen Platz für Hoffnungen und Handlungen, die auf eine bessere Zukunft der Menschheit gerichtet sind." Die Lexikon-Eintragung wäre, wie alle Gemeinplätze, nicht manifest falsch. Manch einer, der sich lange mit Hegel beschäftigt hat, sähe keinen Anlaß, ihr zu widersprechen oder sie für irreführend zu erklären. Auf die Frage, was denn an Hegels Philosophie heute noch aktuell ist, könnte er antworten: Nach wie vor der Mühe wert sei die Beschäftigung mit Hegels Dialektik – und sei es auch nur um des Marxschen Programms willen, die Hegelsche Dialektik umzustülpen und vom idealistischen Kopf auf materialistische Beine zu stellen (Marx, *Kapital,* Nachwort zur 2. Auflage); obsolet hingegen sei vor allem Hegels System und der mit ihm erhobene Anspruch, prinzipiell alles, was sich wahrhaft wissen läßt, zu einem fugenlosen Ganzen zu verschmelzen. Ferner gehöre an Hegels Theorie der gesellschaftlich-geschichtlichen Welt die Idee einer notwendigen Entwicklung des Geistes und seiner Geschichte der Vergangenheit an. Aktuell aber sei der Gehalt konkreter, historischer Erfahrungen, die Hegel in seiner Philosophie verarbeitet hat. Das gelte exemplarisch für Erfahrungsgehalte, in denen sich die Zerrissenheit der modernen Welt und die zerstörerischen Tendenzen der bürgerlichen, kapitalistisch wirtschaftenden Gesellschaft niederschlagen. Kurz: Im Mittelpunkt der Aktualität stehe alles, was Hegel mit Marx verbindet – sei's als dessen Wegbereiter, sei's als Korrektiv gegen Verkürzungen der Marxschen Theorie. – Solche Äußerungen fänden heute die Zustimmung vieler. Sie passen zur Perspektive, in der man sich mit Hegel während der letzten drei Jahrzehnte vornehmlich abgegeben hat. Es ist jedoch eine offene Frage, ob dabei nicht Themen zu kurz kamen, die aktuell sind und deren Aktualität sich gerade unter Bezugnahme auf Hegel verdeutlichen läßt. Die vorliegende Monographie möchte auch ein Beitrag zur Beantwortung dieser Frage sein.

Der Vorschlag, Hegels System seinem Bankrott zu überlassen und nur die Dialektik aus der Konkursmasse zu retten, setzt voraus, daß Hegels Dialektikkonzept trennbar ist von der Idee systematischer Erkenntnis eines Ganzen. Ähnlich steht es mit dem Versuch, einzelne Erfahrungsgehalte der Hegelschen Philosophie zu bewahren, hingegen die Behauptung einer notwendigen Verbindung zwischen ihnen zu verwerfen. Er hat zur Voraussetzung, daß die Verbindung äußerlich genug ist, um die Gehalte auch ohne sie bestehen zu lassen. Was ist zu diesen Trennbarkeitsvoraussetzungen zu sagen? Ohne Hegels Auffassung von Dialektik und Gedankenentwicklung auf unorthodoxe Weise zu verstehen, wird man vermutlich denken: Das System philosophischer Wissenschaft zu errichten, müsse ein Ziel gewesen sein, dem sich Hegel widmete, weil er sich davon eine *theoretische* Erkenntnis des Weltganzen versprach; und die Dialektik habe – als ein methodisches Verfahren – für Hegel den Sinn eines Mittels zu diesem Zweck gehabt; oder Hegel sei gar der Meinung gewesen, er habe mit seiner Dialektik den Hauptschlüssel zum Universum in der Tasche. Unter diesen Umständen läge es nahe, auf den fragwürdigen Zweck zu verzichten und die Dialektik wenn möglich zu etwas Besserem zu verwenden. Aber war es so? Bereits die Tatsache, daß Hegel selbst nie von dialektischer Methode sprach,[1] sollte hier stutzig machen; mehr noch die Feststellung, daß zu den Interessen, die Hegels intellektuelle Entwicklung über eine Reihe von Jahren bestimmten, gewiß nicht die Errichtung eines philosophischen Systems gehörte. Das legt die Frage nahe, welche Motive Hegel zum Systematiker und Dialektiker werden ließen. Man tut gut, sich im Licht dieser Frage ein Urteil über Hegels Systematik zu bilden.

Entsprechendes gilt für die Hoffnung, man könne die Hegelschen Erfahrungsgehalte ohne den Zusammenhang bewahren, in dem Hegels System sie zu artikulieren versucht. Auch hier führt der Weg besonnener Urteilsbildung in die Entwicklungsgeschichte des Hegelschen Denkens zurück. Die Beschäftigung mit dieser Geschichte hat immer wieder dazu gedient, ein stereotyp gewordenes Hegel-Bild zu korrigieren. Sie sollte auch einer Einführung in Hegels Philosophie die Suggestion trügerischer Selbstverständlichkeiten zerstören helfen. Allerdings verlangt sie viel Geduld, Umsicht und Nachdenklichkeit. Aber deren bedarf es ohnehin. Denn einen Gemeinplatz überwindet man nur, indem man ihn – mit Sartre zu sprechen – als Instrument in den Dienst des Denkens nimmt.

I. Der Wandel des ursprünglichen Ideals

Als Hegel durch väterliches Erbe für kurze Zeit in der Lage war, ohne Einkommen zu leben,[2] dachte er gegen Ende des Jahres 1800 daran, sich ,,dem literarischen Saus von Jena anzuvertrauen". In einem Brief an Schelling, in dem er dies mitteilte, schrieb er über sich selbst: ,,In meiner wissenschaftlichen Bildung, die von untergeordneten Bedürfnissen der Menschen anfing, mußte ich zur Wissenschaft vorgetrieben werden, und das Ideal des Jünglingsalters mußte sich zur Reflexionsform, in ein System zugleich verwandeln; ich frage mich jetzt, während ich noch damit beschäftigt bin, welche Rückkehr zum Eingreifen in das Leben der Menschen zu finden ist." (*Briefe*, Bd. I, S. 59). Was waren das für untergeordnete Bedürfnisse? Worin bestand das Ideal? Worin besteht für Hegel nunmehr dessen Reflexionsform? Was nötigte dazu, das Ideal in diese Form zu verwandeln; und warum ergab sich mit der Reflexionsform des Ideals zugleich ein System? Welche Rückkehr zum Eingreifen in das Leben der Menschen fand Hegel?

Hegel hatte eine Schulbildung genossen, die – nach einer treffenden Wendung seines ersten Biographen (Rosenkranz, 1844, S. 10) – ,,von seiten des Prinzips durchaus der Aufklärung, von seiten des Studiums durchaus dem classischen Altertum" angehörte. Daneben war Hegel, ehe er in Tübingen zu studieren begann, durch eigene Lektüre mit Autoren und Werken bekannt geworden, die die deutsche Vorklassik repräsentieren oder zu ihrer Entstehung beigetragen haben. Aber erst in die Zeit seines Studiums fielen die Ereignisse und Bildungserlebnisse, die ihm den Anstoß zum schriftstellerischen ,,Eingreifen in das Leben der Menschen" gaben. Dazu gehörten vor allem der Ausbruch der Französischen Revolution, die im selben Jahrzehnt von Kant vollzogene ,,Revolution der Denkungsart" und die Wirkung der radikalen kulturkritischen und politiktheoretischen Schriften Rousseaus. Die Themen, denen Hegel sich mit seinen ersten in Publikationsabsicht begonnenen Arbeiten zuwandte, waren alles andere als akademisch und auch nicht professionell philosophisch. In einer Zeit, während der die neue französische Republik daran ging, die christliche Religion durch einen ,,Kult des höchsten Wesens" zu ersetzen, mußten die Themen geradezu als ein Gebot der Stunde erscheinen, wenn man ein vom Freiheitspathos der Politik und des Denkens durchdrungener Magister der Philosophie war und in Tübingen zum Theologen ausgebildet wurde. Man charakterisiert sie in Kürze am besten durch die wichtigsten Motive, die in ihre Bearbeitung eingingen.

Rousseau hatte am Ende seines *Contrat social* verschiedene Religionstypen vom politischen Standpunkt aus betrachtet (4. Buch, Kap. 8) und ihre Berechtigung innerhalb eines vernünftig begründeten Gemeinwesens untersucht. Doch seine Untersuchung war im Grunde aporetisch ausgegangen. Es war seine Überzeugung, daß die staatskonformen ,,Nationalreligionen" unwiederbringlich vergangen sind, während andererseits die im christlichen Evangelium enthaltene, wahre ,,Religion des Menschen" mit dem politischen Körper in gar keiner Beziehung steht – ja, die Herzen der Bürger sogar vom Staat abwendet. Nur indem Rousseau einen Kompromiß mit dieser Überzeugung schloß, konnte er am Ende zu ermitteln suchen, welche Bedingungen ein bürgerliches Glaubensbekenntnis erfüllen müßte – dessen Festsetzung dann freilich Sache des Staatsoberhauptes wäre. In dieser unbefriedigenden Lage versprach Kants Religionsschrift einen Ausweg. Sie untersuchte die christliche Religion ,,in den Grenzen der bloßen Vernunft" (*Religion innerhalb* ..., 1793; bes. 4. Stück, 1. Teil, 1. Abschn.) und kam zu dem Ergebnis, Jesus habe eine allgemeine Vernunftreligion gelehrt und ,,zur obersten unnachläßlichen Bedingung eines jeden Religionsglaubens gemacht" (S. 224).[3] Damit gab sie eine Interpretation des christlichen Glaubens, die einen Widerstreit zwischen religiösen und ethischen Pflichten des Menschen ausschloß. Soweit die Religionslehre. Kants Ethik aber versprach durch ihre Prinzipien auch jeden Widerstreit zwischen ethischen und politischen Pflichten vermeidbar zu machen. Außerdem verpflichteten diese Prinzipien auf den Grundsatz, die ,,Heilige Geschichte" ,,jederzeit als auf das Moralische abzweckend" (S. 189) auszulegen. Für den Bereich der Religion konkretisierte sich dadurch die Aufgabe der Kantischen ,,Methodenlehre der reinen praktischen Vernunft".[4] Deren Aufgabe war gewesen, die Weise anzugeben, ,,wie man den Gesetzen der reinen praktischen Vernunft Eingang in das menschliche Gemüt ... verschaffen, d.i. die objektiv praktische Vernunft auch subjektiv praktisch machen könne" (*Kritik der praktischen Vernunft*, 1788, S. 269). Zu zeigen, wie man dies durch Religion erreichen könne, macht der erwähnte Auslegungsgrundsatz der Religionsschrift zu einer der wichtigsten Aufgaben philosophischer Religionslehre.

Hieran knüpft Hegel mit seinem ersten Thema an. Kant und Rousseau verbindend, fragt er nicht nur – auf den Spuren Rousseaus –, wie Religion für ein freies Volk beschaffen sein muß (N S. 20; *33*);[5] sondern er spitzt im Sinne Kants diese Frage so zu, daß sie lautet: Durch welche Veranstaltungen ist Religion subjektiv zu machen, so daß dadurch die Motive sittlichen Handelns verstärkt werden? Und wie qualifiziert sich hierzu speziell die christliche Religion? (N S. 6ff., bes. 49; S. *13*ff., bes. *71*). Die ,,*untergeordneten Bedürfnisse*", von denen Hegels wissenschaftliche Bildung ausging, waren also jedenfalls die Erfordernisse einer politisch orientierten, auf Kantischen Grundsätzen beruhenden religiösen Volksbildung. Das Ideal, für das er dabei tätig war, war das Kantische einer ,,unsichtbaren Kirche" bzw. ,,eines Reiches Gottes".[6] Dieses Ideal war bei Hegel wahrscheinlich so gedacht, daß es das Ideal einer politischen Verfassung einschloß, die die Freiheit der Bürger zum Zweck der Gesetzgebung macht (vgl. N S. 255; *290*). Mindestens aber beinhaltete es ,,die Vereinigung aller Rechtschaffenen unter der göttlichen unmittelbaren aber moralischen Weltregierung, wie sie jeder von Menschen zu stiftenden zum Urbilde dient" (Kant, *Religion innerhalb*... S. 134). Aber Hegels wissenschaftliche Bildung wurde auch noch von anderen, spezielleren Bedürfnissen motiviert. Neben der Frage nach der richtigen Beschaffenheit einer ,,Volksreligion" gab es einen zweiten und einen dritten Fragenkomplex, und im Zusammenhang des dritten kam's zum Wandel des Ideals. Die Lektüre von Geschichtsschreibern der Aufklärung hatte Hegels historischen Sinn bereits in jungen Jahren geweckt; außerdem war sowohl in Rousseaus *Contrat social* als auch in Kants Religionsschrift die Frage angelegt, wie der christliche Glaube im Verlauf seiner Geschichte zu einer auf Autorität gegründeten, ,,positiven" Religion und zu einem Instrument des Despotismus hatte werden können (vgl. Kant, *Religion innerhalb*..., S. 239). Das zweite Thema bildeten dementsprechend die Gründe, aus denen dies geschehen war, sowie – komplementär dazu – die Gründe, die die Menschen daran hinderten, ihre ursprünglichen und in der Vernunft begründeten religiösen Rechte wieder an sich zu reißen.

Aus aktuellem Anlaß war mit diesem Thema ein weiteres verknüpft. Unmittelbar nach Erscheinen der Kantischen Religionsschrift hatte die Tübinger theologische Orthodoxie sich auf die Prinzipien der Kantischen Ethik berufen, um zu demonstrieren, daß es Pflicht sei, an die christliche Offenbarungslehre zu glauben – und zwar an sie in ihrer historischen Gestalt, soweit diese zuverlässig überliefert ist.[7] Nach Auffassung Hegels und seiner Freunde (vgl. *Briefe,* Bd. I, S. 13 f.) war damit der Sinn der Kantischen Religionslehre in sein Gegenteil verkehrt. Das Verfahren, dessen sich die Argumentation Kants bedient hatte und das die Gefahr in sich barg, zu weiteren Verteidigungen der Orthodoxie mißbraucht zu werden, war das Aufstellen von „Postulaten" der praktischen Vernunft gewesen: Existenzbehauptungen, die man glaubt machen zu müssen, um die Möglichkeit freier Selbstbestimmung des Willens zu verstehen, sowie vor allem die Möglichkeit einer Übereinstimmung von Sittlichkeit und Glückseligkeit, worauf nach Kantischer Auffassung bei Menschen der sittliche Wille letztlich gerichtet ist. Auf das Verfahren, solche Postulate aufzustellen, hatte Kant seine philosophische Theologie und seine Auskunft über das Selbst- und Weltverständnis der moralisch Handelnden gestützt. Um den damit getriebenen Mißbrauch zu verhindern, galt es die Frage zu beantworten, wie man Anwendungen des Verfahrens kritisch zu begrenzen habe. Die Beantwortung dieser Frage bildete Hegels drittes Thema (vgl. *Briefe,* Bd. I, S. 16).

In der Arbeit an diesem Thema, die nach den erhaltenen Zeugnissen zu schließen eher beiläufig erfolgte, zerstörte sich Hegel mehrfach die Voraussetzungen, unter denen er seine beiden anderen Themen behandelte. Das erklärt, weshalb keines der frühen Publikationsvorhaben zu Ende geführt wurde. Es erklärt auch den *Wandel* seines Ideals. Zunächst allerdings schien dieses Ideal eher zu verschwinden als sich zu wandeln. Denn die praktische Vernunft, so überzeugte sich Hegel, fordert nicht für sich selbst Glückseligkeit in Proportion zur Moralität. Wer republikanische Tugend besitzt, wie sie sich beispielsweise bewährt im Tod fürs Vaterland, dessen Wille ist sich selbst genug. Er bedarf nicht des Trostes, er werde in einem jenseitigen Leben entschädigt werden. Er braucht daher auch nicht die Existenz eines von ihm verschiedenen, allmächtigen Wesens zu postulieren, das solche Entschädigung garantiert (N S. 237 ff.; *194* ff.). Kants Postulat der Existenz Gottes und dessen Fundament, die Idee einer Übereinstimmung von Tugend und Glückseligkeit, bezeugen nur Mangel des Bewußtseins, daß die praktische Vernunft absolut ist (N S. 238; *196*). Ein rein praktischer Glaube besteht in nichts anderem als in diesem Bewußtsein. Wer ihn besitzt, mag unter günstigen Bedingungen die beglückende Erfahrung machen, daß Vernunft, indem sie sich selbst verwirklicht, Freiheit zu einem harmonischen Leben entfaltet. Ebenso weiß er sein Schicksal zu ehren, wenn diese Bedingungen nicht gegeben sind und Freiheit sich auf die Innerlichkeit der Willensbestimmung beschränkt. Mit diesem nun auch gegen Kants philosophische Theologie gerichteten Resultat hätte Hegel tatsächlich seinem Ideal eines Reiches Gottes für immer den Boden entzogen, hätte er es nicht verstanden, ihm bald ein neues konzeptuelles Fundament zu geben. Seine Vertrautheit mit dem durch Jacobi ausgelösten ,,Spinozismusstreit" um die religiösen Überzeugungen des späten Lessing[8] ist ihm dabei zustatten gekommen.

Doch den entscheidenden Anstoß verdankte er ohne Zweifel Hölderlin. Dieser hatte früh Fichtes Versuch kritisiert, in der *Theorie* über das Faktum des Bewußtseins hinauszugehen (vgl. *Briefe,* Bd. I, S. 19), war aber mit seiner Interpretation der *praktischen* Vernunft um so entschiedener selbst darüber hinausgegangen. Er nahm im Menschen einen letzten, nicht mehr subjektiven Grund entgegengesetzter, auf Vereinigung gehender Strebungen an und betrachtete es als Ziel alles Wissens und Tuns, in dessen Einheit zurückzukehren. Hegel entnahm daraus die Anregung, Freiheit nicht nur als Selbstbestimmung des Willens, sondern auf ganz neue Weise zu denken. Für Kant, mit dessen moralphilosophischen Prinzipien Hegel sich bis dahin identifiziert hatte, war Freiheit die Kraft des vernünftigen Willens gewesen, sich gegen sinnliche Tendenzen in der menschlichen Natur durchzusetzen. So war sie in einen für das Kantische Verständnis konstitutiven Gegensatz gestellt. Hegels Entdeckung war, daß es sich dabei um einen Sonderfall gehandelt hatte: um Freiheit, die sich unter Bedingungen einer nicht durch unsere Tätigkeit aufzuhebenden Entzweiung verwirklicht. Allgemeiner gefaßt aber mußte Freiheit als auf Vereinigung von Entzweitem gerichtet gedacht werden, wenn ihr Sinn den Ideen entsprechen sollte, denen Hegel von Anfang an die stärkste Evidenz zugeschrieben hatte.

Als Hegel Hölderlins Anregung aufnahm und dazu überging, Freiheit als Vereinigung zu denken, hatte er seine eigenen Gründe dafür. Einer, den man ziemlich leicht verstehen kann, war der folgende: Freiheit als bloß autonome Selbstbestimmung des Willens ist praktische Tätigkeit, die nicht Einheit in gegebenes Mannigfaltiges bringt, sondern die Einheit selbst ist; als solche aber ist sie eine Einheit, die sich nur rettet gegen das Mannigfaltige, Entgegengesetzte (N S. 374; *239*). Ebenso wie man sich der Sehnsucht nach einer nicht durch uns realisierbaren Harmonie entschlagen muß, um sich nicht von Fremdem abhängig zu machen, gilt es die Furcht vor Vereinigung zu meiden. Das hieß zugleich, daß höher als ein moralisches Verhalten, das unseren vernünftig bestimmten Willen nur mit sich selbst in Übereinstimmung bringt, eine Einstellung einzuschätzen war, in der der Handelnde sich seiner sinnlichen Natur nicht entgegenstellt, sondern in der er entweder bereits mit ihr eins ist oder durch ,,Erhebung" seiner Natur zur Vernunft mit ihr eins wird. Hegel nannte diese Einstellung ,,Geneigtheit" und ,,Gesinnung". Als Ergänzung zu ihr war ein Verhalten zu betrachten, das auf Vereinigung mit anderen Menschen oder Objekten geht. Hegel nannte es Liebe und nahm an, daß es ein möglichst großes Ganzes von Vereinigungen herzustellen sucht (N S. 389; *302*). In der Liebe hört Freiheit auf, nur subjektive Kraft oder Tätigkeit zu sein. Ihre Verwirklichung wird zu einem Geschehen zwangloser Vereinigung zwischen Gleichgestellten. So ergab sich aus dem Programm religionskritischer und sozialpädagogischer Anwendung revolutionärer Ideen eine tiefgreifende Kritik an Kants praktischer Philosophie und aus dieser Kritik heraus der Entwurf eines abgestuften, funktionalen Ganzen ethischer Einstellungen.

Am Ende der Stufenleiter war wieder Raum für die Rousseausche Idee einer bürgerlichen Religion der Freiheit. Religion ließ sich nun neu interpretieren als eine besondere Objektivation derjenigen Vereinigung, die in der Liebe nicht ausschließlich durch subjektive Tätigkeit zustande gebracht wird, sondern sich auch als ein Geschehen vollzieht, in dem der übersubjektive Grund aller Vereinigungen am Werk ist. Die Besonderheit sollte darin bestehen, daß an dieser Objektivation nicht nur das Handeln beteiligt ist, sondern auch das Bewußtsein, das reflektierend Gegensätze feststellt, sowie die Einbildungskraft, die aus sinnlichem Stoff einheitliche Bilder schafft.

Religion, das ist nun Liebe unter Vereinigten selbst, sofern sie von der Einbildungskraft zu einem individuellen „Wesen" gemacht wird. Das Wesen, von dem hier die Rede ist, kommt durch schöpferische Tätigkeit zur Darstellung, und seine Darstellung stellt dem reflektierenden Bewußtsein ein Wirkliches vor, in welchem Natur Freiheit ist oder – nach einer anderen Wendung – Subjekt und Objekt nicht zu trennen sind (N S. 376; *242*). Dabei mag die Darstellung das Bild einer Gottheit schaffen oder auch nur in religiösen Handlungen bestehen.

Das Objekt solch religiösen Bewußtseins hatte wieder den Charakter eines Ideals, wenn man unter „Ideal" ein „übermenschliches" Vorbild eines Individuellen verstehen darf, das den Menschen, soweit sie sich davon entfernt denken, doch nicht fremd ist (vgl. N S. 57; *83*); denn im Produkt der Einbildungskraft und seiner Darstellung wird nach Hegels Auffassung nicht nur die in der Liebe unter Menschen faktisch geschehende Vereinigung vorgestellt, sondern ein Ganzes an Vereinigung, in welches auch das faktisch noch Getrennte integriert ist (vgl. N S. 389; *302*). Als sinnlich präsentes Produkt der Einbildungskraft, das den unsichtbaren Geist sich vollziehender Vereinigung im Sichtbaren darstellt, konnte das Ideal jedoch nun nicht mehr unerreichbares Ziel einer unbefriedigten Sehnsucht und damit dem Wirklichen entgegengesetzt sein – nicht mehr ein idealer, subjektiver Zweck, den die praktische Vernunft verwirklichen soll, obwohl doch seine Verwirklichung jenseits menschlicher Möglichkeiten liegt. Naheliegend war vielmehr, das Ideal als das ganze, über seinen jeweils aktuellen Zustand hinausdrängende Geflecht sich vollziehender Vereinigungen zu denken, die in der erwähnten Stufenleiter miteinander verbunden sind und die zusammen mit der Voraussetzung faktisch noch bestehender Trennungen von uns bejaht werden müssen. So ist das „Reich Gottes" nun „der ganze Baum mit allen notwendigen Modifikationen, Stufen der Entwicklung" (N S. 394; *308*). Mit dieser Formel ist erklärt, wie sich das Ideal wandeln mußte.

Als „Reflexionsform" des ursprünglichen Ideals dürfte Hegel das Ergebnis dieser Verwandlung vor allem aus zwei Gründen bezeichnet haben: Zum einen ist der Zustand idealer Praxis nunmehr in der Religion mit der Form der Reflexion vereinigt (vgl. ebd.). Das ist der nächstliegende, aber auch etwas oberflächliche Sinn, in dem die Reflexionsform des Ideals zu verstehen ist. Zum anderen ist das Ideal nun nicht mehr ein wirklichkeitsloses Jenseits und nur als leerer Gedanke in uns, als solcher aber auch bloß in uns, bloß subjektiv. Dieser alle Wirklichkeit überfliegende Gedanke eines Ideals wird sozusagen am Medium der Wirklichkeit gebrochen, in uns zurückgeworfen und von der Einbildungskraft zum Bild eines inhaltsvollen Ganzen gemacht, dessen Gehalt ebensowohl nicht außer uns gesetzt ist wie nicht nur in uns allein (N S. 377; *244*). In diesem Sinn einer Reflexionsform steht das Ideal nicht nur am Ende aller vereinigenden Tätigkeit, sondern ist als Einheit schlechthin allem Getrennten und seiner Vereinigung auch vorauszusetzen; und es ist als die Vereinigung wirkende Wirklichkeit in allem Getrennten – so auch in jedem einzelnen von uns – dadurch am Werk, daß es die gegensätzlichen Bestimmtheiten des Getrennten sich ineinander reflektieren läßt. Es ist wie ein Lebendiges, das man zugleich als Prinzip seiner Gestaltung, als deren Prozeß und als dessen jeweiliges Resultat denken muß.

Doch in welchem Sinn hat sich das Ideal nicht nur zur Reflexionsform, sondern zugleich in ein System verwandelt? Die Antwort auf diese Frage erfordert vor allem einige Abgrenzungen. Aus dem Kontext des Idealwandels ergibt sich, daß das Systemkonzept, in dessen Besitz sich Hegel um 1800 wußte, eher ein Nebenprodukt denn ein professionell erarbeitetes Ergebnis philosophischer Gedankenkonstruktion war. Jedenfalls war es kein Ziel gewesen, das Hegel sich etwa unter Voraussetzung theoretischer Erkennbarkeit des Weltganzen gesetzt und durch Diskussion anderer philosophischer Systeme zu erreichen versucht hätte. Es diente auch nicht einer wertneutralen Beschreibung der Welt ohne praktische Bedeutung für den Beschreibenden, sondern reflektierte einen Einstellungswandel, den Hegel erfahren hatte – einen Einstellungswandel übrigens, der Bedürfnissen der Zeit zu entsprechen schien und der Philosophie die Kraft zu geben versprach, in die richtige Praxis einzuweisen. Der Ausdruck ,,System" stand darum nicht – wie in den meisten seiner heutigen Verwendungen – für etwas fertig Gegebenes und Starres, von außen Aufgezwungenes. Er stand für ein organisches Ganzes, das besser orientieren kann als Kants Weltphilosophie und Religionslehre und worin sich erfüllter leben läßt als in deren Welt. Da der Entwurf dieses Ganzen sich der Beschäftigung mit historischen Fragen verdankte, die zugleich Fragen der Orientierung in der Gegenwart waren, verband sich mit der programmatischen Verwendung des Systembegriffs für Hegel auch kein Gegensatz gegen Geschichte und gegen die spezifische Belehrung, die uns durch Beschäftigung mit ihr zuteil werden mag. Als Ausdruck für etwas, das Reflexionsform eines Ideals ist, bezeichnete ,,System" natürlich auch nicht ein Corpus von Sätzen in eindeutig festgelegten Beziehungen, sondern vielmehr jenes Sachganze, das einheitliches Thema der damaligen Überlegungen Hegels war. Wie schon bei

Kant und wieder in späteren Formulierungen Hegels dürfte auch hier der Gegenbegriff zu „System" der Begriff eines Aggregats von Einzelheiten gewesen sein.[9]

Für die *Erkenntnis* des ganzen Systems und seiner Teile stand zunächst vor allem die Evidenz zur Verfügung, welche sittliche Phänomene im Bewußtsein eines jeden besitzen, der seine praktische Vernunft zu betätigen wagt; außerdem das ethische Prinzip, daß keine durch menschliche Tätigkeit aufhebbare Getrenntheit sein soll, aber unaufhebbare Trennungen respektiert werden müssen;[10] sowie die Annahme, daß in Fällen von Getrenntheit das Verhältnis der Getrennten als „Antinomie" und „Widerstreit" „gefühlt oder erkannt werden" kann und daß es berechtigt ist zu glauben, es gäbe zusätzlich zu jedem Paar von Getrennten genau ein sie vereinigendes Höheres, dessen man unabhängig von ihnen inne zu sein vermag (N 382f.; *251*).[11] Doch bei diesen Erkenntnisgrundlagen konnte es nicht sein Bewenden haben. Das wird einem klar, wenn man sich fragt, welche Stellung und Aufgabe der Philosophie im Systemkonzept zugedacht ist. Hegel hatte sittliches Bewußtsein verstehen gelernt als Bewußtsein eines Absoluten, das *in* uns, wenngleich nicht allein *durch* uns tätig ist. Er hatte akzeptable „religiöse" Handlungen dann als Darstellung der Einigkeit gedeutet, die durch Tätigkeit des Absoluten bewirkt wird. Darüber hinaus aber sah er, daß solche Handlungen auch die umfassendere Einheit darstellen müssen, der man im Annehmen unvermeidbarer Trennungen sich zugehörig fühlt. In solcher Darstellung hat der romantische, „unauslöschliche unbefriedigte Trieb nach Gott" (N S. 333; *407*) keinen Platz mehr. Vielmehr erfaßt in ihr der Glaube das Unendliche, Übersinnliche als ganz im Endlichen und Sinnlichen gegenwärtig. Auch die Philosophie stellt sich nicht außerhalb solcher Darstellung, sondern versucht sie lediglich in einer besonderen Weise zu vollziehen. Sie ist also kein äußerliches Systematisieren von ethischen und religiösen Einstellungen. Sie reflektiert deren Zusammenhang, indem sie zugleich die religiöse Einstellung einnimmt, ist also eine differenzierende Darstellung der umfassenden Einheit, die das Absolute ist – jenes Absolute, dessen wir auch schon im sittlichen Bewußtsein inne sind. Diese Auffassung vom Gegenstand der Philosophie und von der Stellung, welche die Philosophie gegenüber einer recht verstandenen Religion besitzt, hat Hegel später noch präzisiert, aber nie mehr aufgegeben. Sie wird nun für eine präzisere Bestimmung des Systemkonzepts bedeutsam.

Zunächst einmal nötigte sie dazu, in den Umfang dessen, was thematisch zusammenzubringen war, die ganze Natur auf neue Weise einzubeziehen. Solange Hegel nur darauf ausging zu sagen, was durch uns zu geschehen hat, konnte ihm Natur beschränkt erscheinen auf die Funktion eines Hindernisses oder Instruments der Betätigung subjektiver Freiheit. Das entsprach dem Primat der praktischen Philosophie, auf den sich Kants ethische Kosmologie gestützt und den Fichte entschlossen als Möglichkeit in Anspruch genommen hatte, die ganze Welt als eine nach begrifflichen Vernunftgesetzen versinnlichte Ansicht unseres eigenen, inneren und freien Handelns zu deuten. Auch das tiefer gedachte praktische Prinzip, daß Trennung nicht sein, sondern durch sittliche Tätigkeit aufgehoben werden soll, konnte nach diesem Systemmodell noch als auf ein Letztes gerichtet gedacht werden – auf ein Absolutes, das als terminus ad quem die Anordnung aller vorangehenden Systemteile zu organisieren hätte. Wie aber vertrug sich das abgewandelte Ideal und der neue Sinn von Religion mit jener Auffassung von Natur, und welcher systematischen Stelle bedurfte nun der letzte Grund, aus dem sittliche Subjektivität sich mit Natur vereinigt oder nicht vereinigt? Ließ Natur nun noch die Deutung zu, letztlich nur Material oder gar nur Hindernis der Verwirklichung subjektiv verstandener Freiheit zu sein? Ließ sie sich auf eine befriedigende Weise teleologisch erklären und systematisieren? Und ließ sich jener Einheitsgrund von Natur und Freiheit nun noch als bloßes Produkt einer letzten Synthese beider denken? Offensichtlich nicht. Denn das Ideal sollte in seiner Reflexionsform ja gerade nicht nur am Ende aller vereinigenden Tätigkeit stehen. Und in der Natur lagen die Gründe unaufhebbarer Trennungen. In der religiösen Handlung hatte man sich mit diesen Trennungen nicht resignierend oder eine unbefriedigte Sehnsucht bewahrend abzufinden; man erhob sich in ihr über die eigene Endlichkeit und vereinigte sich mit der Einheit des Ganzen als einer sich Entzweienden. Die Philosophie aber, die diese prozessuale Einheit zu denken unternahm, konnte sich nicht damit begnügen, alle Entzweiungsgründe als so unerforschlich wie das Schicksal zu betrachten. Sie mußte sich daran machen, was an ihr war zu tun, um solche Gründe aufzudecken. Die philosophische Reflexion durfte sich also nicht darin erschöpfen, unter Voraussetzung vorhandener Trennungen auf sukzessive Vereinigung von Getrennten hin zu denken. Ebenso erforderlich war, das *Hervorgehen* von Trennungen einsichtig zu machen. Das eine, ,,Leben'' genannte und weder als bloß subjektive Tätigkeit noch als bloß objektives Geschehen zu verstehende Ganze mußte gedacht werden als eines, das sich mit sich selbst entzweit und wieder vereinigt (N S. 289; *354*). ,,Reines Leben zu denken ist die Aufgabe ... Reines Leben ist Sein. Die Vielheit ist nichts Absolutes – Dies Reine ist die Quelle aller vereinzelten Leben ...'' (N S. 302f.; *370*).

Wenn das die Aufgabe war, reines Leben als die Quelle alles vereinzelten Lebens zu denken, dann mußte der Inhalt eines Systems noch aus anderen Erkenntnisquellen geschöpft werden als den bereits genannten. Welche aber konnten dies sein? Das war nun die wichtigste Frage, vor die sich Hegel mit der Verwandlung seines Ideals in ein System gebracht hatte. Zu ihrer Beantwortung fehlten ihm zunächst fast alle Mittel. Sich diese Mittel zu erarbeiten, war darum in der Folge sein vordringliches Bemühen. Als er im zitierten Brief Schelling darauf ansprach, welche *Rückkehr zum Eingreifen* ,,in das Leben der Menschen'' zu finden sei, scheint er die überwältigenden Dimensionen der Aufgabe noch nicht erkannt zu haben. In Jena aber, wohin ihn Schelling einlud, müssen sie ihm bald zum Bewußtsein gekommen sein. Aus dem ,,Eingreifen'' wurde eine akademische Karriere. Sie brachte für Hegel eine Professionalisierung seiner philosophischen Arbeit mit sich, die Hegels literarischen und denkerischen Stil tiefgreifend änderte, ohne die Kontinuität der Überzeugungen und Probleme zu unterbrechen.

Noch zehn Jahre später hat Hegel betont: Worauf man bei allem Philosophieren „und jetzt mehr als sonst, das Hauptgewicht zu legen" habe, das sei „die Methode des notwendigen Zusammenhangs, das Übergehen einer Form in die andere" (*Briefe*, Bd. I, S. 330); seine eigene Sphäre sei es, der Philosophie die „wissenschaftliche Form zu finden oder an ihrer Ausbildung zu arbeiten" (*ebd.*, S. 332). Man könnte denken, solche Arbeit sei unter weitgehender Abstraktion von den Inhalten der Philosophie zu verrichten und bedürfe vor allem methodologischer Überlegungen, die zugleich metaphilosophischer Natur sind. Charakteristisch für das Programm, das Hegel verfolgte, war jedoch, daß er die Ausbildung einer „wissenschaftlichen" Form der Philosophie nahezu ausschließlich im Zuge der Bearbeitung ihrer *Inhalte* betrieb. Ausschlaggebend hierfür war die Überzeugung, daß die neue Idee von Philosophie der Forderung genügen muß, „das weite Feld von Gegenständen, welche in die Philosophie gehören, zu einem geordneten, durch seine Teile hindurch gebildeten Ganzen zu gestalten"; und daß dazu „das Material der besonderen Wissenschaften seine Umbildung und Aufnahme in die neue Idee" erlangen muß (*ebd.*, Bd. II, S. 97f.).

Ein etwa fünfzehn Jahre anhaltendes Bemühen, diese auf Form und Inhalt gerichtete Doppelaufgabe zu bewältigen, hat dann aus dem Konzept von 1800 ein System hervorgehen lassen, von dem zuerst wichtige Teile und schließlich auch der Grundriß einer Ausführung des Ganzen veröffentlicht wurden. Die Werke, in denen dies geschah, waren ebenso bedeutend wie komplex und schwer verständlich. Man darf sich daher nicht wundern, wenn der folgende Abschnitt nur eine sehr grobe Vorstellung von ihnen vermitteln kann.

II. Systematische Werke

1. Der spekulative Idealismus

Der vorangehende Abschnitt hat von Hegels intellektueller Biographie nur einen kleinen Teil skizziert, sozusagen deren erstes Kapitel – und auch dies einseitig im Hinblick auf die Frage, wie jenes Systemkonzept zustande gekommen ist, dessen Konturen sich um 1800 abzuzeichnen beginnen. Bereits diese Teilbiographie, deren Fortsetzung hier unterschlagen werden muß, gibt Aufschluß über grundlegende Voraussetzungen des späteren Werks. Die Verwandlung des anfänglichen Ideals gab Hegel den Anstoß, sich mit der ihn umgebenden Wirklichkeit viel ernsthafter und unter mannigfaltigeren Gesichtspunkten auseinanderzusetzen, als er es in Tübingen und Bern getan hatte. Außer Fragen der Religionstheorie waren nun von Interesse auch die Interpretation des Prinzips einer Ethik, die Vielfalt ethischer Einstellungen und ihr Zusammenhang; daneben und in zunehmendem Maße auch die Natur

Georg Wilhelm Friedrich Hegel (1770–1831)

sowie ökonomische und politische Gegebenheiten und Bedürfnisse des Zeitalters.

Der innere Zusammenhang zwischen Ethos, Religion und Philosophie machte es unmöglich, das Erarbeitete weiterhin unterm Gesichtspunkt eines Primats der praktischen Vernunft zu systematisieren. Für den Begriff eines Absoluten, das weder einseitig subjektiv sich betätigende Freiheit noch einseitig objektives Geschehen, sondern beides in einem ist, bedurfte es neuer Formen der Explikation. Erst damit kommt die Frage einer eigenständigen und sachgemäßen Methode philosophischer Darstellung in den Vordergrund. Mit dieser Frage beginnt Hegel sich an der öffentlichen Diskussion konkurrierender Systementwürfe in der nachkantischen Philosophie zu beteiligen. Er hat nun eine Position erreicht, die man als spekulativen Idealismus bezeichnen kann, und macht sich zum philosophischen Kompagnon Schellings. Beide stimmen in ihren Auffassungen so weit überein, und ihre Zusammenarbeit in Jena ist so eng, daß sie als gemeinsame Herausgeber und Autoren eines *Kritischen Journals der Philosophie* keinen ihrer Beiträge namentlich signieren.

Um Hegels spekulativen Idealismus richtig einzuschätzen, muß man beachten, daß der Gegenbegriff zu ,,Idealismus" nicht ,,Materialismus" ist – die Lehre, alles wahrhaft Wirkliche sei in irgendeinem Sinn materiell. Der Gegenbegriff hierzu wäre ,,Spiritualismus" – eine Position, die behauptet, alles Wirkliche sei Geist. Keine dieser beiden Positionen ist die Hegelsche. Den konträren Gegensatz zu Idealismus bildet in Wahrheit der *Realismus:* Die Auffassung, daß es unabhängig von einem Denken und seinem Subjekt ein ,,an sich" seiendes Wirkliches gibt. Aber die Spezifizität des Hegelschen Idealismus zeigt sich erst, wenn man berücksichtigt, in welchem Sinn dabei von Denken und Denkendem die Rede ist. Denken ist hier nicht einseitig als ,,subjektive" Leistung des ,,Ich" oder gar eines individuellen, endlichen ,,Subjekts" zu nehmen, sondern als gleichgültig gegenüber der Alternative, ob es sich um ein solches Denken handelt oder um ein sozusagen objektiv exemplifiziertes Denken, das die Welt regiert, wie Anaxagoras dies vom noûs behauptete (Bd. III, S. 54; Bd. IV, S. 44).[12] Der Idealismus, wie ihn Hegel vertritt, beinhaltet daher auch nicht die These, alles Wißbare sei nur ein durch ,,Ich" – oder gar durch ein vereinzeltes Bewußtseinssubjekt – Gesetztes. Er besagt vielmehr, alles Endliche sei kein wahrhaft Seiendes, sondern ,,ideell", d. h. ein im wahrhaft Unendlichen Aufgehobenes (Bd. V, S. 172); und Philosophie sei Wissenschaft der Idee (Bd. VIII, § 18; vgl. *GW,* Bd. V, S. 7). Unter ,,Idee" aber versteht Hegel seit etwa 1801 das Eine, in dem alles Endliche, durch Reflexion Entgegengesetzte, vereinigt gedacht wird (Bd. II, S. 347; vgl. *GW,* Bd. V, S. 6ff.); etwas präziser versteht er in späteren Jahren darunter dieses Eine, insofern in ihm insbesondere auch der Gegensatz von Subjektivem und Objektivem vereinigt ist.

Durch das Adjektivum *,,spekulativ"* wird die Erkenntnisweise bezeichnet, die dieser Idealismus für sich in Anspruch nimmt. Hegel hat, ebenfalls um

1801, dafür den Ausdruck „Spekulation" in Gebrauch genommen und bei Schelling durchgesetzt. Er entschied sich für diesen Ausdruck vermutlich um seiner sprachlichen Verwandtschaft mit dem lateinischen Wort für Spiegel (speculum) willen. Wie das Sehen eines Bildes im Spiegel (= speculatio) die Reflexion von Lichtstrahlen an gegenüberstehenden Oberflächen in Verbindung bringt mit dem anschaulichen Erfassen eines Wahrnehmungsganzen, so verbindet die philosophische Spekulation die gedankliche Reflexion mit nichtsinnlicher Intuition der absoluten Einheit. Spekulation ist Synthesis von Reflexion und intellektueller Anschauung (Bd. II, S. 25f.). Die Analogie zur Spiegelwahrnehmung läßt sich erweitern, wenn man berücksichtigt, daß Hegel – in Anspielung auf Spinoza – das Ich mit dem Licht verglichen hat, „das sich und noch anderes manifestiert" (Bd. VIII, § 413): In der Spekulation widerfährt die Reflexion dem Ich eines philosophierenden Bewußtseins, und zwar an endlichen Bestimmungen, welche paarweise einander entgegengesetzt sind. – Natürlich wird durch solche Analogien die Struktur der Spekulation nicht hinreichend präzise bestimmt. Mit ihrer Aufhellung war Hegel noch lange beschäftigt. Erst allmählich hat er sie schärfer zu fassen vermocht. Stets aber hat er daran festgehalten, das Spekulative bestehe „in dem Fassen des Entgegengesetzten in seiner Einheit" (Bd. V, S. 52). Wenn man den Hegelschen Idealismus als spekulativ qualifiziert, so charakterisiert man ihn also durch das epistemologische Gegenstück zu seinem umfassenden Thema, das die Idee ist. Nichts hingegen ist durch das Adjektivum „spekulativ" übers Verhältnis der idealistischen Philosophie zum menschlichen Leben gesagt. Beispielsweise wäre es ein Mißverständnis zu meinen, spekulativ sei dieser Idealismus, weil er eine kontemplative Lebenseinstellung bevorzuge.

2. Phänomenologie und Logik

Hegel mußte Begriffe und eine Darstellungsweise entwickeln, die geeignet erschienen, das eine, einheitliche Thema des spekulativen Idealismus zu behandeln – und dabei möglichst viel vom überlieferten Stoff der Philosophie umgestalten. Er stand aber auch noch vor einer weiteren Aufgabe: Der Spekulation steht der gesunde Menschenverstand mit vielen Meinungen im Wege, insbesondere aber mit der Überzeugung, daß es zahlreiche Gegenstände gibt, die isoliert voneinander erkennbar sind. Der Wahrheitsanspruch philosophischer Spekulation ist nur berechtigt, wenn sich diese Meinungen durch philosophisches Denken erschüttern lassen und man dadurch jemanden, der den Standpunkt des gesunden Menschenverstandes einnimmt, von der Wahrheit spekulativer Erkenntnis überzeugen kann. Wer den spekulativen Idealismus vertritt, steht also vor der Forderung, Andersdenkenden seinen Standpunkt einleuchtend zu machen. Hegel versprach sich die Erfüllung dieser Forderung zunächst von einer umfassenden, kritischen Untersuchung der Gedankenformen, in denen sich das Bewußtsein endlicher Gegenstände bewegt. Sie sollte zeigen, daß jede dieser Formen ihr Gegenteil an ihr selbst hat und daher nicht bestehen kann in der Entgegensetzung, in der das bloß reflektierende Denken sie nimmt. Da sie von Formen des Denkens handelte, nannte Hegel diese Untersuchung „Logik" und ihren entscheidenden, negativen Teil wahrscheinlich „Dialektik" (Bd. II, S. 476). Auf ihn sollte die positive, spekulative Erkenntnis des Absoluten folgen, deren grundlegende Disziplin „Metaphysik" betitelt wurde. Bald aber muß Hegel klar geworden sein, daß diese Geschäftsverteilung weder sehr rationell noch erfolgreich war. Aus den Überlegungen hierzu erwuchs ein neuer erster Teil des längst angekündigten Systems. Er erschien 1807 unter dem Titel *Die Phänomenologie des Geistes*.

Wenn man dieses Werk verstehen will, so muß man vor allem berücksichtigen, daß ein tief angelegter Zusammenhang besteht zwischen dem Hegelschen Philosophiebegriff sowie dem innersten Bewußtsein der Welt, in welcher wir Forderungen der praktischen Vernunft zu erfüllen haben, auf der einen Seite und andererseits der verständnislosen, ja feindseligen Einstellung, die der gesunde Menschenverstand zur spekulativen Erkenntnis einnimmt. Die historische Auseinandersetzung mit der „Positivität" der christlichen Religion hatte Hegel davon überzeugt, daß sittliches und religiöses Bewußtsein sich immer wieder neu aus dem Verfallen an unfrei machende, „positive" Verhältnisse gewinnen müssen. Die Philosophie hat zu dieser Selbstfindung beizutragen, indem sie gegensätzliche Auffassungen kritisiert, in welchen sich die unbefriedigenden Zustände ihrer Zeit dokumentieren. Indem sie die Grundbegriffe dieser Auffassungen korrigiert und erkennt, wie sie recht verstanden den Zusammenhang vernunftbestimmter Wirklichkeit ausmachen, ist sie „Selbstreproduktion der Vernunft" (Bd. II, S. 22). Doch gerade das bringt sie in einen sozusagen institutionellen Konflikt zu herrschenden Meinungen ihrer Zeit und zu deren Inbegriff, dem gesunden Menschenverstand. Auf der einen Seite steht nun ein Bewußtsein, das in zeitspezifischen Befangenheiten lebt und das Hegel das natürliche Bewußtsein nennt; auf der anderen Seite die Philosophie, die Verkehrungen berichtigt, welche im natürlichen Bewußtsein enthalten sind und sich dem natürlichen Bewußtsein dadurch selber als ein verkehrtes darstellt (Bd. III, S. 30). So kommt es – ähnlich wie bei Plato – zum Gegensatz des Scheinwissens, in dem wir gewöhnlich leben, und des wirklichen Wissens der Philosophie. In diesem Gegensatz wird der Erkenntnisanspruch der Philosophie von seiten des natürlichen Bewußtseins in Zweifel gezogen. Von außen an die Philosophie herangetragene Zweifel lassen sich aber nicht dadurch beheben, daß man auf die innere Stimmigkeit des philosophischen Wissens hinweist. Denn die Kriterien solcher Stimmigkeit werden in der Philosophie festgelegt und sind damit selbst dem Zweifel ausgesetzt. Doch andererseits muß die Philosophie sich um ihrer eigenen Wahrheit willen auf die an sie herangetragenen Zweifel einlassen. Denn wie für Plato gewinnt auch für Hegel die Philosophie ihre Wahrheit nur, indem sie sich aus der Vermischung mit demjenigen befreit, was der Zweifelnde voraussetzt und was sich – ihm sowohl als ihr – als das Falsche herausstellen muß. Aus diesem Zusammenhang werden wichtige Charakteristika der *Phänomenologie* verständlich:

1. Das Werk ist Einleitung in die spekulative Vernunfterkenntnis nicht im Sinn einer bloßen Propädeutik, die auf der einen Seite Lernwilligkeit und auf der anderen Seite etabliertes Wissen unterstellen darf. Sondern es hat im Hinblick auf das natürliche Bewußtsein dessen Läuterungsprozeß darzustellen, der von Zweifeln an der Wissenschaft zur Verzweiflung an all jener vermeintlichen Wahrheit führt, die Voraussetzung der Zweifel ist. Zugleich muß das Werk zeigen, wie in dieser Verzweiflung wahres Wissen zum Vorschein kommt. Sein Thema ist das erscheinende Wissen. Aber das erscheinende Wissen ist sein Thema auch noch in einem anderen Sinn: Im Hinblick auf spekulative Erkenntnis hat das Werk deren Selbstfindung darzustellen. Es gehört zur Eigenart der Philosophie, daß diese, um in ihren Anfang einzugehen, anfänglich noch eine Bewegung durchlaufen muß, in der das Element ihrer Entfaltung sich allererst herstellt oder zum Vorschein kommt.

2. Die Aufgabe, das erscheinende Wissen in diesem doppelten Sinn darzustellen, darf nicht an einen abstrakten Begriff von natürlichem Bewußtsein und von spekulativer Erkenntnis geknüpft bleiben. Sie ist vielmehr so zu lösen, daß dabei der konkreten Zeitsituation Rechnung getragen wird, in der sich die Philosophie und ihr Gegenüber befinden. Darum muß vom Grundgegensatz der Epoche ausgegangen werden – dem Gegensatz zwischen einer zum letzten Prinzip erhobenen Subjektivität und all demjenigen, was die Subjektivität sich nicht zu eigen machen kann, woran sie aber ihre Begrenzung erfährt. Das natürliche, vorphilosophische Paradigma dieses Gegensatzes ist das Bewußtsein. Denn dem Bewußtsein ist sein Gegenstand etwas, das *für* das Bewußtsein ist, das zugleich aber auch *von* ihm unabhängig ist. Der Skeptizismus und seine Überwindung müssen daher in einer Gestalt erfolgen, in welcher Überzeugungen nicht nur als vermeintliche Wissens*inhalte* geprüft werden, sondern in erster Linie auch als entsprechende Wissens*arten,* wie z. B. sinnliche Evidenz, Wahrnehmung, Verstandes- und Vernunfterkenntnis. Zugleich muß die zeitgemäße Behandlung dieser Wissensarten „wie im Schattenrisse" (Bd. II, S. 32) den wirklichen, historischen Bildungsprozeß nachzeichnen, der das Bewußtsein zum spekulativen Idealismus geführt hat. Indem die „Phänomenologie" mit den Wissensarten nicht nur einen Vorrat an überlieferten Meinungen darstellt, die typisch für das natürliche Bewußtsein sind, sondern auch die Bildungsgeschichte des Bewußtseins, die sich darin sedimentiert hat, stellt sie die Wissensarten als Bewußtseinsstufen dar – als Stufen des Bewußtseins auf dessen Weg zur spekulativen Erkenntnis.

Im Hinblick auf die anfangs selbst noch im Werden befindliche spekulative Erkenntnis genügt für die Überwindung des Grundgegensatzes der Epoche nicht die – Hegel mit Schelling gemeinsame – Überzeugung, daß die Subjektivität recht verstanden ebensosehr die absolute Substanz ist (Bd. III, S. 587). Wenn man sich einmal davon überzeugt hat, daß die Reflexion mit ihren Gegensätzen positives Moment im Absoluten ist, dann muß man sich auch zu der – gegen Schelling gerichteten – Behauptung verstehen, daß die Substanz wesentlich Subjekt ist (Bd. III, S. 28). Was damit gesagt werden soll, ist auch in der Vorstellung ausgedrückt, die das Absolute als Geist ausspricht. Dies berücksichtigt und weiter berücksichtigt, daß das Bewußtsein als *Erscheinung* des Geistes zu interpretieren ist, kann man ein Werk, das am Bewußtsein darstellt, wie in ihm Wissen zur Erscheinung kommt, auch *Phänomenologie,* also Erscheinungslehre, *des Geistes* betiteln. Berücksichtigt man weiter als zeitspezifische Forderung, daß das philosophische Wissen *wissenschaftlich* werde, so muß diese Phänomenologie, obwohl Weg zur spekulativen Wissenschaft, doch selbst schon Wissenschaft sein (Bd. III, S. 80). Sonst hätte der Nachweis, daß der Standpunkt des spekulativen Idealismus derjenige philosophischer Wissenschaft ist, für diese Wissenschaft selbst keine volle Überzeugungskraft.

3. Das *Verfahren* der Phänomenologie bekommt damit ungefähr folgende Gestalt: Auf der einen Seite steht das natürliche Bewußtsein. Ihm muß auf jeder seiner Stufen die Gelegenheit gegeben werden, seinen Wissensanspruch anhand eines eigenen Maßstabs selbst zu prüfen, damit es das Ergebnis der Überprüfung auch akzeptieren kann. Damit der Weg des natürlichen Bewußtseins zur Verzweiflung führt, muß das Ergebnis der Überprüfung für das natürliche Bewußtsein ferner jedesmal ein *skeptisches* Wissen seines *Nichtwissens* sein, – ein nur negatives Wissen nur von sich. Hegel glaubt beides dadurch gewährleistet, daß erstens das natürliche Bewußtsein als erscheinendes Wissen auf jeder seiner Stufen die Unterscheidung zwischen seinem Inhalt und einem exemplarisch Wahren macht, mit dem es den Inhalt vergleicht; daß zweitens aber der Erscheinungscharakter dieses Wissens den Inhalt dem Wahrheitsexempel nicht entsprechen läßt und alle Versuche zum Scheitern verdammt, den Inhalt passend zu machen, so daß am Ende die zur Bewußtseinsstufe gehörige Auffassung vom Wahren preisgegeben werden muß.

Auf der anderen Seite steht der philosophische Dialogpartner des natürlichen Bewußtseins. In der soeben umrissenen Phase der Darstellung des Bewußtseins, in der dieses seinen Maßstab angibt, sich prüft und schließlich mit seinem Anspruch scheitert, ist die Dialogrolle des werdenden spekulativen Erkennens auf das „Zusehen" beschränkt. Allenfalls hat der Dialogpartner dem natürlichen Bewußtsein Fragen vorzulegen oder es auf evidente Sachverhalte aufmerksam zu machen. Aktiver hingegen wird seine Rolle, die man dann freilich kaum mehr als *Dialog*rolle bezeichnen kann, wenn das natürliche Bewußtsein bei seinem skeptischen Resultat angelangt ist. Dann nämlich hat der Dialogpartner zu zeigen, daß man dieses Resultat auch noch in einer anderen, positiven Bedeutung nehmen muß, aus der sich eine neue Bewußtseinsstufe des natürlichen Bewußtseins mit neuem Gegenstand und neuem Wahrheitsparadigma ergibt, – und daß man diese ganze, das Bewußtsein verwandelnde Bewegung als die Erfahrung interpretieren kann, die das Bewußtsein auf seiner vorhergehenden Stufe gemacht hat. Im Hinblick auf den Verfahrensschritt, durch den der Stufengang des Bewußtseins organisiert und dessen Inhalt systematisch bereichert wird, kann das Werk daher auch *Wissenschaft der Erfahrung des Bewußtseins* betitelt werden (Bd. III, S. 80).[13]

Die Systematik, die sich auf diese Weise aufbaut, ist *vollständig,* wenn der Gegensatz von Subjekt und Objekt, der das natürliche Bewußtsein zeitspezifisch charakterisiert, überwunden ist, so daß nun beide – Subjekt und Objekt – als untrennbar Eins gewußt werden und eine Stufe erreicht ist, auf welcher der Inhalt des Bewußtseins seinem Wahrheitsmaßstab entspricht. Das soll in einem absoluten Wissen der Fall sein, welches zugleich ein unmittelbares, noch unentfaltetes Wissen des Absoluten ist. Man mag bezweifeln, daß es Hegel gelungen ist, den programmierten Abschluß seines Werks in der Durchführung hinlänglich plausibel erscheinen zu lassen. Schwerlich aber wird man sagen können, Hegel habe den Sinn der Aufgabe, die der Phänomenologie gestellt war, nicht richtig erkannt; oder auf den *Zusammenhang,* den die behandelten Erscheinungen des Geistes haben sollen, komme es für die Erkenntnis der Erscheinungen nicht an. Gerade diejenigen, die darauf ausgehen, historische Bewußtseinsdeformationen in emanzipatorischer Absicht aufzuklären und dabei von Hegel zu lernen versuchen, müßten sich für die Art dieses Zusammenhangs interessieren.

Mit ihrer letzten Bewußtseinsstufe beansprucht die Phänomenologie, ein Wissen in uns freizulegen, dessen Inhalt auf angemessene Weise zunächst von einer Disziplin entfaltet werden soll, die Hegel nun ,,Logik" nennt. Deren Programm kann man in drei Punkten zusammenfassen: der Natur- und Geistesphilosophie, mit deren Darlegung Schelling an die Öffentlichkeit getreten war, ist ein Fundament zu geben, auf dem diese Disziplinen sich allererst ,,wissenschaftlich" und gereinigt vom Obskurantismusverdacht ausführen lassen, als integrale Bestandteile eines Systems spekulativer Erkenntnis. Zweitens ist zu zeigen, wie endliche Gedankenformen einem adäquaten Begriff des Absoluten inbegriffen sind. Drittens ist dieser Begriff so zu explizieren, daß dabei auch die Erkenntnisform des Absoluten angegeben wird – als Form einer Erkenntnis, die das Absolute von sich selber hat. Nach langjährigen Vorarbeiten hat Hegel sein Programm ausgeführt in drei Büchern über ,,Sein", ,,Wesen" und ,,Begriff", die 1812, 1813 und 1816 unter dem Titel *Wissenschaft der Logik* erschienen sind.

Warum hieß dieses Werk nun Logik, während es im ersten Planungsstadium ,,Metaphysik" genannt worden war? Außer dem erwähnten Konzeptionswandel, aus dem die *Phänomenologie* hervorging, kommt darin sicherlich zum Ausdruck, daß Hegel im Zuge der Ausführung seines Programms eine neue Auffassung von Begriff und begreifendem Denken entwickeln mußte. Dem Begriff und dem begreifenden Denken kam fundamentalere Bedeutung für die positive Erkenntnis des Absoluten zu, als Hegel ursprünglich gedacht hatte. Fichtes Kritik an Schellings ,,schwärmerischem Idealismus" (Fichte, Ausgewählte Werke, hrsg. v. Medicus, Bd. IV, S. 508ff.) war dahin gegangen, daß man in einer philosophischen Wissenschaft nicht an die intellektuelle Anschauung verweisen darf, sondern Rechenschaft ablegen muß über den Weg, auf dem man von einem einzigen Gedanken aus zu allem mannigfaltigen Denken und seinen Inhalten gelangt. Hegel erkennt diese Forderung stillschweigend an, indem er als Gegenstand, auf den die von ihm inaugurierte Disziplin gerichtet ist, nun nicht mehr einfach die Idee des Absoluten versteht, sondern das begreifende Denken (Bd. V, S. 35). Eine Disziplin mit diesem Gegenstand „Logik" zu nennen, lag jedenfalls nahe, solange man unter Logik die allgemeine Lehre des Denkens (vgl. Kant, *Kritik der reinen Vernunft,* A 52) verstand und noch nicht – wie heute zuweilen – eine formale Wissenschaft, die die Implikationen von sprachlichen Aussageformen untersucht.[14]

Die Tatsache, daß eine ursprüngliche Metaphysik des Absoluten sich zur „Wissenschaft der Logik" entwickelt hat, gibt allerdings Anlaß zu fragen, wie sich denn die Idee und das begreifende Denken zueinander verhalten sollen, wenn letzteres nicht nur die Betätigungsweise dieser Wissenschaft, sondern zugleich deren Gegenstand ist. Hegel hat hierüber nie eine detaillierte Auskunft gegeben, und auch keine sehr klare. Am aufschlußreichsten ist Hegels spätere Erklärung, die Logik sei „die Wissenschaft der *reinen Idee,* das ist der Idee im abstrakten Elemente des *Denkens*" (Bd. VIII, § 19). Indem die Idee sich – in philosophischer Wissenschaft – darstellt, manifestiert sie sich. Eine Manifestation ist eine Erscheinung, in der das sich Manifestierende vollkommen durchsichtig wird. Zu einer Erscheinung aber gehört allemal zweierlei: dasjenige, das da erscheint – hier: die Idee –, sowie ein Medium, in welchem das Erscheinen stattfindet – das Denken. Dieses Medium ist im vorliegenden Fall ein „abstraktes Element". Um zu verstehen, was damit gesagt ist, muß man beachten, in welchem Sinn hier von Element die Rede ist. Orientierend kann dafür nicht der korpuskulartheoretische Elementbegriff sein, der Ende des 18. Jahrhunderts in die Chemie eingeführt wurde; denn er läßt nicht zu, etwas als *im* Element eines anderen befindlich zu bezeichnen. Hingegen können wir umgangssprachlich von jemandem sagen, er sei „in seinem Element". Diese Wendung basiert auf einem Elementbegriff, den Aristoteles in die Naturphilosophie eingeführt hat und dessen Abwandlungen anfangs des 19. Jahrhunderts auch in der Chemie noch eine Rolle gespielt haben. Genaugenommen handelt es sich dabei um mehrere, lose miteinander verbundene Begriffe, von denen man einige Merkmale zusammennehmen muß, um sie für die Interpretation der Hegelschen Formulierung zu gebrauchen.[15]

Auf diese Weise kann man über den Zusammenhang von Idee und Denken etwa folgendes ausmachen: das Element „Denken" läßt die Idee – am Ende der Logik – in der Form des spekulativen Erkennens zu sich selbst kommen, während sich dieses Element zugleich in ein anderes Element verwandelt. Als bloßes Medium des in der Logik Darzustellenden ist das Element „Denken" im Gang der Logik kein eigenes Thema, sondern allenfalls mitthematisiert in den einzelnen Denkbestimmungen und der Art, wie diese genommen werden. Nur wenn man, z. B. in einer Übersicht oder am Ende der Logik, von deren ganzem Inhalt spricht, muß auch eigens von ihm gesprochen werden. Soll dies nicht nur äußerlich, sondern mit den Mitteln der „Logik" selbst geschehen, so muß – Späteres antizipierend – die Idee bereits in der Bestimmung, in der sie

Geist ist, genommen werden. Denn dieser ist das letzte Subjekt der Tätigkeit, die das begreifende Denken ist. Das Element der Idee in der Logik ist daher erst *an sich* Denken (Bd. X, § 467 A), ein *abstraktes* Element; aber gerade deshalb ist es von jener Einfachheit und Gegensatzlosigkeit, deren es bedarf, um die Gedankenbestimmungen auf eine völlig durchsichtige Weise zu entwikkeln.

Man kann das Denken auch in der gewöhnlichen, subjektiven Bedeutung einer Tätigkeit nehmen, die an gegebenem Stoff ausgeübt wird. Wenn man den Elementcharakter des Denkens berücksichtigt, läßt sich von dieser Auffassung aus plausibel machen, daß die ,,Logik" *zugleich* Metaphysik ist (vgl. Bd. VIII, §§ 19–24). Denn Element ist in einer speziell auf chemische Prozesse bezogenen Bedeutung auch ein Medium, das dazu beiträgt, daß sich die für solche Prozesse charakteristischen Gegensätze schließlich neutralisieren. Nun denkt man sich gewöhnlich ein Erkennen, an welchem Denken beteiligt ist, ,,chemischerweise" aus einem objekt- und einem subjekt-erzeugten Bestandteil zusammengesetzt (vgl. Bd. V, S. 37). Dann aber liegt es nahe, von einer Logik, deren Inhalt im Element des Denkens auftritt, anzunehmen, daß sich in ihr der Gegensatz zwischen einem für sich seienden Subjekt und einem selbständigen, dem Denken vorgegebenen Objekt *neutralisiert.* Die Metaphysik erhob diesen Anspruch in gewissem Sinn. Sie war ,,Wissenschaft der *Dinge* in *Gedanken* gefaßt, welche dafür galten, die *Wesenheiten* der *Dinge* auszudrücken" (Bd. VIII, § 24). Geringer darf man – nach dem Ergebnis der Phänomenologie – von der ,,Logik" nicht denken.

Man muß die These, die ,,Logik" falle mit der Metaphysik zusammen, in zwei wichtigen Hinsichten qualifizieren: Die vorkantische Metaphysik sollte Wissenschaft von an sich seienden Dingen sein. Schon Fichte war der Überzeugung, daß Kants kritischer Idealismus keine Metaphysik mehr zuläßt, die die Eigenschaften von Dingen an sich spezifiziert; wohl aber, recht verstanden, eine Metaphysik, die auf Zusammenhang der Vernunft geht (Fichte, *Nachgelassene Schriften,* hrsg. v. Jacob, S. 16, 20). Das ist für Hegel nicht anders. Die ,,Logik" ist für ihn daher keine Retraktation der ,,vormaligen" Metaphysik, sondern ,,tritt an die Stelle dessen, was sonst Metaphysik genannt" (*Encyclopädie,* Erstausgabe, § 18) wurde. Wenn andererseits Denkbestimmungen, die aus dem Stoff der vormaligen Metaphysik genommen sind, in der ,,Logik" nicht abgehandelt werden können, ohne noch etwas von der Art an sich zu haben, in der die Metaphysik sie einst verstanden hat, so muß dies an ihnen eigens abgearbeitet werden. Hegel ist der Auffassung, daß es sich so verhält. Seine ,,Logik" – das ist die zweite Qualifikation – ist daher zugleich *kritische* Darstellung von Metaphysik (vgl. Bd. VIII, § 41 Zus. 1). Entsprechendes gilt auch für Denkbestimmungen, die aus dem Stoff der Begriffs-, Urteils-, Schluß- und Methodenlehre der ,,gewöhnlichen" Logik stammen. Indem die ,,Logik" solchen Stoff von falschem Beiwerk reinigt, um ihn zur Selbstexplikation des Absoluten tauglich zu machen, bringt sie den Geist dahin, sich in den logischen Formen zu seiner Freiheit und Wahrheit zu erheben (Bd. V, S. 27).

Hegel war der Überzeugung, wenn eine Zeit „zu der Verzweiflung gekommen ist, daß unser Erkennen nur ein subjektives und daß dies Subjektive das Letzte sei" (Bd. VIII, § 22 Zus.), so kranke sie daran. In symptomatischen Fällen, wie z. B. in Heinrich von Kleists „Kantkrise", ist die Verzweiflung bewußt und zum Lebensschicksal geworden. Zur Überwindung dieser Krankheit sollte die „Logik" beitragen, ohne zu suggerieren, die vorkantische Metaphysik lasse sich wiederherstellen. Wie aber können dann Begriffe der ehemaligen Ontologie, der Kosmologie und Psychologie – also Bestimmungen wie z. B. Endliches und Unendliches, Wesen und Erscheinung, Substanz und Akzidens, Ursache und Wirkung, Ganzes und Teil, Einfachheit und Zusammengesetztheit, Notwendigkeit und Freiheit, Lebendigkeit und Kognitivität –, wie können des weiteren Formen, die eine Logik des allgemeinen Verstandesgebrauchs aufgedeckt hat – also z. B. die Formen „Begriff", „Urteil", „Schluß" –, wie kann so vielerlei dazu dienen, unser unmittelbares Wissen des Absoluten zu explizieren, und dies auch noch mit dem Ergebnis, daß am Ende die Form der Selbsterkenntnis des Absoluten aufgedeckt wird? Hierzu nur ein paar Hinweise. Vor allem muß man sich klarmachen, daß in dieser Frage weitere Fragen stecken: 1. Gesetzt, es gebe jenes unmittelbare Wissen und seine philosophische Artikulation sei möglich – in welcher sprachlichen Form läßt diese sich ausdrücken? 2. Welche Eigenschaften müssen Denkbestimmungen an sich haben, die in Äußerungen jener sprachlichen Form zum Thema werden? Es wird sich gleich zeigen, daß Hegel bezüglich der ersten Frage ausgeführt hat, wie die Antwort *nicht* lauten darf, während er eine positive Beantwortung vornehmlich durch die Tat zu geben versuchte. Auf die zweite Frage hingegen hat er immer wieder eine Auskunft erteilt, die weit weniger klar als beredt ausfiel. Quintessenz der Auskunft, so wird gewöhnlich angenommen, ist die Hegelsche Dialektik, und unter dieser wird dann zuweilen auch eine Aufeinanderfolge von Behauptungen verstanden, die sich wie These, Antithese und Synthese zueinander verhalten. In Wahrheit aber beinhaltet Hegels Antwort weit mehr als die Dialektik, und unter dieser ist etwas anderes zu verstehen als jenes simple Behauptungsschema. Um sich eine Ahnung davon zu verschaffen, was das positive Gegenstück zu diesen irrigen Auffassungen ist, geht man am besten von der ersten der beiden obigen Fragen aus.

Es gibt zwingende, von Hegel immer wieder angeführte Gründe für die Überzeugung, daß sich unser unmittelbares Wissen des Absoluten nicht befriedigend in Sätzen explizieren läßt, deren Subjektterminus das Absolute benennt, während man mittels der Prädikate dieser Sätze aussagt, *was* es ist. Andererseits läßt sich die Explikation aber auch nicht ohne Sätze vornehmen. Hegel versucht, das Problem, das in diesem „weder – noch" besteht, dadurch zu lösen, daß er die Explikation in einer Aufeinanderfolge von Sätzen vornimmt, von deren Ende erst gilt, daß man in ihnen nicht mehr korrekturbedürftig hinweisend spricht und daß der Referent hinweisenden Sprechens das Absolute ist – und zwar in derjenigen Form, in der es sich selbst erkennt. In allen dem Ende vorangehenden Sätzen dagegen nehmen gewisse Denkbestimmungen den Schein von Inhalten an und werden durch Subjekttermini ausgedrückt, während andere Denkbestimmungen den Schein annehmen, Formen an diesen Inhalten zu sein, und im Satz durch Prädikatausdrücke oder gar nicht verbal repräsentiert sind. In Wahrheit aber sind alle Denkbestimmungen als Formen das Frühere gegenüber irgendwelchem Stoff oder vereinzelten Gegenständen (vgl. Bd. V, S. 26f.); also nicht Form *an* vorausgehendem Inhalt, sondern Formen, die einen wahrhaften Inhalt allererst *bilden*. Unter den Scheininhalten, die durch Subjekttermini belegt werden, gibt es solche, die bereits Vorschein des Absoluten sind, aber auch solche, durch die das Absolute in seiner Entzweiung und Verendlichung begriffen wird. Die einen sind ebenso wesentlich wie die anderen, da das Absolute nicht als ein dem Endlichen gegenüber Relatives verstanden werden darf; und sie wechseln in ihrem Auftreten miteinander ab.

Außer dem Wechsel der Satzreferenten, der in der Aufeinanderfolge von Sätzen stattfindet, und der damit einhergehenden Vertauschung von Subjekt- und Prädikatstellen, welcher einzelne Bestandteile des deskriptiven Gehalts aufeinanderfolgender Sätze ausgesetzt sind, findet in dieser Aufeinanderfolge aber auch eine Kombination von Prädikaten statt, von denen das eine nicht bereits sprachlich im anderen involviert ist. Dabei soll beides, Subjektwechsel wie Prädikatkombination, nicht aufgrund eines äußerlichen Dritten erfolgen, eines Denkenden etwa, der vom einen zum anderen übergeht, oder einer Vorstellung von etwas, in der verschiedene deskriptive Gehalte zusammen vorkommen. Beides soll sich vielmehr ausschließlich aus den jeweils thematischen Denkbestimmungen selbst ergeben. Für deren Zusammenhang soll vor allem dreierlei gelten: 1. Jede dieser Denkbestimmungen hat *zunächst* eine eindeutige Bestimmtheit und Unterschiedenheit gegen andere. 2. Indem der Schein, der ihr anhaftet, zerstört wird, stellt sie sich unversehens als ihr Entgegengesetztes dar, das aber seinerseits seine Eigenständigkeit gegenüber der ersten Denkbestimmung nicht bewahren kann, sondern sich in sich zum Wechsel beider verkehrt. 3. Das Resultat dieses Wechsels ist eine neue Denkbestimmung, in der die beiden vorhergehenden eine Einheit bilden. Nur das zweite Moment dieser komplexen Bewegungsfigur hat Hegel das *Dialektische* genannt. Sein Kernstück ist eine Theorie von Negation und von ,,Negativität" der Denkbestimmungen – ihrer negativen, gegen sich selbst und ihr jeweils Anderes gerichteten Tätigkeit, die einen inneren Widerspruch einschließt und zugleich Selbstbeziehung ist.

Leider hat Hegel fast nichts dafür getan, diese Negationstheorie im Hinblick auf die Äußerungsform von Subjekt-Prädikat-Sätzen zu konkretisieren, in deren Aufeinanderfolge sich die Negativität von Denkbestimmungen exemplifiziert. Seine Dialektik ist im wesentlichen eine Praktik der Begriffsbewegung von Denkbestimmungen und – in Ansätzen – eine Lehre dieser. Sie ist aufs engste verzahnt mit den anderen, oben angedeuteten Eigenschaften, welche Hegel den Denkbestimmungen zuspricht; und sie ist eingebettet in den Versuch, unser Wissen vom Absoluten in einer Folge von Sätzen zu explizieren, die sich am Ende als Selbstexplikation des Absoluten erweisen. Ihre Einbettung läßt es zweifelhaft erscheinen, daß man sie instrumentalisieren und für Zwecke gebrauchen kann, die nicht Bestandteile einer Erkenntnis des Absoluten sind. Für Hegel jedenfalls hatte sie nie diesen zweckneutralen, instrumentellen Sinn. Solange man ihre eigene Struktur und die noch viel komplexere Struktur des ganzen Unternehmens, in dem sie verankert ist, nicht durchsichtiger macht, als es Hegel und alle nach ihm Gekommenen vermochten, wird man auch den immer wieder auftauchenden Verdacht nicht völlig entkräften können, daß es sich bei der Betätigung von Dialektik um Sophisterei handelt, wenn nicht gar um sprachliches Abrakadabra. Daß Hegel zu diesem Denken jedoch nicht aus Übermut gelangt ist, sondern eher aus Not, das sollte deutlich geworden sein.

3. *Encyclopädie und Rechtsphilosophie*

Außer der *Phänomenologie* und der *Logik* hat Hegel noch zwei umfangreiche systematische Bücher geschrieben: Die *Encyclopädie der philosophischen Wissenschaften im Grundrisse* und die *Grundlinien der Philosophie des Rechts,* die auch *Naturrecht und Staatswissenschaft im Grundrisse* betitelt wurden. Die *Encyclopädie* erschien zuerst 1817 und dann, in einer stark veränderten, erweiterten Ausgabe 1827 (³1830). Die *Rechtsphilosophie* wurde 1820 publiziert, durch die Zensurverfügungen der Karlsbader Beschlüsse um etwa ein Jahr verzögert. Der Titel der *Encyclopädie* sollte einerseits andeuten, daß es sich bei ihr um ein zur Unterrichtung von Anfängern („-pädie") bestimmtes und daher auf die „Anfänge und Grundbegriffe der besonderen Wissenschaften" beschränktes (Bd. VIII, § 16) Werk handelt. Andererseits aber sollte der Titel auch zum Ausdruck bringen, daß in dem Werk *alle* besonderen philosophischen Wissenschaften abgehandelt sind, insofern die Explikation unseres Wissens vom Absoluten als *Encyclo*pädie einen umfassenden Kreis durchläuft, dessen Ende in den Anfang zurückgeht. Dementsprechend gliedert sich die *Encyclopädie* in eine kurzgefaßte „Logik", eine Naturphilosophie und eine Philosophie des Geistes, an deren Ende die Philosophie selbst zum Thema wird, und zwar so, daß dabei das „Logische", das Inhalt und Form der „Logik" ausgemacht hatte, sich als das Geistige zeigt, das sich in allem abgehandelten Inhalt der Natur und des Geistes bewahrheitet hat (Bd. X, § 574). Die *Rechtsphilosophie* hingegen war inhaltlich eine detailliertere Ausarbeitung entsprechender Teile der Philosophie des objektiven Geistes in der *Encyclopädie,* in welcher der objektive Geist den zweiten von drei Teilgegenständen der ganzen Philosophie des Geistes bildet. Zu ihren Themen gehört vieles von dem, was der Systementwurf von 1800 zum Inhalt gehabt haben dürfte. Die *Rechtsphilosophie* hat also sehr viel mehr zum Gegenstand als bloß das Recht in einem engen, formellen Sinn; sie behandelt außer diesem auch Formen von Handlung und Moralität, sowie „sittliche" Lebensformen in Familie, bürgerlicher Gesellschaft, Staat und Weltgeschichte. Ihr Doppeltitel weist darauf hin, daß Hegel die für die neuzeitliche Philosophie charakteristische Dualität von Naturrechts- und Staatslehre zugunsten einer einheitlichen Theorie des freien Geistes überwinden möchte, der in allem Menschenwesen am Werk ist und zugleich das ist, was er vernünftigerweise sein soll.

Um die *Encyclopädie* und die *Rechtsphilosophie* von der richtigen Seite zu nehmen, muß man berücksichtigen, daß Hegel beide als Kompendien „zum Gebrauch seiner Vorlesungen" verfaßt hat. Ihre Grundlage bildet der „logische Zusammenhang", der in ihrer Stoffmasse aufgedeckt werden soll und zu dessen Aufdeckung Hegel sich durch seine „Logik" instand gesetzt fühlte. Doch die epigrammatische Kürze ihrer Paragraphen macht es oft äußerst schwer, diese Grundlage als zusammenhängendes, Kontinuität in den Stoff bringendes Agens zu erkennen. Ohne daß man ihren terminologischen Code mühsam entschlüsselt, erscheint einem nicht nur vieles unverständlich, sondern oft auch nichtssagend in ihr. Es kommt hinzu, daß man dem Code nicht von beliebigen Einzelthemen aus beikommt, für die man sich interessieren mag, sondern nur von den Grundgedanken aus, die das Ganze organisieren. Um in die Grundgedanken einzudringen, muß man das oben zum Zusammenhang von Idee und Element Gesagte weiter ausführen und mit Hegels Verständnis der Erkenntnisform des Absoluten verbinden – der „absoluten Idee", die das letzte Thema der Logik ist und zugleich „der einzige Gegenstand und Inhalt der Philosophie" (Bd. VI, S. 549). Die Erforschung der Hegelschen Philosophie und die Auseinandersetzung mit ihr weiß dazu bisher kaum Erhellendes zu sagen. Zu ermitteln wäre, wieweit es Hegel gelang, mit seinem enzyklopädischen Entwurf ein gediegenes Ganzes an die Stelle zweier Kantischer Philosophiebegriffe zu setzen – eines „Schulbegriffs", „nämlich von einem System der Erkenntnis, die nur als Wissenschaft gesucht wird, ohne etwas mehr als die systematische Einheit dieses Wissens ... zum Zweck zu haben"; und eines „Weltbegriffs" der Philosophie als einer „Wissenschaft von der Beziehung aller Erkenntnis auf die wesentlichen Zwecke der menschlichen Vernunft" (*Kritik der reinen Vernunft*, A 838 f.). Im Hinblick auf fundamentale Inhalte würde sich dabei zeigen, daß dieser Systemgrundriß eine tiefsinnige Deutung der Natur und des Geistes im ganzen sowie des Verhältnisses beider gibt. Sie hat in der neuzeitlichen Philosophie nicht ihresgleichen.

Globale Themen wie die angedeuteten könnten vom Sinn des Hegelschen Systemganzen überzeugen, wenn es heutzutage noch üblich wäre, sich zu solchen Themen überhaupt in Beziehung zu bringen. Die Motivation hierzu ist mit den fundamentalen Fragen der praktischen Philosophie, von denen Hegel ausgegangen war, verkümmert oder durch begrenzte, meist wissenschafts- und gesellschaftstheoretische Interessen verdrängt worden. Die gesellschaftstheoretischen Interessen vor allem sind es gewesen, die die Auseinandersetzung mit Hegel bis heute lebendig erhalten haben. Sie haben bewirkt, daß Hegels Gesellschafts- und Staatstheorie sowie Fragen der öffentlichen Funktion der Philosophie und der politischen Option Hegels in den Mittelpunkt der Aufmerksamkeit derjenigen gerückt sind, die sich mit Hegel beschäftigen. Man wird die Verengung des Blickfeldes nicht rückgängig machen, die Blickstarre, die oft damit verbunden ist, nicht lösen können, wenn man nur daran erinnert, daß Hegels Philosophie noch andere Themen behandelt. Aussichtsreicher dürfte es sein, gegen diese Blickverengung unser wissenschaftstheoretisches Interesse zu mobilisieren, das sich mit Hegel bisher kaum ins Benehmen zu setzen wußte. Eine gute Devise dafür ist, den *Theorietypus* zu untersuchen, den Hegels Natur- und Geistphilosophie in ihrer enzyklopädischen Gestalt verkörpert. Deshalb hierzu einige Bemerkungen. Sie sollen zugleich zeigen, daß man das Beste am Hegelschen Erbe verschleudert, wenn man[16] daraus nur vereinzelte, historische und gesellschaftliche *Erfahrungsgehalte* übernehmen möchte. Die Bemerkungen beziehen sich exemplarisch auf den Gegenstand der Hegelschen Rechtsphilosophie; doch gelten sie mutatis mutandis auch für die anderen Teilgegenstände der *Encyclopädie*.

Oft ist der Verdacht geäußert worden, Hegels Verfahrensweise sei für die Zwecke der Erkenntnis von Gegenständen wie Recht, Gesellschaft und Staat eher ein Hindernis als ein Hilfsmittel. Solche Urteile orientieren sich an Theorien anderen Typs und anderer Zwecksetzung. Im Falle einer normativen Rechtstheorie erfolgt z. B. die Orientierung gewöhnlich am Ideal der Aufstellung und Rechtfertigung von Grundsätzen und der Ableitung einer möglichst großen Menge untereinander widerspruchsfreier normativer Urteile. Für Theorien dieses Typs bietet Hegels Rechtsphilosophie lediglich Rohmaterialien, die auf wunderliche Weise angeordnet sind. Doch ihr eigenes Interesse geht auf ein Unternehmen, das der Aufstellung solcher Theorien sachlich vorgeordnet ist. Sie möchte adäquate Begriffe zu solchen Theorien bereitstellen, indem sie Kategorien des betreffenden Gegenstandsbereichs – die uns geläufig, aber meist nicht in einem größeren Ganzen zu synoptischer Klarheit gebracht sind – in einen Zusammenhang umfassender Selbstverständigung einbringt und dadurch nicht nur neu interpretiert, sondern auch berichtigt. Das grundbegriffliche Material geltender Theorien, Normvorstellungen, Verhaltenskonzepte und Überzeugungsmuster soll mit Hilfe der spekulativen „Logik" durchdrungen und so entwickelt werden, daß darin dem „Selbstgefühl von der *lebendigen* Einheit des Geistes" (Bd. X, § 379) Rechnung getragen wird. Das ist der primäre Sinn enzyklopädischer Begriffsexpositionen in der Philosophie des Geistes.

Man sollte die theorietechnische Effizienz dieses Vorgehens nicht unterschätzen. Sie läßt sich beispielsweise daran erkennen, daß Hegels Rechtsphilosophie durch ihre Systematik eine Reihe von Mängeln vermeidet, die bereits im Ansatz neuzeitlicher Naturrechts- und Staatstheorien enthalten und konstitutiv mit diesen verbunden sind. Hegels Vorgehen hat außerdem den Vorzug, der Tatsache Rechnung zu tragen, daß man den deskriptiven und normativen Gehalt von Theorien über sehr komplexe Gegenstände, wie z. B. Gesellschaft oder Staat, nicht auf einen Schlag zur Verfügung hat, sondern stufenweise entwickeln muß. Je ausgearbeiteter das Verfahren zur Entwicklung solcher Gehalte ist und je mehr Möglichkeiten es bietet, Begriffe und Grundsätze, die auf unteren Stufen eingeführt wurden, auf höheren Stufen regelgeleitet zu modifizieren, um so besser wird es sich dazu eignen, typische Normenkollisionen im Bereich des ganzen, komplexen Gegenstandes verständlich, aber auch überwindbar zu machen und den Gegenstand in der ihm eigenen, inneren Dynamik darzustellen. Die *Encyclopädie* enthält zumindest die Elemente eines solchen Verfahrens, und ihr Verfasser setzt sie mit bewundernswerter Kunstfertigkeit ein.[17] Doch kann man die inhaltlichen Leistungen dieses Verfahrens und seiner virtuosen Handhabung nicht wirklich erkennen, geschweige denn das Verfahren für sich selbst fruchtbar machen, wenn man nicht einen möglichst umfassenden Zusammenhang von Phänomenen ins Auge faßt. Außer dem oben angedeuteten, *inhaltlichen* Sinn des Systemganzen gibt es also auch einen *methodischen* Sinn desselben. Nur indem wir unsere Gedanken systematisch zu verbinden versuchen, geben wir ihnen die begriffliche Form, in der sie dazu dienen können, das Reich unserer Vorstellungen zu revolutionieren. In diesem Bewußtsein hat Hegel seine Arbeit betrieben.

Die Tatsache, daß das Hegelsche System als Ganzes Explikation eines Wissens sein soll, das wir vom Absoluten unmittelbar besitzen, hat immer wieder den Eindruck hervorgerufen, die Geschichtlichkeit menschlicher Existenz könne darin nicht zu angemessenem Ausdruck kommen – sei's, weil die beanspruchte Apriorität jenes Wissens sich nicht mit der Erfahrungsgebundenheit endlicher, in der Zeit existierender Subjekte verträgt, oder weil die sich zum Kreis schließende Figur des Systemdenkens keine Möglichkeit läßt, menschliches Leben in der Perspektive seiner offenen Horizonte und Handlungsziele zu erfassen. Zum Beweis könnte man auch anführen, daß nur 5 von 577 Paragraphen der *Encyclopädie* direkt Geschichte zum Thema haben, und auch sie nur die Geschichte als Geschichte des ,,allgemeinen Geistes", als Weltgeschichte. Nicht viel anders steht es mit der *Rechtsphilosophie*. Andererseits aber hat sich Hegel in seinen Vorlesungen über Philosophie der Weltgeschichte, der Religion und der Kunst sowie über Geschichte der Philosophie auf historischen Stoff eingelassen wie keiner der bedeutenden Philosophen vor ihm. Indem diese Vorlesungen in allzu enger Verbindung mit der Konzeption der *Encyclopädie* gesehen wurden, ist der Eindruck entstanden, das zentrale Interesse und der systematische Erkenntnisanspruch Hegels gingen auf eine Geschichtsphilosophie, die den faktischen Verlauf der Menschheitsgeschichte begrifflich konstruiert und die ,,Weltgeschichte" im preußischen Staat zum Abschluß kommen läßt.

Doch Hegel hat mit Werken wie der *Encyclopädie* und der *Rechtsphilosophie* nur den Anspruch erhoben, die *Struktur* zu ,,begreifen", gemäß der sich die Idee auf verschiedenen ihrer systematischen Stufen in der Zeit darstellt, und aus dieser Struktur einzusehen, wie sich die *fundamentalen* Momente der Idee in zeitlicher Aufeinanderfolge gestalten. Dabei mußte Hegel bestrebt sein zu zeigen, daß die Prinzipien aufeinanderfolgender Gestaltungen ein vollständiges Ganzes ausmachen; er hat aber auch verständlich gemacht, daß dies nicht bedeutet, die Weltgeschichte als Prozeß sich verwirklichender Freiheit finde in irgendeinem ihrer Zustände, oder gar in ihrer preußischen Gegenwart, ein Ende – wie trivialerweise ihr Begreifen in diesem Zustand für Hegel ein Ende findet. – Die Vorlesungen hingegen wollen spekulative Gedanken über den Verlauf der Geschichte nicht als apriorisches Wissen voraussetzen, sondern lediglich einen allgemeinen, freilich zulänglichen Begriff ihres Gegenstandes – also z. B. der Weltgeschichte. Im übrigen aber sollen sie *empirisch* verfahren und an den geschichtlichen Erscheinungen aufzeigen, daß in ihnen ein vernünftiger Fortgang zum Vorschein kommt, der jenen apriorischen Gedanken entspricht und sie dadurch bestätigt, aber auch konkretisiert. Im Fall der Philosophie der Weltgeschichte soll diese Konkretisierung schließlich dazu verhelfen, den neuesten politischen Zustand als geschichtliches Resultat zu erfassen. Man darf aber nicht meinen, das Erfassen könne nur mit einer Rechtfertigung dessen einhergehen, was da erfaßt wird. Obwohl man sagen muß, daß Hegel dem staatspädagogischen Zweck seiner Vorlesungen zuliebe deren Rechtfertigungsaspekt überbelichtete, machen die Vorlesungen doch auch deutlich: zu erfassen, wie Vernünftiges in Erscheinungen am Werk ist, schließt verschiedene kritische Tätigkeiten ein. Einerseits muß das Vernünftige gegenüber Existenzen abgegrenzt werden, die nicht mehr von Vernunft getragen sind; andererseits ist gegen das erst „im Prinzip" Vernünftige die weitere Ausbildung einzufordern, die es verdient; darüber hinaus aber sind auch Kollisionen namhaft zu machen, in die Erscheinungen miteinander geraten, die noch „abstrakt" vernünftige sind. Durch Koordination der Präsentation des empirischen Materials mit systematischen Überlegungen kann Hegel sogar versuchen, den „Hauptwiderspruch" in den Erscheinungen des Vernünftigen abzuheben von Nebenwidersprüchen und sie allesamt zu einer Hierarchie von Widersprüchen zu verbinden, die die negative Seite des Vernünftigen in seiner Erscheinung ausmachen oder früher einmal ausgemacht haben. Insoweit zumindest ist die Meinung zu korrigieren, Hegels Geschichtsphilosophie sei im Grunde ungeschichtlich, leugne die Zukunft und diene nur der Gegenwartsapologie.

III. Wirkung und Aktualität

Hegel hat auf das 19. und 20. Jahrhundert einen Riesenschatten geworfen, den auszumessen hier unmöglich ist. Auch wenn man das Terrain, das dieser Schatten überdeckt, aus großer Entfernung betrachtet und sich damit begnügt, die wichtigsten Figuren und Strömungen aufzuzählen, die sich darin abheben, kommt man bereits an die äußerste Grenze einer Kurzmonographie wie der vorliegenden. Man sollte aber nicht vergessen, daß es neben der direkten, ideengeschichtlichen Wirkung eine indirekte, politische Wirkung gibt, die Hegel vor allem durch den Marxismus erlangt hat, und daß Hegel weithin auch da noch wirkte, wo er gründlich vergessen war.

Hegels Nachleben beginnt damit, daß die „Hegelsche Schule" (G. A.

Gabler, E. Gans, L. v. Henning, G. Hotho, Ph. Marheineke, K. L. Michelet, K. Rosenkranz u. a.) das Erbe ihres Meisters antrat, indem sie nach Hegels plötzlichem Tod daranging, eine Hegel-Gesamtausgabe zu veranstalten. Darin waren neben den vom Autor selbst veröffentlichten Schriften auch Nachlaßmaterialien enthalten sowie insbesondere Vorlesungstexte, die man aus Hegels eigenen Aufzeichnungen und Hörernachschriften kompiliert hatte. Als jüngere Schüler mit religionskritischen Publikationen an die Öffentlichkeit traten, erhob sich um Hegels Interpretation des Christentums ein Streit, der ,,Alt-" und ,,Junghegelianer" entzweite und bald auch politische Orientierungsfragen betraf, so daß es nahelag, von einer Hegelschen ,,Rechten" und ,,Linken" zu sprechen. Doch Schüler Hegels waren nicht nur auf dem Feld der Theologie und im Meinungsstreit über politische Tagesfragen aktiv sowie natürlich im ganzen Bereich philosophischer Ideen, den Hegel umspannt hatte. Sie beeinflußten auch eine Reihe von Einzelwissenschaften, von denen insbesondere die Kunstgeschichte, die Profangeschichte, die Rechts- und Staatswissenschaft zu nennen sind. Aber vom Zusammenhalt einer ,,Schule" konnte immer weniger die Rede sein. Während die Hegelsche Rechte sich den politischen Trends der dreißiger, vierziger und fünfziger Jahre mehr und mehr anpaßte und schließlich den hundertjährigen Hegel als ,,deutschen Nationalphilosophen" zusammen mit Bismarcks Reichsgründung feierte, entstand aus den Impulsen der Hegelschen Linken das Programm, die Hegelsche Philosophie durch geschichtliche Tat zu verwirklichen. Dieses Programm wurde rasch ebenso hegelkritisch wie es zeit- und religionskritisch war (L. Feuerbach, D. F. Strauß, B. Bauer, A. Ruge, M. Heß, M. Stirner). In den Anfängen davon beeinflußt, bald aber in Opposition dagegen, sind Marx und Engels zu sich selbst gekommen.

In der zweiten Hälfte des 19. Jahrhunderts entstand ein Bild vom ,,Klassiker" Hegel und Apologeten des preußischen Staats, das bis heute bei uninformierten Laien Vorurteile erzeugt. Es ging nicht direkt aus dem Zerfallsprozeß der Hegelschen Schule hervor, sondern wurde von Rudolf Haym gezeichnet, einem durch die gescheiterte Revolution von 1848 enttäuschten Liberalen, der quietistische und konservative Züge einiger älterer Hegelschüler im Werk des Meisters wiederzuerkennen glaubte. Erst als zu Beginn unseres Jahrhunderts Wilhelm Dilthey *Die Jugendgeschichte Hegels* schrieb (1906), während sein Schüler Nohl die Jugendschriften Hegels edierte, und als ein wenig später vom Neukantianismus aus eine ,,Hegel-Renaissance" einsetzte, wurden Hayms Urteile über Hegel allmählich revidiert. Doch den ,,Neuhegelianismus", wie sich diese Strömung auch genannt hat, repräsentierten vor allem Autoren, die kulturphilosophisch interessiert waren (H. Glockner, Th. Haering, R. Kroner, G. Lasson). Später zum Neuhegelianismus stoßende Rechtsphilosophen (z. B. J. Binder) ließen sich zur Legitimation faschistischer Ideologeme verleiten. So kam es, daß die verzerrte Wahrnehmung der Hegelschen *Rechtsphilosophie* erst korrigiert wurde, als nach dem Zweiten Weltkrieg eine neue politische Philosophie entstand, die sich an Hegel orientierte (E. Weil, J. Ritter, H. Lübbe).

Nicht im selben Maß wie andere der älteren Autoren waren der Verzerrung allerdings diejenigen erlegen, die sich innerhalb des Marxismus oder stark beeinflußt von ihm Hegel zugewandt hatten (G. Lukács, E. Bloch, H. Marcuse, M. Horkheimer, Th. W. Adorno).

Neben politiktheoretischen und gesellschaftskritischen Fragestellungen, die eine Bezugnahme auf Hegel unter Emigranten und in der Nachkriegszeit wieder aktuell werden ließen, wirkten in dieser Richtung aber auch Interessen, die von der deskriptiven Phänomenologie Husserls und Heideggers ausgegangen waren. Sie galten einerseits Erscheinungen der konkreten Subjektivität; eng verwandt mit gleichzeitigen Tendenzen des französischen Existentialismus konzentrierten sie sich vor allem auf Hegels *Phänomenologie*. Andererseits waren sie angeregt durch Heideggers Nachdenken über Schicksal und Grundbegriffe der abendländischen Metaphysik; in einem engeren Sinn „hermeneutischer" Natur gaben sie den Anstoß zu eingehender Beschäftigung mit Hegels *Logik*. Zusammen mit Sartres Entwicklung zum Verfasser einer *Kritik der dialektischen Vernunft* und mit der Beunruhigung, die im Umkreis der „Frankfurter Schule" von der *Dialektik der Aufklärung* Horkheimers und Adornos ausging, hat dieser Anstoß dazu beigetragen, daß die Auseinandersetzung mit Hegels spekulativer Dialektik heute auch außerhalb der innermarxistischen Diskussion wieder ernsthaft betrieben wird.

Außerhalb Deutschlands besaß Hegel zunächst vor allem in Victor Cousin einen Freund und Gesinnungsverwandten, der die Ideen des spekulativen Idealismus dem französischen Publikum nahebrachte. Der Einfluß, den Hegel auf das französische Geistesleben gehabt hat, brach jedoch 1870 mit dem deutsch-französischen Krieg ab. Von Ausnahmen abgesehen, setzte er erst wieder ab 1933 ein, als die Marxschen Frühschriften bekannt wurden und ein russischer Emigrant, Alexandre Kojève, an der Ecole des Hautes-Etudes seine Vorlesungen über Hegels *Phänomenologie* hielt (1933–1939).

In Dänemark hat eine milde-fortschrittlich hegelianisierende Theologie Kierkegaard dazu provoziert, sich radikal gegen das Hegelsche System zu stellen. Für eine Reihe anderer europäischer Länder hatte Hegel seine Bedeutung vor allem in Verbindung mit Bestrebungen von Völkern, zu nationaler Identität zu finden und Anschluß an gesellschaftliche oder politische Entwicklungen West- und Mitteleuropas zu bekommen, so z. B. in Italien (B. Spaventa, A. Labriola, G. Gentile, B. Croce) und bei den slawischen Völkern. Hier, vor allem in Polen und Rußland, war es das junghegelsche Programm einer Verwirklichung der Philosophie, das auf besonders fruchtbaren Boden fiel (z. B. A. Cieszkowski, M. A. Bakunin, V. G. Belinskij). Wer voll verstehen will, wie man sich innerhalb des „orthodoxen" Marxismus mit Hegel auseinandersetzt, seit Lenin zu einem marxistischen „Klassiker" geworden ist, für den ist die Kenntnis der Wirkung unerläßlich, die Hegel im vorrevolutionären Rußland gehabt hat.

Ganz anders geartet als im Osten Europas war die Rezeption, die Hegel in England gefunden hat und in den USA. Hier war es gerade der spekulative

Idealismus, der Orientierung im Leben und Denken zu geben versprach. In der Pionierzone des Westens, in der der Traum von Amerika als dem „Land der Zukunft" (Bd. XII, S. 114) Wirklichkeit zu werden schien und in der bereits um die Mitte des vorigen Jahrhunderts rasch wachsende Großstädte (z. B. St. Louis) eine ethnisch sehr heterogene Population zu integrieren hatten, sollte der Hegelianismus (eines W. T. Harris z. B.) dabei helfen, soziale und intellektuelle Differenzen zu überwinden, die Gefahr politischer Anarchie zu bannen und die empörende Macht religiöser Traditionalismen zu brechen. Dieser Hegelianismus war Vorläufer des amerikanischen Pragmatismus, den er nachhaltig beeinflußt hat. In England und Schottland hingegen wurde Hegel erst zu Beginn des letzten Jahrhundertdrittels beerbt, als Deutschland seinen Hegel, Hayms Vorschlag entsprechend, gerade im Pantheon des Geistes beigesetzt hatte. Dem Erbe war vor allem die Funktion zugedacht, religiöse Bedürfnisse, die mit der Befreiung vom Dogmenglauben nicht verschwunden waren, mit dem modernen wissenschaftlichen Gewissen zu versöhnen – in einem philosophischen Bewußtsein, das sich gegenüber dem Naturalismus und Agnostizismus empiristischer Provenienz zu behaupten versteht, das soziales Engagement auszulösen und auf Erziehungsformen einzuwirken vermag (J. Stirling, E. Caird, F. H. Bradley, J. E. McTaggart, B. Bosanquet, H. H. Joachim).

Worin besteht für uns Hegels Aktualität? Um auf diese Frage eine kurze Antwort zu geben, muß man lediglich die Fäden des Ausgeführten zusammenziehen. Die intellektuelle Entwicklung, die Hegel in seiner Bildungsperiode durchlaufen hat, kann lehren, daß der Übergang zum Systemdenken und zum spekulativen Idealismus keine zeitbedingte Marotte war. Komplementär dazu lassen es die wichtigsten Werke Hegels zumindest fraglich erscheinen, daß man die Erfahrungsgehalte der Hegelschen Philosophie und ihre dialektische Verarbeitung von der Ausführung einer sehr weit gespannten philosophischen Systematik trennen kann. Dieses Ergebnis gilt übrigens unabhängig vom Ausgang des ziemlich unfruchtbaren Streits um Wahrheit oder Unwahrheit der Marxschen Theorie – eines Streits, der seit Jahrzehnten häufig im Medium der Diskussion Hegelscher Philosopheme geführt wird. Die Aufzählung des an Hegel heute noch Aktuellen, die zu Beginn dieser Monographie vorgenommen wurde, sollte also um den Aktivposten „System" erweitert werden. Dafür sprechen auch noch andere Gründe. Gerade als System ist Hegels Philosophie ein wichtiges Korrektiv gegen Partialphilosophien der Gegenwart. Durch ihr Bemühen, Natur als ganze so zu interpretieren, daß sie in ein lebensbedeutsames menschliches Selbstverständnis integriert wird, ist die Hegelsche Philosophie ferner ein Korrektiv gegen Orientierungsversuche, die auf die gesellschaftlich-geschichtliche Welt fixiert sind. Hegels Versuch, den Inhalt des Systems unter systeminternen Gesichtspunkten zu organisieren, aber die Ergebnisse spekulativen Denkens dann auch mit dem empirischen, von Einzelwissenschaften erarbeiteten Material zu konfrontieren, könnte vielleicht einmal dazu beitragen, die Philosophie aus der fatalen Alternative herauszubringen, sich entweder den Einzelwissenschaften auszuliefern oder sich von ihnen nur abzuwenden. Allerdings bedürfte die Philosophie dazu einer viel eingehenderen Analyse ihres Vorgehens, als Hegel sie zu geben vermochte. Insbesondere müßte im Zuge einer solchen Analyse Aufschluß gegeben werden über den Sinn der Rede von einer „Notwendigkeit" dialektischer Begriffsbewegung.

Die erwähnten Korrektivfunktionen haben ihre Aktualität unabhängig davon, ob die Beschäftigung mit Hegel sich den Standpunkt des spekulativen Idealismus zu eigen macht oder sich bloß als Hermeneutik der Hegelschen Philosophiekonzeption versteht. Faßt man die Fragen ins Auge, deren unbeirrte Verfolgung Hegel zum spekulativen Idealisten werden ließ, so fällt es allerdings schwer, den spekulativen Idealismus als so inaktuell zu betrachten, wie dies heutzutage Verfechter des wissenschaftlichen Realismus, des dialektischen Materialismus oder irgendwelcher Partialphilosophien im allgemeinen tun. Dem spekulativen Idealismus Aktualität einräumen heißt freilich nicht, den Monopolanspruch zu billigen, den Hegel und seine Schule für eine Philosophie erhoben haben, die spekulativ idealistisch ist. Aber es eröffnet Chancen, diesen Anspruch auf eine tieferdringende Weise zu brechen, als es bisher gelungen ist.

Hermann Braun

FRIEDRICH WILHELM JOSEPH SCHELLING

(1775–1854)

> ,,Philosophie ... kann ihrer Natur nach keinen Einfluß ausüben als durch freie Überzeugung, sie muß mit jedem wieder von vorn anfangen, sich an jedem neu bewähren, denn kein Mensch kann für den anderen glauben oder für den anderen überzeugt sein."
> (Bd. IX, S. 360)

Als Schelling an der Münchner Universität Geschichte der neueren Philosophie vortrug, gab er einleitend eine Definition seines Gegenstandes an. Philosophie, so könne man sagen, sei die schlechterdings von vorn anfangende Wissenschaft. Von Früheren setze sie nichts als bewiesen voraus. Welchen Sinn hat es dann aber für Philosophen, über die Geschichte ihrer Wissenschaft belehrt zu werden? Schelling gab zur Antwort: der Anfänger lerne vorläufig die Gegenstände der Philosophie kennen, er erfahre auf die sanfteste Art vom Irrtum, der zu überwinden sei, und die Wahrheit, die ein neuer Philosophiebegriff an sich und ursprünglich haben müsse, könne so zugleich als natürliches geschichtliches Resultat früherer mißlungener Versuche erscheinen (s. Bd. X, S. 3f.).[1]

In dieser Auskunft ist nichts von dem zu vernehmen, was üblicherweise zugunsten der Klassiker angeführt wird, mit denen sich die Nachwelt ,,beschäftigen" soll, als sei das Studium ihrer Werke ein Zweck in sich selbst. Anstatt ihre Irrtümer zu erkennen und zu vermeiden, spürt man ihren Wirkungen in der Gegenwart nach und beklagt, wenn sie nicht am Tage liegen. Hat sich die Spur ihrer Werke verloren, kommt Zweifel auf, ob sie überhaupt das Prädikat ,,klassisch" verdienen. An Schellings eigenem, langen Leben und an der Art, wie sein Werk zu seiner Zeit und in den zweihundert Jahren danach aufgenommen worden ist, lassen sich der Anspruch, den ein neuer Weg zur Wahrheit über die Welt und den Menschen an das überlieferte Denken stellt, und die Fragwürdigkeit des Ruhms, als anerkannter Denker in die Galerie der Klassiker entrückt zu werden, gleichermaßen erkennen.

Schelling war schon in den neunziger Jahren des 18. Jahrhunderts einer der ersten Namen der Philosophie. Seinen frühen Ruhm verdankte er vor allem seinen Arbeiten zur Begründung einer Philosophie der Natur, mit denen er der wichtigsten Systemgestalt der nachkantischen Philosophie, Fichtes Wissenschaftslehre, den Anspruch auf Grundlegung der gesamten Philosophie bestritt. Mitte der neunziger Jahre sprach er programmatisch von der Hoffnung, es möge ihm einmal ein Gegenstück zu Spinozas Ethik gelingen (s. Bd. I, S. 159).

Ein Jahrzehnt später begann, mit der *Phänomenologie des Geistes,* der Aufstieg der Hegelschen Philosophie. Der Freund Schellings aus den Tübinger Studienjahren wurde zur bestimmenden philosophischen Kraft in Deutschland. Hegel starb 1831 in Berlin. Schelling, der seit 1809 nichts Wesentliches mehr veröffentlicht hatte und für viele Zeitgenossen bereits eine historische Gestalt, ein Klassiker zu Lebzeiten, geworden war, versuchte nun – als Nachfolger Hegels nach Berlin berufen – der Öffentlichkeit zu zeigen, daß er ein anderer war als der, dem die Anerkennung der Zunft galt: ,,Man hatte mich untergebracht, ich war construirt, man wußte aufs genaueste, was an mir war. Nun sollte man mit mir von vorn anfangen und einsehen, daß doch etwas in mir gewesen, von dem man nichts wußte." (Bd. XIV, S. 361).

Herablassend nannte er die Hegelsche Philosophie eine Episode. Aber sein groß angekündigter Entwurf einer Philosophie, die – in Vollendung der neuzeitlichen Aufklärung – auch zur Wahrheit der Religion werden sollte, ist mißlungen. Mit Feuerbach, mit Marx und Engels, überlebte die Hegelsche Philosophie ihren Zerfall. Die Kritik der Linkshegelianer an den Prämissen von Hegels System brachte dessen dialektisches Denken im Marxismus zu weltgeschichtlicher Wirkung.

Nach Versuchen einer neoidealistischen Erneuerung (,,Hinauf zum Idealismus" überschrieb Otto Braun seine Schelling-Studien von 1908), in denen er als Romantiker nach innen, die Nachtseite des Lebens gewahrend, dargestellt wurde, war Schelling in den dreißiger und vierziger Jahren Gegenstand meist unauffälliger Gelehrten-Arbeit; im Unterschied zu Fichte gab es von ihm keine Auswahl für das deutsche Volk.[2] Heideggers Vorlesung über Schellings Freiheitsschrift, 1936/37 in Freiburg gehalten, blieb bis 1971 unveröffentlicht. Ihre These war, Schelling habe als einziger der idealistischen Denker das Böse nicht bloß als ein Sonderthema der Moral verhandelt, sondern es zum Gegenstand der onto-theologischen Grundfragen gemacht. So habe Schellings Abhandlung über die menschliche Freiheit Hegels Logik schon vor ihrem Erscheinen erschüttert.[3] Das wies auf eine Bedeutung Schellings als Kritiker des Ursprungsbereichs von Hegels spekulativem Denken, die der geläufigen, von Hegel inspirierten Einordnung Schellings in die Geschichte des Idealismus fremd war. Diese Bedeutung Schellings hat Walter Schulz in den fünfziger Jahren mit seinem Buch über die Spätphilosophie in der Forschung zu nahezu kanonischer Geltung gebracht.

I. Der Lebensweg

Schelling ist am 27. Januar 1775 in Leonberg bei Stuttgart geboren. Der Vater, Joseph Friedrich Schelling, hatte Anfang der siebziger Jahre seine erste ständige Pfarrstelle in Leonberg bekommen. Die Mutter, Gottliebin Marie Schelling, war die Tochter des Stuttgarter Stadtpfarrers Wilhelm Jeremias Cleß, ihr Großvater, Georg Konrad Rieger, war Superintendent in Stuttgart. Bei der Schellingfeier in Leonberg im Jahre 1925, als man den 150. Geburtstag des Philosophen beging, sagte der Pfarrer Walter aus Großaspach naiv, aber treffend: ,,Im damaligen Württemberg wars von keinem geringen Wert für das Fortkommen im Leben, wenn einer am richtigen Ort seine Vettern und Basen sitzen hatte. Unser Philosoph war reichlich damit versehen." (Leonberger Tageblatt vom 28. Februar 1925)

Der Vater wurde 1777 als Klosterprofessor nach Bebenhausen berufen. 1791 wurde er Dekan in Schorndorf, 1801 Abt in Murrhardt und schließlich 1807 Prälat in Maulbronn. Er war Alttestamentler, mit einer Vorliebe für die orientalischen Sprachen, theologisch am schwäbischen Pietismus orientiert. In Bebenhausen besuchte Fritz, wie er in der Familie genannt wurde, die Ortsschule, bis er zehn Jahre alt war; der Vater brachte ihm, unterstützt durch Klosterschüler, in dieser Zeit Latein und Griechisch bei. Zur Vorbereitung auf das sogenannte Landexamen brachte man den Fritz auf die Lateinschule in Nürtingen. Als eine Art Eingangstest gab ihm der Schulleiter ein Stück zum Übersetzen aus dem Deutschen ins Lateinische auf. Als nach kurzer Zeit der Junge in der Schulstube Krach machte, wollte ihn der Präzeptor an seine Aufgabe verweisen, sah aber dann zu seiner Überraschung, daß sie bereits gelöst war. Kurios mutet an, daß bei dieser Gelegenheit die Mutter zum erstenmal von den Sprachkenntnissen ihres Sohnes erfuhr; offenbar gab es in der Ehe der Eltern eine strikte Arbeitsteilung bei der Erziehung. 1785 bestand Schelling das Landexamen. Der Vater, von der Frühreife des Sohnes angetan, ließ ihn nun am Unterricht der Bebenhäuser Seminaristen teilnehmen, die nur ein Jahr von Universitätsreife entfernt und fünf Jahre älter als der junge Schelling waren. 1790 erreichte der Vater in Stuttgart eine Ausnahmeregelung zur vorzeitigen Immatrikulation seines Sohnes. Mit fünfzehn Jahren zog Schelling ins Tübinger Stift ein. Er traf dort mit Hegel und Hölderlin zusammen, die beide fünf Jahre älter waren. Sie wurden Freunde. Schelling war, wie zuvor auf der Schule und in Bebenhausen, auch im Stift eine Leuchte seines Jahrgangs, aber er war kein Musterschüler.

Sein schöpferischer Impuls ging über das hinaus, was seine Tübinger Lehrer der Theologie und Philosophie, unter denen der Orientalist Schnurrer und der Theologe Storr hervorragten, zu bieten hatten. Schellings Parole, an die Hegel in seinem Brief vom Januar 1795 den Freund erinnert: ,,Wir wollen nicht zurückbleiben!", bezog sich auf Rousseau, auf Kant und vor allem auf die Problemlage in der Auseinandersetzung um den Freiheitsbegriff, wie sie Jacobi in seinen Briefen über die Lehre des Spinoza dargestellt hatte.[4] Und der Wahlspruch: ,,Vernunft und Freiheit bleiben unsere Losung und unser Vereinigungspunkt die unsichtbare Kirche",[5] mit dem Hegel seinen Brief abschließt, war nicht bloß ein Aufruf zum Weiterdenken. Nicht zurückbleiben – das hatte für die Stiftler um Hegel, Schelling und Hölderlin auch politischen Sinn. Sie hatten die Revolution in Frankreich vor Augen, besorgten sich – meist heimlich – die neuesten Nachrichten von dort. Hegel hat später das Bewußtsein von dieser politischen Umwälzung auf die Worte gebracht: „Solange die Sonne am Firmament steht und die Planeten um sie kreisen, war das nicht gesehen worden, daß der Mensch sich auf den Kopf, das ist auf den Gedanken stellt, und die Wirklichkeit nach diesem erbaut." (Werke, hrsg. v. Glockner, Bd. 11, S. 556) Die Kraft zur Kritik der Tübinger Theologie, die mit Schnurrer und Storr durchaus keine rückständigen Vertreter in ihren Reihen hatte, kam aus dem Geist der Philosophie. Es wäre interessant, schrieb Hegel 1795 dem Freund nach Tübingen, „die Theologen, die kritisches Bauzeug zur Befestigung ihres gotischen Tempels herbeischaffen, in ihrem Ameiseneifer so viel wie möglich zu stören, ihnen alles zu erschweren, sie aus jedem Ausfluchtswinkel herauszupeitschen, bis sie keinen mehr fänden und sie ihre Blöße dem Tageslicht ganz zeigen müßten. Unter dem Bauzeug, das sie dem kantischen Scheiterhaufen entführen, um die Feuersbrunst der Dogmatik zu verhindern, tragen sie aber wohl auch immer brennende Kohlen mit heim; sie bringen die allgemeine Verbreitung der philosophischen Ideen." (Briefe, a.a.O., S. 61) Schellings Antwort vom Februar 1795 ist aus demselben Geiste: „Wir wollen beide weiter, – wir wollen beide verhindern, daß nicht das Große, was unser Zeitalter hervorgebracht hat, sich wieder mit dem verlegnen Sauerteig vergangener Zeiten zusammenfinde; – es soll rein, wie es aus dem Geist seines Urhebers ging, unter uns bleiben, und ist es möglich, nicht mit Verunstaltungen und Herabstimmungen zur alten hergebrachten Form, sondern in seiner ganzen Vollendung, in seiner erhabensten Gestalt und mit der lauten Verkündigung, daß es der ganzen bisherigen Welt und den Wissenschaften den Streit auf Sieg oder Untergang anbiete, von uns zur Nachwelt gehen."[6] Noch während seiner Studentenzeit veröffentlichte Schelling seine Schriften *Über die Möglichkeit einer Form der Philosophie überhaupt* und *Vom Ich,* sowie die *Philosophischen Briefe über Dogmatismus und Kritizismus.* Von ihm ging als erstem die von seiner Gruppe erhoffte Wirkung auf die Öffentlichkeit aus.

Nach dem Examen in Stuttgart, das er 1795 ablegte, erhielt er eine Haushofmeisterstelle bei den Baronen von Riedesel. Er hatte sie in der Hoffnung angenommen, mit seinen Schützlingen nach Frankreich und England reisen zu können; das wäre eine Horizonterweiterung gewesen, wie sie ein Angehöriger seines Standes nur auf dem Wege einer Dienstleistung für den Adel sich ermöglichen konnte. Kaum engagiert, mußte er hören, daß sich die Pläne für eine große Auslandsreise zerschlagen hatten. Das Reiseziel der jungen Barone war nunmehr Leipzig. Dort sollte Schelling ihr Studium begleiten und beaufsichtigen. Schelling nutzte die Zeit zum Studium der Naturwissenschaften. Er eignete sich die Grundlagen an für die wissenschaftstheoretische Kritik, die seine Entwürfe zu einer Naturphilosophie enthalten. Sie erscheinen in rascher Folge, beginnend mit den *Ideen zu einer Philosophie der Natur* von 1797.[7] Die Naturphilosophie Schellings hat Goethes Interesse geweckt, und Fichte sah, vor allem nach dem Erscheinen der *Allgemeinen Übersicht über die neueste philo-*

sophische Literatur, in Schelling einen wirkungsvollen und geistreichen Interpreten seiner Wissenschaftslehre. Das hat dem Ruf Schellings auf eine außerordentliche Professur in Jena sowohl von seiten der Anstellungsbehörde in Weimar als auch von seiten der Philosophischen Fakultät in Jena den Weg bereitet. Mit vierundzwanzig Jahren trat Schelling die Jenaer Professur an, erfüllt von seiner Aufgabe, herausgefordert durch die Zusammenarbeit mit Fichte.

Bevor er das Jenaer Lehramt antrat, hielt er sich noch für einige Wochen in Dresden auf. Er wurde vom Kreis der führenden Romantiker aufgenommen; er lernte Caroline, die Frau August Wilhelm Schlegels, kennen, die er 1803, nach ihrer Scheidung von Schlegel, heiratete.

Seine naturphilosophischen Arbeiten vor allem hatten ihn zu einem Autor gemacht, von dem man, neben Fichte, in der Philosophie eine neue systematische Leistung erwartete.

Zwei Jahre nach Schelling kam auch Hegel nach Jena und habilitierte sich an der Philosophischen Fakultät. Er griff sogleich in die aktuelle Debatte ein, mit einer Schrift, die eine unter Kennern bereits virulente, aber in der Öffentlichkeit noch nicht verhandelte These formulierte: *Über die Differenz des Fichte'schen und Schelling'schen Systems der Philosophie* (G. W. F. Hegel, Ges. Werke, Bd. 4, S. 1–77).

Nach fünf Jahren Jena plante Schelling eine italienische Reise nach dem Geschmack der Zeit. Während der Vorbereitungen dazu erfuhr er von dem befreundeten Mediziner Marcus in Bamberg, daß man sich dort bemühe, bei der bayrischen Regierung Schellings Berufung nach Würzburg zu erreichen. Schelling erhielt den Ruf und ließ die Italienreise fallen. Mit Marcus zusammen gründete er eine neue Zeitschrift, die *Jahrbücher der Medizin als Wissenschaft.*

Der rationalistische evangelische Theologe Gottlob Eberhard Paulus, der wie Schelling aus Leonberg stammte, war etwa zur gleichen Zeit nach Würzburg berufen worden. Beide Familien wohnten im Universitätskomplex. Während die Männer nicht freundschaftlich, aber doch kollegial miteinander verkehrten, war das Verhältnis der beiden Frauen von vornherein gespannt. Caroline Schelling war für Frau Paulus die „Madame Luzifer"; an Charlotte Schiller schrieb sie im März 1804: „Es ist recht gut, daß unsere Wohnung durch eine Kirche von der ihrigen getrennt ist, wo nach katholischer Sitte fleißig geräuchert wird."[8]

Als Schelling in Würzburg zu lehren begann, formierte sich im Kreis um die Oberdeutsche Literaturzeitung, die in München erschien, eine literarische Opposition, angeführt von den katholischen Philosophen Kajetan Weiller und Jacob Salat. Auf der anderen Seite bildete sich um den Rektor des Würzburger Gymnasiums, G. M. Klein, eine Art Schelling-Freundeskreis. Klein veröffentlichte 1805 *Beiträge zum Studium der Philosophie als Wissenschaft des All.* Die Regierung in München ging in der hitzig geführten literarischen Fehde schließlich offen auf die Seite der Gegner Schellings und gab einen Studienplan „Philosophie für den Schulunterricht" in Bayern heraus, der die *Anleitung zur Ansicht der freien Philosophie* von Weiller zur Pflichtlektüre für Schüler machte.

Schelling wehrte sich dagegen in kraftmeierischem Ton, erhielt vom Kurfürsten einen scharfen Verweis und gab klein bei.

Nach drei Jahren Lehrtätigkeit an der Universität Würzburg ging Schelling 1806 als Mitglied der Akademie der Wissenschaften nach München und wurde dort ein Jahr später zum Generalsekretär der Akademie der bildenden Künste ernannt. Im Jahre 1809, als er gerade seine *Philosophischen Untersuchungen über das Wesen der menschlichen Freiheit* abgeschlossen hatte, starb Caroline in Maulbronn, während eines Aufenthaltes bei Schellings Eltern. Drei Jahre später heiratet Schelling Pauline Gotter, die Schwester von Carolines bester Freundin. In den Vorbereitungen zu dieser zweiten Heirat macht sich ein kleinlicher Zug von Rückversicherung bemerkbar. Schelling läßt durch şeinen Verleger Cotta Nachforschungen über den Gesundheitszustand seiner Verlobten anstellen. Vom Herbst 1820 an liest Schelling an der Universität Erlangen; 1823 tritt er als Generalsekretär der Akademie der Künste in München zurück.

Vier Jahre später wird Schelling an die Universität München berufen, die gerade neu gegründet worden war. Es war die altbayrische Universität Ingolstadt, die – vorübergehend in Landshut – nun in die Hauptstadt des Landes verlegt wurde. Die Berufung nach München bedeutete für Schelling auch den Sieg über seine alten Kontrahenten aus dem Würzburger Gelehrtenstreit. Er wurde Mitglied der Kommission, die eine neue bayrische Schulordnung ausarbeiten sollten. Schelling trat mit Erfolg für die Aufhebung aller Zwangsvorschriften im Studium ein. In seiner Münchner Antrittsvorlesung hat er diese hochschulpolitische Linie aus dem Geist seiner Philosophie gerechtfertigt: „Meine Gabe zu lehren ist eine beschränkte, sie kann sich nur äußern, wo sie mit Vertrauen und Zuversicht unbeschränkt sich äußern darf, wo freiwillige Neigung und ein selbstgefühltes Bedürfnis des Herzens und des Geistes ihr entgegenkommt. Gezwungenen Hörern bin ich stumm." (Bd. IX, S. 356) „Die meisten studieren ... nicht Philosophie, um wieder Philosophen zu werden, sondern um jene großen zusammenhängenden Überzeugungen zu gewinnen, ohne die es keine Selbständigkeit der Gesinnung und keine Würde des Lebens gibt ... Wer bürgt dafür, daß der Staat, der sich um Philosophie annähme oder eine besonders privilegierte, den Stempel seines Ansehens, anstatt auf das Rechte und Wahre, das diesen Stempel verschmäht, nicht auf Phantasterei und Unrecht drückte?" (Bd. IX, S. 359f.)

In seinen Münchener Vorlesungen setzte sich Schelling häufig mit Hegel auseinander. Er stellte ihn dar als Epigonen seiner eigenen Anfänge, der das Leben der Methode, die er in seinem *System des transzendentalen Idealismus* erfunden habe, auf die Marter eines logischen Systems spanne.

Schelling und Hegel sind sich, nachdem seit dem Erscheinen der *Phänomenologie des Geistes* 1807 die Verbindung zwischen ihnen abgerissen war, noch einmal 1829 in Karlsbad durch Zufall begegnet. Hegel erfuhr auf der Durchreise, daß Schelling da sei und suchte ihn mehrmals in seinem Zimmer auf. Sie sprachen freundschaftlich miteinander, in Erinnerung an die alten Zeiten im Stift und in Jena, ohne philosophische Themen der Gegenwart zu berühren.

Das Erscheinen der *Phänomenologie des Geistes* war das Ende ihres gemeinsamen Philosophierens gewesen. Es war abrupt und endgültig, weil sie sich zuvor in der gemeinsamen Aufgabe einig geglaubt hatten. Der Bruch ist von Hegel durch seine kritischen Bemerkungen in der Vorrede zu seinem Werk eingeleitet und nachher durch Schweigen auf Schellings briefliche Antikritik vollzogen worden.

Zwei Jahre nach der Begegnung von Karlsbad ist Hegel in Berlin gestorben. Zehn Jahre später wurde Schelling auf Wunsch Friedrich Wilhelms IV., der schon 1833 als Kronprinz den ,,geistreichsten Mann des deutschen Vaterlandes" in seine Hauptstadt hatte holen wollen, nach Berlin berufen. Im Konzept des Berufungsschreibens hieß es: ,,Nicht als gewöhnlicher Professor sollte er kommen, sondern als der von Gott gewählte und zum Lehrer der Zeit berufene Philosoph."[9]

Als Schelling Anfang der vierziger Jahre seine Vorlesungen in Berlin begann, trat er mit der Geste des Propheten vor das Berliner Publikum. Der junge Friedrich Engels hat – in fortlaufenden Reportagen aus dem Hörsaal – unter dem Pseudonym Friedrich Oswald in der Zeitung ,,Telegraph für Deutschland" ein Bild von der Situation vermittelt, die alles andere als bloß akademisch gewesen ist: ,,Wenn ihr jetzt hier in Berlin irgendeinen Menschen, der auch nur eine Ahnung von der Macht des Geistes über die Welt hat, nach dem Kampfplatze fraget, auf dem um die Herrschaft über die öffentliche Meinung Deutschlands in Politik und Religion, also über Deutschland selbst gestritten wird, so wird er euch antworten, dieser Kampfplatz sei in der Universität, und zwar das Auditorium Nr. 6, wo Schelling seine Vorlesungen über Philosophie der Offenbarung hält." Ein buntgemischtes Auditorium habe sich eingefunden: ,,An der Spitze die Nobilitäten der Universität, die Koryphäen der Wissenschaft, Männer, deren jeder eine eigentümliche Richtung hervorgerufen hat, ihnen sind die nächsten Plätze um das Katheder überlassen, und hinter ihnen, durcheinandergewürfelt, wie der Zufall sie zusammenführte, Repräsentanten aller Lebensstellungen, Nationen und Glaubensbekenntnisse. ... Judentum und Islam wollen sehen, was es für eine Bewandtnis mit der christlichen Offenbarung hat; man hört deutsch, französisch, englisch, ungarisch, polnisch, russisch, neugriechisch und türkisch durcheinander sprechen –, da ertönt das Zeichen zum Schweigen und Schelling besteigt das Katheder. Ein Mann von mittlerer Statur, mit weißem Haar und hellblauem, heiterm Auge, dessen Ausdruck eher ins Muntere als ins Imponierende spielt, und, vereint mit einigem Embonpoint, mehr auf den gemütlichen Hausvater als auf den genialen Denker schließen läßt, ein hartes, aber kräftiges Organ, schwäbisch-bayrischer Dialekt mit beständigem ‚eppes' für etwas, das ist Schellings äußere Erscheinung." Engels sah in diesem Auftritt Schellings die persönliche Situation hindurchscheinen, zwischen Hegel und seinem Freund aus dem Tübinger Stift, die sich nun, nach vierzig Jahren, als Gegner gegenüberstehen: ,,der eine tot seit zehn Jahren, aber lebendiger als je in seinen Schülern; der andere seit drei Dezennien, wie jene sagen, geistig tot, nun urplötzlich des Lebens volle Kraft und Geltung für sich ansprechend." (Marx/ Engels, Werke, Erg. Bd., 2. Teil, S. 163f.).

Schelling ist damals gescheitert. Sein Scheitern ist aufschlußreich, weil er sich mit seiner Philosophie der Offenbarung auf das Feld begeben hatte, in dem der Lehranspruch der christlichen Religion zu Hause ist. Hegel war da maßvoller gewesen. Am Schluß seiner Vorlesungen über Philosophie der Religion hatte er eingeräumt, Philosophie könne nur etwas für wenige sein, die „gedrungene Vernunft" der meisten vermöge sie nicht aufzunehmen. (Vgl. Hegel, Werke, hrsg. v. Glockner, Bd. 16, S. 355f.) Marx hat, wenige Jahre nach dem Auftritt Schellings in Berlin, die weltgeschichtlich wirkungsvolle Konsequenz gezogen, Philosophie könne sich nur in ihrer Aufhebung verwirklichen. Damit war nicht ihre Vernichtung, sondern die Verwandlung ihrer traditionellen Beziehung zu den Lebensverhältnissen der Menschen gemeint: „Wir treten nicht der Welt doktrinär mit einem neuen Prinzip entgegen: hier ist die Wahrheit, hier knie nieder! Wir entwickeln der Welt aus den Prinzipien der Welt neue Prinzipien. Wir sagen ihr nicht: Laß ab von deinen Kämpfen, sie sind dummes Zeug, wir wollen dir die wahre Parole des Kampfes zuschrein. Wir zeigen ihr nur, warum sie eigentlich kämpft, und das Bewußtsein ist eine Sache, die sie sich aneignen *muß*, wenn sie auch nicht will ... Es wird sich dann zeigen, daß die Welt längst den Traum von einer Sache besitzt, von der sie nur das Bewußtsein besitzen muß, um sie wirklich zu besitzen." (Marx/Engels, Werke, Bd. 1, S. 345f.).

Als sich unter den Zuhörern Schellings in Berlin bereits Enttäuschung ausbreitete, weil sie statt der Wahrheit über ihre Zeit immer esoterischer werdende Spekulationen über den Ursprung aller Dinge vernahmen, gab der Theologe Paulus 1843 eine Nachschrift der Berliner Vorlesung über Philosophie der Offenbarung heraus, ohne Wissen des Autors. Schelling führte gegen den damals zweiundachtzigjährigen Paulus einen Urheberrechtsprozeß und verlor. Daraufhin hat er seine akademische Lehrtätigkeit für immer beendet. Am 20. August 1854 ist er in dem Schweizer Kurort Bad Ragaz gestorben. Wie sein Leben zu Ende ging, wissen wir aus einem Brief seines Sohnes Fritz: „Wenige Minuten vor seinem Tode richtete er sich auf, öffnete seine zuvor immer halb geschlossenen großen blauen Augen und blickte, als wollte er die Welt noch einmal ansehen, auf die gegenüberliegenden Berge. Hierauf zog er sich sein Kopfkissen unter sein Ohr wie Einer, der sich zu einem guten Schlafe hinlegen will, und schlummerte ohne alle Bewegung leise und unbemerkt in die Ewigkeit hinüber."[10]

II. Das Werk

Anders als im Falle Fichtes, wo die Worte „absolutes Ich" oder im Falle Hegels, wo die Worte „absoluter Geist" eine erste Antwort anzeigen können, scheint es für Schellings Philosophie keine Formel zu geben – oder aber eine

Friedrich Wilhelm Joseph Schelling (1775–1854)

Menge unterschiedlicher und widersprüchlicher. Xavier Tilliette hat seiner minutiös beschreibenden und umfassenden Schelling-Darstellung den Titel gegeben: *Une philosophie en devenir* – eine Philosophie im Werden.[11] Das könnte man aber über jedes philosophische Denken schreiben; alle Gedanken haben ihre Geschichte, alles, was lebt, ist geworden. Anders wäre es allerdings, wenn man den Titel so lesen würde: eine Philosophie, die sich im Werden erschöpft, sozusagen nur ,,wird", ohne jemals das zu sein, was sie werden sollte. Und dies nicht nur wegen der ,,Proteusnatur" des Denkers oder wegen seines Unvermögens, sondern weil sein Entwurf von der Bestimmung der Philosophie auf dem Wege der Ausführung die eigenen Prämissen aufzehrt.

1. Die Anfänge

Auffällig ist, wie groß schon früh, in der Zeit der Zusammenarbeit mit Hegel, der Wirkungskreis der Philosophie ausgezogen wird. Schelling war in seiner Jenaer Zeit davon überzeugt, daß sich Philosophie mit dem ,,allgemeinen menschlichen Bewußtsein" durch den Begriff Gottes vermittle und die öffentliche Wirksamkeit der Philosophie von dem Sinn abhänge, den sie in der Religion zu entdecken imstande sei. Er möchte durch Philosophie das Christentum vollenden, das die Entzweiung der Welt mit Gott durch die Menschwerdung Gottes – wenngleich nur symbolisch – schon überwunden hat: ,,Alle Symbole des Christentums zeigen die Bestimmung, die Identität Gottes mit der Welt in Bildern vorzustellen, die dem Christentum eigentümliche Richtung ist die Anschauung Gottes im Endlichen, sie entspringt aus dem Innersten seines Wesens." Es scheint ihm, als sei mit der neuen Philosophie eine neue Religion im Werden; er kündigt sie in einer fast kultischen Begrifflichkeit an: ,,Die neue Religion, die sich schon in einzelnen Offenbarungen verkündet, welche Zurückführung auf das erste Mysterium des Christentums und Vollendung desselben ist, wird in der Wiedergeburt der Natur zum Symbol der ewigen Einheit erkannt, die erste Versöhnung und Auflösung des uralten Zwistes muß in der Philosophie gefeiert werden, deren Sinn und Bedeutung nur der faßt, welcher das Leben der neuerstandenen Gottheit in ihr erkennt."[12]

Auch Lessing und Kant haben Aufklärung durch Philosophie – nach ihrem ,,Weltbegriff" und nicht nach ihrem ,,Schulbegriff" – als einen Vorgang in der Öffentlichkeit der bürgerlichen Gesellschaft begriffen, in dem die Philosophie ihre Wahrheit in der Kritik der Öffentlichkeit ebenso wie in ihrer öffentlichen Kritik auf die Probe stellen muß. Erlösung der Zeit von ihren Widersprüchen, Versöhnung all dessen, was entzweit ist – das ist aber ein neuer, viel anspruchsvollerer Begriff von Praxis; oder besser: es ist im Unterschied zum theoretischen Sinn einer Prüfung von Wahrheit durch öffentliche Kritik nunmehr der *praktische* Auftrag, der die Intention der Philosophie leiten soll. Nicht zufällig geht sie von Theologen aus, die – und Hegel, Hölderlin und Schelling ist das gemeinsam – zum Pastor ausgebildet sind, aber kein geistliches Amt der Verkündigung übernehmen. Schelling ist, enttäuscht vom Zustand der zeitgenössischen Theologie, unausgefüllt von seinen religionsgeschichtlichen Studien, zum Philosophen geworden. „Wer mag sich im Staub des Altertums begraben, wenn ihn der Gang seiner Zeit alle Augenblicke wieder auf – und mit sich fortreißt. Ich lebe und webe ... in der Philosophie. Die Philosophie ist noch nicht am Ende. Kant hat die Resultate gegeben: die Prämissen fehlen noch. Und wer kann Resultate verstehen ohne Prämissen? – Ein Kant wohl, aber was soll der große Haufe damit?" (Briefe, a. a. O., S. 57) In diesem Argument ist der Doppelsinn erkennbar, den Schelling seiner philosophischen Arbeit von vornherein gibt. Die anscheinend esoterische Frage nach den Prinzipien ist zugleich der einzig erfolgversprechende Weg, der Verbreitung der Philosophie in der Öffentlichkeit zu dienen. Es ist ein unkonventioneller Gedanke, der dem Gemeinplatz von der weltfremden Spekulation den Boden entzieht.

Schelling hat diesen früh ausgesprochenen Grundgedanken nie aufgegeben; in ihm ist sein Begriff von Philosophie beschlossen. Er bricht mit dem plausibel scheinenden Vorurteil, die esoterische Entwicklung eines „Systems" müsse dem Versuch seiner sogenannten „Umsetzung" in Praxis vorangehen. Hegel hat über Schelling gesagt, er habe seine Ausbildung vor dem Publikum gemacht. Jaspers spricht von der äußeren Form des Schellingschen Werkes als einer Reihe zahlreicher Schriften, von Essays, Briefen und systematischen Entwürfen, die man nicht einem sachlichen Mittelpunkt zuordnen könne. Schelling setze immer wieder in der Tiefe an, als ob er vorher noch gar nichts geleistet hätte (vgl. Jaspers, S. 48). Erklärungen wie Hang zur Selbstdarstellung oder Eitelkeit, mit denen oft diese Eigenart der Schellingschen Produktivität versehen wird, reichen nicht aus. Sie ist in einen sachlichen Zusammenhang mit seiner philosophischen Grundintention zu bringen.

Die Überzeugung, in einer Zeit zu leben, in der die Lebensverhältnisse der Menschen sich so rapide ändern, daß auch die Avantgarde Mühe hat, dem Fortschritt noch zu folgen, hat Schelling mit seinen Jugendfreunden Hegel und Hölderlin geteilt. Sie ermahnen sich gegenseitig, „nicht zurückzubleiben". Fichte wird für Schelling der Held, den man im „Land der Wahrheit" nicht allein lassen darf; in dessen agitatorischen Flugschriften sah er die Philosophie unmittelbar als politische Kraft wirken: „Der Mensch kann weder vererbt, noch verkauft, noch verschenkt werden; er kann niemandes Eigentum sein, weil er sein eigenes Eigentum ist, und bleiben muß. Er trägt tief in seiner Brust einen Götterfunken, der ihn über die Tierheit erhöht und ihn zum Mitbürger einer Welt macht, deren erstes Mitglied Gott ist, – sein Gewissen. Dieses gebietet ihm schlechthin und unbedingt – dieses zu wollen, jenes nicht zu wollen; und dies *frei* und aus eigener *Bewegung,* ohne allen Zwang außer ihm ... Die Äußerung der Freiheit im Denken ist ebenso wie die Äußerung derselben im Wollen inniger Bestandteil seiner Persönlichkeit ... Diese Äußerung ebenso wohl als jene versichert ihn seines Zusammenhanges mit der Geisterwelt und bringt ihn in Übereinstimmung mit ihr; denn nicht nur Einmütigkeit im Wollen, sondern auch im Denken soll in diesem unsichtbaren Reiche Gottes herrschen." So sprach der „neue Held" in seiner Schrift *Zurückforderung der Denkfreiheit von den Fürsten Europas* (J. G. Fichte, Werke, hrsg. v. I. H. Fichte, Bd. 4, S. 11 f.), und Schelling wollte sich aufmachen, ihn im „Lande der Wahrheit" zu begrüßen. Schloß dieser scheinbar bescheidene Wunsch nicht den Anspruch ein, schon vor dem Helden dort zu sein, wo die Wahrheit zu Hause ist?

Die ersten philosophischen Schriften, die Schelling noch als Student herausbringt, möchten die „Menschheit den Schrecken der objektiven Welt" durch Prinzipienforschung entziehen: „Gebt dem Menschen das Bewußtsein dessen, was er *ist*, er wird auch bald lernen, was er soll: gebt ihm *theoretische* Achtung vor sich selbst, die *praktische* wird bald nachfolgen." (Bd. I, S. 157) Theoretische Selbstachtung erreichen – das verbindet sich mit dem Programm eines durch Prinzipien gesicherten Nachweises, daß die Verdinglichung des Menschen nicht bloß moralisch verwerflich, sondern unwahr ist. Diesem Nachweis sollte auch die zweite Schrift von 1795 über *Das Ich als Prinzip der Philosophie oder über das Unbedingte im menschlichen Wissen* dienen, in der Schelling seinen zukünftigen systematischen Weg mit dem Ziel einer „Ethik à la Spinoza" markierte. Damit ließ er die Öffentlichkeit wissen, was er bereits dem Freunde Hegel, verbunden mit einer Systemskizze, mitgeteilt hatte: er sei Spinozist geworden. Was dieses Signal für Hegel, aber auch für die Leser der philosophischen Neuerscheinungen damals bedeutete und wohin es wies, wird nur aus der Problemlage verständlich, die Jacobi mit seinem *Spinozabüchlein* geschaffen hatte. In Briefform abgefaßt, an Moses Mendelssohn gerichtet, mit dokumentarischer Wiedergabe eines Lessing-Gespräches, konnte dieses Buch des Interesses der Zeitgenossen gewiß sein. Jacobi hat darin das Bekenntnis des alten Lessing zu Spinozas Pantheismus enthüllt. Und er hat dabei seinerseits im Streitgespräch mit Lessing die These verfochten, jeder konsequente Systemanspruch in der Philosophie müsse mit der Aufhebung von Freiheit, also im Fatalismus enden.

Auch Goethe war von Jacobi ins Spiel gebracht worden; am Anfang seiner Broschüre stand das Gedicht: Edel sei der Mensch ..., in der Mitte Goethes Prometheus-Gedicht, von dem Jacobi eine Abschrift besaß; die darin enthaltene Kritik am Begriff eines persönlichen Gottes war der Ausgangspunkt für das Streitgespräch mit Lessing.[13] Goethe hat später in *Dichtung und Wahrheit* die damalige Situation beschrieben. Sein Prometheus-Monolog sei in der deutschen Literatur bedeutend geworden, weil „dadurch veranlaßt, Lessing über wichtige Punkte des Denkens und Empfindens sich gegen Jacobi erklärte. Er diente zum Zündkraut einer Explosion, welche die geheimsten Verhältnisse würdiger Männer aufdeckte und zur Sprache brachte, die ihnen selbst unbewußt, in einer sonst höchst aufgeklärten Gesellschaft schlummerten." (Goethe, Werke, Bd. 4, S. 195 f.) Goethe sah die Schwäche des Jacobischen Argumentes, mit dem er die Freiheit verteidigte: „Die Spekulation, die metaphysische, ist Jacobis Unglück geworden; ihm haben die Naturwissenschaften gemangelt; und mit dem bißchen Moral allein läßt sich doch keine große Weltansicht fassen." (Goethe zu Kanzler v. Müller am 26. Januar 1825) Immerhin: Jacobi hat das Problem der neuesten Philosophie auf eine Grundfrage zugespitzt – Freiheit. Spinoza, den er auf eine bis dahin unerhörte Weise ernst nahm und damit allererst philosophisch und auch theologisch diskutabel machte, war für Jacobi das Muster systematischer Konsequenz. Wer also Philosophie radikal und konsequent ausdachte, der mußte – nach dem Jacobi eigenen bekennerischen Ton – Fatalist werden. Die Freiheit mußte ihm entweder ganz entschwinden oder aber als unlösbares Rätsel für die Vernunft zurückbleiben. War das letztere der Fall – und Jacobi war überzeugt, daß es so war –, so blieb für den redlich Denkenden nur der Salto mortale aus dem System heraus übrig: der Systemanspruch der Philosophie war durch das Freiheitsverlangen des menschlichen Geistes diskreditiert.

Schelling, wie Fichte von der politischen Bedeutung der Freiheit überzeugt, empfand das als Dilemma. Die Freiheit wollte er nicht der Konsequenz eines fatalistischen Systems aufopfern, umgekehrt aber auch nicht das konsequente Denken dem philosophischen Dilettantismus preisgeben, mit dem sich Jacobi begnügte.

In der Schrift *Vom Ich* suchte er den Ausweg im Versuch einer Verwandlung der spinozistischen Substanz in absolute Subjektivität. Dieser Versuch führte in die Schwierigkeit, die Differenz von menschlicher und absoluter Freiheit – und ihre Einheit zugleich zu erfassen. Sie brachte Schelling in Sprachnot. Wie soll das Innewerden des eigenen Wesens ausgesprochen werden, das die Endlichkeit der leibhaftigen Existenz übersteigt, ohne jedoch ins Transzendente überzugehen, das die Selbstbestimmung zum Schein machen würde? Worauf es ankäme, so heißt es in der Schrift *Vom Ich,* das wäre ,,selbsterrungenes Anschauen". ,,Denn das Unbedingte in uns ist getrübt durch das Bedingte, das Unbedingte durch das Wandelbare – und wie, wenn du hoffst, daß das Bedingte dir selbst wieder das Unbedingte, die Form der Wandelbarkeit und des Wechsels, die Urform deines Seins, die Form der Ewigkeit und Unwandelbarkeit darstellen werden?" (Bd. I, S. 210) Die Intention auf Anschauung formuliert Schelling in Anspielung auf ein Diktum Jacobis, das gegen das Ordnungsdenken der Systematiker gerichtet war: es sei Aufgabe des Forschers, ,,Dasein zu enthüllen und zu offenbaren". (Bd. I, S. 156) Aber wie, wenn es darum geht, das Unbedingte zu enthüllen? Schelling beschwört Vorbilder und muß sich gleichzeitig eingestehen, daß auch sie seine Not teilen: ,,... Ich wünschte mir *Platons* Sprache oder die seines Geistesverwandten, *Jacobis,* um das absolute, unwandelbare Sein von jeder bedingten, wandelbaren Existenz unterscheiden zu können. Aber ich sehe, auch diese Männer selbst, wenn sie vom Unwandelbaren, Übersinnlichen sprechen wollten, mit ihrer Sprache kämpften – und ich denke, daß jenes Absolute in uns durch ein bloßes Wort einer menschlichen Sprache gefesselt wird, und daß nur selbsterrungenes Anschauen des Intellektualen in uns dem Stückwerk unserer Sprache zu Hilfe kommt." (Bd. I, S. 216)

Die intellektuelle Anschauung – Friedrich Schlegel hat sie einmal treffend den „kategorischen Imperativ der Theorie" (Schlegel, Kritische Schriften, hrsg. v. W. Rasch, S. 33) genannt – ist aber nicht die Lösung, sondern das Problem. Schelling muß erkennen, daß der Nachweis absoluter Freiheit nur einen negativen Begriff vom Unbedingten zu geben vermag.[14] Er gerät nun in eine Situation, in der ihm das Programm einer absoluten Grundlegung des Kantischen Kritizismus immer fragwürdiger wird. Auch wenn man das sogenannte „erste Systemprogramm des deutschen Idealismus", dessen Autorschaft seit einigen Jahren wieder aufs neue umstritten ist,[15] beiseite läßt, so sind doch die *Philosophischen Briefe über Dogmatismus und Kritizismus* Beleg genug dafür. In der Vorrede zum Band 1 seiner Philosophischen Schriften, der 1809 erschien, hat er die Aufnahme dieser Arbeit wie folgt begründet: „Die Briefe über Dogmatismus und Kritizismus ... enthalten eine lebhafte Polemik gegen den damals fast allgemeingeltenden und vielfach gemißbrauchten sogenannten moralischen Beweis von der Existenz Gottes, aus dem Gesichtspunkt von Subjekt und Objekt. Dem Verfasser scheint diese Polemik in Ansehung der Denkweise, auf die sie sich bezieht, noch immer ihre volle Kraft zu haben. Keiner von jenen, die bis jetzt auf dem nämlichen Standpunkt geblieben sind, hat sie widerlegt."[16]

Die Frage nach der Grundlegung der Philosophie ist nun für Schelling offen. Kants *Kritik der reinen Vernunft* bleibt maßgebend, aber nun als eine Art „Kanon" für alle möglichen Systeme (vgl. Das älteste Systemprogramm, a. a. O., S. 28). Ihre Vernunftkritik bewahrt vor der „Ruhe im Arme der Welt" (Bd. I, S. 284) – sei es einer intelligiblen, in die man wie ins Reich Gottes ausweichen könnte, sei es der empirischen, die im Empirismus auch zum Dogma geworden ist.

Im Bewußtsein, die Philosophie könne in ihren Prinzipien ohne weitere Vorarbeit nicht fortschreiten, läßt Schelling die *Briefe* mit einem Seufzer der Erleichterung enden, daß es auch noch andere Wege zur Wahrheit gebe: „Unser Geist fühlt sich freier, indem er aus dem Zustand der Spekulation zum Genuß und zur Erforschung der Natur zurückkehrt ... Die Ideen, zu denen sich unsere Spekulation erhoben hat, hören auf, Gegenstände einer müßigen Beschäftigung zu sein, die unseren Geist nur gar zu balde ermüdet, sie werden zum Gesetz unseres *Lebens*, und befreien uns, indem sie so selbst in Leben und Dasein übergegangen – zu Gegenständen der *Erfahrung* werden, auf immer von dem mühsamen Geschäfte, uns ihrer Realität auf den Wege der Spekulation, a priori, zu versichern." (Bd. I, S. 341)

Damit ist das Feld, auf dem die Philosophie ihrer Aufgabe nachkommen soll: Dasein zu enthüllen und zu offenbaren, erweitert; aber die Schwierigkeiten, die mit der Selbstvergewisserung des höchsten Prinzips in der intellektuellen Anschauung gegeben waren, sind nicht kleiner, nur andere geworden. Sie konzentrieren sich in der Frage nach dem Rätsel der Welt: „Was das Erste und Höchste im menschlichen Geiste ist, ist die Vollendung der Welt, die sich vor ihm auftut, und Gesetzen gehorcht, denen er überall begegnet, er mag in sich selber (philosophierend) zurückkehren oder (beobachtend) die Natur erforschen." (Bd. I, S. 360)

2. Transzendentaler Idealismus und Philosophie der Natur

In gegenläufigen Blickrichtungen entfernt sich Schelling von dem exklusiven Anspruch der Fichteschen Wissenschaftslehre, durch Aufklärung der Vorbedingungen des Wissens die einzig mögliche Grundlegung der Philosophie zu sein. Das *wirkliche* Wissen, auf das die Naturwissenschaft zum Beispiel ausgeht, wird unter dem Gesichtspunkt einer Korrespondenz von geistigen und natürlichen Bewegungsgesetzen philosophisch beweisfähig. Die Lösung für das Rätsel, die das Bestehen einer einheitlichen Welt aufgibt, könnte so nur auf getrennten Wegen gefunden werden: durch eine Untersuchung der ,,Handlungen", die Bewußtsein und Selbstbewußtsein hervorbringen – und durch Analyse und systematische Darstellung der Bewegungen, die in der Produktivität der Natur wirksam sind.

Gegen die Warnungen Fichtes, ein solcher Ansatz überschreite den Sicherheitskreis des a priori Wissensmöglichen, den die transzendentale Reflexion ziehen muß, arbeitet Schelling die beiden Wege zu einer einheitlichen Grundlegung der Philosophie weiter aus, wobei diese Grundlegung selber immer fraglicher wird. Er riskiert das um einer möglichen Vollendung der Philosophie willen, auf die Kant und Fichte aus methodischen Gründen schon verzichtet hatten. Der transzendentale Idealismus konnte die *Einheit der Erfahrung* zwar verständlich machen, aber nur unter der Voraussetzung, daß das Ansich der Dinge prinzipiell unerkennbar sei. Geist und Natur blieben so unversöhnt, während die Natur demjenigen, der sehen kann, in den Phänomenen des Lebendigen vor allem, die noch unentdeckte Wahrheit täglich vorhält: ist nicht in der Pflanze schon ,,ein verschlungener Zug der Seele?" (Bd. I, S. 386) In der Einleitung zur ersten naturphilosophischen Schrift, den *Ideen zu einer Philosophie der Natur"*, tritt eine scharfe Abwertung der theoretischen Philosophie zutage. Weil sie den ,,Naturstand" des Menschen, den sich Schelling naiv als Einigkeit des Menschen mit sich selbst und der ihn umgebenden Welt vorstellt, verlassen muß, um sich in freier Selbstgewißheit zu begründen, erscheint ihm nun die ,,Spekulation" als etwas Widernatürliches, ja als eine ,,Geisteskrankheit", die die Wurzel des menschlichen Daseins ausrotte. Allenfalls als ein Mittel von ,,negativem Wert" läßt er sie zu. Das Glück des Philosophen wäre, die Philosophie so weit zu bringen, ,,daß auch das letzte Bedürfnis derselben, als einer besonderen Wissenschaft, und damit auch sein eigener Name auf immer aus dem Gedächtnis der Menschen" verschwände (Bd. II, S. 15).

Zwar hat Schelling in der zweiten Auflage der *Ideen,* wohl auf den Rat Hegels hin, an diesen Stellen das Wort ,,Spekulation" durch ,,Reflexion" ersetzt[17] und damit die Selbstaufhebung der idealistischen Philosophie auf die Kritik der Reflexionsphilosophie umgebogen, aber die Frage der spekulativen

Einheit des Ganzen hat ihn, als hätte er hier den weiteren Weg seines Denkens vorausgeahnt, immer wieder vor die unvermeidliche Negativität der Reflexion geführt. Nicht zufällig ist ihm eine geschlossene Darstellung nur noch im *System des transzendentalen Idealismus* von 1800 gelungen. Es war aber nur die *eine* Wissenschaft, von den Bedingungen des menschlichen Geistes, dargestellt in einer Art ,,Genealogie des Selbstbewußtseins". Das System des transzendentalen Idealismus konnte die Versöhnung von Geist und Natur nicht hervorbringen; an seinem Schlusse erscheint als Organon der Philosophie nicht die Logik, sondern die Kunst: ,,Im Kunstwerk wird die Einheit sichtbar, die die Geschichte verbirgt."[18]

Was die intellektuelle Anschauung um den Preis des Verschwindens von Subjekt und Objekt, wie in einem Sterben zu Lebzeiten, negativ formulieren konnte, wird im Kunstwerk – und nur in ihm – bleibend darstellbar. Diese Lösung aber läßt der Philosophie das Problem zurück, ihre eigene Form als Wissenschaft zu finden. In der Bestimmung dieses Zieles hat Schelling immer wieder auf die frühe Anregung durch das Spinoza-Büchlein von Jacobi Bezug genommen. Das 1802 erschienene Gespräch *Bruno* schöpft aus dieser Quelle eine Grundregel, die sich die Philosophen ins Stammbuch schreiben sollten: ,,Um in die tiefsten Geheimnisse der Natur einzudringen, muß man nicht müde werden, den entgegengesetzten und widerstreitenden äußersten Enden der Dinge nachzuforschen; den Punkt der Vereinigung zu finden ist nicht das Größte, sondern aus demselben auch sein Entgegengesetztes zu entwickeln, dieses ist das eigentliche und tiefste Geheimnis der Kunst." (Bd. IV, S. 327) Die philosophische, nicht die darstellende Kunst ist hier gemeint. Schelling hat in seinen zahlreichen naturphilosophischen und systematischen Versuchen jener Jahre das Geheimnis dieser Kunst nicht gefunden. In der Perspektive der Genealogie des Selbstbewußtseins, wie er sie im System des transzendentalen Idealismus entwickelt hatte, lag das Programm einer ,,physikalischen Erklärung des Idealismus". Das hätte eine naturphilosophische Fundierung des transzendentalen Idealismus werden können, aber die Analyse der Kategorien der Physik, die herausbringen sollte, was eine ,,physikalische Erklärung" eigentlich sei, blieb Fragment.

Eine andere Möglichkeit ergriff Schelling in der *Darstellung meines Systems* von 1801. Es ist der von Spinoza zur philosophischen Systemform ausgebildete mos geometricus. Schelling brachte dieses als ,,Identitätssystem" in der Literatur bekannte Fragment in der *Zeitschrift für spekulative Physik* unter. Als er 1809 seine wichtigsten Schriften für den ersten Sammelband auswählte, um sie zusammen mit der wegweisenden Arbeit über das *Wesen der menschlichen Freiheit* zu veröffentlichen, ließ er jene ,,erste allgemeine Darstellung" seines Systems weg, obwohl er die Freiheitsschrift als den ,,ideellen Teil der Philosophie" ansah, der ihr ,,zunächst an die Seite zu stellen" sei (Bd. VII, S. 333 f.).

3. System als Geschichte: das Problem des Spätwerks

Die Abhandlung über das Wesen der menschlichen Freiheit ist die letzte größere Arbeit mit systematischem Anspruch, die Schelling selber herausgebracht hat. Sie ist ihrer Anlage und ihrem Gehalte nach weit mehr als das ideelle Teil eines schon in den Grundzügen ausgeführten Systems. Als Frage nach dem lebendigen Grund der Natur, in die das Problem der scheinbaren Unvereinbarkeit von Freiheit und systematischer Weltansicht einmündet, muß sich die Untersuchung mit den „Schmähworten" Materialismus und Pantheismus auseinandersetzen, wie alle „reelle Philosophie" (Bd. VII, 357). Die Tatsache der Freiheit im Selbstgefühl eines jeden Menschen ist nur dann – so die These von Schelling – mit einer natürlichen (nicht bloß moralischen) Weltordnung in Einklang zu bringen, wenn ihre Spur bis zum Ursprung der Welt als ganzer zurückverfolgt wird. Die Existenz von Wesen wie Menschen, die im Bewußtsein der Freiheit ihr Leben führen, muß in der Kosmogonie begründet werden, wenn Freiheit aus Natur erklärbar und nicht *gegen* Natur als *praktisch* notwendige sittliche Weltordnung bloß postulierbar sein soll. Sich auf natürlich begründete Weise der Natur entgegenzusetzen – diese Möglichkeit müßte im Ursprung der Welt selber angelegt sein. Das ist der Grundgedanke. Von ihm geleitet, greift Schelling aus der „einzig wissenschaftlichen Darstellung" seines Systems (s. Bd. X, S. 147) von 1801 einen einzigen Punkt wieder auf: die Unterscheidung zwischen dem Wesen, sofern es existiert, und dem Wesen, sofern es Grund von Existenz ist. Sie soll dazu dienen, die Logik des Werdens der Welt zu dem, was sie als Naturganzes ist, als Prozeß der Formierung eines im Grunde Chaotischen zu begreifen, das nie ganz zur Ordnung gebracht werden kann. „Immer noch liegt im Grunde das Regellose, als könnte es wieder einmal durchbrechen, und nirgends scheint es, als wären Ordnung und Form das Ursprüngliche, sondern als wäre ein anfänglich Regelloses zur Ordnung gebracht worden ... Dieses ist an den Dingen die unbegreifliche Basis der Realität, der nie aufgehende Rest, das, was sich mit der größten Anstrengung nicht in Verstand auflösen läßt, sondern ewig im Grunde bleibt." (Bd. VII, S. 359f.)

Schelling erreicht hier, nach der Phase seines naturphilosophischen Entdeckens und Forschens, in der er den Stand der Naturwissenschaft seiner Zeit einholen und im philosophischen Begriff neue Forschungsmöglichkeiten für die Wissenschaften antizipieren wollte, das alte Problemniveau, auf das ihn in der Tübinger Zeit Jacobis Streit mit Lessing um die Freiheit des Menschen vor der systematisch erfaßten Welt gebracht hatte.

Mit der Frage nach der Möglichkeit und Wirklichkeit des Bösen, die bis in den Grund der Welt zurückgeht, weiß er sich aber nun fern von dem „Philanthropismus" seines Zeitalters, dem die Freiheit des Menschen als Prinzip vollendbarer Herrschaft eines vernünftigen Willens über die sogenannten sinnlichen Begierden und Neigungen erscheint – und das deshalb bis zur „Leugnung" des Bösen gehen muß. (Bd. VII, S. 371) Der Begriff des Bösen bedeutet mehr als die Hinfälligkeit des Endlichen. Wäre er nur das, verlöre er seinen Sinn. Er muß, so die These Schellings, aus dem „zur Bestimmtheit mit dem Zentrum gebrachten finstern oder selbstischen Prinzip" abgeleitet werden. Tiere und andere Naturwesen sind deshalb nicht böse, weil in ihnen kein Abfall und keine Trennung der Naturprinzipien ist; davon kann erst da die Rede sein, wo „absolute oder persönliche Einheit" ist (Bd. VII, S. 372).

Gegenüber den bisherigen Versuchen, das Verhältnis von Natur und Geist systematisch zu bestimmen, entwirft Schelling im großen Stil eine Parallelität von Weltgeschichte und Naturgeschichte: „Die Geburt des Geistes ist das Reich der Geschichte, wie die Geburt des Lichtes das Reich der Natur ist. Dieselben Perioden der Schöpfung, die in diesem sind, sind auch in jenem; und eines ist des anderen Gleichnis und Erklärung." (Bd. VII, S. 377f.)

Der Prozeß der Entstehung von Natur und Geschichte wird in theosophischer Sprache beschrieben. Gott wird zu Gott, indem er sich von seinem eigenen dunklen Grunde scheidet, der Mensch wird zum Menschen, indem er sich von seinem Urgrund ablöst: „Die Angst des Lebens treibt den Menschen aus dem Zentrum, in das er erschaffen worden; denn dieses als das lauterste Wesen alles Willens ist für jeden besonderen Willen verzehrendes Feuer; um in ihm leben zu können, muß der Mensch aller Eigenheit absterben, weshalb es fast notwendiger Versuch ist, aus diesem in die Peripherie herauszutreten, um da eine Ruhe seiner Selbstheit zu suchen." (Bd. VII, S. 381)

Schelling schließt seine Schrift mit programmatischen Sätzen ab, in denen die alte Erwartung von der philosophischen Vollendung der biblischen Religion durchklingt: „Die Zeit des bloß historischen Glaubens ist vorbei. Wir haben eine ältere Offenbarung, als jede geschriebne, die Natur. Diese enthält Vorbilder, die noch kein Mensch gedeutet hat, während die der geschriebenen ihre Erfüllung und Auslegung längst erhalten haben. Das einzig wahre System der Religion und Wissenschaft würde, wenn das Verständnis jener ungeschriebenen Offenbarung eröffnet wäre, nicht in dem dürftig zusammengebrachten Staat einiger philosophischen und kritischen Begriffe, sondern zugleich in dem vollen Glanze der Wahrheit und der Natur erscheinen." (Bd. VII, S. 415f.)

Schelling mochte wohl damals glauben, es sei ihm der Durchbruch durch das von Hegel so treffend charakterisierte opake Konstatieren einer Selbstevidenz des Absoluten durch intellektuelle Anschauung gelungen. Schon die Tatsache, daß er die Freiheitsschrift mit den wichtigsten Abhandlungen seiner Frühzeit zusammen herausgab, spricht dafür. Die Zeitgenossen sollten nun überblicken können, wo sein Denken angekommen, und wie sein weiterer Weg wäre. Aber das Problem der Darstellung war geblieben. Die Freiheitsschrift, der Sprache Jacob Böhmes verpflichtet, war dem unter Berufung auf Lessings Erziehung des Menschengeschlechts beschworenen Zweck,[19] einer Verwandlung der geoffenbarten Wahrheiten in Vernunftwahrheiten, immer noch nicht angemessen. (Bd. VII, S. 412)

Wie sollte das gelingen, was noch keiner menschlichen Unternehmung, auch den christlichen Kirchen in ihrer jahrhundertelangen Geschichte nicht, gelungen war? Die Wahrheit in ihrem Glanze, nicht nur für wenige, sondern für alle, für das Menschengeschlecht, aus dem Dunkel ein für allemal herauszuführen? Und sei es auch so, daß nun für alle Zeiten feststände, was unvordenklich und was der methodisch geführten Erklärung fähig wäre? Käme das nicht der Aufgabe gleich, alles bisherige Denken in Schein aufzulösen und in einem damit die in den biblischen Schriften verkündete, aber Gott am Ende der Zeiten vorbehaltene Offenbarung durch Philosophie wahr zu machen? Schelling ist an eine Aufgabe geraten, die ihn in eine letzte und endgültige Not der Darstellung bringt. Die Philosophie der Zukunft solle, so schreibt er im April 1812 an seinen Freund Eschenmayer, eine neue Verbindung von Wissenschaft und Religion bewirken – nur dadurch sei eine Regeneration der menschlichen Zustände zu erhoffen (vgl. Plitt, S. 304). Er dachte dabei gewiß an eine politische Wirkung, ließ aber, wie zeitlebens, die gesellschaftlichen Bedingungen, unter denen sie stattfinden müßte, außer acht. Schellings Ausgangspunkt in diesen Fragen war immer der Einzelne, das Ich vor der Natur, das sich den ‚tausendmal tausend Sonnen‘ gegenübersieht – und dem der Prozeß seiner vernünftigen Selbstbildung aufgegeben ist. Menschheit als Gattungsbegriff, das war das ins Allgemeine gezogene Individuum – und der Zielpunkt der Aufklärung die Konzentration auf das Bild der einen, vom Wissen erleuchteten Person, wie er es schon 1795 im ersten Schwung der Jugend anvisiert hatte: ,,... alle Strahlen des menschlichen Wissens werden sich in einem Brennpunkt sammeln, an dem die Menschheit ... als *Eine* vollendete Person demselben Gesetze der Freiheit gehorchen werde." (Bd. I, S. 158) In diesem Begriff des Menschen war Schelling präsent, was er als Philosoph war. Wenn er ‚wir‘ sagte, so meinte er sich und seinesgleichen. Die Gesellschaft, mit ihren Bedürfnissen und Ordnungen, fand in sein ,,anthropologisches Schema"[20] keinen Eingang. In der Rechtslehre, aber auch in der Ethik, hat Schelling nichts mit Hegel auch nur annähernd Vergleichbares zu leisten vermocht.[21]

Gemäß dem Entwurf in der Freiheitsschrift, Natur- und Weltgeschichte so zu beschreiben, daß sie sich – in ihrem Entsprechungsverhältnis – gegenseitig Gleichnis und Erklärung würden, gibt Schelling seinem letzten großen Versuch einer Gesamtdarstellung der Philosophie den Titel *Die Weltalter*. Vom ersten Teil dieses Werkes hat er einige Bogen drucken lassen und von seinem Verleger Cotta ein Honorar auf Vorschuß bezogen, das er unter peinlichen Umständen zurückzahlen mußte, als er schließlich das Unternehmen überhaupt aufgab und seine Wirkungssphäre auf den Unterricht im Hörsaal beschränkte. Die Entfaltung des Grundgedankens der Freiheitsschrift, daß Menschsein aus dem Grund der Welt abzuleiten sei, war für die *Weltalter* der Anstoß. Im Gemüt des Menschen, wie er heute existiere, müsse eine älteste Erinnerung der Dinge und ursprünglichsten Verhältnisse ruhen. ,,Aber dieses innere Bild schläft ... als verdunkeltes, wenngleich nicht ausgelöschtes Bild; auch ist es unfähig, für sich das Wort zu finden, und was in ihm ist, auszusprechen." Schelling fragt sich: warum das Gewußte nicht mit der Geradheit und Einfalt wie jedes andere Gewußte erzählen? (W, S. 189) Wissenschaft müßte eigentlich Geschichte – und die Fabel wieder zur Wahrheit werden. Er sucht nach einer Philosophie, die Wahrheit zu erzählen imstande wäre. Sie würde den Leser nicht durch die Kraft der Argumente und die Kunst ihrer Dialektik überzeugen, sondern in ihm die zurückgedrängte, in jedem Gemüt schlafende ,,Mitwissenschaft der Schöpfung" wachrufen. Schelling orientiert sich – dafür gibt es in der Geschichte der Philosophie nur ein weiteres Beispiel in Nietzsches *Also sprach Zarathustra* – offenkundig an der Erzählform der biblischen Geschichten.[22] Er gibt sich dafür sogar in ganz persönlichen Bemerkungen Rechenschaft; seine in der religiösen Erziehung erhaltenen Lehren hätten für sein ganzes späteres Leben eine fast unabweisbare Gegenwärtigkeit gehabt: ,,Ich bekenne nicht ungern, daß kein menschliches Buch noch irgend ein anderes Mittel meine Ansichten so gefördert hat, als die stille Anregung jener Schriften, welche ihre Tiefe bei der höchsten Klarheit ... und die nur dem Kenner fühlbare Schärfe in den scheinbar unfaßlichsten Dingen schon allein zu dem Rang göttlicher Bücher erheben würde." (W, S. 70)

In einem der Briefe an seinen Verleger J. F. Cotta, in denen er das Ausbleiben des Werkes rechtfertigt, spricht er schon – mit Skepsis – vom Erfolg, als sei die Arbeit vollendet, zu der er sich verpflichtet hatte: ,,Ob und wann auch das darin enthaltene System siegen wird; auf jeden Fall wird dies Buch ein klassisches sein für diese Denkart, zu dem ich selbst nichts hinzuzusetzen noch zu ändern haben werde ... In den Weltaltern ist nicht allein ein vollständiges metaphysisches, sondern auch ein religiöses System enthalten. Alle Ansichten sind zu dem Punkt geführt, wo sie schlechterdings ins Leben eingreifen müssen. Wie denn von jeder Philosophie, die nicht wirkungslos für Welt und Menschheit vorüber gehen will, zu erwarten ist, daß sie nach überwundner wissenschaftlicher Schwierigkeit sich in das allen Menschen Verständliche und Annehmliche verkläre ... Reden über die Religion, etwa wie die früheren von Schleiermacher, oder wie Fichte's Anweisung zum seligen Leben, behalten immer die wissenschaftliche Farbe. Ich habe mich überzeugt, daß bei einem Unternehmen der Art die positive Religion zur Basis genommen werden muß, um den edleren Stoff an die Welt zu bringen."[23] Schelling hat dieses Programm nicht erfüllen können. Das lag wohl auch daran, daß hier ein Einzelner sich vornahm, was nur gedeutete und in Jahrhunderten zur Form gediehene Erfahrung vieler Generationen hervorzubringen imstande gewesen war: ein Werk wie die Bibel.

Die späten Vorlesungen über Philosophie der Mythologie und der Offenbarung verlassen – obzwar der Thematik der Weltalter nahe – die Erzählform, ohne eine neue wissenschaftliche zu finden.[24] Der Sinn der sogenannten ,,positiven" Philosophie wird zur Selbstkritik einer Philosophie der Vernunft, die ihren eigenen Grund einholen wollte. Das Eine und Ganze der Natur, dessen geschichtliche Deutung Schellings Thema war, ist immer noch ein selbstverständliches Wort unserer Sprache. Aber die Frage, die in seinem Gebrauch liegt, ist vergessen. Der Fortschritt der Naturwissenschaften hat sie auch scheinbar überflüssig gemacht.

Die Aussicht, daß in unseren Tagen die Gemüter wieder sensibel für diese Fragen nach der Natur würden, kommt aus den technologischen Konsequenzen der mathematischen Naturwissenschaft. Sie deutet sich im Aufstieg des Begriffes „Umwelt" an. Der ist aber immer noch in der technokratischen Einstellung auf Natur gedacht – allerdings einer klügeren als zuvor.

III. Die Wirkung

Wer Schellings Wirkung verstehen will, muß erkennen, wie sehr sie von der wirklichen oder vermeintlichen Inkonsequenz seines Denkens, von seinem Experimentieren mit Entwürfen, oder – je nach Vormeinung der Interpreten – von seiner Kraft bestimmt ist, mit neuen Fragen neue Probleme aufzuwerfen. Schon in der Zeit des frühen Jenaer Ruhms kann unter den Schelling-Gegnern die Rede vom Proteus auf, die sich später als zählebiges Klischee erwiesen hat. Als Schelling 1841 in Berlin seinen neuen großen Gang in die Öffentlichkeit antrat und seinen Hörern zurief, es müsse doch wohl etwas in ihm gewesen sein, von dem man nichts wußte, da konnte man das als Hinweis auf eine neue Wandlung verstehen und von der „neuschellingschen" Philosophie sprechen. Beim Erscheinen der ersten Gesamtausgabe in den Jahren 1856–1861, als das Spätwerk in den Vorlesungen über Mythologie und Offenbarung den Lesern vorlag, waren die ursprünglichen Antriebe und Einsichten des Idealismus ohnehin vergessen. Aufgaben für „Konzipisten und Sekretäre fremder Gedanken" (Bd. X, S. 190) lagen nun in den Fragen, wie man Schellings Werk in Epochen u. ä. einteilen könnte. Man begann, Schelling – als Klassiker – auf die gelehrte Art zu rezipieren, wie Lange[25] das Hegel-Studium im späteren 19. Jahrhundert beschrieben hat: sie studieren nicht, was ihr Autor studiert hat, sie studieren den Autor. Erst hundert Jahre nach Schellings Tod kam mit der Arbeit von Walter Schulz (das Berliner Diktum Schellings von 1841 ist ihr als Motto vorangestellt) der Gedanke zur Wirkung, daß Schellings spätes Denken der Versuch sein könnte, den spekulativen Idealismus bis zur radikalen Konsequenz seiner Selbstaufhebung weiterzutreiben und so zum Ende seiner Vollendung zu bringen.

In den letzten fünfundzwanzig Jahren sind in Deutschland, in Frankreich und in Italien eine Reihe von Arbeiten erschienen (siehe Bibliographie), denen der Grundzug gemeinsam ist: Schellings Einordnung in die Denkbewegung des deutschen Idealismus zwischen den Anfängen bei Kant und Fichte und der Vollendung durch Hegel zu revidieren. Die Bayerische Akademie der Wissenschaften betreut seit dem Ende der 60er Jahre die erste historisch-kritische Gesamtausgabe von Schellings Werken. Es könnte scheinen, als wäre Schelling, nach über hundertfünfzig Jahren, gegen den geschichtlichen Erfolg des Hegelianismus zur Geltung zu bringen.

Dennoch: Schellings Präsenz ist eine Angelegenheit für Leute vom Fach. Der Versuch, ihn darin zu erkennen, was man den Geist der Gegenwart nennt, verlangt intellektuelle Kunstgriffe, denen die Herkunft aus der Verlegenheit anzumerken ist. Odo Marquard hat sich so mit dem Titel ,,Schelling inkognito", einer Art: Schelling geht um ... geholfen (siehe H. M. Baumgartner, Hrsg., S. 9ff.). Der französische Schellingforscher Xavier Tilliette hingegen konstatiert eher trocken: ,,es gab keinen echten Schellingianismus, es wird keinen geben ..." (ebd. S. 169).

Überblickt man die verschiedenen Deutungen, die Schellings Nachwirkung bezeugen, so drängt sich der Eindruck auf: Schelling ist da aktuell, wo er den Bruch mit einer klassisch gewordenen Überlieferung entweder selbst vollzieht oder den später Kommenden erleichtert. Ist er der Klassiker des verzögerten Endes der spekulativen Philosophie? Dafür sprechen die Fragen, die in jüngster Zeit von Schelling Argumentationshilfe erwarten bei der inneren Aufhebung des Idealismus, die noch der materialistischen Kritik von Feuerbach und Marx überlegen sein könnte. Für Michael Theunissen erhält so Schellings Spätphilosophie ihren Rang als Revision seiner Anfänge, bei der zugleich der ganze abendländische Idealismus, seit Platon, radikal destruiert werden könnte.[26]

Dagegen spricht auch nicht die marxistische Schelling-Interpretation, die eine sarkastische Anerkennung des ,,aufrichtigen Jugendgedankens" von Schelling, die Marx einmal aus politischen Gründen aussprach, zur ,,gültigen Wertung" erstarren läßt.[27] Schon 1968 hatte Hans Jörg Sandkühler eine reflektierte materialistische Schelling-Deutung vorgelegt, die seine unpolitische Freiheitsphilosophie im ganzen als Kritik der idealistischen Tendenz zum Fortschritt im Bewußtsein der Freiheit versteht.[28]

Ein Ende – allerdings ohne Wiederkehr –, und eines, von dem man sich zu befreien hat, ist Schelling im scharfen Urteil des Sprachanalytikers Ernst Tugendhat. Schellings Wahrheitsdefinition im *System des transzendentalen Idealismus* ist für ihn das Paradebeispiel einer Theorie, die ihren Gegenstand unkenntlich macht: ,,Hemmungslose Spekulationen dieser Art, die nur an einer tradierten Formel fortspinnen und den Kontakt mit der Sache selbst – dem tatsächlichen Wortverständnis – verloren haben, lohnen natürlich keine Auseinandersetzung."[29] Dieser Einwand ist grundsätzlich und endgültig. Wer ihn sich zu eigen macht, muß die Konsequenzen ziehen: das noch einmal und immer wieder anzueignen und zu durchdenken, was der Klassiker Schelling zu sagen hat, heißt dann die bescheidene Energie, die uns in der Philosophie heute zu Gebote steht, an Irrtümer verschwenden. Seit Hegel die Geschichte der Philosophie selber als einen philosophischen, d. h. vernünftigerweise erfaßbaren Verlauf thematisiert hat, ist allerdings – zumindest unter deutschen Philosophen – der Ausschluß einer bestimmten Gestalt der Überlieferung, noch dazu einer klassischen, verpönt. Ein sachlich-kritisches, ja polemisches Verhältnis zur Überlieferung wird meist nur dem Klassiker selber nachgesehen, Schelling zum Beispiel.

Wolfgang Breidert

ARTHUR SCHOPENHAUER

(1788–1860)

Der Name Schopenhauer mag bei manchem Leser zunächst den Gedanken an einen alten, griesgrämigen, verbitterten, weltfremden Gelehrten wachrufen, der mit bissigen Äußerungen über die Schlechtigkeit der Welt und des Menschen, besonders über die Mangelhaftigkeit der Frau, klagt, aber sozusagen grundlos klagt, weil er zwar ein ruhiges, zurückgezogenes, aber keineswegs von äußerem Mangel beschwertes Leben führt. Ist er nicht das Muster eines Philosophieprofessors? Und doch gehören zu seinen bissigen Worten vor allem die Geißelungen der Philosophieprofessoren, der ,,Kathederphilosophen", wie er sie nennt, die nicht *für* die Philosophie, sondern *von* der Philosophie, nämlich der ,,Universitätsphilosophie", leben.

Wenn Schopenhauer sagt, man könne von der von ihm selbst gelehrten Philosophie nicht leben, so ist diese Bemerkung doppeldeutig, denn sie enthält zugleich mit der Feststellung eines akademischen Zustandes die Angabe eines Grundes für denselben. Schopenhauers Philosophie bietet keine ,,Lebenshilfe" im Sinne einer Förderung des Lebens. Sie will vielmehr helfen, den Willen zum Leben sterben zu lassen. Seine ,,Lebensweisheit" soll dazu beitragen, das Leben möglichst angenehm und glücklich zu verbringen, was für ihn bedeutet, den Rückzug vom Leben zu erleichtern.

Schopenhauer war kein bloßer Büchergelehrter. Er stammte nicht aus dem akademischen Bildungsbürgertum, dem das Studium als Selbstverständlichkeit galt; er verbrachte auch nicht sein Leben in seinem Studierzimmer innerhalb der Mauern einer einzigen Stadt wie zum Beispiel Kant. Er hatte ,,die Welt" gesehen und das Berufsleben eines Kaufmanns kennengelernt. Doch weder der Geschäftswelt noch dem akademischen Leben konnte er Sympathie entgegenbringen. Er war keiner, der seine Philosophie in die Wirklichkeit eines vorzüglichen Staates umsetzen wollte wie etwa Platon oder der seine Überzeugungen als Staatsdiener einem König verkauft hätte wie viele andere Philosophen. Er gehörte auch nicht zu jenen, die einer philosophiefeindlichen Öffentlichkeit und Administration die angebliche Nützlichkeit ihrer ,,pragmatischen" Philosophie feilboten. ,,Das Leben ist eine mißliche Sache: Ich habe mir vorgesetzt, es damit hinzubringen, über dasselbe nachzudenken." So hatte der dreiundzwanzigjährige Philosoph dem alten Wieland in Weimar voll Wehmut und Stolz sein Vorhaben erklärt. Das war nicht die Resignation eines verknöcherten Universitätslehrers, sondern der selbstbewußte Schritt eines ökonomisch, sozial und familiär unabhängigen, weitgereisten jungen Mannes. Schopenhauer war und blieb ein Außenseiter. Er war der Eigenwillige, der sich nicht vereinnahmen ließ. Er hatte nicht nur den Bruch mit seiner Mutter hingenommen, die zum Titel seiner Dissertation über die vierfache Wurzel des Satzes vom zureichenden Grunde spöttisch gemeint hatte, das sei wohl etwas für Apotheker. Er verzichtete auch – wollend oder nicht – auf die Sympathie seiner Kollegen. Trotz der in der zweiten Hälfte des 19. Jahrhunderts einsetzenden Breitenwirkung seiner Schriften ist er der Philosoph der Außenseiter geblieben.

I. Lebensweg

1788, ein Jahr vor der französischen Revolution, wird Arthur Schopenhauer in der Freien Stadt Danzig als Sohn des Großkaufmanns Heinrich Floris Schopenhauer und seiner Frau Johanna Henriette geboren. Da der Vater nicht unter einem König leben will, siedelt die Familie, als Danzig preußisch wurde, 1793 nach Hamburg um.

Arthur besucht zunächst eine Hamburger Privatschule für Kaufleute. Der Vater will den Plan des Sohnes, das Gymnasium zu besuchen und zu studieren, vereiteln und ihn zum Leben eines Kaufmanns anhalten. Deswegen stellt er Arthur vor die Wahl, entweder das Gymnasium zu besuchen oder eine zweijährige Reise durch Europa zu machen, doch unter der Bedingung, daß er anschließend die Ausbildung zum Kaufmann absolviere. Arthur entscheidet sich für die Reise, die ihn über Holland nach England, Frankreich, der Schweiz, Süddeutschland und Österreich führt. Dabei ist er in Toulon vom Leid der Galeerensträflinge tief beeindruckt.

Im Januar 1805 beginnt Schopenhauer die ungeliebte Kaufmannslehre, doch schon im April stirbt der Vater (wahrscheinlich durch Freitod). Die Mutter, die sich durch dieses Ereignis wohl eher befreit fühlt, zieht im Herbst 1806 mit der Tochter Adele nach Weimar und unterhält dort als Romanschriftstellerin einen literarischen Salon, in dem unter anderen auch Goethe und Wieland verkehren. Im folgenden Sommer verläßt auch Arthur Hamburg und holt in Gotha durch Privat- und Selbstunterricht die Gymnasialbildung nach. Mit seiner Volljährigkeit (1809) erhält er einen Teil seines Erbes und beginnt an der Universität Göttingen das Studium der Medizin. Ein Jahr später wechselt er in die Philosophische Fakultät. Sein Philosophielehrer, Ernst Schulze, rät ihm von Aristoteles und Spinoza ab, empfiehlt ihm aber, Platon und Kant zu studieren. 1811 wechselt er nach einem Ferienaufenthalt in Weimar den Studienort. Er hört nun an der erst 1810 unter dem Einfluß Wilhelm von Humboldts gegründeten Berliner Universität vor allem Fichte und Schleiermacher. Wegen des Krieges verläßt er 1813 Berlin und geht über Dresden, Weimar und Jena nach Rudolstadt. Im Oktober wird er mit der Dissertation *Über die vier-*

fache Wurzel des Satzes vom zureichenden Grunde an der Universität Jena (in Abwesenheit) promoviert. Daraufhin lädt ihn Goethe nach Weimar ein. Die schon lange schwelenden Spannungen mit der Mutter führen im folgenden Jahr zu einem offenen Zerwürfnis. Schopenhauer geht nach Dresden. 1816 erscheint die durch die Beschäftigung mit Goethes Farbenlehre provozierte Schrift *Über das Sehn und die Farben*. 1818 (aber mit dem Datum 1819) kommt bei Brockhaus das Hauptwerk *Die Welt als Wille und Vorstellung* heraus. Alles, was Schopenhauer danach noch schreibt, sind nur Ausarbeitungen, Ergänzungen oder Anmerkungen zu diesem Werk. Das Buch bleibt aber zunächst unbeachtet. Noch im gleichen Jahr unternimmt Schopenhauer seine erste Italienreise. Eine zweite Italienreise folgt drei Jahre später, wobei er auf der Rückreise nach einem Kuraufenthalt in Bad Gastein auch durch Heidelberg, Mannheim und Frankfurt am Main kommt. Durch den Zusammenbruch des Danziger Handelshauses Mohl droht Schopenhauer der Verlust seines Vermögens, doch versteht er es, mit Geschick und Härte seinen Teil zu retten.

1820 habilitiert sich Schopenhauer an der Universität Berlin. Seine Probevorlesung findet unter dem Vorsitz seines philosophischen Rivalen Hegel statt. In Berlin machte Schopenhauer unter anderem auch die Bekanntschaft von Alexander von Humboldt und Adalbert von Chamisso. In derselben Stadt unterhält er eine vorübergehende Beziehung zu der bei der Berliner Oper tätigen Choristin Medon (Caroline Richter). Hier kommt es auch zu dem unerfreulichen Prozeß, den eine Näherin gegen den Philosophen führt, weil er sie handgreiflich aus seinem Vorzimmer geworfen hatte.

Als 1831 die Cholera in Berlin ausbricht, flieht der pessimistische Philosoph vorläufig nach Frankfurt am Main, das als cholerasicher gilt. Nach dem Versuch, in Mannheim seßhaft zu werden, zieht er 1833 endgültig nach Frankfurt, wo er die übrigen Jahre zurückgezogen und gleichförmig von seinem Vermögen lebte. Er schreibt und veröffentlicht weiterhin ohne großen Erfolg: *Über den Willen in der Natur* (1836), *Die beiden Grundprobleme der Ethik* (1841; ein aus zwei Preisschriften zusammengesetztes Buch), die um den umfangreichen Ergänzungsteil erweiterte zweite Auflage von *Die Welt als Wille und Vorstellung* (1844) und die zweite Auflage der *Vierfachen Wurzel* ... Nach verschiedenen Bemühungen, einen Verleger zu finden, erscheinen die *Parerga und Paralipomena* bei Hayn in Berlin. Dieses leichter, populär geschriebene Werk findet 1853 durch einen Aufsatz in der *Westminster Review* (John Oxenford: Iconoclasm in German Philosophy) Beachtung. Schopenhauers philosophisches Ansehen beim Publikum wächst, so daß in den folgenden Jahren die ersten Monographien über ihn erscheinen. Zu seinen Anhängern gehören jetzt auch sein späterer Biograph Wilhelm Gwinner und Richard Wagner, der ihm das Textbuch vom *Ring des Nibelungen* schickt. Mit dem Niedergang des Hegelianismus und der einsetzenden Kant-Renaissance beginnt Schopenhauer sich durchzusetzen. 1856 stellt die Philosophische Fakultät der Universität Leipzig die Preisaufgabe: *Darstellung und Kritik der Schopenhauerschen Philosophie* und im folgenden

Jahr werden in Bonn und Breslau die ersten Vorlesungen über Schopenhauer gehalten. Schopenhauer stirbt am 21. September 1860.

II. Werk

1. Der idealistische Grundgedanke

Vielleicht ist jede Philosophie von einem einzigen Grundgedanken geprägt, doch Schopenhauers Werk ist paradigmatisch dafür. Seine gesamten Arbeiten gruppieren sich um sein Hauptwerk *Die Welt als Wille und Vorstellung,* von dem er selbst sagt, daß es nur einen einzigen Gedanken in der angemessenen Darstellung enthalte. Dieser Grundgedanke enthält Schopenhauers Antwort auf die wichtigsten philosophischen Probleme der abendländischen Tradition. Der Gedankenkern wird in dem Titel des Hauptwerks von zwei Seiten beleuchtet. Einerseits greift Schopenhauer erkenntnistheoretische Probleme wie die Scheidung von Sein und Schein sowie die Vermittlung zwischen Subjekt und Objekt der Erkenntnis auf; andererseits gibt er Antwort auf ontologische und metaphysische Fragen wie z. B. die Frage, was der Seinsgrund der Welt sei. Trotz aller Suche nach endgültigen Antworten gibt sich Schopenhauer dabei doch nicht vordergründig harmonisierenden oder befriedigenden Lösungen hin.

Die unvermeidliche Zirkelhaftigkeit des erkenntnistheoretischen Realismus bzw. Materialismus war bei Descartes durch seine Zweifelsmethode zutage getreten, denn die Existenz eines materiellen Dinges läßt sich bezweifeln, aber nicht die Existenz des zweifelnden Subjekts. Schopenhauer ging noch weiter, indem er nicht vom Objekt oder vom Subjekt, sondern von der Vorstellung selbst ausging, die allerdings jene beiden impliziert. Das Erkenntnissubjekt und die Welt als Inbegriff der zu diesem Subjekt gehörenden Vorstellungen sind also unauflöslich aufeinander bezogen. Von einer subjektunabhängigen Welt zu sprechen, wäre eine *contradictio in adjecto. Die Welt ist meine Vorstellung.*

Schopenhauer ist ein erkenntnistheoretischer Idealist, aber er ist es nicht aufgrund seiner Geburt oder eines willkürlichen Entschlusses, sondern aufgrund einer Konversion, die er selbst auf die Begegnung mit der Philosophie Kants zurückführt. Der Grundgedanke der Abwendung vom naiven Realismus sei zwar schon im cartesischen Zweifel an der Gültigkeit unserer Vorstellungen angelegt und bei Malebranche und Berkeley allgemein ausgesprochen, doch erst Kants Detailbetrachtung bewirke eine Durchbrechung der realistischen Täuschung. Berkeley hatte das von Descartes entwickelte Erkenntnisproblem, wie wir aufgrund unserer Bewußtseinsinhalte Sicherheit bezüglich einer bewußtseinstranszendenten Welt haben können, ontologisch gewendet: Da uns nie etwas anderes als unsere Bewußtseinsinhalte gegeben sein kann, muß die Welt aus unseren Vorstellungen konstituiert sein; denn von einem Ding, das ohne jegliche Beziehung zum erkennenden Subjekt wäre, könnten

Arthur Schopenhauer (1788–1860)

wir nichts wissen – und daher kann es dieses nicht geben. Was erkenntnisirrelevant ist, gibt es nicht. Das war der Kern der erkenntnistheoretischen Ontologie Berkeleys, und Kant hat Berkeleys Idealismus, was diesen Punkt angeht mit Recht, ,,dogmatisch" genannt. Kant selbst ist seinerseits nicht weniger dogmatisch, wenn er behauptet, unser Bewußtsein werde von einem ,,Ding an sich" affiziert, auch wenn wir uns von diesem keinen positiven Begriff machen können.

Auch Schopenhauer fällt in die ontologisch-erkenntnistheoretische Falle, die das ,,Ding an sich" jeder Philosophie stellt. Nachdem er wie jeder konsequente Idealist festgestellt hat, daß die Welt meine Vorstellung ist und umgekehrt wir uns nur von innerweltlichen Dingen Vorstellungen machen können, sucht er nach dem, was diesem Vorstellungskomplex zugrunde liegt. Indem er dieses Zugrundeliegende fordert und es sogar qualitativ zu bestimmen versucht, überschreitet er die von ihm selbst gesetzte Grenze, so wie sie auch schon von Berkeley und Kant überschritten wurde. Berkeley nannte diesen Grund Geist (Gott) und schrieb ihm Aktivität (Produktivität) sowie dem endlichen Geist eine Abhängigkeit vom unendlichen Geist zu. Kant verlegte den Ursprung der Empfindungen in das Ding an sich, dem er doch wenigstens die Affizierungsfähigkeit zusprechen mußte. Auch Schopenhauer sucht als Nachfolger von Berkeley, Kant und Fichte den Grund der Vorstellungen im Subjekt.

Die Wende vom erkenntnistheoretischen Realismus zum Idealismus, für die im Kantianismus die Formel von der ,,kopernikanischen Wende" geprägt wurde,[1] ist auch geistesgeschichtlich als die ,,Rache des kleinen Menschen an den großen Sternen" gedeutet worden.[2] Diese Deutung knüpft an Bemerkungen Schopenhauers am Anfang seiner Ergänzungen zur *Welt als Wille und Vorstellung* an. Der Mensch als eines der unzählbaren ähnlichen Wesen, die aus einem ,,Schimmelüberzug" auf einer der zahllosen Kugeln im unendlichen Raum entstanden sind, – das ist die ,,mißliche Lage", in der die empirischen Wissenschaften den Menschen in der anfangs- und endlosen Zeit darstellen, ohne ihm etwas Besseres als ,,die genauere Beschaffenheit und Regel dieser Hergänge" in Aussicht stellen zu können. Demnach wäre das Motiv für die Annahme des erkenntnistheoretischen Idealismus das Bedürfnis nach einer Kompensation für die ,,Kränkung", wie es S. Freud nannte,[3] die die ,,kopernikanische Wende" dem Selbstwertgefühl des Menschen durch seine Verdrängung aus einer ausgezeichneten an eine beliebige Stelle des Universums zugefügt hat. Diese Erklärung für die Entstehung und Verbreitung des Idealismus in der Neuzeit wurde von Schopenhauer also ermöglicht und sogar nahegelegt, indem er einerseits die Motivgebundenheit aller Verstandestätigkeit lehrte, andererseits selbst den Vorgang der ,,kopernikanischen Wende" zum Idealismus nicht nur als analogen Schritt zur astronomischen Wende bei Kopernikus verstand, sondern als eine Erlösung des Menschen aus der ,,mißlichen Lage", in die er gerade erst durch die naturwissenschaftliche Revolution geraten war.

Das Schema von der ,,Rache des kleinen Menschen" paßt aber nicht ganz auf Schopenhauers Philosophie. Der Mensch bleibt in ihr ja nicht mehr das vernünftige Lebewesen, das sich kraft seines Intellekts die Zwecke selbst setzt, sondern es wird einem irrationalen, blinden Willen unterworfen, aus dem sogar die Vernunft selbst hervorgeht.

2. Spontaneität des Subjekts und Willensmetaphysik

Die abendländische Philosophie kannte den Menschen vorwiegend als *animal rationale (mortale);* als das sterbliche Lebewesen, das durch Vernunft ausgezeichnet ist. Diese Vernunft hatte sich in der Auseinandersetzung um den Primat des Glaubens ihre Selbständigkeit zurückerobert. Ja, sie hatte sich bis zur Aufklärung so stark verselbständigt, daß Kant eine *Kritik der reinen Vernunft* schreiben konnte. Doch trotz der Zurechtweisung der ihre Kompetenzen überschreitenden Vernunft blieb eine wesentliche Bestimmung des Menschen sein ,,oberes" Erkenntnisvermögen, nämlich die Vernunft. Die Grenzziehung gegen die Zuständigkeit des Glaubens auf der einen Seite ist begleitet von der Verteidigung der Eigenständigkeit gegenüber dem sinnlich-rezeptiven Erkenntnisvermögen auf der anderen. Spontaneität, Selbsttätigkeit, Aktivität sind die charakteristischen Merkmale des rationalen Anteils unserer kognitiven Fähigkeiten. Das Subjekt ist nicht nur Empfänger der von ,,außen" kommenden Bewußtseinsinhalte, sondern es ist selbst in gewisser Weise kreativ, gleichsam ein ,,zweiter Gott".

In Auseinandersetzung mit gewissen Gedanken von Descartes und Malebranche, von denen er sich jedoch in vielen Punkten absetzte, hatte Leibniz das Subjekt als eine Einheit (Monade) von Perzeptionen, die eine Welt bilden, dargestellt. Letztlich wurde diese monadische Gesamtheit von Gott geschaffen, aber als geschaffene produzierte sie ein ,,Weltbild". Unabhängig von Leibniz, aber ebenfalls von Descartes und Malebranche ausgehend, hatte Berkeley das Subjekt nicht nur zum Träger, sondern zum Produzenten der Perzeptionen gemacht. Das Subjekt ist im Gegensatz zu den Vorstellungen, die als solche bloß passiv sind, das Aktive, es bringt die Vorstellungen hervor. Dabei ist es dieselbe Aktivität des Subjekts, die einerseits in der Produktion von Vorstellungen, andererseits in der Ausübung von Willensakten wirksam ist. Auch Schopenhauer geht diesen Weg zurück zur Aktivität des Subjekts in seinen Willensakten. In der Welt als Vorstellung ist ein Vorstellungskomplex des erkennenden Subjekts, der eigene Leib, besonders ausgezeichnet, denn gewisse Bewegungen des Leibes sind mit Willensakten verknüpft. Die dem Subjekt *unmittelbar* bekannten Willenshandlungen sind mit der gleichzeitigen Wahrnehmung der entsprechenden Körperbewegung verbunden. Diese unmittelbare, einzigartige Innensicht des Subjekts führt zu der Erkenntnis, daß der Wille das Subjekt an sich ist.

Schopenhauer ist keineswegs der erste Philosoph, der den Willen als das Wesentliche im Menschen ansieht; denn in verschiedenen Schattierungen des Voluntarismus wurde auch früher der Wille über den Intellekt gesetzt. Doch darf man dabei nicht verkennen, daß der Wille in solchen Fällen in der Regel ähnlich wie bei Kant als praktische Vernunft aufgefaßt wurde. Wodurch sich Schopenhauers Philosophie von den genannten Ansätzen abhebt, ist die Blindheit des Willens. Das Wesentliche im Menschen ist demnach nicht jener klarsichtige Wille, der einem bewußten Entschluß entspricht, nicht der Wille als eine Wirksamkeit des Intellekts oder als Vermögen, sich durch eine Regel leiten zu lassen, sondern der dumpfe animalische Lebensdrang. Dieser Wille ist von der Vernunft so weit entfernt, daß er diese überhaupt erst als sein Werkzeug hervorbringt.

Das Nadelöhr, durch das Schopenhauer aus der empirischen Welt zur Metaphysik des Willens vordringt, ist die unmittelbar bekannte, intime Verknüpfung zwischen den Willensakten und den zugehörigen Bewegungen unseres Leibes. Dabei sieht Schopenhauer die empirischen Bewegungen nicht als Wirkungen der Willensakte an, sondern faßt beide als ein und dasselbe auf, das von zwei verschiedenen Seiten gesehen werde. In einer kühnen, aber nicht mehr rational zu rechtfertigenden Analogie überträgt Schopenhauer den Begriff des Willens auf sämtliche Bewegungsvorgänge, so daß jegliche Veränderung als eine Willensäußerung interpretiert wird. So werden Naturkräfte, Triebe und Willensregungen zu Objektivierungen des Willens an sich, der seinerseits jeder Form der Erscheinung, also auch der Zeitlichkeit und der Räumlichkeit entbehrt.

Auf die Frage, wie der Begriff des Willens noch ohne den Begriff der Zeit, ohne irgendeinen Bezug auf die Zukunft gebildet werden kann, muß Schopenhauer die Antwort schuldig bleiben. Auch der Begriff der Objektivation des Willens, der die Verbindung zwischen der Welt als Wille und der Welt als Vorstellung herzustellen hätte, bleibt bei Schopenhauer völlig ungeklärt. Die Objektivierung läßt sich nämlich nicht mit Begriffen von Vorgängen erfassen, weil sie selbst erst als Übergang in die Form der Zeitlichkeit Vorgänge ermöglichen soll. Funktional steht die Objektivierung des Willens analog zur Affizierung des Subjekts durch das Ding an sich in der kantischen Philosophie. Die Überschreitung des Bereichs der Vorstellungen in Richtung auf das Ding an sich bedeutet in jedem Falle ein Verlassen des Bereichs der rationalen Philosophie.

Wenn man, wie es allerdings auch Schopenhauer selbst tut, für seine Willensmetaphysik Indizien oder gar Bestätigungen bei den Naturwissenschaften sucht, so begeht man den Fehler, das Ding an sich als physikalische Kraft, jedenfalls als empirische Gegebenheit aufzufassen. Eine solche Fehldeutung liegt vor, wenn es z. B. mit Bezug auf Schopenhauers Willensmetaphysik heißt: ,,In der Tat werden alle Prozesse in der Natur ... durch den Abstand vom Gleichgewicht, durch die Differenz an freier Energie, wie der Chemiker sagt, angetrieben. Die Idee, daß es diese durchgängige Tendenz ist, die uns bei unserem Streben, Wünschen und Wollen zum Bewußtsein kommt, ist nicht so abwegig."[4] Die Füllungen des Begriffs vom Ding an sich mit empirischen Gehalten beruhen auf einer Verkennung der radikalen Kluft zwischen dem

Bereich der Erscheinungswelt und dem niemals erscheinenden „Urgrund" der sinnlichen Empfindungen. Innerhalb des Bereichs der Naturwissenschaften kann vielleicht die Annahme einer „durchgängigen Tendenz", die man dann als Energiedifferenz, als Naturkraft oder als Wille bezeichnen mag, sehr brauchbar sein und darf als eine der großen wissenschaftlichen Koordinationsleistungen Schopenhauers angesehen werden. Da bei ihm der Wille als Urgrund der Erscheinungen unpersönlich ist, stellt diese Willensmetaphysik auch keinen Rückfall in den naiven Animismus dar. Daß aber Schopenhauer trotz Kant, ja gerade bewußt gegen Kant, die Erkennbarkeit des Dings an sich behauptet, bedeutet einen Abfall vom kritischen Idealismus hin zu einem monistischen Realismus. Dieser Schritt gehört zu den philosophiegeschichtlich nur schwer begreifbaren Inkonsequenzen Schopenhauers und läßt sich wohl nur mit Hilfe eines außersystematischen Interesses an Vollständigkeit der Erkenntnis jenseits des Erscheinungsbereiches plausibel machen.

Ein anderes ungelöstes Problem in seiner Willensmetaphysik übergeht Schopenhauer mit wenigen Worten. Der grundlose, blinde, ziellose Wille bringt aus sich selbst die Vielheit und damit erst die Möglichkeit zu Konflikten hervor, denn ohne Individuation gäbe es keine Gegner. Schopenhauers Willensmetaphysik ist also letztlich nicht so monistisch, wie sie auf den ersten Blick erscheinen mag. Im Grunde ist sie dualistisch, denn er selbst sieht den Streit nur als „Offenbarung der dem Willen wesentlichen Entzweiung mit sich selbst" an (*Welt als Wille und Vorstellung*, Bd. I, § 27). Dem dahinterstehenden grundsätzlichen philosophischen Dilemma, daß monistische Systeme zwar die Forderung der Vernunft erfüllen, alles auf eine Einheit zurückzuführen, daß sich aber Monisten (auch Monotheisten) immer vor die Schwierigkeit gestellt sehen, aus dem Einen das Andere hervorgehen zu lassen, ohne es schon implizit vorauszusetzen, diesem Dilemma entwindet sich Schopenhauer, indem er die Dualität im Willen selbst annimmt und in der Erscheinungswelt dem Willen zum Dasein die Beschränktheit der Materie gegenüberstellt, – eine Beschränktheit, die aber dann keinen Grund mehr im Ding an sich hätte.

3. Entmachtung des Intellekts und Pessimismus

Der Thronsturz der Vernunft durch den Willen bedeutet nicht nur eine Entmachtung der rationalistischen Philosophie, sondern zugleich die Untergrabung der Ansprüche der rationalen Philosophie. Die Philosophie selbst entspringt letztlich nicht mehr der Vernunft, sondern dem Willen, einem Interesse, einem Bedürfnis, einer Neigung, jedenfalls einem Zustand des Mangels, der Not, der Unzufriedenheit. Es war Platon, der die Philosophie auf den Eros, auf das Streben nach dem Schönen zurückführte, wobei Eros als Gestalt des Mythos die Bedürftigkeit zur Mutter hat (*Symposion*, 203b). Die glückseligen Götter philosophieren nicht, erst die Mangelhaftigkeit, das Leid, die Furcht und die Sorge wecken Fragen wie die nach dem Grund der Welt, nach ihrem Zweck usw. Jede Frage ist als solche schon der Ausdruck eines Ungenügens, denn nur ein Mangel an Wissen führt zu Fragen. Unvollkommenes und unvollständiges Wissen läßt Platz zum Philosophieren als dem Streben nach quantitativer oder qualitativer Erkenntnissteigerung. Einerseits kann das Erkenntnisinteresse letztlich nur bei totalen Antworten Befriedigung finden, andererseits geht aus dem Verlauf der Geschichte der Philosophie immer wieder hervor, was Kant in seiner transzendentalen Dialektik explizit gemacht hat und was analog auch in der modernen Entdeckung der Antinomien der Logik wieder zum Vorschein kam, daß nämlich der uneingeschränkte Gebrauch von Totalitätsbegriffen zu Widersprüchen führt. Diese bilden wiederum eine neue Situation der Unbefriedigtheit. Die Frustration ist daher unvermeidlich, selbst wenn man sich der in Widersprüche führenden Gedankengänge enthält, denn Enthaltsamkeit schützt nur scheinbar vor Frustration, weil sie eine Manifestation der Frustration selbst ist.

Schopenhauer war nicht enthaltsam, weder physisch noch geistig. Er versuchte möglichst weitreichende Antworten zu geben – nicht zufällig handelt sein Hauptwerk von der ,,Welt"; aber er glaubte dennoch nicht, endgültige Totalantworten geben zu können. Er selbst bemerkte die Unvollkommenheit seiner Antworten und lieferte z. B. am Ende der Ergänzungen zur *Welt als Wille und Vorstellung* eine ganze Liste von unbeantworteten, ja wie er meint, unbeantwortbaren Fragen. Dazu rechnet Schopenhauer auch solche nach der Herkunft oder dem Grund für die Objektivierung des Willens. Da diese Fragen den Bereich der Welt als Vorstellung, die zugleich unsere Erkenntnisse als Vorstellungen umfaßt, transzendieren, bleiben sie unbeantwortbar. Somit versteht sich Schopenhauer trotz allem als ein Philosoph, dessen Denken erfahrungsimmanent bleibt. Und man wird ihm nicht abstreiten können, daß es ihm gelungen ist, durch seine Willensmetaphysik eine ungeheure Fülle von Fakten durch seine ,,Erklärungen", die jedoch oft nur auf Analogien beruhen, zu einer großartigen Einheit zusammengefügt zu haben.

Da die Vorstellungen als Elemente dieser Welt kausal miteinander verknüpft sind – Schopenhauer folgt darin gänzlich dem neuzeitlichen Determinismus –, wäre es müßig, den Ursprung der Vorstellungen innerhalb dieser Welt zu suchen. Da die objektive Welt nichts anderes als eine Objektivierung des Willens, d. h. als ein zur Vorstellung gewordener Wille ist, führt Schopenhauer konsequenterweise auch die Entstehung der Mangelhaftigkeit und des Leides auf den Ursprung der Vorstellungen, also auf den Willen als Ursprung der Welt überhaupt zurück. Der grundlose Wille als Seinsgrund der Welt ist kein befriedigender Grund, sondern das Unbefriedigtsein überhaupt. Die Seinsart der Welt ist keineswegs zufriedenstellend, sondern für ein auf Befriedigung, Erfüllung, Ruhe im erreichten Ziel angelegtes Subjekt äußerst ungenügend. Diese mangelhafte Welt ohne die Aussicht auf eine Erlösung ist durch menschliche Handlungen nicht zu verbessern, nicht einmal mit Moralität ist ihrer Schlechtigkeit beizukommen, denn eine solche weltverbessernde Moral gibt es, trotz häufiger Mißverständnisse bei vielen Lesern, für Schopenhauer nicht.

Schopenhauer ist nicht nur aufgrund einer Charakteranlage (Schwermut des Vaters), einer unglücklichen Kindheit (Differenzen zwischen seinen Eltern) oder eines Schlüsselerlebnisses (Galeerensträflinge in Toulon) der Pessimist. Er ist Pessimist, weil sein aufklärerischer Geist nicht nur die klassische religiöse Heilsverheißung als einen Betrug ansah, sondern weil er auch erkannte, daß *in* dieser Welt das Leid kein Ende nehmen *kann*. Der Grund dafür liegt für den Idealisten in der von der Aufklärung und dem Schulidealismus gefeierten Spontaneität des Subjekts. Diese Spontaneität wirkt sich innerweltlich nur als ein Streben des Individuums aus. Drängen oder streben bedeutet aber, das Erstrebte noch nicht erreicht haben, d. h. noch nicht am Ziel sein, noch keinen Frieden haben, unbefriedigt sein.

In Schopenhauers System hat also die Willensmetaphysik mehrere Funktionen zu übernehmen: Einerseits fungiert der Wille in erkenntnistheoretischem Sinne als Ursprung der Vorstellungen, wobei er aber nicht nur die Produktion des Objekts, sondern auch die des Subjekts übernimmt. Der Wille tritt damit andererseits an die Stelle des Schöpfers, womit ihm zugleich auch die Verantwortlichkeit für die Mangelhaftigkeit dieser Welt zufällt.

Wie kaum ein anderer Philosoph leugnet Schopenhauer die Aufrechenbarkeit von Schmerz und Leid. Er nimmt Schmerz und Leid so ernst, daß ihm jede Freude, jedes Glück, das durch das geringste nachfolgende Leid bedroht ist, unvollkommen erscheint. Er hat für seine Philosophie des Pessimismus keineswegs eine leiderfüllte Welt erfunden. Sie ist vorhanden. Er hat nur geleugnet, daß nachfolgende Freude vorangehendes Leid vollkommen aufwiegen könne. Und er weigert sich, den Taschenspielertrick der Theodizee mitzumachen. Was wäre das auch für ein Gott, der eine so unvollkommene, leiderfüllte Welt hervorgebracht hätte? Schopenhauer ist vor allem moralisch zu anspruchsvoll, um einen Gott als Schöpfer der Welt zuzulassen, denn dieser Gott wäre selbst schuldig, weil er Leid und Schmerz erschafft oder zuläßt. ,,Wenn ein Gott diese Welt gemacht hat, so möchte ich nicht der Gott sein: ihr Jammer würde mir das Herz zerreißen." (*Handschr. Nachlaß*, Bd. III, S. 57, Nr. 138.) Der Atheismus Schopenhauers wird unter anderem von der Aversion gegen einen Gott genährt, der ohne Mitleid und Schuld gegen diese Welt sein könnte. Dabei bemerkt Schopenhauer nicht, daß hierin eine Abhängigkeit von einem Gottesbegriff zum Ausdruck kommt, der zwar die Merkmale der Schuld- und Leidensfähigkeit, aber gerade deswegen nicht mehr das der uneingeschränkten Souveränität enthält.

4. *Evolution und Ästhetik*

Die Objektivationen des Willens in den verschiedenen Naturkräften vollziehen sich in Evolutionsstufen. Nicht nur die Lebewesen – wie später bei Darwin –, sondern sämtliche Objektivationen gehen aus einem Kampf ums Dasein hervor, der durch die Begrenztheit der Materie bedingt ist, denn sie verhindert die friedliche Koexistenz all der Erscheinungen, die aufgrund der verschiedenen

Ideen möglich wären. Der Raum ermöglicht zwar die gleichzeitige Verwirklichung mehrerer Erscheinungen, doch die Beschränktheit der zur Verfügung stehenden Materie läßt eine vollständige Realisierung aller Ideen nicht zu. Durch einen gerechten Ausgleich sorgt die Zeit, indem sie wenigstens eine Realisierung im Nacheinander möglich macht, wobei ein geregelter Wechsel der Erscheinungen durch das Gesetz der Kausalität garantiert ist. Diese Art der gesetzlichen Regelung für den Auf- und Abtritt auf der Bühne des Daseins erinnert stark an die schon von Anaximander in der Ontologie verwendete Rechtsmetaphorik.

Der Kampf wird aber ähnlich wie bei Heraklit oder Hobbes keineswegs nur als destruktiv angesehen. Das herakliteische Wort vom Krieg als dem Vater aller Dinge findet seinen Niederschlag bei Schopenhauer, indem hier Konflikt und Streit den Aufstieg in der Evolution bewirken. Sie zerstören zwar die niedrigeren Erscheinungen, bringen aber zugleich die Erscheinung einer höheren Idee hervor. Dabei stellen die Ideen verschiedene Grade der Objektivationen des Willens dar und treten je nach den äußeren Verhältnissen auf verschiedene Weisen in Erscheinung. Diese Entwicklung führt aber zu keinem externen Ziel, sondern nur zu höheren Objektivationen, die schließlich als erkenntnisfähige Wesen die Zwecklosigkeit dieses ganzen Kampfes durchschauen. Alles Streben führt letztlich zur Erkenntnis der Zwecklosigkeit des Strebens selbst.

Die Ideenhierarchie bildet die zeitlose „Objektität" des Willens. Er objektiviert sich ja nur als vermittelt durch eine Idee zum einzelnen zeitlichen Ding. Nun können nach Schopenhauers Ansicht menschliche Individuen Erkenntnisse nur anhand des Satzes vom Grunde gewinnen. Da Schopenhauer außerdem an dem alten, auf Empedokles zurückgehenden erkenntnistheoretischen Dogma festhält, daß „Gleiches nur durch Gleiches" erkannt werden könne, kann er die Möglichkeit einer Erkenntnis überindividueller Objekte, wie der Ideen, nur unter der Bedingung zugestehen, daß das erkennende Subjekt sich auf irgendeine Weise über seine Individualität zu erheben vermag. Diese Bedingung wird nach Schopenhauer in ausnahmsweise vorkommenden, besonderen Erkenntnisakten erfüllt, in denen sich das Subjekt in der Anschauung eines Gegenstandes verliert und nicht mehr das einzelne Ding, sondern die ewige Form, die Idee, erkennt. In diesem plötzlichen Umschlag wird das Objekt „zur Idee seiner Gattung" und das anschauende Individuum zum reinen, d. h. willenlosen, schmerzlosen, zeitlosen Subjekt des Erkennens.

Die Wissenschaft ist als erklärende und in Relationen setzende immer dem Satz vom Grunde sowie den Raum-Zeit-Verhältnissen verpflichtet; sie behandelt nur die Erscheinungswelt, während die Kunst, das Werk des Genies, aus der Erkenntnis der Ideen hervorgeht. Schopenhauer beruft sich dabei zwar auf die platonischen Ideen, doch entfernt er sich zugleich völlig von Platons Auffassung, nach der die Kunst nur eine defiziente Nachbildung von Erscheinungen liefert, die ja ihrerseits nur mangelhafte Abbilder der Ideen sind. Kants „interesseloses Wohlgefallen" stand Pate, als Schopenhauer die geniale Ideenkontemplation des Künstlers als ,,in jedem Sinn völlig uninteressierte Betrachtung" charakterisierte. Noch in Husserls Begriff der ,,Wesensschau" als dem Ziel der phänomenologischen Betrachtung wirkt die Ideenschau, die als solche allerdings platonischen Ursprungs ist, nach. Der Einfluß von Schopenhauers idealistischer Kunstauffassung auf das späte 19. Jahrhundert wurde aber durch die wachsende Bedeutung des Naturalismus und durch den aufkommenden Impressionismus gedämpft.

Einer der begeisterten Anhänger Schopenhauers und seiner hybriden Auffassung der Kunst war Richard Wagner. Schopenhauer hatte ja nicht nur eine großartige Apologie des künstlerischen Genies geliefert, sondern darüber hinaus die Musik vor allen anderen Künsten ausgezeichnet, wenn er auch diese Auszeichnung nicht mehr theoretisch rechtfertigen konnte. Die Musik galt Schopenhauer als eine unmittelbare, nicht mehr durch die Ideen vermittelte Objektivation des *ganzen* Willens. Trotzdem war Wagner letztlich vom Gesamtsystem dieser Philosophie enttäuscht, denn er mußte feststellen, daß es keine Philosophie für politische oder soziale Agitation, keine Philosophie für revolutionäre oder missionarische Weltverbesserer ist. Sie interpretiert die Welt, ohne sie zu verändern, weil ihre Konklusion gerade darin besteht, daß diese Welt nicht willentlich verbessert werden kann.

5. Das Mysterium der Ethik

Wirkungsgeschichtlich kann der Schopenhauersche Irrationalismus kaum überschätzt werden, wenn man z. B. nur an Nietzsche und Freud denkt. Doch innersystematisch benötigt Schopenhauer ein Mittel gegen die von ihm selbst eingeführte ,,Kränkung" des Menschen. Eine solche Tröstung findet Schopenhauer in seiner metaphysisch begründeten Ethik. Da der Bereich der Erscheinung für Schopenhauer, wie auch für Kant, vollkommen determiniert ist, kann es in ihm keine Freiheit und daher auch keine Schuld geben. Alle Handlungen gehen aus dem Charakter des Täters aufgrund der physischen Ursachen, der Reize und der Motive mit strenger empirischer Notwendigkeit hervor. Selbst für seinen empirischen, gleichsam gewachsenen Charakter kann der Handelnde nicht verantwortlich gemacht werden. Verantwortlichkeit kommt dem Menschen nur im Hinblick auf seinen intelligiblen Charakter, d. h. seinen Willen als Ding an sich, zu. Da der intelligible Charakter keine Erscheinung ist, ist er auch nicht durch die Erscheinungswelt zu beeinflussen. Daher kann es für Schopenhauer keine Gebote der Moral geben. Die Ethik ist für ihn keine normative, sondern eine bloß beschreibende und erklärende Wissenschaft. Sie hat die Aufgabe, darzulegen, worin der Unterschied zwischen moralischen und unmoralischen Handlungen besteht und woraus solche Handlungen hervorgehen. Der Mensch als Objektivation des Willens, des Willens zum Leben, ist auch in all seinen Handlungen vom Drang zum Dasein und Wohlsein bestimmt. Der Mensch ist wie alle Wesen ein egoistisches Wesen. Handlungen von moralischem Wert sind aber nur solche, die durch keinerlei egoistische Motive zustande kommen. Obwohl Schopenhauer selbst zugesteht, daß die Antriebe einer Tat niemals in den Bereich der Erfahrung fallen können und obwohl seine Metaphysik egoismusfreie Handlungen gar nicht zuläßt, glaubt er an die Realität solcher Handlungen. Ein so massiver Widerspruch zum eigenen System kann seinerseits nur durch Rückgriff auf ein irrationales Interesse am Bestehen eines Unterschiedes zwischen moralischen und unmoralischen Handlungen erklärt werden. Schopenhauers Redlichkeit zeigt sich darin, daß er sich der Irrationalität dieser Momente in seiner Ethik vollkommen bewußt ist und sie auch als solche bekennt, indem er von dem „Paradoxen" oder dem „Mysterium" der Ethik spricht.

Moralische Handlungen gehen aus Mitleid hervor. Diese nichtegoistische Haltung kommt dadurch zustande, daß der Handelnde den Schein der Vielheit in der empirischen Welt durchschaut und sieht, daß diese Vielheit der Erscheinungen aus einem gemeinsamen metaphysischen Ursprung entsteht, nämlich dem einen metaphysischen Willen. So anziehend unter moralischem oder „humanitärem" Aspekt der Gedanke wirken mag, daß die Wesensgleichheit der Menschen auf einer metaphysischen Identität beruhe, so naiv ist doch die Schopenhauersche Philosophie in diesem Punkt, denn in diesem Gedankengang werden die quantitativen Begriffe von Einheit und Vielheit ohne Zögern auf das metaphysische Ding an sich, den Willen, angewandt. Der Philosoph, der in seiner Erkenntnistheorie meistens eine rational-kritische Haltung pflegt, gibt sich in seiner Metaphysik und damit in seiner Ethik völlig dem blinden Willen, der Neigung, hin.

Nachdem Schopenhauer ein höllisches Bild vom Sein, dem das Nichtsein jederzeit vorzuziehen wäre, entworfen hat, findet er dennoch einen Ausweg aus dieser „mißlichen Lage". Der Wille bringt unter anderem erkennende Wesen hervor, wobei der Gipfel der Erkenntnis in der Selbsterkenntnis erreicht wird. In einer eigentümlichen, intuitiven, plötzlichen Erkenntnis wird dem im erkennenden Individuum objektivierten Willen sein eigenes Wesen und damit das Wesen der Welt klar. Indem der Wille die mit der Objektivation bewirkte Individuation durchschaut, wird er zu moralischen Handlungen fähig. Schließlich führt diese Selbsterkenntnis des Willens aber zu seiner eigenen Verneinung, denn der Mensch, der kraft seines Intellekts den Schleier der Erscheinung durchschaut und den Willen als Grund für die Mangelhaftigkeit dieser Welt erkennt, erkennt zugleich in diesem Akt der Schau, daß dieses Leiden nur dadurch zu beenden ist, daß der Wille zum Leben sich selbst verneint. Die Verneinung des Willens stellt sich in der Erscheinung als Verleugnung des Leibes und seiner Bestrebungen dar. Die Folge ist aber nach Schopenhauer nicht der gewollte Selbstmord, denn als gewollter brächte er den Willen nicht zum Ende. Nur die Willensenthaltung, die Askese, die ihrerseits nicht gewollt wird, kann ein Quietiv des Willens und damit eine Erlösung sein.

Schopenhauer zog bei seinen Betrachtungen der Erlösung auch die Möglichkeit einer Endlösung durch das Aussterben der Menschheit und den Untergang der Welt hypothetisch in Erwägung, doch war er kein utopischer Denker; daher vertrat er nicht die These, daß dieses Ende der Welt und damit das Ende des Leidens in absehbarer Zeit kommen werde. Er begegnete seinem eigenen metaphysisch begründeten Pessimismus nicht durch die Entwicklung heilbringender sozialer Projekte oder eines wissenschaftlich-technischen Fortschrittsglaubens, sondern durch den Hinweis auf indische und christliche Asketen, von denen er annahm, daß sie Erlösung durch die Verneinung des Willens zum Leben gefunden hätten. Trotzdem versuchte er seine mystische Rückwendung, die auf dem Umweg über Hermann Hesse auch in die zweite Hälfte des 20. Jahrhunderts hineingewirkt hat, ausgerechnet durch eine Analogie zur wissenschaftlichen Revolution bei Kopernikus zu empfehlen, denn auch dieser habe ja ein früher verdrängtes Weltsystem wieder zu Ehren gebracht.

III. Zu Schopenhauers Bedeutung und Wirkung

Schopenhauer verbindet in sich auf erstaunliche Weise den originären Systematiker mit dem belesenen Eklektiker. Die geistesgeschichtliche Tradition hat jedoch den systematischen Aspekt meistens vernachlässigt und einzelne Stücke aus seinem Denkgebäude herausgebrochen: Da greift Richard Wagner die ohnehin nur locker eingebaute Kunsttheorie heraus, Wilhelm Busch nimmt die deterministischen und pessimistischen Gedanken, gelegentlich auch die Evolutionslehre auf, Nietzsche adaptiert die Willenslehre ohne die Ethik. Bei Bergson schlägt sich Schopenhauers Lehre vom Willen zum Leben und die Kontinuität in der Hierarchie der Lebewesen mit dem beim Menschen erfolgten Sprung zum Reflexionsvermögen nieder. Die Freudsche Psychologie knüpft mit ihrer Auffassung vom Verhältnis der unbewußten Triebregungen zur scheinbaren Herrschaft des rationalen Ichs (Rationalisierung, Sublimation) an Schopenhauers Lehre vom Intellekt als Sklaven des Willens an. Aber eine eigene Schule des ,,Schopenhauerianismus" gibt es nicht. Dabei spielt der Umstand, daß Schopenhauer nur kurz Universitätslehrer war, nur eine nebensächliche Rolle. Die Faszination Schopenhauers geht eben nicht so sehr von seinem System, sondern von seinen geistreichen Aperçus aus, die Anstoß erregen und Anstöße geben. Es ist kein Zufall, daß er nicht durch sein systematisches Hauptwerk, sondern durch seine *Parerga und Paralipomena* einen breiten Leserkreis gewonnen hat. Es ist der durch ,,Gelehrsamkeit und Belesenheit" geweckte Reiz, der über den ,,die Menschheit persönlich beleidigenden Geist" hinwegtäuscht.

Der Grund dafür, daß Schopenhauer trotz seiner bewundernswerten Fähigkeit, stets aus dem einen Grundgedanken der *Welt als Wille und Vorstellung* heraus zu philosophieren, doch nur durch einzelne Bereiche seiner Philosophie auf spätere Denker gewirkt hat, liegt wohl nicht so sehr in den inneren Widersprüchen seines Denkgebäudes – welches philosophische System wäre frei davon? –, sondern vor allem darin, daß die Schopenhauersche Philosophie der fortschrittsorientierten Zeit des 19. und 20. Jahrhunderts zu wenig optimistische Zukunftsaussichten läßt. Wenn jede Rezeption einer Philosophie eine gewisse emotionale Bindung erfordert, so ist die Voraussetzung für eine Rezeption der Philosophie Schopenhauers eine gewisse dekadente Attitude. Wenn man ein Heiliger oder wenigstens ein Genie sein muß, um den durchgängig negativen Erwartungen zu entkommen, man aber diese Positionen gar nicht durch Willensanstrengung oder andere Bemühungen erreichen kann, wird man wohl für eine solche Philosophie nur unter den Defaitisten Proselyten finden. Nietzsche hielt diese düsteren Perspektiven nicht lange aus. Er übernahm weitgehend Schopenhauers Willenslehre, aber der Wille ist ihm nicht mehr der stets Unzufriedenheit produzierende Urgrund, sondern das, was kraftvoll entwickelt werden soll, weil die Macht einen besonderen Adel verleihe. Während Schopenhauer als einzigen Ausweg aus der Misere des Daseins die Aufhebung der Individuation, die Verneinung des Willens anerkennt, wählt Nietzsche den entgegengesetzten Weg, nämlich die äußerste Vereinzelung im ,,Übermenschen", der den Gipfel der Autonomie erreicht, indem er nicht nur im Handeln autonom ist, sondern sich auch die Gesetze der Moral selbst gibt und damit der Unterjochung durch die Verzicht- oder Sklavenmoral entflieht. So überträgt Nietzsche den Geniekult von der Kunst auf die Ethik.

Oswald Spengler stand wohl allzusehr unter dem Eindruck des Darwinismus, als er versuchte, Schopenhauers System ganz und gar auf einen ,,antizipierten Darwinismus" zu beschränken, dem die Philosophie Kants und die Begriffe der Inder nur als Verkleidung dienten. Eine solche Deutung ist ebenso platt wie etwa der Versuch, Schopenhauers Werk nur als Antizipation der in der zweiten Hälfte des zwanzigsten Jahrhunderts erfolgten Hinwendung zu asiatischen Religionen und Philosophien aufzufassen. Mit ähnlicher Berechtigung hätte man von einer Wiederaufnahme der Lehren Lamarcks sprechen können, wobei Schopenhauer die Evolution allerdings im wörtlichen Sinne als ,,Entwicklung" versteht und nicht als Entstehung völlig neuer Arten, denn seine Evolutionslehre hält ja an der Konstanz der Arten als Ideen fest. Solche einseitigen Deutungen bleiben ebenso unbefriedigend wie zahlreiche Aktualitätsnachweise oder auch der Versuch, Schopenhauer in die Geschichte des Materialismus (wenigstens teilweise) zu integrieren.

Im marxistischen Materialismus wird die Subjektbedingtheit des Objekts nur als Präformiertheit der sinnlichen Welt durch die menschliche Tätigkeit (gesellschaftliche Entwicklung, Praxis) innerhalb der Natur und Geschichte verstanden. Die Überzeugung von der Priorität der Natur, die jeglicher Geschichte, vor allem jeglicher gesellschaftlichen Praxis und menschlichen Tätigkeit, vorausgeht, kann selbst nur auf Vorstellungen gestützt werden, die Teil der Welt sind, von der Schopenhauer sagt, sie sei meine Vorstellung. Erst diese subjektbedingte, aus meinen Vorstellungen konstituierte Welt umfaßt den Bereich der Natur und der Geschichte. Die erkenntniskonstituierende

Leistung des Subjekts darf dabei nicht mit bloßer realer gesellschaftlicher Arbeit verwechselt werden, denn diese gehört selbst zum Bereich dessen, was durch die erkenntniskonstituierende Leistung erst konstituiert wird. Wenn Marx auch einige Gemeinsamkeiten mit Schopenhauer hat, so darf man doch nicht übersehen, daß die Naturgeschichte als Bedingung für den Menschen bei Marx als subjektunabhängig gedacht wird, während für Schopenhauer auch die Naturgeschichte nur eine Erscheinungsweise des Willens ist. Schopenhauer war ein Philosoph, der sich nichts vorgaukeln ließ, und er hätte sich wohl massiv gegen die modernen Harmonisierungsbemühungen gewehrt, die ihn für den marxistischen Materialismus gewinnen wollen. Solche vielleicht gutgemeinten Unternehmen richten sich selbst, wenn sie z. B. dort, wo Schopenhauer die Materie als ,,die bloße Sichtbarkeit des Willens" hinstellt, ihm die Aussage unterschieben, ,,daß die Materie nicht bloß ‚Sichtbarkeit des Willens' ist". (A. Schmidt, S. XXVI)

Schopenhauer ist ein leidenschaftlicher Philosoph. Er ist von persönlichen Interessen getrieben, die ihm manchmal den Blick verzerren. ,,Wo immer man daher Gebrauch von seiner Weisheit machen will, es handele sich um die Frauen oder den Staat, die Sittlichkeit oder die Gottheit, da ist die erste Forderung, daß man bereits im Besitz eines selbständigen Urteiles über die Dinge sei. Wer von ihm abhängig ist, der kann gewiß sein, in die Irre verlockt zu werden. Also wahrhaftig kein Lehrer des Volkes und auch kein Lehrer der Jugend." (J. Ebbinghaus, S. 232) Aber war Sokrates ein Lehrer des Volkes oder der Jugend? Auch Sokrates philosophierte gegen die ,,Schulphilosophen", gegen die Sophisten. Schopenhauer ist nicht Sokrates, aber immerhin ,,ein Mann, dessen Werke dem einzelnen, der in müßigen Stunden seine Begriffe über den Menschen in fruchtbare Bewegung bringen will, Stoff an Unterhaltung und Anregung genug bieten." (J. Ebbinghaus, ebd.).

Dieter Birnbacher

JOHN STUART MILL

(1806–1873)

Einen „achtbaren, aber mittelmäßigen Engländer" hat Nietzsche[1] John Stuart Mill genannt; und diese Einschätzung ist seitdem weithin geteilt worden. Achtbarkeit – die haben auch seine schärfsten Kritiker ihm zugestehen müssen. Sein Beitrag zur Philosophie, zur Nationalökonomie und zur politischen Theorie ist unübersehbar und aus der Geschichte dieser Disziplinen nicht wegzudenken. Selbst Karl Marx, der der politischen Ökonomie des liberalen Bürgertums, dem Mill zuzurechnen ist, nur wenig abgewinnen konnte, kam in seinem *Kapital* nicht umhin, Mill von der Polemik, mit der er insbesondere gegen Mills utilitaristischen Vorgänger Bentham nicht sparte, durch deutlich gemäßigtere Töne auszunehmen. Als Philosoph hat Mill die Erkenntnistheorie des Empirismus und die Ethik des Utilitarismus auf neue und breitere – wenn auch nicht immer tragfähigere – Fundamente gestellt und dadurch wesentlich dazu beigetragen, das philosophische Interesse für diese Theorien bis heute wachzuhalten. Dennoch aber ist Mill kaum jemals in den Kreis der wahrhaft großen Philosophen aufgenommen worden. Dazu ermangelte es ihm an Originalität, an denkerischer Kraft zur umfassenden Synthese, zur Organisation der philosophischen Erfahrung um eine zentrale Idee. Die Wahrheit ist vielfältig, verschlungen, kompliziert; und Mills Denken hat sich auf die Komplexität der Wahrheit eingelassen, ohne sich die Phänomene so zurechtzubiegen, daß sie in ein vorgefaßtes Schema passen. Im Gegenteil, die Intelligenz seiner Wahrnehmungen und die Scharfsinnigkeit seiner Einzelanalysen waren seinen abstrakten Theorien fast immer so weit voraus, daß sie ihn in zahlreiche Widersprüche verstrickten, die für den modernen Leser gerade deshalb unübersehbar sind, weil sie sich bei einem so um Klarheit und Systematik bemühten Denker wie Mill weder hinter einer undurchdringlichen Terminologie noch im Dunkel metaphysischer Vagheiten verstecken können. Rezeptiv war auch die Vorbehaltlosigkeit, mit der Mill die besten unter den guten Ideen, die ihm begegneten, herauszufinden und in sein eigenes Denken zu assimilieren, die vielfältigen Einflüsse, die auf ihn einwirkten, zu integrieren verstand. Wenn Hegel vom Philosophen schlechthin sagt, daß er „seine Zeit, in Gedanken erfaßt", so war Mill seine Zeit, das Viktorianische England, in ihren besten Gedanken erfaßt.

Nietzsche spricht von Mill als einem „achtbaren, aber mittelmäßigen *Engländer*", und das mag daran erinnern, daß dieser Schotte wie kein anderer typische Qualitäten verkörperte, die wir mit der englischen Wesensart zu verknüpfen gewohnt sind. Wie für viele andere englische Philosophen waren für Mill Theorie und Praxis aufs engste miteinander verschränkt. Nichts, was Mill jemals geschrieben hat, steht nicht zumindest in einem indirekten Bezug zu den praktischen Zielen eines sozialen Reformers, der als hoher Beamter, als Publizist, als Propagandist und als Member of Parliament seinen sozialphilosophischen, ökonomischen und bildungspolitischen Vorstellungen praktische Geltung zu verschaffen suchte. Theorie war für Mill niemals Selbstzweck; und noch von den abstraktesten Überlegungen zur Logik und Erkenntnistheorie erhoffte er sich Rückwirkungen auf die Gesellschaft, etwa auf die Autorität der Kirche und der Universitäten in Dingen der Metaphysik und der Moral. ‚Englisch' mutet die Fairneß an, die nüchterne, abwägende Sachlichkeit, mit der Mill noch seinen erbittertsten Gegnern ihr Recht zugesteht. Mills Kritik ist gekennzeichnet durch eine fast heroische Urbanität, die das Kritisierte nicht im schlechtesten, sondern geradezu im besten Licht erscheinen läßt. ‚Englisch' wirkt schließlich aber auch eine gewisse puritanische Strenge, mit der dieser „Heilige des Rationalismus" (Gladstone) die Moral der Vernünftigkeit und der universalen Menschenliebe verkündet hat. Trotz des Widerwillens, den Mill gegen die bigotte und einengende Moral der Viktorianischen Ära empfand, war er ein durch und durch viktorianischer Charakter, der das Glück für alle mit Emphase und persönlicher Opferbereitschaft forderte, aber selbst sehr wenig fähig war, sich und andere wahrhaft glücklich zu machen. Niemand hat diesen stoischen Weisen jemals lachen sehen; und hinter dem kunstvollen rhetorischen Schwung vieler seiner Argumentationen spürt man nur allzu deutlich eine gewisse Emotions- und Blutlosigkeit, die mit dem Bild von dem beharrlich arbeitenden, körperlich zarten und anfälligen Menschen, das uns die Lebensberichte vermitteln, aufs beste zusammenstimmt.

I

Als ältester Sohn des Psychologen, Nationalökonomen und Historikers James Mill stand Mill bis zum Erwachsenenalter unter dem beherrschenden Einfluß seines Vaters und dessen Freundes Jeremy Bentham. Beide waren in ihrem Denken nicht nur der empiristischen Tradition Bacons, Lockes und Humes sowie der metaphysikkritischen Philosophie der französischen Aufklärung des 18. Jahrhunderts fest verpflichtet, sondern hatten auch versucht, jeweils auf ihre Weise der empiristischen Erkenntnistheorie und der utilitaristischen Ethik Humes und der französischen Aufklärer ein gemeinsames wissenschaftliches Fundament zu verschaffen. Dieses gemeinsame Fundament war für beide die Assoziationspsychologie, die David Hartley 1749 im Anschluß an Hume entwickelt hatte und die den Anspruch erhob, sämtliche Bewußtseinsphänomene auf assoziative Verknüpfungen von Empfindungen *(sensations)* und ihren Abbildern, den Vorstellungen *(ideas)*, zurückzuführen. Eine ausschließlich auf der Sinneserfahrung und einigen wenigen, für jeden rational einsichtig zu machenden Prinzipien beruhende Philosophie sollte die vorherrschenden Begründungsweisen für Normen und Institutionen: Tradition, Autorität, Offenbarung und ‚Intuition' ablösen und ausgehend von dem nüchternen, illusionslosen Menschenbild der Assoziationspsychologie eine auf Erfahrung begründete, an den überprüfbaren Konsequenzen von Handlungen orientierte Ethik, Politik und Erziehung ermöglichen. Diese Philosophie war ideologiekritisch im modernen Sinne: Geleitet vom praktischen Interesse an sozialen Reformen suchte sie die metaphysischen, religiösen und intuitionistischen Begründungen, derer sich Staat, Kirche und Universitätsprofessoren zur Rechtfertigung der überkommenen moralischen, politischen und rechtlichen Normen bedienten, nicht nur zu widerlegen, sondern zugleich als bewußte oder unbewußte Verschleierungen handgreiflicher Interessenlagen zu entlarven.

Jeremy Bentham (1748–1832) kann ebensowenig als ein origineller Philosoph bezeichnet werden wie Mill – sofern er überhaupt als Philosoph bezeichnet werden kann. Denn Bentham zeigte sich wenig interessiert, die theoretischen Grundlagen seines utilitaristischen Bekenntnisses einer gründlichen Prüfung zu unterziehen. Die Formel des Utilitarismus ,,das größte Glück der größten Zahl" hatte Bentham von Helvétius übernommen, nicht um sie zu begründen, sondern um sie zu konkretisieren. Mit nahezu fanatischem Reformeifer war er darangegangen, Verfassungssysteme, Institutionen, Gesetze, Maßnahmen und technische Vorrichtungen – z. B. sein Lieblingsprojekt, das Modellgefängnis *Panopticon* – zu entwerfen, die das Los der Menschheit im Sinne der utilitaristischen Maxime verbessern könnten: die Abschaffung des Sklavenhandels, ein neues Erziehungssystem, eine Währungsreform, vor allem aber eine Reform des Strafrechts, das Bentham bereits während seines Jurastudiums als eine trübe Mischung aus Vorurteil, Rachebedürfnis und Grausamkeit zu sehen lernte. Nach Benthams Vorstellungen muß das Strafrecht auf die Erfahrung und nicht auf Prinzipien begründet werden. Denn nicht Herkommen, Autorität oder ‚Intuitionen', sondern nur die Erfahrung kann zeigen, wie hoch eine Strafe bemessen sein muß, damit dem Nützlichkeitsprinzip Genüge getan wird und mit der für den Straftäter am wenigsten schädlichen Strafe der größte Nutzen in Gestalt von Verbrechensverhütung durch Abschreckung und Besserung erreicht wird. Benthams Hauptwerk, die *Introduction to the Principles of Morals and Legislation* (Einführung in die Prinzipien von Moral und Gesetzgebung: 1789), das ein umfassendes System utilitaristischer Rechtswissenschaft entwirft, wurde für den jungen Mill zum Offenbarungstext, der seine gesamte weitere philosophische Entwicklung prägte.

Bentham war bereits sechzig Jahre alt, als er in James Mill einen ergebenen Anhänger und Freund fand, der den Benthamismus zu einer politischen Bewegung machte, popularisierte und zugleich radikalisierte. James Mill (1773–1836) hatte Theologie studiert, jedoch keine Pfarrstelle gefunden und lebte eher schlecht als recht von Zeitschriftenartikeln und Übersetzungen, bis er durch eine Anstellung bei der *East India Company*, der Londoner Kolonialverwaltung für Indien, finanziell unabhängig wurde. Mills Vater war ein Mann von einschüchternder moralischer Integrität, Intelligenz und Willenskraft, aber trotz des in der Theorie vertretenen Hedonismus ohne eigentliches Verständnis für die affektive Seite des Menschen. Im Gegensatz zu Benthams oberflächlichem Optimismus war er von der Allgegenwärtigkeit des Leidens und des Übels überzeugt und, wie sein Sohn in seiner Autobiographie schreibt, „obwohl den Freuden des Lebens nicht unzugänglich, der Auffassung (...), daß nur sehr wenige von ihnen den Preis wert sind, der zumindest im gegenwärtigen Zustand der Gesellschaft dafür bezahlt werden muß" (*Autobiography*, S. 54). „Für leidenschaftliche Gefühle aller Art und für alles, was zu ihrer Verherrlichung gesagt oder geschrieben worden ist, hatte er nur die allergrößte Verachtung übrig. Für ihn waren sie eine Form von Wahnsinn. ‚Intensiv‘ war in seinem Munde ein Wort der verachtungsvollen Mißbilligung." (ebd., S. 55) James Mill, der nur beim Tod seines engen Freundes, des Nationalökonomen David Ricardo, seelische Erschütterung nicht zu verbergen vermochte, war für den Sohn eine übermächtige Vaterfigur, auf die er zeit seines Lebens so fixiert blieb, daß er es kaum jemals über sich brachte, eine der vom Vater vertretenen Theorien ausdrücklich zu verwerfen, mochte sie zu seiner besseren Einsicht auch noch so sehr im Widerspruch stehen.

Für die *Radicals,* wie sich die Anhänger Benthams nannten, ging philosophische Kritik mit politischer Agitation Hand in Hand: utilitaristische Rechtstheorie mit der Forderung nach Rechtsreform, Theorie der parlamentarischen Demokratie mit der Forderung nach Ausdehnung des Wahlrechts, politische Ökonomie mit der Forderung nach Aufhebung von Handelsbeschränkungen, utilitaristische Ethik mit der Forderung nach Reform des Erziehungswesens. Für James Mill, den Assoziationspsychologen, der davon durchdrungen war, den Menschen gemäß Helvétius' Satz „L'éducation peut tout"[2] durch geeignete Konditionierungsprozesse in beliebiger Weise formen und verbessern zu können, bestand die praktische Umsetzung seiner Theorie in einem in der Geschichte einmaligen pädagogischen Experiment, dem er seinen ältesten Sohn unterwarf und dessen Schilderung in dessen Autobiographie dieses Werk zu einem der berühmtesten Quellentexte der historischen Pädagogik hat werden lassen. Als Schotte skeptisch gegen die englischen Schulen und Universitäten eingestellt, nahm James Mill die Erziehung seines Sohnes ganz in die eigene Hand, wobei er diesen dazu anhielt, seine neuerworbenen Kenntnisse als jugendlicher Lehrmeister an seine jüngeren Geschwister weiterzugeben. Den Lernerfolg seines Sohnes überprüfte er nicht an dem, was dieser selbst, sondern an dem, was seine Geschwister wußten. Mit drei Jahren begann John Stuart Mill Griechisch zu lernen, indem er griechisch-englische Wörterlisten auswendig lernte. Die ersten Bücher, die er las, waren Äsops *Fabeln* und Xenophons *Anabasis* im Original; mit acht Jahren kamen Latein (noch als Kind übersetzte Mill den gesamten Horaz ins Englische), Mathematik und Naturwissenschaften hinzu, mit zwölf Nationalökonomie, so daß er, wie er später sagte, „mit einem Vorsprung von einem ganzen Vierteljahrhundert vor seinen Zeitgenossen ins Leben ging". (*Autobiography*, S. 43) Wie Rousseaus Émile wurde Mill von seinem Vater gegen alle äußeren, möglicherweise schädlichen Einflüsse abgeschirmt. Außer mit den Freunden des Vaters, die mit dem jungen Mill sehr bald Fachgespräche wie mit Kollegen führen konnten, hatte Mill keine weiteren Kontakte, vor allem auch nicht mit anderen Kindern. Bis zum Alter von siebzehn Jahren, in dem er in die *East India Company* eintrat, war Mill eine fest in den Bahnen Benthams denkende „reasoning machine" (*Autobiography*, S. 91) geworden, die in der von Mill 1822 gegründeten *Utilitarian Society* und in zahlreichen Artikeln in dem Veröffentlichungsorgan der *Radicals,* der von Bentham gegründeten *Westminster Review,* die utilitaristische Philosophie Benthams verfocht. In der *East India Company* war Mill insgesamt 35 Jahre tätig. Zuletzt bekleidete er die Position des Chefs des Examiner's Office, in der er für die gesamte Korrespondenz mit Indien verantwortlich war. Finanziell war er damit abgesichert, so daß er bei zeitlebens bescheidener Lebenshaltung befreundeten Philosophen, z. B. Auguste Comte, wirksam unter die Arme greifen konnte.

Der augenscheinliche Erfolg von James Mills Erziehungsexperiment war mit einem hohen Preis erkauft: Die Bildung des Kopfes war der Bildung des Herzens nicht nur weit vorausgeeilt, sie hatte diese im Keim erstickt. Als Mill im Alter von zwanzig Jahren von seiner „geistigen Krise", einer tiefen und Monate dauernden durch Überarbeitung geförderten Depression ereilt wurde, war er seiner plötzlich aufbrechenden, bisher künstlich zurückgedrängten Emotionalität gänzlich hilflos ausgeliefert. Seine gesamte Erziehung war auf die rationale Bewältigung intellektueller Probleme ausgerichtet gewesen; emotionale Probleme waren nicht einmal dem Namen nach vorgekommen. Die Lektüre einer sentimentalen Szene in Marmontels *Mémoires* löste in Mill das verzweifelte Gefühl aus, daß er niemanden hatte, den er liebte, und niemanden, von dem er geliebt wurde, und daß selbst die Aussicht auf die Verwirklichung seiner tiefsten Ideale und Wünsche ihm keinerlei Regung der Freude entlocken könnte. Mit dieser Depression, die Mill ganz allein bestehen mußte, da er den Vater, seinen einzigen Vertrauten, nicht um den Triumph seines Erziehungserfolgs bringen wollte, brach die Ambivalenz seiner Beziehung zum Vater auf, die verdrängte Wut gegen den einseitigen Rationalismus und die menschenfeindliche Philanthrophie seines auf Furcht gegründeten Erziehungsstils. Eine schwere Nervenkrankheit im Anschluß an den Tod des Vaters 1836 hinterließ Mill zeitlebens einen Tick, ein nervöses Zucken im rechten Auge.

Die „geistige Krise" wurde zu einem Wendepunkt in Mills persönlicher und philosophischer Entwicklung. Durch die Zuwendung zu den Romantikern, insbesondere der sentimentalen Naturromantik Wordsworths und der Heroenverehrung Carlyles – ein Affront gegen die heiligsten Vernunftprinzipien der orthodoxen *Radicals* – gewann Mill zum ersten Mal Einblick in die Vielfältigkeit und Verschlungenheit menschlichen Fühlens und Wollens, was ihn den Benthamschen Prinzipien allerdings nicht entfremdete, sondern es ihm im Gegenteil erst ermöglichte, sie angemessener als in der kruden Lust-Unlust-Theorie Benthams zu formulieren. Erst dadurch wurden sie für ein bedeutend größeres Publikum annehmbar. In dieser Zeit nimmt Mill eine Reihe wichtiger Anregungen auf: Von Coleridge lernt er die soziale Bedeutung althergebrachter Institutionen und Traditionen zu verstehen; die Saint-Simonisten verhelfen ihm zu der Einsicht in die Notwendigkeit eines nicht nur kritischen, sondern konstruktiven Denkens zumal in einer Zeit, in der sich religiöse, ethische und politische Dogmen überlebt hatten, ohne daß Neues in Sicht war, das an ihre Stelle treten könnte. Von bleibendem Einfluß auf Mills Denkweise wird insbesondere der Positivismus Comtes, mit dem Mill seit 1841 regelmäßig korrespondiert und mit dem er sich 1865 in seiner Schrift *Auguste Comte und der Positivismus* abschließend auseinandersetzt. Nach anfänglicher Begeisterung für den *Cours de philosophie positive* stand Mill später insbesondere den totalitären Zügen des in Comtes *Systéme* entworfenen technokratischen Herrschaftssystems äußerst kritisch gegenüber.

Die endgültige Abwendung Mills vom klassischen Utilitarismus ist dokumentiert in seinen Essays *Remarks on Bentham's Philosophy* (1833) und *Bentham* (1838). Indem sich Mill von dem einseitig hedonistischen Menschenbild des 18. Jahrhunderts lossagt, hebt er die ethische Diskussion um den Utilitarismus auf die Stufe von logischer und anthropologischer Differenziertheit, auf der sie sich bis heute bewegt. Mills Kritik an Bentham hat die eigentümliche Schärfe und Bitterkeit eines ehemaligen bedingungslosen Anhängers: Obwohl Bentham mit seiner zergliedernden, anatomisierenden Methode „zum ersten Mal Präzision des Denkens in die Philosophie der Moral und der Politik eingeführt" hat (*Collected Works*, Bd. X, S. 87) und die Rechtsphilosophie, die er als ein Chaos vorfand, als Wissenschaft zurückließ (ebd., S. 100), habe er, statt von seinen Widersachern zu lernen und seine moralische Phantasie durch das Verständnis entgegengesetzter Denkweisen zu bereichern, seine Borniertheit zum Maßstab der Wahrheit gemacht und alles, was ihr nicht gemäß war, als Selbsttäuschung abgetan.

Benthams Lust-Unlust-Psychologie, nach der Mensch als unverbesserlicher Egoist außer seiner eigenen Lust nichts dauerhaft zu erstreben vermag, setzt Mill eine reichere Anthropologie entgegen. Nach ihr ist der Mensch sehr wohl dazu fähig, moralische Vollkommenheiten und Ideale um ihrer selbst willen zu erstreben und an sich und andere einen Maßstab anzulegen, der nicht nur die Glücks- und Unglücksfolgen einer Handlung, sondern auch ihre edle Gesinnung, Würde und moralische Schönheit berücksichtigt.

In seinen politischen Auffassungen ist Mill der liberalen Tradition zuzurechnen, wobei ‚liberal' nicht als Gegenbegriff zu ‚sozialistisch', sondern zu ‚totalitär' verstanden werden muß. Vorrangiges Interesse von Mills politischer Tätigkeit war die Kritik an den Privilegien der grundbesitzenden Aristokratie, deren politische Macht er u. a. durch eine hohe Besteuerung der Erbschaften und die Aufhebung der Beschränkungen des Erwerbs von Eigentum zu brechen hoffte. Im Verlaufe seines Lebens neigte Mill jedoch mehr und mehr einem evolutionären Sozialismus zu, der auf dem Wege experimentierender, schrittweise vorgehender Reformen erreicht werden sollte – ein Prozeß, der sich über den Zeitraum mehrerer Generationen erstrecken müßte. Auffällig ist, daß Mill nicht nur keinerlei Vorbehalte gegen die kapitalistische Produktionsweise als solche kannte und das Profitmotiv nüchtern als eine unverzichtbare Bedingung eines funktionsfähigen Wirtschaftssystems sah, sondern daß die Vorstellung einer Ausbeutung der Arbeiter durch die Kapitalisten in seinen Schriften nur selten auftaucht. Der Gewerkschaftsbewegung und der Bildung von Genossenschaften und Arbeiterkooperativen stand Mill positiv gegenüber, ohne dabei jedoch von seiner Forderung abzugehen, daß ebenso wie zwischen konkurrierenden Kapitalisten auch zwischen Arbeiterassoziationen Wettbewerb bestehen müßte. Es gehört zu den Kuriosa der Geschichte, daß Mill Marx nicht gekannt hat, obwohl beide zwanzig Jahre in derselben Stadt, London, gewohnt haben, und daß sich in Mills Schriften und Briefen kein einziger Hinweis auf den Kritiker der Politischen Ökonomie findet, die durch Mills *Principles of Political Economy* (Prinzipien der politischen Ökonomie: 1848) zugleich vollendet und über ihren angestammten politischen Horizont hinausgehoben wurde.

Mill war einer der ersten und einflußreichsten Befürworter der Frauenemanzipation. In seinem Plädoyer für die rechtliche, bildungspolitische und soziale Gleichstellung der Frau, *The Subjection of Women* (Die Hörigkeit der Frauen: 1869), leugnet er in Übereinstimmung mit der Assoziationspsychologie seines Vaters jegliche angeborenen Wesensunterschiede zwischen Mann und Frau und beschuldigt vor allem das Familiensystem seiner Zeit (eine „Schule des Despotismus"), den Frauen jederlei Chance vorzuenthalten, gegen ihren entmündigten Status anzugehen.

Das Musterbild einer bedingungslos ‚hörigen' Frau hatte Mill in seiner Mutter vor Augen gehabt, die von James Mill, dem sie neun Kinder geboren hatte, mit unverhohlener Verachtung behandelt wurde und in Mills Autobiographie kein einziges Mal erwähnt wird. Das Musterbild einer emanzipierten Frau fand Mill in seiner ‚Seelenfreundin', Mitarbeiterin, Mitstreiterin und späteren Frau Harriet Taylor, die sich bereits in jungen Jahren mit Philosophie beschäftigt hatte und sich so weit über die herrschenden Konventionen hinwegsetzte, daß sie die meiste Zeit getrennt von ihrem Ehemann, einem Londoner Geschäftsmann, lebte. In der emphatisch überschwenglichen Widmung seines Essays über die Freiheit hat Mill seiner Frau den größeren Anteil an dem Grundgedanken dieser berühmtesten unter seinen Schriften zugeschrieben. Wie weit die genialen Qualitäten, die Mill Harriet zuschrieb – Tugenden des Geistes und des Herzens „ohne Ebenbild in irgendeinem anderen menschlichen Wesen, das er gekannt oder von dem er gelesen hatte"[3] – der Wirklichkeit entsprachen, ist innerhalb der Forschung umstritten (vgl. Robson, Kap. 3). Daß niemand anders, der sie gekannt hat, von denselben außerordentlichen

Qualitäten dieses „unvergleichlichen Freundes" zu berichten wußte, wird gewöhnlich als Hinweis darauf gedeutet, daß Mill in diesem Punkte von seiner üblichen Illusionslosigkeit im Stich gelassen wurde. Mill heiratete Harriet, deren Bekanntschaft er 1830, als Harriet 22 Jahre alt war, gemacht und mit der er fast seine gesamte freie Zeit verbracht hatte, im Jahre 1851, zwei Jahre nach dem Tod ihres Mannes. Sie starb nach nur achtjähriger Ehe in Avignon. Mill blieb ihr über den Tod hinaus verbunden, indem er für sich und Harriets Tochter Helen Taylor, die spätere Herausgeberin seiner nachgelassenen Schriften, ein Landhaus erwarb, von dem aus sein Blick auf Harriets Grab fiel. Bis zu seinem Tode 1873 hielt sich Mill abwechselnd in Avignon und London auf, wo er von 1865 bis 1868 ein Unterhausmandat wahrnahm. Als Parlamentarier setzte sich Mill vor allem für die bürgerrechtliche Gleichstellung der Frauen und der Arbeiterklasse ein und konnte immerhin den Erfolg verbuchen, ein unerwartet hohes Minderheitsvotum für das Frauenwahlrecht zustande gebracht zu haben. Weniger bekannt ist, daß Mill – unter konsequenter Anwendung utilitaristischer Prinzipien – auch für die Beibehaltung der Todesstrafe eintrat.[4]

II

Als Mills gewichtigste Beiträge zur Geschichte des philosophischen Denkens müssen aus heutiger Sicht seine Neuformulierung der utilitaristischen Ethik in *Utilitarianism* (Utilitarismus: 1861) und sein Plädoyer für die individuelle Freiheit in *On Liberty* (Über Freiheit: 1859) gelten. Ich wende mich zunächst der späteren Schrift zu.

1. *Utilitarismus*

Der Utilitarismus, verstanden als eine allgemeine Theorie, ist durch zwei Grundprinzipien charakterisiert: erstens, daß sich die moralische Richtigkeit einer Handlung an den wahrscheinlichen Folgen dieser Handlung bemißt, wobei neben den beabsichtigten Folgen auch die indirekten und Nebenfolgen zu berücksichtigen sind; und zweitens, daß der Maßstab der Beurteilung der Handlungsfolgen ausschließlich im Glück und Unglück, in Lust *(pleasure)* und Unlust *(pain)* der von der Handlung tatsächlich oder möglicherweise Betroffenen besteht. Eine Handlung ist nach den utilitaristischen Kriterien dann moralisch richtig, wenn sie unter allen möglichen Handlungen diejenige ist, die für die Betroffenen das größte Übergewicht an Glücksfolgen über Unglücksfolgen erhoffen läßt.

Der Utilitarismus ist eine Ethik des Wohlwollens und des Altruismus, dessen historische Wurzeln in die christliche Ethik der Nächstenliebe zurückreichen und die mit einer Quasi-Ethik des opportunistischen Eigeninteresses, mit der das Wort ‚utilitaristisch' auch heute noch vielfach verknüpft wird, nichts zu tun hat. Was den älteren wie auch den jüngeren Mill an der utilitaristischen Ethik anzog, war, daß sie versprach, sowohl den Relativismus als auch den Intuitionismus in der Ethik zu überwinden. Der Intuitionismus war für Mill eine abwegige und sogar gefährliche Theorie, die die Menschen in der Illusion bestärke, daß das, woran sie fest und unerschütterlich glauben, deshalb auch wahr sein müsse. Der Utilitarismus versprach, das Chaos der miteinander unvereinbaren, aber gleichermaßen als intuitiv gewiß ausgegebenen moralischen ,,Wahrheiten" durch eine Ethik zu ersetzen, die moralische Normen nicht einfach als schlechthin intuitive Gewißheiten der Begründungspflicht entzog, sondern sie der Überprüfung, Kritik und Revision anhand der individuellen und kollektiven Erfahrung unterwarf. Denn nur die Erfahrung kann uns sagen, welche Typen von Handlungen dazu tendieren, uns selbst und andere glücklich zu machen bzw. uns und anderen möglichst viele Leiden zu ersparen. Nur der Utilitarismus erlaubt es, die historisch, kulturell und individuell unterschiedlichen Wertvorstellungen auf ein einheitliches, von den Utilitaristen als schlechthin rational behauptetes Prinzip, das Nützlichkeitsprinzip, zurückzubeziehen und alle konkreten Fragen von Richtig und Falsch, Gut und Schlecht, Wert und Unwert der Erfahrung anheimzustellen.

Der Maßstab freilich, an dem diese Erfahrungen gemessen werden, das Nützlichkeitsprinzip selbst, kann, wie Mill nicht leugnen konnte, nicht selbst aus der Erfahrung gewonnen sein. Die Erfahrung kann uns immer nur sagen, was Menschen tun, was sie wollen oder welche moralischen Normen sie für richtig halten, nicht aber, was sie tun sollen. Wenn das Nützlichkeitsprinzip selbst nicht dem Einwand ausgesetzt sein soll, auf einer Intuition zu beruhen, hinter der sich leicht ein eingefahrenes, aufgrund bloßer Gewohnheit als ,zwingend' erscheinendes Vorurteil verbergen kann, muß es auf eine andere Weise als durch ,Intuition' einsichtig und verbindlich gemacht werden können, ohne sich andererseits auf die bloße Erfahrung berufen zu dürfen. Eben diesem Dilemma hatte Bentham aus dem Weg zu gehen versucht, indem er alle mit dem utilitaristischen nicht übereinstimmenden Standpunkte in Bausch und Bogen diffamierte – eine vielleicht politisch, nicht aber philosophisch befriedigende Lösung, an der Mill bereits in seinem Essay *Bentham* Kritik geübt hatte.

Mills Versuch, das Dilemma aufzulösen, der ,,Beweis des Utilitarismus" im vierten Kapitel von *Utilitarismus,* ist zuweilen als ein deduktiver, logisch zwingender Beweis mißverstanden und entsprechend kritisiert worden. Aber wie Mill selbst zu Beginn seines Essays klarstellt, können letzte Prinzipien ,,nicht zum Gegenstand eines Beweises in der üblichen Bedeutung des Wortes gemacht werden." (*Der Utilitarismus,* 1976, S. 9) Wäre ein deduktiver Beweis möglich, würde das lediglich zeigen, daß es sich bei dem scheinbar obersten Prinzip in Wirklichkeit um ein abgeleitetes Prinzip handelt. Mills ,Beweis' kann deshalb nur ein Plausibilitätsargument sein; es stellt, wie Mill sagt, Erwägungen an, ,,die geeignet sind, den Geist entweder zur Zustimmung oder zur Verwerfung der Theorie zu bestimmen". (ebd.) Mills Plausibilitätsargument

John Stuart Mill (1806–1873)

ist jedoch alles andere als plausibel, ja, es ist so hoffnungslos unklar, daß auf seine Präzisierung und Rekonstruktion in der philosophischen Fachdiskussion zumal der letzten zwanzig Jahre eine Unmenge an Scharfsinn verwendet worden ist.

Mill versucht, aus der These des individuellen Hedonismus, daß jeder nichts anderes als sein eigenes Glück begehrt – die Grundthese der hedonistischen Psychologie Benthams und James Mills –, zunächst den Mittelsatz abzuleiten, daß, wie das eigene Glück für jeden einzelnen ein Gut ist, das allgemeine Glück für die Allgemeinheit ein Gut sein muß, und von diesem auf das utilitaristische Prinzip weiterzuschließen, nach dem das Glück der Allgemeinheit das Ziel jeder Handlung, auch der Handlung des einzelnen sein soll. In der Form, in der Mill das Argument vorträgt, ist es jedoch eindeutig unschlüssig: Aus der Tatsache, daß für jeden einzelnen sein eigenes Glück ein Gut ist, das er erstrebt und neben dem er möglicherweise nichts anderes erstrebt, folgt zwar, daß für die Allgemeinheit das allgemeine Glück ein Gut ist, das sie – als Allgemeinheit – in derselben Weise erstrebt wie der einzelne sein eigenes Glück; dies reicht aber nicht hin, um zu zeigen, daß der einzelne das Glück der Allgemeinheit erstrebt oder daß das Glück der Allgemeinheit etwas ist, das er erstreben sollte. Außerdem ist keineswegs klar, wie es überhaupt möglich sein soll, daß der einzelne nach dem allgemeinen Glück strebt, wenn die Ausgangsvoraussetzung gilt, daß jeder nur nach seinem eigenen Glück strebt.

Dieser letzteren Schwierigkeit sucht Mill zuvorzukommen, indem er zwischen Glück als Ziel von Handlungen und den ,,Bestandteilen des Glücks" unterscheidet, den inhaltlichen Zielen, die von dem einzelnen nicht um seines Glücks willen, sondern um ihrer selbst willen erstrebt werden und aus deren Erreichung sich Glück gewissermaßen erst als Resultante ergibt. Mill täuscht sich nicht darüber, daß es außerordentlich schwer ist, glücklich zu werden, indem man geradewegs danach strebt. Dazu ist vielmehr nötig, daß die ,,Bestandteile des Glücks" zunächst unabhängig erstrebt werden: Sie ,,werden an sich selbst und um ihrer selbst willen erstrebt und sind an sich selbst und um ihrer selbst willen erstrebenswert. Sie sind nicht nur Mittel zum Zweck, sie sind auch Teile des Zwecks" (*Der Utilitarismus*, S. 63). Und ein solcher ,,Bestandteil des Glücks", der glücklich macht, indem er um seiner selbst willen· erstrebt und verwirklicht wird, ist für Mill auch das Streben nach dem Glück der Allgemeinheit, die Menschenliebe, die Tugend im großen und kleinen. Damit ist Mills ,Beweis' aber noch keineswegs gerettet. Denn die Schwierigkeit, altruistische Konsequenzen aus egoistischen Prämissen herzuleiten, besteht auch dann weiter, wenn man zugibt, daß es durchaus im eigenen Interesse, im Sinne der eigenen Lebenserfüllung, sein kann, statt des eigenen Wohls das Wohl anderer, sei es der uns Nahestehenden oder der Menschheit als ganzer zum Ziel unseres Handelns zu machen. Denn was Mill zeigen müßte und was das Nützlichkeitsprinzip fordert, ist nicht, daß es im Sinne bloßer Lebensklugheit ist, das allgemeine Wohl zum Ziel unseres Handelns zu machen, sondern dies ganz unabhängig von allen Klugheitsüberlegungen zu tun, und zwar gerade auch dann, wenn es den Forderungen unserer privaten Lebensklugheit widerspricht.

William James hat einmal gesagt, daß „Mills übliche Art zu philosophieren darin bestand, zunächst eine von seinem Vater entlehnte Theorie ohne Umschweife zu behaupten und dann im einzelnen an die Gegner der Theorie so viele Zugeständnisse zu machen, daß von dieser praktisch nichts mehr übrig blieb";[5] und *Utilitarianism* ist das Schicksal beschieden gewesen, gemeinhin als erster und sprechendster Beleg für die Richtigkeit dieser These herhalten zu müssen. Aber obwohl es unverkennbar Mills Strategie ist, in seinem Plädoyer für den Utilitarismus den Gegnern dieser Ethik entgegenzukommen, indem er zu zeigen versucht, daß sich die praktischen Konsequenzen dieser Ethik von den überkommenen moralischen Prinzipien keineswegs so grundsätzlich unterscheiden, wie es Bentham und die übrigen *Radicals* erscheinen lassen mochten, betreffen die Zugeständnisse, die Mill seinen Gegnern macht, doch selten die Substanz, öfter nur die Nuancierung von Benthams Doktrin. Ein substantielles Zugeständnis ist zweifellos Mills Einführung eines qualitativen Maßes der Lust zusätzlich zu Benthams rein quantitativer Betrachtungsweise: Nicht nur das Mehr und Weniger an Lust, Freude, Wohlbefinden, Befriedigung soll die Einschätzung der Handlungsfolgen bestimmen, sondern auch das Höher und Niedriger, Besser und Schlechter dieser Lust – eine Wertdimension, die Bentham mit seinem Diktum „Quantity of pleasure being equal, pushpin is as good as poetry" (Wenn Kegeln und Poesie gleich lustvoll sind, sind sie auch gleich gut) ausdrücklich aus dem Nützlichkeitskalkül verbannt hatte. Nur indem er den Befriedigungen, die die höheren Fähigkeiten des Menschen ins Spiel bringen, eine vorrangige Rolle in der utilitaristischen Vorstellung vom guten Leben zuweist, glaubt Mill dem Vorwurf Carlyles begegnen zu können, der Utilitarismus sei eine „pig philosophy", die die Ethik pervertiere, indem sie die Befriedigung niedrigster Instinkte zum alleinigen Lebenszweck erkläre (vgl. *Der Utilitarismus*, S. 14, Anm. 4).

Mills Einführung eines qualitativen Maßstabs läßt das utilitaristische Glücksmaximierungsproblem allerdings ganz und gar unbestimmt werden. Denn solange kein gemeinsamer Maßstab für Quantität und Qualität der Lust definiert ist, lassen sich Qualität und Quantität nicht miteinander vergleichen, läßt sich keine irgendwie geartete ‚optimale Mischung' ermitteln. Auch das Entscheidungsverfahren, das Mill vorschlägt, vermag diese Schwierigkeit nicht zu lösen, sondern wirft nur neue Probleme auf: Nach Mill sollen diejenigen, die mit beiden Arten der Lust – den höheren und den niederen – bekannt sind, darüber entscheiden, welcher der Vorzug zu geben sei; und Mill gibt sich überzeugt, daß die, die mit beiden bekannt sind, den ‚höheren' den Vorzug geben würden: „Kein intelligenter Mensch möchte ein Narr, kein gebildeter Mensch ein Dummkopf, keiner, der feinfühlig und gewissenhaft ist, selbstsüchtig und niederträchtig sein – auch wenn sie überzeugt wären, daß der Narr, der Dummkopf oder der Schurke mit seinem Schicksal zufriedener ist als sie mit dem ihren." (ebd., S. 16) Aber natürlich kann dieses Entscheidungsverfahren entweder nur zeigen, daß die höheren Befriedigungen lustvoller sind als die niederen – dann ist das qualitative Kriterium überflüssig –, oder daß diejenigen, die die ‚Qualität' der Lust in ihrer Vorzugswahl berücksichtigen, die höheren höher schätzen als die niedrigen, womit offenbleibt, ob die niederen den höheren nicht vielleicht doch rein quantitativ überlegen sind. Dies ist nicht die einzige Schwierigkeit. Denn Mill muß zusätzlich voraussetzen, daß derjenige, der gelernt hat, die höheren Befriedigungen zu genießen, weiterhin fähig ist, die niederen im vollen Umfange auszukosten. Mills Satz ,,es ist besser, ein unzufriedener Mensch zu sein, als ein zufriedengestelltes Schwein; besser ein unzufriedener Sokrates als ein zufriedener Narr" (ebd., S. 18), steht und fällt mit dieser unbewiesenen Voraussetzung; und daß Mill selbst sie nicht in Frage stellt, deutet darauf hin, daß es ihm im Grunde gar nicht darum geht, das Leben des unzufriedenen Sokrates als lustvoller als das des zufriedenen Schweins zu erweisen, sondern darum, es als besser, d. h. menschengemäßer, menschenwürdiger zu erweisen, und daß ihn nur seine utilitaristischen Loyalitäten daran hindern, sich unverhohlen dazu zu bekennen.

Die nur scheinbaren Abweichungen von den Grundprinzipien des Utilitarismus betreffen die Moralpsychologie und die Handlungstheorie, in die das Nützlichkeitsprinzip eingebettet ist: den Glücksbegriff, die Motivationslehre und die Lehre von den ,,Sanktionen", d. h. von dem, was uns dazu veranlaßt, uns im Handeln an moralischen Prinzipien zu orientieren. Was den Glücksbegriff angeht, so legt Mill auf das Glück, das aus Tätigkeiten entspringt – im Gegensatz zum Glück, das sich aus passivem Genuß herleitet –, bedeutend mehr Gewicht als die sensualistische Psychologie der älteren Empiristen und noch Benthams. Nur dasjenige Leben kann glücklich sein, in dem die Freuden, die aus Aktivitäten entspringen, ein deutliches Übergewicht über die passiven Freuden besitzen, und das nicht durch ununterbrochene Ekstasen gekennzeichnet ist, sondern dessen Grundhaltung es ist, ,,nicht mehr vom Leben zu erwarten, als es geben kann" (ebd., S. 93). Damit kommt Mill der Lustvorstellung des Aristoteles, nach der Lust die Vollendung einer Tätigkeit ist, von allen modernen Hedonisten am nächsten. An die Aristotelische Ethik – sowie an die Ethik der Stoa – erinnert auch das von Mill stets wieder hervorgehobene, bei einem Hedonisten zunächst paradox anmutende Ideal des edlen Charakters – eines Menschen, der dazu erzogen worden ist bzw. sich selbst dazu erzogen hat, Tugend und Selbstvervollkommnung um ihrer selbst willen zu wollen und in ihnen sein Glück zu finden. In Mills moralischer Utopie ist das Streben nach Tugend zu einer so fest verwurzelten Gewohnheit geworden, daß in ihr nur dasjenige wahrhaft begehrt werden kann, was der Tugend – und damit der Nützlichkeit, d. h. dem größten Glück auch der übrigen Menschen – gemäß ist.

Für den Assoziationspsychologen Mill stellt sich der Mensch dabei als ein unbegrenzt bildbares, vervollkommnungsfähiges Wesen dar, dessen Fähigkeit, glücklich zu werden, nicht nur aufgrund der im gegenwärtigen Gesellschaftszustand bestehenden Glücksmöglichkeiten beurteilt werden darf. Vielmehr soll die Erlebnisfähigkeit des Menschen durch richtige Erziehung und richtige gesellschaftliche Institutionen so sehr gesteigert und auf soziale Ziele hingelenkt werden, daß individueller und kollektiver Nutzen nicht mehr notwendig auseinanderklaffen. Die psychische Instanz, auf die Mill hierbei vertraut, ist die Fähigkeit des Menschen zur Anteilnahme an dem Wohl und Wehe der Mitmenschen, die ,,Sympathie". Aber anders als die Sympathie-Ethiker des 18. Jahrhunderts glaubt Mill letztlich nicht an die Naturgegebenheit der Gemeinschaftsgefühle. Vielmehr müssen sie erst durch einen langwierigen individuellen und kollektiven Erziehungsprozeß, der bei den egoistischen Strebungen nach Lustgewinn und Unlustvermeidung ansetzt, ausgebildet und aufrechterhalten werden: Alle sozialen Motivationen sind gelernt, ein Produkt der Kultur; alles kommt darauf an, sie dem einzelnen so zur zweiten Natur werden zu lassen, daß er sein Glück allein in solchen Tätigkeiten finden kann, die auch dem Glück seiner Mitmenschen dienen.

Das heißt nicht, daß das Interesse am Nutzen der Gesamtheit nach utilitaristischer Auffassung das einzige moralisch akzeptable Handlungsmotiv darstellt. Praktikabel wird die utilitaristische Ethik erst, indem sie jedes Motiv zuläßt, das zu Handlungen führt, die direkt oder indirekt zum allgemeinen Besten beitragen, insbesondere auch Motive, die auf die Verwirklichung von moralischen Idealen und persönlichen Vollkommenheiten gerichtet sind. Das Nützlichkeitsprinzip selbst soll nach Mills Vorstellung nur in den seltenen Situationen unmittelbar handlungsbestimmend werden, in denen die Sekundärprinzipien, die *axiomata media,* in denen sich das Nützlichkeitsprinzip konkretisiert und die einerseits spezifisch, andererseits allgemein genug sind, um zur Grundlage der Erziehung und der alltäglichen Entscheidungspraxis zu werden, zu keinem eindeutigen Ergebnis führen. Im Normalfall bedürfen wir des utilitaristischen Grundprinzips nicht, um zu wissen, daß es aufs Ganze und auf lange Sicht gesehen besser ist, die Wahrheit zu sagen. Nur dann, wenn wir uns in eine Situation gestellt finden, der etwa das Aufrichtigkeitsgebot und das Gebot, die Gefühle anderer zu schonen, in Konflikt geraten, ist es geboten, das Nützlichkeitsprinzip in seiner allgemeinen Form heranzuziehen und die Konsequenzen der verschiedenen möglichen Handlungsweisen für die Betroffenen abzuschätzen und Nutzen und Schaden gegeneinander abzuwägen.

Auch in der Lehre von den ,,Sanktionen" führt Mill die Moralpsychologie des Utilitarismus aus der dogmatischen Enge des egoistischen Hedonismus heraus. Während in Benthams Modell der ,,künstlichen Harmonie der Interessen" ausschließlich die ‚äußeren' Sanktionen – die Androhung von Strafen durch die staatlichen Gesetze (legale Sanktion), die Mißbilligung seitens der Gesellschaft (soziale Sanktion) und eine vorgestellte Bestrafung nach dem Tode (theologische Sanktion) – sicherstellen sollten, daß sich der einzelne in seinem eigenen Interesse so verhält, wie es das Gesamtinteresse verlangt, sieht Mill die verläßlichsten Triebfedern des moralisch richtigen Handelns nicht in äußeren, sondern inneren Sanktionen: dem Streben nach Selbstvervollkommnung und Tugend, der Gewissenhaftigkeit und dem Pflichtgefühl. Damit gesteht er der religiösen Ethik und dem Intuitionismus die Bedeutung des Gewissens als Motivationsquelle moralischen Handelns zu, ohne jedoch von James Mills assoziationstheoretischer Erklärung des Gewissens als Internalisierung äußerer Belohnungs- und Strafreize abzugehen: Das Gewissen ist im Prinzip jeden beliebigen Inhalts fähig; es ist weder die Stimme Gottes noch die Stimme der reinen praktischen Vernunft; es ist schlicht die Stimme derer, durch die wir erzogen worden sind.

2. Über die Freiheit

Mills Plädoyer für die individuelle Freiheit in seinem Essay *Über die Freiheit* hat eine doppelte Stoßrichtung. Zum einen geht es Mill darum, die individuelle Handlungs-, Meinungs-, Diskussions- und Assoziationsfreiheit gegen Einschränkungen durch staatliche Gesetze und Maßnahmen zu verteidigen. Zum anderen geht es ihm darum, den Entfaltungsspielraum des Individuums gegen den „Terror der öffentlichen Meinung" und andere gesellschaftliche Konformitätszwänge zu sichern, seien diese nun in irgendeiner Weise ‚staatlich' verfaßt oder nicht. *Über die Freiheit* ist deshalb nicht nur ein Bekenntnis zur größtmöglichen Sicherung der ‚äußeren' politischen Freiheiten des Individuums, sondern zugleich ein Plädoyer für die Notwendigkeit starker, selbstbewußter, ‚innerlich' freier Persönlichkeiten, die dem Druck der öffentlichen Meinung standzuhalten und nivellierenden Tendenzen Einhalt zu gebieten vermögen. Daß diese nivellierenden Tendenzen in der Demokratie – der von Mill favorisierten, zu seinen Lebzeiten nur in Amerika voll verwirklichten Regierungsform – besonders ausgeprägt sind und die „Tyrannei der Mehrheit" für die unterdrückte Minderheit in der Demokratie unerträglicher sein kann als in der Autokratie, da sich in der Demokratie die Mehrheit in subtilerer Weise des Instruments der öffentlichen Meinung bedienen könne, hatte Mill von Tocqueville gelernt, dessen zwei Bände über die Demokratie in Amerika er 1835 und 1840 rezensiert hatte. Der Nonkonformist, der sich den herrschenden Verhaltenserwartungen verweigert, verdient nach Mill nicht nur geschützt, sondern sogar ermutigt zu werden. Die Gesellschaft soll dem einzelnen nicht vorschreiben dürfen, wie er glücklich werden soll, sondern soll ihn gerade umgekehrt dazu ermutigen, durch Entfaltung seiner kreativen und imaginativen Potentiale seinen eigenen Lebensweg zu finden. In Anknüpfung an das Bildungsideal Wilhelm von Humboldts hält Mill dem Viktorianischen Zeitalter, in dem die gesellschaftlichen Konventionen und die Absolutheitsansprüche der Religion noch in die privatesten Lebensbereiche hineinregierten, das Bild eines autonomen, unabhängigen Individuums entgegen, das sich, statt sich in ängstlichem Konformismus an das Bewährte anzuklammern, unerschrocken den herrschenden Tendenzen seiner Zeit entgegenstellt und für die erklärte Toleranzbereitschaft seiner Zeitgenossen eine fortwährende Bewährungsprobe darstellt. Mill ist auch hier scharfsichtig und ehrlich genug, die damit heraufbeschworenen Konflikte nicht zu verleugnen. Er wußte, daß es leicht ist, überall dort tolerant zu sein, wo wir indifferent sind; daß es jedoch schwer ist, dort Toleranz zu üben, wo die Überzeugung des anderen die eigenen Glaubensgewißheiten und Quellen existentieller Geborgenheit in Frage stellt.

Die Kritik hat in Mills Verherrlichung des Individualisten einen der zentralen Widersprüche zu Mills ansonsten utilitaristischem Bekenntnis gesehen. Und in der Tat argumentiert Mill über weite Strecken so, als betrachte er die Entfaltung des Individuums und seiner ureigensten Fähigkeiten als Selbstzweck und keineswegs nur als Mittel gesellschaftlicher Wohlfahrtssteigerung. Aber wenn auch zuzugestehen ist, daß Mill schon aus persönlicher Betroffenheit – er gehörte zu den wenigen seiner Zeit, die gänzlich areligiös erzogen worden waren – ein gewisses Maß an Anteilnahme mit den gesellschaftlichen Außenseitern als solchen empfand, so liegt seiner Argumentation doch mehr zugrunde: die soziologische Hypothese, daß es am ehesten die Außenseiter sind, die dazu beitragen können, durch geistige, soziale, technische und wirtschaftliche Neuerungen die Lebensumstände der Menschen auf lange Sicht zu verbessern – eine Hypothese, die von der neueren soziologischen Forschung weitgehend bestätigt worden ist. Mill verweist auf das Beispiel China, eine ,,Nation mit viel Talent und in gewisser Hinsicht sogar viel Weisheit ... bemerkenswert ... auch durch ihr System, so weit wie möglich das beste Wissen, das sie haben, jedem Mitglied der Gemeinschaft einzuprägen und sich zu sichern, daß die, welche sich das meiste davon angeeignet haben, die Ehren- und Machtstellen einnehmen. Sicher, das Volk, das dies vermochte, müßte es nicht das Geheimnis menschlichen Fortschrittes entdeckt und sich beständig an der Spitze der Entwicklung der Welt gehalten haben? Im Gegenteil: es ist zum Stillstand gekommen, ist so geblieben seit Tausenden von Jahren, und wenn es jemals weiterkommen sollte, so nur durch Hilfe der Fremden! Ihnen ist über alles Erwarten gelungen, woran englische Menschenfreunde so fleißig arbeiten: alles Volk gleichzumachen, alle ihre Gedanken und ihr Handeln durch dieselben Maximen bestimmen zu lassen – und das sind die Früchte! Das moderne *Regime* öffentlicher Meinung ist, in unorganisierter Form, was das chinesische Erziehungs- und Staatssystem in organisierter Form ist, und wenn der Individualismus nicht imstande ist, sich erfolgreich dieses Jochs zu erwehren, so wird Europa, trotz seines noblen Vorhabens, trotz christlichen Bekenntnisses dahin tendieren, ein zweites China zu werden." (*Über die Freiheit*, 1974, S. 99f.)

Die Grundlage von Mills eloquenter und im einzelnen zuweilen höchst suggestiver, bezwingender Verteidigung der individuellen Freiheit sind eine Unterscheidung und ein Grundsatz, die beide in der Theorie leicht zu formulieren, in der Praxis jedoch schwer zu konkretisieren sind: die Unterscheidung zwischen Handlungen, die primär selbstbezogen, und Handlungen, die primär auf andere bezogen sind, sowie das Prinzip, der Staat und die Gesellschaft dürften sich nur in diejenigen Handlungen des Individuums einmischen, die nicht primär selbstbezogen sind. Die ,negative' Freiheit des Individuums, tun und lassen zu können, was es von sich aus möchte, soll ihre Grenze lediglich da finden, wo ihre Ausübung die Freiheit und das Glück anderer bedroht – wobei Mill nicht übersieht, daß man anderen nicht nur dadurch schaden kann, daß man handelt, sondern auch dadurch, daß man nicht handelt. Solange anderen jedoch kein Schaden zugefügt wird, soll jeder ohne Beeinträchtigung durch seine Zeitgenossen seinen eigenen Lebensplan verwirklichen und das Risiko des Scheiterns selbst tragen: „Das eigene Wohl, sei es das physische oder das moralische, ist keine genügende Rechtfertigung. Man kann einen Menschen nicht rechtmäßig zwingen, etwas zu tun oder zu lassen, weil dies besser für ihn wäre, weil es ihn glücklicher machen, weil er nach Meinung anderer klug oder sogar richtig handeln würde" (ebd., S. 16 f.).

Selbst im Falle der nicht rein selbstbezogenen Handlungen soll der Staat immer dann nicht eingreifen dürfen, wenn zu erwarten ist, daß die Handlung besser ausgeführt wird, wenn sie vom Individuum statt vom Staat ausgeführt wird, wenn es der Erziehung des Bürgers dienen könnte, sie selber auszuführen, und wenn die Gefahr besteht, daß dadurch, daß der Staat die Handlung übernimmt, der Ausdehnung seiner Macht ungebührlich Vorschub geleistet würde. Keinerlei Einschränkung duldet Mill hinsichtlich der Meinungs- und Diskussionsfreiheit. Einschränkungen der Diskussionsfreiheit beschneiden nicht nur die Freiheit und Selbstentfaltung des einzelnen, sondern blockieren vor allem auch den über die Jahrhunderte reichenden Prozeß der Wahrheitsfindung durch ungehinderten Meinungsaustausch und freie Diskussion. Ausgehend von der Grundüberzeugung aller Aufklärer, daß das Wissen der Wahrheit, so sehr es auch dem kurzfristigen Interesse an der Stabilität der Handlungsorientierungen und an der Unerschütterlichkeit tröstlicher Glaubensgewißheiten zuwider sein mag, auf lange Sicht für die Menschheit nur von Nutzen sein kann, bedeutet jede Unterdrückung freier Diskussion für Mill einen abwegigen und uneinlösbaren Anspruch auf Unfehlbarkeit. Jede Meinung, die heute als gefährlich verboten wird, kann sich morgen als lebenswichtige Wahrheit entpuppen. Und selbst wenn die freie Diskussion einer ‚gefährlichen' Meinung noch so sehr der gesellschaftlichen Nützlichkeit zuwider zu sein scheint, so hält Mill dagegen, daß nicht zuletzt auch die Nützlichkeit selbst, die konkrete Ausgestaltung des gesellschaftlich Besten, zum Gegenstand freier Diskussion gemacht werden muß.

Auf Unmündige will Mill sein Freiheitsprinzip freilich nicht angewendet wissen. Ihnen gegenüber hat der Staat vielmehr die Pflicht, sie zur Freiheit erst mündig zu machen, vor allem durch die Gewährleistung angemessener Bildungsmöglichkeiten und die Entlastung der ärmeren Schichten von den Ausbildungskosten. Obwohl für alle Kinder eine Ausbildungspflicht besteht, soll es den Eltern nicht nur freigestellt sein, in welche Art Schule sie ihre Kinder schicken, sondern auch, ob sie sie überhaupt in eine Schule schicken. Und um Indoktrination und ideologische Gleichschaltung zu vermeiden, soll der Staat nur einen kleinen Teil der Schulen selbst betreiben. Andererseits wird es ihm jedoch zur Pflicht gemacht, allgemeine Prüfungen abzuhalten, bei denen allerdings ausschließlich der Stand des kognitiven Wissens und nicht die Erwünschtheit bestimmter moralischer oder politischer Einstellungen bewertet werden sollen. Daß zu den Handlungen, für die der einzelne der Allgemeinheit Rechenschaft schuldet und in die staatliche Eingriffe zugelassen sind, für Mill vor allem auch die Handlungen gegenüber den Mitgliedern der eigenen Familie gehören, versteht sich von selbst. Begrenzt wird die Verfügungsgewalt des Individuums aber auch durch den Tierschutzgedanken, der zum ersten Mal bei Bentham in die philosophische Ethik aufgenommen wird[6] und in England zum ersten Mal gesetzlich verankert worden ist.

3. Drei Essays über Religion. System der Logik

Ein Schlüsselbegriff der ‚intuitionistischen' Ethik, Rechtsphilosophie und Politik, von denen sich Mill in allen Phasen seines Schaffens kritisch zu distanzieren versuchte, und zudem ein fester Bestandteil viktorianisch-puritanischer Moraltradition ist der Begriff der ‚Natur', verstanden als ein normativer Begriff moralischer Normalität, Erlaubtheit oder Vortrefflichkeit, und seine begrifflichen Verwandten ‚Naturrecht', ‚natürlich', ‚naturwidrig' und andere, durch die die Natur zur Basis moralischer Bewertung und Normierung gemacht wird. Die Argumentation, mit der Mill dieserart ‚naturalistische' Moralbegriffe in seinem Essay *Nature,* dem ersten der *Three Essays on Religion* (1874), attackiert, darf als ein wahres Kabinettstückchen analytischer Moralphilosophie bezeichnet werden, das im übrigen für die Gegenwart, in der die Rechtsphilosophie weiterhin von Naturrechtskonstruktionen und die Alltagsmoral von Normen des ‚Natürlichen' beherrscht wird, unvermindert aktuell ist.

Mills Argumentation ist nichts anderes als eine konsequente Anwendung von Humes Unterscheidung zwischen beschreibenden (Seins-) und bewertenden oder vorschreibenden (Sollens-)Aussagen auf den Begriff ‚Natur'. Mill stellt zunächst die Frage, ob der Begriff ‚Natur' von denjenigen Philosophen, die ihn zu einem moralischen Kriterium erklären, in einem *beschreibenden* oder in einem *vorschreibenden* Sinne verstanden wird. Die Antwort ergibt sich sofort: In einem *vorschreibenden* Sinne kann ‚Natur' oder ‚natürlich' nicht verstanden sein, da in diesem Falle die Vorschrift, „der Natur zu folgen" – das ethische Grundprinzip der Stoiker –, nichts anderes bedeuten würde, als daß wir das tun sollen, was wir tun sollen. Soll ‚Natur' ein Kriterium und nicht nur eine Umschreibung des moralisch Richtigen sein, muß Natur in einem *beschreibenden* Sinne verstanden werden, also eben in der Weise, in der der Begriff auch sonst üblicherweise verstanden wird. Als ein beschreibender Begriff kann ‚Natur' aber nun zweierlei bedeuten: entweder die Gesamtheit der Dinge – die gesamte Welt einschließlich des Menschen, seines Wollens und Handelns; oder aber die Gesamtheit der Dinge, wie sie wären, wenn es den Menschen nicht gäbe oder wenn der Mensch nicht immer wieder bewußt in den Lauf der Dinge eingriffe. Es zeigt sich nun aber, daß im ersten Sinne von

‚Natur' die Handlungsanweisung, der Natur zu folgen, sinnlos ist; denn gleichgültig, wie wir handeln, wir können nicht anders als der Natur gehorchen, da wir stets, insofern wir selbst ein Teil der so verstandenen Natur sind, irgendwelchen Naturgesetzen, seien es physikalische oder psychologische, gehorchen. Im zweiten Sinne von ‚Natur' dagegen wäre es nicht nur unvernünftig, sondern sogar unmoralisch, dem Beispiel der Natur zu folgen, da uns diese eine Unzahl von Grausamkeiten, Ungerechtigkeiten und Häßlichkeiten vor Augen stellt, die, wenn sie von einem Menschen begangen würden, als schlimmste Verbrechen perhorresziert und geahndet würden. Die Aufgabe des Menschen kann, wie Mill folgert, also nicht darin bestehen, die Natur nachzuahmen, sondern nur darin, mit den wohltätigen Naturmächten zusammenzuarbeiten, um die äußere Natur – sowie zugleich seine eigene Natur – im Sinne eines kulturellen, vom Menschen gesetzten Maßstabs zu verbessern.

Mill hat seine Gedanken zu einem philosophischen Themenkreis nur ein einziges Mal in einer systematischen und erschöpfenden Weise ausgearbeitet: in seinem eigentlichen Hauptwerk, dem *System of Logic, ratiocinative and inductive* (System der deduktiven und induktiven Logik: 1843). ,,Logik" wird von Mill verstanden als die Wissenschaft vom Beweis, wobei ,,Beweis" nicht nur den streng deduktiven Beweis, sondern die Gesamtheit der Schlußverfahren umfaßt, die in den Wissenschaften zur Anwendung gelangen. Mills Hauptaugenmerk liegt dabei unverkennbar auf den induktiven Schlüssen, den Verallgemeinerungen der Wissenschaften von beobachteten Einzelfällen auf allgemeine Gesetze und Gesetzeshypothesen, und nicht auf den deduktiven Schlußverfahren der Logik und der Mathematik. Was Mill zur deduktiven Logik zu sagen hat, ist durch den Aufschwung, den die deduktive Logik durch Booles *Laws of Thought* (1854) und später durch Frege und (Mills Patensohn) Russell genommen hat, gewissermaßen überholt worden und nur noch für den Historiker der Logik von Interesse. Mills induktive Logik und die darin enthaltene Methodologie der Natur- und Sozialwissenschaften dagegen nehmen – wie so oft bei Mill – Problemstellungen voraus, die sich erst im zwanzigsten Jahrhundert so auskristallisiert haben, daß sie zum Gegenstand grundlegender Kontroversen wurde. Ähnlich wie der Positivismus Comtes und der spätere Neopositivismus des Wiener Kreises vertritt Mill das Ideal einer methodologischen Integration aller verschiedenen Einzelwissenschaften zu einer ,,Einheitswissenschaft". Auch wenn im Detail beträchtliche, durch die unterschiedlichen Erkenntnisgegenstände bedingte Unterschiede in der Methodologie bestehen bleiben, soll sich die Methode der Psychologie und der Sozialwissenschaft doch ihrer Struktur nach in nichts von der der Naturwissenschaften unterscheiden.

Die ‚Geisteswissenschaften' *(moral sciences)* – der Ausdruck stammt aus der ersten deutschen Übersetzung von Mills *System der Logik* – werden bei Mill nicht, wie später etwa in Diltheys *Einleitung in die Geisteswissenschaften,* als methodologisch eigenständiger Bereich aufgefaßt, in der die ‚verstehende' Methode an die Stelle der ‚erklärenden' tritt, sondern in der Nachfolge Comtes als „soziale Physik", die ebenso wie die Naturwissenschaften aus Beobachtung und Versuch allgemeine Gesetze ermitteln will, mit deren Hilfe die Phänomene des psychischen und sozialen Lebens auf ihre Ursachen hin analysiert werden können. (Der Auffindung von Ursachen dienen insbesondere Mills bekannte *vier* (eigentlich fünf) *Methoden,* elementare Experimentierverfahren, die an die kausalen Zurechnungsverfahren des Alltags und des *Common sense* anknüpfen.)

Mill betrachtet die kausale Erklärung von menschlichen Handlungen durch Motive und Intentionen dabei als strukturell identisch mit den kausalen Erklärungen von Ereignissen im Bereich der außermenschlichen Natur. Er unterscheidet die Psychologie als die Wissenschaft von den Gesetzen des Bewußtseins von der „Ethologie", der Wissenschaft vom Charakter und seiner Entwicklung unter dem Einfluß der Sozialisation, davon wiederum die Sozialwissenschaft als die Wissenschaft von den Gesetzen der menschlichen Gesellschaft, wobei die Gesetze der Ethologie letztlich auf die Resultate der Psychologie, die *general laws of mind,* die Gesetze der Sozialwissenschaft – soweit sich Gesetze finden lassen –, auf die Gesetze der Ethologie zurückgeführt werden sollen. Allerdings kann unter den Sozialwissenschaften nach Mill einzig die politische Ökonomie, verstanden als eine Wissenschaft, die den Menschen als *homo oeconomicus* sieht und von allen ‚störenden' Variablen abstrahiert, diesem Modell genügen. In allen anderen Sozialwissenschaften einschließlich der Geschichtswissenschaft sind die Konstellationen von Kausalfaktoren, die das Zustandekommen einzelner Ereignisse und Entwicklungen bedingen, zu komplex, als daß sich – über bloße Trendaussagen hinaus – allgemeine Gesetzesaussagen formulieren ließen, die zur Prognose gesellschaftlicher Ereignisse oder Entwicklungen herangezogen werden könnten.

III

Der große Erfolg, den die meisten von Mills Schriften unmittelbar nach Erscheinen verzeichnen konnten, läßt sich aus der Zahl der Übersetzungen ablesen, die gegen Ende des 19. Jahrhunderts noch in den entlegensten Sprachen erschienen sind. Im angelsächsischen Sprachraum gehört Mill auch heute noch zu den meistdiskutierten Philosophen und spielt im akademischen wie im außerakademischen Bereich eine gewichtigere Rolle als Kant, Fichte, Schelling und Hegel zusammen.

Das wiedererwachte Interesse an der utilitaristischen Ethik und die Aktualität des politischen Freiheitsbegriffs im Zeitalter zunehmender Bürokratisierung haben das Interesse an Mill allerdings auch im deutschsprachigen Bereich merklich wiederbelebt. *Utilitarianism* gehört an den angelsächsischen Universitäten seit langem zum Standardpensum jüngerer Philosophiesemester. Mills erfolgreichste Werke waren jedoch das *System of Logic* und die *Principles of Political Economy,* die beide noch zu Lebzeiten Mills unzählige Auflagen erlebten und für eine Generation sowohl zu Standardlehrbüchern an den Universitäten als auch – ähnlich wie Schopenhauers *Parerga und Paralipomena* – zu im besten Sinne populären Werken wurden. Die *Principles,* unter denen man sich kein Lehrbuch der Volkswirtschaft im modernen Sinne vorstellen darf, sondern eher ein sozialphilosophisches Werk, in dem philosophisch-ethische Überlegungen zur Verteilungsgerechtigkeit, zur Gerechtigkeit der Steuerlasten und zur allgemeinen gesellschaftlichen Entwicklung nicht ausgespart sind, sind im Zuge der Diskussion um die „Grenzen des Wachstums" – die Grenzen des Wirtschafts-, aber auch des Bevölkerungswachstums – erneut in den Mittelpunkt des Interesses gerückt. Unter den politischen Ökonomen des 18. und 19. Jahrhunderts ist Mill so gut wie der einzige, der den ‚stationären' Zustand, in dem die wirtschaftliche Produktion stagniert, zumindest für die industrialisierten Länder nicht als Krisensignal und Vorbote sozialer Katastrophen interpretiert, sondern als Ermöglichung eines gerechteren, gelasseneren und kultivierteren gesellschaftlichen Lebens: „Nur in den zurückgebliebenen Ländern ist die Vermehrung der Produktion noch eine Sache von Belang; in den am meisten fortgeschrittenen ist es eine bessere Verteilung, die in wirtschaftlicher Hinsicht not tut; und das unentbehrliche Mittel dazu ist eine stärkere Einschränkung der Bevölkerungszunahme.... Wenn die Erde jenen großen Bestandteil ihrer Lieblichkeit verlieren müßte, den sie jetzt Dingen verdankt, welche die unbegrenzte Vermehrung des Vermögens und der Bevölkerung ihr entziehen würde, lediglich zu dem Zwecke, um eine zahlreiche, aber nicht eine bessere oder eine glücklichere Bevölkerung ernähren zu können, so hoffe ich von ganzem Herzen im Interesse der Nachwelt, daß man schon viel früher, als die Notwendigkeit dazu treibt, mit einem stationären Zustand sich zufriedengeben wird."[7]

Annemarie Pieper

SÖREN KIERKEGAARD

(1813-1855)

Kierkegaard gilt als Begründer der Existenzphilosophie. Seine Kritik an den Systementwürfen der traditionellen Metaphysik und des deutschen Idealismus hat deutlich gemacht, daß eine Philosophie, die nur Wesensphilosophie ist und sich als solche ausschließlich damit beschäftigt, abstrakt-allgemeine Begriffszusammenhänge und Gedankenkonstruktionen spekulativ zu durchdenken, im Unverbindlichen und damit letztlich für die Lebenspraxis bedeutungslos bleibt. Es fehlt nämlich der Bezug auf das konkrete Dasein des einzelnen als eines existierenden Individuums, das für Kierkegaard der unverzichtbare Ausgangs- und Zielpunkt seiner philosophischen Bemühungen ist.

I. Leben

Sören Aabye Kierkegaard wurde am 5. Mai 1813 als jüngstes der sieben Kinder von Michael Pedersen Kierkegaard und seiner Frau Anne in Kopenhagen geboren. Während Dänemark nach erfolglosem Kampf an der Seite Napoleons gegen England Jahre größter Armut erlebte, wuchs Kierkegaard in materiell gesicherten Verhältnissen eines streng pietistischen Elternhauses auf.[1] Die Ablösung des absolutistischen, zunftgebundenen dänischen Gemeinwesens durch eine mit dem Entstehen des Industrialismus einhergehende liberalistische Demokratie in der zweiten Hälfte des 19. Jahrhunderts erlebte Kierkegaard nicht mehr; er starb am 11. November 1855 in Kopenhagen, wurde somit nur 42 Jahre alt – doch neun Jahre älter, als er seinen eigenen Berechnungen nach zu werden glaubte.[2]

Kierkegaard begann auf Wunsch des Vaters nach dem Abitur im Jahre 1830 zunächst Theologie an der Universität Kopenhagen zu studieren, wandte sich aber, zunehmend angeödet durch den in der akademisch vermittelten Theologie vorherrschenden Rationalismus, immer mehr der Philosophie zu. Die Rezeption der deutschen Romantik, insbesondere aber der Hegelschen Philosophie, war zu dieser Zeit im dänischen Geistesleben in vollem Schwange, und Hegel, der „objektive" Denker, war es dann auch, in dem der „subjektive" Denker Kierkegaard seinen Antipoden fand, mit dem er sich sein Leben lang auseinandersetzte.[3] Kierkegaard betrieb sein Studium nur sehr nachlässig, da er es vorzog, sich in den Cafés und auf Gesellschaften einen Namen als geistvoller, witziger Unterhalter zu machen. Nach dem Tod des Vaters 1838 entschloß er sich dann doch, sein Studium der Theologie fortzusetzen, und legte 1840 das theologische Staatsexamen ab. Im September des gleichen Jahres verlobte er sich mit der siebzehnjährigen Regine Olsen, löste aber die Verlobung ein Jahr später wieder auf.[4] Nachdem er mit einer philosophischen Dissertation über das Thema „Der Begriff der Ironie mit ständiger Beziehung auf Sokrates" promoviert hatte, reiste er im Oktober 1841 nach Berlin, um sich mit Hegels Philosophie näher vertraut zu machen.[5] Dort hörte er auch den gerade nach Berlin berufenen, bereits sechsundsechzigjährigen Schelling, dessen Vorlesungen über die Philosophie der Offenbarung ihn anfangs begeisterten, aber schließlich so enttäuschten, daß er in einem Brief an den Bruder Peter Christian vom Februar 1842 Schelling einen unerträglichen Schwätzer schimpfte und seine Potenzenlehre verächtlich als Ausdruck der äußersten Impotenz bezeichnete.[6] Im März 1842 kehrte Kierkegaard nach Kopenhagen zurück und begann mit einer unglaublichen Produktivität seine Bücher zu schreiben, parallel dazu seine Tagebücher fortführend, die im Umfang seine Werke sogar noch übertreffen. In den Jahren 1843–46 erschienen, größtenteils pseudonym verfaßt, zehn Schriften von ihm: 1843 *Entweder – Oder* (hrsg. von Victor Eremita, hier durch *E-O* abgekürzt), *Furcht und Zittern* (von Johannes de Silentio), *Die Wiederholung* (von Constantin Constantius); 1844 *Philosophische Brocken oder ein Bröckchen Philosophie* (von Johannes Climacus, hier durch *Ph. Br.* abgekürzt), *Der Begriff Angst* (von Vigilius Haufniensis); 1845 *Drei Reden bei gedachten Gelegenheiten, Stadien auf dem Lebensweg* (hrsg. von Hilarius Buchbinder), *Achtzehn erbauliche Reden;* 1846 *Abschließende unwissenschaftliche Nachschrift zu den philosophischen Brocken* (von Johannes Climacus, hier durch *UN* abgekürzt), *Eine literarische Anzeige.*

Wurde *Entweder – Oder,* als dessen pseudonymer Verfasser Kierkegaard sehr bald enttarnt wurde, sehr enthusiastisch vom Publikum aufgenommen, so fanden die folgenden Werke immer weniger Verständnis, und Kierkegaard, der es aufgrund des väterlichen Erbes nicht nötig hatte, einen Beruf auszuüben, überlegte ernsthaft, sich um ein Pfarramt auf dem Lande zu bewerben, nachdem er zum öffentlichen Gespött geworden war, das vor allem durch die von Meir Aaron Goldschmidt herausgegebene satirische Zeitschrift „Der Corsar" immer neue Nahrung erhielt. Die darin veröffentlichten Karikaturen des buckligen „nordischen Sokrates" haben Kierkegaard so getroffen, daß er sich als verkanntes „Genie in einer Kleinstadt" fühlte und sich in seinen Tagebüchern in eine nahezu haßerfüllte Polemik gegen die Pöbelhaftigkeit der öffentlichen Meinung hineinsteigerte.

Obwohl sein Vermögen zusehends zusammenschmolz, nahm Kierkegaard von dem Wunsch, Pfarrer zu werden, mit der Zeit Abstand, da er in zunehmendem Maß durch seine immer heftiger werdende Kritik an der dänischen Staatskirche, insbesondere an ihrem Repräsentanten, dem zu Lebzeiten seines Vaters sehr verehrten, später dann wegen des von ihm vertretenen harmonischen Christentums leidenschaftlich angegriffenen Bischofs Jakob Peter Mynster in Anspruch genommen wurde. Diese Auseinandersetzung mit dem offiziellen Christentum spiegelt sich in nahezu allen Schriften wider, die Kierkegaard bis zu seinem Tod verfaßt hat: 1847 *Buch über Adler* (posthum erschienen), *Erbauliche Reden in verschiedenem Geist, Taten der Liebe;* 1848 *Christliche Reden;* 1849 *Zwei kleine ethisch-religiöse Abhandlungen* (von H. H.), *Die Krankheit zum Tode* (von Anti-Climacus, hier durch *KT* abgekürzt), *Reden, Der Gesichtspunkt für meine schriftstellerische Tätigkeit* (posthum erschienen); 1850 *Einübung im Christentum* (von Anti-Climacus); 1851 *Zur Selbstprüfung der Gegenwart empfohlen;* 1852 *Urteilt selbst!* (posthum erschienen); 1854 *War Bischof Mynster ein Wahrheitszeuge?;* 1855 *Der Augenblick* (eine von Kierkegaard allein geschriebene und finanzierte Zeitschrift, erschienen sind zehn Nummern). Als Kierkegaard am 11. November 1855 an den Folgen eines Schlaganfalls starb, war sein Vermögen vollständig aufgezehrt.[7]

II. Werk

Kierkegaards Philosophieren kreist um jene das menschliche Sein begründende Tätigkeit, die von ihm als Bewegung des Existierens beschrieben wird. Bevor jedoch der zentrale Begriff der Existenz einer Analyse unterzogen werden kann, muß auf eine eigentümliche Besonderheit der Schriften Kierkegaards eingegangen werden, die für das Verständnis des Begriffs der Existenz unverzichtbar ist und daher vorab einer Klärung bedarf.

1. Kierkegaards Verhältnis zu seinen Pseudonymen

Fast das gesamte philosophische Hauptwerk Kierkegaards ist pseudonym erschienen.[8] Diese literarische Eigentümlichkeit hat schon manchem Interpreten Kopfzerbrechen bereitet, ist sie doch in einer gewissen Weise einzigartig. Der Gründe für die Wahl eines Pseudonyms mag es viele geben, sei es, daß der Autor anonym bleiben will, sei es, daß er es vorzieht, unter fremdem Namen bekannt zu werden. Diese Gründe treffen jedoch bei Kierkegaard schon deshalb nicht zu, weil er von vornherein oder doch sehr rasch als der Urheber seiner Werke bekannt war. Hinzu kommt, daß Kierkegaard nicht unter *einem* Pseudonym, sondern unter einer ganzen Reihe von Pseudonymen geschrieben hat: Johannes Climacus, Constantin Constantius, Vigilius Haufniensis, Johannes de Silentio, Anti-Climacus – um nur einige der Verfasser zu nennen, die nicht nur die Vorliebe Kierkegaards für latinisierte Namensformen anzeigen, sondern auch in einem bestimmten Verhältnis zueinander stehen.[9] Überdies sind einige Schriften – wie z. B. *Entweder – Oder* und *Die Stadien* – nicht nur einfach, sondern doppelt pseudonym verfaßt: sowohl die Autoren als auch die Herausgeber der Schriften haben eigene Namen. In *Entweder – Oder* ist es z. B. Victor Eremita, der die Papiere und Briefe zweier Personen, die kurz A und B genannt werden, sowie das berühmte Tagebuch des Verführers herausgibt, während in den *Stadien* Frater Taciturnus als diskreter Herausgeber der Leidensgeschichte des Quidam hervortritt. Weshalb also hat Kierkegaard eine so große Zahl fiktiver Autoren bemüht, und welche Funktion haben sie?

Die Pseudonyme sind für Kierkegaard insbesondere aus zwei Gründen notwendig: Erstens setzen sie eine Distanz, die von der Sache her gefordert ist. Wenn Existieren eine Tätigkeit ist, die jeder selbst aus eigener Kraft erbringen muß, so kann der Vollzug der Existenz nicht durch eine Reflexion auf diesen Vollzug, durch eine Analyse des Begriffs der Existenz, ersetzt werden. Um dem Mißverständnis vorzubeugen, er vermittle in der Praxis direkt verwertbare Informationen oder gar eine unmittelbar anwendbare Formel für richtiges Existieren, schaltet Kierkegaard die Pseudonyme zur Brechung der Autorität des Verfassers zwischen Autor und Leser ein. Sie sollen eine Identifizierung des Lesers mit dem Autor verhindern und den Leser auf sein eigenes Können aufmerksam machen. Um dieses Zieles, der existentiellen Praxis des Lesers willen, wendet Kierkegaard die von ihm konzipierte ,,indirekte" oder ,,maieutische" Methode an. In bewußter Anlehnung an den Sokratischen Dialog[10] wählt er eine Form der Mitteilung, die dem Gespräch nahesteht. Die Gesprächspartner sind jedoch nicht Kierkegaard und der Leser – denn Kierkegaard beansprucht nicht, bezüglich des Existierens, insbesondere des christlichen Existierens, größere Kompetenz zu besitzen als der Leser[11] –, sondern das Gespräch findet statt zwischen einem fiktiven Autor und einem als in einer bestimmten Weise über den Autor urteilend gedachter, also ebenfalls fiktiver Leser. Durch die provokative Selbstdarstellung der Pseudonyme und den damit verbundenen indirekten Appell an das sittliche Urteilsvermögen des Lesers versucht Kierkegaard, den wirklichen Leser aus der Distanz eines persönlich uninteressierten Rezipienten herauszulocken und zu einem engagierten Urteil über den durch den pseudonymen Verfasser repräsentierten Existenzmodus herauszufordern. Die Pseudonyme haben mithin die Funktion, beim Leser eine Kritik zu provozieren, die sich im sittlichen Urteil über die prototypisch dargestellte Existenzweise zugleich als Selbstkritik der eigenen Existenz erweisen soll.

Ein weiterer Grund für die Vielzahl von Pseudonymen hängt mit der von Kierkegaard immer wieder betonten ,,Kategorie des Einzelnen" zusammen. Ein Denker, dem es um das Existieren als reale Praxis des Individuums geht, kann kein ,,System" im Sinne einer in sich abgeschlossenen Theorie entwickeln. Wenn Existenz etwas ist, das jeder selber als seine eigene Praxis zu leisten hat, dann ist der durch das Wort ,,Existenz" signalisierte Vollzug eine prinzipiell subjektive, individuelle Tätigkeit, die Voraussetzung und Ziel der Theorie ist. Es gibt somit kein im Wissen abschließbares System der Existenz. Einzig sinnvoll ist eine offene Theorie, die über sich hinaus auf die konkret von jedem einzelnen zu leistende Praxis als die eigentliche Aufgabe eines Individuums, das als Individuum unter anderen Individuen existiert, verweist. Existieren meint mehr als ein bloß intellektuelles Geschehen, ist als persönliches Engagement die Einheit von Denken, Wollen, Fühlen und Handeln.

Sören Kierkegaard (1813–1855)

Daher unterlaufen die Pseudonyme in ironischer Problematisierung des Systemanspruchs die Annahme, ein kompetenter Autor habe eine hieb- und stichfeste Theorie der menschlichen Existenz anzubieten.[12] Vielmehr sollen die durch die Pseudonyme repräsentierten und aus ihrer jeweiligen Perspektive dargestellten Lebensformen den Leser daran erinnern, daß er für seine Existenz persönlich verantwortlich ist und niemand stellvertretend für ihn existieren kann.

2. Die Struktur der Existenz

Wenn Existieren auch mehr ist als eine begriffliche Verstandestätigkeit, so läßt sich doch die kognitive Seite dieser Tätigkeit, d. h. ihre Möglichkeit, nicht ihre Wirklichkeit als Vollzug, begrifflich fassen. In immer erneuten Anläufen versuchen die Pseudonyme, die Grundstruktur des Existenz genannten Geschehens im Durchgang durch die von ihnen prototypisch geschilderten Lebensformen zu erhellen.

Unter Existenz versteht Kierkegaard den menschlichen Seinsvollzug als eine Einheit von Denken, Wollen, Fühlen und Handeln, die keine ursprüngliche, sondern eine vermittelte, vom einzelnen immer wieder neu hervorzubringende Einheit ist. Diese Tätigkeit des Sich-selbst-in-seinem-Sein-Hervorbringens wird von Kierkegaard durch den Begriff des Verhältnisses näher erläutert: Existieren heißt, sich (denkend, wollend, fühlend, handelnd) verhalten und in diesem Sichverhalten (zur Welt, zu den Mitmenschen, zu Gott) sich zugleich so zu sich selbst verhalten, daß im Prozeß der Selbstwerdung der die menschliche Natur charakterisierende Gegensatz von Sein und Sollen (Realität und Idealität, Leib und Seele) aufgehoben wird, indem sich der einzelne in seinem Sein frei als der bestimmt, der er sein soll.

Diese These wird sowohl von Johannes Climacus in der frühen Erzählung *De omnibus dubitandum est* (= *DODE*) als auch von Anti-Climacus in der Spätschrift *Die Krankheit zum Tode* vertreten. Beiden pseudonymen Autoren geht es darum, die Genesis jenes Existenz genannten Freiheitsaktes aufzuklären, durch den sich der Mensch in seinem als Verhältnisstruktur begriffenen Menschsein konstituiert. Climacus setzt an beim Begriff des Zweifels, insofern ,,der Zweifel der Anfang ist zur höchsten Form des Daseins" (*DODE*, S. 157). Denn wer zweifelt, wird sich einer Zweiheit, einer Zerrissenheit bewußt, die anzeigt, daß nicht alles so ist, wie es sein soll. Die höchste Form des Daseins wird daher als Bewußtsein bestimmt, d. h. als ein ,,Verhältnis, dessen erste Form der Widerspruch ist" (*DODE*, S. 156). Bewußtsein, genauer: Selbstbewußtsein, ist der Name für ein sich in seiner Tätigkeit durch und durch hell gewordenes Sichverhalten, das den im Zweifel manifest gewordenen Widerspruch von Idealität und Realität, Seele und Leib, der die Gegensatzstruktur der Existenz bestimmt, nicht durch die Reflexion, also bloß begrifflich im Denken vermittelt und aufhebt, sondern in der Lebenspraxis aus- und durchhält. Die Reflexion ist ,,dichotomisch" (ebenda) in dem Sinn, daß sie als zweigliedriges Verhältnis strukturiert ist, in welchem die Zweiheit der dem menschlichen Sein zugrundeliegenden anthropologischen Bestimmungen unproblematisch ist, weil diese nicht als wirkliche Gegensätze gesetzt werden, sondern als zwei Momente der sich immanent differenzierenden Reflexion begriffen sind: Reflexion und Reflektiertes gehören fraglos zusammen. Insofern das Denken davon abstrahiert, daß es in seinen Inhalten nur einen *Begriff* von Realität erfaßt, nicht aber die Realität selber, stellt sich ihm Realität nicht als das schlechthin andere der Reflexion, sondern als von der Art der Reflexion dar, also letztlich als dasselbe wie diese: als Idealität. Daher sagt Climacus: ,,Die Reflexion ist die Möglichkeit des Verhältnisses", aber noch nicht ein wirkliches Verhalten, denn die Reflexion ist ,,uninteressiert" (*DODE*, S. 157). Im Denken wird gerade davon abgesehen, daß dem Begriff der Realität etwas außerhalb des Denkens entspricht, zu dem sich der Mensch anders als bloß denkend verhalten muß, um eine Veränderung zu bewirken. ,,Das Bewußtsein hingegen *ist* das Verhältnis und damit das Interesse" (ebenda); das Sein des Bewußtseins ist mithin im wörtlichen Sinn ,,Zwischensein", durch das die reflexiv unterschiedenen Gegensätze radikal voneinander getrennt und zugleich als getrennte zusammengehalten, d. h. ins Verhältnis gebracht werden. Daher ist das Bewußtsein ,,trichotomisch" (*DODE*, S. 156), ein dreigliedriges Verhältnis also, in welchem das Bewußtsein in der Bewegung des Zweifels Denken und Realität einander radikal entgegensetzt und wieder aufeinander bezieht, indem es im Begriff die Realität und die Realität im Begriff erfaßt, doch so, daß es in dieser doppelten Tätigkeit des Erfassens sich *seiner selbst* bewußt wird und sich als dasjenige erkennt, das im existentiellen Werdensprozeß das Sein als Mensch begründet.

Die Bestimmung des Bewußtseins seiner Wirklichkeit nach als ,,Sich" und als ,,Zwischen" erlaubt es nicht mehr, die anthropologisch fundamentalen Gegensätze durch ein Zurückgehen in die Identität der Reflexion einfach aufzuheben. Eine solche, in der Immanenz des Denkens bleibende und sich in Begriffskonstruktionen beruhigende reflexive, mithin bloß *theoretische* Vermittlung wird durch den Zweifel verhindert, der an die Stelle der Identität den Widerspruch setzt. Ist für die Reflexion die Realität gewissermaßen dasselbe wie die Idealität, insofern die Reflexion als Glied des Verhältnisses keine Distanz zu sich selber hat, aus der heraus sie sich allererst zu ihrem Verhältnissein verhalten könnte, so stellt sich für das Bewußtsein der gleiche, nun jedoch nicht mehr quantitative, sondern qualitative Gegensatz als das Gegenüber von völlig Verschiedenem dar, insofern das Bewußtsein weder das eine noch das andere Glied, sondern das Zwischen des Verhältnisses, das Sichverhaltende im Verhältnis ist und durch die Weise seines Sichverhaltens die Gegensätze allererst in ein wirkliches Verhältnis zueinander setzt. Climacus spricht daher auf der Ebene des Bewußtseins nicht von Vermittlung, sondern von ,,Wiederholung" (*DODE*, S. 155): Im Medium des sich seiner selbst bewußten Verhaltens wird der durch den Zweifel offenbar gewordene Widerspruch im menschlichen Sein *praktisch* im Lebensprozeß aufgehoben, indem die Realität idealiter und die Idealität realiter wieder(ge)holt wird, doch so, daß in den gegenläufigen Bewegungen des Wiederholens zugleich das Bewußtsein das sich Wiederholende ist. Der geschichtliche Vollzug dieser dialektischen Bewegung in der Zeit wird als Existenz begriffen. Nur als Existierender ist der Mensch wahrhaft Mensch, und nur insofern er sich in seinem Denken, Wollen, Fühlen und Handeln seiner selbst bewußt ist und sich aus dem Bewußtsein seiner Freiheit in jedem Augenblick seines Lebens als der bestimmt, der er sein soll – ein Freier unter anderen Freien –, existiert er wahrhaft als Mensch.

Auch Anti-Climacus analysiert die Gegensatzstruktur des menschlichen Seins vermittels des Verhältnisbegriffs. Realisiert sich Menschsein als bloß zweigliedriges Verhältnis (im Sinne von Reflexion bei Climacus), so ist der Mensch lediglich eine Synthese (von Zeitlichem und Ewigem, Endlichem und Unendlichem, Notwendigem und Möglichem), aber noch kein Verhältnis. So verstanden ist er noch nicht wirklich Mensch, da er in diesem synthetischen Verhältnis noch nicht er selbst ist, sich noch nicht als Urheber seines Seins bestimmt hat. Hieß das dreigliedrige Verhältnis, als das der Mensch existiert, bei Climacus Bewußtsein, so heißt es nun bei Anti-Climacus ,,Selbst". ,,Der Mensch ist Geist. Was aber ist Geist? Geist ist das Selbst. Was aber ist das Selbst? Das Selbst ist ein Verhältnis, das sich zu sich selbst verhält, oder ist das an dem Verhältnis, daß das Verhältnis sich zu sich selbst verhält; das Selbst ist nicht das Verhältnis, sondern daß das Verhältnis sich zu sich selbst verhält" (*KT*, S. 9). Indem es sich als das im Verhältnis sich Verhaltende ausdrücklich setzt, konstituiert sich das Selbst in freier Selbstbestimmung als geistiges Selbstsein. Über Climacus hinausgehend schränkt Anti-Climacus diesen Akt freien Selbstwerdens jedoch ein. Zwar begründet das Selbst im Akt der Selbstsetzung sein eigenes Sein, aber dieser ursprüngliche Freiheitsakt ist nicht absolut in dem Sinn, daß das Selbst über die Bedingung seines Selbstseins so zu verfügen vermag, daß es sich als causa sui schlechthin selbst erzeugt. Vielmehr vollzieht sich das Selbstwerden unter einer dem Selbst unverfügbaren Bedingung, so daß sich der Akt der Selbstsetzung zugleich als ein Akt des Gesetztwerdens erweist. Das menschliche Selbst ist kein schlechthin ursprüngliches, seiner selbst mächtiges, sondern ein ,,abgeleitetes, gesetztes Verhältnis" (ebenda), das seinen letzten Grund, die Bedingung seiner Möglichkeit außerhalb seiner selbst – in Gott – hat. Freiheit realisiert sich daher nur in einer Selbst-Behauptung, die in ihrem Selbst-Verständnis auf ein Gottesverhältnis als das tragende Fundament des Menschseins rekurriert: ,,indem es sich zu sich selbst verhält, und indem es es selbst sein will, gründet sich das Selbst durchsichtig in der Macht, welche es gesetzt hat" (*KT*, S. 10).

Menschsein als Existenz ist nicht statisches, ontisches Sein, sondern wesentlich Bewegung, Prozeß, Werden unter der Kategorie der sich selbst begründenden und darin zugleich begründeten Freiheit. Diese von Climacus und Anti-Climacus entwickelte Grundstruktur der Existenz als bewußtes Sichzusichselbstverhalten ist auch in den anderen Schriften Kierkegaards das Grundmuster der im übrigen recht verschiedenen Überlegungen, die die pseudonymen Verfasser ihrem jeweiligen Erkenntnisinteresse gemäß durchführen. Existieren wird positiv als ein Akt der Selbstwahl *(Entweder – Oder)*, als eine grundsätzliche Entscheidung, ein unbedingter Entschluß für eine ewige Seligkeit *(Philosophische Brocken, Unwissenschaftliche Nachschrift)* expliziert, aber auch als ein Zurückbleiben hinter dem existentiellen Selbstsein, als ein Verfehlen der relationalen Seinsstruktur des Menschen ex negativo erhellt *(Krankheit zum Tode)*. Der Name für den gelungenen Existenzvollzug ist bei Kierkegaard „Glaube" im Sinne von engagiertem, verantwortlichem Sicheinlassen auf die Dialektik von Gegeben- und Aufgegebensein im Horizont des von Gott eröffneten Freiheitsraumes *(Philosophische Brocken, Unwissenschaftliche Nachschrift)*. Der mißlungene Existenzvollzug dagegen heißt „Verzweiflung": das Selbst negiert das Gottesverhältnis *(Begriff Angst, Krankheit zum Tode)*, um sich schlechthin unabhängig rein aus sich selbst zu begründen, was aber gerade im Gegenteil zur Folge hat, daß es sich von dem seine Freiheit ermöglichenden Grund losreißt und sich selbst verfehlt. Der Verzweifelte existiert grundlos, ohne Sinn, christlich ausgedrückt: er ist Sünder.

Existieren ist mithin nicht ein Geschehen, das sich von selbst, ohne Zutun des Menschen gleichsam naturaliter ereignet, sondern tätige Selbstverwirklichung, engagiertes Sichverhalten, das von Kierkegaard durch das Bild des „Sprunges" veranschaulicht wird *(UN, Bd. I, S. 91; TB, Bd. I, S. 353)*: Existieren vollzieht sich nicht als ein kontinuierlicher Ablauf, sondern als fortgesetztes Springen, durch das die das menschliche Sein konstituierenden Gegensätze momentweise überbrückt werden. Durch die Analogie des Sprunges wird dreierlei signalisiert: 1. Die fundamentalen anthropologischen Gegensätze können nicht ein für allemal, sondern nur je und je im Augenblick der Entscheidung durch die Tätigkeit des Sichverhaltens überbrückt werden. Jeder Sprung ist Hervorgang aus dem Freiheitsur-sprung („ex-sistere") und zugleich Rückkehr in das Selbstverständnis bzw. Selbstverhältnis. 2. Existieren ist immer ein Wagnis, das aufgrund der prinzipiellen Gefährdetheit der menschlichen Freiheit das Risiko des Scheiternkönnens miteinschließt. 3. Jeder „Einzelne" muß selbst dieses Wagnis eingehen, das ihm kein anderer abnehmen kann. Niemand kann stellvertretend für einen anderen springen, denn Freiheit ist als Selbstursprung wesentlich sittliche Freiheit, somit Autonomie, nicht Heteronomie.

3. Ästhetische, ethische und christliche Existenz

Da die menschliche Existenz kein fertiges, unveränderliches Sein ist, sondern Werden, Prozeß, lassen sich nach Kierkegaard verschiedene Stufen der Realisation des existentiellen Selbstverhältnisses a priori konstruieren. Die unterste Stufe, auf der der Mensch unmittelbar ist, was er ist, ohne sich wirklich (zur Welt, zu den Menschen, zu sich selbst, zu Gott) zu verhalten, heißt bei Kierkegaard das ästhetische (sinnliche) Stadium; der Mensch existiert ästhetisch nur uneigentlich, der Möglichkeit nach, aber noch nicht real. Erst die nächsthöhere Stufe, das ethische (sittliche) Stadium, ist eine Stufe wirklichen Existierens, das jedoch seine höchste Vollkommenheit erst auf der dritten Stufe in der christlichen (religiösen) Existenz erreicht. Die christliche Existenz vereinigt daher alle drei Stufen unüberbietbar in sich. Repräsentanten der drei Existenzstadien sind für Kierkegaard Hegel, Sokrates und Christus.

Die ästhetische Existenz ist im Grunde eine bloß vorläufige Lebensform, die zwar natürlicher Ausgangspunkt des Menschwerdens ist, gleichwohl jedoch in Richtung auf das dem Menschen gesetzte Ziel, er selbst zu sein, überschritten, nicht aber immanent vervollkommnet werden soll. Den Ausdruck ,,ästhetisch" gebraucht B, der Verfasser des zweiten Teils von *Entweder – Oder,* nicht im Zusammenhang mit einer Theorie der Kunst oder des Schönen, sondern im Sinne der griechischen Wortbedeutung zur Bezeichnung der naturalen Ausstattung des Menschen als eines Sinnen- und Triebwesens. Der Mensch ist seiner Natur nach ästhetisch bestimmt heißt dann, seine Natur als Inbegriff seiner faktischen Anlagen und Bedürfnisse ist ihm vorgegeben und somit nicht als Produkt seiner Freiheit von ihm selbst gesetzt. Ästhetisch bestimmt ist der Mensch unmittelbar nichts anderes als seine Natur, d. h. er erscheint als ein durch seine Sinnlichkeit determiniertes Wesen, das nach Befriedigung seiner Bedürfnisse, nach Genuß strebt. Von diesem heteronomen, hedonistischen Prinzip des Genusses sagt B, es sei eine Bedingung, die ,,zwar im Individuum selbst (liegt), aber auf eine Art, daß sie nicht gesetzt ist aus der Macht des Individuums selbst" (*E–O,* Bd. II, S. 195). Sinnliches Begehren als natürliches Streben nach Erfüllung im Genuß des Begehrten ist kein produktives Sichverhalten im Sinne der durch die Verhältnisstruktur der Existenz signalisierten Bewegung, sondern ein passives Mitsichgeschehenlassen und Aufsicheinwirkenlassen, so daß der ästhetisch Lebende am weitesten davon entfernt ist, er selbst zu sein, ja im Grunde selbst-los und insofern untermenschlich existiert.

Die meisten der von Kierkegaard exemplarisch geschilderten Lebensformen gehören zum ästhetischen Typus; und die erstaunliche Vielfalt ästhetischer Existenzweisen macht deutlich, daß nach Kierkegaard die Mehrzahl der Menschen über das ästhetische Stadium gar nicht hinauskommt. Denn das ästhetische Prinzip des sinnlichen Genusses ist nicht nur für Don Juans animalisch-triebhaftes Begehren und für die raffinierten Künste Johannes des Verführers, der als Autor des Tagebuchs des Verführers hervortritt, bestimmend, sondern auch für die faszinierend schillernde Persönlichkeit des Dichters A, Verfasser der ,,Diapsalmata ad se ipsum" im ersten Teil von *Entweder – Oder (E–O,* Bd. I, S. 17–46), der in poetisch verbrämter Ironie und dialektischen Spitzfindigkeiten seine eigene schöpferische Intellektualität genießt, insbesondere aber für Hegel, auf den Anti-Climacus anspielt, wenn er sagt: ,,Ein Denker führt ein ungeheures Bauwerk auf, ein System, ein das gesamte Dasein und die ganze Weltgeschichte usw. umfassendes System" – ,,aber er zieht es vor, im Keller zu wohnen, das heißt in den Bestimmungen des Sinnlichen" (*KT,* S. 40 f.). Überhaupt sind für Kierkegaard dichterische Phantasie und philosophische Reflexion offensichtlich Medien, die sich vorzüglich zum Mißbrauch im Dienst des ästhetischen Prinzips eignen, insofern sie zu Formen des ästhetischen Genusses als sinnlichen Selbstgenusses entarten können, wenn ein Mensch – anstatt Phantasie und Reflexion im wirklichen Existieren als Mittel zur Bewältigung der Realität einzusetzen – sich ausschließlich am Erfinden und Sichausdenken von bloßen Phantasie- oder Begriffsgebilden ergötzt. Aber auch diejenigen, denen es gerade an Phantasie und kritischem Denkvermögen mangelt, z. B. der Bornierte als der Angepaßte, Unauffällige, nur noch als Zahl in der Masse Existierende (*KT*, S. 29, S. 32), und der Spießbürger, der in Trivialität und Geistlosigkeit erstarrt (*KT*, S. 38f.), bleiben dem Ästhetischen verhaftet, weil sie über dem Sinnlich-Materiellen das Ideelle aus den Augen verloren haben. Alle ästhetischen Lebensformen sind nach Anti-Climacus letztlich Formen der Verzweiflung, da der Mensch, anstatt er selbst zu werden, sich an seine sinnliche Natur verliert und damit unterhalb der Möglichkeiten seines Selbstseinkönnens bleibt. Die ästhetische Existenz bleibt abstrakt in sich selbst verschlossen, geht nicht aus sich heraus, um sich in einem engagierten, verantwortlichen Inter-esse die Wirklichkeit konkret geschichtlich zu erschließen, ,,anzueignen".[13]

Die zweite Stufe des existentiellen Seins, das ethische Stadium, kommt erst in den Blick, wenn es dem ästhetisch Existierenden gelingt, sich so weit von dem, was er immer schon unmittelbar ist und tut, zu distanzieren, daß er sich kritisch zu sich selbst, und das heißt, zu dem sein Selbstverständnis bestimmenden Prinzip des Genusses zu verhalten vermag. Führt seine Selbstkritik dazu, daß er die allgemeine Gültigkeit des ihn heteronom bestimmenden ästhetischen Prinzips negiert und statt dessen den Maßstab seines Selbstseins in einem Akt autonomer Setzung selbst frei bestimmt, hat er nach dem Ethiker B unbedingt gewählt und damit als sittliche Person konstituiert, ,,denn allein indem man unbedingt wählt, kann man das Ethische wählen. Durch die absolute Wahl ist somit das Ethische gesetzt" (*E–O*, Bd. II, S. 189). Der Übergang von der ästhetischen zur ethischen Lebensform erfolgt demnach nicht von selbst, sondern geschieht als ,,Sprung" in einer grundsätzlichen Entscheidung, durch die die Verschlossenheit der ästhetischen Dimension aufgebrochen und der Horizont des Sittlichen ursprünglich eröffnet wird. Ist der ästhetisch bestimmte Mensch als Gefangener der Sinnlichkeit unfrei und daher noch diesseits von Gut und Böse, so bindet sich der ethisch sich selbst bestimmende Mensch aus Freiheit und um der Freiheit willen an die Kategorien Gut und Böse, die er von nun an als unbedingten Maßstab für die Beurteilung seines Handelns anerkennt und nicht mehr die Intensität des durch die Handlung erzielten Genusses.

Im Akt der ethischen Selbstwahl als Akt der Selbst-Befreiung und Selbst-Bestimmung wird der Existierende er selbst, d. h. indem sich entschließt, das faktische Prinzip des Genusses dem normativen Prinzip der Freiheit unterzuordnen, tritt er erstmalig in ein Verhältnis zu sich selbst derart, daß er das Faktum seiner ästhetisch-naturalen Bestimmtheit mit dem unbedingten ethischen Anspruch, sich frei zu bestimmen, konfrontiert und dieses Verhältnis in der Bewegung des ständigen Hin- und Hergehens (inter-esse) zwischen Faktum und Norm geschichtlich konkretisiert (wiederholt). Indem der einzelne in der Anerkennung seiner selbst als sittliche Person wirklich er selbst wird, realisiert er im Verhältnis zu sich selbst immer auch zugleich ein religiöses Verhältnis, denn Sichselbstwählen bedeutet für B: ,,man wählt sich selbst in seiner ewigen Gültigkeit" (*E–O*, Bd. II, S. 224), und ,,Religiosität ist das Verhältnis zum Ewigen", wie Climacus hinzufügt (*UN*, Bd. II, S. 166). Dieses Verhältnis zum Ewigen ist auf der Stufe der ethischen Existenz Implikat des Selbstverhältnisses, insofern im Augenblick der Selbstwahl das ethische Selbst nicht radikal aus dem Nichts hervorgebracht wird, sondern aus der Aktualisierung einer stets bleibenden, dem Menschen prinzipiell verfügbaren Möglichkeit des Selbstseins hervorgeht. Climacus, für den die Sokratische Existenz der Prototyp ethischen Existierens darstellt, weil Sokrates nicht um des Wissens, sondern um des Handelns willen Philosophie lehrte, beschreibt das in der von ihm abkürzend Religiosität A genannte (*UN*, Bd. II, S. 266 ff.) und von der christlichen Religiosität B unterschiedene Ewigkeitsverhältnis als Akt der Wiedererinnerung. Indem der Mensch sich auf sich selbst besinnt, ist ,,seine Selbsterkenntnis Gotteserkenntnis" (*Ph. Br.*, S. 9). Gleichwohl wird dieses Wie-Gott-Sein des Menschen in der Rückwendung auf seine ihm vorgegebene ästhetisch bestimmte Natur paradoxerweise immer wieder negiert, so daß ethisches Existieren nicht darin bestehen kann, wie Gott zu *sein,* sondern im Streben, wie Gott zu *werden* und das Ästhetische so in dieses Streben zu integrieren, daß es als faktischer Ausgangspunkt des Selbstseinkönnens bejaht und zugleich transzendiert wird. Die Freiheit setzt sich das ihr Vorgegebene als ihre Aufgabe.

Wie der Übergang von der ästhetischen zur ethischen Existenz durch eine unbedingte Wahl vollzogen wird, in der sich der Wählende allererst als ein Verhältnis realisiert, das die Qualität der Freiheit hat, so geschieht auch der Übergang von der ethischen in die christliche Existenz durch eine Entscheidung von besonderer Art. Es besteht jedoch ein grundsätzlicher Unterschied zwischen der ethischen Selbstwahl und der Entscheidung, Christ zu werden. Dieser Unterschied betrifft das Verhältnis zum Ewigen, das religiöse Verhältnis also. Während ethisches Existieren eine dem Menschen prinzipiell verfügbare Möglichkeit seines Seinkönnens ist,[14] die er aufgrund seiner Freiheit aus eigener Kraft wählend zu aktualisieren vermag, hat die christliche Existenz die Bedingung ihrer Möglichkeit außerhalb der Seinsmöglichkeit des Menschen. Dies hat zur Folge, daß christliches Existieren von etwas abhängig ist, über das der Mensch nicht frei verfügen kann. Er hat nicht mehr ethisch immer schon potentiell am Ewigen teil, das es lediglich zu verwirklichen gilt. Vielmehr ist er des Ewigen verlustig gegangen, und zwar nicht zufällig durch eine Art Unfall oder durch schicksalhafte Fügung, sondern durch eigene Schuld.[15] Durch die Offenbarung Gottes erfährt der Mensch, daß er Sünder ist, sich in einem Akt maßlosen Stolzes von Gott losgerissen und mit der Negation des Ewigen die Bedingung seiner Freiheit aufgehoben hat. Die daraus resultierende Unfreiheit, die es dem Menschen nicht mehr erlaubt, ethisch zu existieren, ist anders als die Unfreiheit der ästhetischen Existenz, die durch Freiheit aufhebbar ist, eine erworbene, durch Freiheit und als Produkt der Freiheit gesetzte Unfreiheit, die der Mensch von sich aus nicht mehr aufzuheben vermag, eben weil er sich in der Erhebung gegen Gott seiner Freiheit begeben hat.

Ausgehend von der Voraussetzung des Christentums, daß der Mensch als unfreier radikal in der Unwahrheit ist – ,,die Subjektivität ist die Unwahrheit" (UN, Bd. I, S. 198) –, da er aufgrund des von ihm zerstörten Gottesverhältnisses auch kein Selbstverhältnis mehr realisieren kann, konstruiert Climacus in den ,,Philosophischen Brocken" ein ,,Denkprojekt",[16] das entwickelt, wie der Sünder wieder in ein Verhältnis zu Gott treten und seine verlorene Freiheit zurückgewinnen kann. Dazu ist zunächst erforderlich, daß die Sünde vom einzelnen als seine eigene Tat anerkannt und bereut wird. Im Akt der Reue, der ein Akt der Selbst-Demütigung, der Selbst-Erniedrigung ist, wiederholt der Mensch das Leiden Gottes, der – allerdings ohne Sünder zu sein – in Christus Menschengestalt angenommen hat, um den Menschen darauf aufmerksam zu machen, daß sein Versuch, sich im Rekurs auf ein Ewiges, Unbedingtes seiner Wahrheit und Freiheit zu vergewissern, vergeblich und zur Ohnmacht verurteilt ist, da das Verhältnis zwischen Mensch und Gott nicht mehr besteht. Die Menschwerdung Gottes ist aber nicht nur eine Demonstration des menschlichen Sündenfalls und der daraus resultierenden Ohnmacht, sondern zugleich auch das Angebot eines neuen Ewigkeitsverhältnisses, durch das der Mensch seine Freiheit und damit sein Sein als Subjekt – seine Subjektivität – neu begründen kann. Der Bewegung des Herabsteigens Gottes (Menschwerdung) entspricht die Bewegung der Sicherhebung des Menschen zu Gott (Gottwerdung): dies ist die Bewegung des Christwerdens, die von Climacus als Glaube bestimmt wird.

Der Akt des Glaubens, durch den der Übergang in das christliche Existenzstadium erfolgt, unterscheidet sich von der als ethische Selbstwahl charakterisierten Entscheidung im wesentlichen dadurch, daß der Mensch als Sünder nicht mehr autonom über sich selbst zu verfügen vermag, da er aufgrund des von ihm zerstörten Ewigkeitsverhältnisses seiner selbst nicht mehr mächtig ist. Die Bedingung seines Selbstseinkönnens stellt sich nicht mehr in der Innerlichkeit seines Sichverhaltens als die Qualität der Freiheit her, sondern begegnet ihm paradoxerweise von außen in der Gestalt eines historischen Faktums, nämlich daß Gott rund 30 Jahre hier auf Erden als Mensch gelebt hat, um die Menschen zu erlösen, d. h. um ihnen die Möglichkeit zu geben, sich aus ihrer selbstverschuldeten Unfreiheit zu befreien und in der Zuwendung zu Jesus Christus ein neues Gottesverhältnis zu realisieren. Im christlichen Glaubensvollzug erschließt sich dem gefallenen Menschen wieder die Dimension des Ewigen: Indem er danach strebt, die von Christus exemplarisch vorgelebte Weise des Existierens zu wiederholen, eignet sich der Glaubende in dieser ,,Einübung im Christentum" das Christsein an; und indem er so mit Christus ,,gleichzeitig" wird, gewinnt er seine ,,ewige Seligkeit" – nicht als Lohn, der ihn im Jenseits erwartet, sondern als der sinnstiftende und sinnerfüllte Grund seines Lebens, der in jedem „Augenblick" seines hiesigen Daseins, seiner Geschichte, sofern sie aus den im Akt des Glaubens zusammenfallenden Tätigkeiten der Menschwerdung Gottes und der Gottwerdung des Menschen hervorgeht, zugegen ist.

Der Glaubensvollzug als der Entschluß, Christ zu werden, d. h. wie Christus und damit wie Gott zu werden, ohne doch aufzuhören, Mensch zu sein, ist eine freie Entscheidung, die der Mensch auch verweigern kann. Wie die den Bereich des Ethischen eröffnende Selbstwahl abgelehnt und das Ästhetische dem Ethischen vorgezogen werden kann, so kann auch die von Gott dem Menschen neu geschenkte Freiheit dazu mißbraucht werden, Gott erneut zu leugnen. In beiden Fällen hat dies jedoch schwerwiegende Konsequenzen. Wer verstanden hat, was es heißt, ethisch zu existieren – nämlich Freiheit als das schlechthin Gute unbedingt anzuerkennen –, und trotzdem dem ästhetischen Prinzip des sinnlichen Genusses den Vorrang vor dem ethischen Prinzip der Freiheit zuerkennt, verhilft dem Faktischen zum Sieg über das Normative und macht damit Unfreiheit zum Prinzip seiner Willensbestimmung. Dies hat zur Folge, daß der betreffende sich – sei es durch ausdrückliche Wahl des Ästhetischen, sei es durch Unterlassen der Wahl des Ethischen – vom Ethischen ausgeschlossen hat und insofern zutiefst unsittlich geworden ist. Das Analoge gilt für denjenigen, der voll und ganz verstanden hat, was es heißt, christlich zu existieren – nämlich Gott als den die Freiheit des Menschen ermöglichenden Grund unbedingt anzuerkennen –, und sich trotzdem gegen diese höchste Weise des Menschseins für eine andere Existenzform entscheidet. Er verschließt sich vor dem Christlichen, an dem er Anstoß („Ärgernis") genommen hat, und schlägt in trotziger Selbst-Überheblichkeit die von Gott angebotene Freiheit aus – was den Verlust dieser Freiheit zur Folge hat. Sowohl in der anti-ethischen als auch in der anti-christlichen Entscheidung verfehlt der Mensch sich selbst in seinem Sein als Existenz, deren Verhältnisstruktur ihren Halt am Ewigen hat. Negiert der Mensch das Ewige, so entzieht er seiner Existenz den Grund, der ihren freien Selbstvollzug als Sichverhalten ermöglicht, und jeder Versuch, das negierte Ewige durch ein selbstgemachtes menschliches Ewiges zu ersetzen, muß nach Kierkegaard notwendig scheitern, weil der Mensch als endliches Wesen die seiner Selbstmacht gesetzten Grenzen nicht absolut, sondern nur in der unbedingten Anerkennung desjenigen, der diese Grenzen gesetzt hat, zu transzendieren vermag.

III. Wirkungsgeschichte

Kierkegaard fand zu seinen Lebzeiten nicht auch nur annähernd die Wertschätzung und Beachtung, die ihm vor allem nach dem ersten Weltkrieg zuteil wurde. Einzig *Entweder – Oder* wurde allgemein wohlwollend aufgenommen und überwiegend positiv rezensiert. Alle späteren Schriften fanden nur noch spärlich (zumeist theologische) Rezensenten, die sich zunehmend kritisch äußerten und von Kierkegaard wiederum mit beißendem Spott bedacht wurden.[17]

Da Kierkegaard ein ebenso dichterischer wie theologischer und philosophischer Schriftsteller war, erklärt dies seine Wirkung insbesondere auf Dichtung, Theologie und Philosophie. Unter den Dichtern sind es zunächst Henrik Ibsen und August Strindberg, deren nihilistische Lebensanschauung durch Kierkegaards Analyse der Verzweiflung wesentlich mitgeprägt wurde, später Rainer Maria Rilke, Franz Kafka und Max Frisch, die vor allem zum Kierkegaard von *Entweder – Oder* und der *Stadien* eine auch in manchen ihrer Werke nachweisbare Affinität bekunden.

Besondere Bedeutung erlangte Kierkegaards Werk im Umkreis jener Theologen – Karl Barth, Emil Brunner, Rudolf Bultmann und andere –, deren Bibelexegesen und Entmythologisierungsversuche unter dem Namen „dialektische Theologie" bekannt wurden und weltweite Bedeutung für Theologie und Kirche erhielten.

Am nachhaltigsten hat Kierkegaard auf die moderne Existenzphilosophie gewirkt, als deren Begründer er in der Regel apostrophiert wird. In der die Ich-Du-Beziehung in den Mittelpunkt stellenden dialogischen Philosophie Ferdinand Ebners, Franz Rosenzweigs und Martin Bubers ist Kierkegaard ein ebenso zentraler Gesprächspartner wie in der von Karl Jaspers zeit seines Lebens betriebenen Existenzerhellung. Auch die von Martin Heidegger in *Sein und Zeit* vorgelegte existenzial-ontologische Fundamentalanalyse des Daseins ist ohne Kierkegaards Kritik der menschlichen Existenz nicht denkbar, obwohl sich Heidegger erstaunlicherweise nirgends ausdrücklich auf Kierkegaard bezieht. Jedoch versuchen Jaspers und Heidegger wie auch die französischen Existentialisten Jean Paul Sartre und Albert Camus Kierkegaard zu enttheologisieren, indem sie die menschliche Existenz ohne Rekurs auf Gott radikal als Selbstursprung zu begreifen suchen. Von den kritischen Marxisten – Theodor W. Adorno, Ernst Bloch und andere – wird Kierkegaard in Anspruch genommen, um ihre Kritik an bestehenden Denk- und Gesellschaftsformen zu untermauern, in denen sich ein unpersönlicher, objektiver Idealismus verberge.[18]

Ernst Michael Lange

KARL MARX

(1818–1883)

Marx war kein Klassiker des philosophischen Denkens, wenn darunter ein Autor verstanden wird, der unverzichtbare Beiträge zu Fragestellungen, Begriffsbildungen und Problemlösungen der Philosophie geleistet hat. Gleichwohl verdient Marx, im Kontext der Klassiker der Philosophie erörtert zu werden. Ein Grund dafür ist, daß Marx eine der grundsätzlichen kritischen Herausforderungen an die Philosophie als theoretisches Unternehmen formuliert hat. Von Plato und Aristoteles bis zu Hegel hat Philosophie sich trotz mancher Herausforderungen durch Bewegungen der Aufklärung unangefochten als Theorie verstanden, als eine der denkenden Betrachtung der Wirklichkeit im ganzen gewidmete Lebensform, die allen anderen, insbesondere praktischen Lebensformen überlegen sei. Marx hat die Kritik am folgenreichsten formuliert, die dieses Selbstbewußtsein der Philosophie als weltüberlegener Theorie nachhaltig erschüttert hat: „Die Philosophen haben die Welt nur verschieden *interpretiert,* es kömmt drauf an, sie zu *verändern.*"[1] Die Veränderung der Welt hat Marx als sozialrevolutionäre Praxis konzipiert. Diese bedarf aber zu ihrer Orientierung einer selber noch theoretischen Aufklärung durch eine „Darstellung der Wirklichkeit", in die er die selbständige Philosophie derart zu überführen beanspruchte, daß sie „ihr Existenzmedium (verliert)".[2] Der theoretischen Aufklärung der revolutionären Praxis über ihre Bedingungen und Ziele hat Marx den Namen der Kritik gegeben und als ihr Fundament und Zentrum die *Kritik der politischen Ökonomie* aufgefaßt. Bei dieser handelt es sich um eine anthropologisch-geschichtsphilosophisch orientierte kritische Darstellung der Wissenschaft der Politischen Ökonomie, die in England und Frankreich von Autoren wie W. Petty, J. Locke, F. Quesnay, J. Steuart, A. Smith und D. Ricardo entwickelt worden war. Marx' Version der Kritik dieser Wissenschaft ist gekennzeichnet durch eine eigentümliche Integration von englischer Nationalökonomie, französischem Sozialismus und deutscher idealistischer Philosophie auf der Basis einer transformierten philosophischen (Hegelschen) Begrifflichkeit und Methode. Zur Aufklärung dieses eigentümlich integrativen Theoriekonzepts kann Philosophie einen besonderen Beitrag leisten. Darin liegt ein weiterer Grund für die Behandlung von Marx im Kontext der Klassiker des philosophischen Denkens.

I

Karl Heinrich Marx wurde 1818 in Trier geboren. Sein Vater war vom jüdischen zum protestantischen Glauben übergetreten und von Beruf Jurist. Trier war als Teil des Rheinlandes während der Napoleonischen Besetzung von den politisch-rechtlichen Errungenschaften der Großen Französischen Revolution beeinflußt worden und gehörte daher zu den fortschrittlichsten Gegenden im damaligen Deutschland. Schon während seiner Jugendzeit lernte Marx die Philosophie Kants und Fichtes, die Lehren der französischen Aufklärung und der Frühsozialisten Saint-Simon und Fourier kennen.

Von 1835 an studierte Marx zunächst zwei Semester Jura in Bonn, danach Jura und Philosophie in Berlin, der Hochburg hegelscher und hegelkritischer Philosophie. Marx gehörte dort zu einem junghegelschen Doktorclub, einer Vereinigung von politisch und zeitkritisch engagierten Intellektuellen. Hauptgegenstand ihrer Kritik waren, neben der Hegelschen Philosophie, die politisch-sozialen Zustände in Preußen. Sie hofften, diese Zustände durch eine ,,Verwirklichung der Philosophie" – d. h. eine Gestaltung der gesellschaftlichen Wirklichkeit gemäß den Grundsätzen der Vernunft, die in Hegels Philosophie zwar ausgesprochen, aber voreilig für schon wirklich erklärt worden waren – auf weltgeschichtliches Niveau zu bringen.[3] Für Marx besonders wichtig war die Zusammenarbeit mit dem Theologen Bruno Bauer, mit dem ihn der Protest verband ,,gegen alle himmlischen und irdischen Götter, die das menschliche Selbstbewußtsein nicht als oberste Gottheit anerkennen." (*Dissertation, Vorrede*)

1841 wurde Marx mit einer Dissertation über Demokrits und Epikurs Naturphilosophie an der Universität Jena promoviert. Da sich Aussichten auf eine Universitätslaufbahn zerschlugen, wandte Marx sich publizistischer Tätigkeit zu. Von Oktober 1842 an war Marx leitender Redakteur der Rheinischen Zeitung in Köln. Diese Tätigkeit brachte ihn nach eigenem Bekunden ,,zuerst in die Verlegenheit, über sogenannte materielle Interessen mitsprechen zu müssen".[4] Schon im März 1843 mußte Marx die Redakteurstelle wegen der preußischen Pressezensur wieder aufgeben. Während des folgenden Sommers widmete Marx sich erneut Studien und schrieb einen zu Lebzeiten unveröffentlichten Kommentar zu Hegels Staatsrecht. Im Herbst 1843 übersiedelte er nach der Heirat mit seiner Jugendfreundin Jenny von Westphalen nach Paris, wo er gemeinsam mit dem liberalen Publizisten Arnold Ruge die Herausgabe von *Deutsch-Französischen Jahrbüchern* plante. In ihnen sollten die zeitkritischen Tendenzen beider Länder zusammengefaßt werden. Ohne Beteiligung französischer Autoren erschien 1844 nur die erste Ausgabe, zu der Marx zwei eigene Aufsätze beisteuerte. Im zweiten Aufsatz, *Zur Kritik der Hegelschen Rechtsphilosophie. Einleitung,* vertritt Marx im Rahmen des junghegelschen Programms einer Verwirklichung der Philosophie als erster und zunächst einziger die Arbeiterexklusivismusthese.[5] Sie besagt, eine Verwirklichung der Philosophie bedürfe eines Bündnisses mit dem Proletariat. Die Philosophie sei auf dieses Bündnis angewiesen, weil sie machtlos sei: ,,Die Waffe der Kritik kann ... die Kritik der Waffen nicht ersetzen, die materielle Gewalt muß gestürzt werden durch materielle Gewalt, allein auch die Theorie wird zur materiellen Gewalt, sobald sie die Massen ergreift." Das Proletariat sei auf dieses Bündnis ebenfalls angewiesen, weil es nur aus der Philosophie die Orientierung für seine revolutionäre Praxis gewinnen könne, insbesondere die Einsicht, daß es sich ,,nicht emanzipieren kann, ohne sich von allen übrigen Sphären der Gesellschaft und damit alle übrigen Sphären der Gesellschaft zu emanzipieren".

In Paris pflegte Marx Umgang mit französischen Sozialisten, besonders Jean-Pierre Proudhon, aber auch mit dem russischen Anarchisten Michail Bakunin und dem deutschen Dichter Heinrich Heine. Eine engere Zusammenarbeit verband ihn mit Moses Heß, den er von der Arbeit bei der Rheinischen Zeitung her kannte, und Friedrich Engels, den er erst hier näher kennenlernte und mit dem ihn eine lebenslange Freundschaft verband. Diese Zusammenarbeit setzte sich 1845 in Brüssel fort, wohin Marx auf Intervention der preußischen Regierung von Paris übersiedeln mußte. Sie resultierte in zwei umfänglichen Polemiken gegen die ehemaligen junghegelschen Gesinnungsgenossen, besonders gegen Bruno Bauer, Ludwig Feuerbach und Max Stirner.[6] In Brüssel begannen auch Marx' politisch-organisatorische Aktivitäten, zuerst in einem kommunistischen Korrespondenz-Kommitee, später im Bund der Kommunisten. 1847 veröffentlichte Marx eine Kritik an Proudhon unter dem Titel *La misère de la Philosophie,* von der er selber gesagt hat, in dieser Arbeit seien seine und Engels' politisch-theoretische Ansichten ,,zuerst wissenschaftlich, wenn auch nur polemisch, angedeutet."[7] Eine klassische Formulierung hat der Inbegriff dieser Ansichten, der Historische Materialismus, in dem gemeinsam von Marx und Engels verfaßten *Manifest der Kommunistischen Partei* gefunden, das 1848 erschien.

Während der Revolution 1848/49 war Marx, auch aus Brüssel ausgewiesen, Chefredakteur der Neuen Rheinischen Zeitung in Köln. Da er 1845 auf eigenen Antrag aus Preußen ausgebürgert worden war, wurde er nach dem Abflauen der revolutionären Bewegung als Staatenloser auch aus Köln ausgewiesen und ging mit seiner Familie wie viele Emigranten jener Zeit nach London, wo er, von kurzen Reisen auf den Kontinent abgesehen, bis zu seinem Tode 1883 lebte. Seine Lebensverhältnisse waren stets beengt und von großen finanziellen Schwierigkeiten geprägt. Er lebte, außer von nicht ausreichenden Einnahmen aus journalistischer und sonstiger schriftstellerischer Tätigkeit, großenteils von Unterstützungen durch seinen Freund Engels, der als Fabrikantensohn und Industrieller in Manchester wirtschaftlich unabhängig war. Marx sah sein Verhältnis zu Engels in dieser Hinsicht so, ,,daß wir zwei ein Compagniegeschäft betreiben, wo ich meine Zeit für den theoretischen und Parteiteil des business gebe" und Engels die materielle Basis gewährleiste (Brief an Engels v. 3. Juli 1865). Der ,,Parteiteil des business" war vor allem die Arbeit für die Internationale Arbeiter-Assoziation (I. Internationale

1864–73). Da Marx auf strengste Linientreue gegenüber seinen und Engels' politisch-strategischen Auffassungen achtete, bekämpfte er erbittert den Einfluß Proudhons in der Internationale und die auf ein Bündnis von Arbeiterklasse und Staat abzielenden Auffassungen Ferdinand Lassalles, die die Anfänge der deutschen Sozialdemokratie mitprägten. In den Kontext der Auseinandersetzungen mit den Proudhonisten gehört Marx' Reklamation der Pariser Kommune von 1870/71 für seine theoretischen Auffassungen über die proletarische Revolution;[8] in den Kontext der Auseinandersetzung mit den Lassalleanern gehört die *Kritik des Gothaer Programms* (1875), in der sich einige der wenigen genaueren Äußerungen über den Sozialismus nach der Revolution finden. Die I. Internationale zerbrach Anfang der siebziger Jahre über Streitigkeiten zwischen Marx und Bakunin.

Den Grundriß seines theoretischen Lebenswerks, der Kritik der politischen Ökonomie, hatte Marx schon 1844 in Paris gelegt. Die dort geschriebenen ökonomisch-philosophischen oder *Pariser Manuskripte* wurden erst 1932 posthum veröffentlicht. In London war Marx von 1850–52 mit dem Sammeln von Material und der Anfertigung von umfänglichen Exzerpten beschäftigt. Diese verarbeitete er zwischen 1857 und 1859 zur ersten großen Ausarbeitung seiner Ökonomiekritik, die ebenfalls erst posthum, in Moskau 1939, unter dem Titel *Grundrisse der Kritik der politischen Ökonomie* veröffentlicht wurde. Zunächst wollte Marx dieses umfangreiche Konvolut zur Veröffentlichung in einzelnen Heften bearbeiten. Nach Erscheinen von *Zur Kritik der Politischen Ökonomie. Erstes Heft* (1859) änderte Marx aber seinen Plan und schrieb 1862/63 zunächst den theoriegeschichtlichen Teil seines Werks, der 1905/10 von dem sozialdemokratischen Parteitheoretiker Karl Kautsky unter dem Titel *Theorien über den Mehrwert* herausgegeben wurde. Erst danach machte sich Marx an die definitive Bearbeitung des gesamten Materials. 1867 erschien *Das Kapital – Kritik der politischen Ökonomie, Erster Band, Buch I: Der Produktionsprozeß des Kapitals*. Für die zweite Auflage, die 1873 erschien, nahm Marx beträchtliche Umarbeitungen im Interesse größerer Popularisierung der Darstellung vor. Die Bücher II und III, die den Zirkulationsprozeß und den Gesamtprozeß des Kapitals behandeln, wurden von Engels 1885 und 1894 aus den Manuskripten des Nachlasses herausgegeben.

II

Für Marx' erste Beschäftigung mit der Ökonomiekritik 1844 in Paris war die Anregung durch zwei Essays entscheidend, die dieselbe Thematik behandelten: Moses Heß' Schrift *Über das Geldwesen* und Engels' *Umrisse zu einer Kritik der Nationalökonomie*.[9] Von Heß übernahm Marx auch den allgemeinen methodischen Gedanken, Ludwig Feuerbachs „Methode der reformatorischen Kritik der spekulativen Philosophie überhaupt" über Religionskritik hinaus fruchtbar zu machen.[10] Eine Anwendung dieser Methode auf politisch-rechtliche Gegenstände hatten bereits Marx' *Kritik des Hegelschen Staatsrechts* und der Aufsatz *Zur Judenfrage* von 1843 gegeben. Die Anwendung auf ökonomische Themen kennzeichnet die *Pariser Manuskripte* von 1844. Was diese von den ökonomiekritischen Vorlagen von Heß und Engels unterscheidet, ist inhaltlich nur die Arbeiterexklusivismusthese. Originell dagegen ist Marx' philosophisch zu nennender Versuch, die in die Ökonomiekritik eingehenden heterogenen Traditionen der englischen Nationalökonomie, des französischen Sozialismus und der deutschen idealistischen Philosophie durch ein einziges Netz von Grundbegriffen wirklich zu integrieren. Die drei entscheidenden Begriffe in diesem Netz sind in den *Pariser Manuskripten* Arbeit, Vergegenständlichung und Entfremdung.

Marx erklärt nirgends erschöpfend, was unter ‚Arbeit' verstanden werden soll. Ein Grund dafür ist, daß er zeitlebens Hegels ,,Dialektik" für ,,unbedingt das letzte Wort aller Philosophie" hielt (Brief an Lassalle v. 31. Mai 1858) und sich daher für grundbegriffliche Klärungen, wie sie zur Philosophie gehören, der Hegelschen Begriffskonstruktionen unbefangen bedient hat. So lobt Marx Hegel dafür, daß er ,,die Selbsterzeugung des Menschen als einen Prozeß faßt, die Vergegenständlichung als Entgegenständlichung, als Entäußerung und als Aufhebung dieser Entäußerung; daß er also das Wesen der *Arbeit* faßt" [Marx-Engels-Gesamtausgabe (= MEGA), Bd. I 3, S. 156]. Auch die andere Stelle, an der eine Erklärung des Arbeitsbegriffs angedeutet wird, verwendet den philosophischen Kunstausdruck ‚Vergegenständlichung': ,,Das Produkt der Arbeit ist die Arbeit, die sich in einem Gegenstand fixiert, sachlich gemacht hat, es ist die *Vergegenständlichung* der Arbeit. Die Verwirklichung der Arbeit ist ihre Vergegenständlichung." (MEGA, Bd. I 3, S. 83) Um den Zusammenhang von Arbeit und Vergegenständlichung aufzuklären, ist auf Hegel zurückzugehen. Der hat behauptet: ,,Das Handeln ist überhaupt eine Vereinigung des Inneren und des Äußeren."[11] Das Innere beim Handeln heiße ,,Entschluß, Vorsatz" oder ,,der subjektive Zweck". Dieser wird mit dem Äußeren vereinigt, indem er in das Äußere ,,übersetzt", ,,objektiviert" oder eben, durchaus in einem räumlichen Sinn, entäußert wird.[12] Der Prozeß der Verwirklichung des subjektiven Zwecks im Handeln ist ,,eine bloße Formänderung desselben Inhalts".[13] Daher ist auch der Zustand, in dem Handeln terminiert, Zweck, objektiver Zweck. Ein theoretischer Titel für Tätigkeit im umfassendsten, nicht auf Handeln eingeschränkten Sinn ist bei Hegel Negation. Mit seiner Hilfe läßt sich Handeln als eine Negation der Negation explizieren: eine Handlung verwirklicht die sie charakterisierende Absicht, indem sie diese als ein Negatives, eine bloße Absicht, aufhebt und das heißt: ,,negiert". Ebenso läßt sich Handeln als ein Beispiel der theoretischen Grundfigur einer ,,Identität (Einheit) von Identität und Nichtidentität" darstellen. Subjektiver und objektiver Zweck sind dem Inhalt nach derselbe, der Form nach verschieden; Handeln als Verwirklichung des zunächst inneren Zwecks durch seine Entäußerung stellt eine Identität (Einheit) der Identität (inhaltlich: subjektiver = objektiver Zweck) und Nichtidentität (formell: subjektiver ≠ objektiver Zweck) her. Hegel nennt den subjektiven Zweck gelegentlich auch den „Gegenstand, wie er noch für das Bewußtsein ist".[14] Seine Verwirklichung ist dann als Entäußerung zugleich eine Ver-gegenständlichung im Sinne von „zu einem äußeren konkreten Gegenstand werden". Für Marx war diese terminologische Prägung durch Feuerbach vermittelt, von dem er schrieb, „auch die deutsche positive Kritik der Nationalökonomie (verdankt) ihre wahre Begründung den Entdeckungen *Feuerbachs*" (MEGA, Bd. I 3, S. 34).

In zwei Hinsichten weicht das konstruktive Vergegenständlichungsmodell der Arbeit bei Marx vom natürlichen Sprachverständnis ab. Für dieses ist es zum einen nicht notwendig, daß derjenige, der arbeitet, einen konkreten Gegenstand produziert. „Arbeiten" heißt nur soviel wie entweder „sich mühen" oder „seinen Lebensunterhalt verdienen" und sagt insofern nicht abschließend, was man tut, wenn man arbeitet. Für die Marxsche Einschränkung des Sinns von „Arbeiten" auf „einen konkreten Gegenstand produzieren", die im Vergegenständlichungsmodell vorgenommen ist, könnte die Orientierung an handwerklichen oder künstlerischen Produktionsprozessen motivierend gewesen sein. Von den Resultaten solcher Prozesse sagt man auch, sie seien „gute" oder „charakteristische Arbeiten". Dem intuitiven Sprachverständnis entspricht es nun, zu sagen, daß, wenn es die Arbeiten im Sinn von Resultaten der Produktionsprozesse gibt, die Arbeiten im Sinn der Produktionsprozesse selber vergangen sein müssen – ein Kriterium, das Aristoteles zur Abgrenzung der Handlungskategorien Poiesis und Praxis verwendet hat (*Metaphysik* IX 6, 1048b 15–35). Marx ist demgegenüber der Ansicht, daß es „die Arbeit ist, die sich in einem Gegenstand fixiert ... hat." (MEGA, Bd. I 3, S. 83). Die Arbeit im Sinne des Prozesses des Arbeitens, dies die zweite Abweichung gegenüber dem natürlichen Sprachverständnis, vergeht nach Marx überhaupt nicht, sondern „setzt sich ... beständig aus der Form der Unruhe in die des Seins, aus der Form der Bewegung in die der Gegenständlichkeit um." [*Kapital* I, Marx/Engels: Werke und Briefe (= MEW), Bd. 23, S. 204].

Das konstruktive Vergegenständlichungsmodell der Arbeit ist die zentrale grundbegriffliche Ressource der Marxschen Ökonomiekritik. Der umfassendste Kontext, in dem sie zur Anwendung kommt, ist der einer anthropologischen Geschichtsphilosohie der Arbeit. Marx gewinnt ihr Konzept, indem er sich Feuerbachs gegen Hegel gewendete Religionskritik zu eigen macht. Bei Hegel hatte das konstruktive Handlungsmodell (unter anderem) dazu gedient, das Schöpfungshandeln Gottes als seine Ent-äußerung zu explizieren. Marx macht dagegen Feuerbachs Reduktion von Theologie auf Anthropologie mit, kritisiert von daher den Schöpfungsmythos (vgl. MEGA, Bd. I 3, S. 124f.) und überträgt die Schöpferfunktion auf die Menschengattung, deren Entwicklungsprozeß er als eine Vergegenständlichung der Gattungskräfte deutet. Die ganze Operation steht im direkten Kontext des Lobes, Hegel habe das Wesen der Arbeit erfaßt, indem er „den gegenständlichen Menschen (...) als Resultat seiner *eigenen Arbeit* begreift. Das *wirkliche,* tätige Verhalten des Menschen zu sich als Gattungswesen (...) ist nur möglich dadurch, daß er wirklich alle seine

Gattungskräfte – was wieder nur durch das Gesamtwirken der Menschen möglich ist, nur als Resultat der Geschichte – herausschafft, sich zu ihnen als Gegenständen verhält" (MEGA, Bd. I 3, S. 156). Hier ist nun nicht mehr von der Arbeit eines einzelnen Produzenten als einer Vergegenständlichung seiner selbst die Rede, sondern vom ,,Selbsterzeugungsprozeß des Menschen" in Form eines ,,Gesamtwirkens der Menschen" in der Geschichte, die sich insofern vergegenständlichen, als sie ihre ,,Gattungskräfte" herausschaffen und sich zu ihnen als Gegenständen verhalten. Vor dem Erreichen des Endzustandes dieses Selbsterzeugungsprozesses ist die Vergegenständlichung des Menschen ,,nur in der Form der Entfremdung möglich" (ebd.). ,,Entfremdung" ist eine defiziente Form von Vergegenständlichung. Ihren Höhepunkt hat sie als Entfremdung der Arbeit im ,,nationalökonomischen Zustand" (MEGA, Bd. I 3, S. 83), dem gesellschaftlich-geschichtlichen Zustand, auf den die Politische Ökonomie als Theorie bezogen ist. Als ,,Produkt" (MEGA, Bd. I 3, S. 107) des nationalökonomischen Zustandes und der ihn kennzeichnenden Entfremdung der Arbeit wird die Politische Ökonomie von Marx kritisiert.

Die Entfremdung der Arbeit analysiert Marx in vier Aspekte. Zunächst ist der Arbeiter wegen des Privateigentums an Produktionsmitteln, dem grundlegenden institutionellen Faktum des nationalökonomischen Zustandes, von ,,den Produkten seiner Arbeit" getrennt oder entfremdet, weil diese ebenfalls nicht ihm, sondern dem Produktionsmitteleigentümer gehören (MEGA, Bd. I 3, S. 85). Dieser hat ferner die Direktionsbefugnis im Prozeß des Arbeitens. Deshalb fühlt sich zweitens der Arbeiter auch fremd bei der Arbeit. Er erfährt ,,die *eigene* physische und geistige Energie ... sein persönliches Leben – denn was ist Leben (anderes) als Tätigkeit – als eine wider ihn selbst gewendete, von ihm unabhängige, ihm nicht gehörige Tätigkeit. Die *Selbstentfremdung,* wie oben die Entfremdung der Sache" (im Sinn des Produkts der Arbeit; MEGA, Bd. I 3, S. 86). In der Selbstentfremdung wiederum liegt der dritte Aspekt der Entfremdung der Arbeit, die Entfremdung vom Gattungswesen, das Marx positiv so beschreibt: ,,in der Bearbeitung der gegenständlichen Welt bewährt sich der Mensch ... erst wirklich als ein *Gattungswesen.* Diese Produktion ist sein werktätiges Gattungsleben. Durch sie erscheint die Natur als *sein* Werk und seine Wirklichkeit. Der Gegenstand der Arbeit ist daher die *Vergegenständlichung des Gattungslebens des Menschen:* indem er sich nicht nur wie im Bewußtsein intellektuell, sondern werktätig, wirklich verdoppelt und sich selbst daher in einer von ihm geschaffenen Welt anschaut." (MEGA, Bd. I 3, S. 88 f.) Marx antizipiert in dieser Beschreibung das Ende des Selbsterzeugungsprozesses der Menschengattung: Sie wird ihr Wesen, das Gattungswesen, völlig realisiert haben, wenn sie alle Gattungskräfte derart vergegenständlicht haben wird, daß sie die Natur selber als ihr Werk anschauen kann. Mit solcher Konsequenz überträgt Marx die Schöpferfunktion auf die Menschengattung. Die Entfremdung vom Gattungswesen, die als dritter Aspekt in der Entfremdung der Arbeit liegt, besteht genau in der Verhinderung solcher Selbstanschauung des sich erzeugenden Menschenwesens in der von ihm produktiv bearbeiteten

Karl Marx (1818–1883)

Natur: „Indem daher die entfremdete Arbeit dem Menschen den Gegenstand seiner Produktion entreißt, entreißt sie ihm sein Gattungsleben, seine wirkliche Gattungsgegenständlichkeit, und verwandelt seinen Vorzug vor dem Tier in den Nachteil, daß sein unorganischer Leib, die Natur, ihm entzogen wird." (MEGA, Bd. I 3, S. 89) Der vierte Aspekt der Entfremdung der Arbeit ist schließlich die Entfremdung der Menschen voneinander: „Der Satz, daß dem Menschen sein Gattungswesen entfremdet ist, heißt, daß ein Mensch dem anderen, wie jeder von ihnen dem menschlichen Wesen entfremdet ist." (Ebd.)

Die Politische Ökonomie nun, und das fordert ihre Kritik heraus, verbirgt sich diese ganze Entfremdung der Arbeit im nationalökonomischen Zustand „dadurch, daß sie nicht das unmittelbare Verhältnis zwischen dem Arbeiter (der Arbeit) und der Produktion betrachtet". (MEGA, Bd. I 3, S. 84f.) Sie setzt die Elemente des nationalökonomischen Zustandes – „das Privateigentum, die Trennung von Arbeit, Kapital und Erde, (...) Teilung der Arbeit, die Konkurrenz, den Begriff des Tauschwertes etc." (MEGA, Bd. I 3, S. 81) – bloß voraus und verzichtet darauf, den „wesentlichen Zusammenhang" dieser Elemente zu begreifen (ebd., S. 82). Marx glaubte, diesen Verzicht als eine Inkonsequenz der Politischen Ökonomie erweisen zu können. Er orientierte sich dafür an dem für ihn im Jahre 1844 wichtigsten nationalökonomischen Schriftsteller, Adam Smith, von dem er behauptete, daß er „die *Arbeit* zum *einzigen* Prinzip der Nationalökonomie erhebt" (MEGA, Bd. I 3, S. 98). Marx entnahm dies einer von ihm mehrfach angeführten Formulierung von Smith, die angeblich lautet, „daß das Kapital nichts als aufgehäufte Arbeit ist" (MEGA, Bd. I 3, S. 44; vgl. S. 52, S. 103). In Wahrheit läßt Marx an der Formulierung von Smith unter dem Einfluß von Heß und Engels eine figürliche Einschränkung einfach weg und macht so selber erst die Arbeit zum einzigen Prinzip der Nationalökonomie. Bei Smith ist Kapital „*gleichsam* eine bestimmte Menge angesammelter und aufgehobener Arbeit".[15] Der Grund dafür ist, daß Kapital im Produktionsprozeß, in dem es vor allem aus (selber produzierten) Produktionsmitteln wie Rohstoffen und Maschinen besteht, Arbeit sparen hilft. Kapital ist für Smith daher funktional „vorgetane Arbeit", nicht substantiell „aufgehäufte Arbeit".[16] Dazu wird es erst bei Marx, der Smith' Formel für Kapital mit Hilfe des Vergegenständlichungsmodells der Arbeit interpretiert und sie dadurch in den direkten Kontext der Arbeitswertlehre versetzt. Dieser Lehre zufolge ist der Wert eines Produkts kausal auf die Arbeit zurückzuführen, die es produziert hat, und deshalb durch die für die Produktion (eines solchen Produkts) im gesellschaftlichen Durchschnitt erforderliche Arbeitszeit zu messen. Smith hatte die Geltung der Arbeitswertlehre eingeschränkt auf „jenen frühen und rohen Zustand der Gesellschaft, welcher der Kapitalanhäufung und Landaneignung vorhergeht".[17] Indem Marx jenes „gleichsam" in der Formel für Kapital wegläßt, hebt er zugleich diese Beschränkung des Geltungsbereichs der Arbeitswertlehre auf. Erst so wird die Arbeit zum „einzigen Prinzip der Nationalökonomie" und Kapital im Sinn von produzierten Produktionsmitteln zu „nichts als aufgehäufter Arbeit". Marx korrigiert seine Behauptung über Smith denn auch dahin, daß bei ihm die Arbeit nur „*in sich zerrissenes* Prinzip" der Nationalökonomie sei (MEGA, Bd. I 3, S. 109). Die Zerrissenheit des Prinzips Arbeit bei Smith zeigt sich für Marx genau darin, daß dieser die Elemente des nationalökonomischen Zustands einfach voraussetzt und nicht aus der Arbeit als Prinzip abzuleiten versucht. Hätte er das, wie nach ihm Marx, getan und damit die Elemente des nationalökonomischen Zustands in ihrem „wesentlichen Zusammenhang" begriffen, dann hätte schon er die Entfremdung der Arbeit, ihre nur defiziente Vergegenständlichung entdecken und als solche aussprechen müssen.

Marx erhebt die entfremdete Arbeit ausdrücklich zum Prinzip des nationalökonomischen Zustandes und stützt darauf sein methodisches Kritikprogramm: „Wie wir aus dem Begriff der *entfremdeten, entäußerten Arbeit* den Begriff des *Privateigentums* durch *Analyse* gefunden haben, so können mit Hilfe dieser beiden Faktoren alle nationalökonomischen *Kategorien* entwickelt werden, und wir werden in jeder Kategorie, wie z. B. dem Schacher, der Konkurrenz, dem Kapital, dem Geld, nur einen *bestimmten* und *entwickelten Ausdruck* dieser ersten Grundlagen wiederfinden." (MEGA, Bd. I 3, S. 93) Allerdings löst Marx dieses methodische Programm in den *Pariser Manuskripten* nur ansatzweise und für die ersten Grundlagen wirklich ein. Er beschränkt sich wesentlich darauf, zu zeigen, daß – weil die Arbeit sich nur defizient vergegenständlicht und insofern entfremdet ist – ihr Produkt Privateigentum ist. Das Vergegenständlichungsmodell der Arbeit erlaubt ihm, zu behaupten, daß „dieser scheinbare Widerspruch der Widerspruch der entfremdeten Arbeit mit sich selbst ist" (MEGA, Bd. I 3, S. 92).

Aber ist es nicht zirkulär, das Privateigentum, das doch zu den Elementen des nationalökonomischen Zustands, in dem die Arbeit entfremdet ist, schon gehört, aus der entfremdeten Arbeit als ihre defiziente Vergegenständlichung abzuleiten? Marx selber hat auf die Gefahr dieses Zirkels so geantwortet: „Aber es zeigte sich, daß, wenn das Privateigentum als Grund, als Ursache der entäußerten Arbeit erscheint, es vielmehr eine Konsequenz derselben ist, wie auch die Götter *ursprünglich* nicht die Ursache, sondern die Wirkung der menschlichen Verstandesverirrung sind. Später schlägt dieses Verhältnis in Wechselwirkung um." (MEGA, Bd. I 3, S. 91f.) Wie immer man diese Antwort auf den Zirkelverdacht bewerten mag – was hinsichtlich der Götter richtig sein mag, könnte ja für das Privateigentum trotzdem falsch sein, wenn keine hinreichende Ähnlichkeit zwischen beiden „Verstandesverirrungen" besteht –, jedenfalls macht sie deutlich, inwiefern die Kritik der Politischen Ökonomie eine Erweiterung der Religionskritik Feuerbachs ist.

Genauer handelt es sich nach Marx bei ihr um eine die Religionskritik selber noch fundierende Erweiterung. Er begründet das indirekt durch die Angabe des Bedingungsverhältnisses zwischen verschiedenen Formen der Entfremdung und ihrer Aufhebung: „Religion, Familie, Staat, Recht, Moral, Wissenschaft, Kunst etc. sind nur *besondere* Weisen der Produktion und fallen unter ihr allgemeines Gesetz. Die positive Aufhebung des *Privateigentums,* als die Aneignung des *menschlichen* Lebens, ist daher die positive Aufhebung aller Entfremdung, also die Rückkehr des Menschen aus Religion, Familie, Staat etc. in sein *menschliches,* d. h. *gesellschaftliches* Dasein. Die religiöse Entfremdung als solche geht nur in dem Gebiet *des Bewußtseins* des menschlichen Innern vor, aber die ökonomische Entfremdung ist die des *wirklichen Lebens* – ihre Aufhebung umfaßt daher beide Seiten." (MEGA, Bd. I 3, S. 115) Ebenso umfaßt die Kritik der politischen Ökonomie für Marx als Kritik der Entfremdung des wirklichen Lebens noch die Religionskritik. Er hat das später in die berühmte Formel gefaßt: ,,Es ist nicht das Bewußtsein der Menschen, das ihr Sein, sondern umgekehrt ihr gesellschaftliches Sein, das ihr Bewußtsein bestimmt."[18]

Über die Struktur des Prozesses der Aufhebung der Entfremdung entwickelt Marx in den *Pariser Manuskripten* in mehreren Ansätzen eine These, die auf seiner Erhebung der entfremdeten Arbeit zum Prinzip des nationalökonomischen Zustands beruht und die Form einer Anwendung der Hegelschen Reihe der Reflexionsbestimmungen – Identität, Unterschied und Widerspruch[19] – auf den ,,Prozeß des Privateigentums" (MEGA, Bd. I 3, S. 98) annimmt. Dieser Prozeß geht aus von einer ursprünglichen Einheit zwischen Kapital und Arbeit, entwickelt sich zu einem Gegensatz zwischen beiden und kulminiert schließlich in einer *,,Kollision wechselseitiger Gegensätze"* (MEGA, Bd. I 3, S. 103). Diese Kollision beruht auf dem Verhältnis wechselseitiger Implikationen und Ausschließung, als das Hegel die Kategorie des Widerspruchs konstruiert hatte:[20] ,,Aber die Arbeit, das subjektive Wesen des Privateigentums als Ausschließung des Eigentums, und das Kapital, die objektive Arbeit als Ausschließung der Arbeit, ist das Privateigentum als sein entwickeltes Verhältnis des Widerspruchs, darum ein energisches, zur Auflösung treibendes Verhältnis." (MEGA, Bd. I 3, S. 111) Marx antizipiert, daß die Auflösung des Widerspruchs zwischen Kapital und Arbeit ,,in der *politischen* Form der *Arbeiteremanzipation"* vor sich gehen und zunächst zu einer Phase des ,,rohe(n) Kommunismus" führen wird, in der zwar Privateigentum und Staat schon aufgehoben sein werden, die aber gleichwohl ,,noch politischer Natur" sein wird (MEGA, Bd. I 3, S. 92f. u. 113). Erst in der an den rohen Kommunismus anschließenden Entwicklungsphase soll es zur völligen Aufhebung menschlicher Selbstentfremdung kommen. Auch diesen definitiven Endzustand der Selbsterzeugungsgeschichte des Menschen nennt Marx Kommunismus und charakterisiert ihn so: ,,er ist die *wahrhafte* Auflösung des Widerstreits zwischen dem Menschen (... und) der Natur und mit dem Menschen, die wahre Auflösung des Streits zwischen Existenz und Wesen, zwischen Vergegenständlichung und Selbstbestätigung, zwischen Freiheit und Notwendigkeit, zwischen Individuum und Gattung" (MEGA, Bd. I 3, S. 114). Der Widerstreit zwischen Mensch und Natur ist im Kommunismus aufgehoben, weil der Mensch sich in der Natur völlig vergegenständlicht haben wird und sie als ,,sein Werk" anzuschauen weiß. Der Widerstreit zwischen Existenz und

Wesen wird aufgehoben sein, weil der Kommunismus der Zustand des realisierten Gattungswesens ist, in dem alle Produktion Selbstbestätigung gewährleistet und daher Ausdruck uneingeschränkter Freiheit ist. Der Widerstreit zwischen den Menschen soll der Vergangenheit angehören, weil jeder einzelne das ganze Gattungswesen realisieren kann und so auch die Differenz von Individuum und Gattung hinfällig geworden sein wird. Marx apostrophiert den derart konstruierten Kommunismus auch als ,,das aufgelöste Rätsel der Geschichte" und betrachtet es ,,als einen wirklichen Fortschritt", daß er in seiner Kritik vom ,,Ziel der geschichtlichen Bewegung (...) ein sie überbietendes Bewußtsein erworben" hat (MEGA, Bd. I 3, S. 114 u. 135).

III

Im *Kapital* hat sich Marx nach seinen umfänglichen Studien der ökonomischen Theorie und Geschichte naturgemäß viel weiter auf Details ökonomietheoretischer Zusammenhänge eingelassen. Aber der in den *Pariser Manuskripten* gelegte Grundriß der Kritik bleibt völlig intakt. Das gilt zunächst für den geschichtsphilosophischen Rahmen der Kritik, wie seine exponierte Formulierung im *Vorwort* von *Zur Kritik der politischen Ökonomie* von 1859 bezeugt, in dem die Epoche kapitalistischer Produktion als diejenige ausgezeichnet wird, mit der ,,die Vorgeschichte der menschlichen Gesellschaft ab(schließt)", nach der also die Geschichte der wahrhaft menschlichen Gesellschaft beginnen wird. Die These über die Prinzipfunktion der Arbeit wird von Marx nun präzisiert. Er unterscheidet im *Kapital* zwei Aspekte, unter denen sich die Arbeit vergegenständlicht. ,,Unabhängig von jeder bestimmten gesellschaftlichen Form" ist die Arbeit zunächst ,,ein Prozeß zwischen Mensch und Natur, ein Prozeß, worin der Mensch seinen Stoffwechsel mit der Natur durch seine eigne Tat vermittelt, regelt und kontrolliert". (MEW, Bd. 23, S. 192) ,,Am Ende des Arbeitsprozesses kommt ein Resultat heraus, das beim Beginn desselben schon in der Vorstellung des Arbeiters (...) vorhanden war. Nicht daß er nur eine Formveränderung des Natürlichen bewirkt; er verwirklicht im Natürlichen zugleich seinen Zweck" (ebd., S. 193). Der Arbeitsprozeß ist genauer analysierbar in drei Momente: ,,die zweckmäßige Tätigkeit oder die Arbeit selbst, ihr Gegenstand und ihr Mittel." (ebd.) Den Gang dieser Analyse faßt Marx so zusammen, daß klar wird, wie sie sich in das Vergegenständlichungsmodell der Arbeit einpaßt: ,,Der Prozeß erlischt im Produkt. Sein Produkt ist ein Gebrauchswert, ein durch Formveränderung menschlichen Bedürfnissen angeeigneter Naturstoff. Die Arbeit hat sich mit ihrem Gegenstand verbunden. Sie ist vergegenständlicht, und der Gegenstand ist verarbeitet. Was auf seiten des Arbeiters in der Form der Unruhe erschien, erscheint nun als ruhende Eigenschaft, in der Form des Seins, auf seiten des Produkts. Er hat gesponnen, und das Produkt ist ein Gespinst." (MEW, Bd. 23, S. 195)

Neben diesem Aspekt der Vergegenständlichung ist für die Arbeit unter kapitalistischen Bedingungen ein zweiter charakteristisch. ,,Am Ende einer Stunde ist die Spinnbewegung in einem gewissen Quantum Garn dargestellt, also ein bestimmtes Quantum Arbeit, eine Arbeitsstunde, in der Baumwolle vergegenständlicht." (MEW, Bd. 23, S. 204) Die Vergegenständlichung von Arbeits*zeit* macht ein Gut oder einen Gebrauchswert zu einer Ware oder einem Tauschwert. Die Unterscheidung der für die beiden Charakteristika der Ware, Gebrauchswert und Tauschwert zu haben, konstitutiven Aspekte der Arbeit als Vergegenständlichung betrachtete Marx als den ,,Springpunkt", ,,um den sich das Verständnis der politischen Ökonomie dreht", und schrieb dazu stolz: ,,Diese zwieschlächtige Natur der in der Ware enthaltenen Arbeit ist zuerst von mir kritisch nachgewiesen worden." (MEW, Bd. 23, S. 56) Die Zwieschlächtigkeit der Natur der Arbeit, die schon für die Analyse der Ware anzusetzen ist, läßt sich in einem im Marxschen Sinn dialektischen Darstellungsgang so zuspitzen, daß ersichtlich wird, inwiefern die Arbeit im Gesellschaftszustand der kapitalistischen Produktion nur ,,in sich zerrissen" Prinzip ist. Weil sich aus einem solchen entwickelnden Darstellungsgang eine Art Argument für die Prinzipfunktion der Arbeit in ihrer für den Kapitalismus spezifischen Gestalt ergibt, wird das methodische Programm aus den *Pariser Manuskripten* – alle ökonomischen Kategorien aus dem Prinzip Arbeit abzuleiten – im *Kapital* nicht intentione recta durchgeführt. Marx hat zwar mit dem Gedanken gespielt, die Ökonomiekritik mit einem Kapitel ,,von der Produktion im allgemeinen" einzuleiten (*Grundrisse*, S. 206 u. ö.), aber er war dann zu der Überzeugung gekommen, daß das Kapital ,,Ausgangspunkt wie Endpunkt" der Darstellung sein müsse, weil es ,,die alles beherrschende ökonomische Macht der bürgerlichen Gesellschaft" sei. (*Grundrisse*, Einl., S. 27) Die Ökonomiekritik wird deshalb eröffnet mit der Analyse von Ware und Geld als sachlichen Voraussetzungen und formalen Elementen von Kapital.

Das im *Kapital* tatsächlich befolgte methodische Programm hat Marx charakterisiert als ,,Kritik der ökonomischen Kategorien oder, if you like, das System der bürgerlichen Ökonomie kritisch dargestellt". Dabei war ihm wichtig: ,,Es ist zugleich Darstellung des Systems und durch die Darstellung Kritik desselben." (Brief an Lassalle v. 22. Februar 1858) Die Methode einer ,,Kritik durch Darstellung" hat Marx auch ,,dialektisch" genannt. Er konnte sie befolgen, weil er sich schon vor der Durchführung der Ökonomiekritik – vor allem aufgrund der Analysen in den *Pariser Manuskripten* – über den widersprüchlichen und selbstzerstörerischen und insofern sich selbst kritisierenden Charakter des Darzustellenden hinreichend klargeworden zu sein glaubte.[21] Die aus diesem Verfahren resultierende Kritik hielt er nicht für eine geschichtsphilosophisch-normative Theorie, sondern für einen der ,,*wissenschaftlichen* Versuche zur Revolutionierung einer Wissenschaft" (Brief an Kugelmann v. 28. Dezember 1862). Der Anschein, den seine kritische Darstellung erweckt, ,,als habe man es mit einer Konstruktion a priori zu tun" (MEW, Bd. 23, S. 27), war Marx durchaus willkommen, weil er alles Darzustellende der Erforschung des Stoffs der Politischen Ökonomie zu verdanken glaubte und „ein artistisches Ganzes" hervorbringen wollte (Brief an Engels v. 31. Juli 1865).

Marx' direkte Äußerungen über das Verhältnis seiner „Entwicklungsmethode" zu „Hegels Dialektik" als der „Grundform aller Dialektik" bestätigen indirekt, daß die These über den widersprüchlichen und daher sich selbst kritisierenden Charakter des darzustellenden ökonomischen Systems eine Voraussetzung und nicht ein Ergebnis der Analyse ist. Im Nachwort zur 2. Auflage des *Kapital* erinnert Marx daran, daß er „die mystifizierende Seite der Hegelschen Dialektik (...) vor beinahe 30 Jahren (...) kritisiert" habe, aber trotzdem gelte: „Die Mystifikation, welche die Dialektik in Hegels Händen erleidet, verhindert in keiner Weise, daß er ihre allgemeinen Bewegungsformen zuerst in umfassender und bewußter Weise dargestellt hat. Sie steht bei ihm auf dem Kopf. Man muß sie umstülpen, um den rationellen Kern in der mystischen Hülle zu entdecken." (MEW, Bd. 23, S. 27) Nun sind die beiden Metaphern „auf dem Kopf stehen" und „Hülle und Kern" nicht gleichsinnig.[22] Die Umkehrung vom Kopf auf die Füße ist die Operation, die die richtige Ordnung von Oben und Unten wiederherstellt. In Marx' Hegel-Kritik ergibt sich aus der Anwendung dieser Operation die Bestimmung des Bedingungsverhältnisses zwischen Staat und bürgerlicher Gesellschaft, zwischen Bewußtsein und Sein, zwischen Überbau und Basis. Bei der Operation der Umstülpung jedoch gerät etwas zunächst Äußeres nach innen und das Innere nach außen. Da Marx selber an seine 30 Jahre zurückliegende Hegel-Kritik erinnerte, ist es legitim, in ihr nach Interpretamenten für die Umstülpung Hegels zu suchen. Nun heißt es in der *Kritik des Hegelschen Staatsrechts* von 1843: „Hegels Hauptfehler besteht darin, daß er den *Widerspruch der Erscheinung* als *Einheit im Wesen* (...) faßt, während er allerdings ein Tieferes zu seinem Wesen hat, nämlich einen *wesentlichen Widerspruch*." (MEW Bd. 1, S. 295 f.) Wenn aber das bei Hegel Innere, die Einheit im Wesen, nach außen und das Äußere, der Widerspruch der Erscheinung, nach innen gestülpt wird, wodurch er zum wesentlichen Widerspruch wird, dann ergibt sich der rationelle Kern der Dialektik in Marx' Verständnis. Marx behauptet ganz zutreffend: „Meine dialektische Methode ist der Grundlage nach von der Hegelschen nicht nur verschieden, sondern ihr direktes Gegenteil." (MEW, Bd. 23, S. 27) Sie besteht darin, fortschreitend immer fundamentalere Widersprüche aufzudecken und den ideologischen Schein oberflächlicher Einheit sowohl als Schein zu erweisen als auch in seinem Bestand zu erklären. Damit aber diese Entwicklungsmethode greifen kann, muß das dialektisch Dargestellte widersprüchlich sein – denn sonst könnte nicht beansprucht werden, Widersprüche nur aufzudecken bzw. darzustellen – und sich insofern selbst kritisieren. Also ist die These über den widersprüchlichen Charakter des darzustellenden ökonomischen Systems des Kapitalismus eine Voraussetzung und nicht ein Ergebnis der Anwendung der dialektischen Entwicklungsmethode. Der wesentliche Widerspruch, der mit ihrer Hilfe im Gang der Darstellung aufgedeckt wird, ist der den Klassengegensatz zwischen Kapital und Arbeit fundierende Selbstwiderspruch der Arbeit – ihre Zerrissenheit als Prinzip.

Der Gang der Darstellung geht aus von einer „einzelnen Ware" (MEW, Bd. 23, S. 49). Aus ihrem Charakter, eine Einheit von Gebrauchswert und Wert zu sein, wird das Geld als der verselbständigte Wert oder Tauschwert der Waren gewonnen. Aus dem Wert als Geld wiederum wird der Wert als Kapital entwickelt. Marx stellt das Kapital als die alles beherrschende ökonomische Macht der bürgerlichen Gesellschaft mit Hilfe des idealistischen Subjektbegriffs Hegels dar, für den ein Subjekt „die Bewegung des Sichselbstsetzens, oder die Vermittlung des Sichanderswerdens mit sich selbst ist".[23] Bei Marx ist als Kapital der Wert Subjekt, weil er trotz ständigem Formwechsel zwischen Ware und Geld bei sich bleibt: „Er geht beständig aus der einen Form in die andre über, ohne sich in dieser Bewegung zu verlieren, und verwandelt sich so in ein automatisches Subjekt. Fixiert man die besondren Erscheinungsformen, welche der sich verwertende Wert im Kreislauf seines Lebens abwechselnd annimmt, so erhält man die Erklärungen: Kapital ist Geld, Kapital ist Ware. In der Tat aber wird der Wert hier das Subjekt eines Prozesses, worin er unter dem beständigen Wechsel der Formen von Geld und Ware seine Größe selbst verändert, sich als Mehrwert von sich selbst als ursprünglichem Wert abstößt, sich selbst verwertet. Denn die Bewegung, worin er Mehrwert zusetzt, ist seine eigne Bewegung, seine Verwertung also Selbstverwertung." (MEW, Bd. 23, S. 168f.) Die Selbstverwertung des Werts als Kapital ist aber nur (solange) möglich, weil und wie es die Arbeit als „übergreifende(s) Subjekt" (S. 169) überwältigen kann, d. h. die Arbeit daran verhindern kann, selbst Subjekt oder Prinzip zu werden. Der Subjektcharakter des Kapitals hat den Nichtsubjektcharakter der Arbeit zur Voraussetzung: „Innerhalb des Produktionsprozesses entwickelte sich das Kapital zum Kommando über die Arbeit, d. h. über die sich betätigende Arbeitskraft oder den Arbeiter selbst. Das personifizierte Kapital, der Kapitalist, paßt auf, daß der Arbeiter sein Werk ordentlich und mit dem gehörigen Grad von Intensität verrichte. – Das Kapital entwickelte sich ferner zu einem Zwangsverhältnis, welches die Arbeiterklasse nötigt, mehr Arbeit zu verrichten, als der enge Umkreis ihrer eignen Lebensbedürfnisse vorschrieb. Und als Produzent fremder Arbeitsamkeit, als Auspumper von Mehrarbeit und Exploiteur von Arbeitskraft übergipfelt es an Energie, Maßlosigkeit und Wirksamkeit alle frühern auf direkter Zwangsarbeit beruhenden Produktionssysteme." (MEW, Bd. 23, S. 328)

Die Entwicklung aller Produktivkräfte der Arbeit ist die welthistorische Aufgabe des Kapitals. Es „erscheint als Bedingung für die Entwicklung der Produktivkräfte, solange sie eines äußern Sporns bedürfen" (*Grundrisse*, S. 318). Erst wenn alle Produktivkräfte der Arbeit durch das Kapital entwickelt sein werden, wird es als äußerer Sporn entbehrlich werden und alle Arbeit „travail attractif, Selbstverwirklichung des Individuums" sein: „Die Arbeit der materiellen Produktion kann diesen Charakter nur erhalten, dadurch daß 1) ihr gesellschaftlicher Charakter gesetzt ist, 2) daß sie wissenschaftlichen

Charakters, zugleich allgemeine Arbeit ist, nicht Anstrengung des Menschen als bestimmt dressierter Naturkraft, sondern als Subjekt" (ebd., S. 505). Unter dem Kapital zeigt sich der Selbstwiderspruch der Arbeit, noch nicht zu sein, was sie an sich ist – nämlich Subjekt – an der Verkehrung des ihr im Vergegenständlichungsmodell zukommenden Prinzip- oder Subjektcharakters ins Gegenteil: ,,Betrachten wir den Produktionsprozeß unter dem Gesichtspunkt des Arbeitsprozesses, so verhielt sich der Arbeiter zu den Produktionsmitteln nicht als Kapital, sondern als bloßem Mittel und Material seiner zweckmäßigen produktiven Tätigkeit. (...) Anders, sobald wir den Produktionsprozeß unter dem Gesichtspunkt des Verwertungsprozesses betrachten. Die Produktionsmittel verwandelten sich sofort in Mittel zur Einsaugung fremder Arbeit. Es ist nicht mehr der Arbeiter, der die Produktionsmittel anwendet, sondern es sind die Produktionsmittel, die den Arbeiter anwenden. Statt von ihm als stoffliche Elemente seiner produktiven Tätigkeit verzehrt zu werden, verzehren sie ihn als Ferment ihres eignen Lebensprozesses, und der Lebensprozeß des Kapitals besteht nur in seiner Bewegung als sich selbst verwertender Wert." (MEW, Bd. 23, S. 328 f.) Die Vampireigenschaften der Produktionsmittel, die fremde Arbeit einsaugen, ermöglichen den Lebensprozeß des Kapitals als eines überindividuellen Scheinsubjekts, das reale Macht ausüben kann nur dank der Entmächtigung des wahren Subjekts, der Arbeit. Aber ,,wider Willen" bereitet das Kapital einer zukünftigen Subjektstellung der Arbeit den Weg. Denn indem es die Produktivkräfte entwickelt, entwickelt es zugleich den kooperativen Charakter aller Produktionsprozesse und schult die Arbeit in der für sie unabdingbaren Disziplin. Die Darstellung des kapitalistischen Produktionsprozesses endet mit einem Ausblick auf die Bedingungen und den Mechanismus der Selbstaufhebung des Kapitals. Es hat sich nach Marx welthistorisch etabliert durch die Enteignung selbstarbeitender Eigentümer und ihre Verwandlung in Lohnarbeiter.

Sobald nun die ,,Arbeitsbedingungen in Kapital verwandelt sind, sobald die kapitalistische Produktionsweise auf eignen Füßen steht, gewinnt die weitere Vergesellschaftung der Arbeit und weitere Verwandlung der (...) Produktionsmittel in gesellschaftlich ausgebeutete, also gemeinschaftliche Produktionsmittel (...) eine neue Form. Was jetzt zu expropriieren, ist nicht länger der selbstwirtschaftende Arbeiter, sondern der viele Arbeiter exploitierende Kapitalist. Diese Expropriation vollzieht sich durch das Spiel der immanenten Gesetze der kapitalistischen Produktion selbst, durch die Zentralisation der Kapitale. Je ein Kapitalist schlägt viele tot. Hand in Hand mit dieser Zentralisation (...) entwickelt sich die kooperative Form des Arbeitsprozesses auf stets wachsender Stufenleiter, die bewußte technische Anwendung der Wissenschaft, die planmäßige Ausbeutung der Erde, die Verwandlung der Arbeitsmittel in nur gemeinsam verwendbare Arbeitsmittel, die Ökonomisierung aller Produktionsmittel durch ihren Gebrauch als Produktionsmittel kombinierter, gesellschaftlicher Arbeit, die Verschlingung aller Völker in das Netz des Weltmarkts (...). Mit der beständig abnehmenden Zahl der Kapitalmagnaten, welche alle Vorteile dieses Umwandlungsprozesses usurpieren und monopolisieren, wächst die Masse des Elends, des Drucks, der Knechtschaft, der Entartung, der Ausbeutung, aber auch die Empörung der stets anschwellenden und durch den Mechanismus des kapitalistischen Produktionsprozesses selbst geschulten, vereinten und organisierten Arbeiterklasse. Das Kapitalmonopol wird zur Fessel der Produktionsweise, die mit und unter ihm aufgeblüht ist. Die Zentralisation der Produktionsmittel und die Vergesellschaftung der Arbeit erreichen einen Punkt, wo sie unverträglich werden mit ihrer kapitalistischen Hülle. Sie wird gesprengt. Die Stunde des kapitalistischen Privateigentums schlägt. Die Expropriateurs werden expropriiert. Die aus der kapitalistischen Produktionsweise hervorgehende kapitalistische Aneignungsweise, daher das kapitalistische Privateigentum, ist die erste Negation des individuellen, auf eigne Arbeit gegründeten Privateigentums. Aber die kapitalistische Produktion erzeugt mit der Notwendigkeit eines Naturprozesses ihre eigne Negation. Es ist Negation der Negation. Diese stellt nicht das Privateigentum wieder her, wohl aber das individuelle Eigentum auf Grundlage der Errungenschaft der kapitalistischen Ära: der Kooperation und des Gemeinbesitzes der Erde und der durch die Arbeit selbst produzierten Produktionsmittel." (MEW, Bd. 23, S. 790f.)

Genauer als im letzten Satz dieser geschichtsphilosophischen Vision am Ende des Kapital I äußert sich Marx dort nirgends über den Charakter der nachkapitalistischen Produktionsweise. Seine Aufgabe sah er in der Kritik, der Kritik durch Darstellung. Er folgte damit zugleich einer Maxime des „venetianische(n) Mönch(s) Ortes", die er selber einmal anmerkungsweise zitiert: „Statt unnütze Systeme für das Glück der Völker aufzustellen, will ich mich darauf beschränken, die Gründe ihres Unglücks zu untersuchen." (MEW, Bd. 23, S. 675f.) Aber faktisch enthält das *Kapital* mit der Konzeption der Arbeit als in sich zerrissenem Prinzip *via negationis* ein „System für das Glück der Völker". Es scheint in der kritischen Darstellung gelegentlich auf, wenn etwa im Kontrast zu kapitalistischer Arbeitsteilung vom „Ziel der Aufhebung der alten Teilung der Arbeit" die Rede ist und davon, daß sie „das Teilindividuum, den bloßen Träger einer gesellschaftlichen Detailfunktion, durch das total entwickelte Individuum, für welches verschiedne gesellschaftliche Funktionen einander ablösende Betätigungsweisen sind", ersetzen wird (MEW, Bd. 23, S. 512). Die total entwickelten Individuen, die in der Kommunismus-Konzeption der *Pariser Manuskripte* als Gattungswesen apostrophiert worden waren, werden dem *Kapital* zufolge einen „Verein freier Menschen" bilden, „die mit gemeinschaftlichen Produktionsmitteln arbeiten und ihre vielen individuellen Arbeitskräfte selbstbewußt als *eine* gesellschaftliche Arbeitskraft verausgaben." (MEW, Bd. 23, S. 92; Hervorhebung v. Verf.) Im Verein freier Menschen wird „der kombinierte Gesamtarbeiter oder gesellschaftliche Arbeitskörper als übergreifendes Subjekt" fungieren und das Kapital als Subjekt abgelöst haben (MEW, Bd. 23, S. 442; vgl. S. 531f.). Einheit ist der Schlüsselbegriff des Marxschen „Systems für das Glück der Völker".

IV

Marx' theoretisches Lebenswerk im engeren Sinn, die Kritik der politischen Ökonomie, hat keine Schule gebildet, Marx als Ökonomiekritiker keine Nachfolger gefunden. Die von ihm versuchte Integration von englischer Nationalökonomie, französischem Sozialismus und deutscher idealistischer Philosophie auf der Basis einer transformierten Hegelschen Begrifflichkeit und Methode ist einzigartig und bei denen, die sich auf Marx als Theoretiker berufen haben, im ganzen unverstanden geblieben. Statt dessen hat es schon von Engels inaugurierte Versuche gegeben, Marx rein ökonomietheoretisch zu lesen. In der Tradition dieser Versuche ist eine ,,marxistische Ökonomie" ausgebildet worden, zu der unter anderem W. I. Lenin, R. Luxemburg, R. Hilferding, O. Lange und E. Mandel beigetragen haben. Marx' eigentümliche Entwicklungsmethode wird in solcher Lektüre lediglich als Methode der progressiven Rücknahme von zunächst stark idealisierenden theoretischen Modellannahmen verstanden.[24] Zu den Zügen an Marx' Ökonomiekritik, die in solchen rationalen Rekonstruktionen berücksichtigt werden und die in der vorstehenden Interpretationsskizze ausgeblendet wurden, ist philosophisch Interessantes mit den Mitteln der neueren Wissenschaftstheorie gesagt worden.[25]

Im Einflußbereich der russischen Revolution von 1917 ist Marx' (und Engels') Gesamtwerk zu einer Natur und Gesellschaft im ganzen verbindlich interpretierenden Theorie dogmatisiert worden. Für diese Entwicklung waren in Anknüpfung an Engels und Plechanow Lenin und J. Stalin entscheidend. Sie ist noch heute in unzähligen, kollektiv verfaßten parteioffiziellen Lehrbüchern bestimmend. In Reaktion auf diesen dominanten Trend hat es nach dem 2. Weltkrieg auch in den Ländern Osteuropas Ansätze zu einem undogmatischen Verständnis der Marxschen Theorie selber gegeben.

Demgegenüber waren für den ,,westlichen Marxismus" von vornherein die philosophie- und zeitkritischen Motive aus Marx' Werk bestimmend. *Geschichte und Klassenbewußtsein* von Georg Lukács und *Marxismus und Philosophie* von Karl Korsch (beide 1923) waren die Gründungstexte des westlichen Marxismus. In Deutschland trugen zu ihm seit den zwanziger und dreißiger Jahren Ernst Bloch und die Vertreter der sogenannten Kritischen Theorie (Max Horkheimer, Theodor W. Adorno, Herbert Marcuse) bei. Nach dem 2. Weltkrieg sind diese Tendenzen am einflußreichsten von Jürgen Habermas aufgenommen worden.

Von den Entwicklungen außerhalb des deutschen Sprachbereichs ist die in Frankreich besonders erwähnenswert. Zunächst ergab sich dort in Auseinandersetzungen mit orthodoxen Marxisten (Henri Lefèbvre, Roger Garaudy) vor allem durch Jean-Paul Sartre eine Diskussionskonstellation zwischen Marxismus und phänomenologischem Existenzialismus, an dessen Ursprung bei Martin Heidegger auch Marcuse in Deutschland angeknüpft hatte. Später wurde im Gegenzug gegen die vom Existenzialismus beeinflußten humanistischen Marx-Deutungen die Verbindung von Marxismus und Strukturalismus einflußreich, vor allem durch Louis Althusser. Die vielfältigen philosophischen Marxismen einerseits und die weitreichenden weltgeschichtlichen Folgen der geschichtsphilosophisch-politischen Programmatik von Marx andererseits werden die Philosophie noch auf unabsehbare Zeit herausfordern, ihren Teil zum Marx-Verständnis und zur Marxismus-Diskussion beizutragen, auch ohne daß Marx ein Klassiker des philosophischen Denkens wäre.

Hans Ineichen

WILHELM DILTHEY

(1833–1911)

Dilthey gehört zu den großen Denkern der zweiten Hälfte des 19. Jahrhunderts. Gestützt auf seine umfassenden Kenntnisse der europäischen Geistesgeschichte, versuchte er als Historiker und Philosoph nach dem Zusammenbruch der spekulativen Systeme von Schelling und Hegel, Philosophie zu neuer Größe und zu neuem Einfluß auf das Leben des einzelnen sowie der Gesellschaft zu erheben. Diese Aufgabe führte durch die einzelnen Wissenschaften vom Menschen, von der Gesellschaft und ihrer Geschichte hindurch zu einer historischen und systematischen Grundlegung der Geisteswissenschaften als selbständigem Ganzen neben den Naturwissenschaften. Obwohl sein Werk nur ein gewaltiger Torso geblieben ist, haben die Entdeckung der Geschichtlichkeit des Menschen und der Versuch einer Grundlegung der Geisteswissenschaften einen nachhaltigen Einfluß auf das philosophische Denken dieses Jahrhunderts ausgeübt.

I. Lebensweg

Wilhelm Dilthey wurde am 19. November 1833 als Sohn eines Pfarrers in Biebrich am Rhein geboren. Viele seiner Vorfahren waren Juristen oder gehörten dem geistlichen Stande an; sein Vater selbst war nassauischer Hofprediger. Seine Jugend fiel in die Zeit zwischen der Julirevolution von 1830 und der Revolution von 1848. Die politischen Verhältnisse in Europa wurden von den konservativen Kräften bestimmt, die sich seit dem Wiener Kongreß im Kampf gegen die Ideen der Französischen Revolution verbündet hatten. In Deutschland vermochten sich die liberalen Kräfte auch nach dem scheinbaren Erfolg der Revolution von 1848 nicht gegen die Reaktion durchzusetzen. Als Dilthey im Sommer 1852 in Heidelberg mit dem Studium der Theologie begann, war die konservative Reaktion gegen die liberalen Errungenschaften des Frankfurter Parlamentes auf allen Gebieten des öffentlichen Lebens wirksam. Kuno Fischer, bei dem Dilthey Philosophie hörte, war eines ihrer zahlreichen Opfer, als ihm 1853 die Lehrbefugnis entzogen wurde.

Schon im Herbst 1853 zog Dilthey von Heidelberg nach Berlin, dem Zentrum der preußischen Macht, von welchem aus im folgenden Jahrzehnt die deutsche Einigung durchgesetzt werden sollte. Zu seinen Lehrern gehörten dort die Theologen K. I. Nitzsch und A. Twesten, der Philologe Böckh, der Historiker Ranke und der Philosoph Trendelenburg. Im Sommer 1856 legte er in Wiesbaden auf Wunsch seines Vaters das erste theologische Examen ab; am Ende desselben Jahres legte er in Berlin die staatliche Schulamtsprüfung ab. Für kurze Zeit trat er dann in den Schuldienst und unterrichtete in Berlin am berühmten Joachimsthalschen Gymnasium. Doch schon gegen Ende 1857 gab er den Schuldienst auf, um sich seinen Studien ganz zu widmen.

Im Jahre 1860 gewann er mit seiner Abhandlung *Das hermeneutische System Schleiermachers in der Auseinandersetzung mit der älteren protestantischen Hermeneutik* (Ges. Schriften, Bd. XIV/2, S. 597–787) den doppelten Preis der Schleiermacherstiftung. 1864 promovierte er bei Trendelenburg mit einer Arbeit über die Ethik Schleiermachers, *De principiis ethices Schleiermacheri,* und noch im selben Jahr habilitierte er sich mit der Abhandlung *Versuch einer Analyse des moralischen Bewußtseins* (Ges. Schriften, Bd. VI, S. 1–55). Neben seiner Tätigkeit als Verfasser von zahllosen Artikeln und Rezensionen nahm er während der Berliner Jahre regen Anteil am politischen Geschehen. Die sechziger Jahre waren durch den preußischen Verfassungsstreit und den Aufstieg Bismarcks gekennzeichnet, dessen Erfolge die Liberalen nach und nach zum Verzicht auf die Forderung nach politischen Rechten zugunsten der nationalen Einigung in einem Obrigkeitsstaat führten. Dilthey stand mit führenden liberalen Köpfen in enger Verbindung, so mit R. Haym, dem Begründer der *Preußischen Jahrbücher,* welche später von H. von Treitschke herausgegeben wurden und die Probleme der vergangenen und der gegenwärtigen Geschichte im Hinblick auf die deutsche Einigung unter Preußen untersuchen sollten. Im Sommer 1867 folgte Dilthey einem Ruf als Professor nach Basel, im Herbst 1868 wurde er nach Kiel und von dort im Herbst 1871 nach Breslau berufen. Die wichtigste Veröffentlichung dieser Jahre ist der erste Band des *Leben Schleiermachers* (1867 u. 1870; Ges. Schriften, Bd. XIII/1 u. 2). 1883 ging Dilthey als Nachfolger des berühmten H. Lotze nach Berlin, wo er bis zum Frühjahr 1908 lehrte.

1883 erschien der 1. Band seiner *Einleitung in die Geisteswissenschaften* (Ges. Schriften, Bd. I). Der zweite Band, welcher die erkenntnistheoretische und methodologische Grundlegung der Geisteswissenschaften enthalten sollte, ist erst 100 Jahre später erschienen; doch kann man die großen Abhandlungen zur Erkenntnistheorie, zur Psychologie und zur Hermeneutik, die nach 1883 veröffentlicht wurden, als Versuche zur Vollendung des zweiten Bandes betrachten. W. Dilthey starb am 1. 10. 1911 in Seis am Schlern in Südtirol.

Diltheys philosophisches Werk ist der Versuch einer Antwort auf die großen kulturellen, ökonomischen und politischen Umwälzungen des 19. Jahrhunderts. Die entscheidenden Anregungen gehen auf die Historische Schule, im weiteren auf das Werk von Humboldt, Savigny, Böckh, Ranke, Ritter, Niebuhr zurück. Im Gegensatz zu den Spekulationen des Hegelschen Systems begründeten sie einzelwissenschaftliche Forschungen zur Sprache, Mythologie, Geschichte usw. Es war die Zeit der großen Naturforscher wie Helmholtz, Kirchmann, Fechner, Liebig. Man wandte sich erneut der Philosophie

Wilhelm Dilthey (1833–1911)

Kants zu. Nicht mehr aus Spekulation, sondern aus wissenschaftlicher Einzelforschung sollten die Erkenntnisse gewonnen werden, die unser Leben bestimmen können.

II. Werk

Diltheys Schriften, von denen erst ein Teil veröffentlicht worden ist, lassen sich in zwei Gruppen einteilen: die Abhandlungen zur Geschichte der Philosophie und zur Geistesgeschichte im weitesten Sinne und die Abhandlungen zur Grundlegung der Geisteswissenschaften, d. h. jener Gruppe von Wissenschaften, welche Psychologie, Pädagogik, Ästhetik, Soziologie, Geschichtsschreibung, Kunstgeschichte usw. umfassen. ,,Als ich nach Berlin im Beginn der fünfziger Jahre des vorigen Jahrhunderts kam ..., war die große Bewegung auf ihrem Höhepunkt, in welcher sich die definitive Konstituierung der historischen Wissenschaft und hierdurch vermittelt der Geisteswissenschaften überhaupt vollzogen hat" (Ges. Schriften, Bd. V, S. 7). Dilthey aber genügt die Konstituierung der Geisteswissenschaften allein nicht; vielmehr soll der Zusammenhang dieser Wissenschaften sichtbar gemacht und begründet werden. Schon 1859 entwirft er den Plan einer ,,neuen Kritik der Vernunft" (*Der junge Dilthey*, S. 80), der dann als ,,Kritik der historischen Vernunft" in die *Einleitung in die Geisteswissenschaften* eingegangen ist. Dilthey schließt sich der Wende zur Kantischen Philosophie an, bezieht aber gleichzeitig die Einsicht der Historischen Schule in die Geschichtlichkeit der Menschen in die Grundlegung mit ein. Dabei wird die neue Kritik zur Kritik der historischen Vernunft. Sie soll für die Geisteswissenschaften dasselbe leisten, was Kant mit seiner *Kritik der reinen Vernunft* für die Naturwissenschaften, insbesondere für die Physik, geleistet hat. Dilthey will die Ergebnisse der Psychologie in die Grundlegung miteinbeziehen und sie durch eine Geschichte der Metaphysik ergänzen. Systematische und historische Untersuchungen werden miteinander verbunden. Diese Verbindung geschieht nicht allein um ihrer selbst willen; denn die Geisteswissenschaften haben eine praktische Aufgabe: sie dienen der Bestimmung des Handelns des einzelnen wie der Gesellschaft. Die Grundlegung der Geisteswissenschaften hat selbst den Zweck, jene Orientierung des Handelns in einen wohlbegründeten Zusammenhang zu stellen.

Dilthey hat in seinem *Grundriß der Logik und des Systems der philosophischen Wissenschaften* (1865) zum ersten Mal ein System des Aufbaus der Wissenschaften entworfen und in Vorlesungen wiederholt vorgetragen. Dieses System umfaßt eine Erkenntnistheorie, welche den Erkenntnisprozeß von der Empfindung und Wahrnehmung her analysiert. Daran schließt sich eine Untersuchung vom Urteil, Begriff und Schluß an, zusammen mit der Lehre von der induktiven und deduktiven Methode. Die Wissenschaften selbst sind in zwei Gruppen eingeteilt: die Wissenschaften der Außenwelt und die Wissenschaften des Geistes. Dilthey spricht vom ,,praktischen Beruf der Wissenschaften des

Geistes" und ihrer Aufgabe, Menschen zu bilden. Den Abschluß des Systems der Wissenschaften bildet eine vergleichende Übersicht über die Weltanschauungen.

Am deutlichsten wird die praktische Ausrichtung der Geisteswissenschaften in der Ethik sichtbar. „Jede wahre Philosophie muß aus ihren theoretischen Erkenntnissen Prinzipien der Lebensführung des einzelnen und der Leitung der Gesellschaft ableiten. Wir nennen die Wissenschaft, in welcher dies geschieht, philosophische Ethik" (Ges. Schriften, Bd. X, S. 13), schreibt Dilthey in der Ethikvorlesung von 1890. In seinem *Versuch einer Analyse des moralischen Bewußtseins* (Ges. Schriften, Bd. VI, S. 1–55) beabsichtigt er, den Formalismus in der Ethik zu überwinden und einen Ausgleich zwischen dem Geltungsanspruch von Normen, Idealen und Werten und ihrer historischen Bedingtheit zu schaffen.

Er untersucht zunächst die moralischen Urteile. Das führt ihn zu den Gründen, welche moralische Handlungen bestimmen, nämlich allgemeingültige Normen und moralische Empfindungen. Beide Arten von Gründen schließen sich gegenseitig nicht aus, denn moralische Empfindungen enthalten in verhüllter, unvollkommener Weise die allgemeingültigen Normen. Diese sind nämlich bloße Abstraktionen aus Empfindungen.

Dilthey betont, daß es verschiedene Weisen der Verbindlichkeit gebe: Verbindlichkeit als Rechtschaffenheit auf Grund gegenseitiger Zuneigung und Verbindlichkeit als Vollkommenheit, d.h. als Streben nach innerem Wert. Rechtschaffenheit, Wohlwollen und Vollkommenheit werden Formen des Sollens genannt. Sie bilden aber auch, inhaltlich betrachtet, die eigentlichen Beweggründe moralischen Handelns; denn Dilthey spricht von praktischen Verhaltensweisen oder Synthesen, um die Überwindung des ethischen Formalismus anzudeuten. Sie sollen die Verbindung zwischen der Vielfalt der Normen, Werte und Ideale und der Unbedingtheit moralischer Gesetze schaffen. Ermöglicht wird diese Verbindung durch den Gedanken der Zweckmäßigkeit der moralischen Empfindungen – ein Gedanke, der erst in der Lehre von der Zweckmäßigkeit der psychischen Struktur ausgearbeitet wird.

1. *Leben Schleiermachers*

Mit dem *Leben Schleiermachers* (Ges. Schriften, Bd. XIII/1 u. 2) hat Dilthey ein vielbewundertes Beispiel einer Biographie geschaffen, welche die geschichtliche Stellung eines Individuums im Zusammenhang seiner Zeit darstellt. „Der Hintergrund meiner Darstellung liegt in der großen Bewegung des deutschen Geistes, welche mit Lessing und Kant anhebt, mit Goethes, Hegels und Schleiermachers Tod endet. Aus den Bedingungen derselben, ihrem Zusammenhang und Charakter muß Schleiermachers geschichtliche Stellung verstanden werden." (Ges. Schriften, Bd. XIII/I, XXXVI) Dilthey faßt Schleiermacher als ein bedeutsames Individuum auf, als Kreuzungspunkt innerhalb eines geschichtlichen Abschnittes, einer Epoche, indem er historisch-biographische

Forschung mit systematischen Gesichtspunkten verbindet. Dem ersten Band sollte eine Darstellung des Systems der Philosophie und Theologie Schleiermachers folgen (Ges. Schriften, Bd. XIV/I u. 2), die aber unvollendet geblieben ist.

2. Die Grundlegung der Geisteswissenschaften, Logik und Erkenntnistheorie

Die Grundlegung der Geisteswissenschaften wird durch zwei Tatsachen bestimmt: erstens durch Diltheys Stellungnahme zum Empirismus und zur Philosophie Comtes und zweitens durch seine Auseinandersetzung mit der Philosophie Kants. John Stuart Mill hatte in seinem *System der induktiven und deduktiven Logik* im Kapitel ,,Über die moralischen und politischen Wissenschaften" eine Systematik der Geisteswissenschaften entworfen. Sie beruht auf einer Zuordnung von induktiver und deduktiver Methode und umfaßt Psychologie, Ethologie, Gesellschaftswissenschaft und Geschichtswissenschaft. Besonders in der letzteren kommt der Einfluß von Comte zur Geltung, der auch in Deutschland Anhänger gefunden hatte (vgl. Ges. Schriften, Bd. V, S. 3). Im Zusammenhang mit der Abhandlung *Über das Studium der Geschichte der Wissenschaften vom Menschen, der Gesellschaft und dem Staat* (Ges. Schriften, Bd. V, S. 31–73) hat Dilthey seine Stellung zum Empirismus Mills und zur positiven Philosophie Comtes auf die knappe Formulierung gebracht: *Empirie und nicht Empirismus* (Ges. Schriften, Bd. XVIII, S. 193). Sein Ausgangspunkt ist wohl Erfahrung, wobei aber mit ,,Erfahrung" sowohl die Erfahrung der äußeren Sinne als auch das Gewahrwerden, d. h. die innere Wahrnehmung gemeint ist. Dilthey verteidigt gegenüber Comte die innere Wahrnehmung; ja er gibt ihr sogar in gewisser Weise einen Vorrang vor der äußeren Wahrnehmung. Die Comtesche Annahme einer psychophysischen Gleichförmigkeit lehnt er ab. Gegen Mill wendet er ein, er gleiche die Methoden der Geisteswissenschaften den Naturwissenschaften zu sehr an. Dennoch soll aber Philosophie Wissenschaft bleiben.

Mit der *Einleitung in die Geisteswissenschaften* sollte die Eigenständigkeit der Geisteswissenschaften aufgewiesen und ihr systematischer Zusammenhang begründet werden, denn im Gegensatz zu den Naturwissenschaften fehlt ihnen ein solcher Zusammenhang. Der Rechtsgrund für ihre Eigenständigkeit liegt in der Erkenntnistheorie, in der Unterscheidung zwischen der äußeren Erfahrung der Sinne und der inneren Erfahrung, der Erlebnisse; denn in den Erlebnissen werden wir unmittelbar, ohne Vermittlung der äußeren Sinne, dessen, was wir erleben, inne.

Die Geisteswissenschaften unterscheiden sich aber auch von den Naturwissenschaften dadurch, daß sie nicht bloß empirische (historische) Sätze, d. h. Tatsachenaussagen und theoretische Sätze, sondern auch Werturteile und Normen enthalten. ,,Die Zwecke der Geisteswissenschaften (bestehen darin, H. I.), das Singulare, Individuelle der geschichtlich-gesellschaftlichen Wirklichkeit zu erfassen, die in seiner Gestaltung wirksamen Gleichförmigkeiten zu erkennen, Ziele und Regeln seiner Fortgestaltung festzustellen" (Ges. Schriften, Bd. I, S. 27).

Die Einzelwissenschaften lassen sich vereinfachend in drei Gruppen einteilen. Die erste Gruppe befaßt sich mit den Elementen der geschichtlich-gesellschaftlichen Welt, d. h. mit den Individuen: Psychologie, Anthropologie und Biographie als Zweig der Geschichtsschreibung. Die zweite Gruppe umfaßt die Wissenschaften von den Systemen der Kultur, wobei Kunst, Wissenschaft oder Sitte Kultursysteme sind. Zur dritten Gruppe gehören die Wissenschaften der äußeren Organisation: Staat oder Familie sind solche Organisationen. Es ist bemerkenswert, daß Dilthey eine Philosophie der Geschichte ablehnt; denn die Erkenntnis der Geschichte ist Aufgabe von Einzelwissenschaften, ein Sinn der Geschichte im ganzen ist ein metaphysisches Unding und daher unerkennbar.

Dilthey fordert für diese drei Gruppen von Einzelwissenschaften eine erkenntnistheoretische Grundlegung vor allem auch deshalb, weil die herkömmliche metaphysische Begründung zusammengebrochen ist und somit entfällt. In einer großangelegten Untersuchung werden deshalb die griechische und die römische Metaphysik, die Metaphysik der Väter und schließlich die Auflösung der mittelalterlichen Metaphysik unter dem Einfluß der neuzeitlichen Naturwissenschaften in ihrer vermeintlichen Begründungsfunktion für die Geisteswissenschaften dargestellt.

Nach unserer heutigen Auffassung ist Logik die Wissenschaft von den gültigen Formen des Schließens. Sie ist entweder Aussagen- oder Prädikatenlogik und in ihrem Aufbau, mindestens seit Frege, von der Mathematik beeinflußt. Dilthey orientiert sich in seiner Logik nicht primär an Aussagen, sondern an der Lehre von den Begriffen und an der Lehre von den Urteilen als Begriffsbildung, bevor er sich mit der Lehre von den Schlüssen befaßt. Sofern Logik nicht nur deduktive Schlußformen, sondern auch induktive Schlußweisen und Forschungsmethoden untersucht, ist sie auch Methodenlehre. Dilthey folgt darin Mill. Das besondere aber an Diltheys Grundlegung der Geisteswissenschaften sind nicht Logik und Methodenlehre; Mill und andere Empiristen sind in dieser Hinsicht viel ausführlicher und genauer. Das besondere ist vielmehr die Verbindung von Logik und Methodenlehre mit der Kantischen Erkenntnistheorie. ,,Diese Logik dagegen, welche die Konsequenzen des kritischen Standpunktes zieht, nimmt die von Kant als transzendentale Ästhetik und Analytik bezeichneten Untersuchungen in sich auf." (Ges. Schriften, Bd. I, S. 117) Doch bedeutet dieser Rückgang auf die *Kritik der reinen Vernunft* keine bedingungslose Übernahme der Kantischen Thesen. Ausgangspunkt der erkenntnistheoretischen Überlegungen ist nicht ein abstraktes Erkenntnissubjekt, sondern ein Mensch, sofern er etwas denkt, fühlt und will. Das Hauptproblem der Erkenntnistheorie besteht nun darin, ,,die Natur des unmittelbaren Wissens um die Tatsachen des Bewußtseins und Verhältnis' derselben zu dem (...) fortschreitenden Erkennen" (Ges. Schriften, Bd. I, S. 118) aufzuklären.

Auch wenn Dilthey seine Erkenntnistheorie nie voll ausgearbeitet hat, so lassen sich doch ihre Umrisse aus zahlreichen Nachlaßfragmenten (vgl. Ges. Schriften, Bd. XVIII u. XIX) skizzieren. Jenes unmittelbare Wissen soll uns in der inneren Erfahrung, im Gewahrwerden oder Innewerden selbst unmittelbar gegeben sein. Im Hinblick auf die Kantische Trennung von Stoff und Form der Erkenntnis beruft sich Dilthey auf ihre Einheit im Innewerden. Den Formen des diskursiven Denkens selbst liegen elementare Vorgänge zugrunde. Dilthey nennt sie elementare logische Operationen. „Nur weil im Leben und Erfahren der ganze Zusammenhang enthalten ist, der in den Formen, Prinzipien und Kategorien des Denkens auftritt, nur weil er im Leben und Erfahren analytisch aufgezeigt werden kann, gibt es ein Erkennen der Wirklichkeit." (Ges. Schriften, Bd. V, S. 83) Die Formen des diskursiven Denkens sind nach Diltheys Meinung bloße Abstraktionen aus psychischen Prozessen oder, wie Dilthey noch ungenauer formuliert, aus dem Leben.

Im Gewahrwerden, im Innewerden selbst sind uns die Tatsachen des Bewußtseins unmittelbar gegeben. In diesem Rückgang auf etwas unmittelbar Gegebenes im Erleben erweist sich Dilthey als Schüler des Empirismus. Tatsachenaussagen sind dann jene Aussagen, welche dieses Innegewordene, Erlebte beschreiben. Man müßte Dilthey, gegen seinen eigenen Sprachgebrauch, als Phänomenalisten bezeichnen, weil er vom Erlebten aus die Wissenschaften streng logisch aufbauen will. Zugleich ist hier die spätere Lehre vom Erlebnis, Ausdruck und Verstehen angelegt.

Gegenüber der Kantischen Erkenntnistheorie ergeben sich einschneidende Konsequenzen. Einmal verwirft Dilthey die Kantische Unterscheidung zwischen Stoff und Form der Erkenntnis als bloße Abstraktion aus dem psychischen Verlauf. Innewerden tritt an die Stelle des Kantischen Ich-denke. Dilthey verteidigt gegenüber Kant die innere Wahrnehmung; sie soll nicht bloß Erscheinungscharakter haben. Die Kantischen Kategorien selbst werden auf die elementaren logischen Operationen zurückgeführt und nicht, wie bei Kant, aus den Urteilen abgeleitet. Die Lehre von der Apriorität des Raumes wird durch eine Lehre von der Genese der Raumempfindung ersetzt und die Lehre von der Apriorität der Zeit auf die Abfolge von psychischen Vorgängen zurückgeführt. Schon an dieser Stelle wird die enge Verknüpfung von Erkenntnistheorie und Psychologie sichtbar; denn die Psychologie thematisiert diese seelischen Vorgänge.

Für die Erkenntnistheorie folgt nun ein weiteres Problem. Wenn es auch unmittelbares Wissen von psychischen Tatsachen gibt, so ist damit unser Wissen von der Außenwelt, unser Glaube an die Realität der Außenwelt noch nicht gerechtfertigt. Die Antwort auf unser Problem geht wieder von einem psychophysischen Wesen aus, das etwas denkt, fühlt und will. „Aus dem Eigenleben, aus den Trieben, Gefühlen, Volitionen, welche es bilden und deren Außenseite unser Körper ist, scheint mir nun innerhalb unserer Wahrnehmungen die Unterscheidung von Selbst und Objekt, von Innen und Außen zu entspringen" (Ges. Schriften, Bd. V, S. 96). Menschliche Lebewesen haben eine Art Bewußtsein vom eigenen Leben und von der Umgebung des Körpers. Zum Bewußtsein vom eigenen Leben gehört die Erfahrung der willkürlichen Bewegungen, der Impulse und des Widerstandes von außen. Was widersteht, wird als von mir Unabhängiges erfahren. Dilthey erklärt auch den Glauben an die Existenz anderer Personen als eine Art Analogieschluß, der auf Erlebnissen von Impuls und Widerstand beruht. Was ich an mir erfahren habe, wird auch anderen Personen zugesprochen, wenn sie sich wie ich selbst verhalten. Wir wissen weder unmittelbar von Körpern und Dingen außer uns, noch aufgrund von Schlüssen, sondern wir erfahren, daß unsere willkürlichen Bewegungen gehemmt werden; und damit erfahren wir zugleich ein von uns Unabhängiges, worüber wir nicht direkt verfügen können.

Wie Dilthey beim Problem der inneren Erfahrung auf das Innewerden zurückgeht, so geht er auch in der Frage der Realität der Außenwelt auf die einfache Erfahrung von Impuls und Widerstand zurück, als Ausgangspunkt des Unterschiedes zwischen Selbst und Andern. ,,Der ganze Sinn der Worte Selbst und Anderes, Ich und Welt, Unterscheidung des Selbst von der Außenwelt liegt in den Erfahrungen unseres Willens und der mit ihm verbundenen Gefühle. Alle Empfindungen und Denkprozesse umkleiden gleichsam nur diese Erfahrungen" (Ges. Schriften, Bd. V, S. 130). Um den Unterschied zur herkömmlichen Erkenntnistheorie zu verdeutlichen und den Ausgangspunkt beim lebendigen Menschen hervorzuheben, spricht Dilthey von Selbstbesinnung (vgl. Ges. Schriften, Bd. I, S. 26). Dieser Terminus soll auch darauf hinweisen, daß die Grundlegung der Geisteswissenschaften nicht nur empirische und theoretische, sondern auch normative Sätze enthält. Diese Behauptung wird an den Einzelwissenschaften verdeutlicht.

3. Psychologie, Pädagogik und Ästhetik

Das Kernstück der Diltheyschen *Psychologie* bildet die Lehre von der Struktur des Seelenlebens. ,,Struktur" bedeutet ,,innerer, gegliederter Zusammenhang". Dieser Strukturzusammenhang entsteht im Menschen dadurch, daß er Reizen ausgesetzt ist und auf Reize reagiert. In der Struktur des Seelenlebens lassen sich drei Bestandteile unterscheiden: Intelligenz, Gefühls- und Triebleben und Willenshandlungen. Sie lassen sich in jedem Bewußtseinszustand nachweisen: wenn ich z. B. etwas will, so denke ich daran mit dem Gefühl der Erwartung. Dieser Strukturzusammenhang des Seelenlebens entwickelt sich zu größerer Komplexität: Triebe und Gefühle bilden das Agens dieser Entwicklung. Sie ist aber nicht blind und zufällig, sondern zweckmäßig, dadurch daß sie in ihrer einfachen Form auf die Erhaltung und Förderung des Menschen in der Umwelt ausgerichtet ist. Zweckmäßigkeit ist eine dem ,,Seelenleben einwohnende Eigenschaft des Zusammenhangs seiner Bestandteile" (Ges. Schriften, Bd. V, S. 213).

Ziel und Ergebnis dieser Entwicklung ist es, einen wohlgeformten Zusammenhang des Seelenlebens zu bilden. Der erworbene Zusammenhang zeichnet sich durch eine charakterliche Festigkeit gegenüber dem Wandel der Außenwelt aus. Die Zweckmäßigkeit bezieht sich nicht bloß auf den Zusammenhang und das Zusammenwirken der seelischen Bestandteile, sondern er enthält auch eine Tendenz auf Vervollkommnung. Dilthey hat mit der Strukturlehre versucht, der in der Ethik entfalteten Lehre von den praktischen Synthesen eine psychologische Grundlage zu geben. Der Zweckgedanke, ursprünglich von Trendelenburg übernommen, wird mit dem Gedanken einer biologischen Entwicklung verbunden und zur Lehre von der inneren Zweckmäßigkeit erweitert.

Die Berufung auf den erlebten Strukturzusammenhang bildet den Ausgangspunkt für Diltheys Ablehnung der erklärenden Psychologie. Diese würde nicht vom erlebten Zusammenhang ausgehen, sondern von den vermeintlichen (hypothetischen) Elementen aus einen solchen Zusammenhang konstruieren. Die erklärende (konstruierende) Psychologie orientiert sich an naturwissenschaftlichen Verfahren. In diesen Zusammenhang gehört der vielberufene Gegensatz zwischen Erklären und Verstehen. Dilthey möchte einfach voreilige Hypothesenbildungen und Konstruktionen von der Psychologie fernhalten und diese auf das deskriptiv Erfaßbare, d. h. im Erleben und Innewerden Gegebene, thematisch beschränken. Auch wenn gegenüber der *Einleitung in die Geisteswissenschaften* eine gewisse Verengung des Standpunktes zugunsten von Beschreibung und Vergleichung im Gegensatz zur Erklärung vorliegt, so sollte man doch bedenken, daß eine verstehende Wissenschaft nach Diltheys Auffassung einen genau bestimmten erkenntnistheoretischen Rahmen voraussetzt, der mit großen Schwierigkeiten belastet ist, z. B.: Sind reine Beschreibung und Vergleichung ohne Konstruktion überhaupt möglich? Wie können Beschreibungen generalisiert werden: etwa als Aussagen über die psychische Struktur aller Menschen oder die Gleichförmigkeit des Menschenlebens?

Dilthey stellt der beschreibenden Psychologie eine vergleichende zur Seite. Ihre Aufgabe besteht darin, das Singulare auf der Grundlage der Gleichförmigkeiten des Seelenlebens darzustellen, welche die beschreibende Psychologie aufweist. In diesem Zusammenhang verwendet Dilthey den Begriff des Typus. Charakteristische Einzelzüge werden zu einem Typus einer Art von Person zusammengefaßt. Wer das Typische einer Erscheinung erfaßt, sieht „im Tatsächlichen die Regel des Geschehens" (Ges. Schriften, Bd. V, S. 279). Mit einem Typenbegriff ist die Frage nach der Qualität seiner Verwirklichung immer gegeben, so daß der Typenbegriff eine Regel zur Beurteilung an die Hand gibt.

Die praktische Ausrichtung der Geisteswissenschaften wird besonders an der *Pädagogik* sichtbar, denn es geht ihr um die Regeln der Bildung und Erziehung der Menschen. Die Pädagogik ist eine Geisteswissenschaft und bezieht sich auf andere Geisteswissenschaften, insbesondere auf die Psychologie. Wie jede andere Wissenschaft ist sie auch den geschichtlichen Veränderungen unterworfen. In der Tat wendet sich Dilthey gegen die zeitgenössische Pädagogik mit dem Vorwurf, ungeschichtlich zu verfahren und von einem falschen

Anspruch aus „die Erziehung allgemeingültig aus Grundsätzen zu regeln" (Ges. Schriften, Bd. V, S. 57). Er findet in der Psychologie eine allgemeingültige Grundlage der Pädagogik. „Der Fundamentalsatz einer Pädagogik besteht also in der Behauptung: das Seelenleben hat eine innere Zweckmäßigkeit, sonach eine ihm eigene Vollkommenheit." (Ges. Schriften, Bd. IX, S. 185) Dilthey begnügt sich mit dieser Feststellung der eigenen Vollkommenheit; ihre inhaltliche Bestimmung, als Ziel pädagogischer Normen, wäre ein Rückfall in eine ungeschichtliche Auffassung. Gerade die Geschichte der Pädagogik, welche die systematischen Ausführungen ergänzt, soll vor diesem Fehler bewahren.

Zu den kulturellen Leistungen der Menschen gehören neben Wissenschaft und Religion auch die Künste: Dichtung, Musik, Malerei, Skulptur, Architektur usw. Die *Ästhetik* hat die Aufgabe, Künste, das Kunstschaffen und seine Schöpfungen, zu untersuchen. Ihr Material bilden die zahllosen Kunstwerke aus vergangenen Zeiten und die ästhetischen Theorien, zumal die Aristotelische *Poetik* und die ästhetischen Theorien der deutschen Idealisten. Dilthey hat in einer Vielzahl von Aufsätzen zur Kunst, insbesondere zu Dichtung und Musik, Stellung genommen; seine Schriften zur Ästhetik beziehen sich aber hauptsächlich auf die Dichtung, und sie versuchen, für das Feld der Poetik Regeln zu entwickeln; diese bestimmen das Schaffen der Dichter und Schriftsteller und dienen gleichzeitig als Maßstäbe der Kritik. Dilthey bemerkt, daß die Ästhetik des deutschen Idealismus die Aristotelische *Poetik* durch eine Untersuchung der menschlichen Vermögen ersetzt, welche in gleichem Maße dem Kunstschaffen wie dem ästhetischen Urteil zugrunde liegen. Dilthey möchte die Leistungen dieser neuen Ästhetik bei Kant, Schelling, Hegel, Herder, Goethe, Schiller und Schlegel wissenschaftlich begründen; die ästhetischen Spekulationen sollen in die modernen Erfahrungswissenschaften aufgenommen werden.

Die Erforschung der psychologischen Vorgänge, welche das dichterische Schaffen ermöglichen, bildet den Ausgangspunkt. Dilthey behauptet nun, daß es allgemeine Bedingungen und allgemeingültige Regeln der Dichtung gebe, die von der Psychologie beschrieben werden. Alle Dichtung beginnt mit Erfahrung und Erlebnis. Dichter zeichnen sich dadurch aus, daß ihre Erlebnisse intensiver und deutlicher sind als die der Mitmenschen und daß sie Erlebnisse nachzubilden vermögen. Dilthey versucht, Gesetze zu formulieren, nach denen Erlebnisse in der dichterischen Phantasie verbunden und umgestaltet werden. Dabei erweisen sich die Gefühle als besonders bedeutsam, denn in ihnen erschließen sich uns Wert, Bedeutung, Steigerung oder Minderung des Daseins. In diesem Zusammenhang übernimmt er von Fechner die Lehre von den Gefühlskreisen. Dichter bilden nicht wie Träumer oder Wahnsinnige die Erlebnisse um, sondern gehen vom erworbenen seelischen Zusammenhang aus. Ihr Gestaltungsziel ist das Typische, als das „aus dem Wirklichen herausgehobene Wesenhafte" (Ges. Schriften, Bd. VI, S. 186). Dabei ist Dichtung symbolisch; ein Sprachgebilde ist ein Zeichen für einen inneren Zustand.

Die im dichterischen Schaffen wirkenden psychologischen Gesetze sind allgemeingültig, weil sie in der Beschreibung erfaßt werden können. Die historische Bedingtheit zeigt sich erst in der Technik, in der Art und Weise der Gestaltung, und in der Auswahl des Stoffes der Dichtung; denn die dichterische Technik entspringt, auf der Grundlage der psychischen Struktur, unter den ,,Bedingungen eines bestimmten Zeitalters und Volkes" (Ges. Schriften, Bd. VI, S. 201). Themen einer poetischen Technik sind unter anderem Stoff, Motiv, der Charakter der Handlung und die Darstellungsmittel.

Dilthey glaubt, daß mit diesen Ausführungen der Gegensatz zwischen allgemeingültigen Gesetzen und historisch bedingten Verallgemeinerungen der Poetik behoben sei. Er glaubt dies deshalb, weil er voraussetzt, daß die Sätze der beschreibenden Psychologie mehr als nur Hypothesen sind, und daß auf dieser Grundlage Normen für das dichterische Schaffen, die nicht einfach technische Regeln sind, gewonnen werden können. Allerdings gibt er keine Beispiele für solche Normen.

4. Hermeneutik, Weltanschauungslehre und Geschichte der Philosophie

Das Wort ,,Hermeneutik" stammt aus dem Griechischen und heißt ,,Verständlichmachen", d. h. Worte verdeutlichen. Hermeneutik ist die Lehre des Verständlichmachens, d. h. die Lehre der Auslegung. Dilthey ist mit diesem Gebrauch von ,,Hermeneutik" vertraut. ,,Die Kunstlehre des Verstehens schriftlich fixierter Lebensäußerungen nennen wir Hermeneutik" (Ges. Schriften, Bd. V, S. 332f.). Nicht nur Texte, sondern auch Gebärden und Handlungen können verstanden werden. Entsprechend wird das Wort ,,Hermeneutik" auch in einem viel weiteren Sinne gebraucht, so auch bei Dilthey. Er führt nämlich den Unterschied zwischen den Naturwissenschaften und den Geisteswissenschaften auf einen Unterschied in der Erkenntnisweise zurück. Im Gegensatz zu den Naturwissenschaften sind in den Geisteswissenschaften, wie am Beispiel der Psychologie deutlich wurde, die psychischen Vorgänge direkt gegeben, d. h. sie werden erlebt. Der Bereich der so direkt erlebbaren Befunde ist offenbar sehr beschränkt. Nicht einmal andere Personen werden in der gleichen Weise erlebt, wie wir etwa Freude empfinden; noch viel weniger werden abstrakte Gebilde wie Recht und Staat erlebt. Wir erkennen andere Personen als solche erst aufgrund ihrer sprachlichen Äußerungen, ihrer Gebärden und ihrer Handlungen. Mit Diltheys Worten formuliert, schließt sich uns ein Inneres aufgrund eines wahrnehmbaren Zeichens, eines Ausdrucks auf. Eine solche Erkenntnisweise eines Inneren aufgrund eines Zeichens ist das Verstehen im weiteren Sinne. Dilthey ergänzt deshalb die Lehre vom Erlebnis durch die Lehre vom Ausdruck und vom Verstehen eines Ausdrucks. ,,Erlebnis", ,,Ausdruck" und ,,Verstehen" werden zu Grundbegriffen aller Geisteswissenschaften. An diese Grundbegriffe schließt sich der erweiterte Gebrauch von ,,Hermeneutik" an, – ein Gebrauch, welcher in der Lebensphilosophie und in der Rede von der philosophischen Hermeneutik nachgewirkt hat.

Dilthey unterwirft die Begriffe ,,Erlebnis", ,,Ausdruck" und ,,Verstehen" einer Analyse. In den Begriff ,,Erlebnis" geht der aus der Erkenntnistheorie bekannte Sinn von ,,Innewerden" ein: ,,Im Erleben ist Innesein und der Inhalt, dessen ich inne bin, eins" (Ges. Schriften, Bd. VII, S. 27). Denn im Erleben wie beim Innewerden und Innesein entfällt der Gegensatz zwischen dem Erlebenden und Erlebten. Den Erlebnissen eignet eine eigene Gewißheit, die nicht in Frage gestellt werden kann. Erlebnisse sind aber private Ereignisse eines einzelnen Menschen; er ist ihr Besitzer und kein anderer Mensch. Wenn ich nun eine Eiche sehe, so erstreckt sich meine Gewißheit auf mein Sehen und nicht auf den Gegenstand selbst; denn dieser ist durch die äußeren Sinne vermittelt.

Die geschichtlich-gesellschaftliche Welt erschließt sich uns über schriftliche Zeugnisse, Kunstwerke und Gegenstände aller Art sowie über die Worte und Handlungen unserer Mitmenschen. In allen diesen Äußerungen der Menschen erschließen sich uns ihre Gedanken, ihre Wünsche und ihre Ängste. Dilthey gebraucht für diese Äußerungen das Wort ,,Ausdruck". Ausdruck sei immer, so behauptet er, Ausdruck eines Seelenlebens. Das mag wohl im Zusammenhang mit Gebärden und Mienen als leibgebundenen Ausdrücken, vielleicht auch für menschliches Verhalten einleuchten. Aber für sprachliche Ausdrücke scheint die Diltheysche Annahme irreführend zu sein. Denn in der gegenseitigen Verständigung dienen Behauptungssätze nur selten als Äußerungen von seelischen Regungen; nicht die expressive Funktion von Äußerungen, sondern nur das, was in einer Äußerung mitgeteilt wird, ist von Interesse. Insbesondere gilt diese letzte Bemerkung für die Wissenschaften. Die *Kritik der reinen Vernunft* als Text, d. h. als sprachlicher Ausdruck, interessiert uns üblicherweise nicht als Ausdruck Kantischer Seelenregungen, z. B. seines Zorns oder seines Unbehagens. Der Text interessiert uns als eine Theorie, die durch richtige oder falsche Argumente gestützt ist.

Die gleiche Unklarheit belastet auch Diltheys ganze Lehre vom Verstehen, denn Ausdrücke erleben wir nicht primär, sondern wir verstehen sie nach Diltheys Meinung als Ausdrücke einer psychischen Wirklichkeit. Und doch sollte gerade die Lehre vom Verstehen die einseitig subjektiv-psychologische Lehre vom Erleben ergänzen; denn erst im Verstehen wird die geschichtlich-gesellschaftliche Welt erkennbar, da eine große Zahl von Tatbeständen über den erlebbaren psychischen Zusammenhang einzelner Individuen hinausgeht. Der Grund für die Schwächen der Lehre vom Verstehen, die Dilthey nicht ganz unbekannt waren, liegt darin, daß bei Dilthey eine Theorie der Sprache nur in Ansätzen vorhanden ist und deshalb nie genau zwischen dem, worüber gesprochen wird, und dem Sprechen selbst unterschieden wird. Natürlich fehlt auch eine Theorie der Art und Weise, in welcher wir über Dinge sprechen, insbesondere wie wir uns auf sie beziehen und von ihnen etwas prädizieren.

Auch wenn Dilthey durch den Rückgang auf Ausdruck und Verstehen nur erkenntnistheoretische Ansätze entwickelt, so führt die als hermeneutische

Wende bezeichnete letzte Schaffensperiode doch zu gewissen Akzentverschiebungen. Dilthey beruft sich vermehrt auf den Lebensbegriff; wo er früher noch Bewußtsein sagte, spricht er nun von Leben. Die geistig-geschichtliche Welt, wohl unter dem Einfluß von Hegel, wird zur ,,Objektivation des Lebens". Ihre Erkenntnis soll durch die Kategorien des Lebens geschehen, also durch Kategorien wie ,,Bedeutung", ,,Zusammenhang", ,,Struktur", ,,Entwicklung", ,,Kraft", ,,Wesen", ,,Wert" usw. Diese Kategorien werden nach Diltheys Meinung aus dem Leben selbst gewonnen und nicht von außen herangetragen. In der Psychologie hatte sich Dilthey auf die gleiche Art der Gegebenheit von Grundbegriffen berufen; im Bereich der Geschichte aber ist es nicht ganz einsichtig, wie diese Kategorien, etwa aus dem Erleben, gewonnen werden können.

Die Lehre von den Typen der Weltanschauung gehört zu einer Philosophie des Lebens. Sie hält darin den Platz inne, welchen früher die Metaphysik im Kreise der philosophischen Disziplinen einnahm. Der Widerspruch zwischen dem Anspruch auf Allgemeingültigkeit eines metaphysischen Systems und der Vielzahl der gegenseitig sich ausschließenden Systeme soll durch eine Typologie der Weltanschauung entschärft werden.

Metaphysische Systeme zeichnen sich dadurch aus, daß sie versuchen, ,,Bedeutung und Sinn des (Welt-)Ganzen" (Ges. Schriften, Bd. VIII, S. 82) auszusprechen. Metaphysik ist eine philosophische Disziplin und neben Religion und Kunst nur eine Art von umfassender Sinndeutung. Dilthey faßt die drei Arten von Sinndeutungen unter dem Namen ,,Weltanschauung" zusammen. Weltanschauungen enthalten bestimmte gemeinsame Merkmale. Sie entstehen aus dem lebendigen Umgang mit den Dingen und bilden eine Art Lebenserfahrung, deren psychologische Grundlage der seelische Strukturzusammenhang ist. Sie enthalten eine Art Weltansicht als die Summe von dem, was man glaubt oder weiß, daß es der Fall ist. Dilthey nennt diese Weltansicht ein Weltbild. Ein solches Weltbild ist immer auch die Grundlage einer Bewertung unseres Lebens und der Entstehung gewisser Ideale und Normen, welche unser Handeln leiten.

Der Mittelpunkt der religiösen Weltanschauung ist in irgendeiner Form ein Unbekanntes, etwas Numinoses, das ins Leben als unberechenbare Wirkkraft eingreift. In der dichterischen Weltanschauung dagegen werden die Lebenserfahrungen in vielfältiger Weise gestaltet. Erst die metaphysischen Weltanschauungen haben versucht, ein allgemeingültiges Wissen vom Sinn und von der Bedeutung des Lebens zu erreichen, wobei aber die Grenzen der Erfahrung überschritten werden. Dilthey untersucht erstens den Naturalismus, der etwa durch die Materialisten vertreten wird. Erkenntnis ist auf das beschränkt, was durch die fünf Sinne vermittelt wird; werthaft ist nur das, was mit Lust empfunden wird. Zweitens erwähnt er den Idealismus der Freiheit von Platon, Aristoteles, Kant und Fichte. Kernstück davon ist die Lehre von der Souveränität der Seele im Handeln gegenüber allen Gegebenheiten. Und drittens untersucht er den objektiven Idealismus von Bruno, Spinoza und Hegel; dieser

Typus ist ein Versuch, die Dissonanzen des Lebens in eine Harmonie, in einen Weltgrund aufzulösen.

Es muß befremden, daß Dilthey als Historiker der Philosophie einem so vereinfachenden Muster der Geschichte der Philosophie zugestimmt hat und die religiöse Weltanschauung, die Weltanschauung der Kunst und die der Metaphysik schlicht auf die seelische Struktur, auf Wille, Gefühl und Denken zurückgeführt hat, um sie als unvollkommene, einseitige Versuche einer Sinndeutung des Lebens und der Welt aufzufassen.

Was der Mensch sei, erfährt er nur aus der Geschichte, so lautet eine Maxime Diltheys, denn der Mensch ist selbst ein geschichtliches Wesen. Ihren Niederschlag findet diese Maxime im Versuch, systematische Forschungen mit historischen Gesichtspunkten zu verbinden, wie wir das an einzelnen Geisteswissenschaften gesehen haben. Aber am nachdrücklichsten findet sie ihn in den Forschungen zur Geschichte der Philosophie.

Nicht die Konstruktion einer Geschichte der Philosophie wird erstrebt, sondern einzelne, den Wert und die Besonderheit bestimmter philosophie-historischer Perioden respektierende Untersuchungen sind Ziel von Diltheys Bemühungen. Er hat in seiner Einleitung in die Geisteswissenschaften in gewissem Sinne eine Geschichte der Metaphysik gegeben; sie umfaßt das griechische und das römische Denken und den Übergang zur Philosophie des Mittelalters. Er hat auch die Entwicklung der neuzeitlichen Philosophie seit der Renaissance untersucht (Ges. Schriften, Bd. II). Daran schließen sich die Studien zur deutschen Geistesgeschichte an: zu Leibniz und zum Zeitalter Friedrich des Großen (Ges. Schriften, Bd. III). Schließlich gehören die Studien zum deutschen Idealismus, insbesondere die *Jugendgeschichte Hegels* (Ges. Schriften, Bd. IV), die gewaltige Biographie Schleiermachers und die Darstellung seines Systems (Ges. Schriften, Bd. XIII/1 und 2, Bd. XIV/1 und 2) auch hierher.

Dilthey ist weit davon entfernt, ein vereinfachender Historiker zu sein; er schreibt nicht eine Geschichtsphilosophie, sondern stellt die Geschichte der Philosophie in ihrer Entwicklung dar. Die Grundlegung der Geisteswissenschaften sollte auch für die Geschichte der Philosophie und die Geschichtsschreibung überhaupt eine Grundlage für objektive Erkenntnis schaffen.

III. Bedeutung und Wirkungsgeschichte des Werkes

Diltheys Werk ist vielschichtig und fragmentarisch zugleich. Eine Wertung dürfte sehr schwierig sein, zumal ein großer Teil seiner Schriften noch nicht veröffentlicht worden ist. Berühmt wurde Dilthey schon mit dem *Leben Schleiermachers,* aber erst mit dem Sammelband *Das Erlebnis und die Dichtung* (1905) und durch die Herausgabe der *Gesammelten Schriften* (ab 1914) durch seine Schüler hat das Werk eine breitere Wirkung erzielt. Man kann vielleicht zwei Themen unterscheiden, mit denen Dilthey zu großer Wirkung kam. Erstens ist es die Thematisierung der Geschichtlichkeit der Menschen. Am sichtbarsten ist dieser Einfluß in Heideggers *Sein und Zeit* (§ 77) geworden, auch wenn Heidegger nicht Dilthey, sondern dessen Freund, den Grafen Paul Yorck von Wartenburg zitiert. Durch Heidegger ist Geschichtlichkeit zu einem Hauptthema der deutschen Philosophie der Gegenwart bis hin zu Gadamers *Wahrheit und Methode* geworden. Zweitens hat Diltheys These von der erkenntnistheoretischen Eigenständigkeit der Geisteswissenschaften zur Auseinandersetzung über die Logik der Geistes- und Sozialwissenschaften wesentlich beigetragen, auch wenn sich die erkenntnistheoretische Grundlegung im Erlebnis eines einsamen Erkenntnissubjektes kaum als haltbar erwiesen hat und daher die methodologische Eigenständigkeit kaum weniger umstritten ist als zu Diltheys Lebzeiten. Am getreuesten hat wohl Rothacker versucht, Diltheys Grundlegung der Geisteswissenschaften fortzusetzen, ein Versuch, der aber kaum weitergeführt worden ist.

Durch seine Schüler hat Dilthey bis zum letzten Krieg eine große Wirkung auf die Entfaltung einer geisteswissenschaftlichen Pädagogik, besonders im Werk von H. Nohl, Th. Litt und E. Spranger ausgeübt. Der Aufsatz über *Goethe und die dichterische Phantasie (Das Erlebnis und die Dichtung*, S. 124 – 186) hat die Goetheforschung, etwa von Gundolf, sehr beeinflußt. Mischs Versuch, eine Lebensphilosophie aus Diltheys Werk heraus zu entwickeln, hat dagegen wenig Wirkung gezeigt.

Neben den direkten Wirkungen ist der Einfluß Diltheys etwa auf die Geschichtsschreibung zu erwähnen, obwohl es sehr schwierig ist, diesen Einfluß zu bestimmen. Dilthey hat in seinem Werk viele Themen aufgenommen, die erst in diesem Jahrhundert ein allgemeines philosophisches Interesse erregt haben: so etwa die Lehre von den Typen der Weltanschauung bei Karl Jaspers oder das Thema einer verstehenden Wissenschaft bei Max Weber; es wäre aber historisch falsch, das Werk von Jaspers und Weber einfach mit den Bemühungen von Dilthey in Beziehung zu setzen, zumal sich Weber an Rickert orientiert hat, der in scharfem Gegensatz zu Dilthey stand. Dilthey bleibt bis heute der geniale Anreger, der weniger durch ein abgeschlossenes System gewirkt hat, als durch eine Reihe von Fragmenten und Versuchen, die es vielleicht auch heute wieder zu entdecken gilt.

Josef Simon

FRIEDRICH NIETZSCHE

(1844-1900)

Nietzsche begreift sich als Philosoph am Ende einer langen Epoche, die von der antiken Philosophie über das ganze christliche Zeitalter bis zur eigenen Gegenwart reichen soll. Waren in der Philosophie des deutschen Idealismus, nach mancherlei skeptischen und relativistischen Einwänden, das Wissen und die Wissenschaft noch einmal als zweckfreie Erkenntnis der Wahrheit im Sinne einer höchsten Bestimmung des Menschen gedacht, so erscheinen für Nietzsche im Licht des naturwissenschaftlich-positivistischen Weltbildes des 19. Jahrhunderts und der daran anschließenden technisch-industriellen Verwertung des Wissens rückblickend die Ideale dieser ganzen Epoche nur noch als ‚Werte‘: Sie konnten zwar bisher die Kultur und das Identitätsbewußtsein der Menschen stabilisieren und waren deshalb von Nutzen gewesen. Nun aber soll begriffen werden, daß sie überlebt sind. In ihrer Bestimmung als ‚Werte‘ ist ihre mögliche und im Dienst des Lebens auch geforderte ‚Umwertung‘, d. h. ihre Sinnlosigkeit unter absolutem Anspruch, schon eingeschlossen. Nietzsche sieht den Wandel im Selbstverständnis des Menschen und das Ausmaß der moralischen und gesellschaftlichen Veränderungen, die sich mit solch einer ‚Umwertung‘ ergeben müßten. Damit versteht er sich als Denker einer zumindest gegenwärtig noch orientierungslosen, ‚nihilistischen‘ Zeit. Er begreift sich, am Ende dieser weltgeschichtlichen Epoche, als erster Denker ohne vorgegebene ‚oberste‘ Begriffe und ohne leitende, richtungsweisende Denkschemata, im Gegensatz zu den Zeitgenossen, die diesen Umbruch so noch nicht sehen und deshalb weiter in den bisherigen Kategorien die Wahrheit zu erfassen versuchen.

I. Leben

Schon von der Biographie her ist Nietzsche ein Außenseiter unter den deutschen Philosophen des späten 19. Jahrhunderts, die durchweg Universitätslehrer der Philosophie waren. Nietzsche war als Philosoph Autodidakt. Er wurde am 15. 10. 1844 in Röcken bei Lützen als Kind eines Pfarrers geboren. Nach einem Studium der Philologie und der Theologie in Bonn und der Philologie in Leipzig wurde er mit 24 Jahren Professor für Klassische Philologie in Basel. Dort lernte er Jacob Burckhardt und den damals in der Schweiz lebenden

Richard Wagner kennen, in dessen Musik er zunächst eine Verwandtschaft zu seinen Gedanken sah. Im Kriege 1870/71 war er mehrere Monate lang freiwillig Krankenpfleger und zog sich selbst eine schwere Erkrankung zu. Seitdem blieb er leidend und mußte sich 1879 von seinem Lehramt dispensieren lassen. Er lebte von da an als Privatgelehrter an verschiedenen Orten, vor allem, weil er sich durch die klimatischen Gegebenheiten Linderung seiner Krankheit versprach, in Sils-Maria, Nizza, Marienbad, Venedig, Riva, Rapallo, Rom, Genua und Turin, wo er 1889, vermutlich als Folge einer progressiven Paralyse, in eine geistige Verwirrung verfiel, die bis zu seinem Tode in Weimar am 25. August 1900 andauerte.

II. Das Werk

1. Zum Philosophiebegriff

Die Philosophie Nietzsches steht in der Tradition der Aufklärungsphilosophie, die ihrerseits signifikant mit der Idolenlehre Francis Bacons beginnt. Aufklärung richtet sich gegen Vorurteile, und Vorurteile sind überkommene Meinungen und Überzeugungen, die, ohne selbst bewußt in den Blick zu kommen, den Verstand und das Urteil bestimmen. Kants Definition der Aufklärung als ,,Ausgang des Menschen aus seiner selbstverschuldeten Unmündigkeit" und als Gebrauch des Verstandes ohne Anleitung eines ,,anderen" setzt voraus, daß die Vernunft aus sich allein zur Aufklärung fähig sei (Akademie-Ausgabe, Bd. VIII, S. 35). Folgerichtig heißt es, es sei etwas ,,Ungereimtes, von der Vernunft Aufklärung zu erwarten, und ihr doch vorher vorzuschreiben, auf welche Seite sie notwendig ausfallen müsse". ,,Vernunft" werde ,,schon von selbst durch Vernunft sowohl gebändigt und in Schranken gehalten" (*Kritik der reinen Vernunft*, 2. Aufl., S. 775).

Nietzsche läßt es nicht bei einem solchen Vertrauen auf eine autonome und unparteiische Macht der Vernunft, man könnte aus seiner Sicht auch sagen, bei solch einem Vorurteil über die Vernunft bewenden. Insofern setzt er mit seiner Kritik der Vernunft und damit der bisherigen Philosophie radikaler an, als es bis dahin möglich erschien. Wenn Kant die Metaphysik durch eine Selbstkritik der Vernunft und ihres Erkenntnisvermögens in Schranken weisen wollte, blieb die Vernunft wie selbstverständlich das Organ der Kritik, einschließlich der Kritik ihrer eigenen Reichweite als Organ der Erkenntnis. Nietzsche versucht dagegen, noch nach der Vernunft selbst zu fragen. In ihren angeblich ,reinen' Begriffen sieht er Schemata, die im Grunde *historisch* bedingt und mit der Grammatik der besonderen Sprache, in deren Bahnen wir denken, verflochten seien. Damit stellt er einen grundlegenden Denkansatz vor allem der neueren Philosophie in Frage, nämlich den der Möglichkeit der *Reflexion*. Während ein sich in adäquater Weise selbst denkendes Denken im Altertum und im Mittelalter letzten Endes nur einem göttlichen Wesen zuerkannt wur-

Friedrich Nietzsche (1844–1900)

de, versteht sich das Denken vor allem seit Descartes auch als endliches als ein Vermögen, das sich selbst in den Grenzen seiner ‚Möglichkeiten' bestimmen und ‚methodisch' leiten könne und vor allem auch leiten *solle*. Es kommt damit ein imperativischer, moralischer Aspekt in den Begriff der Vernunft. Diesem Ansatz gegenüber insistiert Nietzsche auf der Bedingtheit der Vernunft, vor allem im Begriff ihrer selbst. Sie kann seinem Ansatz nach keinen überzeitlich adäquaten, sondern immer nur einen historisch bedingten, sich verändernden Begriff von sich haben, wenn ohne Vorurteil und ‚rein' aus Vernunftgründen zu bestimmen versucht wird, ‚was' Vernunft und ‚was' demnach vernünftig sei.

Der Einwand, der sich gegen diese Radikalität des Infragestellens aus der Sicht einer Philosophie erheben muß, die sich selbst als unbedingt „rational" postuliert, gipfelt in der Frage nach dem Erkenntnisstatus solcher Äußerungen. Kann diese radikale Vernunftkritik denn selbst noch mit irgendeinem rational einlösbaren Anspruch auftreten wollen? Dies ist immer die Hauptfrage an die Philosophie Nietzsches gewesen, und es ist auch heute noch der Punkt, an dem sich die Geister scheiden, wenn es darum geht, ob Nietzsche nun zur Philosophie zu zählen sei oder nicht. Vor aller weltanschaulichen Berufung auf ihn, aber auch vor einer Ablehnung seiner Äußerungen von einem vorgefaßten Philosophiebegriff her ist deshalb zu fragen, welchen Status sie selbst beanspruchen und welcher ihnen zuerkannt werden kann. Es gilt also zunächst genau zuzusehen, wie Nietzsche sich selbst versteht. Auch in einem Überblick muß Nietzsche deshalb soweit wie möglich in eigenen Worten zur Sprache kommen, zumal sie eher Metaphern als Begriffe sind und deshalb nur schwer mit ‚anderen Worten' wiedergegeben werden können.

2. Der ,,theoretische Mensch"

Die Abhandlung *Die Geburt der Tragödie aus dem Geist der Musik* (1872) geht bereits von einem Begriffspaar aus, das bis dahin gewiß nicht zur philosophischen Terminologie gehört hatte. Sie orientiert sich an den Begriffen, man würde vielleicht hier schon besser sagen: an den Metaphern ,,apollinisch" und ,,dionysisch". Sie sind der antiken Mythologie entnommen und sollen in ihrem Gegensatz über die gesamte Begriffswelt des bisherigen Philosophierens hinausweisen. Das ,,Apollinische" steht für die Welt geformter Vorstellungen und Weltbilder, die durch Kunst, Philosophie und Religion hervorgebracht worden sind und an denen sich das gewöhnliche Leben orientiert. Das ,,Dionysische" soll dessen tiefer liegenden, gestaltlosen Grund bedeuten. Wenn diese Unterscheidung auch durch Schopenhauers Begriffe ,,Wille" und ,,Vorstellung" vorgezeichnet war und somit ein Einfluß Schopenhauers auf Nietzsche unverkennbar ist, so wird sie durch Nietzsche doch schon in dieser Schrift auf eine bezeichnende Weise grundsätzlicher gefaßt. Im ‚systematischen' Denken Schopenhauers soll der ,,Wille" als Grund verneint und in die ideenhafte ,,Vorstellung" aufgehoben werden. Dieser Gedanke eines systematischen

Denkens wird bei Nietzsche historisch-genealogisch gedeutet und damit relativiert. Das allem Gestalthaften zugrundeliegende ,,Dionysische", das später auch unter dem Namen eines ,,Willens zur Macht" erscheint, ist nach Nietzsche schon zu Beginn unserer Kultur, in der griechischen Tragödie, also *vor* aller eigentlichen Philosophie, in eine ,theoretische' Einstellung umgeschlagen, in der der Mensch, statt im ,Leben' aufzugehen, glaubte, sich selbst *zuschauen* oder erkennen zu können. Die kultische dionysische Feier des Lebens wurde – so sieht es Nietzsche – zum Theater, aus dem sich der Zuschauer, bei gleichzeitiger Verinnerlichung seiner Beteiligung zum ,Gefühl', glücklicherweise ausgenommen zu wissen glaubte. Von daher wird verständlich, warum Nietzsche sich als ,Psychologe' versteht, der, sozusagen in einer Theorie des ,,theoretischen Menschen", die Genese der Gefühle und Affekte zu ergründen versucht. Die Entstehung der die europäische Philosophie beherrschenden theoretischen Einstellung bedeutet für ihn zugleich die Genesis einer Gefühlswelt, in der sich die Beteiligung am Leben verinnerlicht und als affektbestimmte ,Wertung' ausdrückt. Nietzsche versteht seine Philosophie als Psychologie oder Metatheorie des theoretischen Denkens, das seit den Griechen für uns bestimmend geworden sei und aus dem Topos der Unbeteiligtheit den der sich selbst als vorurteilsfrei verstehenden Vernünftigkeit entwickelt habe. Die Frage nach der Möglichkeit solch einer Metatheorie kennzeichnet aber zugleich die innere Problematik dieses Denkens.

Der ,,theoretische Mensch" (Bd. III 1, S. 94)[1] ist auf bloße Resultate seiner Anstrengung fixiert. Er sieht in der Fixierung auf das vermeintlich Objektive davon ab, daß er selbst, in seiner historischen und individuellen Bedingtheit, an diesen Resultaten beteiligt ist, im Unterschied zum Künstler, der bei ,,jeder Enthüllung der Wahrheit immer nur mit verzückten Blicken an dem hängen bleibt, was auch jetzt, nach der Enthüllung, noch Hülle bleibt" (ebd.). Nietzsche sieht in dieser vergegenständlichenden Einstellung eine ,,tiefsinnige *Wahnvorstellung,* welche zuerst in der Person des Sokrates zur Welt kam, jener unerschütterliche Glaube, dass das Denken, an dem Leitfaden der Causalität, bis in die tiefsten Abgründe des Seins reiche, und dass das Denken das Sein nicht nur zu erkennen, sondern sogar zu *corrigiren* im Stande sei. Dieser erhabene metaphysische Wahn" sei ,,als Instinct der Wissenschaft beigegeben". Er führe sie aber ,,immer und immer wieder zu ihren Grenzen, an denen sie in *Kunst* umschlagen muß: *auf welche es eigentlich, bei diesem Mechanismus, abgesehn*" sei (Bd. III 1, S. 95). Es sei gar nicht auf eine objektive, unverborgene und von keinem Vorurteil bedingte Wahrheit abgesehen, sondern es gehe vielmehr um das ,,Suchen der Wahrheit", wie Lessing, ,,der ehrlichste theoretische Mensch", bekannt habe. Der ,metatheoretische' ,Psychologe' Nietzsche will die Wissenschaft darüber aufklären, daß sie im Grunde Kunst sei und ebenso individuell bedingt bleibe wie die Werke der Kunst. Das, woran sich der auf eine absolute Wahrheit ausgerichtete ,,Optimismus" halte und woran er sich aufrichte, sei und bleibe in Wahrheit ein Produkt der ,,Kunst in irgend welchen Formen, besonders als Religion und Wissenschaft" (Bd. III 1, S. 96).

Dieser künstlerische, letztlich individuelle Ursprung des scheinbar Wahren zeige sich immer wieder z. B. an den „Grenzen" der Wissenschaft, an denen der verdrängte Ursprung wieder zum Vorschein komme und die Grenzen des „im Wesen der Logik verborgenen Optimismus" erscheinen lasse (Bd. III 1, S. 97). An diesen Grenzen erfahre „der edle und begabte Mensch" „zu seinem Schrecken . . ., wie die Logik sich . . . um sich selbst ringelt und endlich sich in den Schwanz beißt", und damit breche „die neue Form der Erkenntniss durch, *die tragische Erkenntniss,* die, um nur ertragen zu werden, als Schutz und Heilmittel die Kunst braucht" (ebd.). Die Kunst verbirgt den Abgrund, indem sie den (apollinischen) Schein von Wahrheit von neuem gewährt. Denn im dionysischen Ursprung selbst findet sich kein Halt.

3. Der „herrschende Gedanke"

Das Motiv dieser „tragischen Erkenntniss" über den Wahrheitsoptimismus zieht sich, über eine anscheinend ‚positivistische' Zwischenperiode hinweg (*Menschliches, Allzumenschliches:* 1878, *Morgenröte:* 1881, *Die fröhliche Wissenschaft:* 1882), durch alle Werke Nietzsches. Da ‚Erkenntnis' an und für sich gegenüber dem ‚Irrtum' als positiver Wert gilt, ist „tragische Erkenntniss" ein paradoxer Begriff. Doch solch eine ‚Wertung' ist nach Nietzsche schon *Folge* der theoretischen Einstellung. Wenn sie in der ‚positivistisch' genannten Periode seines Denkens von Nietzsche selbst bejaht wird, ändert das nichts daran, daß er gerade mit ihr den europäischen Nihilismus sich ausbreiten sieht. Nach Nietzsche ist der „*Irrthum",* den diese Einstellung als solche bedeutet, und damit aller Schein der Wahrheit darin begründet, daß ohne ihn eine bestimmte „Art von lebendigen Wesen", nämlich die „Art" bewußter Lebewesen auf der gewordenen Stufe der Entwicklung des Bewußtseins, nicht leben könne (Bd. VII 3, S. 226). Man hat von daher Nietzsches Philosophie biologistisch verstanden. Aber Nietzsche distanziert sich bereits am Anfang des ersten Buches seiner Schrift *Die fröhliche Wissenschaft* (1882) von einer biologistischen Auflösung der Paradoxie einer ‚metatheoretischen' Wahrheit über „die Wahrheit". Er wendet sich gegen „*die Lehrer vom Zwecke des Daseins"* (Bd. V 2, S. 43). Wer vom Nutzen für das Dasein redet, gibt vor, dessen Zweck in einem definitiven Sinn erkannt zu haben. Demgegenüber spricht Nietzsche nur von seinem subjektiven, persönlichen „Blicke auf die Menschen". Er bezieht in seiner Kritik einer angeblich interesselosen, theoretischen Einstellung konsequenterweise die Individualität des eigenen Gesichtspunktes mit ein, ja sogar den jeweiligen Affekt, aus dem heraus ein anscheinend theoretischer Blick erfolgt: „Ich mag nun mit gutem oder bösem Blicke auf die Menschen sehen, ich finde sie immer bei Einer Aufgabe, Alle und jeden Einzelnen in Sonderheit: Das zu thun, was der Erhaltung der menschlichen Gattung frommt." Jeder Blick und folglich auch der Blick Nietzsches ist affektbedingt und in der Sicht anderer gut oder böse. Aber er dient, auch als „guter" oder „böser" Blick auf den Menschen, selbst wieder dem Leben. Es gibt keinen Blick *auf* das Leben. ,,Der Hass, die Schadenfreude, die Raub- und Herrschsucht und was Alles sonst böse genannt wird: es gehört zu der erstaunlichen Oekonomie der Arterhaltung, freilich zu einer kostspieligen, verschwenderischen und im Ganzen höchst thörichten Oekonomie" (ebd.). Die paradoxe Formulierung von einer ,,verschwenderischen" und ,,thörichten" Ökonomie tilgt sogleich den Verdacht, hier werde dennoch teleologisch gedacht und von einer Vernunft in der Natur gesprochen. Von einer Ökonomie ist nur die Rede, weil sie ,,*bewiesener Maassen* unser Geschlecht bisher erhalten hat" (Bd. V 2, S. 43 f.). Trotz allem, was der wertend reflektierenden Vernunft als unzweckmäßig, egoistisch und individualistisch erscheint, hat sich die Art ,,bewiesener Maassen" erhalten. Dieses factum brutum ist der Beweisgrund, nicht eine erkennbare Vernunft in der Sache. So böse oder individualistisch sich etwas auch selbst verstanden haben mag oder von anderen verstanden worden ist, es hat unbewußt auf seine Art zu dem Faktum beigetragen, daß die Menschheit nun so ist, wie sie ist. Eine ,,Befreiung" oder etwas ,Höheres' demgegenüber wäre, und hier klingt das Motiv vom ,,Übermenschen" schon an, nur gegeben, ,,wenn der Satz ,die Art ist Alles, Einer ist immer Keiner' – sich der Menschheit einverleibt" hätte (Bd. V 2, S. 44), als Einsicht, daß es keinen theoretischen Standpunkt außerhalb als Ausweg aus der ,Art' gebe. Dann erst stünde die ,,letzte Befreiung und Unverantwortlichkeit" offen. Das (dionysische) ,,Lachen" hätte sich ,,mit der Weisheit verbündet". Es gäbe ,,dann nur noch ,fröhliche Wissenschaft'", ohne jede ,ernste' Absicht auf ,wahre', in ihrer Transzendenz zu ,entdeckende' Resultate. Aber diese ,dionysische' ,,Komödie des Daseins" ist sich ,,einstweilen" ,,selber noch nicht ,bewusst geworden', einstweilen ist es immer noch die Zeit der [apollinischen] Tragödie, die Zeit der Moralen und Religionen", die sich an einem *bewußten* Zweck des Daseins zu orientieren glauben. Auch die großen Menschen und Künstler, die ,,Poeten zum Beispiel waren immer die Kammerdiener irgend einer Moral" (Bd. V 2, S. 45). Sie förderten die Art, *,,indem sie den Glauben an das Leben"* förderten. ,,Jedesmal, wenn ,der Held' auf die Bühne trat, wurde" zwar zunächst ,,etwas Neues erreicht", das der bisherigen Moral und der aus ihren Wertungen resultierenden Ontologie entgegenstand. Aber, als ,,das schauerliche Gegenstück des Lachens", bewirkte es doch immer wieder ,,jene tiefe Erschütterung vieler Einzelner bei dem Gedanken: ja, es ist werth zu leben! ja, ich bin werth zu leben!", wenn auch ,,nicht zu leugnen" ist, ,,dass *auf die Dauer* über jeden Einzelnen dieser großen Zwecklehrer bisher das Lachen und die Vernunft und die Natur Herr geworden ist: die kurze Tragödie" der Verabsolutierung einer Perspektive ,,gieng schließlich immer in die ewige Komödie des Daseins über" und damit in ihren (dionysischen) Ursprung ,,zurück". Wenn auch scheinbar immer wieder ,,etwas Neues erreicht" wird, wiederholt sich gerade damit doch nur das gleiche Sein. Die menschliche Gattung kann nicht gedeihen ,,ohne Glauben an die *Vernunft im Leben"* (Bd. V 2, S. 46). Nur das jeweils vorgegebene Ziel, d. h. der Schein ist neu.

Das Entscheidende für Nietzsches philosophischen Grundgedanken ist aber, daß er nun seinerseits nicht wieder ‚glaubt', mit solch einer Analyse etwas prinzipiell Neues darüber hinaus gesagt und *die* Wahrheit über den Menschen erkannt zu haben. Er bezieht sich konsequenterweise durchaus mit ein: ,,Und folglich! Folglich! Folglich! Oh versteht ihr mich, meine Brüder? Versteht ihr dieses neue Gesetz der Ebbe und Fluth? Auch wir haben unsere Zeit!" (ebd.). Das Neue, das gegen das Alte ,,unter allen Umständen das *Böse*" ist, so wie das bekannte und bewährte Alte als das ,,Gute" gilt, ist, solange die ,,Art" nicht daran zugrunde geht, ,,in Wahrheit . . . in eben so hohem Grade zweckmässig" (Bd. V 2, S. 50), nur daß sich im Moment seines Entstehens noch nicht sagen läßt, ‚wofür' es zweckmäßig ist. Es ist in seiner spielerischen Weise vorerst ,,zweckmäßig ohne Zweck" (Kant), d. h. wirksam, wenn nur die neuen Anschauungen ,,sich selber unbedingt vertrauen, auf Grund irgend eines letzten indiscutabeln und an sich erhabenen Gebotes" (Bd. V 2, S. 51).

4. Das Problem des Perspektivismus

Die Frage, ob Nietzsche denn auch seine eigene ‚Lehre' in diesem Sinne für wahr und damit in ihrer eigenen Ausrichtung auf das Ziel einer neuen, ideologiefreien Kultur und eines neuen Menschen für sinnvoll hielt, ist, obwohl sie seine Philosophie im Kern trifft, aus deren innerer Konsequenz nicht *deutlich* zu beantworten. Nietzsche geht zumindest nicht davon aus, daß diese Frage ‚leicht' sei, im Sinne ihrer rein theoretischen, verstandesmäßigen Auflösung. Es ist eine Frage, die an die Grenzen eines in sich konsistenten theoretischen Denkens stößt und gerade damit diese Grenzen aufscheinen läßt. Nietzsche gibt zu verstehen, daß auch er mit seiner Philosophie ,,seine Zeit" habe, daß sie wie jede zeitbedingt und darüber hinaus individuell und sogar durch Zustände der Person wie Krankheit, Genesung und Gesundheit bedingt sei, d. h. daß auch sie ,,folglich" auf irgendeinem ,,letzten indiscutabeln" Grund beruhe. Er begreift das ,,Schema" des konsequenten und seiner selbst gewissen Denkens sozusagen von innen, aber er sieht auch, daß es damit noch nicht überwunden ist.

Der Perspektivismus wird mithin aus logischer Konsequenz auf die Spitze, und d. h. ad absurdum getrieben. Wenn es keine absolute theoretische Reflexion geben kann, kann man z. B. auch nicht allgemein sagen, die jeweilige individuelle Person ‚sei' ontologisch ausgezeichnete Blickpunkt der Perspektive. Deshalb ist auf der einen Seite von Perspektiven die Rede, die über das einzelne Individuum als ‚Subjekt' hinausreichen, wie z. B. die historische bzw. zeitgemäße, die ‚rassisch' oder national bedingte, die sprachbedingte, die sozialbedingte Perspektive oder die des ,,moralischen Klimas" (Bd. V 2, S. 53). Die umfassendste ist wohl die der ,,Art", und für die philosophische Selbstreflexion ist die der ‚Metaphysik' die interessanteste. Auf der anderen Seite ist von Perspektiven die Rede, die die Identität der einzelnen Person weiter differenzieren, wie Krankheit, Gesundheit und Stimmungen. Jeder

Versuch, durch Reflexion auf solche ‚lebensweltlichen' Bedingtheiten den Perspektivismus zu überwinden oder das Moment der Bedingtheit selbst objektiv in Rechnung zu stellen, wird, ähnlich wie bei Hegel, mit Ironie behandelt. Das wäre eine unendliche Aufgabe *„für Arbeitsame",* denn alles Mögliche könnte hier in Betracht gezogen werden. „Kennt man die moralischen Wirkungen der Nahrungsmittel? Giebt es eine Philosophie der Ernährung? ... Sind die Erfahrungen über das Zusammenleben, zum Beispiel die Erfahrungen der Klöster, schon gesammelt? ... Alles, was bis jetzt die Menschen als ihre ‚Existenz-Bedingungen' betrachtet haben, und alle Vernunft, Leidenschaft und Aberglauben an dieser Betrachtung, – ist diess schon zu Ende erforscht?" (ebd.). Die Reflexion auf objektiv identifizierbare ‚subjektive' Vorbedingungen oder Vorurteile unterliegt ihrer eigenen These nach wiederum ebensolchen Bedingungen, die sie, indem sie darauf bedacht ist, sie zu erkennen, um sie berücksichtigen zu können, selbst nicht in den Blick bekommt. Sie müßte sich in einer Reflexion der Reflexion usw. ad infinitum verlieren.

Die Reflexion will Bedingtheiten bewußtmachen, um dadurch zur Wahrheit zu gelangen. Nietzsche spricht demgegenüber von einer „lächerlichen Ueberschätzung und Verkennung des Bewusstseins", aber konsequenterweise muß er auch dieser historischen „Ueberschätzung" ihre Funktion und Wirksamkeit zuerkennen: Sie „hat die grosse Nützlichkeit zur Folge, daß damit eine allzuschnelle Ausbildung desselben *verhindert* worden ist. Weil die Menschen die Bewusstheit schon zu haben glaubten, haben sie sich wenig Mühe darum gegeben, sie zu erwerben – und auch jetzt noch steht es nicht anders! Es ist immer noch eine ganz neue und eben erst dem menschlichen Auge aufdämmernde, kaum noch deutlich erkennbare *Aufgabe, das Wissen sich einzuverleiben* und instinctiv zu machen, – eine Aufgabe, welche nur von Denen gesehen wird, die begriffen haben, dass bisher nur unsere *Irrthümer* uns einverleibt waren und daß alle unsere Bewusstheit sich auf Irrthümer bezieht!" (Bd. V 2, S. 57). „Einverleiben" ist konsequenterweise wieder kein strenger theoretisch-philosophischer Begriff, sondern, wie alle Hauptbegriffe Nietzsches, einer von den „starken Gegenbegriffen", die als solche zwar der traditionellen Sprache der Philosophie verhaftet bleiben, nach Nietzsche aber nötig sind, „um in jenen Abgrund von Leichtfertigkeit und Lüge hinabzuleuchten" (Bd. VIII 3, S. 413). In diesem Kontext bedeutet es das Gegenteil von theoretischer Selbstreflexion. Das „einverleibte" Wissen stabilisiert die jeweilige Perspektive, gerade indem es unbewußt und deshalb, als „herrschender Gedanke" (Bd. VI 1, S. 77), auch „indiscutabel" ist. Um dieser Stabilität willen kommt es nach Nietzsche immer darauf an, das „Wissen", also auch die „tragische Erkenntniss", daß es kein wahres gibt, sich wieder *„einzuverleiben* und instinctiv zu machen", statt es auf seine logische ‚Möglichkeit' hin zu befragen.

5. Bewußtsein und Affekt

Nietzsche muß „folglich" auch sein eigenes ‚psychologisches' Bewußtmachen dieser Natur des Bewußtseins als ein individuelles Tun begreifen, das seinen wirklichen Beweggrund oder „Instinct" ebenfalls nicht in die volle Deutlichkeit des Bewußtseins heben und sich nur deshalb selbst stark wissen oder für wahr halten kann. Auch seine ‚Lehre' fällt somit unter das affektbestimmte „Wohltun und Wehtun". Mit dieser Einsicht ‚entlarvt' er im voraus sowohl potentielle Anhänger wie Gegner seiner ‚Lehre': Sie bleibt individuelle Äußerung, Expression gegenüber *anderer* Individualität, und sie tut wohl, insofern sich andere in ihren Vorurteilen dadurch bestärkt sehen können, und sie schmerzt, insofern sie Vorurteile als solche aufdeckt. Im letzteren Fall erscheint sie als ‚böse' in einem außermoralischen Sinn, nämlich in dem Sinn, in dem eine Moral einer *anderen Moral* als böse, d. h. als fremd erscheint. Von einer Entlarvung von Vorurteilen durch eine unverhüllte Wahrheit kann mithin in Nietzsches Selbstverständnis keine Rede sein. „Mit Wohltun und Wehtun übt man seine Macht an anderen aus – mehr will man dabei nicht!" (Bd. V 2, S. 58) Der Unterschied zwischen beidem hängt allein davon ab, ob die anderen im Grunde schon mit uns übereinstimmen, so daß sie unseren Thesen gegenüber ‚aufgeschlossen' sind und sie ihnen als wohltuend erscheinen, oder nicht. Das ‚Tragische' dieser sich metatheoretisch ausdrückenden ‚Psychologie' besteht auch hier wieder darin, daß auch sie selbst nur als wahr akzeptiert wird, insofern eine Offenheit dafür vom Affekt her besteht. Anderenfalls muß sie als bösartig erscheinen und ist damit schon abgelehnt. Man kommt nicht zu einem Gesichtspunkt für eine unbedingte Allgemeingültigkeit von Aussagen. Es ist ewig das gleiche Problem.

Nietzsches Mißtrauen gegen das Bewußtsein ist identisch mit einem Mißtrauen gegen die traditionelle, vor allem gegen die cartesianische Philosophie, die den methodischen Weg zur Wahrheit mit einer Verdeutlichung als einer Transposition in allgemein Nachvollziehbares gleichsetzte und die Lösung von Problemen in der Möglichkeit der Auflösung komplexer und deshalb ‚dunkler' Sachverhalte in ‚einfache' und absolut leicht nachzuvollziehende Zusammenhänge oder Evidenzen sah. Wahrheit ist für Nietzsche demgegenüber *schwer* und nicht leicht zu vermitteln. Er wendet sich vor allem gegen eine Logik, derzufolge es unbeschränkt Allgemeinverbindliches geben muß, *damit* Aufklärung auf eine absolute Wahrheit hin als möglich gedacht werden kann. Wahrheit ist für ihn nicht dasselbe wie solch eine herzustellende Deutlichkeit oder, wie Heidegger es ausdrückt, „Unverborgenheit". Nietzsche kann, seiner eigenen Konsequenz nach, nicht weiter und zu nichts ‚Höherem' gelangen, als diesem Begriff der Wahrheit gegenüber boshaft zu erscheinen. Die Behauptung einer allgemeinen Einsichtigkeit seiner Thesen würde bereits an dem von ihm kritisierten Wahrheitsbegriff partizipieren. Wahrheit als ‚Übereinstimmung' von Aussagen untereinander oder mit einem objektiven Sachverhalt ist von Nietzsche her nur als ‚apollinischer' Schein zu verstehen, dem man, solange er das Selbstbewußtsein stabilisiert, gerade nicht auf den Grund gehen will und deshalb auch nicht auf den Grund gehen ‚soll'. Man kann allenfalls den Abbruch einer Reflexion auf Gründe als Irrationalität bei anderen aufdecken wollen, um so die Stabilität des Selbstbewußtseins anderer polemisch zu untergraben. Man kann fremde Positionen nur von einer eigenen, noch unreflektierbaren ,,starken" Überzeugung her kritisieren. Diese ‚Bosheit' geschieht also in voller Unschuld im Interesse der Erhaltung oder Steigerung eines Willens.

6. Urteil und Wertung

Die scheinbar nur theoretische, ideologie-kritische ‚Erkenntnis' impliziert folglich notwendigerweise selbst eine Wertung. Was von *einem* Standpunkt aus, im Sinne einer Reduktion des Problematischen auf die Bedeutung des Unproblematischen oder des *vereinfachenden Denkens* (Bd. V 2, S. 182), als bloße analytische Verdeutlichung oder als wertfreie Erklärung erscheint, muß aus einer anderen Perspektive als synthetisches Urteil aus einem ‚bösen' Affekt heraus erscheinen. Ein Urteil ist für Nietzsche deshalb als solches und gerade in der Unterscheidung eines synthetischen Gehalts der Urteile von bloßen analytischen Begriffserklärungen ein ,,Glaube" und keine ,,Erkenntniss" (Bd. VIII 1, S. 272). Mit der Aussage, daß die *,,moralische Ontologie* das herrschende Vorurtheil" (Bd. VIII 1, S. 273) sei, nimmt er einen Gedanken vorweg, der sich in dieser Deutlichkeit erst wieder in der These W. V. O. Quines von einer ,,ontologischen Relativität" findet. Die Akzeptation eines synthetisch-originellen, noch nicht vertrauten und auch nicht auf bereits akzeptierte ‚Wahrheit' reduzierbaren Gedankens bedeutet für Nietzsche als solche eine Umwertung. ,,Originalität" heißt nach Nietzsche ,,etwas *sehen,* das noch keinen Namen trägt ... Wie die Menschen gewöhnlich sind, macht ihnen erst der Name ein Ding überhaupt sichtbar. – Die Originalen sind zumeist auch die Namengeber gewesen." (Bd. V 2, S. 195) Die gewöhnlichen Menschen sehen nur das Gewohnte, das schon mit einem Allgemeinbegriff bezeichnet werden kann und somit schon ‚etwas Bestimmtes' und damit im akzeptierten moralisch-ontologischen System des Wissens überhaupt ‚etwas' ist. Sie hören auch ‚im allgemeinen' nur auf die Fragen, auf welche sie selbst eine Antwort finden können (Bd. V 2, S. 183). Sie sehen und hören schon nur das in diesem Sinne ‚Gute', während die Originalen, wenn sie anderes oder etwas anders zu sehen vorgeben, damit schon eine Umwertung der gewohnten Wertung als Öffnung der gewohnten Sehweise ansinnen.

Der Glaube, daß in solchen Umwertungen ein Fortschritt auf eine objektive Wahrheit hin zu sehen wäre, bedeutete natürlich wiederum einen Rückfall in das metaphysische Denken. Heidegger hat Nietzsches Begriff der ,,Umwertung" als Absicht, ‚an sich' höhere Werte zu gewinnen, und damit seine Philosophie als Befangensein im metaphysischen Denken gedeutet. Ein ‚Fortschritt' müßte in der Tat von der Idee eines ‚an sich' oder vor aller Wertung Guten geleitet sein. Diese Idee ist nach Nietzsche nun gerade das Grundvorurteil der Metaphysik seit Sokrates und Platon. Die zeitgenössische christliche Moral begreift er nur als deren popularisierte Gestalt. Die Umwertung als ‚Öffnung' zu neuen Sehweisen führt *immer wieder* zu einer neuen Wertung, die nicht an sich ‚besser' sein kann als die gewohnte, weil überhaupt nur innerhalb solcher Wertungen etwas ‚gut' sein kann. Auch die neue, ‚boshafte' Sehweise wird im Moment ihrer Anerkennung gewöhnlich und ‚gut'. Dieser Gedanke bedeutet den ,,*amor fati*", der ,,das Nothwendige an den Dingen als das Schöne" an ihnen sieht (Bd. V 2, S. 201). Das Notwendige ist ihre Verläßlichkeit und eine Verbindlichkeit der Sprache über verläßliche, identische Dinge.

Logik, Ethik und Ästhetik sind von hier aus zusammengesehen. Als Wahrheit gelten die jeweils noch nicht einer Umwertung zum Opfer gefallenen ,,Irrthümer". ,,Zuletzt" sind es ,,die *unwiderlegbaren*", d. h. im Kontext Nietzsches: die unbesiegbaren ,,Irrthümer" (Bd. V 2, S. 196) oder das, woran man ernsthaft oder ‚vernünftigerweise' nicht zweifeln kann. Das ist also für Nietzsche – vor allem in der sogenannten positivistischen Periode – ebenso wie schon für Descartes die Basis aller Wissenschaft. Dieses für wahr Gehaltene kann aber nach Nietzsche nicht bezweifelt werden, weil der Grund dafür, daß es für wahr gehalten wird, verborgen bleibt. Im Unterschied zu Descartes sieht er es nicht durch einen gütigen Gott als den Garanten einer ewigen und ansichseienden Wahrheit garantiert, sondern durch das Vergessen- oder Verdrängtsein dieses Grundes. Das (historische) Bewußtwerden des Grundes ist für Nietzsche dasselbe wie ein Nachlassen des *Glaubens* an die Wahrheit. Es ist identisch mit dem ‚Tod' des Gottes, der zuvor die Wahrheit bzw. Unbezweifelbarkeit bestimmter ontologischer oder moralischer Sachverhalte verbürgen sollte.

Erkenntnis steht nach Nietzsche somit nicht im Gegensatz zum Glauben. Sie setzt vielmehr ein, wenn es etwas (auf dem Wege der ‚Begründung') zu verarbeiten gilt, was sich nicht ohne weiteres zum schon für wahr Gehaltenen fügt. Sie ist nach Nietzsche ,,nichts weiter als dies: etwas Fremdes soll auf etwas *Bekanntes* zurückgeführt werden." (Bd. V 2, S. 275 f.) Insofern dies gelingt, ist sie Erkenntnis und als solche ‚gut': Sie bewahrt die Identität der Wertungen auch gegenüber dem zunächst Fremden und Unverstandenen. Nicht aus rein theoretischer Einsicht, sondern aus Schwäche oder Dekadenz läßt dieser Erkenntnistrieb oder dieser Erhaltungs- und Machtwille nach. (Als Abstoßen von Dekadentem versteht Nietzsche auch seinen Bruch mit Wagner: Bd. VI 3, S. 5 ff.) Jedesmal, wenn Fremdes auch ohne ‚erklärende' Reduktion auf Bekanntes und ohne Interpretation in seinem vollen, d. h. metaphorischen Bedeutungsgehalt akzeptiert wird und nicht länger als böse erscheint, wird der eigene Gott ,,getötet". Eine Gestalt des Lebens löst sich auf. Diese originäre Anerkennung des *anderen als solchen* erzeugt dann aber unmittelbar wieder einen neuen ‚schönen' apollinischen Schein der Verläßlichkeit und allgemeinen Verbindlichkeit, und auf dieser neuen Basis kann dann auch die Logik mit ihrem Grundbegriff der Identität als Identifizierung sprachlich verschiedener

Bedeutungen erneut ansetzen. Das Wahre, Gute und Schöne sind von da an wieder dasselbe.

7. *Logisches Denken*

Die Logik ist für Nietzsche mithin in ihrem Wesen die Logik des schönen, im Ursprung künstlerischen, oder des guten, im Ursprung religiösen Scheins. Beides ist der gleiche kunst-religiöse, dionysische Ursprung des für wahr, für identisch oder für seiend Gehaltenen, an dem die Logik ansetzt. Als die allgemeine Form eines ‚begründenden' Denkens beruht sie ,,auf Voraussetzungen, denen Nichts in der wirklichen Welt entspricht, z. B. auf der Voraussetzung der Gleichheit von Dingen, der Identität des selben Dinges in verschiedenen Puncten der Zeit" (Bd. VI 2, S. 27) und damit auch auf einer linearen Zeitvorstellung, derzufolge Dauer desselben und Nacheinander von Verschiedenem als objektive Zeitbestimmungen erscheinen. Gerade in diesem voraussetzenden Charakter des begründenden Denkens überhaupt zeigt sich nach Nietzsche der nihilistische Grundzug aller Theorie. Natürlich war auch der Philosophie vor Nietzsche bekannt, daß die formale Logik in ihrem Begriff vom Begriff ‚objektive' Bedeutungen voraussetzt, die sich im Sprachgebrauch als identische durchhalten und sozusagen allem Zugriff des Gebrauchs vorausliegen sollen. Die traditionelle Philosophie sah aber diese Voraussetzung, zumindest in einem idealen oder archetypischen (göttlichen) Denken, als wirklich erfüllt an. Gegenüber der Relativierung der Logik, die Nietzsche durch ihre grundsätzliche Einschränkung auf Schein-Welten vornimmt, stellt sich dagegen die Frage, ob man denn überhaupt ohne Logik denken könne. Auch nach Nietzsche kann man das natürlich nicht. Er schreibt: ,,*Hier ist eine Schranke:* unser Denken selbst involvirt jenen Glauben" (,,an das ‚Ich' mit dem Glauben an die Logik". Bd. VIII 1, S. 322). ,,Ihn fahren lassen heißt nicht-mehr-denken-dürfen" (Bd. VIII 1, S. 325). Aber dennoch wird festgehalten, daß die Logik ,,nur von *fingirten Wahrheiten*" gilt, ,,*die wir geschaffen haben*". Sie ist der ,,Versuch, *nach einem von uns gesetzten Seins-Schema die wirkliche Welt zu begreifen, richtiger, uns formulierbar, berechenbar zu machen*" (Bd. VIII 2, S. 55). Sie bezieht sich auf unsere Vorstellungen, insofern sie unserem Vorstellungsvermögen und nicht, insofern sie einer ansichseienden Wirklichkeit entsprechen. Während sich die logischen Urteilsfunktionen nach Kants Vernunftkritik in ihrer *wahren Bedeutung* auf den Bereich möglicher sinnlicher ,,Erscheinungen" beziehen, die uns ,,gegeben" sind, beziehen sie sich nach Nietzsche nur auf einen *Schein,* der sich dem Glauben und der Kunst, eigentlich der Einbildungskraft einer glaubenden Kunst verdankt. Das Denkenkönnen folgt dem darin begründeten Vorstellenkönnen. Von hier aus fragt Nietzsche, ob man denn Gott, verstanden als das wirklich Seiende, überhaupt ,,*denken*" könne (Bd. VI 1, S. 105). Über die Konstruktionen hinaus, auf die sich das logische Denken beziehen muß, führt nach seinem Begriff des Denkens nur ,,eine Metapher" als ,,etwas Unlogisches" (Bd. III 2, S. 341). In der metaphorischen

Sprengung konstruierter und in sich konsistenter Bedeutungssysteme liegt für Nietzsche die Verbindung zur Wirklichkeit, aber nur für einen im Sinne der linearen Zeitvorstellung zeitlosen Augenblick; denn sie führt von ihrer Funktion her unmittelbar in neue Vorstellungen von identischen Dingen, also zu neuen Begriffen, an die man sich dann wieder in vorgegebenen Bedeutungen halten zu können glaubt. Sie führt zu einem neuen Schein, für den es nur *davor* noch keinen Begriff gegeben hatte.

Wenn es auch nach Nietzsche ohne Logik kein Denken gibt, so kennt er doch eine Wirklichkeit, die nicht Gegenstand des Denkens sein kann, weil sie alles schematisierte Vorstellungsvermögen und damit die Basis des Denkens übersteigt. Nietzsche nennt diese Wirklichkeit, entgegen der Tradition, aber nicht „Gott". Er spricht vielmehr von der „Natur" als Inbegriff einer Wirklichkeit, die nur im Übergang zwischen Vorstellungsweisen, d. h. nur in der Metapher da ist. Dieser Begriff der Natur ist bloß negativ von Bedeutung. Er ist als „Gegenbegriff zu ‚Gott' erfunden" worden (Bd. VI 3, S. 179), d. h. er ist als frei von aller sich absolut setzender Wertung und deshalb auch nicht als möglicher positiver Begriff des ‚vernünftigen Denkens' verstanden. „Denken" ist für Nietzsche eo ipso, ebenso wie die Unterscheidung zwischen gut und böse, etwas in sich Befangenes, und d. h. nun umgekehrt: Widernatürliches. Es ist damit natürlich nicht etwas ‚Schlechtes', sondern, im Gegenteil, gerade deshalb der Inbegriff des ‚Guten', denn es gewährt ein Weltbild im Sinne einer stabilen Orientierungsmöglichkeit. Insofern gewährt es Glück und Lust, wenigstens solange es nicht seinen eigenen Voraussetzungen auf den Grund gehen will und im Grunde irrational bleibt, während das konsequentere ‚Erkennen' der Schranke, die das Denken in seiner Geregeltheit darstellt, schmerzhaft ist. Es führt in das „Schicksal" einer „tragischen", auswegslosen Philosophie.

Nur im Ausstehen dieser Tragik wäre der Mensch nicht bewußtlos in Grenzen befangen. Diese Last selbst spielerisch leicht nehmen zu können, statt unter ihr zu leiden und in immer neue (‚ideologische') Weisen des Festgestelltseins, einschließlich politischer Freiheitssysteme, zu verfallen, wäre erst die Befreiung. (Das ‚Gute' und der Staat werden bei Nietzsche wie bei Platon als etwas vom Wesen des ‚vernünftigen Denkens' her Zusammenzudenkendes gesehen.)

In diese Richtung einer ausgehaltenen Bejahung der ‚dionysischen' Grenzenlosigkeit im Wesen des Menschen statt der sich ständig wiederholenden Fixierung auf bestimmte ‚Tugenden', auf ein bestimmtes Sollen weist die „Liebe zum Übermenschen" (Bd. VI 1, S. 260). Der ‚Übermensch' wäre der Mensch, der sich nicht mehr als logisches Wesen definierte und als offenen „Versuch" (Bd. VI 1, S. 261) bejahen könnte. Auf dem Weg dahin muß der „Schaden", den die „Guten" bewirken, „der schädlichste Schaden" sein (Bd. VI 1, S. 262). Sie wollen immer die bestimmte, besondere, gegen das Böse klar abgrenzbare Tugend. Sie müssen „Den kreuzigen, der sich seine eigne Tugend erfindet" (ebd.). Insofern „opfern" sie „*sich die Zukunft*" (ebd.); denn sie heben deren Offenheit beständig auf, um sich ihrer bleibenden Selbstidentität im logischen Denken gemäß einer aus dem Gewesenen in die ‚Zukunft' verlängerten, linearen Zeit zu vergewissern.

8. Das Schicksal der „Lehre"

Als Hauptwerk Nietzsches gilt *Also sprach Zarathustra* (1883–1885). Diese Schrift ist, wenn auch nicht das stilistisch reifste, so doch zumindest das populärste Werk. Aber es ist vielleicht auch das schwierigste, weil allzuleicht die bildreiche „Lehre" Zarathustras als Lehre Nietzsches aufgegriffen wird, die es Nietzsches Selbstverständnis nach nicht geben kann. Es geht Nietzsche letztlich nicht um die „Lehre", sondern um das „Schicksal" Zarathustras als Lehrer (Bd. VI 1, S. 271). Zarathustra wird als „Fürsprecher des Lebens", als „Fürsprecher des Kreises" (Bd. VI 1, S. 267), schließlich als *„Lehrer der ewigen Wiederkunft"* (Bd. VI 1, S. 271) vorgestellt. Seine „Lehre" lautet: „Alles geht, Alles kommt zurück; ewig rollt das Rad des Seins. Alles stirbt, Alles blüht wieder auf, ewig läuft das Jahr des Seins. Alles bricht, Alles wird neu gefügt; ewig baut sich das gleiche Haus des Seins. Alles scheidet, Alles grüsst sich wieder; ewig bleibt sich treu der Ring des Seins" (Bd. VI 1, S. 268f.). Dies wird als Zarathustras „abgründigster" Gedanke bezeichnet. Das heißt nicht nur, es sei der tiefste und grundlegende Gedanke, sondern vor allem, es sei ein ‚Gedanke', der nach den Voraussetzungen der Logik oder nach dem Maßstab innerer Konsistenz nicht ‚möglich' ist. Es ist ein „herrschender", nicht ein beherrschter oder bewußt reflektierter Gedanke. „Deinen herrschenden Gedanken will ich hören und nicht, dass du einem Joche entronnen bist" (Bd. VI 1, S. 77). Als einer von Nietzsches „starken Gegenbegriffen" ist er, als „Gegenbegriff" gegen den dem logischen Denken allein entsprechenden linearen Zeitbegriff, provokativer Ausdruck des vorbegrifflichen, d. h. wesentlich individuellen Lebens selbst und insofern ein ‚schwerer' Gedanke, für dessen Ausdruck keine leichten, weil allgemein verbindlichen Begriffe schon verfügbar sind. Das heißt auch, daß er sich nur metaphorisch äußern kann, indem er die gängige Sprache nicht instrumental benutzt, sondern ‚umwertend' verändert. Deshalb muß diese „Lehre" auch zunächst in Nietzsches eigenen, ‚poetischen' Worten vorgestellt werden, und wir müssen dann zusehen, ob dieses auch für uns von einer aufschließenden Bedeutung sein könnte.

Daß alles vergehe und alles zurückkomme, soll offenbar derselbe Gedanke sein. Alles geht, *indem* es zurückkommt, und umgekehrt. Man kann zum Verständnis auf Heraklit oder die Stoa als auf etwas Bekanntes verweisen. Aber es heißt auch: „Alles scheidet, Alles grüsst sich wieder". Der Gedanke ist also nicht nur ontologisch im traditionellen ‚naturphilosophischen' Sinn, sondern vor allem als Gedanke über das Schicksal von Personen zu verstehen. Die Vorstellung der Lebenszeit nach dem Bild einer ins Unendliche verlaufenden und darin ‚vergehenden' linearen Zeit lebt ihrerseits von der Vorstellung distinkter Zeitpunkte, von denen jeder in seiner Identität von jedem anderen durch die Zeit getrennt sei. (Nach Kant kann solch ein objektives Nacheinander nur vom Begriff *kausaler* Abhängigkeit her gedacht werden. *Kritik der reinen Vernunft*, 2. Aufl., S. 232ff.) Der Begriff der so imaginierten Zeit ist demnach vom Begriff identischer Dinge abhängig. Diese Zeitvorstellung ist folglich die des ,,kleinen Menschen", der sich gemäß der jeweilig geltenden ,,moralischen Ontologie" an solcher Identität orientiert, die ihm seiner Vorstellung nach selbst *vorausliegen* soll. Er ,,opfert" ,,*sich*" darin ,,die Zukunft", weil er ,als *bewußtes* Wesen' nur so ,,leben kann". Gegenüber diesem Menschenbild äußert sich Zarathustras ,,Überdruss" (Bd. VI 1, S. 270). Aber er weiß auch, daß dieser ,,kleine Mensch" der wirkliche Mensch außerhalb des dionysischen Taumels ist, der in der Enge seines Bewußtseins auf eine der Identität verläßlicher Dinge entsprechende, sie auseinanderhaltende Zeitvorstellung Wert legen *muß*. Dieser ,,kleine Mensch" als der wirkliche Mensch ,,kehrt ewig wieder". Auch der ,,größte Mensch" ist ihm noch ,,allzuähnlich". Selbst er ist noch ,,allzumenschlich" (ebd.). Auch die Dichter sind ,,kleine Menschen", wenn sie das Leben ,,in Worten" anklagen (Bd. VI 1, S. 269) und dadurch vergegenständlichen. Sie bringen das Leben in die ,apollinische' Gestalt fester Vorstellungen. Indem sie immer wieder ,,singen" müssen (Bd. VI 1, S. 271), stellen sie auch die ,,ewige Wiederkunft", statt sie als Schicksal zu ertragen, dem zuschauenden Theoretiker als eine positive, distanzierend vergegenständlichende Lehre vor. ,,*Und ihr schautet dem Allen zu?*" lautet Zarathustras Vorwurf (Bd. VI 1, S. 269). Die Reflexion verdinglicht Zarathustra zum Lehrer einer bestimmten, positiv mitteilbaren ,,Lehre", die man dann wieder als Inhalt einer Weltanschauung einordnen kann. Es wird allgemein festgestellt, was *seine* Identität sei: ,,*du bist der Lehrer der ewigen Wiederkunft* –, das ist nun *dein* Schicksal!" (Bd. VI 1, S. 271)

Die ,,*ewige Wiederkehr des Gleichen*" kann also im Ernst keine theoretische ,,Lehre" von einer objektiven Gesetzlichkeit sein, nach der ,dieselben' Dinge in bestimmten Intervallen immer wiederkehrten. Wenn es sich z. B. im *Zarathustra* so darstellt und von bestimmten Dingen gesagt wird, sie kehrten wieder (Bd. VI 1, S. 272), so kann das von Nietzsches ,,herrschendem Gedanken" her nur heißen, daß es überhaupt keinen extramundanen Fixpunkt der Betrachtung des Geschehens geben kann, von dem aus es ,objektiv' als etwas, z. B. ,als' ewige Wiederkehr im Ganzen zu identifizieren sei. Die ,,Lehre" von der ,,ewigen Wiederkehr" wird als ,,Lehre" ja gerade selbst in den Prozeß einbezogen, einschließlich der Verkündung des ,,Übermenschen". Auch er kehrt *mit dem Menschen* ,,*ewig wieder*" (Bd. VII 2, S. 281). Solche ,,Lehren" bewirken und ändern grundsätzlich nichts. Man gewinnt mit ihnen keinen ,höheren' Standpunkt der Betrachtung und keine Wahrheit, die von dem sonstigen Glauben prinzipiell unterschieden wäre. ,,Als Verkünder" geht Zarathustra ,,zugrunde" (Bd. VI 1, S. 273). ,,Ewige Wiederkehr" heißt also auch, daß *alles gleichermaßen* ,,seine Zeit" hat und zugrunde geht. Was wiederkehrt, ist nicht ,etwas', das von einem ,transzendentalen' Standpunkt aus als das objektiv Gleiche zu identifizieren wäre, sondern die ewige Tatsache, daß das

Denkschema des begrifflichen Identifizierens unvermeidlich ist, unter dem gerade die ,,höchsten Begriffe" am meisten nivellieren (Bd. VI 3, S. 70).

9. Zum Problem sprachlicher Verbindlichkeit

Das Entscheidende ist die Einsicht in die Zwangsläufigkeit solcher theoretischen Positivierung, so daß es keinen Sinn ergibt, diese Positivierung moralisch verurteilen zu wollen. Sie ist unvermeidlich und kehrt wieder, gerade *indem* sie ,theoretisch' überwunden zu sein scheint. Alles Neue ist nicht ,besser' als das Alte. Man kann auch nach Nietzsche nur aus einer Sprache, aus einem Weltbild heraus, indem man in ein anderes hineingeht (Humboldt). Jede Metapher, die über ein Sprachsystem hinausführt, gerinnt unmittelbar wieder zu einem verdinglichenden Begriff. So bleibt auch Zarathustra eine tragische Gestalt. Er weiß zwar, ,,dass die Dichter zuviel lügen", aber er bezieht sich selbst ein: ,,Aber auch Zarathustra ist ein Dichter" (Bd. VI 1, S. 159). Bei Nietzsche selbst ist er schon zu einer Figur geworden, mit deren ,,Schicksal" sich Nietzsche nur insoweit identifiziert, als an ihr das allgemeine Schicksal der Reflexion ausgedrückt werden soll: ,,*Wir* lügen zu viel" (Bd. VI 1, S. 160). Dies ist die ,außermoralische' Einsicht in die durch Reflexion unaufhebbare Notwendigkeit, ,,sich", d. h. der Identität des eigenen Selbstbewußtseins, ,,die Zukunft" zu opfern.

Der Schein muß sein. Insofern er Getrennte in einer allgemeinen Verbindlichkeit des Selbstverständnisses zu verbinden scheint, ist es der schöne Schein, der das Leben bewußter Lebewesen stabilisiert und sie damit überhaupt sein läßt. Zwar gehört ,,zu jeder Seele ... eine andere Welt". (Bd. VI 1, S. 268). Jede hat ihre individuellen Vorurteile, ihren eigenen Glauben an die Identität von Dingen, ihre eigene Sprache usw. Nietzsche faßt das in der Metapher einer ,,Hinterwelt" zusammen. Moderne Hermeneutiker sprechen von verschiedenen Verstehenshorizonten. Doch in geglückten Metaphern, die zu gemeinsamen Begriffen gerinnen, scheint diese Differenz überwunden zu sein. In bezug auf alles aber, was sich nicht auf solche gewordenen Begriffe bringen läßt, d. h. im Verhältnis von einzelnen *als* einzelnen zueinander, scheint es demnach keine Verbindlichkeit geben zu können, und auch ,,das Hart- und Starr-Werden einer Metapher", d. h. ihr Allgemeinwerden zu einem Begriff, ,,verbürgt durchaus nichts für die Nothwendigkeit und ausschliessliche Berechtigung dieser Metapher" (Bd. III 2, S. 378). Es stellt sich auch über die Begriffe keine garantierte Verbindlichkeit her. Die Monaden bleiben ohne Fenster (Leibniz). Aber ,,zwischen dem Ähnlichsten", zwischen nur noch vorbegrifflich oder ,ästhetisch' identifizierbaren Unterschieden von Perspektiven ,,lügt der Schein am schönsten" (Bd. VI 1, S. 268), weil er hier am produktivsten ist. Im ,Allgemeinen' besteht der Schein schon vorweg als institutionell-sprachlich geleistete Vermittlung und Übereinstimmung. Verbindlichkeit scheint von daher leicht herstellbar zu sein. Demgegenüber ist ,,die kleinste Kluft" zwischen allem noch nicht oder nicht mehr institutionell Vermittelten oder die Differenz unterhalb jeder begrifflich bestimmbaren Differenz „am schwersten zu überbrücken" (ebd.). Sie gelingt gegenüber der Leichtigkeit des verstandesmäßigen Denkens nur individuell, d. h. ohne den Schein vorgezeichneter Gewißheit. Doch auch das glückliche Gelingen einer Sprache von „Seele" zu „Seele", die durch ihre „Welten" voneinander verschieden sind, bleibt Schein. Man kann also nicht von einer Verherrlichung der Dichtung oder der produktiven Einbildungskraft bei Nietzsche sprechen, wenigstens nicht in dem Sinne, daß sie in ihren Werken der Wirklichkeit näher komme als das Denken in vorgegebenen Begriffen. Sie erzeugt vielmehr auch dort noch ‚metaphorisch' den Schein von Übereinstimmung, wo die normale Sprache fester Begriffe in dieser Hinsicht versagt. Sie lügt zwar „schöner", weil ohne *vorgegebene* begriffliche Leitung, aber auch das von ihr bewirkte Neue wird nur faßbar im positiven Begriff.

10. Die Hauptthemen

Das Grundproblem der Philosophie Nietzsches ist in allen Bereichen (und im Grunde auch in allen Abschnitten seines Lebens) dasselbe Problem der „tragischen" Begrenztheit. Philosophisch gesehen ist es das Problem eines notwendigerweise schematischen, befangenen Denkens und damit das der Möglichkeit philosophischer Reflexion auf diese Befangenheit. Nach Eugen Fink ist das Verhältnis Nietzsches zur Tradition der metaphysischen Philosophie ein Verhältnis der „Gefangenschaft und Befreiung" (179); und auch Heidegger sieht in Nietzsche zwar eine Vollendung der Metaphysik, aber doch auch den letzten Metaphysiker. Es fragt sich jedoch, ob solch eine Befreiung als Ausweg „aus dem Fliegenglas" (Wittgenstein) nach Nietzsche überhaupt klar denkbar ist. Nietzsche kann das Gebundensein an ein Denkschema natürlich nicht negativ ‚bewerten', ohne zu reflektieren, daß gerade dies die Bindung an eine „moralische Ontologie" ausdrückt, in der ‚Befreiung' immer schon als Wert und schließlich sogar, in der neuzeitlichen Interpretation der platonischen Idee des Guten, als der höchste Wert erschienen war. So spricht er generell vom *„vernünftigen Denken"* als von einem *„Schema, welches wir nicht abwerfen können"* (Bd. VIII 1, S. 198). Der „Nihilismus" besteht für ihn schließlich in dem *„lähmendsten* Gedanken", „daß man gefoppt wird und doch ohne Macht ist, sich nicht foppen zu lassen" (Bd. VIII 1, S. 217). Nietzsche denkt die menschliche Endlichkeit radikal zu Ende, d. h. bis zur Aporie des Denkens schlechthin. Das Denken ist für ihn das Schicksal des endlichen Menschen und gerade nicht Teilhabe an einem göttlichen ‚reinen' Denken.

Nur von hier aus ist es sinnvoll zu fragen, was die berühmten und berüchtigten ‚Hauptthesen' der Philosophie Nietzsches bedeuten können und wie sie zusammenhängen: außer der ‚Lehre' von der „ewigen Wiederkehr" als dem schon früh (1881) gefundenen Hauptgedanken der „Wille zur Macht", die „Umwertung der Werte" (die ‚Moralkritik'), der „Tod Gottes" (die ‚Religionskritik') und die Lehre vom „Übermenschen". Alle diese Thesen sind als

Variationen des Grundthemas einer ,,tragischen Philosophie" zu verstehen: Die Lehre vom ,,*Willen zur Macht*" steht immer schon im Zusammenhang mit der genannten Ohnmacht des Denkens. Das ist kein Widerspruch. Aus der Einsicht in die Unmöglichkeit, einen Ausweg als Weg zu einer unbedingten Wahrheit zu finden, resultiert die Ziellosigkeit des Willens. Er findet in keinem Ziel seine ‚vernünftige' Grenze. Insofern bleibt er unbegrenzt Wille. Wenn das bestimmte, im Denken identifizierbare Sein das Sein sein soll, will er *nichts*, bei dem er zur Ruhe käme. In allem, was er sich im Schein des Bewußtseins als Ziel vorstellt, will er im Grunde nur sich selbst. Insofern wäre er wie das ziellose ,,Spiel" eines Kindes, das ,,zwischen den Zäunen der Vergangenheit und der Zukunft in überseliger Blindheit spielt" (Bd. III 1, S. 245; vgl. auch Bd. VIII 1, S. 127 u. a.). Aber auch dieser Gedanke des ,,Spiels" bleibt ein Grenzgedanke. Auf die Metapher vom Spiel folgt unmittelbar die ,,tragische" Einsicht, daß das zweckfreie ,,Spiel gestört werden" *muß*. Indem die grammatische Bedeutung des Wortes ,,es war" zu ,,verstehen" gelernt wird, gerinnt die Zeit in dieser Form zur notwendigen Identitätsvorstellung des Selbst. Das Dasein wird unter Aufopferung der Zukunft als ein ,,nie zu vollendendes Imperfectum" vergegenständlicht. Darin ist es dann einerseits ,,ein Ding" (Bd. III 1, S. 245), also etwas Identisches, andererseits aber unvollendet, etwas ,,noch nicht" Festgestelltes (Bd. VI 2, S. 79) und etwas anderes als der Inhalt der bewußten Vorstellung der Selbstreflexion. Der ,,Wille zur Macht" zeigt sich in der Auffassung des Daseins als ,,Imperfectum" als ein Wille zur perfekten Selbstidentifizierung, der nach vorgegebenen Verstehensmustern zu einem Ziel gelangen soll, aber doch nie gelangen kann. Insofern steht er, wie Heidegger ihn interpretiert, für das ,,Seiende im Ganzen" oder für die Idee einer aus dem Ansatz der Vergangenheit noch ganz zu bewältigenden Welt.

Ebenso verhält es sich mit der ‚moralkritischen' These von der ,,*Umwertung aller Werte*". Nur im zeitlosen Moment der Umwertung ist die Vorstellung der Zeit getilgt, nach der sie von einem gegebenen Zustand der Wertung aus in einen anderen hinüberführt. Dieser zeitlose ,,Mittag" ,,zwischen" einer vorgestellten Vergangenheit und einer *demgegenüber* anderen Zukunft läßt sich nicht festhalten. Die Zukunft wird auch wieder eine Zeit mit bestimmten Wertvorstellungen sein, an denen man sich ‚entlastend' orientieren kann, denn der ,,Glaube" an absolute Werte ist ebenso notwendig für das Leben wie der Glaube an ,,identische Dinge". Der Gedanke der Gleichgültigkeit aller Wertsysteme ist ebenso nur ein Grenzgedanke wie der des ,,Willens zur Macht". Auch er läßt sich im ,,Ernst" nicht aushalten. Das große dionysische Lachen, von dem Nietzsche immer wieder spricht und mit dem die ,,Wissenschaft" wertfrei ,,fröhlich" sein könnte, schlägt immer wieder unmittelbar um in einen neuen ,,Ernst des Glaubens" (Bd. VI 2, S. 65), dem man sich im Wollen verpflichtet weiß. In der *Fröhlichen Wissenschaft* heißt es sogar, daß ,,*der große Ernst*" vielleicht erst anfange, wenn der neue Mensch als ,,Ideal eines Geistes" gelte, ,,der naiv, das heisst ungewollt und aus überströmender Fülle und Mächtigkeit mit Allem spielt, was bisher heilig, gut, unberührbar, göttlich hieß". Mit diesem neuen Ideal werde vielleicht „das eigentliche Fragezeichen erst gesetzt" und die „Tragödie" *beginne* erst in vollem „Ernst" (Bd. V 2, S. 319).

Auch die „Lehre" vom „Tode Gottes" steht unter der relativierenden Gegenthese, es sei zu fürchten, wir würden „Gott nicht los, weil wir noch an die Grammatik glauben" (Bd. VI 3, S. 72). Dieser Glaube steht hier für den Glauben an die „‚Vernunft' in der Sprache" (ebd.) oder an die Realität „höchster" Begriffe. Ohne die Voraussetzungen der Logik, d.h. ohne Glauben an „identische Dinge" und an absolute Werte der Orientierung im Denken und Handeln läßt sich nun einmal nicht denken, und das heißt für bewußte Lebewesen: auch nicht sein. Es ist der Glaube an die Wahrheit von ‚Erklärungen', von Aussagen über etwas, vor allem in der Form der Verknüpfung von Subjekt und Prädikat, in denen gesagt wird, X sei, im Sinne der Reduktion des Fraglichen auf Unfragliches oder des Problematischen auf Leichtes, in Wahrheit ein Y. Dieses reduktive Verfahren fordert seiner Logik nach einen festen und höchsten Punkt absoluter Unfraglichkeit. Nietzsche setzt dem einen bloß lebensdienlichen, pragmatisch befriedigenden Sinn von Erklärungen und damit eine Pluralität orientierter Weltbilder entgegen. Zarathustra fragt, ob das nicht die „Göttlichkeit" sei, „dass es Götter, aber keinen Gott giebt" (Bd. VI 1, S. 226). Die Lehre von *einem* Gott wird als „das gottloseste Wort" bezeichnet (ebd.). Sie ist verstanden als der sich selbst absolut nehmende Gesichtspunkt, als die Perspektive, die sich selbst nicht als solche versteht. Da sich aber der ‚spielerische' übermenschliche Standpunkt der Relativierung des je eigenen Selbst- und Weltverständnisses, der Anerkennung des anderen oder die „Fernsten-Liebe" (Bd. VI 1, S. 73) nach Nietzsche selbst im Ernst nicht festhalten läßt, kehrt der auf sich selbst bezogene „kleine Mensch" „ewig wieder" (Bd. VI 1, S. 270), der eine Verabsolutierung seines Denkschemas und in deren Konsequenz *einen* Gott nötig hat. Der Monotheismus, d.h. bei Nietzsche der sich seiner selbst gewisse Geist einer bestimmten Moralität, erscheint notwendig auch weiterhin als die immanente Vernünftigkeit von allem. Nietzsche unterscheidet sich in dieser aporetischen Sicht bei aller Nähe von der Hegelschen Dialektik, die er als Versuch versteht, „den ‚moralischen Gott' zu überwinden" (Bd. VIII 1, S. 124), aber die Wahrheit des vernünftigen Denkens zugleich vorauszusetzen.

Der „kleine Mensch" und seine Gottesvorstellung sind nicht zu überwinden. Er ist vom „Übermenschen" nicht abzutrennen. Es liegt Nietzsche folglich auch fern, die „Fernstenliebe", als die Liebe zum anderen in seiner unverstandenen Andersheit, zum moralischen Postulat zu erheben, obwohl sich dies Mißverständnis wieder kaum vermeiden läßt. Den „Übermenschen" als ein ernsthaft anzustrebendes ‚Ideal' vorzustellen, wäre schon wieder die (unvermeidliche) Denkungsart des „kleinen Menschen". Der Übermensch *kann* also nicht an Gottes Stelle treten. Er wäre verwirklicht, wenn diese Stelle leer bliebe, d.h. wenn eine Verabsolutierung der eigenen Wertungen und des eigenen Fürwahrhaltens überhaupt unterbleiben könnte. Die „Liebe zum

Übermenschen" (Bd. VI 1, S. 260), der selbstlos „das Fernste" und die von ihm unbestimmbare Zukunft lieben könnte, scheitert wesentlich im Umschlag in die „Nächstenliebe". Damit ist bei Nietzsche die Liebe zu dem gemeint, was einem selbst nahe liegt, weil es vom eigenen Wertsystem her ‚etwas wert' ist und sein soll. Es bleibt zu fragen, ob Nietzsche nicht gerade dann, wenn er einer so verstandenen Nächstenliebe seinen „Gegenbegriff" der „Fernstenliebe" entgegensetzt, dem christlichen Begriff der Nächstenliebe und damit der christlichen Rede von Gott näher kommt. Wenn es heißt, daß „jeder ... sich selbst der Fernste" sei, so kommt damit wieder zum Ausdruck, daß wir „für uns ... keine ‚Erkennenden'" (Bd. VI 2, S. 260) seien und uns von der Vorstellung von uns, die wir mit anderen innerhalb eines besonderen Welt- und Menschenbildes gemeinsam haben, ‚im Grunde' unterscheiden.

Es stellt sich schließlich wieder die Frage nach Nietzsches Wahrheitsbegriff. „Wahrheit" in einem in allgemeinen Begriffen angebbaren Sinn ist für ihn eine bestimmte „*Art von Irrthum*", ohne die menschliches Leben nicht möglich wäre (Bd. VII 3, S. 226). Die Tradition der Philosophie stellt an Sätze dieser Art die Frage nach ihrer eigenen Wahrheit. Beanspruchen sie in ihrer eigenen Bestimmtheit nicht selbst für sich Wahrheit? Die Hauptthese Nietzsches in diesem Zusammenhang lautet: „Es giebt keine einzelnen Urtheile" (Bd. VIII 1, S. 273). Alles Urteilen und damit auch alle (wissenschaftlichen) Systeme aus Urteilen stehen in einem selbst nicht zu vergegenständlichenden Zusammenhang einer wertenden Weltorientierung, und das gilt dann folglich auch für solche Reflexionen auf das ‚Wesen' des Urteils. Nietzsche sieht natürlich das Paradoxe und Aporetische daran, das nach ihm aus Einsicht zu bejahen ist, und so wird man es dabei belassen müssen, daß er, nachdem er auf *Bedingungen* logischer Konsistenz verwiesen hat, keine unbedingte in sich konsistente Definition von ‚Wahrheit' geben wollen kann. Er sieht durchaus, daß alle Kritik an traditionellen Wahrheitsbegriffen notwendigerweise an dem Schema partizipiert, in dem schon diese sich formuliert haben, und deshalb gleichermaßen wieder zu einer bedingten „Lehre" gerät. Sie kann den kritisierten „Irrthum" also im Prinzip nur wiederholen und im „Ernst" nicht ‚besser' sein wollen als der Gegenstand der Kritik. Nietzsche weiß um das Unlogische und darin Ungute, ja Boshafte seiner Kritik. Philosophie bleibt für ihn in ihrem Wesen ausweglos. Sie richtet sich deshalb sowohl an „Alle und Keinen" (Bd. VI 1, S. 1) und kann ihre immanente Tragik nur wie ein Held auf der Bühne oder literarisch zum Ausdruck bringen. So erklärt sich wohl auch Nietzsches Schicksal als Philosoph. Man hat in ihm überwiegend den Stilisten und Schriftsteller bewundert.

III. Zum Problem der „Wirkung"

Nietzsche hatte schon zu seinen Lebzeiten einen bedeutenden Einfluß auf die zeitgenössische Literatur. Seine Wirkung auf die Philosophie ist im einzelnen schwer zu bestimmen. Eine philosophische Schule konnte aus seinen Denkanstößen nicht hervorgehen, da er weniger eine Lehre vorträgt als den nihilistischen Scheincharakter systematisch formulierter Lehren mit absolutem Anspruch aufweisen will und dadurch das zeitgenössische philosophische Selbstverständnis problematisiert. Er begibt sich bewußt in diesen Widerspruch zu sich selbst als Autor. Die aphoristische Gestalt und die metaphorische Sprache, die sich eher als durchaus ,,boshafter" Ausdruck des Affekts denn als in sich durchformuliertes Lehrgebäude versteht, sind diesem Bewußtsein adäquat. Es wird im Grunde nicht ‚logisch' argumentiert, sondern der ,,herrschende Gedanke" von der Unmöglichkeit einer in Begriffen zu fassenden absoluten Wahrheit wird unter wechselnden Gesichtspunkten als die einzige Konsequenz in allem konsequenten Denken immer neu variiert. Philosophie kommt als geistige Kraft des Infragestellens zur Sprache. Das konnte nicht verhindern, daß weltanschauliche Lehren, insbesondere solche, die die bisherige Geschichte um irgendeines Besseren willen ‚überwinden' wollten, in ihm ihren Vorläufer sahen. Solche Mißverständnisse haben natürlich auch ihre Wirkung. Selbst auf die Frage, ob Nietzsche am ,,Ende" der *Metaphysik* stehe, muß aber wiederum geantwortet werden, daß er ganz im Gegenteil vermutete, mit der von ihm ‚in Gedanken' gefaßten und damit zum Bewußtsein gebrachten Zeit könnte vielleicht der ,,große Ernst" und damit auch die eigentliche ,,Tragödie" erst beginnen. Die von ihm kritisierte Geschichte des theoretischen Menschen wäre dann dazu nur ein Vorspiel auf diesem Theater gewesen.

Ekkehard Martens

AMERIKANISCHE PRAGMATISTEN

CHARLES SANDERS PEIRCE (1839–1914)
WILLIAM JAMES (1842–1910)
JOHN DEWEY (1859–1952)

Im Mittelpunkt der Philosophie des Pragmatismus steht die Analyse der wissenschaftlichen Forschung, ihrer Methoden, ihrer erkenntnistheoretischen und normativen Voraussetzungen sowie ihrer handlungspraktischen Auswirkungen auf unsere Lebenswelt. Der Inhalt, die wissenschaftliche Forschung, prägt zugleich die Methode des Pragmatismus. Das pragmatische Denken versteht sich selber als wissenschaftliches Denken im Unterschied zu unklaren und unklärbaren Spekulationen, die von ersten geistigen oder sinnlichen Gegebenheiten ausgehen und unerschütterliche Gewißheit beanspruchen. Inhalt und Methode bestimmen auch das leitende Interesse oder praktische Ziel des Pragmatismus. Er will durch klares und moralisch verantwortbares Sprechen und Denken vernunftgeleitetes Handeln fördern, sowohl in der wissenschaftlichen Forschungspraxis als auch im individuellen und gesellschaftlich-politischen Handeln.

Nach Inhalt, Methode und Zielsetzung hat der Pragmatismus seine Fragestellungen und Problemlösungen in der Spannung und Vermittlung von Theorie und Praxis entwickelt. Praxis bedeutet für den Pragmatismus die von der neuzeitlichen Wissenschaft geformte Lebenswelt, Theorie die denkerische Bewältigung der mit dieser Welt gegebenen Probleme. Praxis beinhaltet keine zeitlos gültigen Handlungsstrukturen, sondern eine konkrete, historisch genau angebbare Problemsituation, die sich seit dem vergangenen Jahrhundert infolge der neuzeitlichen Wissenschaft ergeben hat. Von dem so beschriebenen Problembereich her versteht sich auch der Theoriebegriff als konkreter Problemlösungsprozeß, nicht als Erfassen zeitloser Strukturen oder Prinzipien. Mit der Absage an erste Gegebenheiten verbindet sich jedoch keineswegs eine Beschränkung der Theorie auf einen unsystematischen Problemreflex jeweiliger Einzelaktualitäten. Vielmehr ist die Philosophie des Pragmatismus Problem*reflexion* genereller handlungsleitender Überzeugungen einer bestimmten historischen Epoche.

Mit seiner Ausrichtung auf die Problemsituation der neuzeitlichen Wissenschaft unterscheidet sich der Pragmatismus deutlich von den beiden anderen vergleichbaren Formen der Vermittlung von Theorie und Praxis, dem Marxismus und Existenzialismus. Beide sind zwar auch ein Versuch, für die seit dem vorigen Jahrhundert zunehmend gegebene Problemsituation eine Lösung zu finden; während jedoch der Pragmatismus die Wissenschaft zum Ausgangspunkt seiner Überlegungen macht, wenden sich Marxismus und Existentialismus den praktischen Folgeproblemen der Wissenschaft zu, ausdrücklich der Marxismus mit seiner Analyse der wissenschaftlich-technischen Produktivkraft und Produktionsweise, nicht immer ausdrücklich, aber der Sache nach der Existentialismus mit seiner Analyse der durch die wissenschaftliche Rationalität verdrängten individuellen Lebensprobleme. Daher kann man den Pragmatismus als wissenschaftskritische Variante der Theorie-Praxis-Vermittlung bezeichnen, den Marxismus als gesellschaftskritische und den Existentialismus als personalistische Variante. Um Variationen desselben grundsätzlichen, historisch bedingten Praxisproblems handelt es sich bei allen drei Formen.

Ebenfalls nehmen zwar alle drei Philosophien ihren Ausgang von einer historisch bedingten Problemsituation her, enthalten aber darüber hinaus Fragestellungen, die in der philosophischen Tradition seit jeher eine wichtige Rolle spielen, und auch solche, die bis in die Gegenwart hinein an Brisanz nicht verloren, sondern eher zugenommen haben. Über Wissenschaft, Gesellschaft und Individuum haben Philosophen seit jeher nachgedacht, wenn auch natürlich nicht von derselben spezifischen Hinsicht aus, die erst seit dem vorigen Jahrhundert möglich und nötig ist. Die Gegenwartsbedeutung von Marxismus und Existentialismus ist bekannt, wenn auch in ihrem Ausmaß umstritten. Dagegen wird die historisch-systematische Bedeutung des Pragmatismus erst in der Gegenwart zunehmend sichtbar und seine Verwechslung mit einem platten Nützlichkeitsdenken von ,,Technokraten" immer seltener. Unabhängig von diesen eher nominalistischen Scheinproblemen, denen Peirce durch den Terminus ,,Pragmatizismus" als Bezeichnung seiner strengeren und präziseren Fassung des Pragmatismus vergeblich zu entkommen versuchte, läßt sich zeigen, daß der Pragmatismus nicht nur viele Fragestellungen insbesondere der wissenschaftstheoretischen Diskussion vorweggenommen hat, sondern darüber hinaus auch deren oft einseitig szientistische Verengung weitgehend vermeiden konnte, indem er die wissenschaftliche Forschungsmethode in ihrem inneren Zusammenhang mit praktischen, normativen Voraussetzungen und Folgen untersuchte. Daher kann der Pragmatismus in einem großen Ausmaß nicht nur als Vorläufer moderner wissenschaftstheoretischer Diskussionen gelten, sondern zugleich auch als Überwinder ihrer szientistischen Irrtümer.

Beides, Vorwegnahme und Überwindung bestimmter wissenschaftstheoretischer Positionen, läßt sich bereits in einem ersten Problemaufriß andeuten. Ihr gemeinsames Thema, die wissenschaftliche Forschung und ihre Einbindung in die konkrete Lebenspraxis, haben die Pragmatisten in unterschiedlichen Hinsichten akzentuiert, die sich gleichsam auf einem Theorie-Praxis-Kontinuum als Problemanzeigen markieren lassen. Alle Pragmatisten allerdings gehen von der *Methode der Begriffsklärung* (1) nach dem Muster der wissenschaftlichen Methode aus, gemäß der Begriffe in einem Handlungskontext stehen. Wenn man die Bedeutung einzelner Wörter oder Begriffe klären will, muß man ihre möglichen praktischen Konsequenzen untersuchen. Erst in einem zweiten Schritt schließt sich an die Bedeutungsfrage die Wahrheitsfrage an. Wie kann man die in Begriffen enthaltenen oder durch sie gebildeten Aussagen in ihrem Wahrheitsgehalt erkennen und überprüfen? Eine Antwort versuchen die Pragmatisten in einer *Handlungstheorie* (2) und einer *Konsenstheorie der Wahrheit* (3) zu geben. Die in den Begriffen und Aussagen behaupteten möglichen praktischen Konsequenzen müssen im experimentellen Handeln durch Auseinandersetzung mit der äußeren Realität in ihrem deskriptiven Moment überprüft werden, in ihrem normativen Moment im kommunikativen Handeln durch Auseinandersetzung mit der sozialen Realität. Die Ergebnisse, die sich aus der Auseinandersetzung mit der äußeren und sozialen Realität gewinnen lassen, müssen sich ihrerseits in einem gegenseitigen Überzeugungsprozeß der miteinander Handelnden bewähren. ,,Wahrheit als Bewährung" in einer Handlungs- und Dialoggemeinschaft hat zwischen den Pragmatisten und vor allem seitens ihrer Gegner zu heftigen Kontroversen über einen möglicherweise damit verbundenen subjektivistischen Utilitarismus und erkenntnistheoretischen Relativismus geführt. Vor allem an dieser Stelle wird eine sorgfältige Abgrenzung gegen einen Vulgärpragmatismus erfolgen müssen. In einem weiteren Markierungspunkt werden nicht nur die handlungspraktischen und erkenntnistheoretischen Voraussetzungen der wissenschaftlichen Methode diskutiert, sondern ihre möglichen Auswirkungen auf unsere Lebenspraxis. Genauer läßt sich dieser Punkt aufteilen in die Frage, wie sich die wissenschaftliche zu anderen Formen des Denkens und Orientierens verhält, etwa zu den alltäglichen, religiösen oder künstlerischen Formen, und weiterhin ergibt sich die Frage, ob sich die wissenschaftliche Forschungsmethode auf gesellschaftlich-politisches Handeln anwenden läßt. Die erste Frage führt zu Ansätzen einer *Lebensphilosophie* (4) mit existentialistischen Fragestellungen, die zweite Frage zu Ansätzen einer *politischen Theorie der Demokratie* (5). Zugleich ergeben sich Überschneidungspunkte mit den beiden anderen Formen der Theorie-Praxis-Vermittlung, dem Marxismus und Existentialismus, wenn auch von einem anderen Zugang her und mit anderen Lösungsvorschlägen.

Die fünf skizzierten Problemkreise des Pragmatismus sollen bei seinen Klassikern und zugleich den größten amerikanischen Philosophen Peirce, James und Dewey näher dargestellt werden. Wenn auch der Pragmatismus – vergleichbar mit dem Marxismus und Existentialismus – keine in sich geschlossene Lehre beinhaltet, läßt sich dennoch die innere Einheit durch das Theorie-Praxis-Kontinuum herstellen. Keiner der drei Klassiker hat alle Problemkreise mit gleicher Intensität behandelt. Daher erschließt sich der Pragmatismus in seiner philosophischen Spannweite erst im Durchgang durch die verschiedenen Schwerpunkte ihrer Hauptvertreter. Auch wird nur so deutlich, daß die Akzentverlagerung von mehr theoretischen auf mehr praktische Fragestellungen keinen Bruch innerhalb des Pragmatismus darstellt, sondern die historische Entfaltung einer immanenten Sachlogik widerspiegelt. Dabei kommt *Peirce* das Verdienst zu, gegen eine besonders zu seiner Zeit dominierende spekulative Denkweise in der Philosophie die wissenschaftliche Methode der Begriffsklärung auch für die Philosophie fruchtbar zu machen, aber auch umgekehrt, durch seine Untersuchungen der handlungspraktischen und erkenntnistheoretischen Voraussetzungen eben dieser Methode auch der Wissenschaft selber zu einem besseren Selbstverständnis zu verhelfen. *James* ging es dann in Weiterentwicklung des letzten Gesichtspunktes vor allem darum, das Monopol szientistischen Denkens für den Bereich der individuellen Lebenspraxis zu brechen, allerdings um den Preis gelegentlich mangelnder Strenge in wissenschaftstheoretischen Fragen. *Dewey* versuchte dagegen am energischsten, die theoretische mit der praktischen Seite des Pragmatismus zu verbinden, wenn auch mit stärkerem Akzent auf handlungspraktischen Fragen. Einerseits arbeitete er den demokratischen Charakter des Forschungsprozesses heraus, der bereits im Dialoggedanken bei Peirce enthalten ist; andererseits wollte er den Demokratieprozeß durch die wissenschaftliche Methode verbessern, wie er vor allem in seinem Erziehungskonzept ausführt.

I. Charles Sanders Peirce

Die Denkweise des Pragmatismus erklärt Peirce in autobiographischer Rückschau mit der Verhaltensweise eines Menschen, der durch das Leben in Laboratorien gewohnt sei, ,,über alles genau so zu denken, wie man im Laboratorium über alles denkt, nämlich als eine Frage des Experiments" im Unterschied zu einer Denkschulung ,,weitgehend aus Büchern" (*Collected Papers* [= CP], Bd. 5, § 411; Apel-Ausgabe [= A], Bd. II, S. 389). Peirce selber kam bereits durch sein Elternhaus mit Naturwissenschaft und Mathematik in Berührung. Sein Vater, als dessen zweiter Sohn er 1839 in Cambridge, Massachusetts, geboren wurde, war ein angesehener Professor für Astronomie und Mathematik an der Harvard-Universität in Boston; sein älterer Bruder wurde dort später ebenfalls Mathematik-Professor. Nach naturwissenschaftlichen Studien, die er mit intensiver Beschäftigung vor allem mit der Philosophie Kants verband, machte Peirce 1863 einen exzellenten Abschluß in Chemie an der Harvard-Universität, konnte jedoch die in ihn gesetzten Hoffnungen auf eine wissenschaftliche Karriere nicht erfüllen. Von 1861 an war Peirce dreißig Jahre lang im Vermessungsdienst der USA tätig und erhielt zwischendurch kleinere Lehraufträge zu Logik und Philosophie. Peirce, der nicht nur Begründer des Pragmatismus, sondern auch ein hervorragender Logiker war, speziell auf dem Gebiet der Relationenlogik, veröffentlichte zwar zahlreiche Aufsätze und Rezensionen, aber nur ein einziges Buch über astronomische Studien (*Photometric Researches,* 1878). 1862 machte er die Bekanntschaft von William James; zu seinen Schülern an der Johns-Hopkins-Universität in Baltimore (1879–1884) zählte John Dewey. Nach einer kleineren Erbschaft zog sich

Peirce 1887 mit seiner zweiten Frau nach Milford, Pennsylvania, zurück, wo er zuletzt in großer Isolation und Armut lebte. Bei seinem Tod hinterließ Peirce eine Menge meist fragmentarischer Manuskripte, die erst ab 1931 in acht Bänden veröffentlicht wurden, wenn auch längst nicht vollständig.

1. Entstehung und Quellen des Pragmatismus

Peirce entwickelte seinen Pragmatismus zuerst Anfang der siebziger Jahre im ,,Metaphysical Club", einem Diskussionszirkel in Cambridge, der sich in seiner agnostischen Grundhaltung eher ironisch diesen Namen gab. Ihm gehörten außer Peirce und James vor allem Nicht-Philosophen an, unter anderen der Bundesrichter Holmes und der Jurist Green, die sich mit den sozialen Folgen der Gesetzgebung beschäftigten, ferner der Historiker Fiske und der Mathematiker Wright, die einen Evolutionismus und Naturalismus vertraten. Von den Ideen dieser Männer und aus dem Studium des mittelalterlichen Realismusstreites, der Philosophie Kants und des deutschen Idealismus, nicht zuletzt aber auch aus der Philosophie Platons mit ihrer Hinordnung allen Wissens und Handelns auf die ,,Idee des Guten" hat Peirce seine wichtigsten Anregungen erhalten. Zusätzlich zählt er selber noch Sokrates, Aristoteles, Spinoza, Berkeley und Comte als Quellen des Pragmatismus auf, als unmittelbaren Anreger schließlich den englischen Psychologen Alexander Bain (1818–1903). Dieser definiert Überzeugung ,,als das, aufgrund dessen man in bestimmter Weise zu handeln bereit ist" (CP, Bd. 5, § 12; A, Bd. II, S. 461).

Den Terminus ,,Pragmatismus" findet man bei Peirce bereits in seinem Notizbuch aus dem Jahre 1865. Peirce benutzte ihn später wiederholt im ,,Metaphysical Club". Er war auch in einer Abhandlung enthalten, die er dort vortrug, wurde aber später beim Druck unter dem Titel *Die Festlegung einer Überzeugung* und *Wie unsere Ideen zu klären sind* (1878/79) von Peirce gestrichen und von ihm zuerst 1902 in seinem Lexikon-Artikel *Pragmatisch und Pragmatismus* verwendet. Zum erstenmal im Druck erschien der Terminus noch vor Peirce im Vortrag von William James *Philosophical Conceptions and Practical Results* (1898), in dem er den Pragmatismus überhaupt erst weiteren Kreisen bekannt machte. Seitdem und seit seinen Pragmatismus-Vorlesungen von 1906 gilt James deshalb vielfach als der Begründer dieser Richtung; er weist aber stets auf Peirce als dessen wirklichen Urheber hin.

Peirce hat den Ausdruck ,,pragmatisch" (von griech. praxis: Praxis, Handlung, Tat, Ding, Sache) von Kant übernommen als Ausdruck von dessen experimenteller, auf mögliche Erfahrung bezogener Denkweise (CP, Bd. 5, § 412; A, Bd. II, S. 392). In der *Kritik der reinen Vernunft,* Peirces ,,Muttermilch in der Philosophie" (A, Bd. I, S. 287), stehen sich die Begriffe ,,praktisch" und ,,pragmatisch" in der Relation von absolutem Zweck und empirischem Mittel zunächst scheinbar als Gegensatz gegenüber: ,,Praktisch ist alles, was durch Freiheit möglich ist. Wenn die Bedingungen der Ausübung unserer freien Willkür aber empirisch sind, ... (so kann die Vernunft, Zusatz E. M.) ... keine anderen als *pragmatische* Gesetze des freien Verhaltens, zur Errei-

Charles Sanders Peirce (1839–1914)

chung der uns von den Sinnen empfohlenen Zwecke, und also keine reinen Gesetze, völlig a priori bestimmt, liefern" (A 800/B 828; vgl. A 824/B 852). Mit der experimentellen Denkweise darf man jedoch weder Kant noch Peirce auf die empirische Mittel-Ebene fixieren. Zwar wehrt sich Peirce dagegen, den Pragmatismus als Anweisung zum nützlichen Handeln in Einzelfällen aufzufassen, betont aber mit Kant die enge Verbindung von Mittel und praktischem Zweck. Höchster Zweck ist auch bei Peirce die ,,Entwicklung konkreter Vernünftigkeit" (CP, Bd. 5, § 3; A, Bd. II, S. 278), keineswegs die empirisch angebbare Einzelhandlung.

Die von Peirce betonte Verbindung von ,,pragmatisch" und ,,praktisch" zieht auch Kant terminologisch in seiner *Anthropologie in pragmatischer Hinsicht*, indem er ,,pragmatisch" in enge Nähe zu ,,praktisch" rückt. Während sich die ,,physiologische" Naturerkenntnis auf das richte, ,,was die *Natur* aus dem Menschen macht", richte sich die ,,pragmatische" Naturerkenntnis darauf, ,,was *er* als frei handelndes Wesen aus sich selber macht oder machen kann und soll" (Vorrede). Bei Kant nicht anders als bei Peirce verweist die Ebene der empirischen Handlungsmittel auf die Ebene praktischer Vernunft; umgekehrt steht die praktische Vernunft immer unter den einschränkenden Bedingungen empirischen Handelns. Getrennt für sich wäre dagegen die praktische Vernunft für Peirce ein ,,Denkbereich, in dem kein Geist vom Typ eines Experimentators sich je festen Boden unter den Füßen verschaffen kann"; daher habe er auch für seine Lehre nicht den Ausdruck ,,*Praktizismus* oder *Praktikalismus*" gewählt (CP, Bd. 5, § 412; A, Bd. II, S. 391). Dennoch rückte später Peirces Lehre bei seinen Rezipienten vielfach in die Nähe einer Handlungslehre ohne ,,festen Boden". Daher wollte Peirce seine Lehre lieber mit dem Terminus ,,Pragmatizismus" kennzeichnen, der ,,häßlich genug ist, um vor Kindsräubern sicher zu sein" (CP, Bd. 5, § 414; A, Bd. II, S. 394). Dieser Terminus hat sich zwar nicht allgemein durchgesetzt, wird aber vom ,,Institute For Studies In Pragmaticism" in Lubbock, Texas (USA), streng beachtet.

2. Wissenschaftliche Methode der Begriffsklärung

Peirce hat keine zusammenhängende Darstellung seiner Philosophie gegeben, sondern seine Auffassungen in einzelnen Artikeln und Vorträgen stets klarer zu formulieren versucht, etwa in den späteren Arbeiten *Pragmatismus-Vorlesungen* (1903), *Was heißt Pragmatismus?* (1905), *Kernfragen des Pragmatizismus* (1905) und *Ein Überblick über den Pragmatizismus* (1907). Auch lassen sich seine zahlreichen Einzelarbeiten zu semiotischen und logischen Problemen nur schwer in ein pragmatisches Gesamtkonzept einfügen. Dennoch kann man die Grundlinien des Peirceschen Denkens recht klar aus den beiden ,,Geburtsurkunden des Pragmatismus" entnehmen, den Artikeln *Die Festlegung einer Überzeugung* und *Wie unsere Ideen zu klären sind*. Beide Artikel gehören zu einer Reihe von sechs Arbeiten mit dem Titel *Illustrationen zur Logik der Wissenschaft* (1878/79).

Der zweite Aufsatz *Wie unsere Ideen zu klären sind* enthält die früheste Fassung der berühmt gewordenen „pragmatischen Maxime" als wissenschaftlicher Methode der Begriffsklärung: „Überlege, welche Wirkungen, die denkbarerweise praktische Relevanz haben könnten, wir dem Gegenstand unseres Begriffs in unserer Vorstellung zuschreiben. Dann ist unser Begriff dieser Wirkungen das Ganze unseres Begriffs des Gegenstandes" (CP, Bd. 5, § 402; A, Bd. I, S. 339). Begriffe sind auf ihre möglichen experimentellen und handlungspraktischen Konsequenzen hin zu untersuchen. Sie sind durch Ausgang von unmittelbarer geistiger Schau im Sinne Descartes' weder von anderen Begriffen unterscheidbar (distincte) noch in ihrem Gehalt überprüfbar (clare).

Seine Kritik am intuitionistischen und solipsistischen Erkenntnisprinzip hat Peirce bereits in einer früheren Artikelserie von 1868/71 begründet. In Absage an eine göttliche Evidenz für uns Menschen stellt Peirce in *Fragen hinsichtlich gewisser Vermögen, die man für den Menschen in Anspruch nimmt* (1868) fest: „Wir können intuitiv nicht erkennen, daß eine Erkenntnis intuitiv ist" (CP, Bd. 5, § 240; A, Bd. I, S. 171). Vielmehr seien wir auf schlußfolgerndes Denken angewiesen, auf einen gemeinschaftlichen Denkprozeß (*Einige Konsequenzen aus vier Unvermögen,* 1868).

Die Ablehnung eines absoluten Wissens in einem unmittelbaren Zugriff auf erste geistige oder sinnliche „Gegebenheiten" folgt aus Peirces schon früh entwickelter Zeichentheorie oder Semiotik (vgl. Oehler 1979). Das semiotische Schema besteht aus einer triadischen (dreistelligen) Relation des Zeichens. Zeichen ist in einem dreifachen Sinn zu verstehen. Jedes beliebige Etwas kann ein Zeichen sein; einmal als Zeichen im engeren Sinne (Mittel), etwa die Sprache, Symbole, Gebärden oder Gemälde; sodann, indem es für etwas anderes steht, ein Bezeichnendes ist (Objekt); und schließlich, indem es eine Bedeutung hat und von jemandem interpretiert wird oder interpretiert werden kann (Interpretant). Das Wortzeichen „Pferd" etwa steht für einen Gegenstand oder für eine Klasse von Gegenständen als seinem Objekt und vermittelt zwischen diesem Objekt und dem interpretierendem Bewußtsein; das mit „Pferd" Bezeichnete, das Objekt, vermittelt zwischen den beiden anderen Relaten, und ähnliches gilt für das interpretierende Subjekt. Jedes Objekt ist immer schon ein „Gegebenes" für ein interpretierendes Bewußtsein, das seinerseits Ergebnis und möglicher Ausgangspunkt einer Interpretations- oder Schlußkette ist. Daraus folgt die prinzipielle Revidierbarkeit jeder Aussage. Jede Erkenntnis ist durch neue Argumente überholbar, die jedoch nicht ohne Bezug auf neue Fakten oder neu interpretierte Fakten auf der Objektebene auskommen.

Begriffe oder „Ideen", verstanden als Wortzeichen, können in ihrem Gehalt ohne Bezug auf die beiden anderen Relationsebenen nicht verstanden und überprüft werden. Das semiotische Schema oder Dreieck schließt jedoch nicht nur einen rationalistischen, sondern auch einen empiristischen „Positivismus" aus. Wir können uns in unserer Erkenntnis weder auf erste geistige Intuitionen im Sinne Platonistischer „Ideen" oder des Cartesianischen „clare et distincte" stützen noch auf unmittelbar erfahrbare Sinnesdaten, nach denen die

Basissatz- oder Protokollsatzdiskussion der Neopositivisten später vergeblich suchte. Der zeichentheoretische Hintergrund verbietet auch ein Verständnis der ,,pragmatischen Maxime" im Sinne des neopositivistischen Sinnkriteriums. Nach ihm wären nur logisch korrekte und empirisch gehaltvolle, d. h. experimentell überprüfbare Sätze sinnvoll. Nach Peirce gehen jedoch wissenschaftliche Begriffe oder Aussagen nicht in einzelnen, experimentell erfaßbaren Handlungen im Sinne des Operationalismus oder Behaviorismus auf. Begriffe beziehen sich zwar auf experimentelles Handeln, bestehen jedoch nicht aus ihnen. Eine Einebnung würde dagegen die Interpretationsebene überspringen und Erkenntnis als direkte Abbildung von Gegebenem verstehen. Sie wäre jedoch lediglich ein objektivistischer Schein. Dagegen findet man in den verschiedenen Fassungen der ,,pragmatischen Maxime" eine deutliche Betonung des begrifflichen oder interpretativen Moments. Die Maxime drückt eine Interpretation von Begriffen als Handlungs*regel* aus und reduziert Begriffe nicht auf die Abbildung einzelnen faktischen Verhaltens oder Handelns.

Im Unterschied zur klassischen Ontologie, die auch noch dem Empirismus in seiner einseitigen Form zugrunde liegt, werden Begriffe nicht länger als Abbildung von Qualitäten verstanden, aber auch nicht nominalistisch als bloßer ,,Worthauch", sondern funktional, als Anweisung für einen Forschungsprozeß. Sie sind, in moderner Terminologie ausgedrückt, Dispositionsbegriffe, wenn auch nicht im neopositivistischen Sinne. Begriffe oder Aussagen lassen sich nach Peirce in konditional-imperativische Sätze umformen: ,,Der Pragmatismus ist das Prinzip, daß jedes theoretische Urteil, das sich in einem Satz in der Indikativform ausdrücken läßt, eine verworrene Form eines Gedankens ist, dessen einzige Bedeutung, soll er überhaupt eine haben, in seiner Tendenz liegt, einer entsprechenden praktischen Maxime Geltung zu verschaffen, die als konditionaler Satz auszudrücken ist, dessen Nachsatz in der Imperativform steht" (CP, Bd. 5, § 18; A, Bd. II, S. 301). So bedeutet etwa der Satz ,,Diamanten sind hart", daß ein Sprecher dafür einsteht, daß er in einer gegebenen Situation (Konditionalsatz) der Aufforderung zu einer bestimmten Handlung (Imperativsatz) nachzukommen bereit wäre, nämlich ein Experiment zu machen, bei dem er Glas oder einen vergleichbaren Stoff mit einem Diamanten ritzt oder schneidet (vgl. CP, Bd. 5, § 403; A, Bd. I, S. 339). Der Begriff oder die Aussage vom ,,harten Diamanten" enthält somit keine im direkten Zugriff erfaßbare Idee ,,des" Diamanten, sondern seine Bedeutung liegt in einer Handlungsregel.

Peirce betont zwar häufiger, ,,daß der Pragmatismus als solcher keine metaphysische Lehre ist, kein Versuch, die Wahrheit von Gegenständen zu bestimmen", sondern ,,allein eine Methode, die Bedeutung schwieriger Wörter und abstrakter Begriffe zu ermitteln", und zwar ,,als eine besondere Anwendung jener älteren logischen Regel, ,An ihren Früchten werdet ihr sie erkennen' " (CP, Bd. 5, § 464f.; A, Bd. II, S. 463f.).

Damit will Peirce jedoch keineswegs die vier anschließenden Problemkreise auf dem Theorie-Praxis-Kontinuum als unpragmatische Spekulationen generell abtun, sondern diese vielmehr an ihren Ausgangspunkt der wissenschaftlichen Methode der Begriffsklärung zurückbinden. *Wenn* wir diese Methode benutzen, *dann* machen wir immer schon von einigen weitreichenden Voraussetzungen Gebrauch. Warum wir aber gerade diese wissenschaftliche Methode zur Festlegung unserer Überzeugungen wählen sollen und von welchen Voraussetzungen wir dabei ausgehen, soll nun im Anschluß an den ersten Artikel der Serie *Illustrationen zur Logik der Wissenschaft* rekonstruiert werden.

3. Handlungstheorie und Konsenstheorie der Wahrheit

Die Bedeutung von Begriffen und Aussagen, so ist bereits dargelegt worden, steht im Kontext gemeinsamen Handelns und Interpretierens. Die Frage nach der *Wahrheit* von Begriffen und Überzeugungen verlangt eine nähere Klärung dieses Kontextes. Zunächst, warum wählen wir eigentlich die wissenschaftliche Methode? Darauf versucht Peirce in *Die Festlegung einer Überzeugung* eine Antwort zu geben. Jeder Forschungsprozeß im weitesten Sinne (inquiry) oder alles Nachdenken bewegt sich nach Peirce in einer Spannung von Zweifel (doubt) und Überzeugung (belief); er ist kein Selbstzweck, sondern hat Problemlösungen in Form von Handlungsregeln (rule of action) und entsprechender Handlungsbereitschaft (habit) zum Ziel. Damit scheint Peirce unter Einfluß von Alexander Bain einem psychologistischen Erkenntniskonzept das Wort zu reden. Erkenntnis wäre auf das Interesse individuell oder kollektiv subjektivistischer Handlungsermöglichung reduziert; Wahrheitskriterium wäre nichts anderes als „ein ruhiger und befriedigter Zustand" (CP, Bd. 5, § 372; A, Bd. I, S. 300). Nun endet zwar nach Peirce jeder Erkenntnisprozeß (jeweils vorläufig) *mit* einem derartigen Zustand, er besteht jedoch nicht *in* ihm. Nach einer späteren Selbstinterpretation Peirces, habe er gezeigt, „wie sich aufgrund der Tätigkeit der Erfahrung allmählich aus jenem Prinzip (sc. der subjektivistischen Befriedigung) der Begriff der Wahrheit entwickelt", bzw. „wie folglich durch die Tätigkeit der Erfahrung der Begriff realer Wahrheit entstehen muß" (CP, Bd. 5, § 563f.; A, Bd. II, S. 458). Peirce entwickelt zwar seinen Wahrheitsbegriff genetisch, dieser selbst ist jedoch nicht genetischer, sondern systematischer Natur.

Die Anwendung der wissenschaftlichen Methode läßt sich zwar *auch* aus einem Sachzwang heraus allen anderen Methoden vorziehen, aber *nicht ohne* unsere Interpretation, daß sie die *beste* Form des Umgangs mit der Wirklichkeit darstellt. Dies legt Peirce an der historisch-systematischen Abfolge der verschiedenen Methoden zur „Festlegung einer Überzeugung" dar. Im Prozeß der Abfolge von Zweifel und Überzeugung ergibt sich als naheliegende erste Methode der Überzeugungsstabilisierung, daß sich jeder an die Überzeugungen hält, auf die er gerade trifft. Diese Methode der Beharrlichkeit (method of tenacity) widerlegt Peirce nicht von ihrem irrationalistisch-egoistischen Charakter her, da die Konsens- oder Transsubjektivitätsforderung vom

Anhänger der ersten Methode gerade nicht akzeptiert wird. Vielmehr weist Peirce auf das Faktum des Zusammenlebens und die daraus folgende Notwendigkeit gemeinsamer Überzeugungen hin. Allerdings ist der Egoist durch Hinweis auf die schädlichen Folgen für die Gemeinschaft nicht widerlegbar, da er sonst bereits den moralischen Standpunkt einnehmen müßte, um den es gerade erst geht. Und selbst das Überleben der Gemeinschaft sichert zunächst keine *moralischen* gemeinsamen Regeln, sondern wird zunächst recht effektiv durch die Autoritätsmethode (method of authority) gewährleistet. Partikulares Interessendiktat umgibt sich mit dem Schein der Transsubjektivität. Dieser Schein ist jedoch auf die Dauer nicht haltbar, wie Peirce vielleicht ein wenig zu optimistisch annimmt, sondern wird durch den Zwang der Realität aufgehoben, nämlich durch den unausweichlichen Vergleich mit anderen, ebenfalls partikularen Setzungen. Auch die dritte Methode des gemeinsamen Beratungsprozesses bleibt subjektiv, da sie nicht erfahrungsorientiert ist, wie Peirce an den metaphysischen Systemen der Philosophie exemplifiziert. Da diese Methode *vor* und ohne Erfahrungsbezug Überzeugungen zu erreichen sucht, nennt Peirce sie Apriorimethode (a priori method). Erst die vierte, die Methode der Wissenschaft (method of science) überwindet die Beliebigkeit der drei ersten Methoden.

Die wissenschaftliche Methode allein gewährleistet nach Peirce die „Festlegung von Überzeugungen", die uns Handlungssicherheit bieten. Denn erst sie basieren nicht auf subjektiven Meinungen und Vorlieben, sondern auf einer von menschlichen Meinungen unabhängigen Realität. Peirce bezieht damit eine entschieden realistische erkenntnistheoretische Position, die er bereits in seiner *Berkeley*-Rezension von 1871 unter Berufung auf den mittelalterlichen Universalienstreit hervorhob. Eine von unseren Meinungen unabhängige Realität ist nach Peirce nicht nur notwendige Prämisse jeder Forschung wie unseres gesamten Begriffssystems, sondern sie ist zugleich erfahrbares Moment des Widerstandes in unseren Handlungen. Allerdings unterliegt die Beurteilung des Gelingens oder Mißlingens von Handlungen unserer Interpretation, wie überhaupt unser gesamter Zugriff auf die Realität von unserem Begriffssystem abhängt. Die Wahrheit unserer Überzeugungen bewährt sich in einer doppelten Übereinstimmung, einmal im Konsens der miteinander Forschenden und somit Handelnden, sodann in der Korrespondenz mit der von allen menschlichen Meinungen unabhängigen Realität. Diese doppelte Übereinstimmung, die bereits vom semiotischen Ansatz her gefordert war, ist jedoch nach Peirce lediglich eine regulative Idee im Forschungsprozeß „in the long run" (CP, Bd. 5, § 311; A, Bd. I, S. 220; CP, Bd. 8, § 12; A, Bd. I, S. 259ff.). Sie ist aber nicht folgenlos, sondern weitertreibendes Moment im Sinne einer Kritik von Dogmatisierungen und konstruktives Mittel, Überzeugungen jedenfalls nach bestem Wissen und Gewissen zu stabilisieren. Die regulative Idee macht wahre Meinungen im Unterschied zu bloßen Meinungen und absolutem Wissen möglich.

Die wissenschaftliche Methode beschreibt Peirce als Zusammenspiel von

Hypothese bzw. Abduktion (auch: Retroduktion), Deduktion und Induktion. Der Forschungsprozeß beginnt mit der Beobachtung eines relativ zur Erwartung vorheriger Überzeugungen überraschenden Phänomens. Die Beobachtung führt dann zu einer plausiblen Erklärung des Falles als Konsequenz einer Regel und ihrer Randbedingungen. Nur dieser erste Schritt, die Abduktion, ist innovierend. Die beiden anderen Schritte dienen lediglich zur Überprüfung der durch Abduktion gewonnenen Hypothese in ihren logischen und experimentellen Konsequenzen bzw. Prognosen (Deduktion) und zu ihrer (möglichen) Bekräftigung durch wiederholte Experimente (bei Peirce: Induktion). Zusammengefaßt: ,,Die Deduktion beweist, daß etwas der Fall sein *muß;* die Induktion zeigt, daß etwas *tatsächlich* wirksam *ist;* die Abduktion vermutet bloß, daß etwas der Fall *sein mag*" (CP, Bd. 5, § 171; A, Bd. II, S. 362). Nach Peirce ist ,,die Frage des Pragmatismus ... nichts anderes als die Frage nach der Logik der Abduktion" (CP, Bd. 5, § 196; A, Bd. II, S. 369). Denn die ,,pragmatische Maxime" regelt die Gültigkeit von in Begriffen enthaltenen Hypothesen, indem sie fordert, die möglichen praktischen Konsequenzen anzugeben, die deduktiv ermittelt und induktiv überprüft werden.

Die von Peirce interpretierte wissenschaftliche Methode steht in einem doppelten Bezug zu einer Handlungstheorie: einmal wird sie selber als Handlung verstanden, die bestimmten moralischen Regeln unterliegt und von einer prinzipiellen moralischen Wahl abhängt; sodann ist das selbstkontrollierte, rationale Handeln für Peirce und vor allem später für Dewey das Modell für soziales Handeln schlechthin.

Die wissenschaftliche Methode als gemeinsamer Forschungsprozeß ist allerdings keine Einzelaktion innerhalb eines Reiz-Reaktion-Schemas, sondern gemeinsame regelgeleitete Handlung. Die Handlungsregeln werden durch Abduktion und Deduktion gewonnen und bieten für den Einzelfall nach der Wahrscheinlichkeitstheorie keine Sicherheit, sondern erst für eine unendliche Zahl von Schlüssen, wie Peirce in der Artikelserie von 1878/79 ausführt. Daraus folgt, ,,daß Logizität unerbittlich verlangt, daß unsere Interessen *nicht* beschränkt werden. Sie dürfen nicht bei unserem eigenen Schicksal haltmachen, sondern müssen die ganze Gemeinschaft mit einbeziehen. ... Die Logik wurzelt im sozialen Prinzip" (CP, Bd. 2, § 654; A, Bd. I, S. 362). Die Logik der Wissenschaft ist in ihrem Vollzug von Moral unabtrennbar. Peirce widerspricht der gängigen anthropologischen Auffassung, daß moralisches, nichtegoistisches Verhalten der menschlichen Natur entgegengesetzt sei, mit etlichen Beispielen, unter anderem mit dem Hinweis auf die Diskussion um ,,die mögliche Erschöpfung der Kohlevorräte in einigen hundert Jahren oder das Erkalten der Sonne in einigen Millionen Jahren" (CP, Bd. 2, § 654; A, Bd. I, S. 363: 1878) und mit dem Hinweis auf ,,the first good mother of a family" (CP, Bd. 1, § 673). Sicher ist die wissenschaftliche Methode für das eigene Handeln auch nützlich. Aber sie verdankt die Einsicht in ihre Verläßlichkeit einer induktiv-wahrscheinlichen Erfahrungsbasis. Man kann sich daher für sie letztlich nicht aus subjektiv-utilitaristischen, sondern allein aus moralischen

Gründen entscheiden, indem man nicht den eigenen Nutzen, sondern das in der Logik enthaltene ,,soziale Prinzip" wählt: ,,Läge es in der Natur des Menschen, völlig befriedigt zu sein, wenn er seinen persönlichen Vorteil zum letzten Zweck gemacht hätte, so könnte ihn deshalb nicht mehr Tadel treffen, als ein Schwein trifft, wenn es sich genauso verhält. Ein logischer Denker ist ein Denker, der bei seinen intellektuellen Operationen große Selbstkontrolle übt; und daher ist das logisch Gute einfach eine besondere Art des moralisch Guten" (CP, Bd. 5, § 130; A, Bd. II, S. 348).

Die Logik der wissenschaftlichen Methode selber verbietet somit nach Peirce eine Ausrichtung auf einen subjektivistischen Utilitarismus. Der individuelle Nutzen ist im gemeinsamen Nutzen fundiert, dieser schließlich in der ,,Entwicklung konkreter Vernünftigkeit". Das nach der Tradition der antiken Philosophie von Peirce bezeichnete ,,summum bonum" (CP, Bd. 5, § 433) beschreibt er in ästhetischen Kategorien aus der Philosophie Kants als ,,bewundernswertes Ideal" von ,,ästhetischer Güte", das sich ,,unabhängig von jeder darüber hinausgehenden Überlegung empfiehlt" (CP, Bd. 5, § 130; A, Bd. II, S. 349). Logik ist nach Peirce eine normative Wissenschaft und setzt eine Ethik und Ästhetik voraus. Unter der Bezeichnung ,,Synechismus" arbeitete Peirce später an einem höchst spekulativen System der evolutionären und normativen Vernunft, das jedoch unvollendet blieb.

II. William James

Das Handeln des einzelnen Menschen im Sinne einer existentialistisch gefärbten Lebensphilosophie stand für James im Mittelpunkt des Denkens. Sein Werk, das durch seinen eleganten Stil, seine Weltoffenheit und inhaltliche Vielfalt und Konkretheit besticht, verbindet sich noch enger mit seinem Leben als bei Peirce. James wurde 1842 in New York als Sohn wohlhabender Eltern geboren und verbrachte in einem liberalen und weltoffenen Elternhaus einen großen Teil seiner Kindheit und Jugend in England, Frankreich und der Schweiz. Sein Vater, Henry d. Ä., war selber Autor eines umfangreichen theologisch-philosophischen Werkes, in seiner Unabhängigkeit unkonventionell und provozierend. Sein Bruder, Henry d. J., gehörte zu den bekanntesten Romanschriftstellern seiner Zeit. Von den Geschwistern hieß es: ,,Henry wrote novels like a philosopher while his elder brother wrote philosophy like a novelist" (Thayer 1973, S. 13). Eine Zeitlang wollte James in Paris Maler werden, studierte dann aber Chemie, wechselte schließlich zur Medizin über und schloß seine Studien in Boston an der Harvard-Universität 1868 mit dem Doktorexamen ab. James war zeit seines Lebens gesundheitlich stark anfällig und litt besonders in seiner Jugend an schweren Depressionen, die er durch moralisch-intellektuelle Anstrengungen zu überwinden versuchte, hierin dem Psychiater und Philosophen Karl Jaspers in dessen existenzphilosophischer Grundhaltung vergleichbar. James' glanzvolle wissenschaftliche Karriere be-

William James (1842–1910)

gann 1872 in Boston an der Harvard-Universität mit einer Dozentur für Anatomie und Physiologie; 1880 wurde er Professor für Physiologie und Philosophie, 1887 für Psychologie und Philosophie. James hatte stets enge Kontakte insbesondere zu seinen europäischen Kollegen, etwa zu Ernst Mach, Carl Stumpf und Henry Sidgwick. Sein berühmtester Schüler war der Begründer der behavioristischen Psychologie, John B. Watson. Mit Peirce war er seit den Diskussionen im ,,Metaphysical Club" Anfang der siebziger Jahre befreundet. Er machte sein Werk überhaupt erst bekannt und half ihm später finanziell sowie durch Beachtung seiner weiteren Schriften. James war bereits zu seinen Lebzeiten als Philosoph und Psychologe ein anerkannter und berühmter Gelehrter. Er starb 1910 auf seinem Landsitz in Chocorua in New Hampshire.

1. Lebensphilosophie

Das Denken steht für James wie für Peirce in einem engen Zusammenhang mit der konkreten Lebenspraxis, wie bereits in seinem psychologischen Hauptwerk *Psychology* (1890; dt. *Psychologie,* 1900) sichtbar wird. In Abwehr der damals dominierenden Assoziationspsychologie besteht nach James das Denken (inquiry) nicht in einer bloßen Reaktion auf äußere Reize, sondern ist auf bewußte Ziele ausgerichtet, die das Handeln leiten. Im Unterschied zu Peirce jedoch, dessen pragmatische Überlegungen er bereits aus den gemeinsamen Diskussionen im ,,Metaphysical Club" kannte, versteht James diese Ziele oder Handlungsregeln vor allem in einem subjektivistischen Sinne.

Die lebensphilosophische Variante des Pragmatismus entwickelte James zuerst in seinem Vortrag *The Will to Believe* (1897; *Der Wille zum Glauben,* 1899). Im Vorwort zu dem nach seinem Vortrag benannten Buch mit dem Untertitel ,,Essays in Popular Philosophy" betont James, daß er keinen Aufruf zu einem prinzipiellen Irrationalismus beabsichtigt habe, sondern einen Appell an ein akademisches, von wissenschaftlichem Denken geprägtes Publikum richten wolle, sich von seiner ,,Lähmung der angeborenen Glaubensfähigkeit" und andererseits ,,ängstlichen Unentschlossenheit auf religiösem Gebiet" zu befreien. Dem unberechtigten Monopol wissenschaftlicher Evidenz stellt James in seinem Vorwort zur Essaysammlung ,,das Recht des Individuums, seinem persönlichen Glauben auf seine persönliche Gefahr sich hinzugeben" gegenüber. Letztlich sei sogar die Wahl der wissenschaftlichen Methode, wenn auch nicht deren Ergebnisse, eine Glaubenssache. Mit der Betonung des individuellen Lebens und der subjektiven Entscheidung gegenüber der ,,bloßen" Theorie und intersubjektiven Verbindlichkeit der wissenschaftlichen Rationalität läßt sich James einer existentialistisch gefärbten Lebensphilosophie zuordnen. Zwar vertrat auch Peirce den ,,Primat der praktischen Vernunft", aber stets in Verbindung mit dem ,,sozialen Prinzip" der Logik, des schlußfolgernden Denkens. Ohne diese Verbindung läßt sich in der Tat Peirces ,,The *Fixation* of Belief" leicht abwandeln zu James' ,,The *Will* to Believe".
Zunächst geht James mit Peirce in seinem Vortrag davon aus, daß jede

Überzeugung in ihrer Bedeutung für einen Handlungszusammenhang gesehen werden muß. Wir entscheiden uns für bestimmte Überzeugungen aufgrund unseres Interesses. Unser Wissen kann nie unfehlbare Evidenz beanspruchen, sondern beruht stets auf einem vorgängigen „Glauben", der nicht auf das religiöse Gebiet eingeschränkt werden kann. Die Wahl zwischen mehreren Überzeugungen (Hypothesen) bemißt sich daher nach James nicht nach einem Wahrheitskriterium, das sowieso jeder anders ansetze, sondern nach drei Kriterien der „Echtheit": 1. eine Hypothese ist „lebendig", wenn von ihr auf den Glaubenden „ein Funke überspringt", wenn sie „wirklich als Möglichkeit empfunden wird" („an den Mahdi zu glauben" ist z. B. für den Christen keine lebendige Hypothese); 2. eine Hypothese ist „unumgänglich", wo eine Entscheidung unvermeidbar ist; 3. eine Hypothese ist „bedeutungsvoll", wenn sie eine unwiederholbare Gelegenheit darstellt. Der „Wille zum Glauben" findet nach James insbesondere am ersten Kriterium eine Schranke: er kann nicht „tote" Hypothesen akzeptabel machen. Für jemanden, der nicht wirklich an Gott glaubt, ist auch „Pascals Wette" kein überzeugendes Motiv: existiert Gott, so habe man die ewige Seligkeit gewonnen; existiert er nicht, so habe man nichts verloren – die Wette lohne sich also immer. Auch unser Glaube an die Wahrheit wissenschaftlicher Hypothesen (z. B. „Moleküle", „Erhaltung der Kraft"), politischer Ideale sowie unser Glaube an die Wahrheitsmöglichkeit überhaupt läßt sich einem absoluten Skeptiker gegenüber nicht einleuchtend begründen. James beruft sich auf die Erfahrung, daß es letztlich kein sicheres Wahrheitskriterium gibt. In einer weiteren Einschränkung des „Willens zum Glauben" unterscheidet James zwischen dem „Bereich der physischen Natur", wo die „Tatsachen das, was sie sind, ganz unabhängig von uns" sind und entsprechende Hypothesen weder unumgänglich noch bedeutungsvoll sind (außer für den Wissenschaftler selbst), und den Fragen der Moral und Religion. Nur im zweiten Bereich vermag „der Glaube an eine Tatsache bei der Hervorbringung dieser Tatsache mitzuwirken".

Für den Bereich des Wissens beruft James sich mit Pascal auf die Instanz des „Herzens". Wissen ist für ihn letztlich eine Glaubenssache, da ja auch die Wissenschaft selber in ihren Grundannahmen auf einem Glauben beruhe. Allerdings verwechselte James, wie vor allem Russell seinen Vortrag kritisierte, dabei den entscheidenden „Unterschied zwischen glauben und eine Hypothese machen" (Russell 1971 [1909], S. 70). Dagegen hat Peirce die Wahl der wissenschaftlichen Methode auf eine erfahrungsabgesicherte Basis zu stellen versucht und ebenso wie die Wahl einzelner (wissenschaftlicher) Überzeugungen einer Prüfung durch schlußfolgerndes Denken unterworfen. Absolute Sicherheit der Ergebnisse hat freilich auch er nicht beansprucht.

2. Wissenschaftliche Methode und Wahrheitstheorie

Der subjektivistische Ansatz seiner Lebensphilosophie ist bei James eine Konsequenz aus seiner subjektivistischen Interpretation der wissenschaftlichen

Methode und der darin enthaltenen Wahrheitstheorie. In seiner Vorlesungsreihe *Der Pragmatismus* (1907) definiert James als ,,pragmatische Maxime" im Anschluß an Peirce, man solle bei seinen Gedanken über einen Gegenstand ,,erwägen, welche praktischen Wirkungen dieser Gegenstand in sich enthält, was für Wahrnehmungen wir zu erwarten und was für Reaktionen wir vorzubereiten haben. Unsere Vorstellung von diesen Wirkungen, mögen sie unmittelbare oder mittelbare sein, macht denn für uns die ganze Vorstellung des Gegenstandes aus, insofern diese Vorstellung überhaupt eine positive Bedeutung hat" (Oehler-Ausgabe 1977, S. 29). Mit dieser Methode der Begriffsklärung steht nach James der Pragmatismus in der Nähe zu einem Nominalismus, Utilitarismus und Positivismus: ,,So stimmt er mit dem Nominalismus darin überein, daß er sich überall an das Einzelne hält, mit dem Utilitarismus darin, daß er überall den praktischen Standpunkt betont, mit dem Positivismus in der Verachtung, die er den bloß sprachlichen Problemlösungen, überflüssigen Fragestellungen und metaphysischen Abstraktionen entgegenbringt" (a. a. O., S. 33).

Als Methode ist der Pragmatismus wie die sprachanalytische oder kritischrationalistische Methode gegenüber inhaltlichen Auslegungen neutral. Der Pragmatismus enthält aber bei James wie bei Peirce, wenn auch in anderer Auslegung, zugleich eine Wahrheitstheorie. Nach Peirce beruhte die ,,Festlegung einer Überzeugung" auf der Logik der wissenschaftlichen Methode, die sich am Konsens der prinzipiell unendlichen Forschergemeinschaft in Korrespondenz mit der Realität zu bewähren hatte und der Entwicklung ,,konkreter Vernünftigkeit" dienen sollte. Daher war für ihn die Logik ein Teilgebiet der Ethik. Wenn dagegen James Wahrheit als *,,eine Art des Guten"* definiert (a. a. O., S. 48), setzt er als Wahrheitskriterium das im konkreten Einzelfall und für Einzelne Nützliche und Lebensförderliche an, wenn er auch den viel zitierten und kritisierten Begriff des ,,cash-value" (des ,,Barwertes", a. a. O., S. 125) nicht im Sinne einer Profitmaximierung gemeint hat.

Zwar soll sich auch nach James Wahrheit in Auseinandersetzung mit einer vorgegebenen Wirklichkeit bewähren, jedoch nach Kriterien subjektiver Nützlichkeit. Für ihn ist die Wahrheit unseres Denkens ein ,,Vorgang ihrer Selbst-Bewahrheitung, ihre *Veri-fikation"* als ,,Mittel zur Befriedigung irgendeines Lebensbedürfnisses" (a. a. O., S. 126 f.). Korrespondenz erweist sich nicht mehr wie bei Peirce im Konsens einer unendlichen Handlungs- und Interpretationsgemeinschaft, sondern im Nutzen für den Einzelfall. Auch die zu Beginn seiner Vorlesungsreihe angekündigte Antwort auf die Frage nach einer religiösen Weltanschauung gibt James in seiner Schluß-Vorlesung ganz nach dem Nützlichkeits-Kriterium: ,,Nach pragmatischen Grundsätzen ist die Hypothese von Gott wahr, wenn sie im weitesten Sinne des Wortes befriedigend ist" (a. a. O., S. 192).

In *The Meaning of Truth* (1909) weist James zwar zu Recht den Vorwurf zurück, Wahrheit ohne Realitätsbezug zu bestimmen und Moral auf Profitmaximierung zu gründen. Überhaupt sei der Pragmatismus keine typisch amerikanische Bewegung, die für Handlungsmenschen, die keine Zeit oder keinen Verstand für wirkliche Philosophie hätten, eine passende Weltanschauung liefere. Dies trifft für James' Philosophie in der Tat nicht zu. Allerdings machte James den entscheidenden Fehler, die deskriptive Analyse, wie Überzeugungen funktionieren und zu welchem Zweck wir sie faktisch wählen, nicht klar genug von der Frage zu unterscheiden, wie man den Wahrheitsgehalt dieser Überzeugungen überprüfen solle. Damit hat er Genesis und Geltung von Aussagen unzulässig kurzgeschlossen. Andererseits hat James mit seinem lebensphilosophischen Pragmatismus in Abwehr eines szientistischen Monopols ein Thema aufgegriffen, das sowohl beim demokratischen Wissenschaftsideal Peirces als auch beim wissenschaftlichen Demokratieideal Deweys vernachlässigt wurde und auch für die Gegenwart noch nicht erledigt ist.

III. John Dewey

Den entschiedenen Versuch, den Pragmatismus auch praktisch wirksam werden zu lassen, hat Dewey in seinem Demokratie- und Erziehungskonzept wie in seinen mannigfachen politischen und pädagogischen Aktivitäten unternommen. Auch für sein Leben ist die Vermittlung von Theorie und Praxis nicht bloße Theorie. John Dewey wurde 1859 in Burlington, Vermont, geboren. Er unterrichtete nach seinem ersten Examen zwei Jahre lang an der Schule, studierte danach an der Johns-Hopkins-Universität, Baltimore, Philosophie, unter anderem bei Peirce, und erwarb 1884 seinen Doktortitel mit der Arbeit *The Psychology of Kant*. Ab 1889 war er nach kurzer Dozententätigkeit Philosophieprofessor in Michigan; von 1894 bis 1904 lehrte er in Chicago und gründete dort die *Laboratory School* oder *Dewey School*, die großen Einfluß auf die Reform des amerikanischen Elementarschulwesens hatte. Aus dieser Zeit stammt auch seine enge Freundschaft mit George H. Mead. 1904 bis 1930 lehrte Dewey an der Columbia-Universität in New York, zwischendurch hatte er Lehraufträge in Peking, Tokio und Nanking. Er besuchte auf Einladung der dortigen Regierung 1924 die Türkei als Berichterstatter des neuen Schulwesens. Nach einem Besuch der UdSSR auf offizielle Einladung der Regierung war Dewey beeindruckt vom dortigen Erziehungswesen und galt nicht zuletzt deshalb bei vielen als „Bolschewist". Als er sich später deutlich vom Stalinismus distanzierte und für Trotzki Partei ergriff, galt er wiederum als „Revisionist". Dewey hat nicht nur durch seine zahlreichen Bücher und Artikel zur Philosophie, Psychologie, Pädagogik und zu konkreten politischen Fragen, sondern auch durch seine Schulversuche, seine Beratertätigkeit und sein direktes politisches Engagement einen starken Einfluß auf das amerikanische Denken und gesellschaftliche Handeln, insbesondere auf dem Schulsektor, gehabt. Als Dewey 1952 hochbetagt starb, hinterließ er ein umfangreiches Werk.

John Dewey (1859–1952)

1. Instrumentalistische Wissenschaftstheorie

Die von Peirce und James vertretene Grundauffassung vom Denken oder Forschungsprozeß im weitesten Sinne (inquiry) als Abfolge von Zweifel und Überzeugung im Zusammenhang praktischen Handelns hat Dewey zu einer allgemeinen Wissenschaftstheorie des Instrumentalismus ausgearbeitet und in praktischen Anwendungen nutzbar zu machen versucht. Begonnen allerdings hat Dewey nicht als Pragmatist, sondern er stand zunächst unter dem Einfluß des Hegelschen Idealismus und des Neokantianismus. Allerdings war er wie Peirce und James von Anfang an bemüht, den Denkprozeß auch in seiner psychologischen Dimension zu erfassen (*Psychology*, 1887). Denken als Teil oder Instrument in einem konkreten Problemlösungsprozeß ist in seinen Schriften ebenfalls durchgängiges Moment, vor allem angewandt auf das Gebiet der Pädagogik. In seinem „Instrumentalismus", wie Dewey seinen Pragmatismus lieber nannte, analysierte er die praktischen Voraussetzungen und Funktionen von Theorien, Begriffen und Hypothesen sowie von moralischen Werten innerhalb konkreter Handlungszusammenhänge. Was Denken (intelligence) ist, läßt sich nach Dewey nicht durch Analyse von apriorischen, abstrakten Formen festmachen, sondern lediglich durch Analysen, wie es konkret „arbeitet" (funktioniert, works). Die instrumentalistische Basistheorie muß sich erst in ihrer Anwendung auf verschiedene konkrete Bereiche bewähren. Daher ist die Vielfalt und Breite von Deweys Werk konsequenter Ausdruck seines instrumentalistischen Denkansatzes. Seine Schriften umfassen nicht nur die Anwendungsgebiete der Pädagogik, Politik und Moral, sondern auch philosophische Disziplinen wie Sozial-, Rechts- und Religionsphilosophie sowie Ästhetik und Anthropologie.

Die logisch-erkenntnistheoretische Basis seines Instrumentalismus hat Dewey in mehreren Arbeiten entwickelt: *Studies in Logical Theory* (1903), *How We Think* (1910), *Essays in Experimental Logic* (1916) sowie vor allem *Logic: The Theory of Inquiry* (1938). In seinem Buch von 1938 legt Dewey die ausgereifteste Fassung seines Instrumentalismus vor. Logik ist für Dewey primär *Forschungs*logik im weitesten Sinne, bezogen jeweils auf die Bedürfnisse und Interessen von handelnden Individuen in konkreten Situationen (situations). Forschungs- und Situationslogik bilden daher eine Einheit. Genauer aber müssen die einzelnen Situationen jeweils in ihrem größeren biologischen, evolutionären, sozialen und historischen Kontext gesehen werden, in der environing experience world. Mit seiner Überwindung eines Subjekt-Objekt-Dualismus und einer isolierten Betrachtungsweise einzelner Handlungen oder Ereignisse reformuliert Dewey die spekulative Dialektik *Hegels*, den Ausgangspunkt seines Philosophierens, durch eine experimentell-funktionalistische Denkweise. Die Idee der Kontinuität (continuity) ist zentral für Dewey. Sie enthält die Aufforderung, in allen einzelnen Ereignissen und Handlungen nach möglichen Zusammenhängen, Entwicklungstendenzen und Ausgleichsmöglichkeiten zu suchen, und ist nicht nur die Absage an ein dualistisches und von letzten

,,Gegebenheiten" ausgehendes Denken, sondern zugleich Absage an jeglichen Dogmatismus.
Die Fortentwicklung des Peirceschen Konsensansatzes ist dabei deutlich. Ebenfalls wie Peirce bleibt Dewey nicht beim jeweiligen Konsens stehen, sondern sieht ihn als Bestandteil eines unendlichen Prozesses. Allerdings schränkt er die wissenschaftliche Methode, die aus Beobachtung, Hypothese und Experiment besteht, auf die Lösbarkeit von Einzelproblemen in je neuen Situationen ein. Erkenntnis ist lediglich ein Instrument und soll Mittel zum Erreichen bestimmter Zwecke bereitstellen (Instrumentalismus), mit Hilfe der experimentellen Methode in einer Abfolge von Versuch und Irrtum (Experimentalismus). Dadurch wird die Zielfrage auf die Ebene faktischer Realisierung von Einzelzwecken reduziert. Mittel und Zweck sind nach Dewey relative Begriffe aus der Nah- bzw. Fernperspektive. Jede erreichte Lösung als angesteuerter Zweck ist möglicher Ausgangspunkt in neuen Problemsituationen als Mittel zu einem neuen Zweck. Im Regelkreis von jeweiligem Zweck und seiner Verwirklichung gibt es kein Ziel außerhalb, kein ,,summum bonum". In dieser Offenheit sieht Dewey das Gegenteil von Dogmatismus. Nach Peirce dagegen liegt bei Dewey im Fehlen des normativen Fundaments ein Mangel an Logik vor, wie er ihm in einem Brief vorhält (1905): ,,Sie schlagen vor, die ‚normative Wissenschaft', deren meiner Meinung nach unser Jahrhundert am dringendsten bedarf, durch eine ‚Naturgeschichte' des Denkens oder der Erfahrung zu ersetzen"; die Folge davon müsse sein, ,,daß die Regeln des Schlußfolgerns nachlässig gehandhabt werden; und in der Tat finde ich, daß Sie und Ihre Studenten völlig dem verfallen sind, was mir als Ausschweifung lockeren Denkens erscheint. Chicago hat nicht den Ruf, eine moralische Stadt zu sein" (CP, Bd. 8, § 239f.; A. Bd. II, S. 532ff.).

2. Erziehungs- und Demokratiekonzept

Auch die pädagogische und politische Praxis versteht Dewey als instrumentalistischen Forschungs- und Problemlösungsprozeß. Sein Buch *Wie wir denken. Eine Untersuchung über die Beziehung des reflektiven Denkens zum Prozeß der Erziehung* (1910; dt. 1951) war jahrzehntelang das einflußreichste und meistgelesene Textbuch an amerikanischen Universitäten und Lehrerseminaren, zusammen mit seinem pädagogischen und bei uns insgesamt bekanntesten Hauptwerk *Demokratie und Erziehung. Eine Einleitung in die philosophische Pädagogik* (1916; dt. 1930). Es faßt die Hauptzüge seiner pragmatischen Forschungslogik und Anthropologie im Hinblick auf das für ihn wichtigste Anwendungsfeld, die Pädagogik, prägnant zusammen. Sicher ist Deweys Erziehungskonzept eines unbegrenzten Fortschritts in einer offenen Gesellschaft unterdessen zusehends problematischer geworden angesichts verstärkter sozialer und ökonomischer Konfliktsituationen. Dennoch bleibt Deweys pragmatische Philosophie der Pädagogik angesichts der noch bestehenden Übermacht einer intellektualistischen, rein sachbetonten und zu wenig schülerorientierten Erziehungspraxis in vielen Punkten nach wie vor aktuell und uneingelöst: lebenslanges Lernen, Gruppenarbeit, Gesamtschule, Projektmethoden, Integration von Bildung und Ausbildung sowie von „Kopf" und „Hand", Erfahrungsbezug, soziales Lernen, Erziehung als Prozeß der Selbstverwirklichung.

Dewey versucht in seinem Erziehungskonzept, das gesamte menschliche Leben als Erziehungs- oder Lernprozeß zu verstehen. Die je neuen Einzelprobleme können nur gemeinsam gelöst werden, ohne vorgegebenes Muster. Dabei läßt sich in einem Curriculum kein unveränderlicher „Stoff" des zu Lernenden als Objekt an-sich festschreiben, sondern der Lernstoff muß von den Lernenden als Problem erfahren und als Projekt gelöst werden. Realität wird in einer Situation des Zweifelns oder Verwunderns in Form eines Problems erfahren, dessen Lösung gemeinsam gefunden und überprüft werden muß. Daher hat Erziehung nach der instrumentalistischen Wissenschaftsmethode zugleich einen demokratischen Charakter. Bei seiner instrumentalistischen Pädagogik wendet sich Dewey jedoch ebenfalls gegen einen zu engen Praxisbezug. Gerade um der Praxis willen darf die theoretische Neugier nicht eingeengt werden. Der Unterricht hat dabei von der kindlichen Neugier auszugehen, die sich das Erfahrungsmaterial verschafft, wenn auch durch die Einflüsse der sozialen Umwelt, der Eltern, anderer Kinder und der Lehrer geformt. Denken ist nicht bloßes Hinsehen, sondern ein Tun im konkreten Sinn. Der Schulunterricht muß daher von einer passiv-literarischen Denkschulung wegkommen zu einer handlungsorientierten Gestaltung. Dies geschieht mit Hilfe der Projektmethoden und des Gruppenunterrichts in der Arbeitsschule, deren Grundgedanken Georg Kerschensteiner von Dewey übernommen hat. Durch konkrete, handwerkliche Tätigkeiten soll die Trennung von Bildung und Ausbildung, von „Kopf" und „Hand" überwunden werden.

Dewey wehrt einige Mißverständnisse ab, die auch heute noch zwischen Pragmatikern und Theoretikern bestehen. Beides sind relative Positionen und müssen in der Erziehung zusammen berücksichtigt werden. Rein empirisches Denken, das sich nur von früheren Erfahrungen und Gewohnheiten leiten läßt, neigt zu Dogmatismus und wird neuen Situationen nicht gerecht. Es muß vom wissenschaftlichen Denken abgelöst werden, das die alten Tatsachen und Schlußfolgerungen mit den neuen verbindet. Diese Tätigkeit läßt sich nicht auf die Alternativen Denken oder Handeln, Arbeit oder Spiel fixieren. Die Trennung von Freude und Anstrengung, Phantasie und Nützlichkeitsdenken, „Kopf" und „Hand" führt Dewey in *Demokratie und Erziehung* auf die Antike – Platon und Aristoteles als Exponenten – mit ihrer spezifischen Klassenstruktur zurück, die sich bis heute noch in der Organisation und Auswahl der Schulfächer widerspiegele.

Wie pädagogisches Handeln muß nach Dewey auch die Politik mit dem Ethos und der Methode der Wissenschaft betrieben werden. Aus der Konsens- und Korrespondenzforderung folgt das Demokratiepostulat gegenseitiger Überzeugung mit Kompromißbildung, Kontrolle der Entscheidungen an der

Realität unter Einbeziehung aller Betroffenen und mit prinzipieller Revidierbarkeit. Einzelprobleme sollen durch soziale Programme in Form von Hypothesen gelöst werden, die sich an empirischen Kontrollen und Interessenabstimmung der Betroffenen zu bewähren haben. Diesem sozialen und politischen Experimentalismus liegt ein harmonistisches Gesellschaftsmodell mit prinzipieller, zwangloser Einigungsfähigkeit bei einem gesamtpolitischen Interessenkonsens zugrunde. Differenzen treten dabei lediglich auf der Ebene der Zweckrationalität auf, bei der Frage nach den angemessenen Mitteln zu gegebenen Zwecken. Bei der Frage politischer Wertentscheidungen schwankte Dewey selber zwischen einem technokratisch-bürokratischen Sozialismus (*Liberalism and Social Action*, 1935) und einer liberalistischen Kooperation von Individuen (*What I Believed, Revised*, 1939). In *Theory of Valuation* (1939) versucht Dewey für die Zielebene einige soziale Fähigkeiten inhaltlich zu konkretisieren, etwa den Respekt vor der Einzelperson mit ihren individuell verschiedenen Fähigkeiten und das Eintreten für den Abbau ökonomischer und gesellschaftlicher Ungleichheiten.

IV. Zur Wirkungsgeschichte

Wenn Peirce 1906 davon spricht, daß sich der Pragmatismus zu der ,,dominant philosophical opinion of the twentieth century" entwickele (CP, Bd. 6, § 501), so meint er in ironischer Resignation die von ihm abgelehnte subjektivistische Spielart. Weltweit populär nämlich wurde der Pragmatismus zu Beginn des Jahrhunderts vor allem im Anschluß an James. Zu den klassischen Fehlentwicklungen des Pragmatismus zählt der ,,Humanismus" Ferdinand Canning Scott Schillers (1864–1937) mit seinem extrem subjektivistischen Utilitarismus und erkenntnistheoretischen Relativismus. Schiller versteht seine Lehre als konsequente Fortführung des protagoräischen Homo-mensura-Satzes. Durch die Bezeichnung ,,Humanismus" will Schiller zum Ausdruck bringen, daß der konkrete Einzelmensch Maßstab des in der ,,pragmatischen Maxime" liegenden Erfolgsdenkens ist (*Plato or Protagoras?*, 1908; *Humanism*, 1903; *Logic for Use*, 1929; *Humanismus. Beiträge zu einer pragmatischen Philosophie*, 1911). Parallelen zu einem Pragmatismus als subjektivistischer Wahrheitstheorie finden sich etwa in Frankreich in Henri Bergsons Lehre vom ,,Lebensdrang" (*élan vital*) als leitendem Motiv aller Denkprozesse, oder in Henri Poincarés ,,Konventionalismus", nach dem Mathematik und Physik auf freien ,,Konventionen" des Geistes nach dem Kriterium der Nützlichkeit beruhen; ferner in Deutschland in Friedrich Nietzsches Begriff der Wahrheit als Machtinstrument im Lebenskampf, in Hans Vaihingers ,,Philosophie des Als Ob", nach der alle Werte und Erkenntnisprinzipien bloß lebensdienliche Fiktionen sind, und schließlich in Nietzsches Nachfolge in Georg Simmels ,,Lebensphilosophie".

Einer der schärfsten Gegner eines subjektivistischen Pragmatismus war Bertrand Russell (1971 [1909]), der allerdings später nach genauerer Kenntnis der Peirceschen Philosophie den Pragmatismus insgesamt gerechter einschätzte (Vorwort zu Feibleman, 1946). Ebenfalls ohne Kenntnis von Peirce kritisierte auch Max Scheler den Pragmatismus in *Die Wissensformen und die Gesellschaft* (1926) in einem umfangreichen Kapitel als Absolutsetzung eines sonst berechtigten Mittels zur Naturbeherrschung. Ähnlich verurteilte auch Max Horkheimer in seiner *Kritik der instrumentellen Vernunft* (1947), dem Klassiker des Technokratieverdikts, den Pragmatismus als zweckrationales Hantieren ohne Zielreflexion. Als nur zu deutliches Ziel dagegen vermuten marxistische Interpreten das partikulare Interesse der amerikanischen Kapitalistenklasse hinter dem Pragmatismus (Wells 1954).

Während die Anknüpfung an die subjektivistische Wahrheitstheorie des Pragmatismus kaum zu Ergebnissen führte, konnte die Fortentwicklung der wissenschaftlichen Methode der Begriffsklärung durch die Pragmatisten Mead und Lewis für zahlreiche theoretische und praktische Fragestellungen fruchtbar gemacht werden. George Herbert Mead (1863–1931), ein Schüler von James und enger Freund und Kollege Deweys in Chicago, begründete den ,,symbolischen Interaktionismus". In Ablehnung der behavioristischen Psychologie Watsons sind nach Mead die Menschen im Unterschied zu den Tieren nicht durch ein vererbtes Reiz-Reaktion-Verhalten ausgezeichnet, sondern durch ein gemeinsames, selbstbewußtes Handeln mittels sprachlicher Symbole. Mead interpretiert Sprache als die Fähigkeit, Handlungsweisen des anderen im Denken vorwegzunehmen (Rollenvorwegnahme) und das eigene Handeln darauf einzustellen. Sprache wird von ihm pragmatisch als Mittel und Medium gemeinsamen, zielgerichteten Handelns verstanden. Meads Hauptwerk *Mind, Self and Society* (1934, deutsch *Geist, Identität und Gesellschaft*, 1973) wurde von seinem Schüler Charles W. Morris (1901–1979) herausgegeben. Auf dessen Zeichentheorie oder *Semiotik* geht die heute allgemein gebräuchliche Unterscheidung von Semantik, Syntax und Pragmatik in der Sprachphilosophie und Linguistik zurück, die er selber ausdrücklich auf Peirce zurückgeführt hat (*Foundations of the Theory of Signs*, 1938, deutsch *Grundlagen der Zeichentheorie*, 1972). Während Meads ,,symbolischer Interaktionismus" für die Versuche der gegenwärtigen Soziologie richtungsweisend geworden ist, eine Beschränkung auf empirisch konstatierbare Verhaltensmuster zugunsten einer Untersuchung gemeinsamen, intentionalen Handelns zu überwinden (A. Schütz; Ethnomethodologie u. a.), ist Morris' Pragmatik Anstoß für die Untersuchung von ,,Sprachhandeln" in der Linguistik und für die Weiterentwicklung einer pragmatischen Sprachphilosophie geworden.

Vor allem auf den Gebieten der *Erkenntnis- und Wissenschaftstheorie* sowie der *Logik* führte Clarence Irving Lewis (1883–1964) den Pragmatismus fort (*Mind and the World Order*, 1929; *An Analysis of Knowledge and Valuation*, 1946). Lewis hielt, in Kants Tradition, an der Annahme von apriorischen Prinzipien und Kategorien fest, mit denen wir unsere Sinneserfahrung interpretieren und organisieren. Andererseits hebt er deren Pluralität und Wandelbarkeit je nach pragmatischen, nutzenorientierten Erwägungen hervor und argumentiert in seinem ,,pragmatischen Konzeptualismus" für ein ,,pragmatic a priori". Auch die Wissenschaftstheorie Rudolf Carnaps, Ernest Nagels, Willard V. O. Quines u. a. geht davon aus, daß die Theoriebildungen im erfahrungswissenschaftlichen Bereich von der Maxime der Effizienz und Nützlichkeit bestimmter Interessenabwägungen geleitet sind, ohne daß sie sich ausdrücklich zum Pragmatismus zählen würden (vgl. Rorty, 1966).

Noch deutlicher weist Poppers *Logik der Forschung* (1934) pragmatische Grundzüge auf. Zwar lehnt Popper den Pragmatismus, verstanden als subjektivistische Wahrheitstheorie, ausdrücklich ab, vertritt aber gleichwohl ein Wissenschaftskonzept, das in vielen Punkten bereits bei Peirce zu finden ist; so etwa, wenn Popper Forschung als konkreten, demokratischen Problemlösungsprozeß nach der Methode von ,,Versuch und Irrtum" versteht, wenn er die Fehlbarkeit allen menschlichen, induktiven Wissens hervorhebt und wenn er schließlich der neopositivistischen Suche nach ersten ,,Gegebenheiten" in Basis- oder Protokollsätzen entgegenhält, daß sämtliche empirische Begriffe und Aussagen schon immer ,,theoriegetränkt" sind (vgl. auch Lenk 1979, S. 34–50). Mehr Dewey dagegen folgt Popper, wenn er die wissenschaftliche Forschungsmethode als Modell sozialen und politischen Handelns empfiehlt, um Probleme ,,stückweise" und somit revidierbar zu lösen. Ebenso wie den kritischen Rationalismus Poppers kann man den Konstruktivismus etwa von Lorenzen, Kambartel oder Mittelstraß als impliziten Pragmatismus verstehen, und zwar als noch entschiedenere Weiterentwicklung der Problembreite des pragmatischen Theorie-Praxis-Spektrums. Auch der Konstruktivismus bezieht sämtliche Begriffe und Aussagen auf eine Handlungs- und Dialoggemeinschaft, ausgehend von einer dialogischen, elementaren Logik bis hin zu einer Dialogmethode moralischen Argumentierens.

Pragmatische Ansätze finden sich auch in der gegenwärtigen *Anthropologie, Gesellschaftstheorie, Pädagogik* und in der *Sprechakttheorie* (vgl. Martens 1975, S. 4–10; ders. 1979). Erst allmählich zeichnet sich ab, welche Anstöße Wittgenstein für seinen Wechsel von einer idealsprachlichen, neopositivistischen Position zu seiner Spätphilosophie Peirces Pragmatismus zu verdanken hat, den er durch F. P. Ramsey gekannt haben muß (vgl. Hardwick 1979). Die Theorie der ,,Sprachspiele" als Ausdruck konkreter ,,Lebensformen" sowie die Einbindung von Begriffen, Definitionen und wissenschaftlichen Exaktheitsansprüchen in einen handlungspraktischen, normativen Kontext weist eindeutige Parallelen zu Peirces Pragmatismus auf.

Explizit fruchtbar geworden ist der Pragmatismus, insbesondere in der Fassung bei Peirce, für viele Fragestellungen in der gegenwärtigen deutschen Fachdiskussion. Zunächst wurde er von Jürgen Habermas aus der Sicht der ,,Kritischen Theorie" in *Erkenntnis und Interesse* (1968) als ,,Positivismus" abgelehnt. Dagegen hat Karl-Otto Apel (1967/70; 1975) Peirces Handlungs- und Konsenstheorie in eine ideologiekritische Gesellschafts- und Kommunikationstheorie transformiert, die dann auch Habermas für seine ,,Theorie der kommunikativen Kompetenz" im wesentlichen übernommen hat. Peirces Semiotik hat vor allem Max Bense (1967) auf die Ästhetik angewandt. Darüber hinaus rekonstruiert sie Klaus Oehler als Basistheorie philosophischer Fragestellungen (1976, 1979) und stellt sie in den Gesamtzusammenhang der Philosophie des Pragmatismus (1968, 1977).

Die verhältnismäßig späte und häufig nur implizite, partielle Wirkungsgeschichte der *Philosophie* des Pragmatismus mag außer auf äußere Publikationsbarrieren, das späte und unvollkommene Erscheinen des Peirceschen Werkes, entscheidend darauf zurückzuführen sein, daß die vom Pragmatismus intendierte Überwindung rationalistischer und empiristischer Letztbegründungsansprüche im breiten Spektrum von Wissenschaft und Lebenspraxis offensichtlich erst in einem mühsamen Prozeß in das gesellschaftliche Bewußtsein eindringen und als ausdrückliches Programm der Forschergemeinschaft akzeptiert werden kann. Auf die weitere Wirkungsgeschichte und Fortentwicklung des Pragmatismus kann man nicht ohne gute Gründe gespannt sein.

Günther Patzig

GOTTLOB FREGE

(1848-1925)

Freges Anspruch, als Klassiker der Philosophie zu gelten, gründet sich auf epochemachende Leistungen in einem begrenzten Gebiet: der Philosophie der Logik und Mathematik. Frege gilt als der eigentliche Begründer der sogenannten ,,Mathematischen Logik" (also der heutigen Form der formalen Logik), als der Initiator des ,,Logizismus" in der Arithmetik sowie als der Urheber der modernen Semantik. Sein zu Lebzeiten eher sporadischer Einfluß auf die philosophische Diskussion (so bei Husserl, Russell, Wittgenstein und Carnap) hat etwa seit den fünfziger Jahren des zwanzigsten Jahrhunderts, besonders im Bereich der analytischen Philosophie, erheblich zugenommen. Nach grober Abschätzung dürfte Frege im angelsächsischen Sprachraum der zur Zeit nach Kant meistgelesene deutsche Philosoph sein.

I. Leben

Friedrich Ludwig Gottlob Frege wurde am 8. November 1848 zu Wismar als Sohn des Pfarrers und Direktors einer Mädchenschule Carl Alexander Frege und seiner Frau Auguste Bialloblotzky geboren. Großvater und Urgroßvater väterlicherseits waren erfolgreiche Kaufleute bzw. Bankiers in Hamburg und Leipzig. Frege legte Ostern 1869 am Gymnasium zu Wismar das Abitur ab und studierte von 1869 bis 1870 an der Universität Jena Mathematik, Chemie und Philosophie (letzteres unter anderem bei Kuno Fischer). Zu seinen Lehrern in Jena gehörte auch Ernst Abbe, der in seiner Doppelfunktion als Universitätslehrer und Direktor der Forschung der Carl-Zeiss-Werke Frege während dessen späterer Universitätstätigkeit nach Kräften förderte. Abbe war einer der wenigen Zeitgenossen, die Freges ungewöhnliche Begabung und die Bedeutung seiner Leistungen zu schätzen wußten. 1871-1873 studierte Frege fünf Semester in Göttingen Mathematik, Physik und Philosophie und wurde am 12. Dezember 1873 mit einer mathematischen Dissertation in Göttingen zum Doktor der Philosophie promoviert. In der Philosophie hörte er Religionsphilosophie bei H. Lotze; ob Lotzes logische Auffassungen Freges Ansichten beeinflußten, läßt sich, da uns entsprechende Dokumente fehlen, nicht mehr entscheiden. Gewisse Gemeinsamkeiten, so eine antipsychologistische Auffassung und die These vom Zusammenhang zwischen Logik und Arithmetik sind allerdings unverkennbar (vgl. H. D. Sluga, in: Schirn, Bd. 1, S. 27–47, bes. S. 37–39). Es ist offensichtlich, daß Frege einen akademischen Lehrer im üblichen Sinne weder in der Mathematik noch in der Philosophie gehabt hat, wie er denn auch keine Schüler hatte, die seine Arbeit bewußt fortgesetzt hätten.

1874 kehrte Frege nach Jena zurück und habilitierte sich für Mathematik. Bis zum Ende seiner Lehrtätigkeit 1917 blieb er an der Universität Jena, wurde 1879 außerordentlicher Professor, 1896 ordentlicher Honorarprofessor (mit einem Jahresgehalt von 3000 RM aus der Carl-Zeiss-Stiftung) und erhielt 1903 den Titel eines Hofrats. Das normale Berufsziel der akademischen Laufbahn, ein planmäßiges Ordinariat, hat Frege also nicht erreicht. Nach seinem Rücktritt vom Lehramt lebte Frege bis zu seinem Tode am 26. Juli 1925 in Bad Kleinen in der Nähe von Wismar. Seine Frau, Margarete Lieseberg, war 1905 gestorben; ein Adoptivsohn, Dipl.-Ing. Alfred Frege, dem Frege seinen wissenschaftlichen Nachlaß vermachte, fiel 1944 bei Paris.[1]

Über Freges persönliche Eigenart haben wir nur wenig Nachrichten über das hinaus, was sich seinen Schriften und Briefen entnehmen läßt. Er lebte in Jena zurückgezogen, seiner Arbeit hingegeben; am gesellschaftlichen Leben der Universitätsstadt nahm er nicht teil. Dazu mag auch die Verbitterung beigetragen haben, die er angesichts des fast vollständigen Mangels an Resonanz seiner Gedanken, die er mit Recht für bahnbrechend hielt, empfand. Der psychologische Relativismus in der Logik und der Formalismus in der Mathematik waren so fest eingewurzelt, daß kaum Hoffnung bestehen konnte, wirksam in die Diskussion einzugreifen. ,,Es kommt mir vor, als müßte der von mir gepflanzte Baum eine ungeheure Steinlast heben, um sich Raum und Licht zu schaffen" (*Grundgesetze der Arithmetik*, Bd. I, S. XXV). Der im Nachlaß erhaltene Teil eines persönlichen Tagebuchs aus dem Jahre 1924 enthält politische Äußerungen von Frege, die in ihrer Rückständigkeit und politischen Naivität, auch Weltfremdheit, aber vor allem in ihrer antidemokratischen und auch antisemitischen Schärfe einen beklemmenden Eindruck hervorrufen. Bei der Beurteilung dieser Texte muß man freilich gerechterweise berücksichtigen, daß ähnliche Auffassungen in der deutschen Professorenschaft der Zeit nach dem ersten Weltkrieg einigermaßen verbreitet waren, daß derlei Äußerungen durch die in der Zwischenzeit eingetretenen Ereignisse für den heutigen Leser zusätzlich eine düstere Vorbedeutung annehmen und schließlich, daß aus solchen Äußerungen auch die gereizte Stimmung eines vereinsamten alten Mannes sprechen dürfte.

II. Werke

1. Begriffsschrift (1879)

Nach einigen mathematischen Abhandlungen und Rezensionen veröffentlichte Frege 1879 sein erstes Hauptwerk, die *Begriffsschrift, eine der arithmetischen nach-*

Gottlob Frege (1848–1925)

gebildete Formelsprache des reinen Denkens. Dieses schmale Buch ist mit Recht als der zusammen mit den *Ersten Analytiken* des Aristoteles wichtigste Text der gesamten Geschichte der Logik bezeichnet worden. Auf knappstem Raum enthält es mehrere fundamentale Neuerungen: den ersten aussagenlogischen Kalkül auf der Basis der Wahrheitsfunktionen (d. h. Verknüpfungen von Teilaussagen zu komplexen Aussagen, deren Wahrheitswert ausschließlich von den Wahrheitswerten der Teilaussagen abhängt), die Analyse von Aussagesätzen in Funktion und Argument (statt der logisch unergiebigen und oft verwirrenden Einteilung in Subjekt und Prädikat), eine Theorie der Quantifikation, d. h. die Grundlage der Prädikatenlogik der ersten Stufe, sowie eine vollkommen neue logische Notation, mit deren Hilfe Ableitungen ausschließlich aufgrund der Form von Aussagen, ohne Rücksicht auf ihren Inhalt, gleichsam mechanisch vorgenommen werden können. Das Buch enthält auch eine mit rein logischen Mitteln geführte Rekonstruktion des Begriffs des „Folgens in einer Reihe", so daß damit auch die Beziehung einer Grundzahl auf ihren Nachfolger und das Prinzip der vollständigen Induktion in den Einzugsbereich der Logik eingebracht war. Schon hier schlägt Frege also den Weg zu der Reduktion der Arithmetik auf die Logik ein, die in gewissem Sinne sein Lebenswerk, auch sein Lebensschicksal ausmachte.

Frege wollte mit einer minimalen Basis an Elementen seiner logischen Kunstsprache auskommen. Er beschränkte sich auf ein Zeichen für die Negation eines Satzes p, für das „wenn-dann"-Verhältnis zwischen zwei Sätzen p und q und ein Zeichen für die Allgemeingültigkeit eines Ausdrucks der Form $F(x)$, wobei „x" eine Variable für Gegenstände (Argumente), F eine solche für Prädikate (Funktionen) ist. „⊢——p" ist Freges Zeichen für die Behauptung von p (wobei ⊢—— aus dem „Inhaltsstrich" – später bloß noch „der Waagerechte" (*Grundgesetze der Arithmetik,* Bd. I, S. 9) genannt – und dem senkrechten „Urteilsstrich", der dazu dient, p zu behaupten, zusammengesetzt zu denken ist). „⊢—⊤—p" behauptet die Negation von p. „⊢—⌐q—p" drückt „wenn p, dann q" aus, was nach Freges Festsetzung nur dann falsch ist, wenn p wahr und q falsch ist. „⊢——$\overset{x}{\smile}$——Fx" drückt den Gedanken aus, daß alle x, beliebig welche, F sind, „⊢—⊤—$\overset{x}{\smile}$——Fx" heißt dann: „Nicht alle x sind F"; „⊢——$\overset{x}{\smile}$—⊤—F" dagegen behauptet, daß alle x Nicht-F sind oder kein x ein F ist; „⊢——$\overset{x}{\smile}$—⊤—Fx" entsprechend, daß nicht alle x Nicht-F sind, was soviel heißt, daß es einige, mindestens ein F gibt. Das traditionelle Universalurteil der Form „Alle F sind G" wird bei Frege durch „⊢——$\overset{x}{\smile}$—⌐Gx—Fx" ausgedrückt.

Es ist leicht zu zeigen, daß es für n Aussagenvariable jeweils 2^{2^n} logisch verschiedene Aussagenverknüpfungen, für $n = 2$ demnach 16 zweistellige Aussagenverknüpfungen (heute auch „Junktoren" genannt) gibt. Diese sind aber mit Hilfe des Negationsstrichs und des Bedingungsstrichs leicht aufzubauen: „p oder q" würde durch „⊢—⌐q—⊤—p", „p und q" durch „⊢—⊤—⌐q—⊤—p" ausgedrückt werden und so fort. Daß diese Basis auch für die n-stellige Aussagen- oder Junktorenlogik funktional vollständig ist, ist von Frege behauptet, aber erst von E. L. Post 1921 bewiesen worden. Die Elemente dieser Sprache können in geeigneter Weise miteinander kombiniert werden, um aufsteigend immer komplexere logische Aussageformen zu bilden. Dadurch ist eine radikale Erweiterung des Einzugsbereichs der Logik möglich geworden: Nicht nur einstellige Prädikatoren wie ,,intelligent", ,,grün" oder ,,Mensch", auch Beziehungen wie ,,... ist größer als...", ,,... liebt...", ,,... ist Schüler von ..." können für die ,,F" und ,,G" eingesetzt werden. Auf diese Weise werden logische Unterschiede wie die zwischen den Sätzen: ,,Es gibt ein Mädchen, das alle Jungen lieben" (1) und ,,Jeder Junge liebt irgendein Mädchen" (2) eindeutig erfaßbar. Mit ,,M" für ,,... ist ein Mädchen", ,,J" für ,,...ist ein Junge" und ,,L" für ,,... liebt..." lautet Satz (1) in Begriffsschrift:

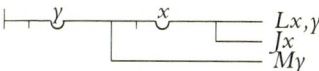

(2) hingegen würde lauten:

Mit Hilfe dieser schon sprachlich eindeutigen Unterscheidungen könnte der Fehler vermieden werden, z. B. aus der Tatsache – wenn es eine ist –, daß jeder Mensch ein höchstes Lebensziel verfolgt, zu schließen, es gäbe *ein* allen Menschen gemeinsames höchstes Lebensziel. Zugleich wird die Frage nach einem System der logischen Formen der Urteile, wie es noch Kant in seiner Urteilstafel anzugeben versuchte, in einem radikal neuen Sinne beantwortet: Geht es um die logischen Grundbausteine, so braucht man nur vier Elemente (und nicht zwölf wie bei Kant); Urteilsformen gibt es dann aber unendlich viele von beliebig zunehmender Kompliziertheit. Da wir aber die Anfänge und die Aufschichtungsregeln kennen, haben wir den Bereich der Urteilsformen ,,denkend in unserer Gewalt". Frege hat auch den Unterschied zwischen logischen Gesetzen und logischen Regeln in der *Begriffsschrift* (§ 13) zuerst hervorgehoben. Als Ableitungsregel will er nur den *Modus ponens* oder die ,,Abtrennungsregel" anwenden: ,,Aus einem Satz der Form ,⊢—$\frac{q}{p}$' und einem Satz der Form ,⊢—p' darf ich immer auf einen Satz der Form ,⊢—q' schließen." Mit dieser Schlußregel und neun Grundsätzen (den Sätzen 1, 2, 8, 28, 31, 41, 52, 54 und 58 der *Begriffsschrift*) hat Frege das erste vollständige Axiomensystem der extensionalen Aussagen- und Prädikatenlogik der ersten Stufe vorgelegt. Davon sind die sechs zuerst genannten Axiome rein aussagenlogisch, zwei betreffen die Inhaltsgleichheit und ein Axiom regelt den Übergang von Allaussagen zu Einzelaussagen. Daß Frege außer der Ableitungsregel tatsächlich noch wenigstens eine Substitutionsregel benutzt und daß das Axiom 8 überflüssig ist, weil es aus den Axiomen 1 und 2 hergeleitet werden kann (Beweis von Łukasiewicz, 1936) sind nur unerhebliche Schönheitsfehler. Es fällt allerdings auf, daß Frege in der *Begriffsschrift* noch nicht klar zwischen Zeichen und Bezeichnetem unterscheidet: Er versteht unter ,,Funktion" sowohl den Funktionsausdruck wie die Funktion selbst, so wie er auch noch nicht, wie später, zwischen Sinn und Bedeutung von Sätzen unterscheidet.

Die *Begriffsschrift* wurde von sechs Fachkollegen besprochen; die Rezensionen waren nicht durchweg unfreundlich, wenn auch verständnislos hinsichtlich der Bedeutung der von Frege vorgelegten Leistung. Leider sprachen sich die beiden bekanntesten Rezensenten, die Logiker E. Schröder und J. Venn, einstimmig für die größere Leistungsfähigkeit der logischen Symbolik von Boole gegenüber Freges Begriffsschrift aus, während P. Tannery ganz ablehnend urteilte: ,,Die Erklärungen sind unzureichend, die Bezeichnungsweise ist viel zu komplex und hinsichtlich möglicher Anwendungen gibt es bloße Versprechungen."

2. Grundlagen der Arithmetik (1884)

Frege verteidigte seine *Begriffsschrift* in einigen kleineren Aufsätzen, die 1879, 1882 und 1883 erschienen. Wohl aufgrund der im ganzen ungünstigen Aufnahme seines Projekts einer ,,Formelsprache des reinen Denkens" beschloß er, sein zweites Buch ohne begriffsschriftlichen Apparat vorzulegen. Die *Grundlagen der Arithmetik. Eine logisch-mathematische Untersuchung über den Begriff der Zahl* erschien 1884 im Umfang von zirka 140 Seiten; in der Lebendigkeit der Darstellung, der Gründlichkeit in der Widerlegung verbreiteter, aber verfehlter Auffassungen, der Brillanz der Polemik und der Klarheit im Vortrag der eigenen Konzeption handelt es sich, nach allgemeinem Urteil, um ein Meisterwerk. Das Buch setzt sich das Ziel, nachzuweisen oder wenigstens wahrscheinlich zu machen, daß der Begriff der Anzahl, und damit die Grundbegriffe der Arithmetik, allein mit logischen Mitteln einwurfsfrei definiert werden können. Das war die eine Seite der von Frege ins Auge gefaßten Zurückführung der Arithmetik auf die reine Logik, die den Nachweis erbracht hätte, daß die Sätze der Arithmetik analytisch, nicht, wie Kant meinte, synthetisch a priori sind. Der zweite Schritt hätte dann in der Ableitung der ,,einfachsten Gesetze der Anzahlen allein mit logischen Mitteln" (*Grundgesetze der Arithmetik*, Bd. I, S. 1) bestehen müssen: Diesen Schritt wollte Frege begriffsschriftlich, und daher gegen jeden möglichen Einwand abgesichert, später nachholen.

Die Einleitung unterrichtet den Leser von gewissen Grundvoraussetzungen, mit denen Frege an seine Aufgabe herangeht: Die Mathematiker können nicht befriedigend erklären, was eigentlich eine Zahl ist; Beobachtungen über die Genesis von Zahlvorstellungen helfen nicht weiter: ,,Man nehme nicht die Beschreibung, wie eine Vorstellung entsteht, für eine Definition und nicht die Angabe der seelischen und leiblichen Bedingungen dafür, daß uns ein Satz zum Bewußtsein kommt, für einen Beweis und verwechsle das Gedachtwerden eines Satzes nicht mit seiner Wahrheit!" (*Grundlagen,* S. 7) Nachdem Frege fast die Hälfte des Buches der Kritik verschiedener Versuche von Philosophen und Mathematikern zur Definition der Anzahl gewidmet hat, zieht er den Schluß, daß es nicht möglich ist, die Zahl als eine Eigenschaft von Dingen oder als eine Eigenschaft von Aggregaten, Mengen oder Vielheiten von Dingen aufzufassen. Statt dessen schlägt er vor, die Zahlangaben als Aussagen über Begriffe anzusehen. Dadurch erklärt sich auch die Merkwürdigkeit, daß demselben verschiedene Zahlen zuzukommen scheinen: Dieselben Gegenstände können einmal als 8 Bäume, dann als 3 Eichen und 5 Buchen oder als *eine* Baumgruppe gezählt werden, je nach dem Begriff, unter den ich diese Gegenstände subsumiere. Zahlangaben betreffen Eigenschaften von Begriffen, nicht etwa Merkmale. Frege macht im Zusammenhang seiner Analysen erstmals in vollem methodischen Bewußtsein den Unterschied zwischen Eigenschaften und Merkmalen, zwischen Begriffen erster und zweiter Stufe, zwischen dem Fallen eines Gegenstandes unter einen Begriff, der Unterordnung eines Begriffs unter einen anderen Begriff und dem Fallen eines Begriffes in einen Begriff zweiter Stufe. ,,Sichtbar" z. B. bezeichnet eine Eigenschaft aller Dinge, die unter den Begriff ,,sichtbarer Gegenstand" fallen. ,,Sichtbar" ist also ein Merkmal dieses Begriffs, nicht seine Eigenschaft; denn Begriffe kann man nicht sehen. Die Merkmale von Begriffen sind mögliche Eigenschaften von Gegenständen, nämlich der Gegenstände, die unter diese Begriffe fallen; die Eigenschaften von Gegenständen sind Merkmale möglicher Begriffe.

Es ist aber nicht so, daß es Eigenschaften nur bei Gegenständen, bei Begriffen nur Merkmale gäbe. Gegenstände haben nur Eigenschaften, das ist richtig; aber Begriffe haben Merkmale *und* Eigenschaften, z. B. diese, ein Begriff zu sein. Der Begriff des Begriffs ist ein Begriff zweiter Stufe, unter den, oder, wie Frege zur Unterscheidung lieber sagt, ,,in den" nur Begriffe fallen können. Das Fallen eines Begriffs in einen Begriff zweiter Stufe ist vom Subordinationsverhältnis unter Begriffen ganz verschieden. Der Begriff ,,Walfisch" ist dem Begriff ,,Säugetier" untergeordnet: Alle Walfische sind Säugetiere. Jedes Tier, das die Eigenschaften hat, die die Merkmale des Begriffs ,,Walfisch" sind, hat auch die Eigenschaften, die zu den Merkmalen des Begriffs ,,Säugetier" gehören. Aber der Begriff des Walfischs ist natürlich kein Säugetier; die Merkmale des übergeordneten Begriffs kommen nicht dem Begriff, sondern nur den unter diesen Begriff fallenden Gegenständen als Eigenschaften zu. Zahlen sind Eigenschaften von Begriffen erster Stufe, Merkmale von Begriffen zweiter Stufe. Daß es vier große Jupitermonde gibt, spricht dem Begriff eines großen Jupitermondes die Eigenschaft zu, viermal realisiert zu sein; einem Begriff, wie dem des Venusmondes, die Nullzahl zuzusprechen, heißt, ihm die Eigenschaft der objektiven Realität abzusprechen, ihn einen leeren Begriff zu nennen. Die Eigenschaft der Existenz kommt nicht Gegenständen, sondern nur Begriffen zu: ,,Es ist ja Bejahung der Existenz nichts Anderes als

Verneinung der Nullzahl. Weil Existenz Eigenschaft des Begriffes ist, erreicht der ontologische Beweis von der Existenz Gottes sein Ziel nicht" (*Grundlagen*, S. 65). Unser Mond fällt unter den Begriff eines ,,natürlichen Erdsatelliten"; dieser Begriff ist untergeordnet z. B. dem Begriff ,,nicht selbstleuchtender Himmelskörper" und fällt in den Begriff der ,,Einzigkeit" (weil es nur genau einen natürlichen Erdsatelliten gibt), der ,,Existenz" (weil er ein nicht-leerer Begriff ist), der Unsichtbarkeit und des Begriffs. Im allgemeinen sind Merkmale nicht zugleich Eigenschaften der zugehörigen Begriffe. Der Begriff des Begriffs z. B. hat ,,ein Begriff zu sein" als Merkmal *und* als Eigenschaft. Dies Verhältnis ist ein Ausnahmefall, vergleichbar der Eigenschaft des Wortes ,,dreisilbig", dem die Eigenschaft, die es ausdrückt, auch selbst zukommt, im Unterschied etwa zum Worte ,,einsilbig".

Die Platonische Ideenlehre, was immer man sonst von ihr denken mag, ist jedenfalls auch dadurch charakterisierbar, daß Platon die Unterschiede zwischen dem Fallen eines Gegenstandes unter einen Begriff, der Unterordnung zwischen Begriffen und dem Fallen eines Begriffs in einen Begriff zweiter Stufe nicht klar vor sich sah. Platons Ideen besitzen durchweg die Merkmale, die sie repräsentieren, zugleich im höchsten Maße als Eigenschaften. Man muß offenlassen, ob man daraus folgern will, daß Platons Ideen nicht Begriffe sind oder daß Platon hier einer Verwirrung zum Opfer gefallen ist, oder daß beides der Fall ist.

Nachdem Frege festgestellt hat, daß eine Zahlaussage von einem Begriff gemacht wird, möchte er weiterhin analysieren, was die Zahlen sind. Sie sind nicht, wie man zunächst meinen könnte, selbst Eigenschaften von Begriffen, denn die Begriffe haben die Eigenschaft, *daß ihnen die Zahl n zukommt*. Was sind also die Zahlen selbst?

Frege schlägt hier einen Umweg ein, der als ,,Definition durch Abstraktion" berühmt geworden ist (vgl. die mustergültige Darstellung von Thiel 1972). Er geht von der These aus, daß wir etwas dann als einen Gegenstand erkannt haben, wenn wir ein Identitätskriterium besitzen. Diesen Grundsatz wendet er zunächst auf ein Beispiel aus der Geometrie an: Die Parallelität zweier Geraden ist Gleichheit ihrer Richtung. Will ich den Begriff der Richtung einer Geraden definieren, so kann ich von der Parallelität ausgehen; denn diese läßt sich feststellen, ohne vorher die Richtung der Geraden festgestellt zu haben. Die Richtung einer Geraden *a* kann daher definiert werden als das, was dasselbe ist, wenn die Geraden *a* und *b* einander parallel sind. In diesem Falle ist jedenfalls der Umfang des Begriffs ,,Gerade parallel zu *a*" mit dem Umfang des Begriffs ,,Gerade parallel zu *b*" identisch. Also kann ich die Richtung der Geraden *a* definieren als den Umfang des Begriffs ,,Gerade parallel zu *a*".

Entsprechend nun für die Anzahl: Die Anzahl (eines Begriffs) ist das, was dasselbe ist, wenn zwei Begriffe einander gleichzahlig sind. Dies kann ich, wie die Parallelität von Geraden ohne vorherige Feststellung ihrer Richtung, ohne

Feststellung der Anzahl ermitteln; es muß nur eine Relation geben, die eine eindeutige Zuordnung zwischen sämtlichen Exemplaren der beiden Begriffe F und G herstellt. Die Begriffe „Apostel" und „Monat" sind in diesem Sinne gleichzahlig; ich brauche dazu nicht zu wissen, daß es jeweils 12 Apostel und Monate gibt; es genügt, die Namen der Apostel und die Namen der Monate z. B. nebeneinander zu schreiben und zu sehen, ob beide Reihen gleich lang sind. Die Anzahl, die dem Begriff F zukommt, kann demnach als der Umfang des Begriffs „Begriff gleichzahlig dem Begriff F" definiert werden. Anzahlen sind also eine besondere Art von Begriffsumfängen; und wenn Begriffsumfänge in den Einzugsbereich der Logik gehören, so gehören Anzahlen zur Logik. Der Aufbau der Zahlenreihe geht dann wie folgt vor sich: 0 ist die Anzahl, die dem Begriff „sich selbst ungleich" zukommt, also der Umfang des Begriffs „Begriff gleichzahlig dem Begriff ‚sich selbst ungleich'", d. h. der Umfang des Begriffs der leeren Begriffe. Die Zahl 1 wäre dann der Umfang des Begriffs „Begriff gleichzahlig dem Begriff ‚gleich Null'" – denn nur ein einziger Gegenstand, die Null selbst, ist der Null gleich.

Die Zahl n folgt in der natürlichen Zahlenreihe unmittelbar auf die Zahl m. Dies wird von Frege wie folgt erklärt: „Es gibt einen Begriff F und einen unter ihn fallenden Gegenstand x derart, daß die Anzahl, welche dem Begriffe F zukommt, n ist, und daß die Anzahl, welche dem Begriffe ‚unter F fallend, aber nicht gleich x' zukommt, m ist" (*Grundlagen,* S. 89). Und Frege gibt weiterhin die Skizze eines rein logischen Beweises dafür, daß jede natürliche Zahl der mit Null beginnenden Zahlenreihe eine von ihr verschiedene natürliche Zahl zum Nachfolger hat. Damit wären die Grundlagen der Arithmetik als Sätze der Logik erwiesen.

Frege selbst sagt in dem „Schluß" genannten Teil seines Buchs (S. 99): „Ich hoffe in dieser Schrift wahrscheinlich gemacht zu haben, daß die arithmetischen Gesetze analytische Urteile und folglich *a priori* sind. Demnach würde die Arithmetik nur eine weiter ausgebildete Logik und jeder arithmetische Satz ein logisches Gesetz, jedoch ein abgeleitetes, sein. Die Anwendungen der Arithmetik zur Naturerklärung wären logische Bearbeitungen von beobachteten Tatsachen; Rechnen wäre Schlußfolgern."

Ein Schönheitsfehler an dieser Argumentation ist freilich die bloß intuitive Voraussetzung von Begriffsumfängen, und Frege ist selbstkritisch genug, das ausdrücklich hervorzuheben: „Hierbei setzen wir den Sinn des Ausdrucks ‚Umfang des Begriffes' als bekannt voraus. Diese Weise, die Schwierigkeiten zu überwinden, wird wohl nicht überall Beifall finden, und Manche werden vorziehen, jene Bedenken in anderer Weise zu beseitigen. Ich lege auch auf die Heranziehung des Umfangs eines Begriffes kein entscheidendes Gewicht" (*Grundlagen,* S. 117). Diese letzte Äußerung ist nun allerdings, wie Christian Thiel mit Recht hervorgehoben hat (Thiel, 1972, S. 33), befremdlich, da man nicht recht sieht, auf welche andere Weise Frege den Begriff der Anzahl im Rahmen eines logizistischen Programms hätte gewinnen wollen; und wir werden noch darauf zurückkommen, daß die Begriffsumfänge und ihre uneingeschränkte Zulassung als Gegenstände für Freges Programm sehr unerwünschte Folgen haben sollten.

3. Semantische Grundlagen (1891/92)

In der *Begriffsschrift* von 1879 zeigte Frege noch Unsicherheiten hinsichtlich der Unterscheidung des Zeichens von dem, was es ausdrückt bzw. bedeutet. Diese Unklarheiten hat Frege durch weiteres Nachdenken bis zur Fertigstellung des ersten Bandes der *Grundgesetze der Arithmetik,* der 1893 erschien, zu seiner Zufriedenheit geklärt. Die wichtigsten Einsichten seiner neuen Lehre über Sinn und Bedeutung von Zeichen veröffentlichte er in zwei Aufsätzen: *Funktion und Begriff* (1891) und *Über Sinn und Bedeutung* (1892), die beide klassisch genannt werden können.

In der Schrift *Funktion und Begriff* hatte Frege die Verbindung zwischen Logik und Arithmetik dadurch noch enger zu machen versucht, daß er zeigte, wie man Begriffe als eine spezielle Klasse von Funktionen definieren kann. Dabei war er so vorgegangen: Er hatte zunächst klargemacht, daß eine Funktion die Bedeutung eines Ausdrucks ist, der eine Leerstelle enthält, in die Eigennamen von Gegenständen (in der Arithmetik üblicherweise von Zahlen) eingesetzt werden können. Auf den Ausdruck „Variable" für die Buchstaben, mit denen solche Leerstellen gewöhnlich angedeutet werden, wollte Frege wegen der irreführenden Vorstellungen, zu denen er Anlaß gibt, lieber verzichten (vgl. *NB* I, S. 173f.; *NB* II, S. 116). Es sei Unsinn, zu sagen, „x" bezeichne eine *veränderliche* Zahl, wenn gemeint ist, daß *verschiedene* Zahlen in die Leerstelle, die „x" freihält, eintreten können. Es gibt keine veränderlichen oder unbestimmten Zahlen. Ebensowenig, wie es deshalb Menschen variablen Alters und Geschlechts gibt, weil der englische Monarch im Jahre 1950 ein Mann, 1960 eine erheblich jüngere Frau gewesen ist. Die Stellung des Monarchen wird nicht von einem variablen Menschen, sondern zu verschiedenen Zeiten von verschiedenen Individuen ausgefüllt.

Der „ungesättigte" Ausdruck einer arithmetischen Funktion wird durch die Einsetzung des Namens einer Zahl selbst zum Namen einer Zahl; die Funktion wird durch Sättigung selbst zur Zahl, nämlich zum Wert der Funktion für das Argument x. Die Funktion ist nicht in dem Sinne unvollständig, daß ihr zum Funktion-Sein noch etwas fehlte, so wie ein Haus ohne Dach ein unvollständiges Haus ist. Die Funktion ist als solche unvollständig; ihre Sättigung macht sie zu etwas anderem. Hierin ist die Funktion mit einem Fragment oder einem Torso vergleichbar: Ein Fragment, ergänzt, wird zu einem Text; ein Torso, ergänzt, zur Statue; eine Funktion, ergänzt, wird zur Zahl (wenn wir hier nur die arithmetischen Funktionen in Betracht ziehen).

Frege erweitert nun den Bereich dessen, was zur Bildung von Funktionsausdrücken zugelassen wird: zunächst um das Gleichheitszeichen „=", die Zeichen für „größer als" (>) und „kleiner als" (<). „$x > 3$" ergibt bei Einsetzung des Namens natürlicher Zahlen für „x" nicht mehr den Namen einer

Zahl, sondern einen wahren oder falschen Satz, wahr bei allen Argumentwerten außer 3, 2, 1 und 0. Frege führte hier ,,das Wahre" und ,,das Falsche" als ,,Wahrheitswerte" ein. Funktionen, deren Wert für jedes Argument ein Wahrheitswert ist, sind für Frege Begriffe; statt Zahlen kann man beliebige Gegenstände als Argumente solcher Funktionen wählen: ,,x ist Quadratwurzel aus 9", ,,x eroberte Gallien", ,,x ist Hauptstadt von Schweden" usw. Nachdem wir zunächst nur Zahlen als Argument und Funktionswert, dann Zahlen als Argument und Wahrheitswerte als Funktionswerte hatten, können wir nun Gegenstände allgemein als Argumente, Wahrheitswerte als Funktionswerte ansehen: Gegenstände auch als Funktionswerte wie in ,,die Hauptstadt des Landes x", ,,der Vater von x". Wir hatten bei der Besprechung der *Begriffsschrift* schon die Wahrheitsfunktionen kennengelernt, deren Argumentwert und Funktionswert Wahrheitswerte sein müssen. Durch diese Überlegungen sieht Frege sich veranlaßt, Zahlen, Wahrheitswerte und Gegenstände (im üblichen Sinne) unter einem terminologischen Begriff ,,Gegenstand" zusammenzufassen: ,,Gegenstand ist alles, was nicht Funktion ist, dessen Ausdruck also keine leere Stelle mit sich führt" (*Funktion und Begriff*, S. 18).

Ein Begriffsausdruck, durch den Namen eines Gegenstandes in seiner Leerstelle ergänzt, wird wieder zu einem Eigennamen: zu einem Eigennamen nämlich des Wahrheitswerts, der die Bedeutung des so entstandenen Satzes ausmacht. So wie es zweistellige Funktionen, z. B. ,,$x^2 + y^2$" gibt, deren Funktionswerte für jedes Paar von Argumentwerten eine Zahl ist, gibt es zweistellige Funktionen, deren Wert für jedes Paar von Gegenständen ein Wahrheitswert ist. Solche Funktionen nennt Frege in Übereinstimmung mit der Tradition ,,Beziehungen". Bei Auffüllung einer der Leerstellen in einem Beziehungsausdruck wie ,,x ist Schüler von y" durch einen Eigennamen wird der Beziehungsausdruck zu einem Begriffsausdruck (z. B. ,,x ist Schüler des Sokrates"); durch entsprechende Auffüllung der verbleibenden Leerstelle entsteht ein Aussagesatz, d. h. der Eigenname eines Wahrheitswerts. Einer Anregung von Ch. S. Peirce (*Collected Papers*, Bd. III, [4]1974, S. 294: § 465) folgend, könnte man Begriffe auch einstellige Relationen, Sätze nullstellige Relationen nennen.

Im Aufsatz *Über Sinn und Bedeutung* entwickelt Frege seine Theorie von Sinn und Bedeutung sprachlicher Zeichen, zuerst für Eigennamen, danach für Aussagesätze und anschließend für Nebensätze. (Seine Auffassung über Sinn und Bedeutung von *Begriffswörtern* hat Frege nie veröffentlicht; sie sind aus Texten im Nachlaß und aus Briefstellen zu entnehmen; vgl. unten S. 267 f.)

Frege argumentiert wie folgt: Bei der Analyse von Sätzen der Form ,,$a = b$" ergeben sich Schwierigkeiten. Was wird hier einander gleichgesetzt? Die *Zeichen* links und rechts vom Gleichheitszeichen? Aber die Zeichen sind doch gerade verschieden. Es scheint richtiger, davon auszugehen, daß Sätze dieser Form die durch die Zeichen bezeichneten *Gegenstände* identifizieren sollen. Dann wäre ,,$a = b$" für den Fall, daß ,,a" und ,,b" verschiedene Namen desselben Gegenstandes sind, gleichbedeutend mit ,,$a = a$". Trotzdem scheint der Satz „Aristoteles ist identisch mit dem Verfasser der *Nikomachischen Ethik*" etwas anderes auszudrücken als „Aristoteles ist identisch mit Aristoteles". Der eine scheint eine triviale logische Wahrheit, der andere eine Tatsache der Philosophiegeschichte auszusprechen. Der Unterschied beider Sätze muß daher auf einer Ebene liegen, die weder mit der Zeichenebene noch mit der Bedeutungsebene zusammenfällt. Dies ist die Ebene des Sinnes, die mit der „Art des Gegebenseins" eines Gegenstandes durch ein Zeichen verknüpft ist. Durch den Namen „Aristoteles" wird uns derselbe Mann in einer anderen Weise gegeben als durch die Bezeichnung „der Verfasser der *Nikomachischen Ethik*". Das Zeichen ist jeweils der Name, die Bedeutung der Gegenstand, der Sinn die durch den Namen festgelegte Gegebenheitsweise des Gegenstandes. „Ein Eigenname drückt aus seinen Sinn, bedeutet oder bezeichnet seine Bedeutung (den bezeichneten Gegenstand). Wir drücken mit einem Zeichen seinen Sinn aus und bezeichnen mit ihm dessen Bedeutung" (*Sinn und Bedeutung*, S. 31).

Nach der Besprechung von Sinn und Bedeutung der Eigennamen geht Frege zu der Frage über, was, wenn überhaupt etwas, die Bedeutung eines Aussagesatzes sein könnte. Der nächstliegende Kandidat ist der durch den Satz ausgedrückte Gedanke oder der Sachverhalt, den der Satz formuliert. Jedoch macht Frege die Voraussetzung, daß die Bedeutung eines Satzes eine Funktion der Bedeutungen der bedeutungsfähigen Satzteile sein muß. Dann muß gelten, daß die Bedeutung eines Satzes sich nicht ändern kann, wenn ein Satzteil durch einen davon verschiedenen Ausdruck ersetzt wird, der dieselbe Bedeutung hat. Im Falle der Sinnverschiedenheit der ausgetauschten Satzteile ändert sich jedoch der Gedanke. Als Kriterium von Identität und Verschiedenheit von Gedanken benutzt Frege hier die Überlegung, ob jemand in bestimmten Fällen den einen Gedanken für wahr, den anderen für falsch halten könnte. Das ist in solchen Fällen nicht ausgeschlossen. Ersetzen wir in dem Satz „Aristoteles war ein Schüler Platons" den Namen des Aristoteles durch „der Verfasser der *Nikomachischen Ethik*", so erhalten wir „Der Verfasser der *Nikomachischen Ethik* war ein Schüler Platons"; und es ist durchaus möglich, daß jemand, der z. B. nicht weiß, wer die *Nikomachische Ethik* geschrieben hat, den einen Satz für wahr, den anderen für falsch halten würde (*Sinn und Bedeutung*, S. 32, vgl. auch *NB* I, S. 213 f. u. S. 153; *NB* II, S. 105 u. S. 235).

Der amerikanische Logiker Alonzo Church hat in seiner *Introduction to Mathematical Logic* (Bd. I, 1956, S. 24 f.) an einem Beispiel vorgeführt, daß man durch schrittweise Ersetzung bedeutungsgleicher durch sinnverschiedene Ausdrücke aus dem Satz „Scott ist der Autor von ‚Waverley'" den Satz „Die Zahl der Landkreise in Utah ist 29" gewinnen kann. Das einzige, was diese Sätze noch miteinander gemeinsam haben, ist der Umstand, daß beide wahr sind. Allgemein gilt (in extensionalen Zusammenhängen), daß ein Satz durch Ersetzungen *salva denotatione* seinen Wahrheitswert nicht ändern kann. Die Bedeutung eines Satzes wäre dann das, was gegen solche Ersetzungen invariant ist; und nachdem Frege mehrfach darauf hingewiesen hat, daß uns die Bedeutung der Teilausdrücke eines Satzes (im Unterschied zu ihrem Sinn) erst dann interessiert, wenn wir wissen wollen, ob der Satz wahr oder falsch ist, nicht aber z. B., wenn wir den Satz als Teil eines fiktionalen Textes auffassen, formuliert er: ,,So werden wir dahin gedrängt, den Wahrheitswert eines Satzes als seine Bedeutung anzuerkennen" (*Sinn und Bedeutung,* S. 34; vgl. *NB* II, S. 235 u. S. 247). Frege scheint ein gewisses Befremden beim Leser über diese unerwartete Wendung vorauszusehen; er sucht es zu beschwichtigen, indem er sich mit dem Leser vereinigt, um sich, von der ,,Natur der Sache gedrängt" (wie er sonst, z. B. *Grundgesetze der Arithmetik,* Bd. I, S. XXII, gern sagt), dahin bringen zu lassen. Daß dann für den Gedanken die Rolle des Sinnes bleibt, ergibt sich von selbst, wie auch der Grundsatz, daß die Austauschung verschiedener, aber sinngleicher Ausdrücke in einem Satz den Gedanken nicht verändern kann. Demnach haben also alle wahren Sätze dieselbe Bedeutung, nämlich das Wahre, alle falschen Sätze ebenfalls dieselbe Bedeutung, nämlich das Falsche. Das Wahre und das Falsche sind zwei Gegenstände, wie wir aus *Funktion und Begriff* schon wissen, freilich Gegenstände im terminologischen Sinne, nach dem alles Gegenstand ist, was nicht Funktion ist.

Hier ist nun eine Bemerkung über Freges Semantik im Verhältnis zu seiner Ontologie einzuschalten, wobei ich mich auf die Analysen von Ch. Thiel in seinem Buch *Sinn und Bedeutung in der Logik Gottlob Freges,* S. 146–161, beziehe. Nach Thiel ist Frege von einer Kantischen Idee der Vernunftobjektivität über eine wohl von H. Lotze beeinflußte Objektivität der Geltung zu einer Ontologie der drei ,,Reiche" (Subjektiv-Wirkliches, Objektiv-Wirkliches, Objektiv-Nichtwirkliches) übergegangen. Die ontologische Dreiteilung der Seinssphären wird in *Sinn und Bedeutung* schon vorausgesetzt; in den *Grundgesetzen der Arithmetik,* Bd. I, von 1893 wird sie im Vorwort (S. XVIII–XXIV) thematisch formuliert und tritt auch in dem späten Aufsatz *Der Gedanke* von 1918 in den Vordergrund. Frege ist, so Thiel, nicht immer der Gefahr entgangen, die *ontologische* Einteilung Subjektives – Objektiv-Nichtwirkliches – Objektiv-Wirkliches mit der *semantischen* Einteilung Zeichen – Sinn – Bedeutung zu kontaminieren: gelegentlich rechnet er die Bedeutungen, und sie allein, dem Bereich des Objektiven, den Sinn dem Bereiche des Subjektiven zu. So erklärt sich die merkwürdige Redeweise (*Sinn und Bedeutung,* S. 34), daß ,,in jedem Urteile ... schon der Schritt von der Stufe der Gedanken zur Stufe der Bedeutung (des Objektiven) geschehen" sei. Dabei kann doch selbst eine Vorstellung, als etwas Subjektives, die *Bedeutung* eines Ausdrucks sein; denn wir können über unsere Vorstellungen sprechen (vgl. *Der Gedanke,* S. 73), und Gedanken sind ja ohnehin als solche objektiv: ,,Ich verstehe unter Gedanken nicht das subjektive Tun des Denkens, sondern dessen objektiven Inhalt, der fähig ist, gemeinsames Eigentum von vielen zu sein" (*Sinn und Bedeutung,* S. 32 Anm.). Der Sinn ist, bei Eigennamen, zwar nicht *der* Gegenstand, den der Name bezeichnet, aber er ist auch *ein* Gegenstand, und zwar ein objektiv-nichtwirklicher.

Frege scheint folgender Assoziation zum Opfer gefallen zu sein: Die Bedeutung eines Ausdrucks ist im Normalfall ein Gegenstand (wir werden sehen, daß dies für Begriffswörter nicht gilt!); Gegenstände sind normalerweise objektiv, in den von Frege diskutierten Fällen sogar meist objektiv-wirklich. Der „Gegenstand des Nachdenkens" ist im allgemeinen die Bedeutung der Sätze oder der Eigennamen, die in diesen Sätzen auftreten, mit denen wir die Resultate unseres Nachdenkens aussprechen. Es liegt daher nahe, Gegenstände als Bedeutungen, Bedeutungen als Gegenstände anzusprechen. Jedoch wäre dies radikal verkehrt, weil ontologische Charaktere Eigenschaften sind, die den Gegenständen schlechthin zukommen. Dagegen sind Zeichen, Sinn und Bedeutung *Rollencharaktere:* Etwas ist nur als das durch ein bestimmtes Zeichen Bedeutete dessen Bedeutung, nur als das durch ein Zeichen Ausgedrückte dessen Sinn; wie denn auch ein Graphem und ein Phonem Zeichen sind nur aufgrund der semantischen Beziehung, die sie zu einem Sinn und einer Bedeutung übernommen haben. Frege sagt: „Wo Sinn und Bedeutung ganz fehlen, kann eigentlich weder von einem Zeichen noch von einer Definition die Rede sein" (*Funktion und Begriff,* S. 4 Anm.). Seiner ontischen Sphärenbestimmtheit kann nichts entrinnen; aber es kann seine semantische Rolle wechseln. Gedanken bleiben objektiv-nichtwirklich, ob sie nun als Sinn oder, wie beispielsweise in der ungeraden Rede, als Bedeutungen fungieren. Vorstellungen bleiben Subjektiv-Wirkliches, auch wenn wir sie zur Bedeutung eines Zeichens machen, um über sie sprechen zu können. Zeichen sind objektiv-wirklich, sie können Gegenstände aller Arten bedeuten; sie können auch als Bedeutungen fungieren. Ein Wort wird aus der Zeichenrolle in die Bedeutungsrolle versetzt, indem wir es in Anführungsstriche setzen.

Eine ähnliche Verwechslung liegt bei Frege vor, wenn er sagt (*Sinn und Bedeutung,* S. 35): „Ein Wahrheitswert kann nicht Teil eines Gedankens sein, so wenig wie etwa die Sonne, weil er kein Sinn ist, sondern ein Gegenstand." Zwischen Sinn und Gegenstand besteht gar kein Ausschlußverhältnis; Gegenstand und *Funktion* stehen einander gegenüber und schließen einander aus; Sinn und *Bedeutung* (als Rolle) schließen sich in dem Sinne aus, daß der Sinn eines Zeichens nicht zugleich die Bedeutung eben dieses Zeichens sein kann. Die Tatsache, daß ein Wahrheitswert nicht Teil eines Sinnes sein kann, folgt nicht daraus, daß er ein Gegenstand ist; sie könnte allenfalls daraus folgen, daß ein Wahrheitswert aufgrund seiner besonderen Natur nicht Teil eines Sinnes sein könnte. Die Sonne ist als Parallelfall ganz ungeeignet, da sie als objektivwirklicher Gegenstand nicht in die Sinnsphäre eintreten kann, die objektivnichtwirklich ist. Wahrheitswerte sind aber auch objektiv-nichtwirklich, wie Gedanken; daher wäre ein anderes Argument, als das für die Sonne, zur Begründung von Freges Unvereinbarkeitsthesen notwendig.

Wenn also der ontologische Charakter und die semantische Rolle weder zusammenfallen noch miteinander verwechselt werden dürfen, so gilt doch, daß bestimmte ontische Gegenstandscharaktere mit bestimmten semantischen Rollen aus Sachgründen unverträglich sind: Zwar kann alles Bedeutung eines Zeichens sein; aber nur Objektiv-Wirkliches (nämlich sinnlich Wahrnehmbares) kann eine Zeichenrolle übernehmen; und nur Gedanken und Gegebenheitsweisen können Sinn von Zeichen sein, weil eben der Sinn eines Zeichens dadurch definiert wird, daß es sich um die Gegebenheitsweise eines Gegenstandes oder um den Gedanken, den ein Satz ausdrückt, handeln muß.

Die Auffassung Freges von Sinn und Bedeutung sprachlicher Zeichen gerät an zwei Punkten mit dem in Konflikt, was man eine natürliche Auffassung nennen könnte. Erstens erscheint es gewaltsam, daß Eigennamen wie ,,Karl'', ,,Maria'' und ,,Leipzig'' einen Sinn und nicht bloß eine Bedeutung haben müssen. Sogenannte ,,Kennzeichnungen'' freilich wie ,,der Verfasser der *Nikomachischen Ethik*'' und ,,der höchste Berg der Erde'' haben Sinn, und ähnliches gilt für Eigennamen wie ,,Morgenstern'' und ,,Abendstern''. Bei Sätzen ist es wiederum einleuchtend, daß sie einen Sinn haben; hier ist die These unplausibel, daß man außerdem als Bedeutung der Aussagesätze einen Gegenstand, nämlich den Wahrheitswert, annehmen müsse. Diesen zuletzt genannten Bedenken kommt die Auffassung E. Tugendhats sehr entgegen.[2] Tugendhat möchte die ,,Bedeutung'' als den durch einen Ausdruck bezeichneten Gegenstand ersetzen durch ,,Bedeutung'' im Sinne der ,,Relevanz'', ,,Bedeutsamkeit''; hierfür benutzt er den Ausdruck: ,,Wahrheitspotential''. Und zwar soll dies auch der eigentlichen Theorie Freges, wenn schon nicht der Ausdrucksweise Freges an vielen Stellen seiner semantischen Untersuchungen, entsprechen. Als Grund für seine Auffassung führt er die offenkundige Neigung Freges an, der Behandlung des ganzen Satzes und seiner Bedeutung gegenüber den Bedeutungen der Teilausdrücke des Satzes einen Vorrang einzuräumen. Er beruft sich ferner auf die Tatsache, daß Frege in dem Text aus dem Nachlaß, der die Ausführungen in *Sinn und Bedeutung* ergänzt, als Bedeutung eines *Begriffsworts* den Begriff einsetzt, also etwas, das nach Freges Festsetzungen kein Gegenstand sein kann. Der Vorrang der Bedeutung des ganzen Satzes vor den Bedeutungen der Teilausdrücke wird außer in *Sinn und Bedeutung*, S. 33, auch in dem Text *Einleitung in die Logik* von 1906 (*NB* I, S. 210f.) und in mehreren Briefen Freges an B. Russell aus den Jahren 1902–1904 (*NB* II, S. 235, S. 240, S. 247) betont. Daß die Teile des Satzes Bedeutung haben, ist dann notwendig, wenn der Satz als ganzer Bedeutung haben, d. h. einen Wahrheitswert besitzen soll. Denn die Bedeutung des ganzen Satzes ist eine Funktion der Teilbedeutungen; entsprechend ist der Sinn des ganzen Satzes, der Gedanke, eine Funktion des Sinnes jedes Teilausdrucks des Satzes: ,,Wenn ein Name Teil des Namens eines Wahrheitswertes ist, so ist der Sinn jenes Namens Teil des Gedankens, den dieser ausdrückt'' (*Grundgesetze der Arithmetik*, Bd. I, S. 51). Die Objektivität des Sinnes von Eigennamen und Kennzeichnungen ist für Frege deshalb so wichtig, weil nur so die Objektivität des Gedankens aufrechterhalten werden kann (Brief an Jourdain vom Januar 1914, *NB* II, S. 128). Es liegt nahe zu sagen, für Frege sei die Bedeutung eines Teilausdrucks sein Beitrag zur Bedeutung des ganzen Satzes, d. h. sein Beitrag zum Wahrheitswert des Satzes, in dem er als Teilausdruck fungiert. Daraus leitet Tugendhat die Auffassung ab, „Bedeutung" bedeute für Frege eben nicht den Gegenstand, der durch den Ausdruck bezeichnet wird, sondern müsse im Sinne von „Wichtigkeit", „Bedeutsamkeit" verstanden werden, was im Deutschen ja auch völlig sprachüblich sei, wie in Wendungen des Typs: „Die Bedeutung des Vertrags liegt vor allem auf sicherheitspolitischem Gebiet." Zwar falle bei Eigennamen und Kennzeichnungen die Bedeutung faktisch mit dem bezeichneten Gegenstand zusammen; aber da Frege bei Begriffswörtern ausdrücklich sagt, ihre Bedeutung sei kein Gegenstand, und trotzdem weiterhin von ihrer Bedeutung spricht, könne er unter Bedeutung nicht „bezeichneter Gegenstand" verstehen. Daß er allerdings an vielen Stellen so spreche, und nicht von „Wahrheitspotential" oder dergleichen, führt Tugendhat auf Einflüsse der traditionellen Logik zurück, die auf Frege noch einwirkten, obwohl dieser mit seinen Theorien die traditionellen Auffassungen gerade durchbreche.

Nun ist es (a) mißlich, einem Autor unterstellen zu müssen, er meine nicht, was er sage, und sage nicht, was er eigentlich meine; bei einem Autor von Freges sprachlicher Sorgfalt und Reflektiertheit dürfte das noch in besonderem Maße gelten. Es ist (b) nicht belegt, was eigentlich jene „traditionelle Auffassung" sein soll, der Frege in seinem Sprachgebrauch angeblich noch verhaftet bleibt. Es ist (c) ferner nicht plausibel, daß „Bedeutung" für Frege im Sinne von „wissenschaftlicher Tragweite, Wichtigkeit" genommen werden müsse, wenn man so schlichte Sätze wie „$2 + 3 = 7 - 2$" betrachtet, denen Frege ohne jede Einschränkung Bedeutung (in seinem Sinn), nämlich den Wahrheitswert des Wahren, zuspricht. Nach Frege erhält die Funktion „$x + 3 = 7 - x$" für das Argument 2 den Funktionswert „das Wahre" genau so, wie etwa 5 die Bedeutung des Ausdrucks „$2 + 3$" ist. Es ist (d) eine weitere Hypothek der Auffassung Tugendhats, daß seine These, die Bedeutung der Teilausdrücke eines Ausdrucks sei ihr Wahrheitspotential, nur für solche Ausdrücke sinnvoll sein kann, die als Teile von *Aussagesätzen* fungieren. Dieselben Ausdrücke müßten im Rahmen von Funktionsausdrücken, die nicht Begriffe und Beziehungen ausdrücken, einen radikal anderen Bedeutungstyp haben. „Die Hauptstadt von Schweden" bezeichnet einen Gegenstand, nämlich Stockholm. Nach Tugendhats Auffassung müßten die Teilausdrücke „Hauptstadt" und „Schweden" in diesem Zusammenhang eine dem Typus nach andere Bedeutung haben als in dem Satz: „Stockholm ist die Hauptstadt von Schweden." Im einen Falle könnte man von „Wahrheitspotential", im anderen Falle müßte man von so etwas wie einem „Gegenstandspotential" sprechen.

Auf der Basis von Tugendhats Auffassung würde ferner nicht recht verständlich, warum Frege die Ausführungen über Sinn und Bedeutung von Begriffswörtern (Prädikatoren) aus seiner Untersuchung in *Sinn und Bedeutung* ausgeklammert hat, obwohl er schon 1891, also zur Zeit der Abfassung von *Funktion und Begriff* und *Sinn und Bedeutung,* in einem Brief an E. Husserl (*NB* II, S. 94–98) dieselbe Auffassung entwickelte wie in den inzwischen berühmt gewordenen *Ausführungen über Sinn und Bedeutung,* die aus dem Nachlaß veröffentlich worden sind (*NB* I, S. 128–136).

Hätte Frege nicht, wenn ihm tatsächlich die Gleichsetzung der Bedeutung eines Zeichens mit dem bezeichneten Gegenstand problematisch schien, das Unpassende dieser Auffassung gerade an den Bedeutungen von Begriffswörtern, die doch keine Gegenstände sein können, verdeutlichen können? Das Fehlen einer Untersuchung über die Bedeutung der Begriffswörter im Text von *Sinn und Bedeutung* läßt sich, scheint mir, sehr viel besser dadurch erklären, daß er die Begriffswörter als einen schwierigen Sonderfall ansah, dessen Behandlung die einfache Theorie der Bedeutungsrelation für Eigennamen und Sätze empfindlich gestört hätte.

Freges These über Sinn und Bedeutung von Begriffswörtern wie „... ist eine Primzahl", „... ist ein Mensch", die den Rahmen seiner semantischen Theorie allerdings zu sprengen droht, ist die folgende: Nach Frege ist die Bedeutung eines Begriffsworts der Begriff, nicht, wie sich nahelegen würde, der Umfang des Begriffs, d. h. die Klasse der unter den Begriff fallenden Gegenstände. Frege argumentiert so: Die Ersetzung eines Eigennamens durch einen gleichbedeutenden, wenn auch sinnverschiedenen Eigennamen im Zusammenhang eines Satzes kann den Wahrheitswert des Satzes nicht verändern. Entsprechend ist die Ersetzung eines Begriffsworts durch ein anderes, wie immer sinnverschiedenes, wahrheitswertkonservierend, wenn nur die durch die beiden Begriffswörter bezeichneten Begriffe denselben Umfang haben. Begriffsumfänge sind aber Gegenstände; hingegen muß in der Bedeutung von Begriffswörtern etwas der Ungesättigtheit von Funktionsausdrücken und Begriffswörtern entsprechen. Der zweite Grund dafür, daß Frege den Begriffsumfang nicht als Bedeutung des Begriffsworts anerkennen wollte, ist der Wunsch, auch leere Begriffe zu berücksichtigen: Ist der Umfang eines Begriffes leer, so müßte das Begriffswort bedeutungslos sein, wenn der Umfang des Begriffs die Bedeutung des Begriffsworts wäre. Aber wenn auch *leere Eigennamen* in der Wissenschaft unbrauchbar sind und nicht verwendet werden dürfen, so sind doch *leere Begriffe* für die Wissenschaft unter Umständen wichtig und legitim verwendbar: Es kann z. B. in der wissenschaftlichen Diskussion durchaus darüber gestritten werden, ob es Gravitationswellen gibt oder Fälle von ausschließlich durch traumatische Erlebnisse hervorgerufenen Schizophrenien. Um Hypothese und Gegenthese zu formulieren, muß man Begriffswörter verwenden, im Hinblick auf die noch nicht sichergestellt ist, ob ihr Begriffsumfang leer ist oder nicht.[3]

Mir scheinen beide Gründe, die Frege angibt, nicht durchzuschlagen: Es ist jedenfalls nicht evident, daß die Ungesättigtheit von Funktionsausdrücken und damit auch von Begriffswörtern, die ja ein spezieller Fall von Funktionsausdrücken sind, von der Ausdrucks- und Sinnebene auf die Bedeutungsebene übertragen werden müßte. Was den zweiten Punkt angeht, so ist die leere Klasse immer noch eine Klasse und damit ein Begriffsumfang; deshalb hätte auch ein leerer Begriff eine Bedeutung, nämlich eben die leere Klasse. Es kann wissenschaftlich bedeutsam sein, festzustellen, daß die Bedeutung eines Begriffs F die leere Klasse ist, wie es auch wissenschaftliche Bedeutung haben kann, festzustellen, daß es zu einem Begriff F' Gegenstände gibt, die unter ihn fallen. So scheinen keine prinzipiellen Gründe gegen eine Homogenisierung des Zeichen-Sinn-Bedeutungs-Schemas zu sprechen, derart, daß der Sinn eines Begriffsworts die ,,Intension", die Bedeutung eines Begriffsworts die ,,Extension" des Begriffs wäre. Zwei Begriffsworte ,,F" und ,,F'", denen derselbe Begriffsumfang zugeordnet ist, wären sofort bedeutungsgleich. Sie wären sinngleich, wenn es nicht möglich wäre, zu glauben, daß ein Gegenstand, der unter den Begriff F fällt, nicht auch unter den Begriff F' fällt (entsprechend für die Sinngleichheit von Sätzen).

Während Tugendhat Sinn und Bedeutung von Eigennamen an Sinn und Bedeutung von Begriffswörtern heranrücken möchte, plädiere ich (freilich nicht mit der Zusatzbehauptung, dies sei auch Freges eigentliche Meinung) für eine Anpassung der Behandlung der Begriffswörter an die Eigennamen und Kennzeichnungen. Daß wir uns allerdings, um eine konsistente Interpretation zu erreichen, für eine solche Option zwischen verschiedenen Interpretationen entscheiden müssen, zeigt, daß Freges semantische Theorie von inneren Verspannungen nicht frei ist.

4. *Grundgesetze der Arithmetik* und späte Schriften

Frege legte 1893 im ersten Band der *Grundgesetze der Arithmetik* (den er auf eigene Kosten drucken lassen mußte) den ersten Teil dessen vor, was er als seine eigentliche Lebensaufgabe ansah und schon 1884 angekündigt hatte: eine begriffsschriftlich formalisierte, lückenlose Ableitung der grundlegenden Sätze der Arithmetik aus rein logischen Axiomen. Das Vorwort des ersten Bandes der *Grundgesetze* ist einer der komprimiertesten und wichtigsten Texte des gesamten Fregeschen Werks. Es enthält nach der Darstellung des logizistischen Programms und einem Bericht über die Weiterentwicklung der Fregeschen Semantik seit der *Begriffsschrift* eine ebenso knappe wie durchschlagende Polemik gegen die psychologistische Mißdeutung der Logik – sieben Jahre vor Edmund Husserls *Prolegomena zu einer reinen Logik* von 1900, die noch heute weithin als der bahnbrechende Urtext des logischen Antipsychologismus gelten.

Im Unterschied zu dem Axiomensystem der Logik, das in der *Begriffsschrift* vorgelegt wurde, benutzte Frege in den *Grundgesetzen* nur noch sechs Axiome, daneben jedoch, statt der einen Abtrennungsregel der *Begriffsschrift,* mehrere Schlußregeln, die es ihm ermöglichten, die Beweise erheblich abzukürzen. Das Axiom V, nach dem jeder Begriff eine Klasse von Gegenständen eindeutig bestimmt, ist das einzige der Axiome, hinsichtlich dessen Frege einräumt, sowohl seine rein logische Natur, wie vielleicht auch seine Evidenz oder sogar seine Wahrheit könnten bezweifelt werden: ,,Ein Streit kann hierbei, so viel ich sehe, nur um mein Grundgesetz der Wertverläufe (V) entbrennen, das von den Logikern vielleicht noch nicht eigens ausgesprochen ist, obwohl man danach denkt, z. B. wenn man von Begriffsumfängen redet. Ich halte es für rein logisch. Jedenfalls ist hiermit die Stelle bezeichnet, wo die Entscheidung fallen muß" (*Grundgesetze,* Bd. I, S. VII). Frege sollte mit diesem Ausspruch recht behalten.

Was die Hoffnung Freges anlangte, mit diesem Buch die Skeptiker zu überzeugen und seiner Auffassung endlich zum Durchbruch zu verhelfen, so war das Ergebnis noch dürftiger als bei *Begriffsschrift* und *Grundlagen der Arithmetik.* Hatte jene noch sechs, diese noch drei Rezensenten gefunden, so wurden vom ersten Band der *Grundgesetze* überhaupt nur zwei Rezensionen veröffentlicht. Beide Rezensionen erschienen im Ausland; immerhin stammte eine aus der Feder von Giuseppe Peano, dem führenden italienischen Vertreter der mathematischen Logik, dem Begründer der Schule von Turin (1858–1932). Durch seine Rezension trat Peano mit Frege in einen wissenschaftlichen Kontakt, der zu einer Diskussion führte, die auch ihren Niederschlag in Veröffentlichungen beider Seiten fand. Peanos These, seine eigene Symbolsprache beruhe auf einer tieferen Analyse als die Freges, weil Peano mit weniger Grundsymbolen auskommen könne, wurde von Frege widerlegt durch den Nachweis, daß Peano tatsächlich mehr Symbole als Frege benutzt, und durch die überzeugende Darlegung, daß eine eindeutige Verbindung zwischen Tiefe der Analyse und Verminderung der Zahl der Grundsymbole einer Logiksprache keineswegs besteht. Die Anerkennung seiner Arbeit durch Peano war aber die erste bedeutsame internationale Resonanz, die Frege zuteil wurde. Sie war auch deshalb besonders wichtig, weil B. Russell durch die Lektüre der Schriften Peanos auf Frege aufmerksam wurde.

Frege arbeitete weiterhin an seinem Werk; im zweiten Band wollte er sich besonders mit den von ihm so genannten ,,Formalisten" auseinandersetzen, jenen Mathematikern (darunter seinem Kollegen am Ort, Thomae), für die die Arithmetik nur ein nach bestimmten Regeln fortgehendes Spiel mit inhaltsleeren Zeichen, den Ziffern etc., sein sollte. Gegen den Psychologismus nahm Frege 1895 von neuem in einer Rezension von Edmund Husserls *Philosophie der Arithmetik* von 1891 Stellung, die ebenso höflich im Ton wie vernichtend in der Sache ausfiel. Gegenüber Peano setzte er noch einmal den Wert und die Eigenart seines eigenen logischen Ansatzes 1896 in der Schrift *Über die Begriffsschrift des Herrn Peano und meine eigene* in helleres Licht; 1899 ließ er seinen polemischen Witz an H. Schubert aus, der für die Enzyklopädie der mathematischen Wissenschaften (ein internationales Akademieunternehmen) den einleitenden Beitrag über *Grundlagen der Arithmetik* zu verfassen eingeladen worden war, eine Aufgabe, die Schuberts Kräfte und Kenntnisse, wie Frege ohne Mühe zeigt, bei weitem überforderte.

Als der Druck des zweiten Bandes der Grundgesetze schon in vollem Gange war, zeigte sich, wie berechtigt das Mißbehagen war, das Frege seinem Axiom V entgegengebracht hatte: Unter dem 16. Juni 1902 schrieb der damals

30jährige Bertrand Russell Frege einen Brief. Er teilte ihm darin mit, er sei, unabhängig von Frege, in wesentlichen Punkten der Philosophie der Logik und Mathematik zu denselben Ergebnissen gelangt, die Frege schon 1879 bzw. 1884 vorgelegt hatte. Er stellte eine ausführliche Würdigung der Theorien Freges in seinem Buch *The Principles of Mathematics* in Aussicht. Zugleich setzte er Frege davon in Kenntnis, daß sich die von Russell entdeckte und heute nach ihm genannte Antinomie der Menge aller Mengen, die sich nicht selbst enthalten – diese Menge enthält sich selbst, wenn sie sich nicht selbst enthält und umgekehrt – auch in Freges logischem System der Grundgesetze herleiten lasse (wie in den Systemen beispielsweise von Cantor und Dedekind). Frege antwortete sofort unter dem 22. Juni 1902: ,,Ihre Entdeckung des Widerspruchs hat mich auf's Höchste überrascht und, fast möchte ich sagen, bestürzt, weil dadurch der Grund, auf den ich die Arithmetik sich (?) aufzubauen dachte, in's Wanken gerät. Es scheint danach ..., daß mein Gesetz V falsch ist ... Ich muß noch weiter über die Sache nachdenken. Sie ist um so ernster, als mit dem Wegfall meines Gesetzes V nicht nur die Grundlage meiner Arithmetik, sondern die einzig mögliche Grundlage der Arithmetik überhaupt zu versinken scheint ... Jedenfalls ist Ihre Entdeckung sehr merkwürdig und wird vielleicht einen großen Fortschritt in der Logik zur Folge haben, so unerwünscht sie auf den ersten Blick auch erscheint."

Dem zweiten Band der *Grundgesetze* gab Frege ein in aller Eile abgefaßtes Nachwort mit, in dem er den Fehler im Fundament seines Baues durch eine Abschwächung des Axioms V zu reparieren versuchte. Der Versuch war vergeblich; zusammen mit der Annahme, daß es wenigstens zwei Gegenstände gibt, führt auch das neue Axiom zur Antinomie; und ohne diese Annahme reicht es nicht einmal aus, den notwendigen Beweis zu führen, daß es unendlich viele natürliche Zahlen gibt.

Von dem Schock der Entdeckung, daß sein System nicht widerspruchsfrei, und damit für Zwecke der Deduktion wertlos, war, hat Frege sich, wie es scheint, nicht mehr erholt. Über die Grundlagen der Arithmetik hat er seit 1903 nichts mehr veröffentlicht. Zwischen 1908 und 1918 erschien kein von Frege verfaßter Text. Der Brief von 1912, in dem Frege Russell mitteilt, daß er Russells Einladung, auf dem Mathematiker-Kongreß in Cambridge einen Vortrag zu halten, nicht folgen könne (,,Ich fühle etwas wie ein unüberwindliches Hindernis"), klingt so, als sei er in einem Zustand tiefer Depression geschrieben. Gegen Ende seines Lebens war Frege der Ansicht, das logizistische Programm sei überhaupt ein Irrweg gewesen; man müsse die Arithmetik nicht auf die Logik, sondern auf die apriorische Raumanschauung gründen. Es hat mehr als bloß einen Anhauch von Tragik, daß derselbe Brief von Russell, der Frege die langentbehrte internationale Anerkennung für seine Arbeit vor Augen stellte, zugleich die Nachricht enthielt, daß die von ihm gelegten Fundamente nicht tragfähig waren. Größe zeigte Frege auch in dieser Situation. Das hat Russell deutlich empfunden und gegen Ende seines Lebens unübertrefflich ausgedrückt: ,,Wenn ich über Beispiele von Integrität und Würde nachdenke, so wird mir klar, daß ich nichts kenne, was sich mit Freges unbeirrbarer Wahrheitsliebe vergleichen ließe. Sein Lebenswerk stand vor der Vollendung; ein Großteil seiner Arbeit war unbeachtet geblieben, zum Vorteil von Männern, die ihm weit unterlegen waren. Der 2. Band seines Hauptwerks sollte gerade veröffentlicht werden. Als er nun feststellte, daß seine fundamentale Voraussetzung falsch war, antwortete er darauf mit intellektuellem Vergnügen, wobei er offenbar jeden Anflug persönlicher Enttäuschung unterdrückte. Das war fast übermenschlich und ein bedeutsamer Hinweis, wozu Menschen fähig sind, wenn es ihnen um schöpferische Arbeit und Erkenntnis geht und nicht um das gröbere Interesse, sich durchzusetzen und berühmt zu werden." (Engl. Text in: J. v. Heijemoort (Hrsg.), From Frege to Gödel, Cambridge Mass. 1967, S. 127.)

Gegen Ende seines Lebens veröffentlichte Frege noch einmal eine Gruppe von drei zusammengehörenden Aufsätzen: *Der Gedanke, Die Verneinung* und *Gedankengefüge*. In diesen Aufsätzen gab er eine informelle Darlegung seiner semantischen und philosophischen Grundlegung der elementaren Aussagenlogik. Hier wird besonders die Lehre von der Objektivität der Gedanken im Unterschied zu der Subjektivität von Vorstellungen in aller Klarheit herausgearbeitet. Daß Frege hier noch nicht einmal die einstellige Prädikatenlogik der ersten Stufe in seine Darstellung einbezog, mag man in Verbindung bringen mit der Unsicherheit, die ihn in Hinblick auf die logischen Voraussetzungen der Arithmetik erfaßt hatte.

III. Wirkung

Es ist schon darauf hingewiesen worden, daß Frege zu seinen Lebzeiten nicht im entferntesten das Maß an Aufmerksamkeit und Anerkennung erfuhr, das er verdient hatte. Russell war der Meinung, er selbst sei im Jahre 1901 der erste Leser der *Begriffsschrift* von 1879 gewesen. Das stimmt zwar nicht wörtlich, wie wir wissen, aber doch wohl in dem Sinne, daß Russell der erste Leser war, dem die volle Bedeutung dieses Textes nicht verschlossen blieb. Er war es auch, der Freges Theorien weithin bekannt machte: durch den Anhang *The Logical and Arithmetical Doctrines of Frege* in seinem Buch *The Principles of Mathematics* von 1903 (wobei ihm freilich mancherlei Mißverständnisse unterliefen) und durch die Bemerkung im Vorwort des ersten Bandes (1910) der zusammen mit A. N. Whitehead verfaßten *Principia Mathematica:* ,,In allen Fragen der logischen Analyse sind wir vor allem Frege verpflichtet." Wittgenstein, der Frege seit 1911 mehrfach besucht hatte, schrieb im Vorwort seines *Tractatus Logico-Philosophicus* (1922): ,,Nur das will ich erwähnen, daß ich den großartigen Werken Freges und den Arbeiten meines Freundes Herrn Bertrand Russell einen großen Teil der Anregung zu meinen Gedanken schulde."

Husserl war der dritte bedeutende Philosoph unseres Jahrhunderts, auf den Frege offensichtlich Wirkung ausgeübt hat: Die schon erwähnte Rezension von 1895 erweckte, wie man sagen kann, Husserl vom psychologistischen Schlummer; in seinem nächsten Buch *Prolegomena zur reinen Logik* von 1900 trat Husserl als entschiedener Gegner der psychologistischen Auffassung der Logik auf. Anders als Russell und Wittgenstein hat Husserl später bei keiner Gelegenheit die Förderung, die er von Frege offensichtlich, wenn auch durch eine bittere Medizin, erhalten hatte, öffentlich anerkannt. Wer den Briefwechsel zwischen Husserl und Frege gelesen hat (NB II, S. 91–107), steht vor einem psychologischen Rätsel, wenn er Husserls Mitteilung an Heinrich Scholz vom 19. 2. 1936 liest: „Ich habe Frege nie persönlich kennengelernt und erinnere mich nicht mehr an den Anlaß der Correspondenz. Er galt damals als ein scharfsinniger, aber weder als Mathematiker noch als Philosoph fruchtbringender Sonderling."

Der vierte bedeutende Philosoph des zwanzigsten Jahrhunderts, auf den Frege besondere Wirkung ausgeübt hat, ist Rudolf Carnap. Carnap hatte in Jena vor dem Ersten Weltkrieg Freges Vorlesungen (mit übrigens bloß zwei weiteren Hörern) gehört; erst später ist ihm nach eigenem Zeugnis die volle Bedeutung der Fregeschen Theorien für die Philosophie der Logik und Mathematik klar geworden. Carnap hat besonders die von Frege geschaffenen Grundlagen einer logischen Semantik weiterzuentwickeln unternommen. In Deutschland haben sich besonders H. Scholz in Münster und sein Schülerkreis am Institut für logische und mathematische Grundlagenforschung um die Herausgabe der Schriften Freges und um die Verbreitung der Kenntnis seiner Auffassungen bemüht. Scholz plante eine dreibändige Werkausgabe und sammelte zu diesem Zwecke in den 30er Jahren den wissenschaftlichen Nachlaß und den Briefwechsel. Der Zweite Weltkrieg, in dem ein großer Teil des gesammelten Dokumentenbestandes durch Kriegseinwirkung unterging, ließ diesen Plan nicht zur Vollendung gedeihen. Erst mit dem Erscheinen einer von J. L. Austin herausgegebenen zweisprachigen Ausgabe der *Grundlagen von Arithmetik* in England im Jahre 1950 und einer englischen Auswahlausgabe, die von P. Geach und M. Black 1952 besorgt wurde, beginnt im Einzugsbereich der analytischen Philosophie Englands eine breitere Auseinandersetzung mit Freges Schriften und Theorien, was sich an einer zunächst allmählich, später sprunghaft ansteigenden Zahl von Veröffentlichungen über Frege ablesen läßt.

Die Leistung Freges, den Begriff der Anzahl auf logische Begriffe zurückgeführt zu haben, wird als unverlierbarer Besitz anerkannt, wenn auch die Ableitung der Theoreme der Arithmetik aus der „reinen" Logik gescheitert war. Die metamathematische Diskussion der Grundlagen der Arithmetik und der Mathematik überhaupt war inzwischen erheblich verfeinert und verschärft worden. Die Frage nach der Reduzierbarkeit der Arithmetik auf die Logik verlor an Interesse, weil es ohnehin schwer geworden war zu sagen, wo der Einzugsbereich der Logik eigentlich aufhört und wo die Arithmetik beginnt. Hierauf gibt es bisher noch keine allgemein akzeptierte Antwort. Die Antinomien der naiven Mengenlehre, deren Ableitbarkeit Freges System mit dem von Cantor und Dedekind teilte, sind nach überwiegender Ansicht nicht wirklich aufgelöst worden; vielmehr haben die Grundlagenforscher der Arithmetik im allgemeinen nur versucht, verschiedene Verfahren anzugeben, mit denen das Auftreten der Widersprüche *ad hoc* vermieden werden kann. Eine Analyse, die verständlich machte, worin genau das Auftreten von Antinomien in der mathematischen Begriffs- und Theorienbildung begründet ist, steht einstweilen noch aus.

Die Hauptwirkung Freges, die sich seit den 60er Jahren auch wieder in Deutschland bemerklich gemacht hat, scheint vor allem darin zu bestehen, daß er in überzeugender Weise die Verpflichtung zu einer geklärten Sprechweise in der Philosophie begründet hat, und daß er zugleich denen, die sich von der Mühe des Studiums der Texte Freges nicht abschrecken lassen und sich dabei von der Frische, Schärfe und Unbefangenheit in seinen Argumentationen beeindrucken lassen, auch die begrifflichen Mittel an die Hand gegeben hat, mit deren Hilfe die Aufgabe weniger aussichtslos scheint, auch in der Philosophie über unverbindliche Meinungen hinauszukommen und sie der von Kant beschworenen ,,Heerstraße der Wissenschaft'' wenigstens anzunähern.

Klaus Held

EDMUND HUSSERL

(1859–1938)

Die Phänomenologie, von Husserl 1900/1901 mit den *Logischen Untersuchungen* begründet, hatte in ihren verschiedenen Spielarten für die deutsche Philosophie der ersten Hälfte unseres Jahrhunderts und für das französische Denken seit den vierziger Jahren maßgebende Bedeutung. Grundwerke der Philosophie unserer Zeit wie *Der Formalismus in der Ethik und die materiale Wertethik* von Scheler (1913/1916), *Sein und Zeit* von Heidegger (1927), *Das Sein und das Nichts* von Sartre (1943) und die *Phänomenologie der Wahrnehmung* von Merleau-Ponty (1945) verstanden sich als phänomenologische Untersuchungen. Auch in der nicht phänomenologisch orientierten Philosophie und in einer Reihe von Wissenschaften, vor allem der Psychologie, wurden vielfältig phänomenologische Motive wirksam. Später beeinflußte die Phänomenologie dann auch mehr oder weniger stark die philosophischen Diskussionen außerhalb des deutsch-französischen Sprachraums, so z. B. im nicht-orthodoxen Marxismus Jugoslawiens, der Tschechoslowakei und Polens, in der Philosophie Lateinamerikas, Japans und Italiens und im neueren anglo-amerikanischen Denken.

I. Leben und Intentionen

Edmund Husserl, der die ,,phänomenologische Bewegung" auslöste, wurde am 8. April 1859 in Proßnitz (Mähren) geboren. Er führte ein Gelehrtenleben ohne sensationelle äußere Ereignisse. Nach dem Studium der Mathematik und Philosophie blieb er lange Zeit Privatdozent (1887–1901 in Halle an der Saale) und außerordentlicher Professor (1901–1906 in Göttingen). Erst mit 47 Jahren wurde er ordentlicher Professor (1906 in Göttingen). Von 1916 bis zur Emeritierung im Jahre 1928 hatte er den Lehrstuhl für Philosophie in Freiburg i. Br. inne. Er starb dort am 27. April 1938.

Seine berühmtesten Werke erschienen in großen Abständen, davon zu Lebzeiten zwei unvollständig: die *Ideen zu einer reinen Phänomenologie* (1913) und die *Krisis der europäischen Wissenschaften* (1936), und eines, die *Cartesianischen Meditationen* (1931), nur in französischer Sprache. Weil große Partien dieser Werke nur programmatisch in die Grundprobleme der Phänomenologie einführen, bedürfen sie der Ergänzung durch konkrete phänomenologische Analysen. Diese finden sich in reicher Fülle in den von Husserl selbst nicht veröffentlichten Manuskripten, die er zwischen 1890 und 1938 auf etwa 45000 Seiten in Gabelsberger-Stenographie niederschrieb. Husserls Leidenschaft galt diesen Analysen. Er arbeitete unermüdlich; und selbst durch die Schikanen, die er in der Nazizeit erdulden mußte – Husserl war evangelischer Christ, aber jüdischer Herkunft –, wurden seine unbedingte Hingabe an die Sache und seine Schaffenskraft nicht gebrochen.

Das Ziel der Husserlschen Lebensarbeit, an dem er bis zuletzt festgehalten hat, enthält der Titel eines Aufsatzes aus dem Jahre 1911: *Philosophie als strenge Wissenschaft*. Das damit formulierte Programm richtete sich einerseits gegen die um die Jahrhundertwende weit verbreitete Vorstellung von Philosophie als ,,Weltanschauung". Es stellte sich andererseits der historistischen Resignation entgegen, die der Philosophie nur noch die Aufgabe zubilligte, ihre eigene Geschichte zu schreiben. Eine Beschränkung der Philosophie auf Wissenschaftstheorie, wie sie die damals tonangebenden Richtungen im akademischen Bereich vertraten, war freilich auch nicht gemeint. Und ebensowenig ging es Husserl um eine Anpassung der Philosophie an die Methoden der modernen Naturwissenschaft. Gegenüber all dem versprach das Programm der ,,strengen Wissenschaft" zunächst nicht mehr als eine neuartige Bemühung, *vorurteilslos* von vorne anzufangen.

Diesem Anspruch versuchte Husserl in der Entwicklung seines Denkens seit den *Logischen Untersuchungen* in immer radikalerer Weise gerecht zu werden, bis er schließlich in seinen letzten Lebensjahren bekannte, erst jetzt ein wahrer Anfänger geworden zu sein. Man kann diese Entwicklung grob in vier Phasen gliedern. Die vier Abschnitte der folgenden Darstellung spiegeln jeweils vorwiegend, aber nicht ausschließlich, die für eine Phase charakteristische Problementwicklung.

II. Werke

1. Phänomenologie als Korrelationsanalyse

Was Husserl ursprünglich motivierte, war eine fundamentale Spannung in unserem alltäglichen und wissenschaftlichen Verständnis von Wahrheit, eine Spannung, die durch die Lage der Philosophie am Ausgang des 19. Jahrhunderts besonders spürbar wurde. An eine wahre Erkenntnis stellen wir zwei Anforderungen, die einander zunächst zu widerstreiten scheinen: Sie soll einerseits ,,objektiv" sein, d. h.: der Inhalt der Erkenntnis soll eine Gültigkeit besitzen, die von den subjektiven Umständen unabhängig ist, unter denen die Erkenntnis faktisch zustande kam. Andererseits aber erwarten wir, daß sich der Erkennende von dem, was er als wahr behauptet, auf irgendeine Weise überzeugt hat, und das konnte er letztlich nur, indem er die Erkenntnis subjektiv in einer konkreten Situation vollzog. Daß dort beispielsweise ein Haus ,,objektiv" vorhanden ist, also gleichgültig, ob ich oder jemand anders es

Edmund Husserl (1859–1938)

gerade wahrnehme oder nicht, dessen kann ich nur sicher sein, weil ich es mit eigenen Augen wahrgenommen habe oder mich auf die Wahrnehmung eines anderen verlasse. Wird diese Spannung im Wahrheitsverständnis einseitig aufgelöst, so kommt es zu extrem entgegengesetzten Auffassungen vor allem über die Grundlagen der Logik und der Mathematik. Husserl wuchs in einer geistigen Situation auf, in der man alles Gewicht darauf legte, daß auch die objektiv gültigen Regeln oder Inhalte des Denkens, von denen Logik bzw. Mathematik handeln, in konkreten subjektiven Vollzügen bewußt werden. Man hielt diese Regeln oder Inhalte darum für psychische Fakten und wies ihre Erklärung der Psychologie zu. Gegen Ende des 19. Jahrhunderts beherrschte dieser ,,Psychologismus" die Philosophie, und auch Husserl neigte ihm in seiner Habilitationsschrift *Über den Begriff der Zahl* (1887) noch zu. Vor allem die Kritik von Gottlob Frege gab ihm aber dann den Anstoß zu einer Entwicklung, die zur klassischen Widerlegung des Psychologismus in den ,,Prolegomena" der *Logischen Untersuchungen* führte.

Obwohl Husserl damit auch einen Beitrag zur Wegbereitung der modernen mathematischen Logik leistete, beteiligte er sich doch im Unterschied zu Frege nicht an ihrer Entwicklung, weil sein Augenmerk auch nach der Verabschiedung des Psychologismus auf die subjektive Seite des Erkenntnisvollzugs gerichtet blieb. Husserl erkannte: Das als wahr Erkannte hat zwar den Sinn, ,,objektiv" oder ,,an sich" gültig zu sein, d. h. einen vom Wechsel der subjektiven Erkenntnissituationen unabhängigen Bestand zu haben. Aber den Gehalt, den es gerade *in* dieser seiner Unabhängigkeit besitzt, gewinnt es doch nur in einer eigentümlichen Bezogenheit auf subjektive Vollzüge. Man kann nämlich etwas, was man als wahr zu erkennen glaubt, bloß in unbestimmter, uneigentlicher Weise *meinen;* z. B. kann man sich mit dem vagen Eindruck aus der Ferne begnügen, daß dort ein Haus steht, oder man kann einem mathematischen Lehrsatz Glauben schenken, ohne sich durch den eigenen Nachvollzug seines Beweises von seiner Richtigkeit zu überzeugen. Solange sich Erkenntnis nur in solch unausgewiesener, sachferner Weise vollzieht, kann der Erkennende auch der objektiven Gültigkeit des Erkannten nicht sicher sein. Die Überzeugung vom An-sich-Bestehen des Erkenntnisinhalts gewinnt ihren Rückhalt ausschließlich in irgendwelchen subjektiven Vollzügen, in denen wir uns in konkreten Erkenntnissituationen das Erkannte unmittelbar zur Gegebenheit bringen und so gewissermaßen bei der bis dahin bloß gemeinten, oder wie Husserl sagt: vermeinten, Sache wirklich ankommen.

Husserl entdeckte die philosophische Tragweite, die der Unterschied von sachfernem und sachnahem Erkennen hat, zunächst im Bereich des theoretischen Urteilens, weil es ihm in den *Logischen Untersuchungen* um die Grundlegung der Logik als des Fundaments für wissenschaftliche Erkenntnis überhaupt ging. Diese Grundlegungsproblematik verlor er nie ganz aus den Augen, und er nahm sie 1929 in der *Formalen und transzendentalen Logik* noch einmal ausdrücklich auf. Aber schon in den Jahren nach der Abfassung der

Logischen Untersuchungen weitete er seine Analysen auf jegliches erlebende Bewußtsein überhaupt aus. Alles, wovon sich sinnvoll reden läßt, muß mir in irgendwelchen Formen der Sachnähe oder Sachferne zur Gegebenheit kommen. Auch beim Fühlen, Begehren, Glauben, Erstreben, praktischen Bewerten von irgend etwas kann ich das in solch vielfältiger Weise Erlebte, wie Husserl das ausdrückt, ,,originär", ,,anschaulich", in der Weise der ,,Selbstgebung" erfahren; ich kann aber bei den betreffenden Erlebnissen auch ein Bewußtsein haben, daß die Sachnähe fehlt; in solchen Fällen verweist mich der Gehalt meines gegenwärtigen Erlebnisses auf vergangene, künftige oder auch nur denkbare Erlebnisse, in denen mir der jeweilige Erlebnisgegenstand sozusagen ,,leibhaft" vor Augen träte. Diese Spannung zwischen ,,originär gebendem" und auf Originarität verwiesenem Erleben durchzieht das ganze Bewußtsein. Jedes wie auch immer beschaffene Erlebnis-von-etwas ist auf eine ,,Erfüllung" oder ,,Bewährung" verwiesen und angewiesen. Es ist angelegt auf *Evidenz* in diesem weiten Sinne.

Husserl konnte in diesem Zusammenhang an die Lehre seines Lehrers Franz Brentano anknüpfen, daß jegliches Bewußtsein eine ,,intentionale" Struktur besitzt: Zu jedem Erleben gehört ein ,,Gegenstand": zu jedem Wahrnehmen ein Wahrgenommenes, zu jedem Lieben etwas Geliebtes, zu jedem Denken etwas Gedachtes, usw. Aber ,,Intentionalität" im Sinne Husserls meint mehr als diesen statischen Gegenstandsbezug. Das Bewußtsein ist in *der* Weise auf den von ihm ,,vermeinten" Gegenstand gerichtet, daß es dabei die anschauliche Erfüllung in der ,,Selbsthabe" des Gegenstandes sucht. *Intentionalität* heißt bei Husserl: Bewußtsein-von-etwas *als* Verwiesenheit auf Evidenz.

Mit der Entdeckung der so verstandenen Intentionalität gelang es Husserl, die Spannung im Wahrheitsverständnis so aufzulösen, daß er sowohl die Einseitigkeit des Psychologismus, aber auch die Verstiegenheit eines antipsychologistischen Objektivismus, der irgendwelche freischwebenden logischen, mathematischen, ethischen oder sonstigen ,,Geltungen" oder ,,Wesenheiten" annimmt, vermeiden konnte. Damit aber stand der Weg zu einer neuen Art vorurteilsfreier Forschung offen.

Die Rettung des Objektiven vor seiner psychologistischen Auflösung, die Wiedergewinnung einer gegenständlichen Orientierung der Philosophie, dies galt seinen ersten Anhängern als Husserls große Leistung. Sie verstanden die Phänomenologie als ,,Wende zum Objekt", als Erforschung des Wesensgehaltes der Gegenstände und machten die Maxime ,,Zu den Sachen selbst!" zu ihrem Kampfruf. Husserl selbst verstand die Rettung des Objektiven keineswegs als Abkehr von den subjektiven Vollzügen. Dies zeichnete sich schon in der 5. und 6. *Logischen Untersuchung* ab und wurde durch die *Ideen I* von 1913 endgültig deutlich. Der Wesensgehalt der Gegenstände kommt originär nur in subjektiven Vollzügen der Selbstgebung zum Vorschein. Die Maxime ,,Zu den Sachen selbst!" befolgen, heißt darum für Husserl: das *Bewußtsein*-von-den-Sachen zum Thema machen.

Indem sich Husserl der subjektiven Mannigfaltigkeit der intentionalen Erlebnisse zuwendet, verliert er aber die Welt der Gegenstände nicht aus dem Blick; denn die analysierten Erlebnisse sind wegen ihrer intentionalen Struktur nichts ohne die Gegenstände, *wovon* sie Bewußtsein sind. Das ,,Subjektive" im Husserlschen Sinne trägt so den Gegenstandsbezug in sich selbst. Mit dem Begriff der Intentionalität hat sich im Prinzip das klassische Problem der neuzeitlichen ,,Erkenntnistheorie" erledigt, wie ein zunächst weltloses Bewußtsein die Beziehung zu einer jenseits seiner liegenden ,,Außenwelt" aufnehmen könne.

Mit Husserls Interpretation der Maxime ,,Zu den Sachen selbst!" bekommt der Begriff der Evidenz eine philosophiegeschichtlich neuartige, umfassende und zentrale Bedeutung. ,,Evidenz" bezeichnet nun einmal das Erkenntnisziel der phänomenologischen Forschung: Es geht ihr um Einsichten, die durch ihre Sachnähe und damit Sachhaltigkeit einleuchten und in diesem Sinne allein auf genuin philosophischer *Erfahrung* und nicht auf leeren Argumentationen und Konstruktionen beruhen. Husserl formuliert als ,,Prinzip der Prinzipien" für alle Philosophie: Sie soll aus originär gebender Anschauung schöpfen und nicht mehr und nicht weniger behaupten, als ihr auf dieser Grundlage möglich ist. Mit dieser Rückgründung der Philosophie auf ursprüngliche Erfahrung läßt sich Husserl von einem Motiv leiten, das auch in den Bestrebungen des zeitgenössischen Positivismus, alles Erfahrene auf Letztgegebenes zurückzuführen, wirksam war.

Aber ,,Evidenz" bildet nicht nur das Leitbild für die philosophische Erkenntnis selbst. Mit ihrem Streben nach Sachnähe folgt die Phänomenologie der Urtendenz des intentionalen Erlebens, das ihren Untersuchungsgegenstand bildet; denn jegliches Bewußtsein ist von der Verwiesenheit auf sachnahes Erleben durchzogen. So ist das Bewußtsein des Menschen in seinem Alltag vor aller Philosophie auf Evidenz ausgerichtet und von dem Streben beherrscht, in der Selbsthabe des Erlebten Befriedigung zu finden. In diesem Sinne steht alles Bewußtseinsleben, wie Husserl in seiner Spätzeit sagen wird, unter dem Gesetz einer ,,Teleologie".

Seit den *Logischen Untersuchungen* durchmessen Husserls Analysen das Spannungsfeld zwischen den intentional begegnenden Gegenständen und ihrem objektiv bestehenden Wesensgehalt einerseits und den Weisen ihrer subjektiven Gegebenheit andererseits. Die Gegenstände ausschließlich ,,im Wie ihrer Gegebenheit" betrachtet – das ist das Thema der Husserlschen Philosophie als strenger Wissenschaft. Ihre Grundthese lautet: Jedem Gegenstand entspricht eine spezifische Mannigfaltigkeit von Weisen, in denen allein er intentional zur Gegebenheit und zur originären Gegebenheit für das erlebende Bewußtsein gelangen kann. Wir können nicht an dieser Mannigfaltigkeit der zugehörigen ,,Gegebenheitsweisen" vorbei auf den Gegenstand blicken. Deswegen kann die Aufgabe einer radikal um Vorurteilslosigkeit bemühten Philosophie nur darin bestehen, die unaufhebbare Bezogenheit des in der Welt Begegnenden auf die entsprechenden Gegebenheitsweisen zu analysieren, in denen es subjektiv ,,erscheint" und auch nur erscheinen kann.

Die Gegenstände *in* ihrer Einbettung in das so verstandene „Erscheinen" sind die „Phänomene", die „Erscheinungen". Darum ist das Grundthema der „Phänomenologie" die wechselseitige Beziehung, die „Korrelation", zwischen der Welt der Gegenstände und ihren subjektiv-situativen Gegebenheitsweisen. Die beiden voneinander unablösbaren Seiten dieser Korrelation sind das Nóëma, d. h. jeweils *ein* Gegenstand-im-Wie-seiner-Gegebenheit, und die Nóësis, die Mannigfaltigkeit der *vielen* „noëtischen" Vollzüge, in denen der betreffende Gegenstand dem Bewußtsein erscheint. Die Entdeckung dieser Korrelation bei der Ausarbeitung der *Logischen Untersuchungen* etwa um 1898, so bekennt Husserl an einer Stelle der *Krisis* (S. 168f.), habe ihn so tief erschüttert, daß er seitdem seine ganze Lebensarbeit ihrer Erforschung gewidmet habe.

Nach Husserl bildet diese Korrelation ein Apriori, d. h. ein Feld erfahrungsvorgängiger Erkenntnis. Die Phänomenologie macht nicht die empirisch feststellbaren Einzelfälle intentionalen Erlebens bei diesem oder jenem Menschen zum Thema. Sie abstrahiert von den zufälligen, faktischen Bewußtseinsabläufen und lenkt den Blick zurück auf die Wesensgesetze, die solche Abläufe in Allgemeinheit und Notwendigkeit beherrschen. Ihr Interesse gilt dem Wesen, dem „Eidos", der intentionalen Erlebnisse und ihrer Gegenstände. Die Zurückführung der faktischen Eigenschaften intentionaler Erlebnisse auf ihre eidetische Struktur, für die diese faktischen Eigenschaften nur auswechselbare Beispiele sind, nennt Husserl *eidetische Reduktion*.

In der Auffassung der Phänomenologie als Wesenslehre blieb Husserl mit seinem ersten Schüler- und Freundeskreis, der Göttinger und Münchener Schule, verbunden, dem er sich durch seine immer stärkere Konzentration auf die Bewußtseinsproblematik entfremdete. Die subtilen Wesensanalysen dieser phänomenologischen Richtung machten die frühe Phänomenologie vor allem als Methode der Wesenserkenntnis bekannt. Husserl selbst hat die Lehre von der eidetischen Reduktion zwar nie aufgegeben, doch sie trat seit den *Ideen I* immer mehr zurück gegenüber einem anderen Aspekt der phänomenologischen Methode, den Husserl im Unterschied zur „eidetischen" als *phänomenologische Reduktion* bezeichnete. Diese Reduktion ergibt sich aus der Bewußtseinsproblematik. Um nämlich das Bewußtsein-von-etwas vorurteilsfrei analysieren zu können, muß der phänomenologische Forscher seine vorphilosophische Haltung zur Welt, seine „*natürliche Einstellung*", fundamental ändern.

Husserl kennzeichnet die natürliche Einstellung ausgehend vom Korrelationsgedanken folgendermaßen: Die Gegenstände meiner Welt begegnen mir in Gegebenheitsweisen. Einen Wahrnehmungsgegenstand wie einen Tisch beispielsweise kann ich nur so erfahren, daß er mir jeweils eine Seite zukehrt; er ist mir unaufhebbar „perspektivisch" gegeben. Indem ich aber jeweils irgendeinen seiner perspektivischen Anblicke (seiner „Abschattungen") als Gegebenheitsweise vollziehe, ist mir zugleich bewußt, daß das Sein des Tisches sich nicht in dem gerade vollzogenen Aspekt, den er mir darbietet, erschöpft; mit dem Gegenstand ist „mehr" gemeint als das in der jeweiligen Gegebenheitsweise Erscheinende. Ich schreibe dem Tisch also ein Sein zu, das sein jeweiliges Erscheinen in Gegebenheitsweisen ,,transzendiert". Die perspektivischen Anblicke sind bezogen auf meine subjektiven Vollzüge; sie sind ,,relativ" auf das bewußtseinsmäßige Erscheinen. Vom transzendenten Sein des Gegenstandes hingegen bin ich ganz selbstverständlich überzeugt, daß es unabhängig von seinem jeweiligen Erscheinen-in-Gegebenheitsweisen, also nicht subjekt-relativ, sondern ,,an sich" oder ,,objektiv" stattfindet. Der so verstandene ,,Seinsglaube" charakterisiert die natürliche Einstellung.

Der Phänomenologe durchschaut, daß das An-sich-Bestehen der Gegenstände, von dem das natürlich eingestellte Bewußtsein überzeugt ist, relativ bleibt auf ihr Erscheinen in originären Gegebenheitsweisen; er betrachtet das Sein der Gegenstände durchgängig im Wie ihres Erscheinens. Um aber zu dieser Betrachtungsart gelangen und sie konsequent einhalten zu können, darf er den Seinsglauben nicht mitmachen. Das natürliche Bewußtsein spricht seinen Gegenständen ein Ansichsein zu; es urteilt gewissermaßen beständig: ,,Der Gegenstand *ist*". Der Phänomenologe enthält sich dieses Fundamentalurteils.

Das heißt aber nicht, daß er die Gültigkeit dieses Urteils bestritte. Täte er dies, so leugnete er das Sein der Gegenstände zugunsten der subjektiven Vollzüge. Und das bedeutete: der Phänomenologe würde die Spannung zwischen der subjektiven und der objektiven Seite des Wahrheitsverständnisses einseitig zugunsten der ersteren auflösen und in einen Skeptizismus verfallen, der glaubt, nichts mehr über die Welt sagen zu können. Gegenüber diesem Mißverständnis betont Husserl: Das subjektive Erscheinen bleibt für den Phänomenologen Erscheinen-*von*-etwas. Aber gerade um dieses Erscheinen als solches analysieren zu können, muß er sich jeder positiven und – wie gerade gezeigt – auch jeder negativen Stellungnahme zum Sein des erscheinenden Gegenstandes enthalten. Diese Enthaltung, d. h. die völlige Neutralität gegenüber dem Seinsglauben, nennt Husserl unter Aufnahme eines Begriffs aus dem antiken Skeptizismus *Epoché*.

Unser Leben in der natürlichen Einstellung vollzieht sich zu allermeist in Handlungen verschiedenster Art. Hierbei leiten uns Interessen, und diese beziehen sich auf Gegenstände, die wir aufgrund des Seinsglaubens als seiend auffassen. So ist der Seinsglaube mit der Interessengebundenheit unseres natürlichen Lebens verschwistert. Sofern und solange wir uns jeglicher Seinsstellungnahme enthalten, lösen wir uns deshalb auch von unseren Interessen; wir werden zum ,,uninteressierten" oder ,,unbeteiligten Beobachter".

Diese Beobachterhaltung befähigt uns zur spezifisch phänomenologischen Reflexion, nämlich der Zurückbeugung unserer geistigen Aufmerksamkeit auf das subjektive Erscheinen der Gegenstände für das Bewußtsein. In der natürlichen Einstellung sind wir in unsere Gegenstände ,,verschossen"; wir leben ,,geradehin" in der Hingabe an die Gegenstände. Zwar ist uns bewußt, daß sie uns nur in Gegebenheitsweisen erscheinen können, aber wir machen dieses Erscheinen normalerweise nicht eigens zum Thema, oder wenn doch, dann nur sporadisch. Das Erscheinen-in-Gegebenheitsweisen vollzieht sich unthematisch; es „fungiert" als Medium, durch das wir auf den als seiend vermeinten Gegenstand Bezug nehmen; aber es bleibt bei diesem Fungieren im Schatten der Aufmerksamkeit zugunsten der Helle, in der sich der Gegenstand darbietet. Die phänomenologische Reflexion zieht dieses Fungieren gerade *als* unthematisches Medium des Erscheinens ans Licht.

Die Epoché versetzt den Phänomenologen in die Lage, die Gegenstände rein in ihrer Korrelation mit dem intentionalen Erscheinen zu betrachten. Indem er das tut, führt er das Ansichsein der Gegenstände zurück auf ihr Erscheinen in Gegebenheitsweisen; er „reduziert" so ihr Sein auf ein Sein-als-Erscheinen. Er „klammert" das in der natürlichen Einstellung als transzendent angesehene Sein „ein", um so das Sein als Erscheinen zum Vorschein zu bringen. Dies ist die „phänomenologische Reduktion". Es wäre ein Mißverständnis zu meinen, durch „Einklammerung" und „Reduktion" würde den Gegenständen etwas von der Fülle ihres Gehalts genommen. Im Gegenteil: nur auf dem Boden der Reduktion lassen sich die Gegenstände so analysieren, wie sie sich originär, also ohne die Verkürzung durch ein sachfernes Meinen, darbieten; erst durch die Reduktion zeigt sich die Welt in ihrem vollen Reichtum. Der Phänomenologe sieht nicht von der Welt ab zugunsten des Bewußtseins, sondern sein Interesse gilt gerade der Welt.

2. Phänomenologie als Konstitutionsforschung

Welche konkreten Aufgaben stellen sich nun für die Korrelationsanalyse? Die Antwort ergibt sich aus dem Begriff der Reduktion: Eine „Zurückführung" des Seins der Gegenstände auf ihr Erscheinen kann nur den Sinn haben, dieses Sein aus dem Erscheinen zu erklären: Daß unserem Bewußtsein bestimmte Arten von Gegenständen als existierend und als so und so seiend gelten, muß aus ihrem Erscheinen in den zugehörigen Gegebenheitsweisen verständlich gemacht werden. Das natürliche Bewußtsein schreibt den Gegenständen ein Sein zu, das die Jeweiligkeit der Gegebenheitsweisen transzendiert. Husserl bezeichnet die Phänomenologie u. a. deshalb als eine Transzendentalphilosophie (über diesen Begriff später mehr), weil sie dieses Transzendieren erklärt. Sie deckt auf, wie der unthematische Vollzug von Gegebenheitsweisen das Bewußtsein motiviert, diese auf bestimmte Arten von Gegenständlichkeit hin zu überschreiten und so zu seinem Seinsglauben zu gelangen. Den Beweggrund für die „Leistung", die das Bewußtsein damit vollbringt, können aber nur irgendwelche originären Gegebenheitsweisen bilden. Diese originäre „Motivation", aus der sich die Gegenstandshabe des Bewußtseins erklärt, nennt Husserl seit den *Ideen I* mit einem aus dem Neukantianismus übernommenen Begriff „*Konstitution*". Die Korrelationsanalyse soll zeigen, wie sich Seiendes verschiedener Art in entsprechenden Motivationsleistungen des Bewußtseins konstituiert, d. h. „aufbaut".

Der Konstitutionsforschung stellt sich eine Fülle von Aufgaben, deren Ordnung sich aus dem Gedanken ergibt, daß alle Arten von Erlebnissen durch ihren Bezug auf Evidenz aufeinander verwiesen sind. In jeglichem intentionalen Bewußtsein liegt nicht nur, sofern ihm die Sachnähe noch fehlt, eine Vorverweisung auf künftige oder mögliche Originarität; sondern es zehrt auch, sofern es schon Sachnähe und damit Sachhaltigkeit erreicht hat, von bereits erworbener Evidenz. Es verweist von seinem Sachgehalt her auf andere intentionale Erlebnisse zurück, ohne die es selbst nicht möglich wäre. So ist ein Erlebnis in anderen ,,fundiert". Dieser Gedanke der *Fundierungsordnung* gewann in der ganzen phänomenologischen Bewegung grundlegende methodische Bedeutung.

Die Idee der Fundierung hat Husserl zu der Annahme geführt, daß die Wahrnehmung als Urbeispiel und Grundlage intentionalen Erlebens anzusehen sei, weil sie in allen anderen Erlebnisarten vorausgesetzt werde. Wie auch immer ich mich nämlich fühlend oder wollend oder praktisch tätig zu etwas mir Begegnenden verhalten mag, immer setze ich seine Existenz voraus. Die Benutzung eines Gebrauchsgegenstandes etwa oder die Liebe zu einem anderen Menschen wären nicht möglich ohne die Erfahrung, daß das, was mir als brauchbar oder als liebenswert erscheint, überhaupt da ist. Diese Gewißheit aber verschafft mir in elementarer Weise die sinnliche Wahrnehmung. Zwischen der Wahrnehmung und den übrigen intentionalen Erlebnissen besteht also ein ,,Fundierungsverhältnis" einseitiger Art: Die übrigen intentionalen Erlebnisse sind nicht ohne Wahrnehmung möglich, wohl aber umgekehrt. Gerade dieser These haben später Heidegger mit seiner Darstellung der alltäglichen menschlichen Praxis in *Sein und Zeit* und Scheler mit seinen Analysen der Sympathie- und Liebesbeziehungen entschieden widersprochen.

Aus der Idee der Fundierungsordnung ergibt sich die Vorstellung von Stufen grundlegender und ,,höherstufiger" Erlebnisarten. Die Konstitutionsanalyse muß dieser Schichtung entsprechend als erstes erklären, wie sich das Sein des Gegenstandes der Wahrnehmung im Bewußtsein motiviert. Warum erscheint er uns als etwas dem Vollzug der Gegebenheitsweisen Transzendentes, Objektives? Husserl antwortet: zunächst einmal deshalb, weil wir ihn als etwas auffassen, was unverrückbar zu einer bestimmten Zeit existiert. Damit erweist sich das Bewußtsein von der *Zeit* als das fundamentalste Konstitutionsproblem.

Ich habe ein Bewußtsein davon, daß ein Gegenstand zu einem bestimmten Zeitpunkt oder über eine Folge von Zeitpunkten hinweg vorhanden ist, und lokalisiere ihn so in der ,,objektiven Zeit". Liegt seine Existenz in der Vergangenheit oder Zukunft, so muß ich sie durch Erinnerung bzw. Erwartung vergegenwärtigen. Ich kann sie aber nur vergegenwärtigen, weil ich oder jemand anderer sie einmal gegenwärtig erlebt hat oder erleben wird. Das Bewußtsein von der objektiven Zeit setzt also ein Bewußtsein von der Zeitlichkeit meiner Erlebnisse voraus. Alle meine intentionalen Erlebnisse sind mir als gegenwärtig vollzogen bewußt oder als etwas, was ich mir vergegenwärtigen kann. Sie gehören in diesem Sinne alle in den ,,Strom" meines Bewußtseins. Die Zeitlichkeit dieses Stroms ist mir bewußt im „*inneren Zeitbewußtsein*".

Hat ein Erlebnis stattgefunden, so erhält es von dann an eine unverrückbare Stelle in der Vergangenheit meines Bewußtseinsstromes. Die vergangenen Zeitstellen im inneren Zeitbewußtsein bilden insofern eine erste Objektivität noch vor aller Objektivität von Wahrnehmungsgegenständen in der objektiven Zeit. Demgemäß lautet nun die erste Frage der Konstitutionstheorie: Durch welche Leistungen des Bewußtseins kommt diese elementarste „Objektivität" zustande? D. h., wie bildet sich das Bewußtsein, durch das wir uns an irgendwelche Erlebnisse und ihre Inhalte erinnern können?

Bei der Beantwortung dieser Frage kommt Husserl zustatten, daß das Zeitbewußtsein ein besonders sprechendes Beispiel für die Bezogenheit des sachfernen Vermeinens auf originäre Erfahrung ist: Die „Ver-gegenwärtigung" von Vergangenheit und Zukunft durch Erinnerung und Erwartung verweist ihrem eigenen Sinn nach auf Erlebnisse, in denen das jetzt bloß Vergegenwärtigte unmittelbar als gegenwärtig gegeben war bzw. sein wird. Das „Gestern" ist ein verflossenes „Heute", das „Sogleich" ein bevorstehendes „Jetzt" usw. Demnach ist das Gegenwartsbewußtsein das originäre Zeitbewußtsein, und es stellt sich die Aufgabe, hierin irgendwelche für das natürliche Bewußtsein unthematischen Gegebenheitsweisen aufzuspüren, die meine Überzeugung davon motivieren, daß es möglich ist, vergangene Erlebnisse zu vergegenwärtigen und dabei in eine unumkehrbare Abfolge von Zeitstellen einzuordnen.

Die gesuchten Gegebenheitsweisen kommen zum Vorschein, wenn man darauf achtet, daß das Gegenwartsbewußtsein keineswegs das Bewußtsein von einem ausdehnungslosen „Jetzt" als punktuellem Einschnitt zwischen Vergangenheit und Zukunft ist, sondern daß es selbst eine gewisse – je nach Erlebnissituation variable – Ausdehnung hat: Die Gegenwart erfahre ich konkret als das Hören einer Melodie, das Niederschreiben eines Briefes, usw. Innerhalb dieser ausgedehnten Gegenwart gibt es einen Höhepunkt der Aktualität, daneben aber das soeben Gewesene und das gerade Kommende. Das gerade Gewesene ist mir in seinem Entgleiten unmittelbar noch-gegenwärtig. Ich behalte es *in* seinem Schwinden, und zwar ohne daß meine Aufmerksamkeit sich eigens darauf richtete. In entsprechender Weise ist das gerade Eintretende im Jetzt mitgegenwärtig. Nur dadurch sind uns beispielsweise im Fluß des Sprechens Anfang und Ende eines Satzes über den aktuell gesprochenen Laut hinaus präsent und wir können den roten Faden behalten. So ermöglichen zwei unthematisch fungierende Gegebenheitsweisen, die *Retention* und die *Protention*, daß das Gegenwartsbewußtsein eine gewisse Breite hat.

In der Retention nun bildet sich die Fähigkeit, Vergangenes zu vergegenwärtigen: Meine augenblickliche Retention sinkt – das ist der kontinuierliche „Fluß" der Zeit – ab in eine nächstfernere Vergangenheit, und das Jetzt, das gerade noch aktuell war, wird zur neuen Retention. In dieser neuen, unmittelbar aktuell vollzogenen Retention aber bleibt die vorhergehende Retention unmittelbar mitgegenwärtig, und so fort. Diese Verschachtelung von Retentionen ineinander setzt sich kontinuierlich fort, so daß ein ,,Kometenschweif von Retentionen" entsteht. Diese Retentionenkette bleibt über die Grenze des jeweiligen Gegenwartsbewußtseins hinaus in der Weise des Abgesunkenseins erhalten, und sie ermöglicht mir, das Vergangene an seiner Stelle durch Vergegenwärtigung wieder aufzufinden. Indem ich mich erinnere, ,,wecke" ich abgesunkene Gegenwarten und kann sie in der Vergangenheit lokalisieren, weil ich ein schlafendes, unthematisch fungierendes Bewußtsein davon habe, was ihnen in der Retentionenkette bis zur Gegenwart folgte. Und so konstituiert sich die Urgestalt von ,,Objektivität" im inneren Zeitbewußtsein.

Das Bewußtsein bedarf einer ganzen Reihe weiterer, normalerweise unbemerkt bleibender ,,Leistungen", beispielsweise der Konstitution des Raumes und des Kausalzusammenhangs, um sich in die Lage zu versetzen, Wahrnehmungsgegenstände zu erfahren. Auch mit ihrer ,,Objektivität" hat es aber noch längst nicht jene Objektivität im engeren Sinne des Wortes erreicht, durch die wir ausdrücken, daß etwas für eine unbestimmte Vielheit von Personen in einer unabhängig von ihren Auffassungssituationen gleichbleibenden Weise gegeben ist. Dies ist die Objektivität im Sinne der Geltung für jedermann. Sie setzt ein mehreren Subjekten gemeinsames, ,,intersubjektives", Bewußtsein voraus. Deshalb verlangt die Erklärung dieser höchsten Art von Objektivität als erstes eine Analyse der Konstitution von *Intersubjektivität*, d. h. des Bewußtseins von einer gemeinsamen Welt.

Wie alle Gegenstände transzendiert das Objektive in dieser gemeinsamen Welt die Jeweiligkeit spezifischer Gegebenheitsweisen. Deshalb muß Husserl fragen, welcher Art die Transzendenz ist, durch die sich das im engeren und strengen Sinne Objektive konstituiert. Zur Beantwortung dieser Frage macht er ein Gedankenexperiment: Ich kann von allen Bestimmungen absehen, die unsere gemeinsame Welt dadurch erhalten hat, daß sie nicht nur von mir, sondern von vielen Menschen erfahren wird. Durch dieses Experiment bleibt eine Welt übrig, in der mir alles nur mit den Bestimmungen erscheint, die es aus meinen eigenen Erlebnissen erhalten haben kann. Husserl bezeichnet diese abstraktiv reduzierte Welt als ,,primordial".

Von der primordialen Welt her gesehen, weist die objektive Welt-für-jedermann zusätzliche Bestimmungen auf, die die Primordialität transzendieren und die darauf zurückgehen, daß meine Welt auch von Anderen erfahren wird. Husserl nennt das, was die primordiale Welt überschreitet, das Fremde oder Ichfremde. Dieses Fremde sind zunächst die Charaktere der Welt, die sie durch die Anderen erhält. Aber auch diese Anderen selbst transzendieren meine primordiale Welt. Auch sie sind also etwas Fremdes, und sie sind, nach Husserls These, der Fundierungsordnung nach das erste Ichfremde. Dadurch, daß meine Welt von Subjekten miterfahren wird, die meine Primordialsphäre transzendieren, bekommt sie den Charakter, eine gemeinsame Welt mit Inhalten zu sein, die objektiv für jedermann gelten.

So stellt sich für Husserl die Aufgabe, die ,,Fremderfahrung" zu erklären: Was motiviert mich innerhalb meiner primordialen Sphäre, diese auf das erste

Fremde, d. h. auf Andere hin, zu transzendieren? Zur Lösung dieses Konstitutionsproblems greift Husserl erneut erstens auf den Grundunterschied von originärem und nichtoriginärem Bewußtsein und zweitens auf das Fundamentalerlebnis der Wahrnehmung zurück. In jeder Wahrnehmung ist mir einiges, z. B. die Vorderseite des Tisches hier, gegenwärtig, anderes, z. B. seine Rückseite, ungegenwärtig. Aber das Ungegenwärtige ist mir im Bewußtsein des Gegenwärtigen mitgegenwärtig; das Präsente verweist mich, ohne daß mir das normalerweise thematisch bewußt wäre, auf das Mitgegenwärtige, „Appräsentierte", und motiviert mich so, dieses mitvorzustellen. Wenn es nun möglich sein soll, daß ich in meiner primordialen Welt zur Transzendierung dieser Welt motiviert werde, so kann dies nur so geschehen, daß ich in etwas primordial Präsentem etwas nicht Präsentes appräsentiere. Dieses Präsente ist des Anderen Körper, von dem ich aber innerhalb der Primordialität noch nicht weiß, daß er der Leib eines Anderen ist. Er motiviert mich, den darin unmittelbar erscheinenden Anderen in seiner Transzendenz zu appräsentieren.

Die grundlegende Aufgabe der Husserlschen Intersubjektivitätstheorie besteht darin, diese Appräsentation von der Appräsentation im Rahmen einer normalen Wahrnehmung abzugrenzen und so in ihrer Eigentümlichkeit herauszustellen. Auf diese sehr subtile, aber auch höchst problematische Analyse kann hier nicht weiter eingegangen werden.

Die Theorien des inneren Zeitbewußtseins und der Intersubjektivität sind wohl Husserls berühmteste Konstitutionsanalysen. Zu seinen Lebzeiten sind beide nur in ihren Grundgedanken bekannt geworden: die Zeitanalyse durch einen Auszug aus einer Vorlesung von 1905, den Heidegger 1928 herausgab, die Intersubjektivitätsanalyse durch den 5. Teil der *Cartesianischen Meditationen* von 1929. Beide Themen haben Husserl aber über Jahrzehnte beschäftigt.

Man darf nicht verkennen, daß die Grundabsicht aller dieser Konstitutionsanalysen die Erklärung des Zustandekommens von Objektivität ist. Daher stellt sich das Zeitproblem für Husserl ganz anders als etwa für Heidegger in *Sein und Zeit;* und an der Intersubjektivitätsproblematik interessieren ihn nicht primär die sozialen Beziehungen als solche, obwohl Husserls Ansatz auch für Fragen in dieser Richtung anregend gewirkt hat. Bekannt geworden ist hier vor allem das Werk von Alfred Schütz (*Der Aufbau der sozialen Welt,* 1932).

Solange die Korrelationsforschung im wesentlichen durch die im 1. Abschnitt dargestellten Gedanken charakterisiert war, konnte sie noch als eine bloße Methode vorurteilsfreier Analyse aufgefaßt werden. Philosophie will aber mehr sein als das. Sie fragt seit Aristoteles ausdrücklich nach dem Sein alles Seienden. Seit ihrer Ausbildung zur Konstitutionsforschung enthält die Husserlsche Phänomenologie eine These über das Sein: Dem Seienden überhaupt wird das selbständige Bestehen, das wir ihm in der natürlichen Einstellung selbstverständlich zubilligen, abgesprochen, und es wird als ein sich in Bewußtseinsverläufen bildender Sinn interpretiert; Sein wird so auf intentionales Vorgestelltsein reduziert. Husserl versteht die Phänomenologie spätestens seit den *Ideen I* in diesem Sinne als „Idealismus".

Mit der idealistischen These über das Sein wird die Phänomenologie ihrer Absicht nach von einer Methode zur Philosophie. Aber es wird nicht sogleich deutlich, daß die Konstitutionsforschung dem Anspruch der Philosophie auf universale Erkenntnis des Seienden gerecht wird. Konstitutionsanalysen beziehen sich jeweils auf einen bestimmten Gegenstandsbereich. Gezeigt wird, wie das Sein von Gegenständen einer bestimmten Art oder Gattung von Seienden in Bewußtseinsleistungen zustande kommt. Den ,,Leitfaden" für solche Analysen bilden die durch eidetische Reduktion erkennbaren Wesensstrukturen solcher Gegenstandsbereiche, also z. B. der Wahrnehmungsgegenstände, der Zahlen, der sprachlichen Bedeutungen, der Rechtsnormen, der ethischen oder sonstigen Werte usw. Um nicht bei einer Ansammlung von Einzelanalysen stehen zu bleiben, unterteilt Husserl in den *Ideen II* erstmals das Seiende überhaupt in umfassende Regionen: die materielle (raumdingliche) Natur, die animalische (beseelte, lebendige) Natur und die geistig-personale Welt. Er entwickelt deren Grundbestimmungen in regionalen Ontologien, die zugleich die apriorischen Voraussetzungen enthalten, unter denen es zur Abgrenzung der Gebiete der Wissenschaften kommt. Doch auch eine Summierung solcher Ontologien garantiert noch nicht die Vollständigkeit einer wirklich universalen Erkenntnis.

3. Phänomenologie als Transzendentalphilosophie

Daß die Philosophie als Erkenntnis des Ganzen alle Art- und Gattungsbestimmungen noch ,,übersteigt", brachte schon der scholastische Begriff der ,,Transzendentalien", d. h. der auf Seiendes überhaupt bezüglichen Bestimmungen, zum Ausdruck. Kant nahm den Begriff des Transzendentalen wieder auf und bezeichnete damit die Art von Erkenntnis, die nach den apriorischen Bedingungen der Möglichkeit unserer Erfahrung der Gegenstände fragt. Die Philosophie ist nunmehr deshalb Universalwissen, weil sie das Seiende überhaupt in seiner Bezogenheit auf Bewußtsein zum Thema macht. Husserl kann die Kennzeichnung ,,Transzendentalphilosophie" für die Konstitutionsforschung übernehmen, weil erstens wegen der phänomenologischen Reduktion das Seiende streng nur im Wie seines Erscheinens für das Bewußtsein betrachtet wird und weil es dabei zweitens zufolge der eidetischen Reduktion nur um die *apriorischen* Bedingungen der Möglichkeit solchen Erscheinens geht.

Trotzdem bleibt der Verdacht, daß die Phänomenologie dem Universalitätsanspruch, den der Begriff ,,transzendental" ausdrückt, nicht genügt, solange die phänomenologische Reduktion nur zu partiellen Konstitutionsanalysen für einzelne Seinsbereiche führt. Soll die Reduktion eine wahrhaft ,,*transzendental*-phänomenologische Reduktion" werden, so muß Husserl nachweisen, daß die Einstellungsänderung gegenüber dem natürlichen Bewußtsein, die mit der Reduktion vollzogen wird, von vornherein eine Besinnung auf das Ganze des Seienden, d. h. die Welt, ermöglicht.

Um dies zu zeigen, lehnte er sich seit der in die transzendentale Phänomenologie einführenden „Fundamentalbetrachtung" der *Ideen I* (in seinen Vorlesungen noch früher) immer wieder, bis zu den *Cartesianischen Meditationen* von 1929, an den Gedankengang des Descartes in den *Meditationen über die erste Philosophie* an. Ähnlich wie sich durch die Haltung des universalen methodischen Zweifels bei Descartes mein Bewußtsein als unbezweifelbare Substanz und damit als Grundlage allen Wissens herausstellt, ermöglicht mir die phänomenologische Einstellungsänderung der Epoché, reflektierend den Blick in mein Inneres, das Bewußtsein, zu richten und dieses als das gesuchte universale Forschungsfeld der Philosophie zu entdecken.

Mein Bewußtsein setzt sich aus den miteinander verflochtenen intentionalen Erlebnissen zusammen. Sie sind im Bewußtsein als dessen wirkliche, „reelle", Bestandteile enthalten. Mein Inneres, der Bewußtseinsstrom, umschließt alle diese Erlebnisse; sie sind seiner Innerlichkeit „immanent". Durch die Epoché tut sich also vor dem Blick meiner Reflexion eine ganze innere Welt, das Reich meiner bewußtseinsimmanenten Erlebnisse, auf. Diese innere Welt bildet nun aber keineswegs nur einen Teil der Welt überhaupt; denn durch die intentionale Bezogenheit auf Gegenstände enthalten meine Erlebnisse trotz ihrer Bewußtseinsimmanenz auch die den Bewußtseinsvollzügen transzendente Welt. Die Transzendenz dieser Welt wird so als „immanente" oder „intentionale Transzendenz" von meiner inneren Welt mit umschlossen. Und so erweist sich das Forschungsfeld, das die phänomenologische Einstellungsänderung eröffnet, von vornherein als allumfassend.

In seiner ungewöhnlichen und nie ablassenden Bereitschaft zur Selbstkritik spürte Husserl, daß die Anlehnung an Descartes zu einem fundamentalen Mißverständnis der Phänomenologie verleiten konnte, ja vielleicht sogar mußte. Die Unterscheidung zwischen den reellen und den intentionalen bzw. den immanenten und den transzendenten Gehalten des Bewußtseins begünstigte den Eindruck, als werde hier der cartesianische Dualismus von Subjekt und Objekt erneuert. Dieser Eindruck aber widersprach von Grund auf dem Geist der Korrelationsforschung. Mit seiner nichteinseitigen Auflösung der Subjekt-Objekt-Spannung im Wahrheitsverständnis hatte Husserl diesen Dualismus gerade überwunden und damit der Philosophie des zwanzigsten Jahrhunderts als erster ganz neue Möglichkeiten eröffnet. Das Phänomen im Husserlschen Sinne, d. h. das intentionale Erscheinen des Seienden in unthematisch fungierenden Gegebenheitsweisen, bildet eine Dimension des „Zwischen", die sich weder einer – von der vermeintlich transzendenten Außenwelt abgetrennten – Immanenzsphäre des Bewußtseins noch jener „Außenwelt" zurechnen läßt. Weil Husserl dies spürte, bemühte er sich in seiner Spätzeit um einen überzeugenderen, nichtcartesianischen Weg der transzendental-phänomenologischen Reduktion.

Ein solcher Weg zeichnete sich durch den Begriff des Seinsglaubens ab. Dieser Glaube bezieht sich zunächst auf das Sein des einzelnen Gegenstandes in einem einzelnen intentionalen Erlebnis. Er umfaßt aber bei näherer Betrachtung das Ganze aller dieser Gegenstände, die „Welt". In der ungebrochenen natürlichen Einstellung sprechen wir nämlich nicht nur – und nicht einmal in erster Linie – dem einzelnen Erlebnisgegenstand ein Sein zu, das nicht in der Jeweiligkeit seiner Gegebenheitsweisen aufgeht; sondern die so verstandene ,,Seinssetzung" bezieht sich primär auf die Welt, und dies aus folgendem Grunde: Das intentionale Bewußtsein macht unvermeidlich die Erfahrung, daß einzelne Gegenstände, die es für existierend und für so und so beschaffen hielt, sich als nichtexistierend oder anders beschaffen erweisen; es muß immer wieder diese oder jene ,,Seinsgeltung" ,,durchstreichen". Durch die Überführung irgendwelcher unbestimmter Vormeinungen, d. h. vager oder ,,leerer" Intentionen, in originäre Gegebenheitsweisen gelangen wir nicht nur zu Erfüllungen oder Bewährungen, sondern ebenso auch zu ,,Enttäuschungen". Hierdurch bleibt aber eine Grundüberzeugung unberührt: der Glaube, daß die Welt als der Boden, auf den wir gewissermaßen alle Gegenstände stellen, Bestand hat. Jede Enttäuschung führt nämlich immer nur zu einem ,,nicht so, sondern anders", niemals aber zu einem völligen Nichts. So bleibt das Sein der Welt in ,,Endgeltung", auch wenn wir dem Sein und Sosein dieses oder jenes Gegenstandes seine Geltung für uns entziehen müssen.

Diesen weltbezogenen Seinsglauben nennt Husserl die *Generalthesis* der natürlichen Einstellung. Ihre Entdeckung macht einen umfassenderen Begriff von Epoché möglich: Die Neutralität gegenüber dem Seinsglauben läßt sich nun als ein Nichtmitmachen des ,,Weltglaubens" bestimmen. Damit aber erstreckt sich auch die phänomenologische Reduktion, die auf der Epoché beruht, sogleich auf das Ganze der Welt und bekommt den gewünschten transzendentalen Charakter. Um diesen Gedanken zu konkretisieren, mußte Husserl freilich nachweisen, daß zu jedem einzelnen Gegenstandsbewußtsein die unausdrückliche Überzeugung vom Sein der Welt gehört.

Der Gegenstand bildet im intentionalen Erlebnis das Thema des Bewußtseins im Unterschied zum unthematischen Fungieren der Gegebenheitsweisen, in denen er erscheint. Nun gehört zu jedem Erlebnis die Möglichkeit, die Aufmerksamkeit vom gerade gegebenen Gegenstand ausgehend anderen Gegenständen zuzuwenden. Beispielsweise habe ich bei der Wahrnehmung der Vorderseite des Tisches hier das Bewußtsein: ich kann um ihn herumgehen und seine Rückseite sehen; ich kann meinen Blick in dem Raum schweifen lassen, in dem er steht; ich kann dann aus dem Fenster dieses Raumes blicken und von dort aus weitere Gegenstände entdecken usw. Mein konkretes intentionales Erlebnis zeichnet mir also einen bestimmten Spielraum von Möglichkeiten vor, schrittweise immer weitere Gegenstände zu thematisieren. Über diesen Spielraum verfüge ich zwar frei, aber nicht in völliger Beliebigkeit. *Wie* ich weiter thematisieren kann, unterliegt einer Regelung, mit der ich in einer unausdrücklichen Weise vertraut bin. Ich habe so ein unthematisches Bewußtsein der Verwiesenheit von einem Erlebnisgegenstand auf immer weitere Gegenstände.

Die Vertrautheit mit dem geregelten Verweisungszusammenhang, innerhalb dessen ich meine konkrete Erfahrung fortsetzen kann, nennt Husserl

Horizontbewußtsein, und den Spielraum möglicher Erfahrung, der dadurch eröffnet wird, *Horizont.* Husserl hat die alltagssprachliche Bedeutung des Wortes „Horizont" aufgenommen und erweitert. Der Horizont ist in einem umfassenden Sinne mein Gesichtskreis, der Umkreis der um mich als Mittelpunkt orientierten Welt; er verschiebt sich mit den Positionsveränderungen meiner selbst. Er ist als der Spielraum meiner Erfahrungsmöglichkeiten etwas Subjektives; ich finde diese „Möglichkeiten" zwar vor, aber so, daß *ich* es bin, der über sie verfügt. Es liegt in meiner Vollmacht, in meinem „Vermögen", dem Verweisungszusammenhang in der von mir gewünschten Richtung nachzugehen. Das Horizontbewußtsein ist so – wie Husserl formuliert – ein Bewußtsein meiner „Vermöglichkeiten".

Zu meiner Vermöglichkeit gehört aber das Bewußtsein, das Thematisieren neuer Gegenstände immer weiter fortsetzen zu können, d. h. das Bewußtsein eines endlosen Undsoweiter. Kraft dieses Bewußtseins haben wir das eben erwähnte Vertrauen, daß unser intentionales Erleben niemals völlig ins Leere stößt, auch wenn einzelne Enttäuschungserlebnisse die Seinsgeltung einzelner Gegenstände aufheben. So haben wir in der Unendlichkeit des Horizontbewußtseins die Überzeugung von einem undurchstreichbaren letzten Horizont; es eröffnet sich ein Horizont für alle Horizonte: die *Welt.*

Mit der Entdeckung der Welt hat Husserl die Lehre von der Generalthesis konkretisiert: So wie zum einzelnen Gegenstand seine normalerweise unthematisch fungierenden Gegebenheitsweisen gehören, so ist das einzelne Gegenstandsbewußtsein eingebettet in den unthematisch fungierenden Weltglauben. Der thematische Gegenstand, das Objekt meiner Aufmerksamkeit, ist etwas Identisches, das bleibt gegenüber der Mannigfaltigkeit der Gegebenheitsweisen, d. h. der wechselnden Aspekte, in denen es sich mir darbieten kann. Entsprechend ist die Welt etwas identisch Verharrendes gegenüber den einzelnen Gegenstandserlebnissen; die Seinsgeltung der Gegenstände kann in der originären Gegebenheit bestätigt oder entkräftet werden, aber die eine Welt bleibt dabei in Endgeltung. Ebenso wie im Rahmen der phänomenologischen Methode das vermeintliche An-sich-Bestehen des Gegenstandes auf sein Sein im Wie seines Erscheinens reduziert wurde, muß nun in der Einstellung einer schlechthin umfassenden Epoché die Endgeltung der Welt auf das Wie ihres Erscheinens im Horizontbewußtsein reduziert werden. Das bedeutet: Das Ganze der Welt ist keine Summe an sich seiender Gegenstände, sondern der umfassendste Spielraum meiner Vermöglichkeiten als um mich orientierter Verweisungszusammenhang. Mit der notwendigen Universalisierung der Epoché radikalisiert sich die „phänomenologische Reduktion", von der es schien, als könnte sie eine rein methodische oder zumindest bloß partikulare Denkoperation bleiben, zur „transzendental-phänomenologischen Reduktion". Es ist gezeigt, daß der phänomenologische Denkansatz sich zur Transzendentalphilosophie erweitern muß. In ihr vollendet sich nun nach Husserls Überzeugung erst konkret, was Kant intendiert hatte.

Diesem Übergang zur Philosophie stellt sich freilich noch ein letztes Hindernis entgegen, das Husserl vor allem in der zweiten Hälfte der zwanziger Jahre beschäftigte. Die Endgeltung der Welt meldet sich konkret im einzelnen intentionalen Erlebnis darin, daß ihr Seinscharakter sozusagen auf den jeweils thematischen Gegenstand abfärbt. Indem wir ihn in der natürlichen Einstellung für seiend halten, schreiben wir ihm etwas von dem unumstößlichen Sein der Welt zu, auf deren Boden wir ihn stellen. Die radikale transzendentale Epoché vom Weltglauben schließt deshalb die Epoché bezüglich der Seinsgeltung des einzelnen Erlebnisgegenstandes ein. Wer die Seinsgeltung auch nur eines solchen Gegenstandes ungebrochen mitvollzieht, läßt damit auch die Welt in Endgeltung. Er verbleibt in der weltgläubigen, „mundanen", Einstellung und steht noch immer vor den Toren der transzendentalen Position. Nun ist aber auch die phänomenologische Analyse selbst ein intentionales Erlebnis mit einem Gegenstand: Ihr Thema bildet mein Bewußtsein als der Bereich meiner intentionalen Erlebnisse überhaupt, d. h. aber: *ich* selbst als der Vollzieher des intentionalen Erscheinens. Diese Überlegung zwingt die Phänomenologie zu einer selbstkritischen Frage: Wie steht es eigentlich mit dem Sein meines Ich, also des Gegenstandes meiner phänomenologischen Reflexion? Soll meine Einstellung nicht mundan bleiben, dann muß ich auch in bezug auf die natürliche Überzeugung vom Sein meines eigenen Ich Epoché üben; sonst lasse ich die Welt in Endgeltung. Ich darf nicht glauben, mit dem Sein meines Ich „ein kleines Stückchen Welt" retten zu können.

Dies war nach Husserl der Grundfehler von Descartes: Er räumte der Existenz des Ich im Weltverlust durch den universalen methodischen Zweifel eine Sonderstellung ein, indem er es für unbezweifelbar seiend hielt. Mit dieser positiven Stellungnahme zum Sein des Ich blieb er der Mundanität verhaftet. An die Stelle des methodischen Zweifels muß die Epoché, die völlige Neutralität gegenüber jeder Stellungnahme, treten. Soll sie aber radikal sein, so darf das Sein des Ich nicht als weltlich, sondern es muß transzendental aufgefaßt werden, d. h. der Seinsglaube muß auch in bezug auf das Sein dieses Ich in der Schwebe bleiben. Husserl drückt diesen Gedanken abgekürzt so aus, daß er sagt: Das Ich darf im Rahmen der phänomenologischen Transzendentalphilosophie nicht als mundanes, sondern nur als transzendentales Ich auftreten. Damit will er nicht sagen, daß es sich um zweierlei Ich handelte, sondern nur, daß ein und dasselbe Ich – ich selbst – in der transzendentalen Einstellung konsequent einer anderen Betrachtungsweise als in der natürlichen Haltung unterzogen werden muß.

Nach Husserl ist eine Gestalt von Phänomenologie möglich, bei der das Ich noch mundan aufgefaßt wird, d. h. weiterhin als Mensch, als Seele oder wie immer die Geltung eines Seienden-in-der-Welt behält. Die ganze Gegenstandswelt wird bereits auf das Wie ihres rein intentionalen Erscheinens reduziert, und doch bleibt hier die Phänomenologie eine mundane, vorphilosophische Wissenschaft. Diese Phänomenologie ist nichts anderes als die nichtempirische Psychologie, d. h. die Wissenschaft von den durch eidetische Reduktion erkennbaren Wesensstrukturen aller Erlebnisse, wie sie in der Reflexion auf dem Boden der Epoché analysiert werden können. Die so verstandene *phänomenologische Psychologie* enthält zwar schon den ganzen Inhalt der Phänomenologie, aber noch innerhalb der Mundanität. Es bedarf nach Husserl nur noch einer ,,Vorzeichenänderung", durch die das Ich nicht mehr mundan, sondern transzendental aufgefaßt wird, um diese Art von Psychologie in Transzendentalphilosophie zu überführen.

Die allerletzte Bastion der Mundanität ist eine Auffassung des Ich, die dieses zwar schon als transzendental begreift, aber es weiter als Bewußtseinsstrom interpretiert. Die Vorstellung von einem solchen Strom setzt, wie im 2. Abschnitt erklärt, ein ursprünglichstes ,,Objektivitätsbewußtsein" voraus, nämlich die im inneren Zeitbewußtsein liegende Überzeugung von an sich bestehenden, für die Vergegenwärtigung bereitliegenden Zeitstellen. Deshalb verlangt die Verwirklichung der Phänomenologie als Transzendentalphilosophie eine äußerste und letzte Radikalisierung der Reduktion, in der das Zeitbewußtsein des transzendentalen Ich auf das reine Gegenwartserlebnis seiner selbst – die ,,lebendige Gegenwart" als Urdimension allen intentionalen Lebens – reduziert wird. Um diese Reduktion zu vollenden, nahm Husserl Anfang der dreißiger Jahre noch einmal die Zeitanalyse auf. Er sah hier das tiefste Problem der Phänomenologie. Wie er in seinen unveröffentlichten Manuskripten versucht hat, es zu lösen, kann hier nicht mehr dargestellt werden.

4. *Phänomenologie als genetische Theorie der Lebenswelt*

So wie die Konstitutionstheorie zunächst konzipiert war, ging es um die Konstitution bestimmter Gegenstandsbereiche. Je deutlicher sich mit der Radikalisierung der Reduktion herausstellte, daß das Thema der Phänomenologie als Transzendentalphilosophie nicht isolierte Gegenstände, sondern die Horizonte bzw. die Welt sind, um so klarer wurde Husserl, daß er die Frage beantworten mußte, wie sich die Gegenstände *in* ihren Horizonten und letztlich *in* der Welt konstituieren.

Zu einer Antwort auf diese Frage wurde er zugleich durch einen fundamentalen Mangel des ersten Ansatzes der Konstitutionstheorie in den *Ideen I* gedrängt. Wie erwähnt, spricht Husserl von den Leistungen, die das Bewußtsein bei der Konstitution von Gegenständen erbringt. Was wird hier eigentlich ,,geleistet"? Husserl antwortet in den *Ideen I:* Das Bewußtsein deutet irgendwelche ihm schon zur Verfügung stehenden Inhalte so, daß es dadurch zu der Überzeugung gelangt, in ihnen bekunde sich ein objektiver Gegenstand. In seinen Vollzügen, in der ,,Nóësis", faßt das Bewußtsein vorgegebene Inhalte als gegenständliche, ,,noëmatische", Gegebenheiten auf. Die noëtischen Vollzüge sind Auffassungsleistungen, ,,Apperzeptionen", in denen die primären Inhalte verarbeitet werden.

Die Inhalte bilden ihrerseits den Stoff, oder wie Husserl mit einem Begriff des Aristoteles sagt: die Hyle, für eine apperzeptive Formung. Husserl orientiert sich hier wieder am Fundamentalerlebnis der Wahrnehmung: Die Hyle besteht konkret aus den Gegebenheiten, den „Daten", die uns irgendwelche Empfindungen verschaffen, also z. B. Farb- oder Temperatureindrücke. Die Zustände, die durch solche Eindrücke in uns hervorgerufen werden, sind als solche noch nicht gegenstandsbezogen, sondern erst, wenn ihr Gehalt *als* dies oder jenes aufgefaßt wird, also beispielsweise ein empfundenes Rot als Eigenschaft eines Gegenstandes. Die Nóësis verwandelt die Empfindungsdaten der Hyle in noëmatische Gehalte, in denen sich Gegenständliches darstellt. Das Gegenständliche ist transzendent gegenüber dem hyletischen Material, aber auch gegenüber den noëtischen Vollzügen, durch die es noëmatische Bedeutung bekommt. In diesem Sinne zählt Husserl in den *Ideen I* die Hyle neben der Nóësis zum reellen Inhalt des Bewußtseins, der durch die Apperzeption auf transzendente Gegenstände hin überschritten wird.

In dieser Unterscheidung von reellen und transzendenten Gegebenheiten verbirgt sich aber nichts anderes als der cartesianische Dualismus von Bewußtseinsimmanenz und Außenwelt, der mit dem Grundansatz der Korrelationsforschung im Prinzip schon überwunden war. Husserl mußte daher vor allem die Lehre von den Empfindungsdaten revidieren und zeigen, daß das Bewußtsein auch in den in der Fundierungsordnung der Erlebnisse elementarsten Bereichen bereits weltbezogen und nicht in die Immanenz bloß reeller Gegebenheiten eingeschlossen ist.

Der Elementarbereich des Erlebens galt traditionell als eine Sphäre des Erleidens, der Passivität: Die Empfindungseindrücke überkommen uns ohne unser Dazutun. Als etwas rein passiv Empfangenes bilden sie, so dachte auch Husserl zunächst, das apperzeptionsbedürftige, also erst noch mit Welthaltigkeit auszustattende Material. Der Weltbezug des Bewußtseins sollte durch die Aktivität der Apperzeption gestiftet werden. Um dem cartesianischen Dualismus zu entgehen, mußte Husserl diese Dichotomie zwischen rein passiven Vorgegebenheiten und darauf aufgestockten Aktivitäten auflösen und zweierlei nachweisen: Erstens: das Empfinden ist von vornherein welthaltig, weil es immer schon Tätigsein, elementare Aktivität enthält. Zweitens: alle aktiven, apperzeptiven Leistungen unterliegen ihrerseits der Passivität. Diese doppelte Weiterentwicklung des Konstitutionsgedankens ermöglichte ihm zugleich, die Theorie der Gegenstandskonstitution in eine Theorie der Horizont- bzw. Weltkonstitution zu überführen.

Das wichtigste Stück des ersten Nachweises war die Lehre von den *Kinästhesen,* den mit Bewegung verbundenen Wahrnehmungen. Jegliches sinnliche Empfinden bedarf irgendwelcher passenden Leibesbewegungen. Um etwas zu sehen, muß ich z. B. die Augen oder den Kopf bewegen, – um etwas zu betasten, meine Hände, usw. Alle diese Bewegungen laufen keineswegs rein passiv ab. Sie vollziehen sich zwar normalerweise unbemerkt gewohnheitsmäßig, aber im Falle der Störung oder Hemmung einer solchen Bewegung werde ich meiner eigenen Vermöglichkeit, sie zu steuern, bewußt. Diese Theorie ist nur das vielleicht bedeutsamste Beispiel für einen ganzen Bereich von neuartigen philosophisch-psychologischen Untersuchungen in der Sphäre der Leiblichkeit, den Husserl mit seiner Analyse der passiven Konstitution – teils gegen sein cartesianisch klingendes Programm – eröffnete. Den größten Beobachtungsreichtum auf diesem Feld bewies M. Merleau-Ponty in seiner *Phänomenologie der Wahrnehmung*.

Als zweites hatte Husserl nachzuweisen, daß alle aktiven Konstitutionsleistungen der Passivität unterliegen. Husserl nennt diese Leistungen in seiner Spätzeit *Urstiftungen*. Eine Urstiftung findet statt, wenn das Bewußtsein – nicht irgendein Einzelner, sondern eine wie immer zu definierende Sprach- oder Kulturgemeinschaft – seinen bisherigen Gegenstandshorizont auf eine neue Art von Gegenständlichkeit hin überschreitet, also z. B., wenn ein neues Werkzeug erfunden wird. Alle Gegenstände der menschlichen Kultur haben sich einmal durch die gegenstandsbildende Leistung von Urstiftungen konstituiert. Mit jeder Urstiftung erwirbt das Bewußtsein die Vermöglichkeit, auf die neue Art von Gegenständlichkeit von nun an immer wieder zurückzukommen; d. h. die Erfahrung der betreffenden Gegenstände wird zur Gewohnheit. Diese „Habitualisierung" oder auch „Sedimentierung" ist ein passiver, d. h. kein von mir als Vollzieher aktiv initiierter Prozeß. Der schöpferische Akt der Urstiftung gerät dabei normalerweise in Vergessenheit. Die Gewohnheit wird zur unthematischen Vertrautheit mit der Vermöglichkeit, Gegenstände der betreffenden Art zu erfahren. Das aber bedeutet: Durch die passive Habitualisierung der Urstiftung bildet sich ein Horizont, in dem das Bewußtsein fortan lebt, und zwar ohne die ursprüngliche Entstehung dieses Horizonts in der Aktivität der Urstiftung immer wieder neu vollziehen zu müssen.

Mit diesem Gedanken bekommt die Konstitutionstheorie eine ganz neue Dimension. Zu ihrem Grundthema wird die Geschichte, die „Genesis", in der sich das Horizontbewußtsein bildet und bereichert. Die neue, genetische Konstitutionstheorie verteilt sich auf zwei Gebiete. Nicht jeder Horizont kann auf der Habitualisierung von Urstiftungen beruhen. Die Aktivität des Urstiftens setzt eine *passive Genesis* elementarer Horizonte voraus. An dieser Genesis sind vor allem beteiligt: zuunterst die ursprüngliche Zeitbildung in der „lebendigen Gegenwart"; sodann das Fundamentalgeschehen der „Assoziation", durch die sich beständig ein Zusammenhang von Bewußtseinsinhalten herstellt, noch bevor wir sie eigens aktiv zueinander in Verbindung setzen; ferner die kinästhetischen Abläufe, in denen sich die Sinneseindrücke zu ersten gestalthaften Komplexen formieren. Alle diese fortwährend im Gange befindlichen passiven Prozesse sind aber schon von Vorgestalten der Aktivität durchsetzt. Deshalb kann der Primärbereich der passiven Genesis gleitend in den zweiten Bereich, die *aktive Genesis* der Urstiftungen, übergehen. Und diese Aktivität ihrerseits bleibt durch die „sekundäre Passivität" der Habitualisierung von der Passivität umfangen.

Erst mit der Phänomenologie der aktiven und passiven Genesis kommt der Gedanke zum Tragen, daß das Bewußtsein nicht isolierte Gegenstände, sondern Horizonte und damit letztlich Welt konstituiert. Und so gelangt die radikale transzendental-phänomenologische Reduktion konkret erst hierdurch ans Ziel. Die Entdeckung der bewußtseinsgeschichtlichen Dimension durch die Theorie der genetischen Konstitution hat es Husserl möglich gemacht, in seiner spätesten Zeit noch einmal auf eine neue und für die Philosophie bis heute folgenreiche Weise in die Phänomenologie einzuführen. In der *Krisis*-Abhandlung von 1936 präsentiert er die transzendentale Phänomenologie als die einzige Instanz, die in der Sinnkrise, zu der die Verwissenschaftlichung unserer Welt und unseres Lebens in der Moderne geführt hat, eine zutreffende Diagnose stellen kann. Eine solche Diagnose setzt eine entsprechend gründliche Anamnese voraus: Husserl begreift die gesamte moderne Wissenschaft als Resultat einer Folge von wissenschafts- und philosophiegeschichtlichen Urstiftungen, deren letzte und für uns maßgebende die Stiftung der neuzeitlichen mathematisierten Naturwissenschaft war.

Jede Urstiftung überschreitet als aktive Konstitution von neuer Gegenständlichkeit einen unthematisch vertrauten Horizont von Gegenständen. Dabei entsteht der schon erwähnte Seinsglaube bezüglich des thematischen Gegenstandes. Er wird als an sich oder objektiv bestehend aufgefaßt; d. h. er erscheint als irrelativ auf die unthematischen Gegebenheitsvollzüge und – wie wir jetzt hinzufügen können – auf das unthematische Horizontbewußtsein, in das diese Vollzüge eingebettet sind. Mit der Urstiftung des Kulturgebildes: Philosophie und Wissenschaft wurde erstmals in der Menschheitsgeschichte das Ganze der Welt selbst als etwas in diesem Sinne Objektives vergegenständlicht und zum Thema der Forschung. Durch die Mathematisierung der neuzeitlichen Naturwissenschaft entstand dann in einer neuen Urstiftung das moderne Ideal der unbedingten wissenschaftlichen Objektivität: Das wissenschaftlich Gültige soll von jeder Relativität auf die jeweilige subjektive Gegebenheit frei sein. Das Ansichsein, die Objektivität der wissenschaftlich erkennbaren Welt wird als eine radikale Unbezüglichkeit auf die subjektiven Erfahrungshorizonte aufgefaßt. Dieses Objektivitätsideal ist aber nichts Selbstverständliches, sondern Produkt der Auffassungsleistung, die mit der Urstiftung der modernen Wissenschaft einhergeht. Nur durch den aufgrund dieser Leistung entstandenen Seinsglauben kann seitdem die zum Gegenstand der Wissenschaft gewordene Welt als absolut an sich oder objektiv bestehend erscheinen.

Weil nun diese wie jede Urstiftung aufgrund der passiven Sedimentierung zur Gewohnheit wird, gerät die geschichtliche Herkunft des Objektivitätsideals in Vergessenheit. Die unbedingte Objektivität wird zur Selbstverständlichkeit. Es entsteht die Erkenntnishaltung des ,,*Objektivismus*". Sie aber führt zu der Sinnkrise der modernen Wissenschaft und mit ihr des Lebens in der verwissenschaftlichten Welt. Diese Welt erscheint wegen ihrer totalen Irrelativität auf die konkrete, subjektiv-horizonthaft in Gegebenheitsweisen vollzogene Erfahrung als etwas Unmenschliches. Aber zugleich sieht man, weil die Herkunft der Vorstellung totaler Irrelativität aus einer subjektiven Urstiftung vergessen ist, aus dieser Welt keinen Ausweg. Man übersieht, daß auch diese Welt nur das Korrelat einer spezifischen, geschichtlich entstandenen, Erkenntnishaltung ist. Diese Vergessenheit deckt Husserl in der *Krisis* auf und erinnert daran, daß die wissenschaftliche, vermeintlich absolut an sich bestehende Welt nur urgestiftet werden konnte in der Transzendierung eines umfassenden, wenngleich unthematischen Horizonts von Subjektrelativität.

Diesen umfassenden Horizont nennt Husserl in Abgrenzung gegen die Welt als wissenschaftlichen Forschungsgegenstand überhaupt und gegen die neuzeitlich verwissenschaftlichte Welt insbesondere die *Lebenswelt*. Die wissenschaftliche Welt verweist durch ihren Sinn, die absolut subjekt-irrelative Welt zu sein, den sie bei ihrer Urstiftung bekommen hatte, zurück auf die vorwissenschaftliche Lebenswelt; ohne den Kontrast zu dieser subjekt-relativen Welt hinge sie in der Luft. Die neuartige Transzendenz des wissenschaftlich Objektiven bleibt in diesem Sinne bezogen auf die subjektiven Vollzüge; auch sie entzieht sich nicht der universalen Korrelation. Die wissenschaftliche Welt, die die Subjektrelativität des lebensweltlichen Horizonts überschreitet, wird so doch von ihr eingeholt. Die Gegenstände der Wissenschaft sind Sinngebilde, die ihre Existenz den subjektiven Leistungen einer eigenen theoretisch-logischen Praxis verdanken, und diese Praxis selbst gehört zum Leben in der Lebenswelt. Es gilt nach Husserl, durch Analyse der genetischen Horizontkonstitution die Lebensweltvergessenheit aufzuheben. Nur dies verschafft uns die Chance, die Sinnkrise des Lebens in der verwissenschaftlichten Welt zu überwinden.

Die Aufhebung der Lebensweltvergessenheit der neuzeitlichen Wissenschaft bedeutet für Husserl keine Preisgabe der Bemühung um wissenschaftliche Erkenntnis überhaupt. Mit der phänomenologischen „Wissenschaft von der Lebenswelt" soll vielmehr der Anspruch auf vorurteilsfreie Welterkenntnis, der mit der Entstehung von Philosophie und Wissenschaft urgestiftet wurde, konkret zur Erfüllung gelangen. Geschichtlich relativiert wird freilich die Deformation dieses Anspruchs durch den Objektivismus der neuzeitlichen Wissenschaft. Der Objektivismus verstößt als Vergessenheit der subjektiven Genesis aller Horizonte, d. h. als ein einseitig zugunsten der Objektivität ausfallendes Wahrheitsverständnis, gegen das ursprüngliche Wissenschaftsideal der Vorurteilslosigkeit. Mit der Urstiftung der wissenschaftlichen Intention auf vorurteilsfreie Welterkenntnis wurde nach Husserl eine für die gesamte Menschheit gültige Erkenntnisnorm aufgestellt. Die transzendentalphänomenologisch denkenden Philosophen legen als „Funktionäre der Menschheit" Rechenschaft darüber ab, inwieweit das philosophisch-wissenschaftliche Denken der in seiner Urstiftung angelegten Intention bisher gerecht geworden ist. In diesem historisch-phänomenologischen Vergleich zwischen Intention und Erfüllung verwirklicht sich die rationale Selbstverantwortung des Menschen.

III. Wirkung

Husserls Besinnung auf die Lebenswelt, d. h. letztlich: auf eine Welt, in der der Mensch zu Hause sein kann, ist von unverminderter Aktualität. Sie könnte heute zu einer philosophischen Fundierung und Vertiefung der immer vernehmlicher vorgetragenen Kritik am Unbewohnbarwerden unserer Welt beitragen und die Wissenschafts- und Zivilisationsverdrossenheit zugleich vor den jugendbewegten Romantizismen der Rückkehr in eine heile vorwissenschaftliche und vortechnische Welt bewahren. Die in dieser Verdrossenheit erneut zutage tretende Spannung zwischen den ,,two cultures" der Moderne, dem nüchternen Leben in einer wissenschaftlich-technisch rational geprägten Welt mit ihren Organisationen und der erfüllten Existenz in einer geschichtlich-personal gewachsenen Welt mit ihren kulturellen Zeugnissen, spiegelt sich im Schwanken der gegenwärtigen Philosophie zwischen dem Erbe zweier Traditionsstränge. Dem analytisch-wissenschaftsorientierten Denken empiristisch-positivistischer Herkunft stehen die Versuche gegenüber, transzendentalphilosophische, dialektische, existenzphilosophische oder hermeneutische Ansätze zu erneuern.

Husserls Denken besitzt eine Affinität zu beiden Seiten und ist von daher zu einer Vermittlerrolle zwischen den ,,two cultures" prädestiniert. Es steht von seiner geistigen Ausgangslage her den erstgenannten Traditionen nahe: In seinem ganzen Werk, von den *Logischen Untersuchungen* über die *Ideen II*, die *Formale und transzendentale Logik* bis hin zur *Krisis* paart sich die Suche nach der ursprünglichen Erfahrung und einem ihr entsprechenden ,,natürlichen Weltbegriff", um den es auch im zeitgenössischen Positivismus ging, mit dem Versuch der Wissenschaftsbegründung. Nicht zufällig mehren sich deshalb in neuerer Zeit die Versuche, zwischen dem im anglo-amerikanischen Raum vorherrschenden analytischen Denken und Husserls Phänomenologie Brücken zu schlagen. Auf der anderen Seite aber – eben dies zeigt die *Krisis* – schützt die genetische Besinnung der transzendentalen Phänomenologie vor dem Geschichtsverlust und vor dem zumindest leichtfertigen Umgang mit der großen transzendentalphilosophischen Tradition, der sich in der wissenschaftstheoretisch-analytisch orientierten Philosophie bemerkbar macht. Zugleich steht gerade die Lebensweltproblematik in einem inneren Zusammenhang mit dem existenzphilosophisch-hermeneutischen Denken, das sich bei Heidegger, Sartre, Gadamer und anderen in stetiger Auseinandersetzung mit Husserl entwickelt hat. Und schließlich sind auch die für das soziodialektische Denken der Gegenwart bedeutsamen Möglichkeiten, die eine der intersubjektiven Dimension der Lebenswelt nachfragende Phänomenologie bereithält, noch nicht ausgeschöpft.

Günther Pflug

HENRI BERGSON
(1859–1941)

Henri Bergson ist einer der wenigen Denker, die in einer Zeit allgemeinen naturwissenschaftlichen Fortschrittsglaubens an der Wende vom neunzehnten zum zwanzigsten Jahrhundert einen metaphysischen Ansatz zu wahren trachteten, wohl der einzige, der diesen Ansatz nicht gegen oder seitab der Naturwissenschaften suchte, sondern eine neue Metaphysik induktiv aus den Ergebnissen naturwissenschaftlicher Forschung gewinnen wollte. Dabei versuchte er, jedes der von ihm nacheinander behandelten philosophischen Probleme aus einem eigenen empirischen Ansatz zu entwickeln, so die Theorie der Zeit aus der empirischen Psychologie, das Problem des menschlichen Geistes aus biologisch-medizinischen Erkenntnissen, die Kosmogonie und Kosmologie aus einer biologischen Quelle sowie schließlich seine Ethik und Religionsphilosophie aus den Ergebnissen der soziologischen Forschung. Trotz der unterschiedlichen und für jedes Problem spezifischen Ausgangspunkte gelang ihm ein einheitlicher metaphysischer Entwurf in einer Konzeption, die sich historisch mit den Systemen von Plotin, Berkeley, Spinoza und Maine de Biran verbunden fühlt.

I. Lebensweg

Henri Bergson wurde am 18. Oktober 1859 als Sohn jüdischer Eltern in Paris geboren. Sein geistiger Stammbaum weist jedoch nicht nur auf das jüdische Geistesleben zurück, sondern durch seine aus Irland stammende Mutter auch nach Großbritannien, dessen Pragmatismus er sich zeit seines Lebens verbunden fühlte. Bestimmend jedoch wurde für Bergson der rationale Geist der französischen Gymnasialerziehung, die nicht nur sein Denken, das heißt seine analytischen Fähigkeiten, prägte, sondern auch seine politische Haltung und seine Weltanschauung beeinflußte. Zehn Jahre – von 1868 bis 1878 – war er Schüler des berühmten Lycée Condorcet, an dem er zwei Ehrenauszeichnungen erhielt, die die Schwerpunkte seines Interesses während der Schulzeit offenbaren: 1875 wurde er mit dem *Prix d'Honneur de Rhétorique,* 1877 mit dem ersten Preis in der Mathematik ausgezeichnet. Von 1878 bis 1881 studierte er an der Ecole Normale Supérieure, der von der Französischen Republik gegründeten Eliteschule für den wissenschaftlichen Nachwuchs in Frankreich. Nach anfänglichem Interesse für die Mathematik, das sich in zwei Veröffentlichungen niederschlug, die noch bis in seine Schulzeit zurückreichen, entschloß er sich zum Studium der Philosophie. Sein Lehrer an der Ecole Normale Supérieure war Léon Ollé-Laprune, der den wenige Jahre vorher pensionierten Jules Lachelier ersetzte. Doch war der Geist Lacheliers an der Ecole Normale Supérieure noch lebendig. Bergson fühlte sich diesem großen Theoretiker des Induktionsschlusses so verpflichtet, daß er ihm seine Dissertation widmete. Ollé-Laprunes Interessen lagen damals wesentlich auf ethischem Gebiet. Er hatte kurz vor Bergsons Studienbeginn sein erstes großes Werk über die Gewißheit in der Moral veröffentlicht und damit die modernistische Bewegung in Frankreich eingeleitet, die wenige Jahre später Maurice Blondel und Lucien Laberthonnière – nicht ohne erheblichen Widerstand der katholischen Kirche – herausbildeten. Auf Bergson hat weniger die theologische Problematik eingewirkt als der von Ollé-Laprune aufgegriffene Pragmatismus. So trat neben Herbert Spencer, den Bergson schon früh verehrte, William James, mit dem ihn später eine Freundschaft verband. Der Einfluß James' auf Bergson ist in späteren Jahren Gegenstand wissenschaftlicher Kontroversen gewesen, in denen Bergson seinen Eigenanteil an der Herausbildung eines neuen Zeitbegriffs prononciert verteidigte, ohne jedoch eine Beeinflussung in einer allgemeinen Emotionslehre zu leugnen. Eine seiner ersten Veröffentlichungen nach seinem Studium stellt die Übersetzung eines Buches der pragmatischen Richtung, der *Illusions* von James Sully, dar, der allerdings ohne Angabe seines Namens als des Übersetzers erschien.

Von René Doumic, seinem Mitschüler an der Ecole Normale Supérieure, sind frühe Zeugnisse über die bis zum Materialismus monistischer Prägung reichende Begeisterung Bergsons für Spencer und seine Weltsicht erhalten, eine Haltung, an die der Jesuitenpater Joseph de Tonquédec noch 1912 in einer Stellungnahme zum Gottesbegriff der *Schöpferischen Entwicklung* Kritik übte. Doch selbst wenn diese Charakterisierung Bergsons 1912 kaum mehr zu Recht bestand, so zeigt doch seine zweite Buchveröffentlichung nach der Übersetzung von Sully seine Neigung zu einer materialistischen Weltsicht, hier verbunden mit dem Interesse an der klassischen Philologie, die in den französischen Gymnasien des ausgehenden neunzehnten Jahrhunderts unter dem Namen *Rhétorique* gelehrt wurde, damit eine Tradition des beginnenden neunzehnten Jahrhunderts fortsetzend, gegen die sich schon Ernest Renan gewandt hatte. 1884 erschien – diesmal nicht anonym – eine Auswahlausgabe von Lukrez' *De rerum natura*, die mit einer Einleitung, einem Kommentar und einer Abhandlung über die Poesie, Philosophie, Physik, den Text und die Sprache des Lukrez versehen war.

Noch in seinem letzten Werk, dem Sammelband *Denken und schöpferisches Werden,* in dem Bergson in der Einleitung einen Überblick über seine philosophische Entwicklung gibt, weist er auf die Bedeutung hin, die die Spencersche Philosophie für sein eigenes Denken hatte. „Was der Philosophie am meisten gefehlt hat, ist die Präzision ... Eine philosophische Lehre schien uns früher hierin eine Ausnahme zu machen, und wahrscheinlich wurden wir dadurch in unserer frühesten Jugend besonders von ihr angezogen. Die Philosophie von Spencer zielte darauf hin, einen genauen Abdruck der Dinge zu nehmen, und sich dem Detail der Tatsachen anzuschmiegen. Zweifellos suchte auch sie sich auf unbestimmte Allgemeinbegriffe zu stützen. Wir fühlten wohl die Schwäche der ‚*First Principles*'. Aber diese Schwäche schien uns darin zu liegen, daß der ungenügend vorbereitende Vf. die grundlegenden Begriffe der Mechanik nicht hatte vertiefen können. Wir hätten diesen Teil seines Werkes gerne wieder aufgenommen, um ihn zu vervollständigen und tiefer zu begründen. Wir versuchten uns daran, unseren Kräften entsprechend. So stießen wir auf das Problem der Zeit. Hier erwartete uns eine Überraschung." (S. 21–22)

Diese Entwicklung von einem Positivisten, den psychomotorische Fragen stärker interessieren als metaphysische, zu dem Begründer der neuen Metaphysik in Frankreich vollzog sich außerhalb von Paris während der Lehrtätigkeit Bergsons an den Gymnasien in Angers (1881–82) und Clermont-Ferrand (1883–88). Während dieser Zeit arbeitete er gleichzeitig an seiner Dissertation, die er nach der Aggregation an der Universität Paris begonnen hatte. 1888 kehrte er nach Paris zurück, um an den Lycées Louis le Grand und Rollin und schließlich – zum Professor ernannt (1890) – am Lycée Henri IV zu unterrichten. 1889 wurde er mit den beiden Thesen *Essai sur les données immédiates de la conscience* und *Quid Aristoteles de loco senserit* zum Doktor promoviert. 1981 heiratete er Louise Neuburger, eine Cousine von Marcel Proust, der als Page dieser Hochzeit assistierte. Der Ehe entsprang eine Tochter, die zusammen mit ihrem Vetter Floris Delattre den Nachlaß Bergsons verwaltete.

Seiner Dissertation folgte 1895 das zweite philosophische Werk *Materie und Gedächtnis,* das Bergsons Stellung in der französischen Philosophie so festigte, daß er 1898, nachdem zwei Versuche, an der Sorbonne Fuß zu fassen, fehlgeschlagen waren, zum *Maître de Conférence* an der Ecole Normale Supérieure und 1900 – zuerst als Vertreter, dann als Nachfolger von Charles Lévêque – Professor für griechische und lateinische Philosophie am Collège de France wurde, der vornehmsten Lehranstalt in Frankreich, die ihren liberalen Geist bis auf ihren Gründer Franz I. zurückführen kann. 1904 wechselte er als Nachfolger von Gabriel Tarde auf den Lehrstuhl für neuere Philosophie über, den er bis zu seiner Demission im Jahre 1921 innehatte, wobei er sich allerdings seit 1914 durch Eduard Le Roy vertreten ließ.

Im ersten Jahrzehnt des zwanzigsten Jahrhunderts erschienen – neben der Buchausgabe seiner Studien über *das Lachen,* die bis in die Zeit von Clermont-Ferrand zurückreichen – die beiden grundlegenden Veröffentlichungen *Einleitung in die Metaphysik* und *Die schöpferische Entwicklung.* Vor allem das zweite Werk hat ihn schlagartig international bekannt gemacht, nachdem er in Frankreich bereits zahlreiche Ehrungen erhalten hatte. So wurde er 1902 zum Ritter, 1907 zum Offizier der Ehrenlegion ernannt. In späteren Jahren folgten die Ernennung zum Kommandeur (1919) und zum Großoffizier (1923) sowie die Verleihung des Großkreuzes (1930). 1901 wurde er in die *Académie des Sciences Morales et Politiques* gewählt, 1914 in die *Académie Française*. Die beiden nächsten Jahrzehnte (1910-1930) waren zwar mit zahlreichen Ehrungen angefüllt, jedoch schriftstellerisch weniger fruchtbar. Heraus ragt lediglich der Vortrag über die philosophische Intuition, den Bergson 1911 auf dem 4. Internationalen Philosophenkongreß in Bologna gehalten hat. Vor allem seit 1914 befaßte sich Bergson stärker mit politischen Fragen. Eine erste Gelegenheit bot der Kriegsausbruch. Da Bergson für das Jahr 1914 zum Präsidenten der *Académie des Sciences Morales et Politiques* gewählt war, gab er in dieser Funktion mehrere Erklärungen zu den Kriegsereignissen ab, die den französischen Geist der allgemeinen Germanophobie deutlich artikulierten. Die verschiedenen Reden und Vorträge wurden 1915 zu dem Sammelband *La signification de la guerre* vereinigt. Während des Ersten Weltkrieges reiste er auch in politischer Mission im Auftrage der französischen Regierung nach Spanien und in die USA. Ein Bericht über diese Missionen wurde 1947 – nach Bergsons Tod – veröffentlicht. Es stellt dies die letzte Veröffentlichung aus seiner Feder dar. 1919 erschien unter dem Titel *Die seelische Energie* eine erste Sammlung seiner Aufsätze, der 1934 als zweite Sammlung *Denken und schöpferisches Werden* folgte.

1922 besuchte Albert Einstein auf Einladung französischer Physiker Paris, das noch stark vom Geist der Kriegszeit beherrscht wurde. Da eine Einladung zu einem Vortrag in die *Académie des Sciences* am Widerstand einiger Mitglieder scheiterte, sprach Einstein vor der *Société Française de Philosophie*. Dieser Vortrag stellt die erste Begegnung zwischen Bergson und Einstein dar. Bergson hat sich in der Diskussion weitgehend zurückgehalten, obwohl die von Einstein angeschnittene Zeitproblematik deutlich die Bergsonschen Thesen vom psychischen Charakter der Zeit tangiert. Noch im gleichen Jahr faßte Bergson seine Bedenken gegen die Einsteinsche Relativitätstheorie in seiner Schrift *Durée et simultanéité* (Dauer und Gleichzeitigkeit) zusammen, die 1922 in erster Auflage, 1923 um zwei Anhänge erweitert, erschien. 1922 gründete der Völkerbund die *Commission de Coopération Intellectuelle,* deren Präsident Bergson von 1922 bis 1925 war. Dort traf er Einstein wieder, doch hat sich auch während dieser Zusammenarbeit kein herzlicheres Verhältnis zwischen beiden eingestellt.

1928 wurde Bergson als zweiter Philosoph nach Rudolf Eucken mit dem Literaturnobelpreis ausgezeichnet. Da seine Schriften bereits 1914 von Papst Pius X. auf den Index der verbotenen Bücher gesetzt worden waren, hat er damit beide bedeutenden internationalen Auszeichnungen erhalten.

Nach langem philosophischem Schweigen veröffentlichte Bergson 1932 seine Theorie zur Moral und Religion, die er bereits in einem Brief an Nathan Soederblom 1909 in Aussicht gestellt hatte. Zwar hat er sich seit Beginn seiner philosophischen Forschung immer wieder mit moralischen Fragen befaßt, wohl unter dem Einfluß seines Lehrers Ollé-Laprune, doch kristallisierte dieses Interesse erst Anfang der dreißiger Jahre zu einer eigenen Theorie, die seinen Vorstellungen entsprach, wie er sie in dem Brief an Soederblom entwickelt hatte.

Der Siebzigjährige erlebte die Wirren der dreißiger Jahre und den Ausbruch des Zweiten Weltkrieges, der ihm seine politische Haltung während des Ersten Weltkrieges so sehr zu bestätigen schien, daß er einen Artikel des Jahres 1914 unverändert wiederveröffentlichte. Die Besetzung Frankreichs durch die deutschen Truppen setzte ihn dem Antisemitismus aus, wenn auch die nationalsozialistische Besatzung rigorose Maßnahmen gegen Bergson nicht zu ergreifen wagte. Innerlich längst einem mystischen Christentum zuneigend, konnte er sich dennoch nicht entschließen, den mosaischen Glauben abzulegen, obwohl er in seinem Testament um ein christliches Begräbnis bat. Sein Tod am 4. Januar 1941 wurde von den Franzosen als ein nationales Ereignis empfunden. Die Totenmesse, die Kardinal Maurice Feltin in der Kathedrale Notre Dame in Paris las, stellte eine politische Demonstration gegen die deutsche Besetzung dar.

II. Werk

1. Der geistige Ausgangspunkt

Bergson hat zu der Fundierung seiner Philosophie im französischen Geistesleben des neunzehnten Jahrhunderts keine Stellung genommen. Doch weist seine Dissertation über die unmittelbaren Gegebenheiten des Bewußtseins, die in der deutschen wie in der englischen Übersetzung *Zeit und Freiheit* genannt wurde, damit das Ergebnis der Untersuchung vorwegnehmend und die Zielsetzung verbergend, deutlich auf die psychologische Diskussion seiner Zeit zurück. Die Verbindung von Philosophie und Psychologie ist in Frankreich – anders als in Deutschland – ein allgemeines Charakteristikum der Philosophie des neunzehnten Jahrhunderts. Schon Schelling hatte in seinem Vorwort zu der Übersetzung der Schrift von Victor Cousin über die französische und deutsche Philosophie (1834) die Tendenz des französischen Spiritualismus getadelt, eine Metaphysik nicht aus einem transzendentalen Ansatz, sondern über die Psychologie zu gewinnen. Für Cousin und seine Schule, die die philosophischen Lehrstühle in Frankreich bis zum Ende des neunzehnten Jahrhunderts besetzte, blieb dies jedoch der einzig diskutierbare Weg.

Die zweite große philosophische Bewegung im neunzehnten Jahrhundert in Frankreich, der Positivismus, verhielt sich dagegen zur Psychologie zuerst sehr reserviert. Diese Wissenschaft entsprach in keiner Weise der Vorstellung, die Auguste Comte von der allgemeinen Reproduzierbarkeit und der Demonstrationsfähigkeit wissenschaftlicher Fakten hatte. Die Ächtung der Psychologie schien denn auch für Comte und seine unmittelbaren Schüler – zum Beispiel Pierre Laffitte und Emile Littré – eine Möglichkeit der deutlichen Absetzung von der Metaphysik idealistischer Prägung.

Eine Wandlung der Einstellung zur Psychologie auf Seiten des Positivismus vollzog sich von zwei Feldern aus: Auf der einen Seite führten Hippolyte Taine

Henri Bergson (1859–1941)

und Théodule Ribot von England eine neue Bewertung der Psychologie ein. In ihrem Anknüpfen an die französischen Ideologen in der Nachfolge von Etienne de Condillac sahen Denker wie John Stuart Mill und Alexander Bain die Möglichkeit, eine Psychologie aufzubauen, die dem positivistischen Verständnis von Wissenschaft entsprach. Sie zerlegten die Bewußtseinszustände in Elemente, zwischen denen sie Kausalgesetze aufzustellen trachteten. Dieser Ansatz wirkt deutlich auf Taines Hauptwerk *Über die Intelligenz* sowie auf die psychologischen Schriften Théodule Ribots ein.

Auf der anderen Seite durchbrach die Medizin mit ihren Entdeckungen die Mauer, die Comte zwischen der Psychologie und der Wissenschaft errichtet hatte. 1825 entdeckte Jean Bouillaud den Zusammenhang von Hirnläsionen und Sprachverlust; seit 1879 entwickelte Jean Martin Charcot seine Theorie der Hypnose und öffnete damit ein weites Feld für experimental-psychologische Forschungen. Dazu gesellten sich psychometrische Studien, wie sie in Deutschland seit der Mitte des neunzehnten Jahrhunderts herausgebildet wurden und für die Hermann von Helmholtz und Gustav Theodor Fechner typische Vertreter sind. Bergson hatte bereits in seiner Studienzeit, aber auch in den folgenden Jahrzehnten, deutliches Interesse an der experimental-psychologischen Einzelfrage. Dies bezeugt seine erste Veröffentlichung über die Hypnose im Jahre 1886, also drei Jahre vor seiner Promotion, jedoch auch seine Arbeit über den Traum (1901) und seine Mitarbeit am *Institut Général Psychologique*. Auf dem Boden dieser experimentellen Einzeluntersuchungen wollte er in seiner Dissertation in Fortsetzung des Spencerschen Ansatzes der *First Principles* die unmittelbaren Gegebenheiten des Bewußtseins ergründen.

2. Zeit und Freiheit

Die fruchtbare Scheidung, die Bergson in seinem Buch *Zeit und Freiheit* einführt, betrifft die Trennung von Reiz und Empfindung. Anhand einer Analyse psychischer Experimente und medizinischer Phänomene kann er zeigen, daß der Reiz einer Messung und damit einer Größenbestimmung zugänglich ist. Doch folgt daraus nicht, daß auch die Empfindung einem Maß unterworfen werden kann. Empfindungen sind nicht hinsichtlich ihrer Extension, sondern nur in ihrer Intensität unterscheidbar. Daraus folgt aber eine generelle Unvergleichbarkeit von Reizen und Empfindungen. Bergson zieht zwei Schlüsse aus dieser Erkenntnis: Zum einen fällt mit der Intensitätstheorie der Empfindungen die Möglichkeit, sie in Elemente zu zerlegen, auf die sich kausale Strukturen anwenden lassen. Zum anderen jedoch bricht damit die von der Experimentalpsychologie sorgsam konstruierte Einheit von psychophysischen Prozessen auseinander, und zwar nicht nur sachlich, sondern auch methodisch. Die Empfindungen werden nicht mehr meßbar, ja nicht einmal mehr beobachtbar, sondern nur durch die Introspektion erfahrbar.

Diese Absetzung Bergsons von einer Assoziationstheorie Millscher oder Tainescher Prägung hebt jedoch zugleich die These von der Passivität des

Bewußtseins auf. Das Bewußtsein ist nicht länger eine tabula rasa; ihm sind vielmehr unmittelbare Fakten gegeben, die jedoch anderer Art sind als diejenigen der französischen spiritualistischen Metaphysik in der Nachfolge Cousins. Nicht Gott, Freiheit und Unsterblichkeit, sondern die Zeit als ein rein psychisches Phänomen ist die Grundgegebenheit des menschlichen Bewußtseins. Dabei löst Bergson den Zeitbegriff von allen Elementen ab, die einen Außenweltbezug aufweisen. Die psychische Zeit ist eine Dauer *(durée)*, nur in der Introspektion, der Analyse des Bewußtseins, erfahrbar. Die physikalische Zeit ist dagegen ein mit mannigfachen Raumvorstellungen durchsetzter, abgeleiteter, von praktischen Bedürfnissen der Weltbewältigung bestimmter Begriff. Dies erläutert Bergson vor allem am Phänomen der Gleichzeitigkeit, aber auch an Tonfolgen.

Diese Reduktion der Zeit auf die psychische Erfahrung der reinen Dauer löst die psychologische Analyse zugleich von allen Kausalbetrachtungen ab. Da es keine Elemente gibt, die – wie es die Positivisten annahmen – miteinander in eine kausale Wechselwirkung treten können, verwirklicht sich im Bewußtsein die metaphysische Freiheit. „Das Problem der Freiheit ist also aus einem Mißverständnis hervorgegangen: für die modernen Menschen ist es dasselbe gewesen, was für die Alten die Sophismen der eleatischen Schule waren, und wie diese Sophismen selbst hat es seinen Ursprung in der gleichen Illusion: in der Vermengung von Sukzession und Simultaneität, Dauer und Ausdehnung, Qualität und Quantität." (S. 197)

3. Materie und Gedächtnis

In seinem zweiten philosophischen Werk *Materie und Gedächtnis* setzt Bergson den Ansatz auf eine neue Metaphysik der menschlichen Freiheit fort, indem er versucht, die für die menschliche Innenwelt gewonnenen Grundsätze auf das gesamte menschliche Handeln auszudehnen. Dieses Werk behandelt also die menschliche Handlungslehre, nachdem *Zeit und Freiheit* die Empfindungslehre begründet hatte. Dabei wird die Handlungslehre noch fern von jedem normativen Ansatz betrachtet. Wiederum geht es Bergson darum, von den Phänomenen einzelwissenschaftlicher Forschung auszugehen und durch Induktionsschlüsse zu metaphysischen Aussagen zu gelangen.

Die Schwierigkeiten, in denen ihn die Analyse von Zeit und Freiheit zurückgelassen hatte, liegen in dem Zusammenspiel von Reiz und Empfindung. Zwar konnte Bergson zeigen, daß beide verschiedenen Seinsebenen angehören. Die einen sind durch Beobachtungen, die anderen durch Introspektion zugänglich. Doch kann auch diese strenge methodische Trennung nicht verleugnen, daß es in den Sinnesorganen ein Zusammenspiel von Reiz und Empfindung gibt, das eine gewisse Beeinflussung der Innenwelt durch die Außenwelt postuliert. Wieder ist es ein Problem, das bereits die positivistische Philosophie aufgegriffen hatte, das sich jedoch auch hier in anderer Weise stellt. Hippolyte Taine stand in seinem Werk *Über die Intelligenz* vor der Frage, wie der psychische Mechanismus, der nach eigenen Kausalgesetzen abläuft, von der Außenwelt beeinflußt wird. Seine Theorie der verifizierten Imagination stellt einen ersten Versuch dar, die beiden Welten des Vorstellens und Wahrnehmens einander anzugleichen. Doch bleibt dieser Ansatz dadurch ungelöst, daß im Grunde die positivistische Philosophie dem Erkenntnisvorgang einen absoluten Vorrang vor den Bewußtseinsvorgängen einräumen will.

Bergson versucht in Fortsetzung seiner Ergebnisse aus *Zeit und Freiheit* den Vorrang der Vorstellungen vor der Wahrnehmung erkenntnistheoretisch zu begründen. Das führt ihn zu einer grundsätzlichen Analyse des Vorgangs. In einem doppelten Ansatz zeigt er, daß das Verhältnis von Außen- und Innenwelt einer wechselseitigen Beeinflussung unterworfen ist. Es wird zum einen der Reiz bei seiner Übertragung bereits einer dem Organ charakteristischen Deformation unterworfen, die von der Struktur des Organs bedingt ist. Da ein Organ nur die für seine Funktion wesentlichen Reizerscheinungen aufnimmt, werden von ihm Reize nur in dem Maße unterschieden, als die für dieses Organ wesentlichen Komponenten verschieden sind. So reagiert – dem Beispiel gemäß – das Auge auch auf Druckreize mit einer Lichtempfindung. Dies Beispiel zeigt jedoch, daß der Wahrnehmungsvorgang keineswegs eine gnoseologische, sondern eine Vitalfunktion erfüllt. Die Außenwelt wird nie so erfahren, wie sie ist, sondern so, wie sie der Mensch zur Bewältigung seiner Lebensfunktionen benötigt. Hier bricht das Interesse Bergsons am anglo-amerikanischen Pragmatismus noch einmal durch und bestimmt in der Auseinandersetzung von Wahrnehmung und Darstellung den Primat der Innenwelt. Mit diesem Ansatz kann Bergson das Verhältnis von Wahrnehmung und Gegenstand neu bestimmen. Beide sind Gegebenheiten des Bewußtseins, in der Sprache Bergsons Bilder. Doch unterscheidet er diese beiden Bilder folgendermaßen: ,,Materie nenne ich die Gesamtheit der Bilder, und Wahrnehmung der Materie diese selben Bilder bezogen auf die mögliche Wirkung eines bestimmten Bildes, meines Leibes." (S. 6)

Seitdem Descartes den Sitz der Seele in die Epiphyse verlegt hatte, ist die Lokalisationstheorie der Seele der entscheidende Punkt in der Beurteilung des Verhältnisses von Innen und Außen geworden; und nach den Ergebnissen der Gehirnanatomie des neunzehnten Jahrhunderts galt es als gesichert, daß das Problem des psychophysischen Zusammenhangs ausschließlich eine Frage der Zerebralphysiologie ist. Daher stellt sich für Bergson das Problem des Zusammenhangs von Innen- und Außenwelt speziell unter dem Gesichtspunkt der Gehirnfunktion, nachdem die Frage des Verhältnisses von Wahrnehmung und Vorstellung zugunsten der Vorstellungen entschieden war. Dabei geht es Bergson – analog zur Widerlegung der Psychophysik in *Zeit und Freiheit* – in *Materie und Gedächtnis* um eine Widerlegung des monistischen Epiphänomenalismus, nach dem die Bewußtseinszustände nichts als Begleiterscheinungen der physiologischen Prozesse seien.

Bergson wendet sich bei diesem Ansatz sowohl gegen die idealistische als auch gegen die realistische Erkenntnistheorie, die von einer Subjekt/Objekt-

Spaltung ausgehen. Für Bergson ist Materie – ähnlich wie für George Berkeley, mit dem er sich nicht nur im Schlußabschnitt von *Materie und Gedächtnis* auseinandersetzt, dem er auch im ersten Jahrzehnt des neuen Jahrhunderts seine damals viel beachteten Vorlesungen widmete und auf den er im Vorwort zur siebten Auflage von *Materie und Gedächtnis* ausdrücklich zurückkommt – identisch mit ihrer Vorstellung. Doch ist das Bewußtstein so lange aufgehoben, wie sich der Mensch in einem Zustand des Gleichgewichts zwischen Aktion und Reaktion befindet. Bewußtsein tritt nur bei einer Störung dieses Gleichgewichts ein, wenn aufgrund der Rezeption dem Menschen eine Vielzahl von Reaktionen zur Wahl gestellt wird. Bewußtsein ist also – dies war schon das Ergebnis von *Zeit und Freiheit* – unlösbar an die Freiheit gebunden. Damit jedoch kann Bergson das Gehirn als das Organ bestimmen, das dem Bewußtsein eine Vielheit möglicher Wege in Gestalt motorischer Reaktionen eröffnet. Diese Funktion des Gehirns, Bilder möglichen Handelns in motorische Antriebe umzusetzen, versucht Bergson anhand medizinischer Beobachtungen zu erhärten. Er wählt dazu das Phänomen der Aphasie, die seit Jean Bouillaud und Paul Broca als bevorzugter Gegenstand für die Bestimmungen des psychophysischen Zusammenhangs dient. Bergson zeigt anhand der verschiedenen Formen der Aphasie, daß die Verletzung der sogenannten Broca-Zentren im Gehirn keineswegs einen Verlust der Erinnerung zur Folge hat, sondern nur die Unfähigkeit hervorruft, die Erinnerungsbilder in motorische Antriebe umzusetzen. Der Schluß, den Bergson aus dieser Interpretation der Aphasie zieht, ist die Unabhängigkeit der geistigen Phänomene von den körperlichen. Nicht das Gehirn denkt, sondern der denkende Geist bedient sich des Gehirns, um seinen Willen in Bewegungen auszudrücken. Diese Konsequenz führt Bergson dazu, die strenge Trennung zwischen Innen und Außen aufzugeben, die noch seine Schrift *Zeit und Freiheit* bestimmt hat. Die Materie als eine kontinuierliche Folge von Bildern ist im Grunde selbst Dauer, allerdings nur sehr verdünnte Dauer. Erst im Bewußtsein wird diese Dauer so konzentriert, daß sie in reiner Form bewußt wird. Das Psychische wird jedoch bei dieser Ausdehnung des ursprünglichen Ansatzes dahingehend umgebildet, daß sich sein Charakter vom Kognitiven zum Voluntativen wandelt. Diese Tendenz deutet sich in *Materie und Gedächtnis* nur erst an. Sie findet ihre endgültige Form in der Theorie des *élan vital* der *Schöpferischen Entwicklung*.

4. Das Lachen

1900 erschien die kleine Schrift *Das Lachen*. Der philosophische Geist dieser Theorie liegt in der Anwendung der Unterscheidung von Mechanismus und Freiheit auf ein ästhetisches Problem. Die Komik ist nach Bergson die Diskrepanz zwischen der erwarteten vitalen und der eingetretenen mechanischen Reaktion eines Menschen. ,,Komisch ist jede Verkettung von Handlungen und Ereignissen, die uns die Illusion des Lebens und das deutliche Gefühl eines mechanischen Arrangements zugleich verschafft" (S. 41). Diese Unterscheidung zwischen zwei möglichen Verhaltensweisen des Menschen setzt jedoch, um als Komik Phänomen zu werden, voraus, daß der Beobachter in der Außenwelt diese beiden verschiedenen Abläufe feststellen kann. Nach den Vorstellungen von *Zeit und Freiheit* gibt es nur mechanistische Außenwelterfahrung, die Erfahrung der Freiheit wird auf die Introspektion beschränkt. Im *Lachen* wird zum ersten Mal die Möglichkeit einer Introspektion im Fremdbewußtsein angenommen, die als Intuition interpretiert wird. So entwickelt diese Schrift – vorerst auf das Phänomen des Fremdbewußtseins beschränkt – zwei Möglichkeiten, die Außenwelt zu erkennen: die erste erfaßt die Gegebenheiten von außen als einen mechanischen Ablauf, die zweite mittels der Sympathie als einen Prozeß der persönlichen Freiheit.

5. Einführung in die Metaphysik

Bergson hat diese sich bereits in *Materie und Gedächtnis* anbahnende Theorie der eigenen metaphysischen Erkenntnis in einem Artikel vertieft, der 1903 in der *Revue de métaphysique et morale* unter dem Titel *Einführung in die Metaphysik* erschien. Die doppelte Erkenntnismöglichkeit, die eine mechanische äußere und metaphysische innere Erfahrung liefert, wird in dieser Schrift systematisiert. Alles wissenschaftliche Erkennen ist danach von der ersten Art. Es führt niemals zum Wesen der Dinge, da es nicht interesselos ist, sondern die Dinge als mögliche Reaktionen darstellt. Neben dieser Erkenntnis steht jedoch die Intuition, die es dem Bewußtsein ermöglicht, in das Innere eines Gegenstandes vorzudringen. Das Muster für diese intuitive Erkenntnis bildet die Erfahrung der Bewegung, die als raumzeitlicher Vorgang der Außenwelt niemals als eine Einheit verstanden werden kann, wie die sophistischen Paradoxien zeigen. Für die Intuition, die unmittelbar den hinter der Bewegung stehenden Impuls erfaßt, ist in einem mehrfachen Akt des Nachvollzugs die Einheit der Bewegung gegeben.

Mit dieser Annahme einer grundsätzlichen Differenz zwischen philosophischer und wissenschaftlicher Erkenntnis gibt Bergson eine wichtige Voraussetzung seiner beiden ersten Werke auf. Er verzichtet auf den unmittelbaren Zugang von einer Einzelwissenschaft zur Metaphysik, der für seine induktive Methode konstitutiv war. Dennoch zerschneidet Bergson das Band zwischen Wissenschaft und Philosophie nicht vollkommen: Die Intuition ist nur auf dem Boden einer exakten wissenschaftlichen Erkenntnis durch den Akt einer schmerzhaften Anstrengung *(effort douloureux)* möglich. Auch die folgenden Werke halten daher an dem klassischen Aufbau fest, den Bergson seinen ersten Schriften gegeben hat: Die metaphysischen Schlüsse gründen sich auf den exakten Analysen einer empirischen Einzelwissenschaft. Doch erfolgt in diesem Prozeß nun eine Umbildung der von den Naturwissenschaften entlehnten Begriffe. Während in *Zeit und Freiheit* der Begriff der Dauer in der empirischen Psychologie und in der Metaphysik identisch war, erhält der Begriff des

Lebens in der *Schöpferischen Entwicklung* im Übergang von der Biologie zur Ontologie eine charakteristische Umdeutung. An dieser Stelle ihrer Entwicklung hat die Bergsonsche Philosophie die Basis zu einem emotionalen Anti-Intellektualismus gelegt, der vor allem in den zwanziger Jahren von zahlreichen Epigonen vertreten wurde. Bergson hat sich dieser Interpretation seiner Lehre jedoch stets sehr energisch widersetzt.

6. Schöpferische Entwicklung

Die Konsequenz der neuen Methode zeigt sich in dem Werk *Schöpferische Entwicklung*, das 1907 erschien. In seiner Fragestellung setzt dieses Buch die Problematik fort, die mit *Zeit und Freiheit* und *Materie und Gedächtnis* begann. Auf die psychologische und anthropologische Deutung der Philosophie folgt die ontologische. Dabei entspricht es dieser Fragestellung, wie sie von *Materie und Gedächtnis* verlassen wurde, daß die biologischen Phänomene den Ausgangspunkt für die ontologische Theorie bilden. Formal baut Bergson die *Schöpferische Entwicklung* ganz nach dem Vorbild der früheren Werke auf: Am Anfang steht die spezielle, streng wissenschaftliche Frage nach dem Wesen der Phylogenese. Dabei analysiert Bergson die beiden großen biologischen Theorien des neunzehnten Jahrhunderts, die von Jean Baptiste de Lamarck und die von Charles Darwin, und führt beide auf die philosophischen Modelle des Finalismus und Mechanismus zurück, wobei er zugleich das Unzureichende beider Erklärungen aufweist.

Die Evolutionstheorie, die Bergson den beiden Standardlehren entgegensetzt, greift auf die methodologische Trennung von mechanischer und intuitiver Erkenntnis zurück, wie er sie in der *Einführung in die Metaphysik* entwickelt hat. Das das Leben bestimmende Prinzip kann entsprechend den methodischen Überlegungen nur mittels eines intuitiven Aktes als eine Einheit von Wollen und Handeln verstanden werden. Die biologischen Phänomene der Evolution sind daher nur verständlich, wenn als Wesen und Urgrund des Lebens eine einheitliche, ungeteilte Kraft erfahren wird. Diese biologische Urkraft, die Bergson den *élan vital* nennt, hat sich in drei großen Richtungen entwickelt, die sich durch das Pflanzenreich, das Tierreich und den Menschen bezeichnen lassen. Zwischen diesen Reichen besteht jedoch keine scharfe Trennung, da es sich bei ihnen nicht um Produkte verschiedener Kräfte, sondern um die Bemühungen eines und desselben *élan vital* handelt. Dennoch lassen sich in der Tendenz typische Unterschiede in diesen Reichen feststellen. Die Pflanze wirkt in ihrer beschränkten Bewegtheit, die jede Wahlhandlung ausschließt, durch eine Dumpfheit *(torpeur),* das Tier durch den Instinkt, der Mensch durch den Intellekt. Instinkt wie Intellekt werden dabei als Fähigkeit verstanden, Werkzeuge zu erzeugen, wobei diejenigen des Instinkts organischer Natur sind, diejenigen des Intellekts anorganischer Natur. Mit dieser Abteilung des Intellekts aus der Urkraft des *élan vital* ist zugleich der instrumentelle Charakter des Intellekts begründet. Er schafft keine reine Erkenntnis, sondern nur mögliche Handlungsmodelle, wie Bergson dies bereits in *Materie und Gedächtnis* am Erkenntnisbegriff entwickelt hat. Der Intellekt ist damit rein utilitaristisch.

Die philosophische Erkenntnis, die die Phänomene in ihrem Wesen ergreifen will, kann sich daher nicht allein auf den Intellekt stützen. Sie benötigt die Unmittelbarkeit und Tiefe des Instinkts, verbunden jedoch mit der Klarheit des Intellekts. Die philosophische Intuition zeigt sich also als eine Erkenntnisform, die die ursprüngliche Objektgebundenheit des Instinkts mit der Bewußtheit des Denkens zu verbinden trachtet. Da Sein zugleich Leben ist, benötigt die Philosophie eine Begriffswelt, die dem ständigen Wandel des Seins angepaßt ist, während die Begriffe des Denkens in ihrer Starrheit sich nur auf die Gegenstände der äußeren Welt anwenden lassen. Daher betrachtet Bergson die metaphorische Sprache als die einzig adäquate philosophische Ausdrucksform. Ihr allein sind der Konkretionsbezug und die begriffliche Flexibilität eigen, die für die Erfassung des Lebens erforderlich sind.

Diese Methode einer Intuition liefert bei der Betrachtung des Lebens die Erkenntnis, daß das ganze Sein nur als ein großer, nie abreißender Schöpfungsprozeß verstanden werden kann. Die in ihm ablaufende Zeit ist identisch mit der Dauer, die im psychischen Erleben erfahren wurde. Auch die Materie, die noch bis zu *Materie und Gedächtnis* ein Gegenbegriff zum Leben zu sein schien, zeigt sich nun als ein Ausfluß dieses großen Schöpfungsprozesses. Sie ist das versteinerte Produkt des rastlosen *élan vital*.

Die religionsphilosophischen Konsequenzen dieser Ontologie, die an die Stelle eines Schöpfergottes einen sich ständig neuschaffenden Gott setzt, der zugleich noch mit der Welt identisch ist, werden von Bergson nicht in letzter Konsequenz gezogen. Doch hat die in der *Schöpferischen Entwicklung* steckende Tendenz zur Indizierung aller Werke Bergsons durch die katholische Kirche geführt.

7. Die philosophische Intuition

In das nächste Jahrzehnt fällt als wichtigste philosophische Veröffentlichung Bergsons Vortrag über die philosophische Intuition. Auf dem 4. Internationalen Philosophenkongress, der 1911 in Bologna stattfand, formulierte Bergson in seinem Vortrag *Die philosophische Intuition* seine methodische Position, die sich seit *Materie und Gedächtnis* und der *Schöpferischen Entwicklung* deutlicher herausgebildet hatte. Hier erhält jede Form der induktiven Metaphysik als philosophische Synthese der wissenschaftlichen Einzelergebnisse eine deutliche Absage. „In Wahrheit ist die Philosophie keine Synthese der Einzelwissenschaften, und wenn sie sich oft auf das Gebiet der Wissenschaft begibt, wenn sie manchmal in einer einfacheren Schau die Objekte umfaßt, mit denen die Wissenschaft sich beschäftigt, so geschieht das nicht durch eine Verintensivierung der Wissenschaft und nicht dadurch, daß sie die Ergebnisse der Wissenschaft zu einem höheren Grad der Verallgemeinerung emporführt." (Denken und schöpferisches Werden, S. 143) Diese Absetzung von der Position seiner ersten Schrift, die sich bereits in *Materie und Gedächtnis* und in *Das Lachen* ankündigte und die in der *Einführung in die Metaphysik* zuerst zum Ausbruch kam, stellt dennoch keine Absage an den einzelwissenschaftlichen Ausgangspunkt der philosophischen Erörterung dar, wie sie etwa die Phänomenologen oder später Heidegger formuliert haben. Philosophie ist auch in dieser neuen Sicht nicht ohne Einzelerkenntnis möglich. Der von Bergson in der *Einführung in die Metaphysik* formulierte schmerzvolle Akt der Intuition setzt den Durchgang durch die Fakten voraus. Nur nachdem der Philosoph die Fülle der Einzeltatsachen in sich aufgenommen hat, ist er in die Lage versetzt, sie intuitiv zu durchdringen, indem er die komplexe Oberfläche durchbricht und zum Kern, zum einfachen Akt vordringt, von dem die komplexen Strukturen nur Ausfluß sind. In diesem Sinne ist Philosophie nicht Synthese der Einzelwissenschaften, sondern Vereinfachung. ,,Ob wir den philosophischen Geist an sich oder in seinen Werken ins Auge fassen, ob wir die Philosophie mit der Wissenschaft vergleichen oder eine Philosophie mit anderen, immer finden wir, daß die Komplikation an der Oberfläche liegt, die Konstruktion ein Beiwerk ist, die Synthese eine Erscheinungsform: philosophieren ist immer ein einfacher Akt." (Ebd. S. 145)

8. Die Auseinandersetzung mit Einstein

Zwischen 1907 und 1922 hat Bergson kein größeres philosophisches Werk verfaßt. Er hat lediglich 1919 eine Aufsatzsammlung unter dem Titel *Die seelische Energie* herausgegeben. Lange Zeit wurde die *Schöpferische Entwicklung* daher als das abschließende Werk betrachtet. Doch hat ein äußeres Ereignis Bergson veranlaßt, 1922 ein Buch mit dem Titel *Durée et simultanéité. A propos de la théorie d'Einstein* (Dauer und Gleichzeitigkeit. Zur Theorie Einsteins) zu veröffentlichen. Dieses Buch ist die Antwort Bergsons auf den Vortrag, den Einstein in der *Société Française de Philosophie* hielt, und an den sich eine Diskussion anschloß, in der Edouard Le Roy den Bergsonschen Zeitbegriff gegen die Konsequenzen der Relativitätstheorie zu verteidigen suchte. Wie in seinen früheren Schriften geht Bergson auch in dieser Veröffentlichung von der Einzelwissenschaft aus. Er analysiert den Versuch von Albert Abraham Michelson und Eward Williams Morley und die darauf fußenden Transformationen von Henrik Antoon Lorentz. Dabei bemüht er sich, entsprechend der von ihm entwickelten Methode zu zeigen, daß der physikalische Zeitbegriff der Relativitätstheorie eine reine Fiktion ist, dem in der Realität nichts entspricht. Zwar ließen sich damit gewisse physikalische Erscheinungen bequem erklären, er müsse jedoch versagen, wenn er auf das Leben angewandt werde. Um dies zu demonstrieren, greift Bergson auf ein Beispiel zurück, das Paul Langevin zur Erklärung der Relativitätstheorie auf dem Philosophenkongreß in Bologna 1911 gebildet hat, und das sich mit der Zeitverschiebung eines Menschen bei der Reise durch das Weltall beschäftigt. Die Schrift löste eine Reihe von Entgegnungen aus, die Bergson zuerst zu zwei Nachträgen in der zweiten Auflage seines Werks veranlaßte, ihn jedoch schließlich bestimmte, die Schrift zurückzuziehen.

Die problematische Deutung der Relativitätstheorie im Sinne des Bergsonschen Zeitbegriffs rührt an einen entscheidenden Punkt in Bergsons System. Es ist ihm offensichtlich nicht gelungen, die Zeit so zu deuten, daß alle Phänomene der Zeit in der Außenwelt eindeutig auf die psychische Erfahrung der Dauer zurückgeführt werden können. Die Theorie der reinen Dauer gerät so in einen Widerspruch mit gewissen Phänomenen der Physik.

9. Die beiden Quellen der Moral und der Religion

1932 veröffentlichte Bergson sein letztes Werk, das in seiner Fragestellung eine direkte Fortsetzung der *Schöpferischen Entwicklung* darstellt. Da die kosmische Entwicklung zur Menschheit als ihrer höchsten Stufe führt, die als einzige Realisation des *élan vital* eine eigene Dynamik besitzt, erscheint es folgerichtig, daß Bergson den dynamischen Kräften des Menschen seine abschließende Schrift widmet.

In ihrer Anlage setzen auch *Die beiden Quellen der Moral und der Religion* das Grundschema aller Bergsonschen Werke fort. Auch hier bilden einzelwissenschaftliche Studien soziologischer und ethnologischer Natur den Ausgangspunkt. Auf dem Boden der Untersuchungen von Emile Durkheim und Lucien Lévy-Bruhl versucht Bergson nachzuweisen, daß die ethischen und die religiösen Phänomene zwei verschiedenen Quellen entspringen. Die Trennung dieser Quellen spiegelt methodologisch den Gegensatz zwischen Wissenschaft und Intuition wider, doch führt er hier nicht zu einer unterschiedlichen Betrachtung des gleichen Phänomens, sondern offenbart verschiedene Verhaltensweisen des Menschen in seinem sozialen Kontakt. Bergson bezeichnet diese beiden Verhaltensweisen mit den Termini offen und geschlossen. Die geschlossene Form des Weltverständnisses ist dabei sozialbedingt. Sie entspringt der Tatsache, daß der Mensch ein soziales Wesen ist. Daher bestimmen die geschlossenen Formen von Moral und Religion den einzelnen Menschen; er steht unter ihren Regeln und Tabus. In dieser Bindung ist der Mensch noch ganz Naturprodukt, fast noch Tier.

Dagegen ermöglicht ihm die offene Moral und Religion, die Grenzen der sozialen Bindung zu überschreiten und zum Ideal der Menschheit fortzuschreiten. Diese offene Form ist keineswegs nur eine Erweiterung der geschlossenen, sondern ein qualitativ anderes Weltverhalten. Sie ermöglicht es dem Menschen, wenn auch nur für kurze Augenblicke, sich aus allen sozialen und physikalischen Bedingungen zu lösen und sich in das Innerste des schöpferischen Weltprozesses hineinzuversetzen, das heißt, eins zu werden mit Gott. Das Modell, das Bergson für diese Lebenshaltung aufweist, ist die Mystik. Sie ist zwar nicht nur auf eine Religion beschränkt, doch sieht Bergson sie in der christlichen Mystik am reinsten verwirklicht. Diese Mystik darf jedoch nicht kontemplativ verstanden werden. Da Gott das reine Prinzip des Schaffens ist, muß sie als eine Intuition in Gott den Menschen in den Zustand größter Schaffenskraft versetzen. In jedem künstlerischen Schaffen ist ein Ansatz zu ihr, in reinster Form ist sie jedoch nur in den großen Persönlichkeiten der christlichen Mystik verwirklicht. Mit diesem Ausklang der Bergsonschen Lehre gibt sich die Philosophie als Weise des Welt- und Seinsverständnisses selbst zugunsten einer höheren Erkenntnisform auf, der allerdings die Kriterien wissenschaftlicher Erkenntnis – Nachvollziehbarkeit und Wiederholbarkeit – weitgehend fehlen.

III. Wirkungsgeschichte

Die Nachwirkungen der Bergsonschen Philosophie sind nicht leicht zu greifen. Bergson hat nie eigentlich eine philosophische Schule gebildet. Seine Lehrtätigkeit vollzog sich am *Collège de France* außerhalb der großen Ausbildungsstätten; seine Vorlesungen drohten zeitweise zu gesellschaftlichen Ereignissen in Paris zu werden. Diese Tendenz hat Bergson durch strenge philosophiehistorische Bindung seiner Vorlesungen stets zu bekämpfen versucht. Den sich an seine Philosophie anhängenden Modeströmungen hat er sich deutlich verschlossen. Dennoch übte er starken Einfluß auf die literarische Entwicklung in Frankreich aus. Er beeinflußte nicht nur das Zeitverständnis von Marcel Proust; auf ihn berief sich auch die irrationalistische Bewegung um Charles Péguy und Paul Claudel, die einen deutlich emotional gefärbten Bergsonismus in den zwanziger Jahren auslöste. Sein Einfluß reichte schließlich bis auf den Nouveau roman der Nachkriegszeit (Alain Robbe-Grillet, Michel Butor, Claude Mauriac).

In der Philosophie haben einige Denker seinen Ansatz weitergeführt, teils mit systematischen Untersuchungen wie Edouard Le Roy, teils mit Werkinterpretationen wie Jacques Chevalier und Vladimir Jankélévitch. Dabei knüpft Le Roy – wie etwa auch Joseph Wilbois – an die Wissenschaftskritik Bergsons an und versucht, die Doppelheit von wissenschaftlicher Analyse und intuitiver Methode erkenntnistheoretisch weiterzubegründen. Beide Denker sprechen für ihren Neuansatz von einem ,,positivisme nouveau".

Einen erheblichen Einfluß hat Bergson auf die Denker der sozialistischen Bewegung in Frankreich während der beiden ersten Jahrzehnte des zwanzigsten Jahrhunderts, Georges Sorel und Charles Péguy, ausgeübt. Mit dem letzteren verband ihn bis zu dessen frühem Tod im Ersten Weltkrieg eine persönliche Freundschaft.

In gleicher Weise hat Bergson auf die religionsphilosophische Entwicklung seiner Zeit eingewirkt, die unter dem Namen Modernismus in Frankreich bekannt wurde. Vor allem Maurice Blondel setzte die antirationalen Tendenzen Bergsons in diese philosophisch-theologische Bewegung des Ausgleichs von Glauben und Wissen um. Später hat auch Jean Baruzi seine Theorie der Mystik auf der Bergsonschen Methodenlehre aufgebaut. Schließlich ist auch die Naturphilosophie von Pierre Teilhard de Chardin ohne die theologische Theorie Bergsons nicht denkbar. Außerhalb Frankreichs zeichnet sich der Bergson-Einfluß wesentlich weniger deutlich ab. Im anglo-amerikanischen Raum läßt sich im ersten Jahrzehnt des neuen Jahrhunderts eine gewisse Beeinflussung der pragmatischen Denker durch Bergson feststellen. Vor allem fußt die Zeittheorie des späten James auf *Zeit und Freiheit*. In Deutschland wurde die Philosophie Bergsons, die eigentlich erst nach der Veröffentlichung der *Schöpferischen Entwicklung* bekannt wurde, als vitalistischer Biologismus verstanden und gewöhnlich in die damals herrschende Auseinandersetzung um die Lebensphilosophie einbezogen. So interpretieren ihn vor allem die beiden großen Gegner der Lebensphilosophie, Heinrich Rickert und Georg Misch. Selbst Max Scheler bringt ihn noch in diesen Zusammenhang. Später wurde er auch vor allem mit *Die beiden Quellen der Moral und der Religion* als einer der Vorläufer des Existentialismus in Anspruch genommen, wobei Gabriel Marcel als Bindeglied verstanden wurde. Dieser Einfluß läßt sich bis auf die Unterscheidung von offener und geschlossener Gesellschaft bei Karl Popper verfolgen. Unmittelbar haben in Deutschland nur einige kleinere Denker, wie etwa Emanuel Lasker, in ihren philosophischen Systemen an Bergson angeknüpft.

Erich Fries

BERTRAND RUSSELL

(1872–1970)

Im Laufe seines langen Lebens hat Bertrand Russell eine breitere Wirksamkeit in der wissenschaftlichen, literarischen und politischen Welt entfaltet als wohl irgendein anderer Philosoph vor ihm – ausgenommen nur Leibniz. Schriftstellerisch von außerordentlicher Fruchtbarkeit, trat Russell redend und schreibend keineswegs nur, und nicht einmal meistens, als Philosoph an die Öffentlichkeit: Das breitere Publikum kannte ihn mehr als Moralisten und politischen Schriftsteller. Er selbst hat den Unterschied zwischen philosophischer Wahrheits-Suche und politisch-moralischem Raisonnement – gelegentlich auch Agitation – niemals aus den Augen verloren oder verkannt. Er hielt aber das philosophische Bemühen um gewissenhafte Scheidung zwischen zuverlässiger Wahrheit und fester persönlicher Überzeugung nicht für ein Geschäft, das einen Mann, der sich zu öffentlicher Wirksamkeit berufen und fähig weiß, vollständig ausfüllen sollte. Wer wirken will, muß auf die Abwägung von Gründen und Gegengründen oftmals verzichten, um für seine Ziele mit ungeteilter persönlicher Überzeugungskraft eintreten zu können: Das wußte er und sprach es auch aus. Trotzdem war es in erster Linie sein Ruhm als hervorragender Philosoph und bahnbrechender Logiker, auf den sich die persönliche Autorität gründete, welche Russell auch im öffentlichen Meinungsstreit über politische Ziele und moralische Pflichten zur Geltung zu bringen wußte. Daß und wie er es tat, ist ein wesentlicher Zug seines intellektuellen Profils. Seine bleibende Bedeutung als Philosoph beruht auf den Einsichten, die ihm die theoretische Logik verdankt. Seine bahnbrechende Wirksamkeit in der zeitgenössischen Philosophie war mitgetragen von der Brillanz seines Stils, der ihm erlaubte, auch technisch schwierigste Fragen so darzustellen, daß ihre Beantwortung naheliegend und einfach erscheint. Seine Auseinandersetzung mit traditionellen Grundfragen der Metaphysik erwuchs und lebte aus seinen Erfahrungen mit logischen Problemen und seinen Lösungsvorschlägen dafür. Die theoretische Logik ist immer – ausdrücklich oder nur andeutungsweise – das Fundament seiner wissenschaftlichen Philosophie.

I. Lebensweg

Russell suchte und fand Beachtung in der Öffentlichkeit nicht nur für sein Wort, sondern auch für seine Person. Wir sind daher über seinen Lebensweg durch autobiographische Zeugnisse, durch Darstellungen und Erinnerungen von Freunden und natürlich durch journalistische Berichterstattung bis zu intimen Einzelheiten unterrichtet. Dem Historiker würden sich einige typische Züge der Entwicklung, welche die englische Aristokratie während des Niederganges des britischen Empire umgeformt und aufgelöst haben, in der Biographie dieses Erben eines klingenden Familiennamens – mit Grafentitel und Sitz im Oberhaus des Parlaments – besonders grell beleuchtet zeigen. Wir beschränken uns hier auf die Daten, die für sein philosophisches Werk von Belang sind.

Geboren ist Bertrand Arthur William Russell am 18. Mai 1872 in Ravenscroft bei Tintern (Südwales). Nach dem frühen Tod der Eltern übernahmen 1876 die Großeltern, Lord und Lady John Russell, die Vormundschaft für ihn und seinen älteren Bruder Frank. Bertrand blieb bis 1889 im großelterlichen Hause, erzogen von Hauslehrern, deutschen und französischen Gouvernanten, umgeben vom großzügigen Lebensstil einer der politisch und gesellschaftlich hervorragenden Adelsfamilien des viktorianischen England. Rationaler Liberalismus als Familientradition und protestantische Christlichkeit als Lebenshaltung der Großmutter bestimmten die Grundsätze der Jugenderziehung, die ihn prägte, 1890 bis 1894 studierte er am Trinity College in Cambridge Mathematik und Philosophie. Einer seiner Lehrer war A. N. Whitehead, der spätere Mit-Autor von *Principia Mathematica*. Unter seinen Studienfreunden ist besonders der Philosoph G. E. Moore zu nennen.

Nach Abschluß des Studiums und anschließend vierteljährigem Aufenthalt als Attaché der britischen Botschaft in Paris heiratete Bertrand Russell 1894 Alys Pearsall Smith, eine um fünf Jahre ältere Dame aus einer wohlhabenden amerikanischen Quäker-Familie. Dieser Ehe folgten nach der späteren Scheidung drei weitere: 1921–1935 mit Dora Black; 1936–1952 mit Patricia Spence; 1952–1970 mit Edith Finch. Auch sie wurden, außer der letzten, durch Scheidung wieder gelöst. Die erste Ehe blieb kinderlos; der zweiten entsprangen vier Kinder, von denen Russell aber nur einen Sohn und eine Tochter als die seinen anerkannte; aus dritter Ehe hatte er noch einen Sohn. Die mit der Großjährigkeit erlangte Erbschaft seines väterlichen Vermögensanteils gestattete Russell eine von wirtschaftlichen Überlegungen freie Wahl seiner zukünftigen Lebensweise. Er entschied sich für wissenschaftliche Arbeit, unterbrochen von Europa- und Überseereisen. Der Entschluß, auf eine Position im diplomatischen Dienst oder als Unterhaus-Abgeordneter der Liberalen im britischen Parlament zu verzichten, war im Wunsch nach persönlicher Unabhängigkeit begründet, bedeutete aber keine Abkehr von politischen Fragen. So war seine erste Buchveröffentlichung (1896) eine Darstellung der deutschen Sozialdemokratie – geschrieben nach einem halbjährigen Aufenthalt in Berlin –, und sie entstand fast gleichzeitig mit seiner Dissertation für die ,,Fellowship" am Trinity College: *An Essay on the Foundations of Geometry* (Ein Versuch über die Grundlagen der Geometrie: 1897). In den Jahren von 1900 bis zum Ersten Weltkrieg veröffentlichte Russell seine wissenschaftlich bedeutendsten

Werke, die seinen dauerhaften Ruhm begründet haben: *The Principles of Mathematics* (Die Prinzipien der Mathematik: 1903), *On Denoting* (Über das Bedeuten: 1905), *Mathematical Logic as Based on the Theory of Types* (Mathematische Logik auf der Basis der Typentheorie: 1908) und schließlich gemeinsam mit A. N. Whitehead *Principia Mathematica I, II, III* (1910, 1912, 1913). Könnte diese Reihe epochemachender Titel schon für sich allein als Denkmal staunenswerter intellektueller Vitalität gelten, so blieb Russell doch auch in diesen Jahren noch Raum für die Teilnahme an Parlaments-Wahlkämpfen und Propaganda zugunsten des Frauenstimmrechts.

1908 war Russell zum Mitglied der Royal Society gewählt worden. Seit 1910 nahm er in Cambridge einen fünfjährigen Lehrauftrag für Logik und Grundlagen der Mathematik wahr. In dieser Zeit seines akademischen Wirkens begann seine folgenreiche Bekanntschaft und Freunschaft mit Ludwig Wittgenstein. Den Ausbruch des Ersten Weltkrieges empfand Russell als eine Katastrophe. Er beteiligte sich am Kampf gegen die Einführung der allgemeinen Wehrpflicht in England und wendete sich allmählich einem ausgesprochenen Pazifismus zu, der ihn in Konflikt mit der Staatsgewalt und schließlich (1918) für ein halbes Jahr in Gefängnishaft brachte. In den Monaten der Haft entstand seine vielgelesene und oft übersetzte *Introduction to Mathematical Philosophy* (Einführung in die mathematische Philosophie: erschienen 1919), die durch ihre elegante und gemeinverständliche Darstellungsweise vielleicht mehr als irgendein anderes Werk dazu beitrug, die Grundgedanken der neuen Logik in der wissenschaftlichen Welt zu verbreiten. Ebenfalls 1918 entstand die Vortragsreihe *Philosophy of Logical Atomism* (Die Philosophie des logischen Atomismus: 1918), in welcher erstmals die Grundzüge einer Metaphysik im Leibnizschen Stil, die sich für Russell mit der Idee einer rein logischen Begründung der Mathematik verband, ausführlicher dargelegt wurden.

Die folgenden Jahre bis zum Zweiten Weltkrieg waren weniger der wissenschaftlichen Arbeit als politischer Schriftstellerei, zahlreichen Vortragsreisen, journalistischer und essayistischer Tätigkeit, nicht zuletzt der Beschäftigung mit Kindererziehung und Sexualmoral gewidmet. Daten sind: 1920 Aufenthalt in Sowjet-Rußland als Mitglied einer Delegation der Labour Party; 1920/21 eine Gastprofessur in Peking; 1927 Gründung einer Internatsschule für die eigenen und fremde Kinder (die bis 1931 von Russell und seiner Frau gemeinsam, nach der Scheidung von ihr alleine geleitet wurde; 1938–1944 Gastprofessuren in den USA. Die bekanntesten Veröffentlichungen dieser Jahre, durch die Russells Name zu einem Begriff auch in der Welt der nichtwissenschaftlichen Literatur wurde, sind: *The Practice and Theory of Bolshevism* (Die Praxis und Theorie des Bolschewismus: 1920); *On Education, Especially in Early Childhood* (Über Erziehung, besonders in der frühen Kindheit: 1926); *Why I am Not a Christian* (Warum ich kein Christ bin: 1927); *Marriage and Morals* (Ehe und Moral: 1929); *The Conquest of Happiness* (Schlüssel zum Glück: 1930); *Freedom and Organization* (Freiheit und Organisation: 1934); *Power – A New Social Analysis* (Macht. Eine sozialkritische Studie: 1938).

Für die Geschichte der Logik sind aus diesen Jahren zu nennen: Die wichtige *Einleitung* zur zweiten Auflage von *Principia Mathematica* I (1925); die *Rezension* der gesammelten Schriften von F. P. Ramsey (1931); die *Einleitung* zur zweiten Auflage von *The Principles of Mathematics* (1937). Russell hat sich danach an der weiteren Entwicklung der Logik nicht mehr mit eigenen Arbeiten beteiligt. Ein Grund mag gewesen sein, daß die bewegten Begleitumstände seines Privatlebens ihm wenig Raum dafür ließen und er sich nach der Zerrüttung seines Vermögens auch wirtschaftlich so beengt fand, daß er schließlich des Geldverdienens wegen schrieb. Aber es scheint auch, daß ihn die zunehmend technisch gewordene Logik letztlich weniger fesselte als der Rückblick auf die großen Themen der traditionellen Metaphysik und Erkenntnistheorie. Drei umfangreiche philosophische Werke aus diesen mittleren Jahren deuten darauf hin: *The Analysis of Matter* (Philosophie der Materie: 1927); *An Outline of Philosophy* (Umriß der Philosophie: 1927); *An Inquiry into Meaning and Truth* (Untersuchung über Bedeutung und Wahrheit: 1940). Russell kehrte 1944 aus den USA nach England zurück und folgte einer Einladung seines alten Trinity College noch einmal für fünf Jahre nach Cambridge. Er schrieb hier *Human Knowledge, Its Scope and Limits* (Das menschliche Wissen, sein Umfang und seine Grenzen: 1948), das letzte seiner größeren philosophischen Bücher. Die verhältnismäßig kühle Aufnahme dieses Werkes in der akademischen Welt empfand er mit Enttäuschung. Aus ihr läßt sich wohl die auffallende Schärfe des Tonfalles in seinen Erwiderungen auf kritische Einwände erklären.

Russell war längst zu einer international bekannten Gestalt des öffentlichen Lebens geworden, als er 1950 durch die formellen Ehrungen des britischen „Order of Merit" und des Nobelpreises ausgezeichnet wurde. Seine unvergleichliche Popularität und die ihm bis ins höchste Alter gebliebene persönliche Energie setzte er während der letzten zwanzig Lebensjahre vorwiegend dafür ein, die öffentliche Meinung der westlichen Welt für Ziele der internationalen Abrüstung, des einseitigen Verzichts auf Atomwaffen, der Beendigung des Krieges der USA in Vietnam zu gewinnen. Die Philsophiegeschichte hat aus diesen Jahren Russells abschließenden Rückblick auf seine philosophischen Arbeiten *My Philosophical Development* (1959) (= dt. Philosophie: Die Entwicklung meines Denkens. 1973) und die Vollendung seiner dreibändigen *Autobiographie* (1969) zu verzeichnen.

Am 2. Februar 1970 ist Bertrand Russell in Penrhyndeudraeth (Nordwales) gestorben.

Bertrand Russell (1872–1970)

II. Das Werk

1. Logik

Die uns heute geläufige Theorie der elementaren Logik ist in ihren Grundzügen das Werk Gottlob Freges. Zu allgemeiner Anerkennung und breiter Wirksamkeit gebracht wurde sie erst durch die *Principia Mathematica* von Whitehead und Russell. Hier zeigte die neue Logik ihre Tauglichkeit zur Analyse mathematischer Grundbegriffe und mathematischer Beweisschritte. Fast alle logiktheoretischen Forschungen der folgenden Jahre gingen zunächst von diesem Monumentalwerk aus, das dadurch eine ähnliche Geltung erlangte wie in früheren Jahrhunderten das aristotelische *Organon*.

Wir wissen nicht in allen Einzelheiten, welcher Teil des gemeinsamen Werkes hauptsächlich Russell und welcher Whitehead zu verdanken ist. Sicherlich sind aber die eigentlich logischen Partien mehr Russell, die im engeren Sinne mathematischen eher Whitehead zuzuschreiben; und die Zusätze in der zweiten Auflage des ersten Bandes hat Russell alleine verfaßt. Insofern könnte man historisch zurückblickend sagen, daß die heute gängige Prädikatenlogik Erster Stufe hauptsächlich durch Bertrand Russells Werk wirksam geworden ist.

Russell selbst versäumte niemals, darauf hinzuweisen, wie viel er Vorgängern verdankte und wo er von anderen Forschern hatte lernen können. Durch wissenschaftsgeschichtliche Untersuchungen ist inzwischen noch deutlicher geworden, was an Vorarbeiten und Hilfsmitteln in der Logik und Mathematik für Russell schon zur Verfügung stand, als er die *Principia Mathematica* schrieb. Es ist so viel, daß in der Literatur bisweilen der Anschein entsteht, als ob sich der Ruhm des großen Neuerers in der Logik nicht ganz zu Recht mit Russells Namen verbunden hätte. Von der älteren, deren Kern die aristotelische Syllogistik war, unterscheidet sich die neue Logiktheorie dem sachlichen Umfange nach durch die neu hinzugekommene Relationenlogik, der äußeren Gestalt nach durch die symbolische Darstellung und schließlich in ihren theoretischen Grundlagen durch die Verwendung des der Analysis entlehnten Begriffs der *Funktion*. Tatsächlich könnte man sagen, daß in keiner von diesen Hinsichten die *Principia Mathematica* ganz originell waren: einen relationenlogischen Kalkül hatte zuvor schon Ernst Schröder geliefert; die Symbolschrift war von Giuseppe Peano vorgebildet worden; und es war Gottlob Frege, der schon früher mit seiner Gründung der Logiktheorie auf Funktionen die heute so genannten „Quantifikatoren" (oder „Quantoren") als neues Element logischer Strukturen eingeführt und zugleich das für die Syllogistik grundlegende Subjekt-Prädikat-Verhältnis der Urteile in der Logik entbehrlich gemacht hatte. Nun ist es auch nicht lediglich eine Forderung historischer Gerechtigkeit, das Werk der Vorgänger nicht im Schatten der monumentalen *Principia Mathematica* verschwinden zu lassen; denn es läßt sich in der Logik insbesondere aus Freges scharfen Distinktionen auch einiges besser lernen und verstehen als aus

Russells weniger klaren Formulierungen. Aber wenn das gesagt ist, muß dagegen betont werden, daß Russell seinen überragenden Ruhm als Logiker keinem historischen Zufall verdankt. Vor allem ist seine Logiktheorie nicht etwa eine Kompilation der Ideen seiner Vorgänger. Sie ist ein eigener Bau, und zwar ein aus eigener Kraft *vollendeter* Bau. Daß er dem kritischen Blick des Historikers nicht in allen Gliedern so stilrein ausgeführt zu sein scheint wie Freges unvollendet gebliebene Konstruktion, fällt dagegen weniger ins Gewicht. Was Frege unterließ – nämlich seine Logiktheorie mit einer durchgängigen Typen-Unterscheidung der logischen Funktionen und ihrer Argumente zum Abschluß zu bringen –, das hat Russell unternommen. Erst seine Typentheorie, die er zunächst in der Abhandlung *Mathematical Logic as Based on the Theory of Types* (1908) und dann in den *Principia Mathematica I* (1910) vortrug, konnte die in der wissenschaftlichen Öffentlichkeit bestehenden Zweifel an der Brauchbarkeit des neuen Logikkalküls wenn auch nicht völlig ausräumen, so doch in einem wesentlichen Punkte entkräften.

Die mit Einführung des Funktionsbegriffs in die Logik erreichte Scheidung logischer von grammatischen Formen – äußerlich sichtbar geworden in der symbolschriftlichen Darstellung logischer Formen – bedeutete für die Sätze und Regeln der Logik einen Verlust ihrer unmittelbaren Verständlichkeit, wie sie sonst durch passende Wahl von erläuternden Beispielen umgangssprachlicher Ausdrucksformen erreicht wird. Es war daher wegen der traditionellen Verbindung von Grammatik und Logik ein naheliegender Einwand gegen das neue Unternehmen, daß die Logik im Hinausgehen über die Grenzen der umgangssprachlichen Anschaulichkeit zugleich auch den Boden ihrer fruchtbaren Anwendbarkeit verließe. Eben dieses, daß zur Darstellung logisch normierter Ausdrucksformen neuerdings eine eigens hierfür konstruierte Symbolschrift erforderlich sein sollte, konnte manchen Zeitgenossen der Erfinder von sogenannten ,,Universalsprachen'' oder ,,Weltsprachen'' (Volapük, Esperanto, Ido) vermuten lassen, es handle sich bei der symbolschriftlich dargestellten Logik doch nur um die neueste Variante solcher Sprachkonstrukte, die zu benutzen dem literarisch Anspruchsvolleren sein guter Geschmack verbot: So war für viele die Symbolschrift wohl eher ein Hindernis als ein Hilfsmittel, sich mit den theoretischen Grundgedanken der neuen Logik – oder ,,Logistik'', wie sie von ihren Verfechtern auch genannt wurde – vertraut zu machen. Was aber den sachlich tiefer gehenden kritischen Einwand der wissenschaftlichen Unfruchtbarkeit dieser neuen Logik anlangte, so konnte man ihm kaum mit einem Hinweis auf die mangelhafte Tauglichkeit der traditionellen Syllogistik zur Analyse mathematischer Beweise begegnen, solange die angeblich leistungsfähigere neue Logik noch nicht einmal zu einem widerspruchsfrei konstruierten System ihrer eigenen Grundsätze gefunden hatte.

Russels Typentheorie wies nun einen nicht ganz geradlinigen, aber doch gangbaren Weg, der zu einem widerspruchsfrei konstruierten System führte. Russell hatte mit diesem Erfolg allerdings bei weitem nicht erreicht, was er – ähnlich wie Frege, aber noch weiter ausgreifend als dieser – von dem Aufbau des Logikkalküls und dem Plan einer Begründung der gesamten reinen Mathematik auf Sätze der über die Grenzen der Syllogistik weit hinausgehenden neuen Logik erhofft hatte. Eben dies ist jedoch das Bewundernswerte: daß er die selbstgestellte Aufgabe nicht einfach fallen ließ, als sich ihm die Einsicht in die Undurchführbarkeit des ursprünglichen Plans aufgedrängt hatte; daß er sie nun mit einem wesentlich bescheideneren Ergebnis doch noch zum Abschluß brachte. Unter welchen persönlichen Belastungen das geschehen ist, läßt sich aus Russells *Autobiographie* für diese Jahre erkennen.

Der ursprüngliche Plan Russells war der gewesen, ,,zu zeigen, daß die gesamte reine Mathematik aus rein logischen Prämissen folgt und nur Begriffe verwendet, welche durch logische Grundbegriffe definierbar sind" (*My Philos. Development,* S. 74). Es sei das natürlich eine Antithese zu den Lehren Kants gewesen, fügt Russell hinzu und gibt damit zu verstehen, daß dieser Plan für ihn von größtem Belang, weit über die Grenzen formaler Logik hinausweisend, gewesen ist. Die Undurchführbarkeit zeigte sich bald. Beim ersten Durchführungsversuch ergeben sich Widersprüche, nicht unähnlich denen, die schon aus der Cantorschen Mengenlehre bekannt waren. Aber dort schienen sie aus einem unvorsichtigen Umgang mit den transfiniten Zahlen zu entspringen. Hier ergaben sie sich im fundamentalen Bereich der Logik aus dem Umgang mit den scheinbar ganz schlichten Begriffen der *Klasse,* der *Mitgliedschaft* bzw. *Nicht-Mitgliedschaft* in einer Klasse, und des *Gegenstandes.* Es waren die berühmten Paradoxien in der Logik, die eine axiomatische Festlegung der zulässigen Verwendungsweisen für diese und sachlich damit verwandte Grundbegriffe erforderten. Russell sah bald, daß es mehrere gleichberechtigte Möglichkeiten axiomatischer Festlegung, also keine eindeutig bestimmte Lösung für seine Aufgabe, ,,die gesamte reine Mathematik aus rein logischen Prämissen" abzuleiten, geben kann. Wodurch sich überhaupt eine rein logische Prämisse von andersartigen Prämissen unterscheide, ließ sich also nicht mehr mit einer schlicht selbstverständlichen Antwort erklären. Die Möglichkeit einer Begründung der gesamten reinen Mathematik auf rein logische Prämissen und die Definierbarkeit mathematischer Begriffe durch logische Grundbegriffe verlor damit einen Großteil ihrer zunächst von Russell angenommenen philosophischen Wichtigkeit. Die philosophischen Konsequenzen der Unentbehrlichkeit einer logischen Typentheorie wiesen in eine andere Richtung als die einer Antithese zu Kant.

2. Logische Typentheorie

Der Grundgedanke in Russells Theorie der logischen Typen, durch den die Entstehung mengentheoretischer und semantischer Widersprüche aus fehlerhaften Begriffsbildungen der Logik oder Mathematik vermieden wird, hatte sich ihm in der Diskussion mit Henri Poincaré ergeben; Russell nannte ihn deshalb mit einem von Poincaré benutzten Ausdruck das ,,Circulus-Vitiosus-Prinzip". Ein Circulus vitiosus der hier gemeinten Art besteht nach Russells

Erklärung in „der falschen Annahme, daß einer Mannigfaltigkeit von Gegenständen auch Mitglieder angehören könnten, welche nur vermittelst der Mannigfaltigkeit als ganzer definiert werden können". Nicht in jedem Falle führt die falsche Annahme zu Widersprüchen von der Art des altbekannten „Lügner"-Beispiels. (Jemand sagt: „Alles, was ich sage, ist unwahr"; falls der zitierte Satz wahr ist, muß er unwahr sein; falls er aber unwahr ist und er ist des Sprechers einziger Satz, so muß er wiederum wahr sein.). Die grundsätzliche Vermeidung möglicher Widersprüche erfordert aber eine allgemeine Regelung; und deren maßgebender Grundsatz ist das Circulus-Vitiosus-Prinzip. Es lautet: „Was das Ganze einer Mannigfaltigkeit involviert, kann nicht selbst etwas aus dieser Mannigfaltigkeit sein." – Oder umgekehrt: „Falls eine Mannigfaltigkeit unter der Annahme, sie hätte Totalität, Mitglieder enthielte, welche nur unter Bezugnahme auf diese Totalität definierbar sind, so hat jene Mannigfaltigkeit keine Totalität." (*Principia Math. I*, 1910, S. 37)

Standardbeispiele von Mannigfaltigkeiten, welche diesem Prinzip zufolge „keine Totalität haben", d. h. nicht im üblichen Sinne des Wortes als *Mengen* gelten, sind die, welche als die Elemente ihrer selbst erklärt werden oder als Mannigfaltigkeit aller Elemente, die nicht Elemente ihrer selbst sind usw. Da die Ausscheidung derartig illegitimer Mannigfaltigkeiten auf verschiedenerlei Weise möglich ist, sind dementsprechend verschiedene Typentheorien denkbar. Ihnen allen gemein ist die Beschränkung der Aussagen einer Theorie so, daß niemals eine Eigenschaft der Elemente einer Gesamtheit von Gegenständen als eine Eigenschaft dieser Gesamtheit selbst erscheinen kann. Das wird erreicht durch Einführung einer hierarchischen Folge-Ordnung von Prädikationsstufen. Darin sind den Prädikaten einer bestimmten Stufe jeweils nur die einer höheren Stufe zu- oder abzusprechen. Die Prädikate sind dabei erklärt als Funktionen über einem bestimmten Argumentbereich, deren Werte nun auf verschiedene Weise bestimmt werden können: Entweder sind ihre Werte wahre bzw. falsche *Aussagen* über die Elemente ihres Argumentbereiches, oder ihre Werte sind die *Wahrheitswerte* von Aussagen über die Elemente ihres Argumentbereichs. Die letztere Möglichkeit hatte Frege bevorzugt und seine Logik mit *Wahrheitswert-Funktionen* konstruiert. Auch Russell hat später diese Möglichkeit näher erwogen; und sie ist die den heutigen Formulierungen des Prädikatenkalküls Erster Stufe zugrunde gelegte Deutung der Prädikate einer wissenschaftlichen Theorie. Ursprünglich aber ist Russell der ersteren Möglichkeit nachgegangen und hat die Prädikate als *Aussagen-Funktionen (propositional functions)* gedeutet.

Die erste Fassung der Typentheorie, wie sie von Russell in *Mathematical Logic Based on Types* (1908), dann in etwas modifizierter Form von Whitehead und Russell in *Principia Mathematica I* (1910) Kap. ★ 12 ausgearbeitet wurde, ist in der Literatur unter dem Namen der „verzweigten Typentheorie" bekannt. Hier beruht die Erklärung der Prädikationsstufen-Ordnung auf der Annahme, daß die mathematischen Sätze, welche sich auf eine Mannigfaltigkeit (Menge, Klasse) von Gegenständen beziehen, sämtlich äquivalent ersetzbar sind durch

All- und Existenz-Sätze, welche sind nur auf Aussage-Funktionen verschiedener Typen und ihre Argumente beziehen und keinerlei mengentheoretisch erklärte Termini enthalten. Das Instrument der äquivalenten Ersetzung ist die Annahme, daß jeder wohlbestimmten Menge eine charakteristische Eigenschaft, welche allen und nur ihren Elementen zukommt, entsprechen muß. Jede Eigenschaft eines Gegenstandes wissenschaftlicher Aussagen kann dargestellt werden durch eine Aussagen-Funktion, die denjenigen Gegenständen ihres Erklärungsbereichs, welchen diese Eigenschaft zukommt, wahre Aussagen, allen übrigen Gegenständen ihres Erklärungsbereichs falsche Aussagen als Funktionswerte zuordnet (und für Gegenstände außerhalb ihres Erklärungsbereiches gar keine Werte liefert). So wird jeder wohlbestimmten Menge eine charakteristische Aussagen-Funktion, welche allen und nur den Elementen dieser Menge wahre Aussagen zuordnet, entsprechen. Statt von einem Element der Menge zu sagen, es gehöre ihr an, wird durch Anwendung der charakteristischen Funktion auf das Element gesagt, es habe jene charakteristische Eigenschaft; statt von zwei Mengen zu sagen, daß ihre Durchschnittsmenge nicht leer sei, sagt man, es gebe Elemente, denen die beiden charakteristischen Funktionen wahre Aussagen zuordnen; usw. Alle mathematischen Sätze, in denen Mengen erwähnt werden oder mengentheoretisch definierte Termini auftreten, lassen sich so durch äquivalente Sätze, in denen nur Zeichen für Aussagen-Funktionen und ihre Argumente, All- und Existenz-Zeichen sowie die Zeichen der Aussagen-Verknüpfungen (Negation, Konjunktion etc.) vorkommen, ersetzen. Die Typentheorie kann sich daher auf die Bedeutungen dieser Zeichen beschränken.

In der *verzweigten Typentheorie* werden die Aussagen, die Aussagen-Funktionen, deren Werte jene sind, und die auf Aussagen oder Funktionen anwendbaren Aussagen-Verknüpfungen verschiedenen *Stufen (orders)* zugerechnet; außerdem werden die Aussagen-Funktionen noch im Hinblick auf die Art und Anzahl ihrer Argument-Variablen in *Typen (types)* unterschieden. (Dieser zweifachen Unterscheidung nach Typen und Stufen verdankt die *verzweigte* Typentheorie ihren Namen.) Aussagen der Art, daß zu ihrer Formulierung entweder keine oder nur Quantifikation über dem Bereich elementarer Gegenstände erforderlich ist, gelten als Aussagen Erster Stufe, wenn die Funktionen, deren Werte sie sind, über dem Bereich der elementaren Gegenstände erklärt sind. Aussagen, zu deren Formulierung auch All- oder Existenz-Quantifikation über einem Bereich von Argumenten einer bestimmten Stufe n erforderlich ist, gelten als Aussagen der nächsthöheren Stufe n + 1; und derselben Stufe wie die Aussage ist jeweils die Funktion, deren Wert sie ist, zuzurechnen. In dieser Stufen-Ordnung bilden die stufenweise verschiedenen Aussagen und Aussagen-Funktionen paarweise elementfremde Klassen von Aussagen bzw. von Aussagen-Funktionen.

Auf der Stufen-Ordnung der Aussagen-Funktionen und ihrer Werte beruht die Unterscheidung von *Typen* möglicher Argumente für die Funktionen. Die Typen sind die Quantifikationsbereiche, für welche die All- und Existenzzeichen erklärt werden. Grundlegend ist der Typus elementarer Gegenstände; diese heißen technisch ,,Individuen", ihr Typus also ,,Individuenbereich" (der jeweiligen Theorie). Weitere Typen sind die Aussagen-Funktionen Erster Stufe je einzelner Argumente, die von Argument-Paaren, -Tripeln, usw.; weiterhin die entsprechenden Funktionen höherer Stufen. Allgemein ist der Typus einer Funktion bestimmt durch dreierlei: die Stufe, welcher sie selbst und ihre Werte zuzurechnen sind; die Anzahl ihrer unabhängigen Variablen; die Typen der einzelnen Variablenbereiche. Als ,,prädikative Funktionen" werden technisch die bezeichnet, die selbst der nächsthöheren Stufe über der ihrer Argumente angehören.

Die Differenzierung der Typen und Stufen in der verzweigten Typentheorie hat zur Folge, daß bezüglich verschiedenstufiger Funktionen über einem und demselben Argument-Bereich keine All-Aussagen gemacht werden können. Der Satz z. B., daß Gegenstände identisch sind, wenn sie in *allen ihren Eigenschaften* übereinstimmen, könnte nicht als Formulierung einer wahren oder falschen Aussage anerkannt werden, weil es im Rahmen der verzweigten Typentheorie keine Allheit von Eigenschaften irgendeines Gegenstandes (d. h. von monadischen Aussagen-Funktionen, die dem Gegenstand wahre Aussagen als Funktionswerte zuordnen) geben kann. Es gibt da nur eine Allheit von Eigenschaften Erster Stufe, eine andere von Eigenschaften Zweiter Stufe usw., ebenso auch nur Identitäten Erster Stufe, Zweiter Stufe usw.

Für die Mathematik entstehen daraus Schwierigkeiten schon im Gebiet der Arithmetik natürlicher Zahlen. Wenn nicht von allen Eigenschaften schlechthin die Rede sein kann, verliert die Definition der natürlichen Zahl als einer solchen, welche alle Eigenschaften besitzt, die sowohl der Null zukommen als auch von jedem Gliede der mit Null beginnenden Reihe auf seinen Nachfolger vererbt werden, ihren Sinn, d. h. ihre Brauchbarkeit zum Beweis der fundamentalen Theoreme der Arithmetik.

Aus solchen Gründen hat Russell der verzweigten Typentheorie ein *Axiom der Reduzierbarkeit* hinzugefügt. Es verlangt, daß zu jeder Aussagen-Funktion höherer Stufe irgendeines Argument-Bereichs eine äquivalente unter den prädikativen Aussagen-Funktionen existiert. Daß dieses Reduzierbarkeits-Axiom mit den grundlegenden Annahmen der verzweigten Typentheorie vereinbar ist, kann bezweifelt werden. Denn die geforderte Äquivalenz von stufenweise verschiedenen Aussage-Funktionen, welche über gleichen Argument-Bereichen erklärt sind, könnte kaum in etwas anderem als der Identität ihrer Werte für jedes ihnen gemeinsame Argument bestehen. In diesem Fall würden aber die Aussagen nicht ebenso wie die Funktionen, deren Werte sie sind, verschiedenen Stufen angehören können. Diese Konsequenz führt zu der Frage, wie sonst eine logische Stufen-Ordnung der Aussagen-Funktionen und ihrer Werte gewahrt werden kann, ohne damit die Möglichkeiten logisch korrekter Begriffsbildung auf eine für mathematische Theorien unannehmbare Weise zu beschränken. Russell selbst hat in der neuen Einführung und Appendix C zu *Principia Mathematica I, 2. Aufl.* (1925) verschiedene Möglichkeiten in Erwägung gezogen, ohne sich für eine von ihnen definitiv zu entscheiden. Als geradester Weg erscheint der Verzicht auf das Axiom der Reduzierbarkeit und seine Ersetzung durch ein Extensionalitäts-Axiom für die Aussagen-Funktionen verschiedener Typen, welches für eine jede die Existenz ihrer Extension (d. h. der Menge von Argumenten, welchen sie wahre Aussagen als Werte zuordnet) verlangt. Die Äquivalenz stufenweise verschiedener Funktionen kann dann als Identität ihrer Extensionen erklärt werden. Voraussetzung dafür ist die Annahme, daß die Wahrheitswerte von stufenweise verschiedenen Aussagen identisch sein können – die Aufnahme also eines Grundgedankens der Fregeschen Logik.

Es ist unklar, welches Gewicht für Russell verschiedene Gegengründe hatten, die ihn davon zurückhielten, ausgehend von seinem System typusverschiedener Funktionen durch Vereinfachung zur Konstruktion eines Systems von Funktions-Extensionen überzugehen, welches für die Mathematik ebenso weite Möglichkeiten der Begriffskonstruktion eröffnete wie etwa das axiomatische System der Mengenlehre von Ernst Zermelo (im selben Jahre 1908 wie Russells erster Entwurf der Typentheorie veröffentlicht). Sicher hinderten ihn keine technischen Schwierigkeiten.

Abwandlungen der Russellschen Typentheorie im Sinne ihrer Annäherung an ein System der Mengenlehre sind in der Literatur als ,,einfache Typentheorien" bekannt. Ihre vielleicht eleganteste Gestalt bietet W. Quines *Mathematical Logic* (^{2}1951). Daß Russell bei der Vorbereitung zur zweiten Auflage der *Principia Mathematica* keinen der von ihm angedeuteten Wege zu einer Vereinfachung der Typentheorie beschreiten mochte, hat vermutlich den Grund, daß er sich eine später auch von ihm anerkannte Voraussetzung dafür noch nicht zu eigen gemacht hatte: die Unterscheidung mengentheoretischer und semantischer Relationen als zweierlei verschiedener Ursprünge logischer Paradoxien. Er wurde darauf aufmerksam gemacht durch F. P. Ramseys *The Foundations of mathematics* (in: Proc. London Math. Society ser. 2 vol. 25 [1926], S. 338–384). Erst die Unterscheidung der zwei verschiedenen Arten möglicher Widersprüche, welche heute gewöhnlich als ,,semantische" und ,,mengentheoretische Antinomien" bezeichnet werden, und die beide zugleich zu verhüten Aufgabe der verzweigten Typentheorie gewesen ist (vgl. dazu Russell, *My Philos. Development*, S. 126), gestattet die seither üblich gewordene Praxis der Formulierung mehrstufiger Theorien: Eine einfache Typentheorie oder ein Axiomen-System der Mengenlehre dient zur Vermeidung mengentheoretischer Antinomien, welche aus zirkelhaftem oder reflexivem Gebrauch der Element-Menge-Beziehung entstehen können; zur Sicherung von semantischen Antinomien dient die systematische Trennung von Objekt- und Meta-Sprachen nach A. Tarskis Vorbild (*Der Wahrheitsbegriff in den formalisierten Sprachen,* Studia Philosophica I, 1936, S. 261–405). Hier werden Wahrheit und sachlich verwandte Begriffe als semantische Eigenschaften und Relationen der Elemente einer bestimmten Klasse (objekt-)sprachlicher Ausdrucksformen aufgefaßt, und werden dargestellt durch die Ausdrucksformen einer semantischen Meta-

Sprache, wobei die Meta-Sprache und ihre Objekt-Sprache als elementfremde Klassen sprachlicher Ausdrucksformen konstruiert sind. Zur Darstellung semantischer Beziehungen zwischen Elementen der Objekt- und solchen der Meta-Sprache muß wiederum ein drittes System sprachlicher Ausdrucksformen konstruiert werden usw.

Die Ähnlichkeit der Stufen-Ordnung semantischer Meta-Sprachen und ihrer Objekt-Sprachen mit Russells Folge von Prädikationsstufen *(orders)* liegt auf der Hand. (Für einen systematischen Vergleich siehe A. Church, *Comparison of Russell's resolution with that of Tarski,* in: Journal Symb. Logic 41, 1976, S. 747–760.) Man kann in Tarskis Methode der Sprachstufen-Unterscheidung eine Weiterführung der Russellschen Idee sehen. Sie hat dieser gegenüber nicht allein den Vorzug der technischen Einfachheit, sondern läßt dadurch auch eine philosophische Konsequenz der Lösung des logischen Problems, welches in den logischen Antinomien hervorgetreten war, klarer sichtbar werden: die Unplausibilität einer Metaphysik, welche die logischen Strukturen einer systematisch aufgebauten Sprache mit den Strukturen des Gegenstandsbereiches, bezüglich dessen ihre Sätze als wahr oder falsch gelten, identifiziert.

3. Logik und Metaphysik

Russell bemerkt in seiner ersten Formulierung der Typentheorie: „Es ist in der Praxis unnötig zu wissen, welche Objekte dem niedrigsten Typus angehören, oder auch nur, ob der niedrigste Typus von Variablen in einem gegebenen Kontext der Individuen oder sonst ein anderer ist. Denn in der Praxis sind nur die *relativen* Typen der Variablen von Belang. So kann der niedrigste Typus, welcher in einem gegebenen Kontext vorkommt, soweit es um diesen Kontext geht, als der der Individuen bezeichnet werden." (*Math. Logic as Based on Types,* in: *Logic and Knowledge,* S. 76). Die heute gewöhnliche Rede vom „Individuenbereich" einer Theorie geht auf die Russellsche Ausdrucksweise zurück, stimmt mit ihr aber nur teilweise überein, nämlich nur in der Verwendungsweise des Wortes, welche das obige Zitat erklärt. Als „Individuen" bezeichnet man im heutigen Sprachgebrauch der Logik die Elemente des Wertebereichs der Variablen niedrigsten Typs in einer Theorie, oder – anders gesagt – die elementaren Gegenstände, bezüglich deren die logisch einfachsten Aussagen einer wissenschaftlichen Theorie als wahr oder falsch gelten. Hier ist also „Individuum" Ausdruck eines Relativbegriffes: Was als Individuum gilt, ist stets ein Individuum *für* diese oder jene Theorie. Nichts kann gleichsam aus eigenem Recht als Individuum auftreten; sondern es gehört dazu eine Theorie mit Prädikaten, welche für einen Gegenstandsbereich erklärt sind, dem das fragliche Individuum als ein Element angehört. Andererseits gibt es auch nichts, was durch seine natürliche Beschaffenheit von vornherein disqualifiziert wäre, ein Mitglied des Individuenbereichs einer entsprechenden Theorie zu werden. Denn zum Gegenstand wahrer oder falscher Aussagen, welche in gehöriger Verbindung miteinander eine Theorie konstituieren, deren logisch einfachste Aussagen sie sind, kann schlechterdings alles gemacht werden, insbesondere eben auch (wie Tarski lehrt) eine sprachliche Ausdrucksform wie z. B. ein Wort oder ein Satz. Das Wort „Individuum" hat in dieser Verwendung nichts mehr von dem metaphysischen Gewicht, das ihm sonst kraft seiner ursprünglichen Bedeutung als lateinische Übersetzung des griechischen „Atom" anhängt. Bei Russell ist das anders. Für ihn hat das Wort auch als logischer Terminus seine ursprüngliche Bedeutung noch nicht verloren. Seine oben zitierte Anerkennung von kontextabhängig so genannten „Individuen" will keineswegs ausschließen, daß es auch tatsächlich Individuen im eigentlichen Sinne des Wortes gibt – Individuen, die nicht nur dank ihrer Beziehung zu entsprechend konstruierten Theorien, sondern aus eigenem Recht so heißen.

Was von einem eigentlichen Individuum zu verlangen sei, hat Russell verschiedentlich zu erklären gesucht; aber diese Erklärung verwies er in den Zusammenhang seiner empiristischen Erkenntnistheorien, um seine logischen Abhandlungen von dieser Frage möglichst freizuhalten. In der Logik wird von ihm über Individuen nicht mehr gesagt, als was sich aus dem lateinischen Wortsinn ergibt. So im Anschluß an unser obiges Zitat: „Wir können ein Individuum definieren als etwas, das ohne Komplexität ist; offenbar ist es dann keine Aussage, da Aussagen wesentlich komplex sind." Mehr braucht man zwar nicht zu wissen, solange es nur auf die Praxis der systematisch korrekten Formulierung wissenschaftlicher Theorien ohne Verletzung der Typen-Ordnung abgesehen ist; denn dafür genügt die Wahrung der relativen Typus-Verschiedenheiten innerhalb einer jeden Theorie. Ob aber die Werte der Variablen niedrigsten Typs einer Theorie tatsächlich Individuen sind, ist für Russell keine überflüssige Frage; von ihrer wahrheitsgemäßen Beantwortung soll abhängen, ob diese Theorie den Erfordernissen einer logischen Idealsprache in seinem Sinne entspricht.

Eine logische Idealsprache würde in ihrer Struktur ein vereinfachendes, aber doch ähnliches Abbild von der Struktur der wirklichen Welt sein. Die Grundzüge eines solchen strukturähnlichen Abbildes skizziert Russell in seiner Vorlesungsreihe *The Philosophy of Logical Atomism* (1918) (in: *Logic and Knowledge*, hrsg. von *R. C. Marsh*, S. 175–281). Es sind, vereinfachend, diese: Einzeldinge *(particulars)*, ihre Eigenschaften und ihre Beziehungen zueinander sind die einfachen Elemente, aus denen sich die sogenannten „atomaren Tatsachen" konstituieren. Den atomaren Tatsachen entsprechen als Ausdrucksformen der Idealsprache atomare Aussagesätze *(propositions);* und ihre Konstituentien entsprechen den Konstituentien der atomaren Tatsachen, nämlich Eigennamen den Einzeldingen, ein- und mehrstellige Prädikatsausdrücke den Eigenschaften und Relationen der Einzeldinge. Die Einzeldinge der Welt und die Eigennamen der Idealsprache sind einander beiderseits eindeutig zugeordnet. Die atomaren Tatsachen sind teils positive, teils negative Tatsachen; und jeder atomaren (positiven oder negativen) Tatsache entsprechen zwei atomare Aussagesätze, ein wahrer und ein falscher. Das Wesentliche der atomaren Tatsachen ist die logische Unabhängigkeit jeder einzelnen von allen übrigen. Aus atomaren Aussagesätzen werden durch aussagenlogische Verknüpfungen (und, oder, wenn usw.), welche als Wahrheitsfunktionen zu verstehen sind, sogenannte ,,molekulare Aussagesätze" gebildet, denen jedoch keine molekularen Tatsachen entsprechen; es gibt dergleichen Tatsachen nicht. Jedoch gibt es wiederum ,,Allgemein-Tatsachen" und ,,Existenz-Tatsachen" *(general facts, existence-facts)*, welchen in der Idealsprache die durch All- bzw. Existenz-Zeichen und Aussagesatz-Funktionen konstituierten Aussagesätze entsprechen. Psychischen Tatsachen des Glaubens, Wünschens usw. entsprechen zweigliedrige Aussagesätze des Schemas ,,A glaubt (wünscht), daß p", wo aber die jeweilige Tatsachenstruktur eine mehrstellige Relation zwischen A und den Konstituenten von p (nicht zwischen A und p!) sein soll.

Russell bezeichnet seine Klassifikation verschiedenartiger Tatsachen gelegentlich als ,,ein Inventar der verschiedenen Formen, welche Tatsachen haben können" (*Logic and Knowledge*, S. 216), oder auch geradezu als ,,Inventar der Welt" (ebd., S. 234). Ob dieses Inventar außer den aufgezählten Einzeldingen, atomaren Tatsachen, Allgemein- und Existenz-Tatsachen sowie Tatsachen des Glaubens noch weitere Tatsachen enthalten sollte, ist aus Russells Erklärungen nicht ganz ersichtlich. Es kann hier unentschieden bleiben. Das Angeführte genügt zur Illustration der grundlegenden Annahme seines logischen Atomismus, welche Russell so erklärt: ,,Ich werde (...) annehmen, daß es eine objektive Komplexität in der Welt gibt und daß sie durch die Komplexität der Aussagesätze widergespiegelt wird. (...) In einer logisch perfekten Sprache würden die Wörter in einem Aussagesatz und die Komponenten der entsprechenden Tatsache einander eins zu eins entsprechen, mit Ausnahme von Wörtern wie ,oder', ,nicht', ,wenn', ,dann', welche einer anderen Aufgabe dienen. In einer logisch perfekten Sprache wird es ein Wort und nicht mehr für jedes einfache Objekt geben; und alles, was nicht einfach ist, wird ausgedrückt durch eine Kombination von Wörtern, die natürlich abgeleitet ist aus den Wörtern für die einfachen Dinge, welche darin eingehen, – ein Wort für je ein einfaches Konstituens." (*Logic and Knowledge*, S. 197f.)

Eine logisch perfekte Sprache, wie Russell sie in *Philosophy of Logical Atomism* (1918) entwirft, wäre die einer Theorie, welche sich vollständig im Rahmen eines logischen Funktionenkalküls Erster Stufe formulieren ließe. Die Meinung, daß deren verhältnismäßig einfache Struktur hinreichend sein sollte, ein strukturidentisches Bild von den Tatsachen in der Welt zu bieten, ist weniger auffallend als überhaupt der Gedanke, nicht nur in wissenschaftlichen Theorien oder ihren symbolischen Formulierungen logische Strukturen finden zu wollen, sondern auch in ,,der Welt". Russell hat diesen Gedanken aus Leibniz' Metaphysik übernommen. In seinem Welt-Inventar, welches außer Einzeldingen noch atomare und andere Tatsachen enthalten sollte, erblickte er eine Bereicherung und Korrektur des Leibnizschen Modells der Welt, welches lediglich aus monadischen Substanzen aufgebaut war.

In seinem ersten philosophischen Buch *A Critical Exposition of the Philosophy of Leibniz* (Kritische Darstellung von Leibniz' Philosophie: 1900) hatte Russell auf die engen Beziehungen zwischen der Monadenlehre und der Logik von Leibniz, welche nur die traditionelle Subjekt-Prädikat-Relation als elementare Satzform kannte, hingewiesen. Lediglich in der Dürftigkeit dieser Logik fand er den Fehler der Leibnizschen Metaphysik. Für fruchtbar hielt er aber den Leibnizschen Versuch, logische Strukturen wissenschaftlicher Theorien oder einzelner Sätze als Strukturen der Welt oder ihrer Konstituentien zu deuten.

Er äußerte sich nicht immer so zuversichtlich wie in *Philosophy of Logical Atomism* über den Informationswert einer logisch vollkommenen Sprache. Sollte sie hier in der „Komplexität der Aussagesätze" geradezu ein Spiegelbild von der „objektiven Komplexität in der Welt" bieten, so läßt er in seinem sechs Jahre später erschienenen Aufsatz *Logical Atomism* (1924) schon etwas weniger von dem Entwurf einer logisch vollkommenen Sprache erwarten: „Der Zweck der vorangegangenen Diskussion einer idealen logischen Sprache ist zweifach: Erstens, Schlußfolgerungen von der Natur der Sprache auf die Natur der Welt zu verhindern, welche deshalb trügerisch sind, weil sie auf logischen Fehlern der Sprache beruhen; zweitens, durch Untersuchung dessen, was die Logik von einer Sprache ohne Widersprüche verlangt, anzudeuten, welcher Art die Struktur ist, welche wir vernünftigerweise als die der Welt annehmen können." (In: *Logic and Knowledge,* S. 338)

Auch hier jedoch hat Russell keine Bedenken, ganz direkt von „der Welt" zu sprechen; und über „*die* Struktur" der Welt Aufschlüsse von der logischen Struktur der idealen Sprache zu erwarten. Daß damit nichts Geringeres als eine erneuerte Leibniz-Metaphysik gemeint ist, deutet Russell selbst durch ausdrücklichen Hinweis auf Leibniz an (*Logic and Knowledge,* S. 337; *My Philos. Development,* passim). Die Einwände Kants gegen den unkritischen Gebrauch des Ausdrucks „die Welt", dem in einer derartigen Metaphysik keine empirisch oder sonstwie klar bestimmte Bedeutung gesichert ist, sind von Russell völlig übergangen. Kaum kann man sagen, er hätte sie vergessen. Denn zumindest Ludwig Wittgenstein, dessen Ideen zu Russels Philosophie des logischen Atomismus Wesentliches beigetragen haben, ist in diesem Punkt, wie Russell bezeugt, stets sein klarer Opponent geblieben. Wittgenstein bezeichnete Sätze über „die Welt" ganz nüchtern als wissenschaftlich sinnlos. Russell (*My Philos. Development,* S. 116f.): „Es gibt einen anderen Punkt von beträchtlicher Wichtigkeit, und der ist, daß Wittgenstein nicht irgendwelche Aussagen über alle Dinge in der Welt zulassen will. (...) Er sagt, daß ein Satz wie ‚Es gibt mehr als drei Dinge in der Welt' sinnlos ist. (...) Er wollte nicht zugeben, daß überhaupt irgend etwas über die Welt als ganze gesagt werden könnte. (...) Nach ihm könnte man fragen ‚Wie viele Menschen gibt es in London?' oder „Wie viele Moleküle gibt es in der Sonne?'; aber zu folgern, daß es mindestens diese Anzahl von Dingen in der Welt gibt, würde nach ihm sinnlos sein. Dieser Teil seiner Lehre ist meiner Ansicht nach falsch."

Russell wollte die Frage, wie viele Dinge, d. h. genauer *einfache* Dinge, Individuen, in „der Welt" existieren, auch im Jahre 1959 noch als eine sinnvolle Fragestellung anerkannt wissen. In früheren Jahren hatte er sie als eine zwar nicht mit logischen Gründen, sondern nur auf Grund von empirischen Tatsachen zu beantwortende Frage erklärt. Als er seine Philosophie des logischen Atomismus konzipierte, nahm er an, daß die logische Idealsprache endlich oder unendlich viele Individuen-Zeichen (Eigennamen) enthalten müßte, je nachdem, ob die Anzahl der Individuen in der Welt endlich oder unendlich wäre. (Das ,,universe of discourse" der einfachen Prädikate in der logischen Ideal-Sprache wäre identisch mit dem ,,wide vessel of the universe".) Von dieser Position ist Russell freilich später abgerückt, aus dem Grunde, daß man von keinem Dinge zuverlässig wissen könne, ob es in der Tat einfach ist: ,,Ich glaubte ursprünglich mit Leibniz, daß alles Komplexe zusammengesetzt sei aus einfachen Dingen, und daß es bei der Analyse wichtig sei, die einfachen Dinge als unser Ziel zu betrachten. Ich bin jedoch dahin gekommen, zu denken: (...) Daß Aussagen, in denen Komplexe genannt werden, völlig korrekt sein können trotz der Tatsache, daß die Komplexe nicht als Komplexe erkannt sind. (...) Aber so lange wir auf die Behauptung verzichten, daß der von uns betrachtete Gegenstand einfach sei, braucht nichts von dem, was wir darüber sagen, durch die nachträgliche Entdeckung seiner Komplexität falsifiziert zu werden. Folglich ist die ganze Frage, ob durch Analyse einfache Dinge zu erreichen sind, unnötig." *(My Philos. Development,* S. 165 f.)

Russell hat im Laufe seines Lebens verschiedentlich neue Deutungen des Unterschiedes zwischen Individuen, Aussagen-Funktionen und Aussagen über Individuen erwogen. Er suchte sie im Zusammenhang mit einer befriedigenden Lösung der erkenntnistheoretischen Frage nach den Wechselbeziehungen zwischen unserer vorwissenschaftlich erlebnishaften Umwelt-Erfahrung und den Theoriebildungen der Naturwissenschaft zu gewinnen. Die echten Individuen oder wenigstens möglichst einfache Dinge suchte er deshalb bald im Strom der sinnlichen Wahrnehmungen einer menschlichen Person, bald in den theoretisch angenommenen Elementarereignissen der relativistischen Physik nachzuweisen, – immer in der Absicht, Beziehungen zwischen Individuen als logische Struktur-Elemente der Welt zu deuten. Russell wußte seit den ersten Vorarbeiten zur Typentheorie, daß die Frage nach den Individuen einer wissenschaftlichen Theorie nicht unabhängig von dem syntaktischen Aufbau der Sprache, welche für ihre formale Darstellung gewählt wird, beantwortet werden kann. Er folgerte aber aus dieser Einsicht, es müsse, um einer wissenschaftlichen Theorie gegenständliche Wahrheit zu sichern, die syntaktische Struktur der Sprache, in der die Theorie dargestellt werden soll, so gewählt werden, daß eine Struktur-Identität oder wenigstens Struktur-Ähnlichkeit zwischen Sprache und Welt hergestellt wird. Russell meinte dabei: ,,Für mein Teil glaube ich, daß wir, zum Teil durch das Studium der Syntax, zu beträchtlichem Wissen über die Struktur der Welt gelangen können." *(My Philos. Development,* S. 174)

Eine logisch korrekt gebaute Sprache könnte uns in ihrer syntaktisch beschreibbaren Struktur aber nur dann Kenntnis von ,,der Struktur der Welt" geben, wenn wir die Struktur dieser Sprache so weit überblicken würden, daß wir zuverlässig entscheiden könnten, aus welchen Bestandteilen sie besteht und aus welchen nicht. Wir müßten für einen jeden fraglichen Zeichenkomplex definitiv zu entscheiden wissen, ob er zum Bestand der Sprache gehört oder nicht. Es müßte also eine voll formalisierte Sprache sein, deren Zeichen dann aber durch keinerlei Forderungen logischer Korrektheit davor bewahrt bleiben könnten, daß sie ihrerseits zu Elementen des Individuenbereichs einer ebenfalls formalisierten Meta-Sprache gemacht werden, die ihre semantischen Eigenschaften und Beziehungen richtig beschreibt. Die formalisierte Sprache der Semantik-Theorie würde der syntaktischen Struktur nach reicher sein als die Objekt-Sprache, deren semantische Eigenschaften sie richtig beschreibt. Es bliebe fraglich, welche der beiden Sprach-Strukturen das richtigere Bild von „der Struktur der Welt" bietet – die reichere der Meta-Sprache oder die ärmere der Objekt-Sprache –, wenn doch die Zeichen der Objekt-Sprache ihrerseits entweder zu den einfachen Dingen oder zu den Komplexen „in der Welt" zu rechnen wären.

4. Logik und Sprache

Eine der wichtigsten Bereicherungen, welche die Philosophie der neuen Logik zu verdanken hat, ist ihre systematische Unterscheidung zwischen *Aussage* und *Prädikat* durch die Annahme, daß jede Aussage genau einen Wahrheitswert hat, während ein Prädikat allenfalls ausnahmsweise in Anwendung auf jeden Gegenstand seines Erklärungsbereichs eine wahre Aussage (oder in Anwendung auf jeden eine falsche) ergibt, gewöhnlich aber verschiedenen Gegenständen entsprechend teils wahre und teils falsche Aussagen zuteilt.

Gleichlautende Sätze können deshalb wohl als Ausdrücke verschiedener Aussagen gelten, so z. B., wenn verschiedene Personen gleichlautende „Ich ..."-Sätze sprechen oder wenn eine Person zu verschiedenen Zeiten gleichlautende „Jetzt ..."-Sätze spricht usw. Aber es ist ausgeschlossen, daß eine und dieselbe Aussage zu verschiedenen Zeiten wahr und wiederum falsch wäre. Damit ist es auch sinnlos, zwischen „immer wahren" (oder „immer falschen") Aussagen und nur „manchmal wahren" (oder „manchmal falschen") Aussagen zu unterscheiden, wie das in dem ehemals berühmten Gegensatz der „notwendigen" oder „unmöglichen" und der „kontingenten Aussagen" der Fall war. Der verfehlte Gegensatz von zeitlich unbedingt wahren bzw. falschen Aussagen und zeitbedingt wahren bzw. falschen Aussagen war entstanden aus mangelhafter Unterscheidung zwischen dem grammatisch zu beschreibenden Wortlaut eines Aussage*satzes* und seinem meistens situationsabhängigen Sinn, d. h. der dem Hörer oder Leser durch die behauptende Verlautbarung oder Niederschrift des Satzes mitgeteilten *Aussage*.

Zwei wesentliche Erfordernisse einer logisch sauberen Argumentation in philosophischen Fragen und anderswo sind: erstens eine strenge Unterscheidung zwischen dem sprachlichen *Ausdruck* einer Aussage oder eines Prädikats und dem damit Gemeinten, d. h. dem *Sinn des Ausdrucks;* zweitens die systematische Trennung der (nicht zeitgebundenen, sondern schlechtweg) wahren oder falschen *Aussagen* von ihren *Prädikaten,* welch' letztere allerdings für gegebenenfalls zeitlich verschiedene Individuen (individuelle Ereignisse oder Zustände) ihres Erklärungsbereichs Aussagen verschiedener Wahrheitswerte bilden können. Erst durch die Erfüllung beider Erfordernisse verschwindet die Illusion, es gäbe einen sachlich begründeten Unterschied zwischen zeitbedingter und zeitlich unbedingter („ewiger") Wahrheit von theoretischen Aussagen. Von dem alten Gegensatz zwischen der notwendigen und der kontingenten (oder „zufälligen") Wahrheit bleibt dann nur die Unterscheidung zwischen der Wahrheit einer Aussage kraft ihrer logischen Form und ihrer Wahrheit auf Grund der Beschaffenheit ihres Gegenstandsbereichs und seiner Elemente (d. h. des Erklärungsbereichs für ihr Prädikat). Aus der Verletzung jener beiden Erfordernisse sind immer wieder metaphysische Rätsel entstanden, die bis in den Bereich der Moralphilosophie Verwirrung gestiftet haben. Kann zum Beispiel ein zukünftiges Ereignis, von dem „schon jetzt" wahr ist (wie man früher unbedenklich sagte), daß es eintreten wird, von mir noch verhindert werden, nachdem ich zur Einsicht der Wahrheit, daß es eintreten wird und daß mir sein Eintreten unerwünscht sein muß, gekommen bin?

Aus einem ganzen Schwarm derartiger Vexierfragen sich zu befreien, hat die Philosophie von der Logik gelernt. Russells Beitrag dazu ist die immer wieder betonte These, daß die Aussagen, nicht ihre konstituierenden Glieder, als logische Fundamente einer jeden wissenschaftlichen Theorie und Argumentation anzusehen sind. Seine in diesem Punkt scharf kritisierenden Rezensionen der Arbeiten von McColl (in: *Mind* 15, 1906; und 17, 1908) sind der eine Ort, wo er betont, daß die Annahme zeitlich wechselnder Wahrheiten in der Logik unzulässig ist. Der andere und von ihm selbst besonders wichtig genommene Ort ist sein Aufsatz *On denoting* (Mind 14, 1905). Er zeigt dort, wie Sätze umzuformen sind, deren Formulierung nicht klar erkennen läßt, welches ihre Aussage und welches der Erklärungsbereich des Prädikats dieser Aussage sein soll. Die Unklarheit bei den von Russell besprochenen Sätzen ergibt sich aus der Verwendung von sogenannten eindeutigen Kennzeichnungen (*definite descriptions*) wie z. B. „die größte natürliche Zahl". Wird gesagt „Die größte natürliche Zahl ist ungerade", so bleibt unklar, ob hier eine *Aussage* im logisch präzisierten Sinne und gegebenenfalls was für eine gemeint ist: Eine wahre (weil es keine größte Zahl gibt und bezüglich eines fiktiven Gegenstandes jede Aussage als wahr gelten soll) – oder eine falsche (weil die These, daß es eine größte Zahl gebe, darin impliziert sein soll)? Von der letzteren Annahme geht Russell bei seiner Umformung derartiger Sätze aus. Seiner Übersetzungsregel entsprechend wäre der Beispielsatz umzuformen in „Es gibt genau einen Gegenstand, welcher eine natürliche Zahl und größer als alle anderen natürlichen Zahlen ist, und dieser ist eine ungerade Zahl". Hier wird ein grammatisch ganz anders als der ursprüngliche gebaute Satz zum Äquivalent des ursprünglichen erklärt. An die Stelle der mehrdeutigen Formulierung ist eine neue getreten, die so eindeutig ist, daß die Frage nach der prädikatenlogisch zu beschreibenden Form der darin gemeinten Aussage eindeutig beantwortet werden kann.

Die Übersetzungsregel mit Russells sachlicher Begründung dafür, daß Sätze des Schemas „Der so-und-so ist das-und-das" stets umzuformen sind in „Es gibt genau einen Gegenstand, welcher ein so-und-so ist, und dieser ist das-und-das", heißt üblicherweise Russells *theory of descriptions*. Sie beruht auf der Voraussetzung, daß als logisch eindeutige Sätze nur die anzusehen sind, welche als Ausdruck genau einer, entweder wahren oder falschen, Aussage gelten; sodann auf der Einsicht, daß die grammatische Gestalt eines Aussage-Satzes und die logische Form einer Aussage zwei verschiedene Dinge sind. (Besonders wenn der Wortlaut des Satzes ein „ich", „jetzt", „hier" oder dergleichen enthält, läßt sich ohne Kenntnis der Umstände seiner Verlautbarung oder Niederschrift nicht erkennen, welche Aussage darin ausgedrückt werden soll, geschweige denn, welche logische Struktur sie hat.)

Es ist dagegen eingewandt und durch plausible Beispiele gezeigt worden, daß in der Umgangssprache viele Sätze ihrem Sinn nach eindeutig sind und für Mißdeutungen keinen Raum lassen, obwohl sie, und zwar eben auf Grund ihres Sinnes, weder für wahr noch für falsch gelten können. Der Einwand besagt in seinem Kern nur dieses, daß im umgangssprachlichen Gebrauch viele Sätze vorkommen, die unbeschadet ihrer grammatischen Gestalt eines Aussagesatzes oftmals nicht zur Formulierung einer *Aussage* im logisch präzisierten Sinn dieses Wortes gebraucht werden, insofern also dann weder als wahr noch als falsch gelten können. Der Einwand – wenn es denn einer ist – gegen seine *theory of descriptions* hat Russell geradezu geärgert (vgl. *My Philos. Development*, S. 238-245), obwohl er ihn gewissermaßen selber provoziert hatte, teils durch eine unglückliche Wahl seiner Erklärungs-Beispiele („Der gegenwärtige König von Frankreich ist glatzköpfig" – wo statt der für Russell einzig wesentlichen Bedeutungslosigkeit des Subjektsterminus die ausdrückliche Zeitabhängigkeit der Bedeutung als wichtig erscheinen kann), mehr aber noch durch seine terminologisch oftmals unklare Verwendung des Wortes *proposition* bald für „Aussage", und bald für „Aussagesatz (einer natürlichen Sprache)", und auch für „Aussagesatz (einer formalisierten Symbol-Sprache)". Die Unklarheit begegnet uns nicht nur in diesem Zusammenhang; man vermißt auch sonst in seinen logischen und philosophischen Schriften gelegentlich die letzte Schärfe der Unterscheidung zwischen umgangssprachlichen Ausdrucksformen, systematisch konstruierten Symbolen und dem Sinn, welchen die einen oder die anderen ausdrücken.

Weniger in diesen Einzelheiten als in den großen Umrissen und Grundlinien seiner Logik-Theorie zeigt sich Russells eminenter Rang als Philosoph. Durch seine Logik, sowohl in dem, was sie leistet, als auch in dem, was sie vermissen läßt, ist er der wohl wirkungsvollste philosophische Lehrer unseres Jahrhunderts geworden.

5. Ethische Ziele

In Russells Werk eine ausgearbeitete Moralphilosophie, eine Ethik in diesem Sinne, zu suchen, entspräche nicht seinem erklärten Verständnis von Philosophie und den Möglichkeiten einer rationalen Begründung ethischer Werturteile. Zwar hatte er in jüngeren Jahren gemeint, es sei eine ,,Tatsache, daß das Ziel der Ethik ihrer eigenen Erklärung nach die Entdeckung wahrer Sätze über tugendhaftes und böses Verhalten ist, und daß diese ganz ebenso ein Teil der Wahrheit sind wie wahre Sätze über den Sauerstoff oder das Einmaleins. (...) So ist das Studium der Ethik nicht etwas außerhalb der Wissenschaft Geschehendes und ihr Beigeordnetes: Es ist schlicht eine von den Wissenschaften." (*Elements of Ethics*, in: *Philosophical Essays*, 1910, S. 13)

Aber diese traditionelle Auffassung der Ethik – hier in Anlehnung an und unter Berufung auf G. E. Moores *Principia Ethica* formuliert – hat Russell bald fallenlassen, und er kam zu der Überzeugung, daß ethische Werturteile nicht eigentlich als wahr oder falsch gelten könnten, daß es folglich auch keine wissenschaftliche Ethik, die solche vermeintlichen Wahrheiten entdecken sollte, geben könne. Daher habe die Philosophie, insofern Philosophie und Wissenschaft allerdings unlösbar zusammengehören, mit Ethik kaum mehr zu schaffen als ihr eine unmißverständliche Formulierungsweise für ihre Werturteile zu empfehlen. Er hat diese Überzeugung am ausführlichsten dargelegt in seinem *Reply to Criticisms* (in: Schilpp, *Philosophy of B. Russell*, 1944, S. 680–741). Er schreibt dort: ,,Ich möchte, wenn das nicht ein zu schroffer Bruch mit dem gewohnten Sprachgebrauch wäre, alle Werturteile aus der Philosophie ausschließen. Das einzige, was mit Ethik zu tun hat und was ich als eigentlich zur Philosophie gehörig betrachten kann, ist das Argument, daß ethische Sätze im Optativ und nicht im Indikativ ausgedrückt werden sollten." (S. 719)

Seine Meinung geht dahin, daß ein optativischer Ausdruck wie ,,Möchte doch jedermann ... (z. B. Schwache vor Ungerechtigkeit schützen) ...!", im Gegensatz zu einem indikativischen Werturteil wie ,,Gutes tut, wer Schwache vor Ungerechtigkeit schützt", klar erkennen ließe, daß hier nicht eigentlich etwas Wahres, sondern etwas Erwünschtes ausgedrückt werde. Etwas Wahres oder Falsches wäre allenfalls insofern mitgemeint, als der Sprecher durch seine Äußerung eines derartigen Werturteils nebenher auch seine eigenen Empfindungen bezeugen und andeuten will, er selbst empfinde diesen Wunsch, daß ... (Schwache beschützt würden). Aber in dieser Hinsicht, als möglicherweise aufrichtiges oder lediglich geheucheltes Bekenntnis von Empfindungen, unterscheidet sich das indikativisch formulierte Werturteil nicht von dem entsprechenden optativischen Satz. Der Unterschied besteht im scheinbaren Anspruch des indikativisch formulierten Werturteils auf objektive Wahrheit, d. h. auf Wahrheit, die nur von der tatsächlichen Beschaffenheit des beurteilten Gegenstandes, nicht von den Wünschen des Urteilenden abhängt. Dieser Anspruch sei aber bei *ethischen* Werturteilen ungerechtfertigt, meint Russell: ,,Ein

Tatsachen-Urteil, meine ich, kann die Eigenschaft der sog. ‚Wahrheit' haben, welche es hat oder nicht hat ganz unabhängig davon, wie jemand darüber denken mag. (...) Aber ich sehe keine Eigenschaft, welche ähnlich der ‚Wahrheit' einem ethischen Urteil entweder zukommt oder nicht zukommt. Dies, muß man zugeben, versetzt die Ethik in eine von Wissenschaft verschiedene Kategorie." (*Reply to Criticisms,* S. 723)

Russells Unterscheidung zwischen dem ‚‚Tatsachen-Urteil" und dem ‚‚ethischen Urteil", und seine darauf gründende Trennung zwischen Ethik und Wissenschaft, kann leicht mißdeutet werden. Deshalb ist dreierlei zu betonen: Erstens will Russell, indem er das ethische Urteil als Ausdruck eines Wunsches versteht, nicht jedem beliebigen Wunsch den Charakter eines ethischen Wertempfindens zuerkennen; er will zweitens nichts einwenden gegen den Gebrauch von Werturteilen in der Darstellung von politischen und sozialen Tatsachen; drittens will er keineswegs anzweifeln, daß gerade diejenigen Empfindungen, welche die ethische Einstellung eines Menschen ausmachen, ihrerseits ethischer Bewertung unterliegen und sinnvollerweise z. B. als bewundernswert oder verwerflich angesehen werden können.

Zum ersten beruft sich Russell selber auf Kant (*Reply to Criticisms,* S. 722) und verlangt ein ‚‚Element der Universalität" in dem Wunsch, welcher als ethisches Wertempfinden gelten soll; d. h. der Wunsch muß zugleich das Verlangen, alle Menschen möchten ebenso wünschen, mit einschließen. Ein ethisches Wertempfinden wäre z. B. nicht unser Hungergefühl oder unser Mitleidsempfinden, das uns zu essen bzw. dem Bemitleideten zu helfen antreibt. Ein ethisches Wertempfinden läge erst in dem Verlangen, daß jedermann geneigt sein möchte, den so Hungrigen, wie jetzt zufällig wir es sind, Nahrung zu geben; daß jedermann einem Menschen wie dem von uns Bemitleideten stets mit gleichem Eifer, wie jetzt wir es tun, helfen möchte. Deshalb erklärt Russell, daß ein ethisches Werturteil ‚‚A ist gut" denselben Sinn habe wie der Wunsch ‚‚Möchten doch alle Menschen A wünschen" (nicht etwa: ‚‚Ich wünsche mir A"!) (ebd.).

Freilich wird die stilistisch und rhetorisch sehr verschiedene Wirkung, die mit dem optativischen und einem sinngleichen indikativischen Ausdruck zu erzielen ist, nur selten den Gebrauch des Optativs empfehlenswert machen. Und das ist der zweite Punkt: Die Verwendung von Werturteilen in der Tatsachen-Darstellung.

Es wäre nach Russells Auffassung geradezu widersinnig, für die Bekundung seiner ethischen Stellungnahme in öffentlich umstrittenen Angelegenheiten nicht den rhetorisch wirkungsvollsten Ausdruck wählen, sondern eine möglichst durchsichtige Formulierung suchen zu wollen. Denn für jeden Menschen ist ein wesentliches Element seiner ethischen Wertempfindung das Verlangen nach Universalität, nach Übereinstimmung des ethischen Empfindens aller anderen Personen mit seinem eigenen. Dies läßt ihn eher die Ausdrucksmittel ergreifen, mit denen er ähnliche Empfindungen wie seine eigenen auch in anderen zu erregen hofft, als die Ausdrucksmittel, welche zu objektiver

Tatsachenbeschreibung und theoretischer Erklärung taugen. Er würde in der Regel die lebhafte Einstimmung anderer Personen mit seinem eigenen Empfinden kaum dadurch gewinnen können, daß er den Ausdruck der eigenen Empfindungen sorgfältig trennt von einer objektiven Darstellung der Tatsachen, angesichts derer er die Empfindungen hat. Auf Erfolg kann er eher rechnen, wenn er die Tatsachen gleichsam im Licht seiner eigenen Empfindungen erscheinen läßt und sie so darstellt, als könnte es gar niemanden geben, der sie zur Kenntnis nimmt und dabei doch anders empfindet; und er wird hierfür kaum verzichten können auf eine solche Formulierung seiner Werturteile, daß sie von objektiven Tatsachenbeschreibungen nur schwer unterscheidbar sind. Wie das zweckmäßigerweise geschehen kann, läßt sich in Russells populären Schriften, z. B. *Marriage and Morals,* studieren, für die seine Erklärung gilt: ,,Überredung in ethischen Fragen ist notwendigerweise verschieden von Überredung in wissenschaftlichen Dingen. Meiner Meinung nach wünscht jemand, der urteilt, daß A gut sei, Andere sollten bestimmte Wünsche empfinden. Er wird darum (...) diese Wünsche in anderen Personen zu erregen suchen, wenn er zu wissen glaubt, wie man das macht. Dies ist der Zweck des Predigens, und es war mein Zweck in den verschiedenen Büchern, in denen ich ethische Meinungen ausgedrückt habe. Die Kunst, seine eigenen Wünsche auf überredende Weise zu präsentieren, ist völlig verschieden von der des logischen Beweisens, aber sie ist ebenso legitim." (*Reply to Criticisms,* S. 724)

Schließlich noch zum dritten Punkt: Russell wollte keineswegs sagen, daß die ethische Einstellung eines Menschen, seine Gesinnung, etwa deshalb, weil sie letztlich auf seinen persönlichen Wunschempfindungen beruht, jeder ethischen Bewertung durch andere entzogen sein sollte. Ganz im Gegenteil! Gerade die Rangordnung der Handlungsziele, denen ein Mensch sich in seinem Leben verpflichtet fühlt, entscheidet darüber, wie er von einem anderen ethisch beurteilt wird. Ist sie unvereinbar mit der des ethisch Urteilenden, wird dieser ihn als ethisch minderwertig (,,schlecht", ,,böse" usw.) betrachten; ist sie aber der des Urteilenden ähnlich oder doch mit ihr vereinbar, so wird ihn der Urteilende als einen guten (,,vernünftigen" etc.) Menschen betrachten. Nur dies ist Russells These: Es gibt kein rationales Argument, wodurch im Fall von zwei gegensätzlichen ethischen Bewertungen eines Menschen oder einer menschlichen Handlungsweise darüber entschieden werden könnte, welche Bewertung die richtige ist. Es kann nicht einmal wie sonst bei logisch unvereinbaren Tatsachen-Urteilen gesagt werden, daß von zwei entgegengesetzten ethischen Werturteilen über denselben Gegenstand mindestens eines falsch sein müsse. Feststellen kann man nur die Unvereinbarkeit der ethischen Gesinnungen, welche in den gegensätzlichen Werturteilen zum Ausdruck kommen. Wer es dabei nicht bewenden lassen will, kann wohl durch Mittel der Überredung und Erziehung die eigenen Empfindungen auch in dem anders empfindenden Gegner zu wecken versuchen; er kann ihn dadurch vielleicht *umstimmen,* aber nicht durch Argumente *widerlegen.*

Allerdings treffen in den meisten Streitfragen nur scheinbar gegensätzliche ethische Urteile aufeinander; für gewöhnlich haben die Gegner nur verschiedene Tatsachen-Kenntnisse, verschiedene Urteile über technische Zweckmäßigkeiten oder die Wahrscheinlichkeit möglicher Handlungsfolgen. Dann besteht auch grundsätzlich die Möglichkeit einer Entscheidung des Streites durch rationale Argumente.

Aber es gibt rein ethische Streitfragen wie die, ob mit der Zugehörigkeit zu verschiedenen Rassen eine unterschiedliche Rechtsstellung der Menschen verbunden sein soll oder nicht; ob das Recht auf Schutz von Leib und Leben den Menschen erst nach vollendeter Geburt gewährt werden soll oder nicht. Hier können jenseits aller Tatsachen-Urteile und Zweckmäßigkeits-Erwägungen gegensätzliche Meinungen aufeinandertreffen, die dann durch kein rationales Argument zum Ausgleich gebracht werden können. Den Gegnern bleibt hier nur noch wechselseitige Mißbilligung übrig (*Reply to Criticisms*, S. 721).

Dies ist für Russell das Hauptargument gegen die Möglichkeit einer Moralphilosophie, welche nicht nur philosophisch verkleidete Überredungskunst, sondern wahrhaftige Wissenschaft sein will: Die Unentscheidbarkeit eines Streites über rein ethische Wertfragen durch wissenschaftliches Argument. Im praktischen Leben endet jedoch die Brauchbarkeit wissenschaftlicher Argumente nicht erst an dieser äußersten Grenze, wo eine Streitfrage schon auf ihren rein ethischen Kern zurückgeführt worden ist, sondern wesentlich früher, nämlich an der Grenze von Politischem und Privatem. „In der Wissenschaft gibt es eine so wirksame Technik der Überredung, daß Kontroversen selten sehr lange dauern. Diese Technik besteht im Appell an Evidenzen, nicht an Emotionen. Aber sobald eine Frage irgendwie in die Politik verflochten ist, werden theoretische Methoden unangemessen. Sind Farbige von Geburt weniger intelligent als Weiße? (...) Gibt es anatomische Anzeichen, daß weibliche Gehirne männlichen unterlegen sind? Solche Fragen werden normalerweise mit Rhetorik, Blaskapellen und blutigen Köpfen entschieden. Dennoch, der unbeteiligte Wissenschaftler, falls es den gibt, mag unbeachtet und alleine darauf beharren, wissenschaftliche Methoden auch in Fragen anzuwenden, welche die Leidenschaften aufregen." (*Reply to Criticisms*, S. 724)

Ein so unbeteiligter Wissenschaftler wollte Russell seinerseits nicht sein. Er wollte öffentlich wirken. Mit dieser Absicht sind die Schriften verfaßt, in denen er seine moralischen Überzeugungen in Bezug auf Gegenwartsfragen und politische Kontroversen vortrug; mit Rücksicht darauf wollen sie auch gelesen sein. Wohl wäre es möglich, aus ihnen die Grundzüge des Menschenbildes und eines wohlgeordneten Zusammenlebens der Menschen, wie es Russell vorschwebte, herauszufinden. Aber das ergäbe nur ein farblos blasses Bild, welches sich auch nicht durch auffallende Besonderheiten von dem abheben würde, was man sonst als Umriß einer sehr liberalen westeuropäischen religionsfreien Durchschnittsmoral aufzeichnen könnte. Man muß schon die konkreten Anliegen mit zur Kenntnis nehmen – sie reichen von Kriegsschuld-Fragen bis zu Kindererziehung und Etikette-Regeln –, in denen Russell seine moralischen Überzeugungen geltend zu machen suchte. Dann gewinnen sie Farbe und können als erfreulich oder ärgerlich empfunden werden: Beides wäre in seinem Sinne, – nur sich zu langweilen nicht!

III. Wirkungsgeschichte

Was Russell im Jahre 1943 einmal über sich sagte, könnte so ähnlich auch heute noch gelten: Daß nur eine Minderheit derer, denen sein Name geläufig ist, ihn als theoretischen Philosophen kenne: weitaus die meisten dächten an ihn als praktischen Reformer. Daß sich im Laufe künftiger Jahre das Verhältnis umkehren und mehr den Philosophen hervortreten lassen wird, liegt im Wesen der Dinge. Heute, fünfzehn Jahre nach seinem Tode, sind aber seine Wirkung als Moralist und sein Eintreten für politische Anliegen noch so vielen gegenwärtig, daß sie keiner Erinnerung bedürfen.

In der Philosophie hat sich um Russell als akademischen Lehrer kein fester Schülerkreis gesammelt, es gab keine „Russellsche Schule" in diesem Sinne; wohl aber hat er hervorragende Schüler gehabt, unter denen Ludwig Wittgenstein der bedeutendste war, der ihm einige Jahre hindurch auch persönlich am nächsten gestanden hat. Aus dem anfänglichen Lehren wurde ein wechselseitiges Geben und Nehmen philosophischer Anregungen, welches auf seiten Russells zur Formulierung der *Philosophy of Logical Atomism,* auf seiten Wittgensteins zum *Tractatus Logico-Philosophicus* führte. Hierdurch, sowie durch seine logischen und philosophischen Werke aus den Jahren bis etwa 1925, hat nun Russell, sozusagen indirekt, in hohem Maße schulbildend gewirkt. Zunächst blieben die *Principia Mathematica* etwa zwei Jahrzehnte lang eine Ausgangsbasis fast aller weiterführenden Forschungen in der mathematischen Logik. Vor allem aber wurde Russells logische Bedeutungsanalyse von Begriffswörtern, wie er sie besonders in seiner *theory of descriptions* und bei der Ersetzung von Klassentermen durch Funktionsausdrücke und Quantoren (vgl. oben S. 322f.) vorgeführt hatte, als ein Muster philosophischer Argumentation schlechthin betrachtet und zur Nachahmung empfohlen.

Dadurch wurde Russell ein anerkannter Archeget des Logischen Positivismus, ohne sich jedoch seinerseits einem bestimmten Kreis von Philosophen dieser Richtung näher verbunden zu fühlen. Ihr Pathos der engen Verbundenheit von Philosophie mit Mathematik und empirischer Naturwissenschaft war ganz auch das seine; aber fremd blieb ihm das zum Schul-Abzeichen gewordene Eifern gegen „Metaphysik", das in seinen Augen keine hinreichend klar bestimmte Zielsetzung hatte. Jenseits von Schulen und persönlichen Bindungen ergibt sich aus der zentralen Stellung, welche die Logik in der Philosophie seit jeher, die Mathematik wenigstens seit Descartes und Leibniz einnimmt, daß von dem, der wie Russell tiefgreifende Neuerungen im gemeinsamen Grenzgebiet dieser Disziplinen bewirkt, direkt oder indirekt jeder Philosoph lernen muß.

Mark Helme

LUDWIG WITTGENSTEIN

(1889–1951)

Wittgensteins Philosophie und Auffassung von Philosophie finden heute immer noch Anhänger, sie sind *live options,* was man beispielsweise von Hegels Philosophie kaum behaupten kann. Freilich hat auch Wittgenstein überaus scharfe Kritiker gefunden, und es gibt Philosophen, die sein Werk mehr oder weniger ignoriert haben. Aber nur wenige haben ihn gar nicht zur Kenntnis genommen, und beispielsweise in der Sprachphilosophie ist es unerläßlich, sich mit Wittgenstein beschäftigt zu haben. Wittgensteins Auffassung von der Philosophie zeichnet sich durch einige besonders wichtige Überzeugungen aus: Die Philosophie stehe weder über noch neben den Naturwissenschaften; sie stelle uns Dinge vor Augen, die uns bekannt sind, nur tue sie es in einer besonders übersichtlichen Weise; und ihre Probleme entstünden durch die Verhexung unseres Verstandes durch die Sprache. Diese Auffassung war vor zwanzig oder dreißig Jahren weit verbreitet, heute ist sie es nicht mehr so sehr, zum Teil wohl aufgrund des Einflusses von Quine und seiner Schule. Trotzdem ist Wittgensteins Philosophie einflußreich geblieben, und sie ist weiter eine Quelle vieler Einsichten und Vorstellungen darüber, wie man sich philosophischen Problemen zu nähern und mit ihnen umzugehen hat. Doch nicht nur das: Er hat uns auch ganz neue Arten von philosophischen Problemen gezeigt.

I. Lebensweg

Ludwig Joseph Johann Wittgenstein wurde am 26. April 1889 in Wien geboren und starb am 29. April 1951 in Cambridge, England. Die britische Staatsangehörigkeit hatte er im Jahre 1938 erworben. Sein Vater, Karl Wittgenstein, war einer der Begründer der österreichischen Eisen- und Stahlindustrie. Einer seiner Brüder, Paul, wurde ein berühmter Konzertpianist; Brahms war ein Freund der Familie.

Nachdem Wittgenstein die Realschule in Linz verlassen hatte (bis zu seinem 14. Lebensjahr wurde er zu Hause unterrichtet), ging er auf die Technische Hochschule Berlin-Charlottenburg und 1908 nach Manchester in England, um sein Ingenieurstudium fortzusetzen. Forschungen in der Aeronautik lenkten sein Interesse auf die reine Mathematik und in der Folge auf die Grundlagen der Mathematik. Im Jahre 1903 erschien Bertrand Russells Buch *The Principles of Mathematics,* das einen Anhang über Freges Schriften enthielt. Höchstwahrscheinlich hat Wittgenstein dieses Buch gelesen und ging deshalb nach Jena, um Frege zu besuchen. Frege riet ihm, nach Cambridge zu gehen und bei Russell zu studieren. 1912 wurde Wittgenstein Student am Trinity College in Cambridge, wo er mit Russell und G. E. Moore ausgedehnte Diskussionen führen konnte. Russell berichtet, Wittgenstein kennenzulernen sei ,,eines der aufregendsten intellektuellen Ereignisse" seines Lebens gewesen, und behauptete, daß Wittgenstein ,,vielleicht das vollkommenste Genie sei (wie man sie sich normalerweise vorstellt)", dem er je begegnet wäre (B. Russell, 1975, S. 329).

Als der Erste Weltkrieg ausbrach, ging Wittgenstein als Freiwilliger zur Artillerie. Er stand meistens an der Ostfront, 1918 geriet er in der Nähe von Trient in Gefangenschaft. Die folgenden neun Monate verbrachte er in einem Lager in der Nähe von Monte Cassino.

Während der Kriegsjahre hatte Wittgenstein ein philosophisches Tagebuch geführt, und als er in Gefangenschaft geriet, hatte er ein vollständiges Manuskript der *logisch-philosophischen Abhandlung* bei sich (später *Tractatus logico-philosophicus* genannt). Nach großen Schwierigkeiten wurde das Buch im Jahre 1921 endlich von W. Ostwald in seinen *Annalen der Naturphilosophie* veröffentlicht, und zwar vermutlich auf Veranlassung von Russell.[1] Wittgenstein nannte das einen ,,Raubdruck" (P. Engelmann, 1970, § 44). Das Buch wurde im Jahr darauf in England mit einer englischen Übersetzung und einer von Russell besorgten Einleitung veröffentlicht.

Noch vor der Veröffentlichung des *Tractatus* hatte Wittgenstein die Philosophie aufgegeben, um Volksschullehrer in Trattenbach, Niederösterreich, zu werden. Diese Zeit im Leben Wittgensteins war außergewöhnlich unglücklich, wie seine damaligen Briefe an Russell zeigen. Nach einigen Jahren gab er seine Stellung als Lehrer auf und wurde u. a. Gärtner in einem Kloster. Danach entwarf er (anfangs in Zusammenarbeit mit Paul Engelmann) ein großes Haus für seine Schwester Margarete Stoneborough; dieses Haus beherbergt heute das bulgarische Kulturinstitut in Wien.

Gegen Ende der zwanziger Jahre befaßte sich Wittgenstein wieder mit Philosophie und sprach häufiger mit Moritz Schlick, dem Begründer des Wiener Kreises. 1928 besuchte Wittgenstein zusammen mit Feigl und Waismann (Mitgliedern des Wiener Kreises) die Vorlesungen von Brouwer, dem Begründer der intuitionistischen Mathematik, über ,,Mathematik, Wissenschaft und Sprache". Feigls Meinung nach markierte dies Wittgensteins Rückkehr zu starken philosophischen Interessen und Aktivitäten (G. Pitcher, 1973, S. 23). 1929 kehrte er nach Cambridge zurück und reichte seinen *Tractatus* als Doktorarbeit ein. Ein Jahr später wurde er Fellow am Trinity College, zunächst für fünf Jahre. 1936 fuhr er noch einmal nach Norwegen und kehrte 1937 nach Cambridge zurück, wo er G. E. Moores Nachfolger wurde, eine besondere Ehre. Bevor er sich seinen Pflichten als Professor widmen konnte, brach der

Zweite Weltkrieg aus. Wittgenstein arbeitete während des Krieges als Krankenträger im Guy's Hospital in London, später als Laborgehilfe in New-castle-on-Tyne. Er hielt allerdings gelegentlich Seminare in Cambridge ab. Nach dem Krieg kehrte er wieder nach Cambridge zurück, fand aber das Leben dort unerträglich. Nach Karl Britton aß Wittgenstein ein einziges Mal mit den anderen Fellows an der ,,Ehrentafel", und bei dieser einen Gelegenheit sprang er unvermittelt auf und stürzte, sich mit den Händen die Ohren zuhaltend, aus dem Saal, empört über die Oberflächlichkeit der Gespräche (berichtet in G. Pitcher, 1967, S. 27). Er empfand das Leben als Hölle auf Erden und gab seine Stellung auf, um nach Irland zu gehen, wo er in absoluter Einsamkeit lebte und seine 1937 in Norwegen begonnenen *Philosophischen Untersuchungen* vollendete.[2]

1949 kehrte er nach Cambridge zurück, reiste nach New York auf Besuch zu Norman Malcolm und nach Wien, um seine Schwester Hermine zu besuchen. 1951 starb er im Hause seines Freundes, des Arztes J. Bevan. Seine letzten Worte waren nach Mrs. Bevan: ,,Sagt ihnen, daß ich ein wundervolles Leben gehabt habe!" Diese Worte hätte man von ihm kaum erwartet; nach dem übereinstimmenden Eindruck aller, die ihn kannten, war er ein ungewöhnlich feinfühliger und dabei ein empfindlicher Mann, der sich sein ganzes Leben hindurch gepeinigt hat; er war davon überzeugt, ganz anders zu sein als die Menschen, die ihn umgaben (siehe Vorwort zu den *Philosophischen Bemerkungen* in: *Schriften* Bd. 2 und *Vermischte Bemerkungen,* S. 19f.). Etwas anderes als Vollkommenheit zu akzeptieren, fand er unmöglich, wußte aber, daß er sie nicht erreichen konnte. Jahrelang war er von dem Gedanken an Selbstmord besessen und litt unter krankhaften Schuldgefühlen. In diesem Licht scheint seine Äußerung ,,geheimnisvoll und seltsam ergreifend" (N. Malcolm, 1970, S. 126).

In gewissem Sinne entsprechen sich in Wittgensteins Persönlichkeit der Mensch und seine Philosophie; doch kann seine Philosophie weitgehend ohne tiefere biographische Kenntnis verstanden und geschätzt werden. Tatsächlich hat der Mensch Wittgenstein eine tiefe Faszination auf viele Philosophen des 20. Jahrhunderts ausgeübt, eine Wirkung, die nicht immer förderlich gewesen ist: viele haben es schwierig gefunden, seinen Stil zu vermeiden. Wittgenstein wußte, daß er Jünger hatte, und er mißbilligte das sehr. ,,Kann nur *ich* keine Schule gründen, oder kann es ein Philosoph nie? Ich kann keine Schule gründen, weil ich eigentlich nicht nachgeahmt werden will. Jedenfalls nicht von denen, die Artikel in philosophischen Zeitschriften veröffentlichen." (*Verm. Bem.* S. 116) Wittgenstein pflegte seinen Studenten ständig zu raten, die Philosophie aufzugeben. ,,Was von mir übrig bleibt, ist höchstwahrscheinlich ein bestimmter Jargon." (*Schriften* Bd. 7, S. 356) Ohne es zu wollen, beherrschte Wittgenstein seine Studenten so sehr, daß Kritik an ihm oder seinen Auffassungen geradezu ausgeschlossen war.

Ludwig Wittgenstein (1889–1951)

II. Das Werk

Wittgenstein und seine Auffassung von der Philosophie haben zwar seit seinem Tode an Einfluß verloren. Jedoch sind bestimmte Aspekte seiner Philosophie aufgenommen und in einer Art und Weise entwickelt worden, die er nicht vorhersehen konnte und mit der er aller Wahrscheinlichkeit nach nicht einverstanden gewesen wäre.

Wir haben jetzt eine bessere Vorstellung von Wittgensteins Entwicklung, weil wir seinen Nachlaß besitzen. Zu seinen Lebzeiten wurden nur der *Tractatus* und ein kurzer Aufsatz mit dem Titel *Some Remarks on Logical Form* (den Wittgenstein für wertlos hielt) veröffentlicht. Die Veröffentlichung seiner anderen Arbeiten war das Resultat der Arbeit seiner Nachlaßverwalter Elisabeth Anscombe, Georg Henrik von Wright und Rush Rhees. Viele postum veröffentlichte Bemerkungen Wittgensteins zeugen zu einem gewissen Grad von der redaktionellen Arbeit seiner Herausgeber. Das vollständige Bild von Wittgensteins Schriften wird sich erst nach der abgeschlossenen Sichtung des Nachlasses zeigen, an der das Wittgenstein-Archiv in Tübingen arbeitet.

Wittgenstein wurde vor allem durch zwei Bücher bekannt: durch den *Tractatus* sowie durch die kurz nach seinem Tode veröffentlichten *Philosophischen Untersuchungen*. Weil die in der Zwischenzeit geschriebenen Arbeiten nicht so bekannt waren, entstand geradezu ein Mythos vom „frühen" und vom „späten" Wittgenstein. Rush Rhees bemerkt, daß Wittgensteins Wunsch, beide Bücher zusammen zu veröffentlichen (der in der Suhrkamp-Ausgabe erfüllt wurde), seltsamerweise mißverstanden worden ist. Die *Untersuchungen* wurden als erkenntnistheoretisches Buch angesehen, und diese Erkenntnistheorie wurde wiederum in den *Tractatus* hineingelesen (die vollständigen Titel in Deutsch und Latein waren vergessen). Beide Bücher betreffen die Philosophie der Logik. Umstritten ist nicht nur der Charakter beider Bücher, sondern auch die Beziehung zwischen beiden.

Man stößt immer wieder auf die Behauptung, Wittgenstein habe *zwei* philosophische Schulen gegründet: die Philosophie der idealen Sprache (die eine Form des Positivismus darstelle), und die sogenannte „Ordinary Language School". Beide Behauptungen sind irreführend, was im folgenden zu zeigen sein wird. Wir werden drei Dinge erläutern: 1. den Hintergrund von Wittgensteins Arbeiten, 2. die Hauptgedanken in Wittgensteins Philosophie der Logik, und zwar ebenso im *Tractatus* wie in den späteren Schriften, 3. die Verbindung zwischen diesen beiden Perioden.

1. Der Hintergrund

In einem Tagebucheintrag (abgedruckt in *Verm. Bem.*, S. 43) schreibt Wittgenstein: „Es ist, glaube ich, eine Wahrheit darin, wenn ich denke, daß ich eigentlich in meinem Denken nur reproduktiv bin. Ich glaube, ich habe nie eine

Gedankenbewegung *erfunden,* sondern sie wurde mir immer von jemand anderem gegeben ... So haben mich Boltzmann, Hertz, Schopenhauer, Frege, Russell, Kraus, Loos, Weininger, Spengler, Sraffa beeinflußt." Diese Aufzählung ist in einer ungefähren zeitlichen Reihung gegeben. Wittgenstein hatte bei Boltzmann Physik studieren wollen, der die kinetische Theorie der Gase entwickelt hat und Vater der statischen Thermodynamik ist; er schied 1906 freiwillig aus dem Leben. Wittgensteins Lektüre des Buches *Prinzipien der Mechanik* von Heinrich Hertz wird durch den *Tractatus* belegt, wo es zweimal erwähnt wird (4.04, 6.361).[3] Diese beiden Philosophen und Wissenschaftler haben, zusammen mit Karl Kraus und Oswald Spengler, stärker das Bedürfnis nach einem Überblick als das nach komplexen Hypothesen betont. Der Begriff der Übersichtlichkeit spielt offensichtlich eine wichtige Rolle in seiner späteren Philosophie, obwohl es klar ist, daß dieser Begriff Wittgenstein schon früh beeinflußt hat (vgl. Hertz a. a. O., S. 7). Wittgenstein hat Schopenhauer während seiner Schulzeit gelesen und war von dessen Theorie der Welt als Vorstellung beeinflußt, nicht aber von der Theorie der Welt als Wille (G. E. M. Anscombe 1959, S. 11). Schopenhauers Einfluß wird gegen Ende des *Tractatus* deutlich. Der Einfluß von Karl Kraus, dem Architekten Loos, Weininger und Spengler war weniger spezifisch und wahrscheinlich nicht so stark.

Ein Verständnis von Frege und Russell ist jedoch unabdingbar, wenn man den *Tractatus* verstehen will. Kommentatoren schließen sich hier gewöhnlich einer der beiden Richtungen an: entweder sehen sie den *Tractatus* als eine Entfaltung der philosophischen Folgerungen der von Frege erfundenen ,,neuen Logik" an, oder sie betrachten die logischen Aspekte des *Tractatus* als bloßes Werkzeug für etwas anderes, nämlich für eine Vision der Unaussprechbarkeit aller Moral und vom weitgehend leeren Charakter moralischen Sprechens. Es gibt Argumente für beide Gesichtspunkte. Wittgenstein selbst hat gesagt: ,,Ich halte es für sicher wichtig, daß man all dem Geschwätz über Ethik – ob es eine Erkenntnis gebe, ob es Werte gebe, ob sich das Gute definieren lasse etc. – ein Ende macht." (*Schriften* Bd. 3, S. 68–9, vgl. P. Engelmann, 1970, § 6) Es ist gezeigt worden (z. B. in A. Janik u. S. Toulmin, 1973), daß Wittgenstein viel mit dem Wiener intellektuellen Leben um die Jahrhundertwende zu tun hatte und daß seine Lebenseinstellung zum großen Teil durch Leute wie Karl Kraus bestimmt wurde. Überdies finden wir in einem an Ludwig von Ficker gerichteten Brief: ,,Der Stoff wird Ihnen ganz fremd erscheinen. In Wirklichkeit ist er Ihnen nicht fremd, denn der Sinn des Buches ist ein ethischer." (Briefe an L. von Ficker, 1969, S. 35) Von Ficker werde durch Lektüre von Vorwort und Schluß das Buch verstehen. Eine ähnliche Interpretation wird von Wittgensteins Freund Engelmann vorgeschlagen. Doch das bedeutet noch lange nicht, daß der *Tractatus* jemandem verständlich ist, der sich nicht mit Logik befaßt hat, oder daß das Buch nicht bestimmte Begründungen enthalten könnte, die von der Absicht des Buches unabhängig sind. Es ist überdies unklar, *wann* Wittgenstein zu der Einsicht kam, sein Buch hätte einen ethischen Sinn. In der Tat impliziert seine Theorie vom Satz die Unmöglichkeit der Existenz ethischer Sätze; dennoch ist es keineswegs ersichtlich (wenn nicht sogar höchst unwahrscheinlich), daß wir seine logische Arbeit schlichtweg als eine Apologie seiner ethischen Auffassung ansehen müssen. Wie Wittgenstein selbst es ausgedrückt hat: „Ja, meine Arbeit hat sich ausgedehnt von den Grundlagen der Logik zum Wesen der Welt." (Schriften Bd. 1, S. 172) Mit anderen Worten: abgesehen von der Frage nach dem eigentlichen Sinn des *Tractatus* kann vieles, was darin enthalten ist, unabhängig voneinander beurteilt werden. Wittgenstein hatte von Russell und Frege erwartet, daß sie den *Tractatus* verstehen würden, und war höchst deprimiert, als er erfahren mußte, daß dies nicht der Fall war (Briefe an B. Russell, 1974, § 36–38). Wenn der *Tractatus*, wie Janik und Toulmin meinen, nur von jemandem verstanden werden kann, der mit dem kulturellen Leben Wiens um die Jahrhundertwende vertraut ist, bleibt völlig unklar, warum Wittgenstein gegenüber Russell und Frege diese Erwartung gehegt und warum er auf die Enttäuschung so reagiert hat.

2. Der Tractatus

Obwohl ausgreifend und höchst schwierig, umfaßt der *Tractatus* weniger als 80 Seiten. Er besteht aus einzelnen Bemerkungen, die in der Mehrzahl weniger als 7 oder 8 Zeilen umfassen und in einer dezimalen Notation numeriert sind, die das logische Gewicht der Sätze andeuten soll. Die Sätze 1–7 stellen dabei das Gerüst des Buches dar. Sie lauten folgendermaßen:

„1. Die Welt ist alles, was der Fall ist."
„2. Was der Fall ist, die Tatsache, ist das Bestehen der Sachverhalten."
„3. Das logische Bild der Tatsachen ist der Gedanke."
„4. Der Gedanke ist der sinnvolle Satz."
„5. Der Satz ist eine Wahrheitsfunktion der elementaren Sätze."
„6. Die allgemeine Form der Wahrheitsfunktion ist $[\bar{p}, \bar{\zeta}, N(\bar{\zeta})]$. Dies ist die allgemeine Form des Satzes."
„7. Wovon man nicht sprechen kann, darüber muß man schweigen."

Die Hauptproblematik, mit der Wittgenstein sich befaßte, ist die Beziehung zwischen Sprache und Welt, zwischen einer Darstellung und dem, was dargestellt wird. Bei der Beantwortung dieser Frage war Wittgenstein gezwungen, den Begriff des Satzes, des Zeichens, des Bildes, des Gedankens, des Sachverhaltes, der logischen Konstante und eine Menge anderer Begriffe zu erklären. Seine Arbeit ist augenscheinlich eine Synthese des Russellschen logischen Atomismus mit dem Fregeschen Logizismus, dabei durchaus originell in der Ausarbeitung dieser Ideen. Die zentrale Idee des *Tractatus* ist die sogenannte „Bildtheorie des Satzes". „Der Satz ist ein Bild der Wirklichkeit. Der Satz ist ein Modell der Wirklichkeit, so wie wir sie uns denken." (4.01) Obwohl Sätze nicht wie Bilder aussehen, zeigt nach Wittgenstein doch die Existenz einer allgemeinen Regel, mit deren Hilfe wir die dargestellten Sachverhalte aus dem

Satz ableiten können – ganz wie wir die Musik aus der Partitur oder aus den Rillen einer Platte ableiten können –, daß sie in Wahrheit Bilder sind (4.0141). Ein Bild hat Elemente, die den Elementen in der Wirklichkeit entsprechen. Die Elemente in einem Satz nennt Wittgenstein ,,Namen"; allerdings entsprechen diese ,,Namen" nicht dem, was wir normalerweise Namen nennen. Ein Satz stellt einen bestimmten Sachverhalt dar, weil die *Gegenstände im Sachverhalt* so konfiguriert sind wie die *Zeichen im Satz*. Die Elemente im Bild müssen die gleiche Mannigfaltigkeit besitzen wie die Gegenstände im Sachverhalt. Obwohl es nicht so aussieht, als ob dies der Fall wäre, denkt Wittgenstein, daß es der Fall sein *muß;* infolgedessen meint er, daß die Sätze unserer alltäglichen Sprache eine verborgene Komplexität enthalten. Diese Komplexität könnte durch eine Analyse der komplexen Sätze gezeigt werden, deren Resultat Wahrheitsfunktionen der elementaren Sätze wären. Wittgenstein stellt sich vor, daß die Sprache die Wirklichkeit abbildet, indem komplexe Sätze die wahrheitsfunktionalen Möglichkeiten, die in den elementaren Sätzen stecken, darstellen. Ein elementarer Satz enthält keine logischen Konstanten, d. h. Quantoren (,,alle", ,,einige") oder Wahrheitsfunktionen wie ,,und", ,,oder", ,,wenn ... dann" und ,,nicht". Eine Wahrheitsfunktion ist eine Funktion, deren Werte und Argumente ,,Wahrheitswerte" sind, d. h. Wahrheit und Falschheit. Es ist wichtig, hier zu beachten, daß eine Wahrheitsfunktion rein extensional ist, d. h. daß wir, um den Wahrheitswert eines ganzen Satzes zu bestimmen, bloß die Wahrheitswerte der elementaren Sätze zu erkennen brauchen und sonst nichts. ,,*p und q*" ist nach diesem Kriterium wahrheitsfunktional, eben weil wir den Wahrheitswert des komplexen Satzes aufgrund der Wahrheitswerte der elementaren Sätze allein bestimmen können. ,,*p weil q*" ist dagegen nicht extensional, stellt keine Wahrheitsfunktion dar, genausowenig wie der Satz ,,A glaubt, daß p" (vgl. 5.541). Wittgenstein fand noch 1929 die Auffassung, wir könnten die Komplexität der elementaren Sätze in der Alltagssprache wiedergeben, einfach lächerlich (*Schriften* Bd. 3, S. 42). Später, 1931, gab er zu, er habe gedacht, wir könnten die elementaren Sätze zu einem späteren Zeitpunkt einmal wirklich angeben; er sagte jedoch: ,,In den letzten Jahren habe ich mich von diesem Irrtum abgelöst." (ebd. S. 182)

Es gibt für Wittgenstein im *Tractatus* dreierlei Beziehungen zwischen Sprache und Welt, die durch die Wörter ,,vertreten", ,,abbilden" und ,,darstellen" wiedergegeben werden. Ein *Name vertritt* einen Gegenstand, aber ein *Satz* vertritt nichts. Zu dieser Einsicht gelangt Wittgenstein schon 1913: ,,Frege hat gelehrt: ,Sätze sind Namen'; Russell hat statt dessen gesagt: ,Sätze entsprechen gewissen Komplexen'. Beides ist falsch, und besonders falsch ist die Behauptung: ,Sätze sind Namen von Komplexen'. Tatsachen kann man nicht benennen." (*Aufzeichnungen über Logik,* in: *Schriften,* Bd. 1, S. 188) Die Beziehung zwischen einem Namen und dem Gegenstand, der bezeichnet wird, heißt bei Wittgenstein *vertreten.* Die Auffassung, Sätze seien Namen von Komplexen (aus Gegenständen), ist aus zwei Gründen ,,ganz besonders" falsch. Erstens ist diese Auffassung nicht in der Lage, die Verneinung zu erklären. Wir können

Sätze verneinen, Namen jedoch nicht. Ein Satz stellt einen Sachverhalt dar, und wenn der Sachverhalt besteht, ist der Satz wahr; wenn nicht, ist der Satz falsch. Die Verneinung eines Satzes sagt, daß *genau* das, was der unverneinte Satz sagt, nicht der Fall ist. Zu jedem Sachverhalt gibt es zwei Sätze. Einer wird von dem Bestehen des Sachverhalts wahrgemacht, der andere falsch. Zweitens ist der Name nach Wittgenstein bedeutungslos, wenn ihm nichts entspricht. Wenn wir Sätze als Namen von Komplexen ansähen, dann müßte ein falscher Satz bedeutungslos sein, eben weil er nichts benennt. Es ist aber offensichtlich wahr, daß ein falscher Satz genau so sinnvoll ist wie der entsprechende wahre Satz. Also ist die Art und Weise, in der ein Satz etwas „bedeutet" und in der ein Name etwas „bedeutet", sehr unterschiedlich.

Der Unterschied zwischen Abbilden und Darstellen ist subtiler. Was wir abbilden, ist die Welt. Wir bilden die Welt ab durch die Darstellung einer Möglichkeit des Bestehens und Nichtbestehens von Sachverhalten (vgl. 2.201). (Wittgenstein war nicht immer völlig konsequent in seinem Gebrauch dieser Termini, vgl. 2.173.) Wir bilden die Wirklichkeit – richtig oder falsch – ab. Es wäre sinnlos zu sagen, daß wir einen *Sachverhalt* richtig oder falsch abbilden. Wenn der in Frage kommende Sachverhalt nicht besteht, dann ist der Satz, der sagt, daß dieser Sachverhalt besteht, falsch. Aber ein falscher Satz muß ebensogut die Wirklichkeit *abbilden* wie ein wahrer Satz. Wittgenstein hat hier zwei Fragen zu beantworten: (1) Wie kommt es, daß ein Satz durch das Bestehen bzw. Nichtbestehen eines bestimmten Sachverhalts wahr bzw. falsch wird? (2) Wie kommt es, daß ein Satz in der Lage ist, die Wirklichkeit abzubilden? Wittgensteins Antwort auf die erste Frage wird durch die Bildtheorie gegeben. Es gibt konventionelle psychologische Beziehungen zwischen Gegenständen und Namen, und es gibt – obwohl man sich hier sehr vorsichtig ausdrücken muß – einen bestimmten Isomorphismus zwischen dem Satz (dem Bild), dem Gedanken und dem dargestellten Sachverhalt. Angenommen, es existiert eine allgemeine Regel für das Abbilden, dann können wir sehen, welcher Sachverhalt dargestellt wird. Wenn der dargestellte Sachverhalt besteht, so ist der Satz wahr. Wenn nicht, ist der Satz falsch; wie für Frege, *tertium non datur*. Wittgensteins Antwort auf die zweite Frage ist mit dem sehr wichtigen Unterschied zwischen *Sagen* und *Zeigen* verbunden, den wir weiter unten betrachten werden. Dem Bild und dem, was es abbildet, muß etwas gemeinsam sein. Dieses Gemeinsame nennt Wittgenstein die Form der Abbildung (2.17). Es gibt verschiedene Formen (Raum, Zeit, Farbe usw.), aber die allgemeinste Form der Abbildung ist die sogenannte „logische Form". „Was jedes Bild, welcher Form immer, mit der Wirklichkeit gemein haben muß, um sie überhaupt – richtig oder falsch – abbilden zu können, ist die logische Form, das ist, die Form der Wirklichkeit." (2.18) „Ist die Form der Abbildung die logische Form, so heißt das Bild das logische Bild." (2.181) „Jedes Bild ist *auch* ein logisches. (Dagegen ist z.B. nicht jedes Bild ein räumliches.)" (2.182) „Seine Form der Abbildung aber kann das Bild nicht abbilden; es weist sie auf." (2.172)

Norman Malcolm hat darauf hingewiesen (1966, Bd. 8, S. 330), daß man dann in einem gewissen Sinne die Bedeutung eines Satzes nicht erklären kann (Wittgenstein hat das später ausdrücklich bemerkt: *Schriften* Bd. 2, § 6). Wenn wir ein einfaches Beispiel wie ,,Das Buch liegt auf dem Tisch" nehmen, können wir die Wörter ,,Buch" und ,,Tisch" erklären, und wir können auch den Relationsausdruck ,,x liegt auf y" erklären. Es gibt allerdings keine *weitere* Sache, die die Bedeutung des *Satzes* ist. Das bedeutet natürlich nicht, daß wir den Sinn eines Satzes auf keinerlei Weise erklären können, sondern nur, daß wir uns letzten Endes darauf verlassen müssen, daß der andere irgendwie sieht, was der Satz bedeutet. Die Bedeutung des Satzes kann verstanden werden, indem wir die Bestandteile und ihre Art der Kombination verstehen. Es erschien Wittgenstein auffällig, daß wir Sätze, die uns nie vorher begegnet sind, verstehen können, ohne daß irgend jemand uns den Sinn erklären müßte. Das ist im allgemeinen bei einzelnen Worten nicht der Fall. Die Ähnlichkeit mit Bildern ist hier naheliegend.

Der Unterschied zwischen Sagen und Zeigen ist schon erwähnt worden und wurde von Wittgenstein für entscheidend gehalten. In einem Brief an Russell, in Monte Cassino geschrieben, lesen wir: ,,... leider hast Du die Hauptsache nicht verstanden, zu dem der ganze Kram mit den logischen Sätzen nur ein einfacher Folgesatz ist. Die Hauptsache ist die Theorie darüber, was durch Sätze gesagt werden kann – d. h. durch die Sprache – (und was auf dasselbe hinauskommt, was gedacht werden kann) und was durch Sätze nicht gesagt, sondern nur gezeigt werden kann; das ist, glaube ich, das Kardinalproblem der Philosophie." (§ 37) Wie wir sehen werden, ist dieser Unterschied für den *Tractatus* sehr wichtig. In erster Linie findet er auf logische Probleme Anwendung. In seiner Bemerkung über die Tatsache, daß wir den Sinn eines Satzzeichens verstehen, ohne daß er uns erklärt worden ist (4.02), sagt Wittgenstein: ,,Der Satz *zeigt* seinen Sinn. Der Satz *zeigt,* wie es sich so verhält, *wenn* er wahr ist. Und er *sagt, daß* es sich so verhält." (4.022) Später: ,,Der Satz zeigt, was er sagt, die Tautologie und die Kontradiktion, daß sie nichts sagen." (4.461) Vor allem: ,,Was gezeigt werden *kann, kann* nicht gesagt werden." (4.1212) Was also *sagt* und *zeigt* in diesem Prozeß, und was *wird gesagt* und was *wird gezeigt*? Es scheint, als könnte hier ein Widerspruch vorliegen, weil 4.022 sagt, daß der Satz seinen Sinn zeigt, während es in 4.1212 hieß, daß was gezeigt werden kann, nicht gesagt werden kann. Wäre es anderenfalls nicht plausibel, den Sinn eines Satzes mit dem, was er sagt, zu identifizieren? Wir müssen hier einen strengen Unterschied machen zwischen ,,zeigen, daß" und ,,zeigen, was". Der Satz zeigt, welchen Sinn er hat; er kann nicht *zeigen,* daß die Bedingungen, unter denen er wahr sein würde, existieren. Um den Wahrheitswert eines Satzes zu bestimmen, muß der Satz mit der Wirklichkeit verglichen werden. Was in dem Satz gesagt wird, ist, daß diese Bedingungen bestehen (vgl. was schon bezüglich der Möglichkeit des Erklärens der Bedeutung eines Satzes gesagt worden ist). Damit ein Satz *sagen* könnte, was er *zeigt,* müßte es also möglich sein, daß ein Satz sagen könnte, welchen Sinn *er* selbst hat. Dann würde die Frage auftreten, *welchen* Satz ich *womit* vergleichen soll, um die Frage nach dem Wahrheitswert des Satzes zu beantworten. Die Gefahr eines unendlichen Regresses ist hier gegeben, und Wittgenstein war im *Tractatus* von Anfang bis Ende darauf bedacht, unendliche Regresse zu vermeiden. Zum Beispiel haben wir schon gesagt, daß wir in einem Bild bestimmte Gegenstände (Zeichen) haben, die sich in einer bestimmten Art und Weise zueinander verhalten (in einem räumlichen Bild ist diese Beziehung natürlich räumlich). Diese räumliche Beziehung ist nicht *selbst* ein Bestandteil des Bildes in der Art und Weise, in der die Zeichen es für die vertretenen Gegenstände sind. Dies ist eine Teilerklärung für die Bemerkung Wittgensteins, daß ein Bild eine Tatsache ist (2.141). Es ist die Tatsache, daß die Gegenstände sich zueinander verhalten, die das Bild ausmacht, und eine Tatsache ist für Wittgenstein kein Ding. Dies hilft uns, Satz 1 und Satz 2 zu erklären. Die Welt besteht aus Tatsachen, nicht aus Dingen, da es viele mögliche, aber nicht wirkliche Welten gibt, die hinsichtlich der darin enthaltenen Gegenstände mit der wirklichen Welt identisch sind. Eine vollständige Beschreibung der Welt zu geben verlangt also, daß wir sagen, wie die Gegenstände (oder Dinge) sich zueinander verhalten; daß zwei Dinge sich zueinander verhalten, ist eine Tatsache, nicht ein weiteres Ding in der Inventarisierung der Welt (all dies ist offensichtlich mit Wittgensteins Atomismus und seiner Ontologie verbunden, die wir später erörtern werden).

Die Sätze der Logik sind nur in einem degenerierten Sinne Sätze. Ein Satz der Logik, eine Tautologie, ist kein Bild, gerade weil solch ein Satz keine Sachlage darstellt. (Eine Tautologie ist ein Satz, der unter jeder Interpretation der nicht-logischen Konstanten wahr ist, ein Sachverhalt ist das, was einem elementaren Satz entspricht, und eine Sachlage ist das, was einem komplexen Satz entspricht. Alle Tautologien sind selbstverständlich komplexe Sätze.) Es kann der Tautologie *selbst* angesehen werden, daß sie in allen möglichen Sachlagen (oder Welten) wahr ist. „Daß die Sätze der Logik Tautologien sind, das *zeigt* die formalen – logischen – Eigenschaften der Sprache, der Welt." (6.12). Diese Bemerkung wird mit dem Begriff der Grenze erklärt. Die Grenzen der Sprache sind im *Tractatus* durch die Gegenstände gesetzt, die in der Welt existieren, und durch die Wahrheitsfunktionen aller elementaren Sätze, die die Gegenstände erwähnen. Indem wir die Wahrheitsfunktionen der elementaren Sätze angeben, sagen wir in einer besonderen Weise, wie die Welt sich verhält, nämlich indem wir die wahren Sätze angeben und außerdem noch, wie die Welt statt dessen sein könnte. (Ein elementarer Satz ist eine Wahrheitsfunktion von sich selbst.) Wir können nicht sagen, wie die Welt sein *muß,* weil bei einem solchen Versuch anzunehmen wäre, daß die Welt und die Sprache andere Grenzen hätten. Die einzige Form der Notwendigkeit im *Tractatus* ist die logische Notwendigkeit, und sie ist nur durch die Tautologien auszudrücken. Das hat Wittgenstein im Vorwort gemeint: „Das Buch will also dem Denken eine Grenze ziehen, oder vielmehr – nicht dem Denken, sondern dem Ausdruck der Gedanken: Denn um dem Denken eine Grenze zu ziehen, müßten wir beide Seiten dieser Grenze denken können (wir müßten also denken können, was sich nicht denken läßt)." Es gibt also für Wittgenstein, wie für Nietzsche, keine ethische Tatsache, d. h. ein ethischer Satz wird nicht von einer bestimmten Konfiguration der Gegenstände wahr (bzw. falsch) gemacht. Von ihm wird die Äußerung berichtet: ,,In der vollständigen Weltbeschreibung kommt niemals ein Satz der Ethik vor, auch wenn ich einen Mörder beschreibe." (*Schriften* Bd. 3, S. 93) Es wäre ein großer Irrtum, daraus zu schließen, daß die Moral für Wittgenstein unwichtig war. Gerade weil er die Moral für wichtig hielt, wollte er ,,dem Geschwätz über Moral ein Ende machen". In einem Brief an seinen Freund Engelmann schrieb Wittgenstein über ein Uhlandsches Gedicht (,,Graf Eberhards Weißdorn"): ,,Das Uhlandsche Gedicht ist wirklich großartig. Und es ist so: Wenn man sich nicht bemüht, das Unaussprechliche auszusprechen, so geht *nichts* verloren. Sondern das Unaussprechliche ist, – unaussprechlich – in dem Ausgesprochenen *enthalten*!" (P. Engelmann, a. a. O., § 6). Die Aussage ,,Wovon man nicht sprechen kann, darüber muß man schweigen" (7) hat offensichtlich sowohl einen ethischen als auch einen logischen Sinn.

Wittgensteins sogenannte ,,Ontologie" ergibt sich aus seinen sprachphilosophischen Ansichten, wenn diese Tatsache auch nicht immer klar gesehen worden ist. Ein Sachverhalt ist zum Beispiel nur etwas, dessen Bestehen einen elementaren Satz wahr macht; ein Gegenstand ist nur das, worauf sich ein Name bezieht. Der Gegenstand ist einfach (2.02), ein Name ist durch keine Definition weiter zu zergliedern (3.26). Im Sachverhalt liegen die Gegenstände ineinander wie die Glieder einer Kette (2.03), und die Namen in den elementaren Sätzen stehen in unmittelbarer Verbindung (4.221). Es gibt andere solche Parallelen. Wichtig für die spätere Arbeit Wittgensteins ist die angebliche Unabhängigkeit der Sachverhalte bzw. der elementaren Sätze voneinander. Nach dem *Tractatus* kann kein elementarer Satz in Widerspruch mit einem anderen stehen, und kein elementarer Satz kann aus solch einem Satz abgeleitet werden (4.211, 5.134). Dasselbe soll für Sachverhalte gelten (2.061, 2.062), wobei gemeint ist, daß alle elementaren Sätze bzw. Sachverhalte *logisch* voneinander unabhängig sind. Da infolgedessen die immer falsche Aussage, daß ein Punkt des Gesichtsfeldes zu gleicher Zeit zwei verschiedene Farben hat, eine Kontradiktion sein würde, kann es nicht der Fall sein, daß eine Prädikation der Farbe ein elementarer Satz ist (6.3751). Wittgenstein kam später zu der Erkenntnis (in *Some Remarks on Logical Form*), daß das unbefriedigend war; er sah jetzt, daß es viele Eigenschaften gibt, die nur in Abstufungen auftreten können; jede Abstufung schließt bei solchen Eigenschaften jede andere aus – z. B. die Höhe eines Tones, die Länge einer Strecke, die Größe eines körperlichen Gegenstandes, d. h. Wittgenstein mußte akzeptieren, daß es nicht-wahrheitsfunktionale Kontradiktionen (und Tautologien) gibt und daß man nicht einzelne Sätze, sondern ein Satzsystem mit der Wirklichkeit vergleichen muß (vgl. *Schriften* Bd. 3, S. 62–64). Dem Begriff eines Satzsystems und der Syntax solcher Systeme kam für Wittgenstein während der Jahre, in denen er Gespräche mit dem

Wiener Kreis führte, große Bedeutung zu (vgl. *Schriften* Bd. 3 *passim,* und Bd. 2, Kap. VIII). Es ist weithin anerkannt worden, daß der Begriff des Sprachspiels (der erst im *Blauen Buch* erscheint) seine Wurzeln in diesem Begriff hat, eine Tatsache, die als Argument für die Kontinuität des Denkens bei Wittgenstein fungieren könnte.

Der vom Wiener Kreis praktizierte Positivismus war von drei Grundsätzen gekennzeichnet: (1) dem Grundsatz der allgemeinen Gültigkeit des analytisch/ synthetisch-Unterschieds, (2) dem Grundsatz, daß die Bedeutung eines Satzes die Methode seiner Verifikation ist und (3) dem Grundsatz, daß jeder sinnvolle Satz auf Sätze reduzierbar ist, die unmittelbare Erfahrung widerspiegeln, die sogenannten ,,Protokoll-Sätze". Wittgenstein akzeptiert den ersten Grundsatz. Entweder kann die Wahrheit eines Satzes dem Satz selbst angesehen werden, in welchem Fall der Satz eine Tautologie ist, und so durch die Methode der Wahrheitstafeln bewiesen werden könnte, oder man muß den Satz mit der Wirklichkeit vergleichen, um seinen Wahrheitswert zu bestimmen. Ob wir den Wahrheitswert eines Satzes tatsächlich bestimmen können, ist eine andere Frage. Es ist im *Tractatus* nicht behauptet worden, einen Satz verstehen bedeute wissen, wie man ihn als wahr (oder als falsch) erkennen kann. Wittgenstein sagt vielmehr (wie auch Frege in *Grundgesetze der Arithmetik),* einen Satz verstehen heiße wissen, was der Fall ist, *wenn* er wahr ist (4.024). Wittgensteins Semantik im *Tractatus* war völlig ,,realistisch", d. h. auf keinen Fall spielt unsere Fähigkeit, den Wahrheitswert eines Satzes festzustellen, eine Rolle dafür, welche Bedeutung er hat (die Verwendung der Wörter ,,realistisch" und ,,anti-realistisch" in diesem Zusammenhang geht hauptsächlich auf Dummett zurück). Der Realismus im *Tractatus* zeigt sich auch darin, daß dort allen Tautologien ein gleicher Sinn zugesprochen wird (entsprechend auch allen Kontradiktionen), d. h. daß der Sinn eines Satzes, anders als bei Frege, nichts mit seinem kognitiven Inhalt zu tun hat, sondern nur durch ein Modell einer möglichen Welt gegeben wird. Alle Tautologien werden als ,,sinnlos" bezeichnet (was nicht mit ,,unsinnig" zu verwechseln ist), eben weil alle diese Sätze unter denselben Bedingungen, nämlich unter *allen* Bedingungen, wahr sein würden. Die Möglichkeit, den *Tractatus* ,,verifikationistisch" (und infolgedessen ,,positivistisch") zu nennen, beruht auf der Verwechslung von zwei verschiedenen Bedeutungen des Wortes ,,Verifikation".[4] Entweder sagen wir, daß die Aussage, daß p, durch eine Tatsache, d. h. den Zustand der Welt, verifiziert wird (was im *Tractatus* behauptet wird), oder daß ein Satz verifiziert wird, indem *wir* den Satz mit der Wirklichkeit vergleichen, in welchem Fall wir es wären, die den Satz verifizieren. Nur diese zweite Auffassung ist dem Verifikationismus getreu.

Wittgenstein dachte im *Tractatus* völlig realistisch; er beschäftigte sich hier überhaupt nicht mit den Problemen der Verifikation, zumindest nicht als Sinnkriterium. Die Zeit, zu der Wittgenstein in der Tat dem Verifikationismus nahestand, war die während seiner Gespräche mit Schlick und Waismann. Man könnte vielleicht sagen, daß der *Tractatus* sich insofern dazu eignet, im

Sinne der Positivisten interpretiert zu werden, als nämlich die elementaren Sätze als Protokollsätze aufgefaßt werden können; die elementaren Sätze würden dann als Beschreibungen von ,,Elementarerlebnissen" begriffen – aber das wäre sicherlich nicht im Sinne des *Tractatus,* da dort Sätze, die z. B. Farb-Prädikationen enthalten, ausdrücklich für nicht-elementar gehalten werden, und Protokollsätze, die unsere Wahrnehmung beschreiben sollen, sich auf abgestufte Eigenschaften beziehen würden.

Die Philosophie des *Tractatus* ist insofern eine Philosophie der idealen Sprache, als in gewisser Hinsicht eine Verbesserung der Sprache vorgeschlagen wird, um verschiedene philosophische Probleme zu lösen. Wie Wittgenstein in 3.323 sagt, kommt es in der Umgangssprache ungemein häufig vor, daß dasselbe Wort auf verschiedene Art und Weise bezeichnet. Als Beispiel haben wir das Wort ,,ist", das als Kopula, als Gleichheitszeichen oder als Ausdruck der Existenz fungiert. Nach Wittgenstein ist die ganze Philosophie voll von fundamentalen Verwechslungen, die so entstanden sind. Nichtsdestoweniger sollen die Theorien, die Wittgenstein im *Tractatus* aufstellt, auf *jede* Sprache anwendbar sein und nicht nur auf eine ,,logisch vollkommene Sprache". Das Wort ,,allgemein" in dem Ausdruck ,,die allgemeine Satzform" ist nicht eine *zufällige* Allgemeinheit, sondern eine logische. Und Logik hat eben mit der Frage, was ein Satz ist, zu tun. Überdies sind nach 5.5563 alle Sätze unserer Umgangssprache tatsächlich, so wie sie sind, logisch vollkommen geordnet, eine Bemerkung, die eine Kritik an Frege und Russell beinhaltet.

3. Die Philosophischen Untersuchungen

Als die *Philosophischen Untersuchungen* (= PU) veröffentlicht wurden, war Wittgenstein schon tot. Wittgensteins Schülern war bekannt, daß er sich mit einer ,,neuen Philosophie" beschäftigte, aber erst durch die Veröffentlichung der *Untersuchungen* wurde Wittgensteins post-Tractatus-Philosophie weit bekannt. Die Wege vom *Tractatus* zu den *Untersuchungen* waren unklar oder unbekannt, und es wurde allgemein behauptet, daß es keine Verknüpfungspunkte zwischen den beiden Werken gebe. Die Verbindungen sind aber mehr als rein historisch. Nicht nur finden wir Bemerkungen in den *Untersuchungen,* die aus Manuskripten aus den dreißiger Jahren stammen, insbesondere über das Wesen der Philosophie; sie zeigen uns, daß Wittgensteins Auffassung der Philosophie ziemlich stetig war. Wir müssen ferner sehen, daß die Probleme, an denen Wittgenstein im *Tractatus* arbeitete, dieselben Probleme sind, die in den *Untersuchungen* behandelt werden, wenn das bei flüchtiger Lektüre auch nicht zu bemerken ist. Das Buch enthält wie die Mehrheit von Wittgensteins Schriften der Form nach Bemerkungen, die mehrere Überarbeitungen und Umstellungen hinter sich haben. Wittgenstein kennzeichnet das Werk als ,,eine Menge von Landschaftsskizzen", und in der Tat betrifft es viele Gegenstände: den Begriff der Bedeutung, des Verstehens, des Satzes, der Logik, die Grundlagen der Mathematik, die Bewußtseinszustände und anderes (siehe

Vorwort der *Untersuchungen*). Es ist schwierig, das Buch als eine kohärente Attacke gegen den *Tractatus* zu sehen, gerade weil so viele Positionen und Argumente des *Tractatus* in den *Untersuchungen* allem Anschein nach vereinfacht und verstümmelt sind. Russell war zum Beispiel der Meinung, daß die *Untersuchungen* eine Selbstverleugnung und die darin enthaltenen Lehren unverständlich seien. Trotz allem ist das Buch eine intensive Auseinandersetzung mit den Lehren des *Tractatus,* wobei die Kontinuität in vieler Hinsicht leichter zu erkennen ist als die wirklich vorhandenen Unterschiede.

Es ist hierzulande oft behauptet worden, daß wir bei Wittgenstein sowohl im *Tractatus* als auch in den *Untersuchungen* den „Untergang der Metaphysik" finden. Selbst wenn wir den Begriff der Metaphysik adäquat charakterisiert hätten, bliebe es eine offene Frage, ob der Versuch, diese Folgerungen daraus zu ziehen, wichtig oder gar interessant wäre. In keinem Fall wäre es berechtigt zu sagen, die Motivation der *Untersuchungen* sei die Überwindung der Metaphysik. Das Wichtigste in dem Werk sind die Einsichten in das Funktionieren unserer Sprache und die Begründungen dafür. Das, zusammen mit dem intellektuellen Reiz, den die Lektüre dieses Buches bietet, ist der bleibende Wert des Werkes.

Das Buch als Ganzes stellt wiederum die Frage nach der Verbindung zwischen der Sprache und der Welt; die Frage kann in drei verschiedenen Formen gestellt werden: (1) als Frage nach der Beziehung zwischen Wörtern und den Gegenständen, die anscheinend existieren müssen, wenn unsere Sätze sinnvoll sein sollen; (2) als Frage nach der Beziehung zwischen der Bedeutung eines Satzes und dem, was mit ihm gemeint wird; und (3) als Frage, inwiefern die Bedeutung eines Wortes dessen Anwendung bestimmt – d. h. was es bedeutet, einer Regel zu folgen.

Im *Tractatus* wurde die Möglichkeit der Existenz von sinnvollen Sätzen durch die notwendige Existenz von einfachen Gegenständen verbürgt, die die Substanz der Welt bilden sollten. Die Bedeutung eines Namens *ist* der Gegenstand, der bezeichnet wird (3.203); wenn also ein Satz einen Namen enthält, der keine Bedeutung hat, ist der Satz Unsinn. „Hätte die Welt keine Substanz, so würde, ob ein Satz Sinn hat, davon abhängen, ob ein anderer Satz wahr ist." (2.0201) Das heißt, daß die Möglichkeit des Sinnes auf der Existenz von Gegenständen beruht, deren Existenz nicht in Zweifel gezogen werden kann. Russell hatte schon gezeigt, wie man Kennzeichnungen eliminieren könnte. Wenn wir einen Satz der Form „Der F ist G" haben, dann ist er wahr genau dann, wenn es mindestens einen F und höchstens einen F gibt und er G ist. Wenn wir die Bedeutung eines Zeichens in dem bezeichneten Gegenstand sehen, dann scheint der Satz „Der F ist G" sinnvoll zu sein, nur weil ein anderer Satz („es gibt genau einen F") wahr ist. Falls „der F" ein Komplex ist, ist er auf einfachere Ausdrücke reduzierbar, bis wir zu den „Urzeichen" gelangen, die in unmittelbarer Verbindung mit der Welt stehen. Diese Zeichen sollen die einfachen Bestandteile der Welt – „das Einfache" – bezeichnen (*PU,* §§ 39–61). Wittgenstein wendet sich in den *Untersuchungen* gegen diese Auffassung, indem er behauptet, die Frage, ob ein Gegenstand einfach oder zusammengesetzt sei, habe außerhalb eines bestimmten Sprachspiels gar keinen Sinn, eben weil die Bedeutung von ,,einfach" (bzw. ,,zusammengesetzt") durch den Zweck der Frage bestimmt sei und es auf den jeweiligen Gegenstand ankomme, welchen Sinn die Frage hat. Überdies wäre es ein Irrtum zu glauben, daß der analysierte Satz besser oder genauer sage, was der ursprüngliche Satz sagt (§§ 60–63). Wichtiger ist: Wittgenstein besteht darauf, daß die Gegenstände, die so aussehen, als ob ihre Existenz notwendig wäre, *zur Sprache gehören*; sie gehören zu den Mitteln der Darstellung, über die wir verfügen, sie sind ,,zu den Werkzeugen der Sprache zu rechnen" (§ 16). Die Behauptung, daß ein Satz und seine Verneinung die Möglichkeiten erschöpfen, betrifft nicht mehr die Möglichkeiten, die durch die Existenz der Gegenstände in der Welt erzeugt sind, sondern nur die Möglichkeiten, die unsere Sprache erlaubt. Wenn wir z. B. sagen ,,Sokrates hätte nicht existieren müssen", wird das Wort ,,Sokrates" als Eigenname gebraucht, obwohl wir diese Möglichkeit nicht hätten ausdrücken können, wenn sie bestanden hätte. Das heißt, wenn Sokrates nie existiert hätte, hätten wir nie Sätze wie ,,Sokrates war der Lehrer von Platon" bilden können (mit dem Sinn, den der Satz jetzt für uns hat), weil wir uns eine Möglichkeit vorstellen würden, die nicht ausdrückbar wäre. In diesem Sinn ist Sokrates ein ,,Werkzeug" unserer Sprache, auch wenn das keine sehr glückliche Ausdrucksweise ist. Das ganze Bild der Sprache wird so verändert, daß die Möglichkeit der Sprache als solche auf verschiedenen kontingenten Zügen der Welt und auf verschiedenen menschlichen Gepflogenheiten und Veranlagungen beruht.

Das hängt mit unserer zweiten Frage zusammen. Wittgenstein will sagen, daß die Verbindung zwischen der Sprache und der Welt gerade durch menschliches Handeln erzeugt wird. Er kämpft in den *Untersuchungen* gegen ein Bild der Sprache, nach dem die Bedeutsamkeit eines Satzes in der Tatsache liegt, daß jemand ihn *meint*. Nach Wittgenstein ist ein Satz sinnvoll, weil er *gebraucht* werden kann. Die Kriterien dafür, ob ein Satz sinnvoll ist oder nicht, sind nicht diejenigen, die bestimmen, ob jemand den Satz, wenn er ihn ausspricht, *meint*. Überdies ist es falsch zu sagen, daß ich mit jedem Wort alles meinen kann. Das Meinen eines Satzes ist genausowenig ein Etwas, das das Aussprechen (oder Denken) des Satzes begleitet, wie das Verstehen eines Satzes. Nicht nur ist das Meinen kein psychischer Vorgang, es ist auch nichts, das dem Satz einen Sinn verleiht.

Die dritte Frage geht darum, was es bedeutet, einer Regel zu folgen. Es muß Regeln geben, damit überhaupt eine Sprache existieren kann, da das Sprechen einer Sprache impliziert, daß die Sprecher Wörter in derselben Art und Weise wieder anwenden können. Wenn es keine Regel gäbe, gäbe es keinen Unterschied zwischen der richtigen und falschen Anwendung von Ausdrücken, und infolgedessen keinen zwischen Verstehen und Nichtverstehen. Nach Wittgenstein beruht die Möglichkeit der Existenz der Regeln auf kontingenten Eigenheiten der Art und Weise, in der sich Menschen benehmen und reagieren, da es diese Regularität ist, die letzten Endes der Sprache einen Sinn verleiht. Daß die Sprache unlösbar mit dem, was wir tun, verbunden ist, wird in den *Untersuchungen* durch den Begriff des Sprachspiels betont. „Ich werde auch das Ganze: der Sprache und der Tätigkeiten, mit denen sie verwoben ist, das ‚Sprachspiel' nennen." (§ 7) Wittgenstein zeigt, daß es ziemlich leicht ist, in bezug auf Tätigkeiten, die im Einklang mit einer Regel durchgeführt werden sollen, ein Paradox zu erzeugen, da jede beliebige Tätigkeit so aufgefaßt werden könnte, als ob sie im Einklang mit unendlich vielen verschiedenen Regeln stünde. Wenn wir versuchen, die Möglichkeiten zu verringern, indem wir die Formulierung der Regel „deuten", entstünde das Problem noch einmal, eben weil es jetzt verschiedene Möglichkeiten gibt, die Deutung selbst zu deuten. Daraus scheint zu folgen, daß die ganze Idee, „einer Regel zu folgen", verkorkst ist, da sie keinen Inhalt zu haben scheint. Das Problem ist hier, daß wir den Begriff „einer Regel folgen" so aufgefaßt haben, als ob eine Regel ihre eigene Anwendung enthalten könnte. Wir haben uns vorgestellt, daß die Art und Weise, in der die Regel verstanden werden *muß* (wie wir sagen würden), irgendwie schon in der Formulierung der Regel stecken muß, ganz als ob es nur *einen* möglichen Weg gäbe, die Regel aufzufassen und anzuwenden. (Wittgenstein scheint diese Auffassung im *Tractatus* vertreten zu haben.) Dagegen „zeigen wir nämlich, daß es eine Auffassung einer Regel gibt, die *nicht* eine *Deutung* ist; sondern sich, von Fall zu Fall der Anwendung, in dem äußert, was wir ‚der Regel folgen' und was wir ‚ihr entgegenhandeln' nennen." (§ 201)

Wenn wir also etwa jemanden addieren lehren, dann werden wir ihm Beispiele geben und versuchen, ihm zu zeigen, was er zu tun hat. Nach einiger Zeit sagen wir: „Mach weiter." Ob er auf dieselbe Weise weitermacht, hängt dann von kontingenten menschlichen Fähigkeiten und Reaktionen ab. Sie legen also fest, was wir „auf dieselbe Weise weitermachen" nennen; unsere Praxis zeigt, was für uns als „der Regel folgen" und „die Regel verletzen" gilt.

Die berühmte sogenannte Privatsprachenargumentation kann als Spezialfall dieses Ergebnisses über das Regelfolgen aufgefaßt werden. Er macht uns auf den paradoxen Charakter des Regelfolgens aufmerksam und sagt unmittelbar danach: „Darum ist ‚der Regel folgen' eine Praxis. Und der Regel zu folgen *glauben* ist nicht: der Regel folgen. Und darum kann man nicht der Regel ‚privatim' folgen, weil sonst der Regel zu folgen glauben dasselbe wäre, wie der Regel folgen." (§ 204) Die Vorstellung, es könnte eine private Sprache geben, geht von Regeln aus, die nur der Person, die die Sprache beherrschte, zugänglich wären; die Wörter würden nämlich Dinge bezeichnen, die nur dem Sprecher bekannt wären. Diese Vorstellung entpuppt sich als widersprüchlich. In einer solchen Sprache könnte man nicht nachprüfen, ob die Wörter in derselben Weise benutzt würden; das bedeutet nicht, daß der Sprecher selbst zwar wissen könnte, welcher Regel er folgt, aber bloß jemand anderm nicht erklären oder mitteilen könnte, was er da weiß, nämlich die Regeln, die wir wirklich befolgen. Als Privatsprachler haben wir höchstens ein Gefühl der

Überzeugung, ein und derselben Regel zu folgen. – Hier handelt es sich nicht um skeptizistischen Zweifel an der Zuverlässigkeit unseres Gedächtnisses; es geht also nicht um die Frage, ob wir uns richtig daran erinnern, welche Regel wir tatsächlich befolgen. Der springende Punkt ist vielmehr, daß wir bis jetzt nicht einmal der Behauptung Gehalt verliehen haben, ich hätte mit den Wörtern, die angeblich für nur mir zugängliche Gegenstände stehen, einen Sinn verbunden. Das Ergebnis dieser Argumentation lautet: eine private Regel kann es nicht geben. Daraus folgt z. B., daß das sogenannte Problem der „systematischen Farbenvertauschung" (du nennst blau, was ich gelb nenne, und so fort) gar kein echtes Problem ist.

Der wesentliche Gedanke der *Untersuchungen* wird in II xii zusammengefaßt: „Ich sage nicht: Wären die und die Naturtatsachen anders, so hätten die Menschen andere Begriffe (im Sinne einer Hypothese). Sondern: Wer glaubt, gewisse Begriffe seien schlechtweg die richtigen, wer andere hätte, sähe eben etwas nicht ein, was wir einsehen, – der möge sich gewisse sehr allgemeine Naturtatsachen anders vorstellen, als wir sie gewohnt sind, und andere Begriffsbildungen als die gewohnten werden ihm verständlich werden."

Die *Philosophischen Untersuchungen* haben das vorher im *Tractatus* von der Sprache gezeichnete Bild von Grund auf umgekehrt. Wir haben schon gesehen, daß die semantische Theorie des *Tractatus* entschieden realistisch ist: Fragen der Verifikation und Begründung werden als psychologisch angesehen und brauchen daher – logisch gesehen – „nicht einmal ignoriert zu werden". In der späteren Zeit ist davon nichts mehr zu spüren. In der *Philosophischen Grammatik* sagt er: „Was man als Begründung einer Behauptung auffaßt, das konstituiert den Sinn der Behauptung." (§ 40) Das hat natürlich weitreichende Konsequenzen, und zwar nicht nur für die Bedeutungstheorie, sondern auch für die Philosophie der Logik und Mathematik. Die Einstellung hängt nämlich eng mit der intuitionistischen Philosophie der Mathematik zusammen, nach der der Schlüsselbegriff in der Mathematik nicht die Wahrheit, sondern die Beweisbarkeit ist. In der klassischen Logik folgt eine Konklusion aus Prämissen genau dann, wenn es nicht sein kann, daß die Prämissen wahr und die Konklusion falsch sind. Daß eine Konklusion aus Prämissen folgt, könnten wir deshalb durch den Nachweis zu zeigen versuchen, daß ihre Negation mit den Prämissen nicht verträglich ist. Das ist aber allenfalls ein indirekter Beweis. Die Intuitionisten dagegen verlangen, daß wir die Wahrheit der Konklusion direkt beweisen können. Zum Beispiel folgt in der klassischen Logik jede Proposition aus ihrer doppelten Negation; wenn wir das aber allein unter Rückgriff auf Beweisbarkeit rechtfertigen wollen, ist diese Regel nicht hinzunehmen, da daraus, daß wir nicht-p nicht bewiesen haben, die Wahrheit (also Beweisbarkeit) von p nicht folgt. Ähnlich wird das Gesetz vom ausgeschlossenen Dritten in Frage gestellt, da man möglicherweise weder p noch seine Negation mit guten Gründen behaupten kann.

III. Wirkung

Wie wir gesehen haben, wird Wittgensteins Einzigartigkeit zum Teil darin erblickt, daß er angeblich zwei verschiedene philosophische Schulen begründet hat. Ob diese Schulen sich mit Recht in der Nachfolge Wittgensteins betrachten, oder ob dies auf Mißverständnissen beruht, ist eine interessante Frage. Doch trägt die Antwort nichts unmittelbar bei zu der historischen Frage, welche Einflüsse – sei's nun auf Grund von Mißverständnissen oder nicht – von Wittgenstein tatsächlich ausgegangen sind.

1. Wirkung des „Tractatus"

Der *Tractatus* hatte seine erste unmittelbare Wirkung auf den Wiener Kreis, zu dem Schlick, Feigl, Gödel, Neurath und Waismann gehörten. Der Kreis übernahm aus dem *Tractatus* die Idee der logischen Analyse und die folgenden Auffassungen: Jeder Satz besteht aus elementaren Sätzen; die Sprache der Wissenschaft ist extensional; und es gibt keine Sätze der Ethik. Allerdings findet sich im *Tractatus* keine anti-realistische Bedeutungstheorie, auch wenn sie vom Wiener Kreis hineingelesen wurde. Die Bemerkung, der Sinn eines Satzes bestehe in der Methode seiner Verifikation, stammt zwar in der Tat von Wittgenstein (vgl. *Schriften* Bd. 3, S. 47), wurde jedoch erstmals von Waismann in einem Aufsatz über Wahrscheinlichkeitstheorie veröffentlicht – etwa neun Jahre nach dem Erscheinen des *Tractatus*.[5] Der Wiener Kreis las auch einen Angriff auf die Metaphysik in den *Tractatus* hinein. Beseitigung der Metaphysik war zwar dem Kreis ein Grundanliegen, dem Wittgenstein aber deutlich ablehnend gegenüberstand und diesbezüglich sogar von „Großsprecherei" sprach. „Absage an die Metaphysik! Als ob *das* was Neues wäre. Was die Wiener Schule leistet, muß sie *zeigen, nicht sagen.*" (*Schriften* Bd. 3, S. 18, vgl. die von Carnap verfaßte Einführung zu *The Philosophy of Rudolph Carnap*, hrsg. von P. Schilpp.)

Die wichtigste positive Wirkung des *Tractatus* steht im Zusammenhang mit der sog. „logischen Syntax" (siehe 3.325). Wittgenstein war der Meinung, viele Probleme der Philosophie entstünden durch sprachliche Ungenauigkeit und Schlamperei und es sei infolgedessen notwendig, eine Sprache zu entwikkeln, in der all die verschiedenen Arten philosophischen Unsinns nicht ausgedrückt werden könnten. Vieles von der Arbeit über formale Sprachen – zum größten Teil von Carnap begonnen – geht auf diese Grundhaltung des *Tractatus* zurück.

Natürlich war Wittgenstein nicht der erste, der hervorhob, daß ein klares Verständnis von Sprache für die Behandlung philosophischer Probleme unabdingbar sei. Einer seiner Vorgänger in dieser Hinsicht war Frege, der die Notation der Quantoren und gebundenen Variablen (und damit auch die moderne mathematische Logik) erfunden hat. Eine weitere Wirkung des *Tractatus* mag man auch darin sehen, daß Frege heutzutage gelesen und als Philosoph höchsten Rangs betrachtet wird.

2. Wirkung des Spätwerks

Die Wirkung des Spätwerks, insbesondere die der *Untersuchungen,* ist enorm gewesen, hat aber in den letzten Jahren abgenommen. In den ersten fünfzehn Jahren nach ihrem Erscheinen waren die *Untersuchungen* wahrscheinlich das wichtigste und meistgelesene philosophische Buch dieser Zeit, das auch eine Unmenge Bücher und Aufsätze nach sich zog, die von einem vermeintlich Wittgensteinschen Standpunkt abgefaßt waren. Wittgenstein hat auf verschiedene Gebiete der Philosophie markanten Einfluß ausgeübt.

Die Philosophie der Mathematik ist ein interessantes Beispiel. Sie hängt in vieler Hinsicht mit der in den *Untersuchungen* enthaltenen Sprachphilosophie und Erkenntnistheorie eng zusammen, insbesondere wegen des Begriffs des Regelfolgens. Dennoch wird sie von den meisten Philosophen (und Logikern) ignoriert bzw. als falsch angesehen.

Seine Arbeit in der Sprachphilosophie hat dazu beigetragen, eine neue Betrachtungsweise von Sprache zu verbreiten, auch wenn viele seiner Bemerkungen sich als wenig klar erweisen, wenn man aus ihnen etwas für eine einigermaßen detaillierte Sprachtheorie gewinnen möchte. Wittgensteins Diktum, daß Bedeutung Gebrauch (und mit Erklärung eng verbunden) sei, wird oft nachgebetet; aber im Gegensatz zu vielen, die ihm in diesem Punkt scheinbar gefolgt sind, führte er ,,Gebrauch" nicht auf die psychischen Umstände zurück, die bei der Äußerung sprachlicher Ausdrücke vorliegen. ,,Gebrauch" hat bei Wittgenstein ausschließlich mit den Institutionen zu tun, in denen sprachliche Ausdrücke verwendet werden, mit der Praxis, in die sie eingebettet sind, mit den Sprachspielen, die mit ihnen gespielt werden.

Besonders großen Einfluß hatten die *Untersuchungen* auf die Philosophie des Geistes. Wittgenstein versuchte, jenseits von Behaviorismus und Cartesischem Mentalismus eine neue Auffassung vom Geistigen zu entwickeln. Nach dem Behaviorismus kann man nur über das sprechen, was man beobachten kann: nämlich Verhalten. Äußerungen wie ,,Ich habe Schmerzen" werden von Behavioristen als Beschreibungen (oder Umformulierungen) von Schmerzbenehmen aufgefaßt. Nach dem Cartesischen Mentalismus ist alles, was ich über meine geistigen Vorgänge sage, prinzipiell unanfechtbar. Wittgensteins Position ist durch den von ihm eingeführten (überaus schwierigen) Begriff des Kriteriums gekennzeichnet. Nach Wittgenstein sind Zuschreibungen von geistigen Zuständen, z. B. Schmerzen, zwar nicht auf Aussagen über Verhalten, z. B. Schmerzbenehmen, *reduzierbar,* wohl aber logisch – d. h. nicht kontingent – mit ihnen *verbunden.* Denn die Art und Weise, in der eine Person sich benimmt, ist ein (anfechtbares) Kriterium dafür, ob sie Schmerzen hat. Wittgensteins Überlegungen zu diesem Thema sind Gegenstand einer immer noch anhaltenden, ausführlichen Diskussion, von der in der experimentellen Psychologie leider noch nicht Kenntnis genommen wird.

Auch in anderen Bereichen der Philosophie hat Wittgenstein Anhänger gefunden, die versuchen, seine Bemerkungen für ausgearbeitete Theorien fruchtbar zu machen. Zu nennen sind hier insbesondere die Grundlagen der Erkenntnistheorie, die Ethik, Ästhetik, die philosophische Anthropologie, die Rechts- und Sozialphilosophie.

Seine Anhänger sind sich in der Interpretation seiner Auffassung keineswegs einig, betrachten aber alle sein Spätwerk als eine neue Ära, als ein neues Paradigma der Philosophie, vor allem der Sprachphilosophie. Andere sehen in seinem Werk bloß eine Abweichung in der Geschichte der Bedeutungstheorie, wie Frege sie geschaffen habe; wieder andere schließlich fassen sein Werk als eine fruchtbare Synthese auf, die sich mit dem Geist von Freges Philosophie gut verträgt. Es kommt nicht so sehr darauf an, wer letzten Endes recht behält. Wichtig ist, daß Wittgensteins Werk zugänglich ist; denn es wird für sich selbst sprechen.[6]

Gerd Haeffner

MARTIN HEIDEGGER

(1889-1976)

Sowohl durch die Intensität seiner Beziehung zu den großen spekulativen Philosophen der Geschichte wie durch das Format seines eigenen Denkversuchs ist Heidegger wohl derjenige Philosoph dieses Jahrhunderts, der am ehesten schon jetzt als Klassiker bezeichnet werden kann. Dennoch: ,,Klassiker" sind Autoren, deren Werk durch mehrere Generationen hindurch als befruchtend und vorbildlich empfunden wird. In diesem Sinne aber sind für Heidegger selbst die Klassiker keine Klassiker mehr. All die intensive Bemühung, die er ihrer Interpretation widmet, hat die bewußt akzeptierte Erfahrung eines irreparablen Bruchs der Tradition zur Voraussetzung. Aus demselben Grunde verzichtet Heidegger von Anfang an, trotz aller Selbststilisierung, darauf, es den Klassikern im Schaffen eines großen, bleibenden ,,Werkes" gleichzutun. Er versteht sich als jemand, der in einer geistig dürftigen Situation ein Bewußtsein dieser Dürftigkeit vermittelt und nach Wegen sucht, diese Erfahrung selbst für ein später vielleicht mögliches, in neuer Weise klassisches Denken fruchtbar zu machen. So kann er als Klassiker der Vorläufigkeit gekennzeichnet werden.

Mehr als vorläufigen Wert darf auch die folgende Umriß-Skizze seiner Gedanken nicht beanspruchen, und dies aus drei Gründen. Erstens: Heideggers Sprache ist oft dunkel, seine Argumente müssen nicht selten erst rekonstruiert werden; jeder Versuch der Übersetzung und der Rekonstruktion aber bleibt riskant. Zweitens: Von Heideggers Schriften ist bis jetzt nur ein Teil veröffentlicht; das Verständnis seiner Entwicklung muß damit wohl lückenhaft ausfallen. Drittens: Ein gut konturiertes Gesamtbild zeigt sich nur aus hinreichendem Abstand; aber erst vor relativ wenigen Jahren ging Heideggers Leben zu Ende.

I. Zur Biographie

Martin Heidegger wurde am 26. September 1889 geboren. Seine Mutter stammte aus bäuerlicher Familie, sein Vater war Küfermeister und Mesner an der St.-Martins-Kirche in Meßkirch, einer Kleinstadt im südöstlichen Baden. Zum Besuch des Gymnasiums wurde Heidegger zunächst nach Konstanz, dann nach Freiburg geschickt (1903-1909). Nach dem Abitur war er 14 Tage Kandidat im Noviziat der Jesuiten, wechselte dann aber in das Freiburger

Priesterseminar über. Nach zwei Jahren gab Heidegger die Theologie auf und verlegte sich ganz auf die Philosophie, die er schon 1907 kennengelernt hatte, als er die Schrift des jungen Fr. v. Brentano *Von der mannigfachen Bedeutung des Seienden nach Aristoteles* las. Einfluß auf ihn behielt der philosophisch gebildete Dogmatikprofessor C. Braig (Vom Sein, 1896); dazu kam die Begegnung mit dem Neukantianismus H. Rickerts und den *Logischen Untersuchungen* Husserls. 1913 wurde Heidegger mit einer Doktordissertation über *Die Lehre vom Urteil im Psychologismus* promoviert. Zwei Jahre später habilitierte er sich, unter Rickerts Protektion, mit der Arbeit *Die Kategorien- und Bedeutungslehre des Johannes Duns Skotus* (Tübingen 1916). Darin versuchte er, mit Hilfe neukantianischer und Husserlscher Kategorien die mittelalterliche Idee einer „grammatica speculativa", einer allgemeinen Semantik, wieder zu Ehren zu bringen. 1917 heiratete er Elfride Petri, die Tochter eines Obersten in sächsischen Diensten, mit der er zwei Söhne hatte. 1919 wurde Heidegger Assistent bei E. Husserl, der 1916 von Göttingen nach Freiburg übergesiedelt war. Heidegger vollzog aber Husserls Wende zu einer transzendentalen Phänomenologie nicht mit, sondern interpretierte immer wieder den VI. Abschnitt der *Logischen Untersuchungen*. Zugleich bediente er sich der phänomenologischen Methode, um Aristoteles zu interpretieren: vieles bisher blaß Gebliebene wurde ihm nun deutlich (wichtig vor allem *Metaphysik* II und IX 10, aber auch *Nikomachische Ethik* VI); zugleich wurde ihm der Abstand fühlbar, der uns von der Seinserfahrung der Griechen trennt. In den Kriegsjahren begann für Heidegger auch eine Auseinandersetzung mit seinem überkommenen christlichen Glauben. Mit dem Hinweis auf die reine Urform der Naherwartung der Herrschaft Gottes diskreditierte er den kirchlichen Glauben, insofern dieser auch die Frucht der Verschmelzung von jüdischen und hellenistisch-römischen Elementen ist. Mit dem Hinweis auf die Unvollziehbarkeit des Glaubens in seiner urchristlichen Gestalt (die er sich von Overbeck vorgeben ließ), löste sich Heidegger aus dem Zusammenhang mit der kirchlichen Tradition und wurde nun vollends ein Philosoph.

Im Wintersemester 1923/24 wurde er in Marburg ordentlicher Professor auf einem außerordentlichen Lehrstuhl. Marburg war eine der Hochburgen des ausgehenden Neukantianismus. Damals lehrten dort noch P. Natorp und N. Hartmann, aber auch R. Bultmann, mit dem Heidegger freundschaftliche und kooperative Bindungen einging. Im Februar 1927 erschien, in dem von Husserl herausgegebenen „Jahrbuch für Phänomenologie und phänomenologische Forschung" und zugleich als Separatdruck, *Sein und Zeit. Erste Hälfte*. Dadurch wurde Heidegger mit einem Schlage berühmt. Man erkannte, daß hier wieder ein großer systematischer Wurf gelungen war, – ohne freilich im allgemeinen gleich zu sehen, worum es dabei ging. Das vieldeutige Werk erschien den einen als Existenzphilosophie in der Linie von Kierkegaard und Jaspers, den anderen als Verwandlung des Kantisch-Fichtischen Ansatzes, während Husserl selbst, dem es gewidmet war, zwischen Bewunderung und Abneigung geteilt war. Immerhin setzte er sich dafür ein, daß Heidegger (ab

1928/29) sein Nachfolger in Freiburg wurde. Mit der Antrittsrede „Was ist Metaphysik?" (Bonn 1929) begann nun für Heidegger eine (äußerlich) relativ ruhige Zeit des Dozierens, bis er zum Rektor gewählt wurde und so vor der Aufgabe der Neuorganisation der Universität nach dem Führerprinzip des inzwischen etablierten Dritten Reiches stand. In seiner Rektoratsrede „Die Selbstbehauptung der deutschen Universität" (27. 5. 1933; Breslau 1933) rief Heidegger dazu auf, den „Wissensdienst", der allein dem geschichtlichen Dasein eines Volkes „Schärfe" geben könne, aus der Einheit mit dem „Arbeitsdienst" und dem „Wehrdienst" zu begreifen.

In weiteren öffentlichen Reden vertrat Heidegger Positionen, die mehr oder minder nationalsozialistisch waren. Dennoch teilte er weder den extremen Nationalismus noch gar den Rassismus der Partei Hitlers. Heidegger gehörte zu denen, die den Ersten Weltkrieg als den Zusammenbruch einer Fassade empfanden, hinter der die Substanz des Geistes und der Kultur längst geschwunden war. Erneuerung konnte er sich nur als einen radikalen Neuanfang vorstellen, der freilich auf älteste Traditionen zurückgreifen muß. Dem Christentum aber traute er keine geschichtsbildende Kraft mehr zu, und den geschichtslosen Internationalismus des Liberalismus verachtete er. In der nationalsozialistischen Bewegung, die vom „bodenständigen Volk", vom Mut zur deutschen Eigenart und von der zentralen Rolle des Arbeiters sprach, vermutete er den erhofften Neuanfang. Mitgespielt hat sicher auch der Mangel an politisch und wirtschaftlich orientierter Analyse, den Heidegger mit vielen Universitätskollegen teilte. Wie viele andere Deutsche scheint Heidegger geglaubt zu haben, daß Mißgriffe nur das Werk unterer Chargen seien, die mit der Zeit eliminiert würden, und daß der Führer selbst über all dem stünde. Eine gewisse Sympathie für das „Beste" in der nationalsozialistischen Bewegung bewahrte er sich lange, nicht ohne gelegentlich auch in seinen Vorlesungen Kritik an einzelnen Erscheinungen zu üben. Immerhin trat er wegen Differenzen mit der lokalen Parteiführung und mit dem badischen Kultusministerium im Februar 1934 von seinem Rektoramt zurück.

Bis zum Ende des Krieges veröffentlichte Heidegger fast nichts. Die zweite Hälfte von *Sein und Zeit* blieb (bis heute) unpubliziert. Nur Kleinschriften, vor allem Interpretationen Hölderlinscher Gedichte, sowie *Platons Lehre von der Wahrheit* und *Vom Wesen der Wahrheit*, erschienen. Anfang 1946 entzog der Senat der Universität Heidegger die Lehrbefugnis und emeritierte ihn; die französische Militärregierung verminderte seinen Status (bloße Pensionierung mit reduzierten Bezügen). 1949 wurde Heidegger rehabilitiert. Kurz vor und nach seiner endgültigen Emeritierung hielt er wieder einige Vorlesungen (zuletzt 1956/57). Bald erschienen wieder mehrere, auch größere Bücher: teils Vorlesungen aus den dreißiger Jahren, teils Aufsätze und Vorträge. Heidegger wurde zu einem der meistkommentierten und -gelesenen Philosophen, vor allem in den Ländern deutscher, später auch romanischer Sprache. Der steigende Einfluß des Neomarxismus und der analytischen Philosophie ließ seine Gestalt in Deutschland in den letzten Jahren zurücktreten. Heidegger starb am

26. Mai 1976 und wurde, seinem Wunsche gemäß, in seiner Heimatstadt Meßkirch nach katholischem Ritus beerdigt. Noch vor seinem Tode begann die von ihm selbst konzipierte, auf etwa 80 Bände veranschlagte „Gesamtausgabe" zu erscheinen.

II. Werk

1. Der systematische Ansatz in ‚Sein und Zeit'

In seinem ersten großen Buch stellt Heidegger die Frage nach dem „Sinn von Sein". Dabei geht es ihm nur nebenbei um eine Klärung der verschiedenen Bedeutungen, die das Wort „sein" in der Alltagssprache haben kann. Auch die existentielle Frage nach dem Sinn des menschlichen Lebens wird nicht ausdrücklich behandelt. Was ihn bewegt, ist ein ontologisches Grundlagenproblem. Ihm scheint, in der gesamten Geschichte der Philosophie hätte die Überzeugung geherrscht, nur dasjenige, was von beständiger Gegenwart (Selbstidentität) sei, könne als wahrhaft „seiend" bezeichnet werden. Der Sinn von „Sein", eigentlichem Sein, sei immer im „Horizont" der Idee des ständigen Anwesens gedeutet worden, und zwar nicht nur bei Platon, sondern auch noch in allen Variationen der neuzeitlichen Ontologie und Wissenschaftsideologie. Diese Überzeugung hat für Heidegger ihre selbstverständliche Geltung verloren. Daß es in der Wirklichkeit beständige Strukturen gibt, kann ja noch nicht bedeuten, daß die Wirklichkeit des Wirklichen mit der Strukturiertheit zusammenfällt. Vielmehr ist die Wirklichkeit selbst Akt, Leben, Bewegung; ihre Existenz geht ihrer essentiellen Verfaßtheit voraus. Damit ist gegeben, daß die Ordnung der geistigen Welt nichts Ewiges ist, sondern selbst – in einem noch zu präzisierenden Sinne – das Produkt einer Geschichte. So erfuhren es die ersten Christen, die den Gedanken der verläßlichen Welt auf die Plötzlichkeit und Unableitbarkeit des Weltgerichts hin relativierten; so erfuhren es viele Intellektuelle um die Jahrhundertwende, die den Kosmos der geistigen Werte Europas als dem unaufhaltsamen Auszehrungsprozeß des Nihilismus ausgesetzt empfanden.

Aus dieser Erfahrung heraus stellen sich für Heidegger drei Aufgaben: 1. zu zeigen, daß alle Deutung des Seienden als Seiendem aus einem horizonthaften Vorverständnis von „Sein" geschieht; 2. nachzuweisen, daß die Identifikation Sein = Anwesenheit nicht die letzte Wahrheit sein kann; 3. durchzudenken, in welchem Sinn alle Horizonte der Seins-Auslegung auf ein transzendentales Geschehen, die „Zeit", verweisen.

Von daher ergibt sich die Gliederung von *Sein und Zeit* (= SZ, Tübingen [14]1977) in zwei Teile. Der erste, der zu zwei Dritteln erschienen ist, versucht, eine phänomenologische Theorie des Seins-Verstehens zu geben: Dieses soll in seiner Struktur, in seinen wesentlichen Modifikationen und in seinem ermöglichenden Grund (der „Zeit") aufgezeigt werden, und zwar sowohl regressiv (den Grund aufsuchend) wie „deduktiv" (die verschiedenen Bedeutungen von „Wirklichkeit" aus dem Grund herleitend). Im zweiten, nicht erschienenen Teil sollten einige entscheidende Denkgebäude der Vergangenheit (Kant, Des-

Martin Heidegger (1889–1976)

cartes, Aristoteles) als Stationen einer innerlich konsequenten Entfaltung eines Grundgedankens, nämlich des Seins als Anwesenheit, interpretiert werden. Indem so von einem umfassenderen Standpunkt aus die innere Geschlossenheit der europäischen Metaphysik-Geschichte gezeigt wird, erweist sich diese indirekt als eine abgeschlossene Gestalt des Denkens. Auch hier stehen Neuanfang und Zurücktreten in die Gestalt des Gewesenen in einem Wechselverhältnis. Deshalb hat Heidegger bald darauf begonnen, von „der" Metaphysik zu sprechen.

Ontologische Differenz. Heidegger versteht die Ausdrücke „Seiendes" und „Sein" in einem sehr weiten Sinne. Überspitzt könnte man sagen, er verwende sie nur deshalb, weil sein eigenes Denken aus der Auseinandersetzung mit der klassischen Metaphysik, in der diese Worte eine zentrale Stellung haben, hervorgegangen ist. Das „Seiende" meint bei ihm nicht nur dasjenige, was substantiell und bleibend an sich ist, sondern „‚seiend' ist alles, wovon wir reden, was wir meinen, wozu wir uns so und so verhalten, seiend ist auch, was und wie wir selbst sind" (SZ, S. 6f.). In den Begriff „Seiendes" tritt also das mögliche Reden von ihm, Verhalten zu ihm etc. definitorisch ein. Was meint nun „Sein"? Der Ausdruck meint „das, was Seiendes als Seiendes bestimmt, – das, woraufhin Seiendes, mag es wie immer erörtert werden, je schon verstanden ist" (SZ, S. 6). Die Worte „je schon verstanden" kennzeichnen das „Sein" als den apriorischen Grund des Seienden. In den Begriff „Sein" tritt also seine Funktion als Ermöglichung für das „Verstehen" von Seiendem definitorisch ein. Die Gesamtheit der möglichen Weisen des Verstehens, die in den Modi des Verhaltens zu Seiendem liegen, samt ihrem apriorischen Seins-, Verständnis", nennt Heidegger „Dasein". Dieses Dasein vollzieht jeder von uns auf seine Weise; das Dasein ist jeweils ein Mensch. (Es ist aber zu beachten, daß Heidegger nicht das Dasein von einem schon definierten Menschsein her, sondern umgekehrt das Menschsein vom Dasein her bestimmen möchte. Obwohl kaum ein Philosoph vor ihm die menschliche Alltagswelt so in die Philosophie hereingeholt hat wie er, teilt Heidegger mit allen Metaphysikern die Ablehnung der Anthropologie als Grundlage der Philosophie.)

Die Dreierstruktur Sein-Seiendes-Dasein ist der Grundriß seines Denkens. Keines der Elemente kann auf die beiden anderen oder gar auf ein einziges reduziert werden, weil sie sich in ihrer Differenz gegenseitig definieren und so „identisch" sind. Thesenhaft formuliert Heidegger: „Sein ist jeweils das Sein eines Seienden" (SZ, S. 9); „Das Sein des Seienden ‚ist' nicht selbst ein Seiendes" (SZ, S. 6); „Sein – nicht Seiendes – ‚gibt es' nur, sofern Wahrheit ist. Und sie *ist* nur, sofern und solange Dasein ist" (SZ, S. 230); „Seinsverständnis ist eine Seinsbestimmtheit des Daseins" (SZ, S. 12), nämlich eingeschlossen in der Tatsache, daß sich der Mensch notwendig zu seinem eigenen Sein so oder so verhält. Mit diesem Ansatz steht Heidegger strukturell in der Linie einer Transzendentalphilosophie, deren methodische Konzentration auf das „Subjekt" er mitmacht, um freilich diesen Begriff, insofern er die ständige Grundlage von Objekten meint, letzten Endes aufzulösen.

Heidegger geht in *Sein und Zeit* so vor, daß er zunächst die Weise, wie wir uns verstehend zu Seiendem verhalten, in möglichst „ursprünglicher", d. h. nicht durch Vormeinungen verstellter Gegebenheit zum Bewußtsein bringt, dann das in jenem Verhalten implizierte apriorische „Verstehen" von Sein herauspräpariert und schließlich nach dem Horizont fragt, aus dem her die verschiedenen Entwürfe von „Sein" ihre Möglichkeit haben.

Dasein als Sorge. Dabei läßt er sich von der (Augustin entnommenen) These leiten, daß die primäre, für alle anderen „fundierende" Weise der Erschlossenheit des Seienden in seinem Sein praktischer Natur ist, d. h. immer auch und im Grunde eine Erschließung eigener Seinsmöglichkeiten des Daseins. Allem Erkennenwollen liegt das Interesse (die Sorge) des Menschen an seinem (guten) Sein zugrunde, – weswegen Heidegger das Sein des Menschen als „Sorge" kennzeichnet (vgl. SZ, S. 139, 199 Anm.).

Theoretische Erkenntnis, besonders in ihrer wissenschaftlichen Form, ist eine hochkomplizierte Leistung, die Wirklichkeit nicht erst eröffnet, sondern die eine im Kontext des Alltagslebens schon vertraute Welt auf ihr Funktionieren und ihre generellen Strukturen hin durchleuchtet. Diese Welt ist von sich her nicht eine Aneinanderreihung von bloßen vorhandenen Dingen, sondern eine Gesamtheit, die sich in je anderer Situation anders erschließt; als der Zusammenhang von Finalbezügen, von denen einer auf den anderen verweist, und die alle im Dasein „festgemacht" sind, als dem Wesen, das handeln kann und muß. Das primäre Bewußtsein ist also nicht Gegenstandsbewußtsein, sondern Situationsbewußtsein; und dessen Form besteht darin, daß das Andrängen der Handlungsmöglichkeiten zunächst stimmungshaft erlebt und auch schon in einem Selbstentwurf so oder so praktisch beantwortet wird. Erst auf dieser Basis kann dann ein ausdrückliches Bewußtsein der Lage und ihrer Elemente zustande kommen, das sprachlich artikuliert ist.

Den Akt, in dem sich das intentionale Dasein Seinsmöglichkeiten erschließt, nennt Heidegger das „Verstehen", im Sinne von „sich auf etwas verstehen". Dieses Erschließen ist einerseits ein spontaner Akt, ein Entwurf. Andererseits aber entwirft sich das Dasein nicht motivlos auf eine Seinsmöglichkeit, sondern antwortet damit auf den Andrang einer Situation, die so oder so bewältigt werden will.

Die primäre Weise, wie solcher Andrang „für mich" wird, ist das Gestimmtsein. Ohne solches Bestimmtsein in der Stimmung geht der Entwurf ins Leere; ohne Entwurf würde die Situation auch nicht ansatzhaft bewußt angeeignet. In der Stimmung aber wird erfahrbar, daß das Dasein schon in die Welt „geworfen" war und bleibt, noch bevor es entwerfend zu sich kommt. Die Geworfenheit liegt allem Entwerfen zugrunde. Und nur weil das Dasein vor jeder Vergegenständlichung schon stimmungshaft bei sich ist, ist Reflexion möglich. Und weil dies so ist, kann Reflexion niemals absolut werden, d. h. die Faktizität des Daseins in das Begreifen aufheben.

Nicht thetisch-gegenständlich, sondern schlicht-umsichtig ist die primäre Weise der Erschlossenheit der Welt. Das Sein der weltlichen Dinge darf also nicht mit der Gegenständlichkeit verwechselt werden, auf die sich das Auge des konstatierenden Zuschauers bezieht. Entsprechend ist die primäre Weise, in der diese Offenheit vollzogen wird, nicht die reflexe Selbstgewißheit des ,,Ich-denke", sondern das indifferente Aufgehen im ,,Man", d. h. in der unreflektierten Konformität mit den Sichtweisen der Gruppe, Epoche usw., der man angehört.

Sein und Endlichkeit. In allem Erschließen von Anderem erschließt sich das Dasein zugleich selbst als ,,Worumwillen" (Zweck) seines Handelns. Normalerweise hat es davon kein ausdrückliches Bewußtsein. Das Erschließen seines eigenen Seins geschieht vielmehr so, daß es sich in die Alltagsaufgaben verliert: Die Möglichkeiten des Erledigens, Aufbauens, Helfens, die sich hier auftun, werden unmittelbar als Möglichkeiten eigenen Seins erlebt, und dies auch wiederum weitgehend so, wie ,,man" dergleichen Möglichkeiten erfaßt und ergreift. Damit ist allerdings weder das Sein des Anderen noch das Sein des Daseins selbst in seiner Eigentlichkeit (Autonomie) zugelassen. Daß dies so ist, macht dem an das ,,Man" verfallenen Dasein von innen her die Stimmung (einer gewissen Art) der Angst deutlich.

In der Angst verliert die Welt, in der wir uns besorgend auskannten und somit eine Weise des praktischen Selbstverständnisses gefunden hatten, ihre Vertrautheit; alles wird un-heimlich: Ich erfahre, daß das Sein des Seienden nicht in dessen Zuhandenheit aufgeht und daß das Sein des Daseins nicht primär in den Möglichkeiten des Besorgens liegt. Alles wird sinn-los, mein eigenes Sein halt-los. Als einzige Möglichkeit des Existierens bleibt die radikal einsame Übernahme meines Daseins in seiner Grundlosigkeit und in seiner End-lichkeit (Todverfallenheit). Ob diese Möglichkeit allerdings für mich eine echte Möglichkeit ist, bleibt fraglich, weil ein faktisches Sein nur dadurch für mich vollziehbar wird, daß ich es, auf seinen Grund oder sein Ziel hin entwerfend, überhole. *Daß* ich bin und *nicht* mehr sein werde, läßt sich aber nicht überholen, jedenfalls nicht auf eine weltliche Bedeutsamkeit hin. Zwar bleibt das Dasein auch so das, was es wesentlich ist: Sein in der Welt. Aber die Weise des Vollzugs und die dazu gehörende Weise der Erschlossenheit von Wirklichkeit – sofern diese der Tendenz nach deutlich werden – sind nun anders: Das Dasein wird zurückgerufen aus der schein-durchsetzten Oberflächlichkeit und Subjektlosigkeit der an das zu Besorgende verlorenen, man-haften Existenz. Diese enthüllt sich nun – wie Heidegger beispielhaft in seiner Analyse der üblichen Redensarten vom Sterben zeigt – als Resultat einer Flucht vor der Un-heimlichkeit der Existenz: vor der Not der persönlichen Entscheidung ins Mitschwimmen, vor dem Leben im ungesicherten ,,Augenblick" ins Nirgendwann des Irgendwann, vor der Gewißheit der Sterblichkeit in die imaginäre Grenzenlosigkeit der Zukunft. Die Angst vor der Eigentlichkeit, d. h. vor der nicht zu integrierenden Rätselhaftigkeit des Seins, treibt zur Flucht in die Uneigentlichkeit. In dieser aber bleibt die Angst verschwiegen präsent und läßt nicht zu, daß wir uns dauerhaft einrichten. Wenn sie aufbricht und wenn wir ihr entschlossen standhalten, öffnet sich das Sein in seinem eigensten Sinn, der Endlichkeit. So ist die ,,Entschlossenheit" für den eigenen Sinn der Existenz die tiefste Weise der Erschlossenheit des Seins.

Die Zeit. Für gewöhnlich verstehen wir unter ,,Zeit" den stetigen und gleichförmigen Ablauf einer idealen Bewegung, an der wir uns orientieren, wenn wir Dauer und Geschwindigkeit von Vorgängen messen wollen. Die Vorstellung dieser Zeit ist zunächst ganz fernzuhalten, wenn Heidegger das Sein in Beziehung zur ,,Zeit" setzt. Unter ,,Zeit" versteht Heidegger das Wechselspiel von Zukunft, Gewesenheit und Gegenwart, wobei mit diesen Worten nicht zukünftige, vergangene und derzeitige Zeitabschnitte gemeint sind, sondern das Zu-kommen von Seinsmöglichkeiten, das Schon-da-(gewesen-)sein und das augenblicklich vollzogene Sein. Daß wir ins Sein ,,geworfen" sind und so ein nicht erst von uns gesetztes, in jeder Setzung aber bestätigtes ,,Wesen" haben, dies macht, ganz formal genommen, die ,,Gewesenheit", die Unvordenklichkeit, jedes Vollzugs von Sinn, Offenbarkeit usw. aus. Diese Gewesenheit, in die, als einer individuell-konkreten, auch das gesammelte Vergangene gehört, das wir uns erinnernd vor Augen führen können, ist nicht Teil der Geschichte eines verdinglichten Seienden, sondern Gegen-Dimension zum Zu-kommen von Möglichkeiten des Vollzugs von Sinn. Ohne Zu-kunft keine Gewesenheit und umgekehrt. Aus dem dialektischen Zueinander beider entspringt jeweils eine Gestalt von Gegenwart.

Diese ,,Zeitlichkeit" ist so die Struktur des ,,seinsverstehenden" Daseins überhaupt. Sie wird abgelesen am eigentlichen Existieren, der (in den Tod) ,,vorlaufenden Entschlossenheit", gemäß dem Prinzip Heideggers, daß sich erst im Eigentlichen auch das Formale und Allgemeine zeige, so daß erst von dort her die uneigentliche Form als Modus des Formalen interpretiert werden kann.

Wie kommt Heidegger nun von der Zeitlichkeit des Daseins zur ,,Zeit" als dem ,,Sinn" des Seins selbst? Einen Hinweis auf eine wie immer zu denkende Zusammengehörigkeit von ,,Sein" und ,,Zeit" hatte er nicht nur in der traditionellen Einteilung der Seienden in zeitliche, unzeitliche und überzeitliche gesehen, sondern auch und vor allem in den ontologischen Termini des ,,Früher und Später" (a priori-a posteriori) und der durchgehenden Bedeutung von ,,Sein" im Sinn der bleibenden Gegenwart, des ,,Wesens" im Sinn der Herkunft (des ermöglichenden Grundes). Grundsätzlich gesehen, hat das Seiende seine Sinn-haftigkeit (Eröffnetheit für menschliches ,,Verstehen") aus einer Art von zeitlosem Geschehen und von Zu-eignung, die Heidegger später das ,,Ereignis" oder auch das (verbal zu hörende) ,,Wesen" des Seins oder auch die ,,Lichtung" des Seins nennt. Jedesmal geht es um eine einfache Ur-tatsache, die wir eingangs als die unzerreißbare Struktur der Einheit und Differenz von Sein, Seiendem und Dasein bezeichneten. Man kann darin eine Neuinterpretation der scholastischen Transzendentalienlehre sehen, d. h. der Auffassung, daß die Erschlossenheit des Seienden für das Wahrnehmen und das Bejahen durch die menschliche Seele zum Sein des Seienden selbst gehört (Thomas v. Aquin, *De veritate,* I 1). Allerdings verzichtet Heidegger darauf, diese Tatsache selbst noch einmal in der göttlichen Identität von Sein, Ja und Licht zu verankern. Für ihn ist sie das Letzte, zu dem wir hinunterkommen können. Dem – nicht weiter ausgeführten – Programm von „Sein und Zeit" folgend, hätte dieses „Letzte" auch das erste Prinzip sein sollen, von dem her die überlieferten ontologischen Grundbegriffe in ihrem Zusammenhang hätten hergeleitet werden können. Erst so hätte die Ontologie einen echt wissenschaftlichen Leitfaden gewonnen, anhand dessen sie genetisch die Grundbestimmungen des Seins des Seienden in ihrem reichgegliederten Zusammenhang entwickeln könnte. Die Durchführung dieses Programms brachte Heidegger in Schwierigkeiten. Später erkannte er, daß die Tendenz auf wissenschaftliche Vergegenständlichung der Sache, die ihn erfaßt hatte, nicht entsprach. Die wissenschaftliche Form der Darstellung konnte nur – allerdings notwendiger – Übergang und Durchgang sein.

Die „Kehre". „Sein und Zeit" will eine Theorie jeder möglichen Ontologie, auf ihre Wahrheits- und Echtheitsbedingungen hin, sein. Deshalb steht es unter dem programmatischen Titel einer „Fundamentalontologie". Zugleich soll diese Theorie auf sich selbst Anwendung finden, wie die Korrespondenz zwischen den Strukturmomenten des Daseins und den methodischen Anweisungen der Analyse des Daseins zeigt (Auslegung, Verstehen, Verfallen, Angst usw). Damit kommt Heidegger in die Nähe der idealistischen Entwürfe Fichtes und Hegels, deren Theorie ja grundlegend eine Reflexion auf die Bedingung der Möglichkeit (kritischer) Philosophie war.

Welches ist nach Heidegger der Sinn der philosophischen Erkenntnis? Philosophie legt das Seinsverständnis aus, das prinzipiell zum Dasein selbst gehört (SZ, S. 38). Sie tut das in der Form von Aussage-Sätzen. Für gewöhnlich ist nun zwischen der Wahrheit und der (Lebens-)Bedeutsamkeit von Sätzen zu unterscheiden. Im Falle der philosophischen Theorie jedoch, wo der Gegenstand in keiner Weise unabhängig von seiner Auslegung gegeben ist, verliert diese Unterscheidung ihren klaren Sinn. Eine philosophische Theorie ist also, indem sie eine Welt entwirft (und andere Welten verschließt), im hohen Maße praxis-bestimmend. Woher hat der Philosoph nun die Horizonte, auf die hin er das Gesamt des Erfahrbaren jeweils interpretierend entwirft? Wenn hier nicht die bloße Willkür herrschen soll, gibt es nur zwei Möglichkeiten. Entweder ist die Philosophie Rückkehr zu einem anfänglichen Beisichsein des Geistes, welches so auch der Maßstab des stufenweise vorrückenden Erkennens wäre. Das ist Hegels Lösung, nach der das Sein absolute Subjektivität und das menschliche Denken nachvollziehend-zuschauende Teilnahme daran ist. Oder aber die Philosophie ist im Grunde der Entwurf einer Welt als Entsprechung zu einem je anders „gestimmten" Anspruch des Seins, – ein Versuch der Entsprechung, der durch keine dialektischen Kriterien mehr abgesichert werden kann, jedenfalls nicht im Entscheidenden. Das ist Heideggers Lösung.

Diese Lösung ist durch die historische Skepsis gegenüber der Idee ewiger Wahrheiten hindurchgegangen. Im Unterschied zu Dilthey jedoch, der alle Wahrheit in der Irrationalität des „Lebens" untergehen läßt und sich mit der

Freiheit des kontemplativen Blicks tröstet, der in alle Meinungen der Vergangenheit schlüpfen kann, bleibt Heidegger, aufgrund seines Primats der Praxis (des jetzt zu lebenden Lebens) positiv auf die Idee der Wahrheit bezogen. Daß die Erschlossenheit ein Grundzug des Seins ist, ist eine These, die Heidegger mit der Metaphysik teilt, gegen allen subjektivistischen Immanentismus. Freilich kann diese These nur gehalten werden, wenn diese Erschlossenheit nicht als etwas verstanden wird, was ein für allemal ins Wissen aufgearbeitet werden kann, – sondern nur, wenn zu dieser Erschlossenheit eine ursprüngliche Verborgenheit gehört. Denn dann kann ihr Reichtum in geschichtlich wechselnden, je anderen ,,Welten" sich entfalten, von denen man sagen kann, daß sie vom Dasein jeweils entworfen werden, – aber nur deswegen, weil dieses Entwerfen in sich ein Übernehmen ist. Daß diese Welten in objektivierender historischer Rückschau eine größere oder geringere Gemeinsamkeit zeigen mögen, ist völlig sekundär gegenüber der Erfahrung, die der Denkende, nach absoluter Wahrheit Suchende *jetzt* macht: Daß dieses Jetzt die Bedingungen seiner Suche so unbeliebig vorgibt, daß weder die Fortführung des Gestrigen noch der Versuch, dieses einfach abzustreifen, Wege zur Wahrheit sind. Deswegen spricht Heidegger lieber von der Geschicklichkeit als von der Geschichtlichkeit der Wahrheit, weil ,,Geschichtlichkeit" in den Bereich des historischen Vorstellens gehört, ,,Geschicklichkeit" dagegen das gerade jetzt Ankommende (Geschickte) anklingen läßt, was geschickt (findig) und schicklich (sich fügend) aufgenommen werden will.

In *Sein und Zeit* war davon die Rede, daß das Dasein Horizonte für das jeweilige Verstehen des Seins des Seienden entwerfe. So konnte der Eindruck entstehen, als sei das Dasein, jedenfalls methodisch, als letzter Grund alles Verstehens angesetzt. Zwar wurde schon in Umrissen deutlich, daß dieser Grund selbst in der Zeithaftigkeit des Seins gründe. Aber die umgekehrte Interpretation des Daseins von der dem Sein eigenen, zeithaften Erschlossenheit her fiel aus, so sehr diese ,,Kehre" zum Programm von *Sein und Zeit* selbst gehört. Erst später hat Heidegger diesen Schritt eigens vollzogen, zusammen mit der komplementären Einsicht, daß auch die Zeithaftigkeit (endliche Gelichtetheit) des Seins kein zeitlos-absolutes Prinzip ist, bei dem sich die Spekulation beruhigen dürfte, sondern vielmehr eine methodische Anweisung in den jetzt sprechenden Anspruch hinein.

2. Das Wesen der Metaphysik

Wenn ,,Sein" ein Grundwort der europäischen Philosophie seit ihrem Anfang bei Parmenides ist, so ist die Frage nach dem Sinn von Sein unausweichlich auch eine Frage nach dem Wesen der Metaphysik. Damit wird aber nicht eine zweite Aufgabe genannt, die neben der ersten läge. Vielmehr kommt Heidegger nur im immer wiederholten Durchdenken der metaphysischen Entwürfe unserer Geschichte auf das hin, was in ihnen verborgen mitvollzogen worden ist, zu seinem eigenen Gedanken. Umgekehrt präzisiert sich dieser in dem

Maße, als die verschiedenen philosophischen Systeme der Vergangenheit sich als Stationen einer irgendwie einheitlichen und in gewisser Weise abgeschlossenen Geschichte herausstellen.

Beginnend mit dem Vortrag *Was ist Metaphysik?* (1929) über die Vorlesung *Einführung in die Metaphysik* (1935) und über die im 2. *Nietzsche*-Band gesammelten Skizzen zur Geschichte der Metaphysik ziehen sich Heideggers Überlegungen zu diesem Thema bis hin zu sehr späten Texten wie *Das Ende der Philosophie und die Aufgabe des Denkens* (1964). Seit dem Ende der dreißiger Jahre hat er im wesentlichen seine Position nicht mehr geändert.

Heidegger beschäftigt sich mit den Texten der philosophischen Klassiker nicht aus historischem Interesse, sondern aus der Notwendigkeit seiner eigenen Frage heraus, die ihn zu einem positiven Verhältnis zur Metaphysik bewegt. Dadurch unterscheidet er sich von den Vertretern lebensphilosophischer oder positivistischer Positionen, die zu einem Verständnis spekulativer Gedanken unfähig sind. Er setzt also voraus, daß die Sache, die ihn beschäftigt, in gewisser Weise dieselbe ist, um die es auch den früheren Metaphysikern ging. Doch versteht er sich nicht als Teilnehmer einer Disputation, die die großen Geister über die Zeiten hinweg über zeitlos sich stellende Probleme führten. Wie Hegel hält auch Heidegger die alten Systeme für so in ihre Zeit verschlungen, daß heute keiner mehr im Ernst Platoniker, Thomist oder Kantianer sein kann. Während Hegel jedoch noch beanspruchen konnte, die Gedanken der Vergangenheit als Teilwahrheiten in sein System integrieren zu können, so sieht Heidegger nur noch den „Schritt zurück" in die Thematisierung der unbewußten Voraussetzungen der gesamten westlichen Denk-Tradition für möglich an. Gerade weil Heidegger Hegels Vorgehen für innerlich konsequent hält, muß er nach einem ganz anderen Anfang des Denkens suchen.

Heidegger klammert weithin die Frage aus, ob die Argumente der Klassiker stichhaltig sind. Er achtet nur darauf, wie ihre Ansätze (sich radikalisierende) Variationen des metaphysischen Denkansatzes überhaupt sind. Daß die bedeutenden Denker, auf die große Linie ihrer Entwürfe hin gesehen, so und nicht anders gedacht haben, ist ihm nicht das Produkt einer persönlichen Entscheidung oder zufälliger Umstände, sondern das Produkt eines Willens zur Wahrheit, die aus sich heraus geschichtlichen Wesens ist (*Nietzsche*, Bd. II, S. 258), obwohl das diese Denker nicht wußten. Indem sie zu wissen suchten, wie sich die Sachen selbst verhielten, entsprachen sie, ohne es zu wissen, einem bestimmten „Geschick" der Wahrheit.

Das Ende der Metaphysik. Die philosophische Szene unseres Jahrhunderts überblickend, sieht Heidegger keinen Gedanken, der auf der Höhe der großen Philosophien der Vergangenheit stünde. Die historische Erforschung, die eklektizistische Zusammenstellung oder die analytische Auflösung der überlieferten Theoreme beherrschen das Feld. Und dies kann gar nicht anders sein, da die objektiven Möglichkeiten des metaphysischen Denkens seit Hegel und Nietzsche erschöpft sind, so daß nur ein völliger Neubeginn oder aber das Aufzehren der Erbschaft möglich bleiben:

Hegel empfand sich selbst als den Vollender der mit Platon und Aristoteles anhebenden, in Descartes und Kant neu begründeten Philosophie. Denn einerseits läßt sich kein höherer Standpunkt als derjenige der sich als alle Wirklichkeit wissenden Vernunft denken. Andererseits zeigt sich von diesem Standpunkt aus die bisherige Geschichte der Philosophie wie diejenige des Weltgeschehens als eine Reihe von Vorstufen jener umfassenden Wahrheit. Diese kann freilich nicht einfach als Besitz festgehalten werden, weil die Zeit, die das Vehikel ihrer Entfaltung war, weitergeht. Wie allerdings die Philosophie nach Hegel noch weitergehen soll, ist von Hegel aus – in dessen Schatten, von der Denkstruktur ihm zugehörig, auch Marx und Kierkegaard gesehen werden – nicht recht zu sehen. Als einzige Möglichkeit bleibt, die Rangfolge zwischen dem Geistigen und dem Sinnlichen so umzukehren, daß nun die Ideen als die Werte erscheinen, die sich die Tierheit in uns selbst setzt, um sich in ihrem Leben zu stabilisieren und zu steigern. So versucht Nietzsche die Erfahrung des heraufkommenden Nihilismus als ein Zeichen dafür zu deuten, daß die Ideen kein wahres, vom kontingenten Leben unabhängiges Sein haben. Zugleich sieht er in dieser Erfahrung die Einladung zum ,,klassischen Nihilismus", d.h. zur illusionslosen Bejahung des wahren Seins, das seiner Natur nach Wille zur Macht und seiner Beständigkeit nach Ewige Wiederkehr des Gleichen sei. Darin ist Nietzsches anti-platonistische Konzeption selbst metaphysisch, eine Theorie über das wahre Sein. Weil diese Art von Metaphysik durch die Umkehrung einer inzwischen (im Idealismus) absolut gewordenen Vernunft-Metaphysik entsteht, erstickt sie selbst jedes Bewußtsein ihrer metaphysischen Natur und schließt die Tür zu jeder weiteren metyphysischen Bemühung. Denn wie im Idealismus der Versuch gemacht wurde, alles Faktische in die Idee aufzuheben, so hier derjenige, alle Idee im Faktischen untergehn zu lassen. Der Spielraum des Denkens, die ontologische Differenz, bricht zusammen. So stehen Hegel und Nietzsche, in der strukturellen Zusammengehörigkeit ihrer Grundgedanken, für das Ende der metaphysischen Epoche des europäischen Denkens. Einen Neuanfang sucht Heidegger an den problematischen Punkten beider Systeme: im Zusammenhang von ,,Sein" und ,,Zeit" bei Hegel und im Zusammenhang von ,,Sein" und ,,Nihilismus" bei Nietzsche. Beide Gedankenreihen führen zum Gedanken des Seins- Ereignisses.

Die Struktur der Metaphysik. Von der erlebten Erschöpfung der metaphysischen Denktradition und von seiner neuen Fragestellung her gewinnt Heidegger ein schärferes, zum Teil ganz ungewohntes Bewußtsein von der Eigenart jener Einstellung zum Seienden, die in der Metaphysik jeweils grundgelegt und reflektiert, im wissenschaftlich ausgelegten Alltag aber gelebt wird. Die Begriffe ,,Denken" und ,,rationales Denken" treten für ihn auseinander.

Ausgehend von der neuzeitlichen Haltung, die nur das als seiend gelten läßt, was sich vor dem Forum der Vernunft als seiend rechtfertigen kann, zieht Heidegger Linien rückwärts bis zum Satz des Parmenides, daß das Seiende und das Denkbare zusammenfallen. Bekanntlich mußte Parmenides unserer gesamten Lebenswelt kraft dieses Prinzips das Sein absprechen. Platon, Aristoteles und die folgenden Philosophen haben zwar wieder größere Provinzen des Erscheinenden in das Reich des Seins eingliedern können. Aber Platon tut dies um den Preis, daß er die Wahrheit des Seienden unter das ,,Joch" der Idee bringt, d. h. des ,,Anblicks", den das Seiende der Seele schon geboten hat, noch bevor es als einzelnes offenbar wurde. Das So-sein (essentia) gilt als das eigentliche Sein des Seienden. Diese Setzung macht auch Aristoteles nicht mehr rückgängig, wenn er das *jeweilig* So-seiende als das eigentlich Seiende (ousia) deklariert; denn auch hier wird dieses Sein, als En-tel-echeia, doch wieder als Verwirklichung eines Art-Logos gedacht. Der die Philosophiegeschichte beherrschende Essentialismus – auf die thomanische Konzeption vom actus essendi geht Heidegger leider nirgends ausdrücklich ein – liegt nicht nur den rationalistischen Theorien, sondern auch deren Gegenpart, den irrationalistischen und empiristischen, zugrunde. Seinerseits beruht er darauf, daß das Sein von vornherein als dasjenige in Anspruch genommen wird, was das Seiende zu einem Gegenstand möglicher Theorie macht. Deshalb sind die Prinzipien der Identität, des Nicht-Widerspruchs und des Grundes untrennbar sowohl Prinzipien des Seins des Seienden wie auch Prinzipien des richtigen Denkens. Woher aber dieses ,,zugleich" kommt, welchen Charakter es hat, und welchem der beiden Elemente darin das Schwergewicht zukommt, – welcher Art die rätselhafte Identität des Seienden und des Gegenstandes ist, – wodurch das Denken der Wahrheit fähig ist, – all diese Fragen werden kaum jemals in einer Weise Thema, die ihrer fundamentalen Bedeutung entspricht. Nach Heideggers Auffassung geschieht dies sogar um so weniger, als die Philosophie im Laufe ihrer Geschichte vorankommt. Vielmehr erhält das Bedürfnis nach der Gewißheit der Erkenntnis einen solchen Vorrang im Denken, daß die Selbstgewißheit des Geistes geradezu mit der Wahrheit des Seins zusammenfällt, wie das bei Hegel der Fall ist.

Zur Struktur jedes metaphysischen Entwurfs des Seienden auf sein eigentliches Sein hin gehört auch, daß dies eigentliche Sein durch ein zuhöchst und zuerst Seiendes in reiner Form repräsentiert wird, durch ,,Gott". Dadurch wird das Sein selbst im Seienden gegründet und so fraglos; die Grundlosigkeit des Seinsentwurfs bzw. des Wahrheitswesens des Seins in seiner unabschließbaren Geschichtlichkeit wird verschüttet. Deshalb vor allem hat Heidegger die größten Reserven vor der ontologischen Theologie, der ,,Onto-theo-logie", zu der er auch jene Positionen rechnet, die etwas anderes als Gott für das Absolute halten (z. B. die Materie oder die Geschichte). Außerdem meint er, daß das höchste Seiende, das aus der inneren Konsequenz des metaphysischen Denkens gedacht werden muß, ohne zureichenden Grund mit derjenigen Wirklichkeit identifiziert worden ist, die in religiöser Sprache ,,Gott" heißt. Daß ,,der Gott in die Philosophie gekommen ist", ist ihm folglich ein fragwürdiges Faktum, das auf einen Wandel des Welthorizonts, und darin auf ein Verblassen des Göttlichen, hinweist. Diese Deutung bezieht Heidegger nicht nur auf den (durch die Philosophie beschleunigten) Zerfall der heidnisch-mittelmeerischen Religionen, sondern auch auf die ,,Platonisierung" der christlichen Gottesidee. Das Ende der Metaphysik und der damit verbundene ,,Tod Gottes" bergen somit vielleicht eine mögliche Offenheit für eine Erfahrung des von sich her waltenden Sinngeschehens und darin für eine ,,Ankunft" ,,des Heiligen" in der Gestalt eines neuen, das Frühere verwandelt aufnehmenden ,,Gottes".

Gedachte und geschehende Metaphysik. Metaphysik ist das Übersteigen des Seienden im Ganzen auf das Sein hin, um das Seiende *als* Seiendes für das Begreifen zurückzuerhalten. Dieser Überstieg (Transcensus) muß nicht notwendigerweise denkend geschehen. Vielmehr gehört er in gewisser Weise zum menschlichen Wesen überhaupt, in seiner metaphysischen Ausprägung aber zur Grundstruktur der Kultur Europas und der europäisierten Welt seit dem Anfang der Philosophie.

Zu jeder Metaphysik gehört eine entsprechende ,,Welt". Denn als Interpretation der Wirklichkeit des Wirklichen ist die Philosophie großen Stils eine Vorzeichnung der Bahnen, auf denen sich das Leben und Denken, das geistige Können und Begrenztsein der Menschen einer Epoche bewegen. In diesem Sinne ist für Heidegger die Philosophiegeschichte – wie für Hegel – das Zentrum der Geschichte Europas, wobei er aber – im Unterschied zu Hegel – der Philosophie nicht eine rückschauend-begreifende, sondern eine vorzeichnend-eröffnende Funktion zuschreibt.

Heidegger hat ein klares Bewußtsein davon, daß das Auftauchen der Idee des Seins und damit der Philosophie (samt den Wissenschaften, die sich aus ihr entfalten) einen Einschnitt in der Geschichte der Menschheit bedeutet, der alles andere als selbstverständlich ist. Ebenso ist ihm deutlich, daß diese Art des Weltverhältnisses nicht nur zeitlich, sondern auch geographisch gesehen, bis vor einiger Zeit eine partikuläre, europäische Sache war, die zwar faktisch die ganze Erde erobert, aber ohne daß dieser Vorgang als das Zusichkommen aller besonderen Traditionen zu ihrer Erfüllung interpretiert werden dürfte. Dies muß im Auge behalten werden, wenn davon die Rede ist, daß die Geschichte des ,,metaphysischen" Seinsverhältnisses einem Geschick *des Seins selbst* entspricht, – und zwar so sehr, daß Heidegger den Namen ,,Metaphysik" nicht nur zur Kennzeichnung einer Grundstellung des Menschen zur Wirklichkeit verwendet, sondern damit auch die Unverborgenheit des Seins als beständiger Gegenwart, die in einem vorstellend-objektiven Denken ,,verwahrt" wird, selbst bezeichnet (z. B. *Nietzsche,* Bd. II, S. 33, 383). Denn dies Schicksalhafte bleibt durchaus auf eine konkrete Geschichte bezogen. Einmal vorausgesetzt, daß wir an der großen Philosophiegeschichte so etwas wie einen roten Faden durch das Labyrinth unserer Geschichte hätten, hat der Ausdruck ,,Seinsgeschick" die Funktion, nicht ein an sich ablaufendes Offenbarungsgeschehen zu bezeichnen, sondern die Unbeliebigkeit und innere Kontinuität alles philosophischen Denkens anzudeuten, des wieder beschworenen vergangenen ebenso wie des jetzt aufgegebenen. Wenn der Grund für diese Kontinuität nicht allein im freien Entschluß der Denker oder in bloßer Gewohnheit gesucht wird, sondern in jener Sache, der das wesentliche Denken als solches schon zugeeignet ist, dann wird die mythisch-„metaphysische" Redeweise, in der Heidegger vom Seinsgeschick spricht, in ihrem Recht, aber auch in ihren Grenzen, deutlich.

Das Stehen in der Offenheit des Seins ist nicht nur die Bedingung der Möglichkeit philosophischen Denkens, sondern ermöglicht überhaupt alles spezifisch menschliche Tun und Lassen. „Wo immer der Mensch ... sich in das Sinnen und Trachten, Bilden und Werken, Bitten und Danken freigibt, findet er sich überall schon ins Unverborgene gebracht ... Wenn der Mensch auf seine Weise innerhalb der Unverborgenheit das Anwesende entbirgt, dann entspricht er nur dem Zuspruch der Unverborgenheit, selbst dort, wo er ihm widerspricht" (*Vorträge und Aufsätze,* S. 26).

Die Weise, in der uns heute die Unverborgenheit anspricht, charakterisiert Heidegger mit dem Ausdruck „das Ge-stell". Damit ist der Geist der technisch-wissenschaftlichen Zivilisation gemeint. Durch ihn werden wir „gestellt" (gezwungen), alles Seiende nicht in seinem eigenen Sein und Sinn, sondern nur insofern zu entbergen, als es faktisch vorfindliches Material für eine Umgestaltung und Verwertung, ein Herstellen im weitesten Sinne, sein kann. Der positivistische Seinsbegriff hat hier seine Wurzel. Und das moderne wissenschaftliche Wissen ist schon seiner Form nach von der technischen Verwendung her bestimmt, noch bevor die konkreten Methoden gefunden sind, wissenschaftliche Theorien in die technische Praxis umzusetzen. Diese wissenschaftliche Sichtweise genießt die höchste Schätzung in unseren modernen Gesellschaften, – so sehr, daß die anderen teils übersehen und vernachlässigt werden, teils sich erst in philosophischer Reflexion rechtfertigen müssen. Das zum Material der Umgestaltung depotenzierte Seiende aber hat noch weniger Ständigkeit in sich als die Gegenständlichkeit, welche ihrerseits schon unselbständiger als die Substantialität oder als die (Aristotelische) Energeia war. Entsprechend steht der Mensch so entschieden im Gefolge der Herausforderung des Ge-stells, daß er sich selber als den Angesprochenen, d. h. in seinem ek-statischen Wesen, übersieht. Darin liegt die größte Gefahr, die Heidegger in der geistigen Situation der Gegenwart sieht.

Diese Situation kann bis zu ihren Wurzeln in der griechischen Philosophie zurückverfolgt werden. Denn schon bei Aristoteles gelten jene Züge des Seienden, die sich im Sichtbereich des handwerklichen Herstellens zeigen (die vorweggenommene Ansicht des Fertigen: idea, telos; die Eigenart des schon Vorgefundenen: hyle, hypokeimenon usw.) als die Grundzüge des Seienden schlechthin. Freilich blieb die Virulenz dieses Ansatzes gebunden durch den Glauben an den Kosmos, an die immer schon währende Fügung alles Seienden. Die Depotenzierung des Kosmos zu einem ebenfalls nur kontingent Hergestellten im (positivistisch interpretierten) biblischen Schöpfungsglauben, zusammen mit der vertieften Einsicht in die Welttranszendenz des menschlichen Geistes, erlaubte die Entfesselung jener im Anfang der Philosophie versenkten Kräfte. Es ist also der Grundtendenz der „Metaphysik" durchaus entsprechend, wenn heute an die Stelle der Philosophie das interdependente Gefüge von ruhelosem Umgestalten und wissenschaftlicher Objektivierung und Funktionalisierung der Wirklichkeit getreten ist. Die Selbstherstellung (Selbstverwirklichung) als Selbstzweck ist das Wesen der modernen Gesellschaften und Individuen, ohne daß freilich dafür noch Ziele erkennbar wären. Heidegger hegt jedoch die Hoffnung, daß sich gerade in dieser höchsten Bedrohung, die ja im wesentlichen aus dem Sein selbst kommt, dessen innerstem Wesen aber gerade die Ankunft zur ,,Unterkunft" in der Welt des Menschen verweigert, eine ganz neue und vertiefte Weise der Wahrheit verbirgt, – daß sich in der ,,Verwindung" des ,,Schmerzes", den das Geschick der Metaphysik dem Menschenwesen zugefügt hat, eine neue Weise der Zueignung von Sein und Menschenwesen öffnet.

3. Das Er-eignis

Der Mensch ist das ek-statische, einem Spielraum von Offenheit und Verbergung von Sinn übereignete Wesen. Dieser Spielraum, in dem das Seiende sich jeweils in seinem Sein zeigt, ist seinerseits, als zu übernehmender, dem Menschen übereignet. Ohne daß ,,beide" auf ein Drittes oder Erstes zurückgeführt werden könnten, ,,gehören" Sein und Mensch einander, – wobei sich die Weisen dieses gegenseitigen Verfügtseins geschichtlich je anders ergeben. Heidegger nennt diesen grundlegendsten aller Sachverhalte das ,,Er-eignis", – ein Wort, das sowohl das Zu-eignen wie das Sich-ereignen umfaßt.

Ist nun das ,,Er-eignis" eine Bezeichnung für die feststellbare Tatsache, daß sich die Horizonte, d. h. die verschwiegenen Sinn-Voraussetzungen, unseres Tuns und Lassens, Denkens und Hoffens wandeln, und zwar so, daß dieser Wandel nicht noch einmal einem einsichtigen Gesetz folgt? Wodurch unterscheidet sich Heideggers Position von der des Historismus? Dadurch, daß Heidegger auf die ,,Anmaßung alles Unbedingten" (*Vorträge und Aufsätze,* S. 179) verzichtet, d. h. auf den Anspruch, das Gültige mit dem immer und überall gleich Gültigen zu identifizieren, welches aus einem zeitlosen Prinzip abgeleitet werden könnte. Der relativistische Nihilismus des Historismus ist die Folge seines Objektivismus, dieser wiederum ergibt sich aus dem essentialistischen Ansatz, welcher seinerseits das Produkt einer Flucht aus der ,,faktisch" gelebten Geschichte in die Theorie ist. Dilthey hat, weil er die metaphysischen Implikationen seines Lebens-Begriffes nicht ernst nahm, diese Zusammenhänge nicht durchschaut und konnte so keine echte Lösung der Verlegenheiten vorbereiten, in die uns die Entdeckung der Geschichtlichkeit gebracht hat. Heidegger hält die Differenz zwischen der besonderen, endlichen Sinngestalt, die zu leben uns heute möglich ist, zu anderen Sinngestalten (,,Welten") und damit zur Idee des Seins-Sinnes überhaupt durchaus offen. Aber er erfährt die erstere als ein Schicksal, in das wir uns schicken müssen und, wenn auch vielleicht im Modus der Abwehr, auch schon gefügt haben. Das Schicksal ist mächtiger als wir, vor allem weil es auch noch die Art und Weise unseres Wollens und selbst Widerstehens be-stimmt (ohne doch ein deterministisches

Prinzip zu sein). Insofern können wir uns nicht wirklich über es erheben, sondern können die Zu-mutung unseres geschichtlichen Seins nur noch eigens annehmen oder nicht, sie „gelassen" sein-lassen oder vor ihr ins Irreale fliehen, wozu auch das „Ideale" gehört.

Die Existenzangst im Bereich der Erfahrung, daß die ideale Werte-Welt dahinschwindet und einer rein funktionalen Welt Platz macht, öffnet nach Heidegger den Raum für die Erfahrung einer tieferen Zugehörigkeit des Menschen zum Sein als es die durch Ideale und Ideen vermittelte sein konnte. Dahinter steht nicht eine Abwertung des Ideenhaften im Vergleich zur Dynamik der Sinnlichkeit, sondern eher das Gegenteil: Der Verdacht, daß den leitenden Ideen des Wissens noch zuviel vom Herrschenwollen anhaftet und daß die Leit-Werte des Handelns noch zu sehr vom Geschäftemachen her entworfen sind. Das Leben aber ist kein Geschäft, dessen Risiken durch Versicherungen abgedeckt werden können; und Denken ist nicht primär ein Rechnen mit den Bedingungen der Realisierung unserer Wünsche. Denken hat, wenn es um das Wesentliche geht, nicht mehr die Form der erklärenden Theorie, sondern der Besinnung, die sensibel ist für das, was uns jetzt zugesprochen sein könnte, und die in ihrem Zentrum von der Stimmung des Dankens durchherrscht ist (*Was heißt Denken?*, S. 91–94). Das Denken überhaupt bleibt eine bloß formal umrissene Möglichkeit. Reales Denken aber ist – wenn die typisierende Gegenüberstellung stimmt – seinem Sinne nach entweder ein vor-stellendes Nach-stellen oder ein Danken. Warum aber Danken und nicht vielmehr Trauer der Endlichkeit, Aufstand gegen das Absurde, Schrei des tragisch Zerrissenen? Heidegger erfährt oder denkt sich, daß alles menschliche Vermögen aus Möglichkeiten lebt, in denen sich ein „Mögen", eine „Huld" des Seins für den Menschen andeutet (*Wegmarken*, S. 148), und zwar so, daß auch noch der „Grimm", d. h. die Verweigerung einer wahrhaft heimatgewährenden Welt, ein Modus der „Huld" ist. Deswegen kann er in der Gefahr, die das Ge-stell mit sich bringt, den Hinweis auf ein „Rettendes" sehen, das dem Walten des Ge-stells selbst innewohnt. Schon in *Sein und Zeit* hatte Heidegger gesagt, daß jeder Form von uneigentlichem Seinsverständnis immer, der Möglichkeit nach, ein eigentliches zugrunde liegt. Wenn nun das geschichtlich-faktische Seinsverständnis als konkrete Weise des Er-eignisses gedeutet wird, so muß dieses Züge von jenem übernehmen. Ähnlich wie das Seinsverstehen unzerstörbar von möglicher Eigentlichkeit bestimmt war, obwohl es „zunächst und zumeist" in uneigentlicher, flüchtiger und verdeckender Form vollzogen wird, so gehört zum Er-eignis eine innere Gegenwendigkeit. In seiner Faktizität gestattet es keinen Appell über es hinaus – etwa auf ewige Werte. Andererseits läßt Heidegger keinen Zweifel daran, daß die „Wahrheit des Seins" auch ein normativer Begriff ist, wenn er davon spricht, daß die Computer-Kultur, die der Mensch noch unter dem Geheiß des Gestells aufgebaut hat, dem Sein selbst, in seiner ihm eigenen Wahrheit, die „Unterkunft" in der Menschenwelt versagt und so dem Menschen „Heimat" vorenthält.

Die Sprache. Aus der wesenden Wahrheit des Seins deutet Heidegger auch das Wesen der Sprache. Schon in *Sein und Zeit* (§ 34) ist die ,,Rede" ein Strukturmoment der Erschlossenheit neben den grundlegenderen Momenten der Befindlichkeit und des Verstehens. Als die ,,bedeutungsmäßige Gliederung" des Verständlichen ist sie das Fundament dafür, daß sich Worte bilden können. Neben der Möglichkeit des Sprechens gehören zu ihr auch die Fähigkeiten des Hörens und des Schweigens. In den späteren Werken nimmt die ,,Sprache" einen immer wichtigeren Platz ein, weil nun, nach der ,,Kehre", auch die ,,eigentliche" Weise des In-der-Welt-Seins entfaltet wird, während in *Sein und Zeit* die Rede teils nur in ihrer Verfallsform als Gerede, teils bloß in weltloser Form, als schweigender Ruf des Gewissens zum Selbstsein, Thema geworden war. Die Sprache zeigt sich nun in ihrer entscheidenden Rolle für die Konstitution je einer Welt, d. h. in ihrer Vermittlungsfunktion für das verbergend-entbergende Wesen des Seins. Die Sprache ist ,,das Haus des Seins" (*Wegmarken,* S. 191), weil ohne die Sprache die Differenz, die in der Einheit von Sein und Seiendem waltet, nur höchst unvollkommen zum Austrag kommen kann. Der einzelne Mensch in der Geschichte findet sich selbst als jemanden vor, der dieses ,,Haus" immer schon bewohnt und nur so ,,Welt" haben kann. Ohne die Sprache ist Menschsein nicht zu denken. Für die Praxis ergibt sich die Anweisung, die sprachlichen Wendungen, die einen gewesenen und wieder-hol-baren Weltbezug verwahren, sorgfältig zu gebrauchen und sie auf die in ihnen sedimentierten Erfahrungen hin abzuhören. Diese hütende und fast verehrende Einstellung Heideggers zur überkommen Sprache hat freilich auch eine Kehrseite. Sprache ist für uns großenteils etwas Überkommenes, grundlegend aber etwas, was in kämpferischer und liebender Auseinandersetzung mit dem sich entbergenden und verbergenden Seienden überhaupt erst entsteht. In der sprachschöpferischen Tat des Kindes und Dichters gelangt, vermittelt durch das Wort, das Seiende überhaupt erst jeweils in eine geprägte und bleibend-bestimmte Offenheit und Anwesenheit. In der zu weit getriebenen Ablösbarkeit des Gesprochenen aus dem konkretleibhaften Geschehen des Begegnens und Erfahrens sowie in der Zuspitzung der Sprache zu einem Instrument, eindeutige Anweisungen und Daten zu übermitteln und vieldeutig-nichtssagende ,,Öffentlichkeitsarbeit" zu leisten, sieht Heidegger eine große Gefahr für das Wesen der Sprache und damit des Menschlichen. Aus demselben Motiv heraus aber kann er auch immer wieder darüber klagen, daß unsere Sprachen – vor allem die ,,metaphysisch" strukturierten europäischen – nicht dazu hinreichen, das Wesende des Seins in seiner Wahrheit zu nennen. Alles Sprechen über ..., in diesem Bereich, verfälscht. So muß nach Redeweisen gesucht werden, in denen das Unsagbare indirekt erscheint, gleichsam zwischen den Zeilen und in den Obertönen der Klänge. Die Sprache der Dichtung bringt dies besser zustande als die Begriffssprache der Philosophie. Durch die hohe Schätzung des mehrbödigen dichterischen Wortes unterscheidet sich Heideggers Sprach-Denken von der Philosophie der *ordinary language,* so sehr beide sich in der kritischen Distanz gegenüber dem Ideal einer formalisierten Sprache (und der Hoffnung, darin die Struktur der Wirklichkeit „abzubilden") treffen. Die Achtung vor dem überkommenen, zumal dichterisch aufgegriffenen Wort als einer Weise der Sprache, in der sich mindestens ebenso wie im Begriff Wahrheit bezeugt, bringt den Philosophen allerdings in die Versuchung, selbst zu dichten, – eine Versuchung, der Heidegger verschiedentlich erlegen ist, trotz seiner Einsicht, daß Denker und Dichter als Nachbarn „auf getrenntesten Gipfeln wohnen". Das kommt daher, daß für ihn, über den engeren Bereich der sogenannten Dichtung hinaus, alles Sprechen ursprünglich von dichterischer Natur ist: Erfahrungen in Worte, in Bahnen möglichen Sehens und Lebens, verdichtend, – den „Bau" einer in sich gerichteten Welt er-dichtend, in der die Wahrheit der Dinge verwahrt wird. Heidegger zitiert Hölderlin, den Dichter der Dichtung: „Dichterisch wohnt der Mensch auf dieser Erde" (*Vorträge und Aufsätze*, S. 187ff.; vgl. *Der Ursprung des Kunstwerkes, in: Holzwege*).

Die Welt als Ge-viert. Wenn Heidegger von der Sprache spricht, denkt er in erster Linie an die dichterisch-präzise und an die „gewachsene" Sprache. Von ihr gehen alle künstlichen Terminologien aus, und zwar so, daß sie von ihrer Fülle und Ursprünglichkeit abfallen. Dasselbe gilt nun für die Welten, die jeweils in der einen oder in der anderen Weise von Sprache ins Wort kommen. Auch hier gilt: Die Lebenswelt ist ursprünglicher als das wissenschaftliche Welt-Bild, nicht nur zeitlich, sondern auch der Wahrheit nach. Heideggers Denken ist ein Versuch, die durch die wissenschaftlich-technische Vergegenständlichung und Funktionalisierung verlorene Lebenswelt wieder in ihr Recht einzusetzen. Das „wahre Sein" ist nicht dasjenige, was sich der Theorie offenbart, sondern dasjenige, was, sich der Theorie unmittelbar verbergend, aus seiner eigenen Bedeutungsfülle gelebt wird (vgl. *Was heißt Denken?*, S. 16–18).

In *Sein und Zeit* war die Übernahme der Sterblichkeit die Bedingung für die tiefste Form der Erschlossenheit, deren welthafte Gestalt freilich ganz ausgeblendet blieb. In seinen späteren Versuchen (z. B. in den Essays *Das Ding* und *Bauen Wohnen Denken, in: Vorträge und Aufsätze*) wird diese Bedingung festgehalten und durch weitere ergänzt. Zur Übernahme der Sterblichkeit tritt das Sich-zeigen von „Göttlichen", und zwar so, daß offenbar beides sich gegenseitig bedingt. Dazu kommt das Gegenüber von „Erde" (dem tragenden, verschlossenen Element) und „Himmel" (dem hellen, aber auch wechselhaften Element). Alle vier Elemente stehen in einem gegenseitigen Bedingungsverhältnis, einem „Spiegel-Spiel", das selbst nichts Statisches, sondern etwas Ereignis-haftes ist und das „Ge-viert" genannt wird. Nur wenn ein solches Ge-viert „waltet", kann es „Dinge" geben. Am Beispiel eines Kruges fragt Heidegger, worin denn die Dinghaftigkeit eines Dinges beruhe. Nachdem er alle Auslegungen abgewiesen hat, die sich der Kategorien des Vorstellens und Herstellens bedienen und so den Krug nicht in seiner eigenen Selbständigkeit fassen können, versucht er, das Ding als „Versammlung" (germanisch: Thing) der genannten vier Dimensionen zu deuten, ohne die es nicht sein kann, was es ist. Die Vier erinnern an die Drei der rationalistischen Metaphysik: Gott, Seele, Welt. Durch die ,,Aufspaltung" der Welt in Himmel und Erde wird allerdings der ganze Rahmen des objektiven Denkens gesprengt. Die Lebenswelt vorphilosophischer Kulturen, die in einem gewissen Maße ja auch die der modernen Menschen geblieben ist, wird thematisiert. Doch soll dies keine Flucht in die Vergangenheit sein, sondern, von früheren Beispielen her, ein Vortasten zu Möglichkeiten menschlichen ,,Wohnens" auf der Erde, wenn und falls die wissenschaftlich-technische Weltzivilisation, statt selbst alles zu verschlingen, von einem ursprünglicheren Anspruch und Zuspruch her verwunden (verkraftet) werden wird. Ob diese ,,Kehre" noch eine echte Möglichkeit ist, auf die wir hoffen können, oder ob die Entwurzelung des Menschen von allem, was seine Herkunft ausmacht, unverändert weitergeht, weiß Heidegger nicht zu sagen. Es scheint, daß er hier im Lauf der Jahre immer pessimistischer geworden ist. Gegen Ende seines Lebens – im Gespräch mit dem Magazin ,,Der Spiegel" – sieht er die geistige Lage für aussichtslos an. ,,Alles bloß menschliche Sinnen und Trachten" ,,wird keine unmittelbare Veränderung des jetzigen Weltzustandes bewirken können". ,,Nur noch ein Gott kann uns retten"; wir können ,,höchstens die Bereitschaft der Erwartung wecken" ,,für die Ankunft oder das Ausbleiben des Gottes", wobei schon die Erfahrung des Ausbleibens eine Art Befreiung wäre.

Anwesenheit und Abwesenheit des Gottes. ,,Ohne die theologische Herkunft wäre ich nie auf den Weg des Denkens gelangt. Herkunft aber bleibt stets Zukunft" (*Unterwegs zur Sprache*, S. 96). Wie denkt der späte Heidegger von Gott? Aus dem Gefühl der Abwesenheit Gottes heraus spricht er von der möglichen Ankunft ,,eines" Gottes, der jedoch ,,nicht herbeigedacht werden kann", sondern der von sich aus kommen muß. Es handelt sich aber nicht um die Abwesenheit eines bestimmten Gottes, der so bei seinem ,,Namen" angerufen werden könnte. Heidegger spricht nicht aus dem Inneren einer (wenngleich erschütterten) Glaubenstradition. Alle Religion, alle Formen des Göttlichen sind für ihn vergangen, – aber er sieht in diesem Vergehen nicht das Heraufkommen der Wahrheit, daß es mit dem Göttlichen nichts ist, sondern ein großes Unglück. Denn die Dimension des Göttlichen gehört zum Wahrheitswesen des Seins selbst, so daß es als ein bedeutsames Phänomen betrachtet werden muß, wenn diese Dimension keine konkrete Manifestation mehr findet. Worauf stützt Heidegger diese These, daß zum Walten des Seins in seiner Wahrheit notwendig (wenngleich vielleicht nur im Modus der Versagung) die Gestalt eines Gottes gehört? Die metaphysischen ,,Wege" der (neu-)platonischen Tradition, zu denen er nie ein echtes Verhältnis gefunden hat, interpretiert er vom neuzeitlichen Begründungsdenken her und verwirft sie dann teils (mit Kantischen Argumenten) als unmöglich, teils (mit Nietzsche) als haltlose Sicherungsmanöver der endlichen Subjektivität. Also bliebe nur der Verweis auf die universale historische Tatsache des Religiösen, dieses als umfassende Kategorie genommen, – wenn Heidegger seine These begründen wollte, (– was er nicht ausdrücklich tut). Daß ein Gott ,,erscheinen" wird, so wie früher in Kult und Mythos der Griechen oder in der Predigt Jesu Göttliches zur

Sprache kam: Wodurch unterscheidet sich nun aber dieses (heideggerisch formulierte) Ereignis von der Tatsache, daß faktisch wieder an irgend etwas Göttliches geglaubt wird, wobei es dahingestellt bleibt, was dieses Göttliche an ihm selbst sein mag, ja, ob es überhaupt einen Sinn hat, ,,hinter" dem jeweils faktisch ,,Erscheinenden" noch einen Gott-an-sich zu vermuten? Der Unterschied liegt in der Tonart. Die zweite Formulierung wird vom Standpunkt des Subjekts gesprochen, das sich mitsamt seinem Gottesbild in anthropologischer Objektivierung selbst vorstellt, während Heidegger aus einer Art von naiver Unmittelbarkeit spricht, die er durch die ,,Kehre" wiedergewonnen hat. Diese Naivität entzieht sich der Alternative, ob das Sein Gottes etwas an sich ist oder in seiner Funktion aufgeht, jeweils einen Sinn von Welt in einer konkreten Gestalt zu repräsentieren. Dadurch aber erweist sie sich als Produkt einer bewußten Stimmenthaltung. Weil Heideggers Rede von ,,Gott" (oder dem ,,Göttlichen" oder den ,,Göttern") die Struktur der doppelt reflektierten Theorie hat, obwohl sie sich, semantisch betrachtet, in direkter Weise auf Gott zu beziehen scheint, ist sie zutiefst zweideutig, – einmal ganz abgesehen davon, daß die Unterschiede der Art und Weise, in denen jeweils Athene, Thor und der ,,Vater" Jesu ,,Gott" sind, sich nicht ohne den Verlust des Entscheidenden einem abstrakt-formalen Begriff von Gottheit opfern lassen.

III. Bedeutung

Heideggers Denken konnte von seinem Charakter her nicht eigentlich schulbildend wirken. Sein Einfluß aber war und ist groß. Unter den Schülern der ersten Stunde befinden sich H. G. Gadamer, K. Löwith, H. Marcuse, H. Schlier. In Freiburg studierten bei Heidegger u. a. M. Müller, B. Welte, K. Rahner und J. B. Lotz. Heidegger beeinflußte Philosophen, die von Husserl herkamen, wie J.-P. Sartre, M. Merleau-Ponty, E. Fink. Sehr bald schon fand er großes Verständnis in Japan. Bedeutende Denker wie H. Tanabe, K. Nishitani und K. Tsujimura kamen nach Deutschland, um bei ihm zu studieren. Heute dürfte die lebendigste Heidegger-Rezeption in den USA (besonders an der Duquesne Universität, Pittsburg) und in Frankreich stattfinden (J. Beaufret, H. Birault, der Kreis der ,,Neuen Philosophen"). Daß Heidegger auch auf J. Habermas einen Einfluß ausüben konnte, ist nicht nur der Vermittlung K. Löwiths zuzuschreiben, sondern auch der Tatsache, daß sich die Kulturkritik Heideggers, über alle Polemik hinweg, in vielen Punkten mit derjenigen der ,,Frankfurter Schule" trifft. Die auffallende Zahl der Auseinandersetzungen mit Heidegger, die von theologisch gebundenen Autoren geschrieben worden sind, verweisen auf eine tiefe innere Verwandtschaft der Heideggerschen Denkform mit der der Theologie.

Die Rezeption und Kritik des Heideggerschen Denkens hat sich als ein sehr schwieriges Unternehmen auf äußerst ungesichertem Terrain erwiesen. Und dies vor allem deshalb, weil das, was Heidegger zur Sprache bringen möchte, das Sein als Sein, sich wesentlich jeder sprachlichen Fixierung entzieht. Heidegger erhebt deswegen auch nicht den Anspruch, verbindliche, in Thesen faßbare Behauptungen vorzutragen (*Vorträge und Aufsätze*, S. 183f.); nur das Lernen selbst möchte er lehren. Dennoch kommt er nicht darum herum, dabei auch mannigfaltige Behauptungen zu implizieren, die durch Argumente abgestützt werden müssen. Es ist kein Zweifel, daß sich die Heidegger-Rezeption unter anderem deswegen sehr schwierig gestaltet, weil Heidegger selbst manches, was an sich hätte auch klar und argumentativ gesagt werden können, mit zu großen Worten und bloß hinweisend gesagt hat. Eben deswegen erliegt der Leser leicht der Gefahr, gar nicht bis zum Gehalt der zentralen Gedanken Heideggers vorzudringen, die in der Tat aus einer nicht mehr durch Beweise zu fassenden Quelle stammen, bzw. diesen Gehalt durch bloß verbale Repetition zu banalisieren. Vermutlich hat Heidegger auch recht, wenn er meint, daß die Zeit heute für sein Denken noch nicht reif ist. Freilich werden dann auch die Grenzen dieses groß gewagten Versuchs deutlicher zutage treten: nicht nur die – von ihm selbst später zugegebenen – Irrwege (etwa die Konstruktion einer fortschreitenden Verfallsgeschichte oder die apokalyptische Hoffnung auf die Kraft des deutschen Volkes), sondern auch die Grenzen, die sich daraus ergeben, daß sein anfänglicher, reflexiv-transzendentalphilosophischer Ansatz insgeheim auch noch die Weise seiner ,,Überwindung" durchherrscht. Die Welt der Pflanzen und Tiere und damit des Vegetativen und Animalischen im Menschen ist aus dem Da-sein bis zum Schluß ausgeblendet geblieben. Darin liegt eine unaufgearbeitete Fixierung an die Theorie des Bewußtseins. Dasselbe ist von der oft kritisierten Ausklammerung der Thematik des Sozialen, des Interpersonalen und somit auch Personalen zu sagen. Mit welchem Recht werden diese Dimensionen aus dem Seins-Ereignis ausgeschlossen? Gewiß ist das Dasein ein Mit-sein; dieses Mit-sein kommt aber nahezu immer nur in der Form der Uneigentlichkeit zur Sprache. Damit aber fallen die Fragen der Gerechtigkeit und der Menschenwürde in der internationalen Gemeinschaft als die Probleme, die uns, den Handelnden, von unserer realen Geschichte gestellt werden, aus. Dies sind gewaltige Ausfälle, die sich keineswegs alle aus der inneren und notwendigen Beschränkung der Frage nach dem Sinn von Sein verstehen lassen. Man wird wohl nicht fehlgehen, wenn man darin die Konsequenz der Bindung an eine Art des Philosophierens und einer fideistisch-introvertierten Religiosität vermutet, an die Heidegger gerade im Versuch der Überwindung gebunden geblieben ist, – was er, ein Stück weit, selbst einsah, als er 1962 schrieb, es gelte ,,vom Überwinden abzulassen" (*Zur Sache des Denkens*, S. 25). Das von ihm so sorgfältig gemiedene Wort ,,Reflexion" kennzeichnet die Struktur seines Denkens auch noch da, wo er die Zwänge des Reflektierens von einer ganz anderen, ursprünglichen Erfahrung her auflösen möchte. Dennoch – und zum Teil wohl auch deswegen, weil dieses Schicksal ein Dilemma unserer Kultur als ganzer widerspiegelt – wird sich die Größe Heideggers durch das Hervortreten der Grenzen seiner Leistung wohl nur noch deutlicher zeigen: seine vitale philosophische Inspiration; sein Gespür für den geschichtlichen Sinnwandel der ontologischen Grundworte; sein Mut, mit der Armut des heute möglichen Denkens ernst zu machen; die Konsequenz, mit der er seinen Weg verfolgte: „Auf einen Stern zugehen, nur dieses" (*Aus der Erfahrung des Denkens,* [2]1965, S. 7).

Wilhelm K. Essler

RUDOLF CARNAP

(1891–1970)

Wenn man die Frage zu beantworten hat, worin der Kern der Philosophie Rudolf Carnaps besteht, so wird man erstaunt feststellen, daß die Gesamtheit dessen, was für ihn als unumstößliches philosophisches Dogma gegolten hat, viel zu mager ist, als daß es zu einem tragfähigen System entwickelt werden könnte. Sieht man nämlich davon ab, daß er die Logik in ihrer modernen Form, wie sie von Gottlob Frege und Bertrand Russell geschaffen worden ist, als unabkömmliches Handwerkszeug eines jeden vernünftigen Philosophierens angesehen hat, so hat er sich kaum mit einer der herkömmlichen Grundpositionen voll identifiziert, mag es sich nun um den ontologischen Streit zwischen Nominalismus und platonischem Realismus oder um den erkenntnistheoretischen Streit zwischen Phänomenalismus und physikalischem Realismus handeln.

So entwickelte er etwa in seinem ersten Hauptwerk, *Der logische Aufbau der Welt*, eine phänomenalistische Konzeption, indem er zeigte, wie die Aussagen über die Gegenstände der Welt als eine Sprechweise gedeutet werden können, die de facto von Phänomenen oder Sinnesdaten (genauer: von Elementarerlebnissen) handelt. Doch betonte er darin gleichzeitig, daß man auf analoge Art auch eine physikalistische Erkenntnistheorie entwickeln könne. Er hat auch später aus pragmatischen Gründen den Physikalismus bevorzugt, der im Sprechen über die Dinge der Außenwelt kein erkenntnistheoretisches Problem erblickt. – Da er weniger an Grundlagenproblemen der Logik als vielmehr an Anwendungsfragen interessiert war und somit Grundlagenstudien ebenfalls unter dem Gesichtspunkt der Anwendbarkeit betrieb, hat er in allen Publikationen zur Logik den platonisch-realistischen Standpunkt der Ontologie benützt, der Mengen und Klassen als genauso real ansieht wie Gegenstände, und der damit die Anwendung der Klassenalgebra sowie der Mengenlehre rechtfertigt; dies hat ihn in Diskussionen, wenn ihm dies zur Klärung von anstehenden Fragen als nützlich erschienen ist, nicht daran gehindert, eine nominalistische Sprache zu benützen, die nur Gegenstände als existent voraussetzt. – Am ehesten kann er bei der Unterscheidung *Rationalismus* versus *Empirismus* noch der letzteren Position zugerechnet werden, die im Gegensatz zum Rationalismus besagt, daß jede Erkenntnis entweder analytisch oder empirisch ist, d. h. entweder logisch wahr ist bzw. unter Verwendung von Definitionen in logische Wahrheiten überführbar ist oder aber nur aufgrund von Beobachtungen als wahr akzeptiert werden kann. Diese Position hat er gegen die zu seiner Zeit vorherrschenden metaphysischen Richtungen verteidigt, und er hat sie, zumindest dem Namen nach, wenn auch unter Abweichung des damit bezeichneten empiristischen Ansatzes in Richtung zum Rationalismus hin, zeitlebens vertreten.

Trotz dieses Mangels an Dogmen wird Carnap von der Mehrzahl jener Philosophen der Gegenwart, die mit den Mitteln der formalen Logik arbeiten, als der wichtigste Denker der ersten Hälfte dieses Jahrhunderts angesehen. Ein Blick auf seine Biographie macht Gründe dieser Wertschätzung deutlich, die sich so summieren lassen: Er hat die von Frege und Russell entwickelte moderne Logik benützt, um die bis dahin mehr oder minder dogmatisch vertretene empiristische Philosophie zu einer wissenschaftlich arbeitenden Disziplin umzuformen. Er hat bei der Ausarbeitung und logischen Durchdringung dieser Position deren Unzulänglichkeiten entdeckt, und er hat Methoden entwickelt, die diese Schwachstellen beheben und die damit gleichzeitig auch den ursprünglich engen empiristischen Ansatz sprengen. Die Ergebnisse seiner diesbezüglichen Arbeiten, vor allem aber die Art seines Arbeitens, sind richtungsweisend für die analytische Philosophie und insbesondere für die Wissenschaftstheorie der Gegenwart geworden.

I. Lebensweg und philosophische Entwicklung

1. Die Anfänge

Rudolf Carnap wurde am 18. Mai 1891 als Sohn des Webers Johannes S. Carnap und der Lehrerin Anna Carnap geb. Dörpfeld in Ronsdorf bei Barmen in Nordwestdeutschland geboren. Seine Eltern waren tief religiös, ohne aber zu religiösen Eiferern zu werden. Seine Mutter prägte ihm und seiner Schwester ein, „daß das wesentliche in der Religion nicht so sehr die Annahme eines Credo ist als vielmehr das Leben eines guten Lebens; die Überzeugungen eines anderen waren für sie moralisch neutral, solange er nur ernsthaft nach der Wahrheit suchte. Diese Einstellung machte sie sehr tolerant hinsichtlich Menschen mit anderem Glauben". (Autobiographie, 1963, S. 3)

Diese meta-religiösen Grundsätze waren ihm zeitlebens selbstverständlich. Er behielt sie auch dann bei, als er sich während seines Studiums von 1910 bis 1914 in Jena und Freiburg i. Br., beeinflußt durch die Schriften des Monistenbundes unter Ernst Haeckel und Wilhelm Ostwald wie auch der Schriften Goethes vom Christentum und seinem Dogma eines persönlichen und gleichzeitig immateriellen Gottes abwandte. Religion wurde ihm „mehr eine Sache der Einstellung zur Welt und zu den Mitmenschen als eine von explizit formulierten Doktrinen" (1963, S. 7). Denn nahm man die Dogmen der einzelnen Konfessionen wörtlich, dann widersprachen sie zu häufig wissenschaftlichen Aussagen und waren somit für den, der den Ergebnissen der modernen Wissenschaften vertraut, nicht akzeptabel. Versuchte man hingegen, durch Interpretationen solcher religiösen Berichte einen mit den Wissenschaften verträglichen übertragenen Sinn zu ermitteln, so waren der Willkür einer solchen Interpretation Tür und Tor geöffnet; man konnte sich dann, je nach Gutdünken, auf die eine oder andere Deutung stützen, ohne sich noch mit der Wahrheitsfrage abgeben zu müssen. Ein solches Vorgehen empfand er daher nicht mehr als ein ernsthaftes Streben nach der Wahrheit.

Seine Abkehr vom Christentum und überhaupt vom Theismus hatte keinen Einfluß auf seine Einstellung zu den Mitmenschen und ihren Problemen. Seine weltanschauliche Position faßte er später so zusammen: ,,Die Hauptaufgabe eines Individuums scheint mir die Entwicklung seiner Persönlichkeit und die Erstellung von fruchtbaren und gesunden Beziehungen zwischen den Menschen zu sein. Dieses Ziel enthält die Aufgabe der Zusammenarbeit in der Entwicklung der Gesellschaft und letztlich der gesamten Menschheit in Richtung auf eine Gemeinschaft, in der jedes Individuum die Möglichkeit hat, ein zufriedenes Leben zu führen und an den (im weitesten Sinn) kulturellen Gütern Anteil zu haben." (1963, S. 9)

In Jena studierte Carnap zunächst Philosophie und Mathematik und später Physik und Philosophie. Ohne an Prüfungen oder einen späteren Beruf zu denken, nahm er nur an solchen Kursen teil, die ihm gefielen. Stellte es sich im Verlauf eines Semesters heraus, daß ihm eine Vorlesung nicht das brachte, was er sich von ihr erhofft hatte, so blieb er ihr fern und eignete sich die Materie durch entsprechende Lektüre an. In den Semestern 1910/11, 1913 und 1914 hörte er bei Gottlob Frege Vorlesungen über Logik und über die Grundlagen der Mathematik. Obwohl ihn diese Problematik sehr interessierte, war ihm die Tragweite dieses neuen Ansatzes nicht sofort bewußt, wie er später freimütig bekannte; insbesondere blieb ihm die Relevanz dieser neuen Form der Logik für die Philosophie verborgen.

Carnap ist vermutlich der einzige bekannte Philosoph gewesen, der bei Frege an Kursen teilgenommen hat. Daß er nicht jedes Semester bei ihm hörte und daß er vor allem nach dem Ersten Weltkrieg nicht mehr an seinen Kursen teilnahm, hängt wohl damit zusammen, daß sich seine Interessen damals von der reinen Mathematik ab- und der Physik zuwandten.

Die ersten drei Jahre des Weltkriegs verbrachte er als Soldat an der Westfront; ab Sommer 1917 war er in Berlin in einem Militärinstitut tätig, in dem an der Entwicklung neuer Funkgeräte gearbeitet wurde. Soweit es ihm die Zeit ermöglichte, studierte er in diesen Jahren neue Theorien der Physik, insbesondere Einsteins Relativitätstheorie, sowie sozialistische Ideen und die Motive der Arbeiterbewegungen und verfaßte Rundschreiben zu diesen Themen an seine Freunde und Bekannte. Politisch verfestigte sich in diesen Jahren sein undogmatischer Sozialismus, und er begrüßte deshalb sowohl die russische als auch die deutsche Revolution, wenn auch schon damals – mangels fundiertem Fortschrittsglaubens – nicht in der Gewißheit, daß mit der Beseitigung eines Übels sich alles zum Besseren wenden müsse.

Nach dem Weltkrieg wandte sich Carnap dem Studium der theoretischen Physik zu, die er im Sinne der neuen Logik mit der Philosophie verbinden wollte. Von Frege auf Bertrand Russell aufmerksam gemacht, studierte er insbesondere dessen Relationslogik und erkannte sofort deren Relevanz für die Entwicklung einer exakten und wissenschaftlich arbeitenden Philosophie.

,,Wenn ich mich mit einem Begriff oder mit einem Satz befaßte, der in einer wissenschaftlichen oder philosophischen Diskussion benützt wurde, dann dachte ich, daß ich nur dann klar verstehen könnte, wenn ich das Gefühl hatte, ihn, wenn ich wollte, in einer symbolischen Sprache wiedergeben zu können. Die tatsächliche Symbolisierung habe ich natürlich nur in besonderen Fällen durchgeführt, wenn es notwendig oder nützlich erschien." (1963, S. 11)

Carnap entwarf ein Axiomensystem für die Raum-Zeit-Metrik und wollte auf dessen Grundlage die Kinematik axiomatisch entwickeln. Der Physiker Max Wien in Jena, dem er dies als Dissertationsthema vorschlug, schickte ihn jedoch zu dem Philosophen Bruno Bauch, und dieser wiederum empfahl ihm Wien als Doktorvater. Carnap einigte sich schließlich mit Bauch darüber, daß er den Begriff des Raumes in seinen verschiedenen Aspekten analysieren sollte. Diese Dissertation wurde 1921 veröffentlicht.

Um diese Zeit herum nahm Carnap brieflich Kontakt mit Hans Reichenbach auf, der sich als theoretischer Physiker um größere Klarheit in Grundlagenfragen seiner Disziplin bemühte. Im März 1923 traf er ihn erstmals auf einer Tagung in Erlangen, die von beiden organisiert worden war und auf der über den Gebrauch der symbolischen Logik für die Entwicklung einer wissenschaftlichen Philosophie diskutiert wurde; es nahmen daran unter anderen Paul Hertz, Kurt Lewin und Heinrich Behmann teil.

Im Winter 1921 las Carnap Russells Buch *Our Knowledge of the External World, as a Field for Scientific Method in Philosophy*. Dieses Werk inspirierte ihn dazu, das phänomenalistische Programm, nach dem alles Wissen genau dann als sicher gelten kann, wenn es sich letztlich auf unmittelbare Erlebnisse gründet, mit den Mitteln der neuen Logik zu entwickeln und zu verwirklichen. Er arbeitete seit 1922 daran und habilitierte sich damit 1926 bei Moritz Schlick in Wien, den er 1924 über Reichenbach kennengelernt hatte. Eine überarbeitete Fassung dieser Schrift wurde 1928 unter dem Titel *Der logische Aufbau der Welt* veröffentlicht.

2. Carnap und der ,,Wiener Kreis"

Bis 1931 war Carnap Privatdozent in Wien. Er nahm dort regelmäßig an den Sitzungen des von Schlick gegründeten ,,Wiener Kreises" teil, zu dem außerdem noch unter anderen die Philosophen Friedrich Waismann, Victor Kraft und Herbert Feigl, die Mathematiker Hans Hahn, Karl Menger und Kurt Gödel, der Soziologe und Ökonom Otto Neurath und der Physiker Philipp Frank aus Prag gehörten. Bei allen Unterschieden in Einzelfragen, wie sie in den Referaten und Diskussionen zutage traten, waren sich die Mitglieder in folgenden formalen Punkten einig: (1) Die Philosophie ist nutzlos, wenn sie nicht als exakte Wissenschaft wie die Mathematik und wie die Erfahrungswissenschaften betrieben wird und wenn sie nicht, wie diese, bleibende Resultate erbringt. (2) Dazu benötigt sie eine exakte Methode; die von Frege und Russell entwickelte Logik ist ein hierfür geeignetes Instrument. (3) Die traditionelle Metaphysik kann nicht zu einer solchen Disziplin entwickelt werden, deren Ergebnisse bei einer logischen Nachprüfung Bestand haben. Setzt man mit Wittgenstein voraus, daß man alles, was man überhaupt sagen kann, klar sagen kann, so müssen ihre Aussagen somit als sinnlos betrachtet werden. – Es wurde allerdings in den Sitzungen dieses Kreises kaum gegen die Metaphysik polemisiert. Vielmehr war man bestrebt, bei der Formulierung und Beantwortung der zu diskutierenden Fragestellungen das metaphysische Vokabular zu vermeiden. Darüber hinaus waren die Teilnehmer an keine inhaltliche philosophische Lehrmeinung gebunden, sondern versuchten, durch Anregung und Kritik eine Situation des Philosophierens zu schaffen, in der man in der Lage ist, nach hinreichend vielen Schritten der Kritik und der Revision definitive Ergebnisse zu erhalten.

Diskutiert wurde auch und vor allem Wittgensteins *Tractatus logico-philosophicus*. Ludwig Wittgenstein nahm selbst nie an den Sitzungen des Kreises teil und betrachtete sich auch nicht als Mitglied desselben. Auf Vermittlung Schlicks trafen sich dieser und Wittgenstein ab 1927 mit Carnap und Waismann und später auch mit Feigl, um neue Ideen Wittgensteins zu hören. Zu echten Diskussionen ist es dabei nicht gekommen, und ab Beginn 1929 brach Wittgenstein den Kontakt mit Carnap ab. Die beiden waren in der Art des Philosophierens zu verschieden, als daß die Zusammenarbeit auf die Dauer hätte fruchtbar sein können. Wittgenstein hatte im *Traktat* die *eine* (wahre) Sprache beschrieben, in der *alles* was sinnvoll ist, formuliert sein muß; Carnap hingegen war der Ansicht, daß es zu *jedem* sinnvollen Problem *(wenigstens) eine* (aber nicht notwendigerweise immer dieselbe) exakte Sprache gibt, in der es formulierbar ist.

Carnap hat sich von der bei Wittgenstein bereits damals offenkundigen Tendenz, konstruierten Sprachen zu mißtrauen, nicht irritieren lassen – und zu solchen Sprachen rechnete Wittgenstein auch Esperanto, das Carnap nicht nur studiert, sondern gelegentlich auch angewandt hat. Carnap war der Ansicht, daß zumindest für den Bereich der Wissenschaften die allgemeine Benutzung einer solchen, von jeglichem Chauvinismus freien Kunstsprache von großem Vorteil ist. Carnap hat sich von Wittgenstein auch nicht durch bestimmte dogmatische und mystische Tendenzen beeinflussen lassen, die in dessen Erstwerk durchaus spürbar sind. Wohl aber hat er von ihm Ideen übernommen, die er, wenn auch bislang weniger prägnant formuliert, selbst akzeptiert hatte, insbesondere die, (1) daß die logischen Wahrheiten in *allen möglichen* Welten gelten und daher keine spezifischen Aussagen über *unsere* Welt machen (die in *anderen* Welten *nicht* gelten könnten), und (2) daß die Sätze der traditionellen Metaphysik *deshalb* sinnlos sind, weil sie *Scheinsätze* sind, d. h. weil sie zwar auf den ersten Blick als syntaktisch sinnvoll erscheinen, sich aber bei einer logischen Analyse als Wortfolgen herausstellen, die nichts über die Wirklichkeit sagen und die auch nicht als Sätze einer Sprache verstanden werden können, in der über die Wirklichkeit gesprochen wird. – Diese Ideen hat Carnap in sein zweites Hauptwerk, die *Logische Syntax der Sprache*, eingebaut und systematisch entwickelt.

Grundlage dieses Buches ist allerdings der von Carnap akzeptierte Einwand Neuraths gegen Wittgenstein, daß die Sprache nicht irgendetwas *Höheres* im Vergleich zu den physischen Dingen der Welt ist, sondern ein System von solchen physischen Dingen wie Schallwellen oder geometrisch geordneten Hügeln von Druckerschwärze auf Papier, und daß dieses System sich vor anderen physischen Systemen durch bestimmte Eigenschaften auszeichnet, die es syntaktisch zu ermitteln gilt. Die Sprache wird also unter dem Gesichtspunkt der Syntax, d. h. des Vokabulars und der Grammatik, untersucht. Hingegen wird darin noch nicht die semantische sowie die pragmatische Komponente thematisiert, die Carnap darin allerdings an einigen zentralen Stellen durchaus benützt.

Von 1930 ab gaben Carnap und Reichenbach die Zeitschrift *Erkenntnis* heraus. Damit besaßen der Wiener Kreis und die sich um Reichenbach in Berlin sammelnde Gruppe, zu der insbesondere Walter Dubislav, Kurt Grelling und Carl Hempel sowie die Psychologen Kurt Lewin und Wolfgang Köhler gehörten, ein Medium für die rasche Publikation der Ergebnisse ihrer philosophischen Arbeit, das der Verleger, Dr. Felix Meiner, noch in der Nazizeit, bis 1939, aufrechterhalten konnte, und das erst mit den Kriegswirren sein Ende fand.

Mit Karl R. Popper diskutierte Carnap 1932 in den Tiroler Alpen dessen Manuskript *Logik der Forschung* und förderte später dessen Drucklegung. Bei diesem Gedankenaustausch lernte er, daß empirische Gesetze durch endlich viele Beobachtungen im strengen Sinn niemals verifiziert werden können, weil es keinen voraussetzungsfreien logischen Grund dafür gibt, daß sich bisher beobachtete Regelmäßigkeiten auch künftig einstellen, wie schon David Hume erkannt hatte. Und er übernahm von Popper des weiteren die Erkenntnis, daß nicht nur, wie im Normalfall, Erfahrungen zur Prüfung von Gesetzen herangezogen werden können, sondern daß es auch Situationen gibt, in denen unter Benützung von Gesetzen Erfahrungsaussagen revidiert werden müssen. Neurath hat diesen Sachverhalt später, etwas poetisch, so formuliert: „Wie Schiffer sind wir, die ihr Schiff auf offener See umbauen müssen, ohne es jemals in einem Dock zerlegen und aus besten Bestandteilen neu errichten zu können."

Intensiv und fruchtbar für beide ist Carnaps Zusammenarbeit mit Neurath gewesen. Neurath vertrat in Theorie und Praxis einen marxistischen Sozialismus, der bei ihm allerdings nicht nur Möglichkeiten der Revision zuließ, sondern diese sogar durch stetige Überprüfung und Kritik des Ansatzes wie bei jeder wissenschaftlichen Theorie als notwendig voraussetzte. Zweifellos waren die Argumente Neuraths für den Physikalismus und gegen den Phänomenalismus entscheidend für Carnaps Entschluß, seine Ansichten über die erkenntnistheoretische Priorität des Phänomenalismus zu revidieren. Neuraths Ziel war es, mit den Mitteln der sich entwickelnden philosophischen Richtung, die sich unter anderem ,,Neopositivismus", ,,logischer Empirismus" und ,,Analytische Philosophie" bezeichnete, die Wissenschaften als Prozesse der Menschheit in ihren Relationen zu anderen sozialen Prozessen so exakt wie möglich zu erfassen, um daraus im Hinblick auf seine sozialistischen Zielsetzungen eindeutige Implikationen für politisches Handeln ableiten zu können. Eine phänomenalistische Sprache, in der jeder nur über sein eigenes Bewußtsein spricht, war hierfür in zweifacher Hinsicht hinderlich: Es schwächt den Blick für den sozialen Aspekt der wissenschaftlichen Forschung, und es kräftigt die Schranke zwischen Naturwissenschaften und Geisteswissenschaften, die es zu überwinden gilt; denn ein sozialer Fortschritt ist nur mit geisteswissenschaftlichen Ergebnissen zu erzielen, die verläßlich und technisch verwertbar sind, und das wiederum setzt voraus, daß die Geisteswissenschaften sich von den Naturwissenschaften nicht absondern und nicht von ihnen abgesondert werden, und daß sie im Sinne einer *Einheitswissenschaft* mit den gleichen Verfahren, wenn auch auf verschiedenen Anwendungsbereichen, nach einer für alle verständlichen und mitteilbaren Wahrheit suchen, die dann für Zwecke der Gesellschaft benützt werden kann. ,,Von besonderer Bedeutung für mich persönlich", schreibt Carnap (1963, S. 23f.), ,,war seine (Neuraths) Betonung des Zusammenhangs von philosophischer Aktivität und dem großen historischen Prozeß, der in der Welt abläuft: Philosophie führt zu einer Verbesserung der wissenschaftlichen Wege des Denkens und damit zu einem besseren Verstehen von all dem, was in der Welt abläuft, sowohl in der Natur als auch in der Gesellschaft; dieses Verstehen wiederum dient zur Verbesserung des menschlichen Lebens." Allerdings akzeptierte Carnap nicht Neuraths weitergehende Forderung, die Frage, ob bestimmte philosophische Untersuchungen gemacht werden sollen oder nicht, von einem pragmatisch-politischen Gesichtspunkt aus zu entscheiden: Nach Carnap sind die Logik und die mit ihrer Hilfe präzisierbaren Methoden neutral bezüglich solcher praktischer Ziele, und solche Ziele müssen umgekehrt, bevor man sie akzeptiert, mit Hilfe der Logik auf ihre Konsequenzen durchleuchtet werden, was die Unabhängigkeit der Logik von eben diesen Zielen voraussetzt.

Der Logiker Alfred Tarski aus Warschau besuchte im Februar 1930 Wien und hielt Vorträge an der Universität und im Kreis, und im November des gleichen Jahres besuchte Carnap Warschau und lernte in der dortigen Gruppe unter anderem Stanislaw Leśniewski und Tadeusz Kotarbiński kennen. Die Diskussionen dieser von Frege inspirierten Philosophen verhalfen ihm zu einem vertieften Verständnis für die Unterscheidung zwischen der Sprache der mathematischen Axiome und der meta-mathematischen Sprache, und allgemeiner zwischen der Sprache einer Wissenschaft (der Objektsprache) und der Sprache, in der die syntaktischen (und semantischen sowie pragmatischen)

Zusammenhänge dieser Sprache untersucht werden (der Metasprache). Die Ausarbeitung dieser Erkenntnis fand ebenfalls Niederschlag in der *Logischen Syntax der Sprache*. Im Verlauf dieser Diskussion lernte Carnap, daß der Begriff der Wahrheit von dem der Verifizierbarkeit unterschieden werden muß, oder, wie man heute statt dessen sagen würde, daß der Begriff der Wahrheit nicht operationalistisch zu dem der Verifizierbarkeit verkürzt werden darf, und er sah, daß der Wahrheitsbegriff auch unter Absehung von einem wie auch immer gearteten Begriff der Bewahrheitung in einer präzisen Sprache entwickelt werden kann und somit sinnvoll ist. Die langdauernden Arbeiten an diesem Projekt, mit dem er den ursprünglich engen positivistischen Ansatz überwand, wurden erst nach seiner Emigration in die USA vollendet und insbesondere in den Werken *Introduction to Semantics* und *Meaning and Necessity* publiziert.

3. Carnaps Wirken in den USA

Auf Betreiben Franks war 1931 an der Naturwissenschaftlichen Fakultät der Deutschen Universität in Prag ein Lehrstuhl für Naturphilosophie eingerichtet worden, auf den Carnap berufen wurde. In dieser Zeit nahm Carnap Kontakte zu den Philosophen des angelsächsischen Sprachraums auf. Er wurde 1934 von Willard Van Quine aus Harvard und von Charles W. Morris aus Chicago besucht und besuchte im gleichen Jahr Bertrand Russell in England. Im September 1936 wurde er von der Harvard University zu einem Symposion eingeladen, und noch im gleichen Jahr erhielt er einen Ruf nach Chicago. Da die Situation in Prag aufgrund der zunehmenden nazistischen Tendenzen unter den Studenten wie auch unter den Kollegen für ihn immer unerfreulicher und schwerer zu ertragen wurde, nahm er diesen Ruf sofort an.

Carnap genoß die liberale und auf den ersten Blick vorurteilslose Haltung der Kollegen in den USA, wurde aber mit der Zeit gewahr, daß unter dem Deckmantel ebendieser Liberalität auch in diesem Land „handfeste metaphysische Spekulationen" mit einer Selbstverständlichkeit und ohne jegliche Emotion vertreten wurden, als ob es sich um beweisbare Tatsachen handelte, und daß umgekehrt ein sozialer Druck in Richtung auf konformes Verhalten unverkennbar war (1963, S. 39–43). In Mitteleuropa verschlechterte sich inzwischen die politische Situation zusehends. Schlick war von einem geistesgestörten faschistischen Studenten ermordet worden, und Hitler hatte Österreich annektiert, die Tschechoslowakei überfallen und sodann mit dem Einmarsch in Polen den Zweiten Weltkrieg entfacht. Carnap bewarb sich daher um die amerikanische Staatsbürgerschaft und erhielt sie 1941.

In Chicago lehrte er mit Unterbrechungen bis 1952. Er gab dort mit Neurath und Morris zusammen die *International Encyclopedia of Unified Science* heraus, in der in einer Serie von Monographien die mit der *Erkenntnis* gesetzte und nicht vollendete Aufgabe der Schaffung einer exakten Philosophie weitergeführt wurde, die mit Modellvorstellungen und insbesondere mit Modellsprachen arbeitet und die an diesen Modellen definitive Resultate erzielt, die für die praktische Sprachwirklichkeit wenigstens approximativ gelten. Zwischen 1940 und 1941 war er Gastprofessor an der Harvard Universität, wo er intensiv mit Russel, Tarski und Quine über Philosophie und insbesondere über Fragen der Grundlegung der Semantik für formale Sprachen sowie auch über soziale und politische Fragen diskutierte. Er verteidigte in diesen Diskussionen gegen Tarski und Quine seine Auffassung, daß faktische und logische Wahrheiten durchaus scharf und definitiv voneinander unterschieden werden können. Während der Zeit seines Rockefeller-Stipendiats von 1942 bis 1944 beschäftigte er sich insbesondere mit der Semantik der Modalitäten *notwendig* und *möglich* und mit der Semantik anderer Intensionen sowie mit Fragen der Grundlegung der Wahrscheinlichkeit und der Induktion. Von 1952 bis 1954 war er am *Institute for Advanced Studies* in Princeton tätig. Er arbeitete dort mit dem Philosophen John G. Kemeny über den logischen Wahrscheinlichkeitsbegriff und das Induktionsproblem, das er seit 1938 auf Anregung Feigls untersuchte, und hatte auch die Gelegenheit, mit Einstein über physikalische und wissenschaftstheoretische Probleme zu diskutieren. 1954 erhielt er einen Ruf nach Los Angeles, als Nachfolger des verstorbenen Reichenbach. Er vervollständigte dort sein System der induktiven Logik, verallgemeinerte seine Konzeption der Analytizität und überwand damit und mit seinen Arbeiten zu den theoretischen, d.h. nicht aus Beobachtungen gewinnbaren Begriffen endgültig die engen Fesseln des Programms der logischen Empiristen der 20er und 30er Jahre. Eine zweite, mehr entscheidungstheoretisch formulierte Version der induktiven Logik, die den Zusammenhang zwischen dieser Disziplin und der subjektiven Wahrscheinlichkeitslehre in mathematischer Form aufzeigen sollte, konnte er nicht mehr zur Publikation bringen.

Keine deutschsprachige Universität hatte nach dem Zweiten Weltkrieg versucht, Carnap wieder nach Mitteleuropa zurückzuholen. – Carnap besuchte im Sommer 1966 zum ersten Mal nach 30 Jahren wieder Deutschland und Österreich und referierte in München über seine Untersuchungen zur induktiven Logik. Die folgenden Besuche Mitteleuropas waren durchweg privater Natur. Er trug sich in den letzten Monaten mit dem Gedanken, nach Süddeutschland zu übersiedeln, führte ihn jedoch nicht mehr aus. Er starb am 14. September 1970 in Santa Monica in Kalifornien.

Man wird sich schwertun, einen Philosophen zu finden, der sich selbst gegenüber so kritisch eingestellt war wie Carnap. „Läuft man die Liste derer durch, die eine fundierte Kritik an Carnaps Ideen übten, so gelangt man am Ende immer wieder zu Carnap zurück: der schärfste Kritiker von Carnap hieß stets Carnap." (Stegmüller 1972, 46) – So präzise und exakt Carnap die Begriffe in Diskussionen benützt, so intuitiv und einfühlsam hat er als Lehrer seine Zuhörer in die ihnen noch nicht bekannten Gebiete seines Forschens einführen können: Er hat dabei mit einfachen Worten für den Moment klare Unterscheidungen getroffen und hat damit das Ziel seiner weiteren Analyse angezeigt, hat dieses so gewonnene Vorverständnis durch schrittweise Präzisierungen, denen jeder zu folgen imstande war, vertieft und hat damit die Bausteine für das geschaffen, was er im Anschluß daran am Beispiel einer Modellsprache (re)konstruieren wollte.

II. Die Hauptwerke Carnaps

1. Begriffsexplikation

Die philosophische Methode, die man im Zeitalter des Rationalismus „Analyse und Synthese" genannt hat (und die wenig mit der Unterscheidung „analytische vs. synthetische Urteile" zu tun hat, vgl. Engfer/Essler 1973), hat Carnap von Anfang an benützt und später systematisch entwickelt. Dieses von ihm „Begriffsexplikation" genannte Verfahren beschreibt er so: „Es handelt sich darum, zu einem gegebenen Begriff, dem *Explikandum,* einen anderen Begriff als *Explikat* zu finden, welches die folgenden Forderungen in hinreichender Weise erfüllt: (1) das Explikat muß dem Explikandum so weit *ähnlich* sein, daß in den meisten Fällen, in denen bisher das Explikandum benutzt wurde, statt dessen das Explikat verwendet werden kann. Eine vollständige Ähnlichkeit wird jedoch nicht gefordert; es werden sogar beträchtliche Unterschiede zugelassen. (2) Die Regeln für den Gebrauch des Explikates müssen in *exakter* Weise gegeben werden, so daß das Explikat in ein wohlfundiertes System wissenschaftlicher Begriffe eingebaut wird. (3) Das Explikat soll fruchtbar sein, d.h. die Formulierung möglichst vieler genereller Aussagen gestatten. Diese generellen Aussagen sind entweder empirische Gesetze, sofern es sich nämlich um einen nichtlogischen Begriff handelt, oder logische bzw. mathematische Lehrsätze im Falle logisch-mathematischer Begriffe. (4) Das Explikat soll so einfach als möglich sein, d.h. so einfach als dies die wichtigeren Forderungen (1) bis (3) gestatten." (1950, S. 7, und 1959, S. 15) Die Einfachheit ist dabei als Einfachheit der Definitionen der Begriffe wie auch als Einfachheit der Gesetze zu verstehen, die solche Begriffe verknüpfen.

Die pragmatischen Bedingungen (2) und (3), die auf Ziele, genauer: auf theoretische (Erkenntnis-)Interessen, ausgerichtet sind, werden von ihm stärker gewichtet als die semantische Bedingung der Konservativität von Begriffen, die in (1) wiedergegeben wird. Es soll größtmögliche Ähnlichkeit erzielt werden, soweit dies die Forderungen (2) und (3) zulassen, damit eine Brücke des Verstehens zum bisherigen Sprachgebrauch besteht und der neue Begriff somit leichter erlernbar ist.

2. Untersuchungen zum Raumbegriff

Diese Methode der Begriffsexplikation hat Carnap bereits in seiner Dissertation *Der Raum* benützt, wenn auch nicht als Methode formuliert. Er analysiert dort die Verwendungsarten des Ausdrucks „Raum" und kommt dabei zu dem

Rudolf Carnap (1891–1970)

Ergebnis, daß in Mathematik, Philosophie und Physik von drei verschiedenen Anwendungsbereichen die Rede ist, wenn Aussagen über den Raum gemacht werden: (a) In der Mathematik ist es ein *formaler Raum,* mit dem ein allgemeines Ordnungsgefüge gemeint ist, d. h. ein *beliebiges* System von Dingen mit bestimmten Eigenschaften und Ordnungsbeziehungen. (b) In der Philosophie wird dieser nicht-spezifizierte allgemeine Anwendungsbereich auf den eines *räumlichen* Systems von Dingen spezialisiert, aber nicht in dem Sinn, daß man die empirischen Tatsachen zu erfassen sucht, sondern so, daß man jene Aussagen zu ermitteln sucht, die zwischen den Dingen der Erfahrungswelt in räumlicher Hinsicht *notwendigerweise* bestehen, die ihr *Wesen* ausmachen und die man somit an *einem* (beliebig ausgewählten) Repräsentanten erkennen kann. (c) In der Physik schließlich wird unter Verwendung von Meßmethoden (approximativ) ermittelt, in welchen räumlichen Zuständen sich die einzelnen Körper befinden, d. h. welche räumlichen Eigenschaften sie haben und in welchen räumlichen Beziehungen sie zu anderen Körpern stehen. In der vergleichenden Rekonstruktion dieser Raumtheorien kommt Carnap sodann zu dem Ergebnis, daß der physikalische Raum zu seiner Existenz den Anschauungsraum voraussetzt, dessen Metrik auf Festsetzungen beruht und dessen allgemeines (topologisches) Relationsgeflecht Erfahrungsunabhängigkeit beansprucht, wobei die relationalen Zusammenhänge durch den formalen Raum beschrieben werden und dieser somit die denkmäßige Voraussetzung des Anschauungsraums ist. – Auf diese ganz auf dem Boden der neukantischen Philosophie entwickelten Schrift hat Carnap später in keiner Publikation mehr Bezug genommen, was die Ursache dafür sein mag, daß diese ungemein interessante und aufschlußreiche Arbeit weder von empiristischen noch von rationalistischen Philosophen und hierbei speziell von Kantianern zur Kenntnis genommen und verwendet wird.

3. Der Phänomenalismus

Carnap und mit ihm fast alle seine Interpreten behaupten, daß sein erstes Hauptwerk *Der logische Aufbau der Welt* die Ausarbeitung des herkömmlichen Phänomenalismus auf empiristischer Grundlage sei. „Ich war nicht zufrieden", schreibt er (1963, S. 16), „mit ihren üblichen allgemeinen Aussagen ‚Ein materieller Körper ist ein Komplex von visuellen, Tast- und anderen Empfindungen', sondern versuchte, solche Komplexe tatsächlich zu konstruieren, um so ihre Struktur zu ermitteln."

Die herkömmliche empiristische Position, daß alle nicht-analytischen Wahrheiten ihre Rechtfertigung aus Beobachtungen erhalten, lehnt er jedoch ausdrücklich als falsch ab, da die von ihm gewählte Grundrelation der Ähnlichkeitserinnerung weder anderweitig definierbar ist noch aus Erfahrungen gewonnen wird. „Der *Positivismus* hat hervorgehoben, daß das einzige *Material* der Erkenntnis im unverarbeiteten, erlebnismäßig *Gegebenen* liegt; dort sind die *Grundelemente* des Konstitutionssystems zu suchen. Der *transzendentale*

Idealismus insbesondere neukantischer Richtung (Rickert, Cassirer, Bauch) hat aber mit Recht betont, daß diese Elemente nicht genügen; es müssen *Ordnungssetzungen* hinzukommen, unsere ‚Grundrelationen'." (1928, S. 105) Die Grundrelationen haben bei Carnap die gleiche Funktion wie die Kategorien in den Systemen der kantischen und neukantischen Philosophie, weshalb er beides miteinander identifiziert. Einige dieser Kategorien sind auf andere (die echten) zurückführbar; ,,Die Anzahl der (echten) Kategorien ist sehr klein, vielleicht gibt es nur eine einzige Kategorie." (1928, S. 118) In seinem System der Konstituierung der Begriffs- und Erfahrungswelt kommt er jedenfalls mit *einer* solchen Kategorie aus, nämlich mit der (eine vorläufige Zeitordnung enthaltenden) Relation der Ähnlichkeitserinnerung. (In (1925) hatte er gezeigt, daß auch auf der Ebene einer physikalistisch-realistischen Sprechweise die Raumbegriffe auf die des Zeitbegriffs zurückführbar sind.)

Als Gegenstandsbereich kann eine *physische Basis* gewählt werden, deren Elemente die Stellen im Raum-Zeit-Kontinuum sind, oder eine *allgemeinpsychische Basis*, d. h. die Allgemeinheit der Bewußtseinsinhalte *aller* Menschen, oder eine *eigenpsychische Basis*, die nur die Erlebnisse des *wahrnehmenden* Subjekts (aber nicht dieses Subjekt selber!) enthält; vom logischen Standpunkt aus sind alle drei Ansätze gleichberechtigt. ,,Da wir jedoch von unserem Konstitutionssystem auch die Berücksichtigung der erkenntnismäßigen Ordnung der Gegenstände verlangen wollen, so müssen wir von dem ausgehen, was zu allem anderen erkenntnismäßig primär ist, vom ‚Gegebenen', und das sind die *Erlebnisse selbst* in ihrer Totalität und geschlossenen Einheit." (1928a, S. 92) Die Erlebnisse anderer sind erkenntnismäßig nicht primär und müssen erst in einem späteren Konstitutionsakt eingeführt werden. – Nach Carnap, der hier der *Gestalttheorie* der Psychologen Wertheimer und Köhler folgt, ist es nicht richtig, solche Elementarerlebnisse weiter in Farbflecke, Raumstellen usw. aufzuteilen (zu *analysieren*) und von diesen Teilen als Elementen auszugehen, wie dies der herkömmliche Phänomenalismus und zum größten Teil auch die kantische und neukantische Philosophie getan haben. Vielmehr müssen derartige gedankliche Konstruktionen wie Farbflecken und Raumstellen im Gesichtsfeld aus den Elementarerlebnissen überhaupt erst *konstruiert* (oder *zur Synthese gebracht*) werden.

Die Konstruktion solcher Quasi-Bestandteile von Elementarerlebnissen mit Hilfe von Klassenbildungen und der Logik der Relationen ist somit keine *echte* Analyse, sondern eine *Quasi*-Analyse. ,,Wir können sagen: *die Quasianalyse ist eine Synthese, die sich in das sprachliche Gewand einer Analyse kleidet.*" (1928a, S. 104) Dieses konstruierende Verfahren der Quasi-Analyse beschreibt nicht im Sinne einer empirischen Psychologie, wie (und vielleicht auch auf welchen teilweise wenig rationalen Wegen) beim Menschen der Erkenntnisprozeß vonstatten geht, sondern es will bei seinen Konstruktionen bzw. Konstitutionen jeden Schritt rational rechtfertigen und nur *insgesamt* zum gleichen Ergebnis kommen wie der Erkenntnisvorgang beim einzelnen Menschen, nämlich zur Konstitution der Wirklichkeit, ohne dabei *in jedem einzelnen Schritt* mit dem faktischen Prozeß der Erkenntnisformung übereinzustimmen. „Diese Formungen werden im *Konstitutionssystem nur in rationalisierender oder schematisierender Weise nachgebildet;* intuitive Erkenntnis wird durch diskursive Schlüsse ersetzt." (1928a, S. 74)

Mit dieser Methode der Quasianalyse (re)konstruiert Carnap nun die einzelnen Qualitätsklassen (die verschiedenen Empfindungs- oder Gefühlsqualitäten) als Ähnlichkeitskreise, und er konstituiert durch Ordnung dieser Ähnlichkeitsklassen im Sinne der Ähnlichkeitsbeziehung Sinnesklassen als Klassen solcher Qualitäten aus dem gleichen Sinnesgebiet. Um welche Sinne es sich bei den einzelnen Sinnesklassen handelt, wird auf formalem Weg bestimmt, nämlich durch die dazugehörige Dimensionszahl. So erhält z. B. der Gesichtssinn die Dimensionszahl 5, weil die gesehenen Gegenstände räumlich nach zwei Dimensionen und farblich nach den drei Dimensionen *Farbton, Sättigung* und *Helligkeitsgrad* gemessen werden. Physikalische Dinge werden als Dispositionen angesehen, indem gesagt wird, unter welchen Bedingungen man die betreffenden Erlebnisse hat. „Die Konstitution der geistigen Gegenstände auf Grund ihrer Manifestationen steht in einer gewissen Analogie zur Konstitution der physischen Dinge auf Grund der Erlebnisse, in denen sie wahrgenommen werden." (1928, S. 201, vgl. auch S. 30–32) Es bereitet also, nach diesem Konstitutionssystem, keine Schwierigkeiten, über andere Menschen, über fremdpsychische und geistige Gegenstände zu sprechen: sie werden durch dieses System in Aussagen über Eigenpsychisches übersetzt.

Mehrfach betont Carnap, daß er mit diesem Konstitutionssystem, das Aussagen über Gegenstände der Welt in Aussagen über Eigenpsychisches zu übersetzen gestattet, nicht dogmatisch einen Phänomenalismus (oder Idealismus) postulieren möchte; denn eine Erkenntnistheorie läßt sich auch in einer Sprache mit einer physischen Basis entwickeln. Es hat dann keinen Sinn, metaphysische Äußerungen zu machen, wie „Es gibt nur physisch-reale Dinge" oder „Es gibt nur Anschauungen (oder Erlebnisse)"; sinnvoll ist nur, daß man sagt, daß in *dieser* Sprache alle Aussagen in Sätze einer physisch-realen Basis übersetzbar sind, daß hingegen in *jener* Sprache alle Aussagen als Urteile über Elementarerlebnisse zu verstehen sind. „Sind *realistische und konstitutionale Sprache* erkannt als eben *nur zwei verschiedene Sprachen, in denen derselbe Tatbestand ausgedrückt wird,* so werden manche, vielleicht kann man sagen: *die meisten Fälle von Polemik auf erkenntnistheoretischem Gebiet gegenstandslos.*" (1928a, S. 72)

Carnap hatte gehofft, daß dieses Buch der Anstoß zu zahlreichen alternativen Entwürfen sein werde. Tatsächlich hat ihm der *Aufbau* zwar in kürzester Zeit Weltruhm verschafft, er hat sich jedoch nicht als ein Stein erwiesen, der eine erkenntnistheoretische Lawine ins Rollen gebracht hätte. Einzig Nelson Goodman hat (1951) eine Alternative entwickelt – die jedoch zu ihrem Verständnis noch mehr an Logik voraussetzt als Carnaps Ansatz.

4. Der Physikalismus

Neurath hatte in Diskussionen des Wiener Kreises mit theoretischen und praktischen Gründen argumentiert, den Phänomenalismus durch eine physikalisch-realistische Position zu ersetzen. Denn zwei Subjekte, die jeweils nur über ihre eigenen Elementarerlebnisse sprechen, könnten sich nicht verständigen, weil sie nicht über die gleichen Dinge redeten. Eine phänomenalistisch rekonstruierte Wissenschaftssprache verfehle somit die kommunikative Basis und damit die Intersubjektivität. Elementarerlebnisse seien außerdem nicht unzerlegbare Gegenstände, sondern Zustände von Körpern dieser Welt und damit in einer physikalisch-realen Basis selber konstituierbar. Es gebe außerdem nur eine Welt, die der physischen Dinge, und nicht noch zusätzlich eine Welt der Erlebnisse oder der Seelen und der Geister. Die Annahme eines solchen Dualismus zerstöre die Einheit der Wissenschaft als einer sozialen Tätigkeit, und sie hindere insbesondere die Geisteswissenschaften daran, im Bedarfsfall bei einer Naturwissenschaft Ergebnisse und Methoden zu entlehnen.

,,Als ich vorschlug, daß wir nicht über die Thesen des Idealismus und des Materialismus, sondern lieber über das Problem der Wahl einer Sprache diskutieren sollten, akzeptierte Neurath diesen Punkt, aber versuchte, meine Waffe gegen mich zu wenden. Die Wahl einer Sprachform ist eine praktische Entscheidung, argumentierte er, genauso wie die Wahl der Streckenführung eines Schienennetzes oder die einer Verfassung für eine Regierung. Er betonte, daß alle praktischen Entscheidungen miteinander in Zusammenhang stehen und daher vom Blickpunkt eines allgemeinen Ziels aus getroffen werden sollten. Das entscheidende Kriterium wäre dann, wie gut eine Sprachform oder ein Schienennetz oder eine Verfassung voraussichtlich der Gemeinschaft nützen werde, die sie benützen wird. Seine Betonung des Zusammenhangs aller Entscheidungen, einschließlich derer auf theoretischem Gebiet, und seine Warnungen vor der Isolation der Erörterung irgendwelcher praktischer Fragen, selbst der der Wahl einer Sprachform, machte auf mein eigenes Denken und auf das meiner Freunde einen starken Eindruck." (1963, S. 51)

Ursprünglich hatten Neurath und Carnap die Sprache der Physik ihrer Zeit als geeignet und ausreichend zur Formulierung aller erfahrungswissenschaftlichen Zusammenhänge angesehen (was noch nicht die Ableitung der Gesetze anderer Disziplinen aus denen der Physik beinhaltet!). Später hat Carnap unter dem Akzeptieren des Physikalismus (= physischer Realismus) das Akzeptieren einer Sprache verstanden, die primär über Dinge bzw. Körper der Welt spricht (einer Dingsprache bzw. einer Körper-Welt-Sprache). Aussagen über seelische und geistige Zustände und auch Aussagen über Eigenpsychisches müssen dann in Aussagen einer physikalischen Sprache, allgemeiner: in Aussagen einer Dingsprache, übersetzt werden, damit ihr ein physisch-realer Sinn vermittelt werden kann; daß ich neulich zornig war, besagt demnach physisch-realistisch, daß mein Nervensystem in diesem oder jenem Zustand war, oder alternativ, daß ich seinerzeit beim Vornehmen bestimmter Tests an mir auf diese oder jene Art reagiert hätte.

Das Programm der Entwicklung einer physikalistischen Erkenntnistheorie hat Carnap nicht mit der gleichen Intensität und der gleichen Breite in Angriff genommen wie bei den Arbeiten am *Aufbau,* und er hat sie auch nicht vollendet. Zum Teil lag dies an äußeren Umständen, insbesondere an der Entwicklung der politischen Situation in Deutschland, und zum Teil lag es in der Einsicht, daß die Dispositionsbegriffe, wie es die in einem physikalistischen System darzustellenden Begriffe für geistige und seelische Zustände sind, nicht ohne weiteres definitorisch durch Test-Reaktions-Bedingungen dargestellt werden können, wie später geschildert wird.

5. *Logische Syntax und Toleranzprinzip*

Carnaps zweites Hauptwerk, die *Logische Syntax der Sprache,* ist eine Weiterentwicklung des sprachphilosophischen Ansatzes von Frege. Dieser hatte für eine zu diesem Zweck künstlich geschaffene Sprache durch Angabe von Axiomen und Ableitungsregeln einen formalen Begriff der logischen Folgerung bestimmt; ,,formal" heißt dabei im Sinne von Wittgenstein, daß für die Frage der Gültigkeit einer Folgerung nur auf die logische Struktur der Sätze Bezug genommen werden muß, nicht jedoch auf ihren Inhalt, auf das, was sie aussagen. Carnap entwickelt nun dieses Paradigma zur philosophischen Methode: Anregungen von Alfred Tarski sowie den Mathematikern David Hilbert und Kurt Gödel aufnehmend, entwickelt er an zwei Beispielen von Sprachen (als den *Objektsprachen,* die die Gegenstände philosophischer Untersuchungen sind) in einer über diese Sprachen sprechenden Sprache (der Syntaxsprache bzw. der *Metasprache*) formal die syntaktischen Begriffe und zeigt, daß auch die Begriffe der Logik als derartige syntaktische Begriffe definierbar sind.

Während Wittgenstein im *Traktat* die Auffassung vertreten hat, daß es eine exakte Philosophie als System gar nicht gibt und daß auch seine eigene Philosophie nichts anderes als hilfreicher Unsinn ist, kann Carnap mit diesem System nun zeigen, daß Philosophie durchaus als strenges System entwickelt werden kann, insbesondere nämlich in der Schaffung der Syntaxsprache. Der Sinn einer philosophischen Aussage ergibt sich für ihn, wenn man diese in die Syntaxsprache übersetzt. Bei dieser Übersetzung wird dann etwa aus der ontologischen Aussage Wittgensteins ,,Die Welt ist die Gesamtheit der Tatsachen, nicht der Dinge" die syntaktische Sprechweise ,,Die Wissenschaft ist ein System von Sätzen, nicht von Namen". (1934, S. 230) Bei dieser Übersetzung hören scheinbare Widersprüche zwischen philosophischen Thesen auf, Widersprüche zu sein. Die Phänomenalisten behaupten etwa: ,,Ein Ding ist ein Komplex von Sinnesempfindungen", während die Physikalisten auf dem Grundsatz bestehen: ,,Ein Ding ist ein Komplex von Atomen". In die Syntaxsprache übersetzt, werden beide Thesen zu: ,,Jeder Satz, in dem eine Dingbezeichnung vorkommt, ist gehaltgleich mit einer Klasse von Sätzen, in denen keine Dingbezeichnungen sondern Empfindungsbezeichnungen vorkommen", und: „Jeder Satz, in dem eine Dingbezeichnung vorkommt, ist gehaltgleich mit einem Satz, in dem Raum-Zeit-Koordinaten und gewisse deskriptive Funktoren (der Physik) vorkommen". (1934, S. 227f.) In dieser syntaktischen Form widersprachen sich die Thesen jedoch nicht. Denn die Gehaltgleichheit kann ja mit der einen *und* mit der anderen Satzklasse bestehen, und die erwähnten Sprachen müssen nicht identisch sein. Es hat dann, vom Standpunkt der Syntaxsprache aus gesehen, keinen Sinn, zu fordern, daß eine Sprachform (z. B. die phänomenalistische, oder die physikalistische) allgemein zu akzeptieren und die andere demnach zu verwerfen ist: „Unsere Einstellung zu Forderungen nach dieser Art sei allgemein formuliert durch das *Toleranzprinzip: wir wollen nicht Verbote aufstellen, sondern Festsetzungen treffen.*" (1934, S. 44f.) Sprachformen sind Mittel für bestimmte Zwecke; es gibt keinen Grund, bestimmte Mittel zu verbieten, was Carnap, nicht völlig unmißverständlich, so formuliert: „*In der Logik gibt es keine Moral.* Jeder mag seine Logik, d. h. seine Sprachform, aufbauen wie er will. Nur muß er, wenn er mit uns diskutieren will, deutlich angeben, wie er es machen will, syntaktische Bestimmungen geben anstatt philosophischer Erörterungen." (1934, S. 45) Allerdings kann ein vorgegebener Zweck durch das eine Mittel, d. h. durch die eine Sprachform, besser erreicht werden als durch die andere; Carnap benutzt hier also pragmatische Kriterien, ohne daß aus seinen Andeutungen hervorgeht, daß er sich dieser an der angegebenen Stelle klar bewußt ist. – Die inhaltliche, nicht-syntaktische philosophische Redeweise verleitet nach Carnap somit leicht dazu, sich in Scheinprobleme zu verstricken. Umgekehrt hat jene inhaltliche Redeweise der formalen gegenüber den Vorzug, kürzer und überschaulicher zu sein, und es ist daher sehr nützlich, sie zu verwenden, wenn man sich nur stets dessen bewußt ist, daß ihr Sinn in nichts anderem als in eben jener syntaktischen Übersetzung liegt. (1934, S. 235–243)

„Ein paar Jahre nach der Veröffentlichung des Buches" schreibt Carnap (1963, S. 56) „erkannte ich, daß eine seiner Hauptthesen zu eng war. Ich hatte gesagt, daß die Probleme der Philosophie oder der Wissenschaftsphilosophie bloße syntaktische Probleme sind; ich hätte in einer mehr allgemeinen Art sagen sollen, daß diese Probleme metatheoretische Probleme sind. Die engere Formulierung ist historisch durch die Tatsache erklärt, daß der syntaktische Aspekt der Sprache der erste war, der mit exakten Mitteln von Frege, Hilbert, den polnischen Logikern und in meinem Buch untersucht wurde. Später sahen wir, daß die Metatheorie auch Semantik und Pragmatik einschließen muß; der Bereich der Philosophie muß gleicherweise als diese Abschnitte abdeckend verstanden werden." (1963, S. 56) Carnap sah, daß der semantische Begriff der *Wahrheit* von dem der *Bewahrheitung* (der Verifizierung, der Falsifizierung usw.) unterschieden werden muß, und er akzeptierte Leśniewskis Kriterium für eine wie auch immer geartete Definition des Wahrheitsbegriffs, welches man so wiedergeben kann: „Ein in einer Metasprache formulierter Wahrheitsbegriff für Sätze einer Objektsprache ist adäquat, wenn folgendes gilt: sei X

eine objektsprachliche Bezeichnung für den Satz A der Metasprache; dann gilt: X ist ein wahrer objektsprachlicher Satz genau dann, wenn A". (Die Definition in 1940, S. 26f., ist etwas allgemeiner formuliert, hat jedoch den gleichen Inhalt.)

6. Semantik

Semantik kann als *reine* und als *empirische* Disziplin betrieben werden. Als empirische Disziplin befaßt sie sich mit vorgegebenen Sprachen, die sich geschichtlich entwickelt haben. Als reine Disziplin handelt sie von zu diesem Zweck konstruierten Sprachen, genauer: von Sprachformen, die von gleicher Struktur wie die vorgegebene konstruierte Sprache sind. Carnap entwickelt in *Introduction to Semantics* und *Formalization of Logic* Systeme der reinen Semantik, die, zumindest für den logischen Teil, approximativ auch auf natürliche Sprachen übertragen werden können (dies festzustellen ist aber eine empirische Frage).

Die *allgemeine* Semantik beschreibt axiomatisch bestimmte Zusammenhänge zwischen den semantischen Begriffen „wahr", „falsch", „logisch wahr", „impliziert logisch" usw. Sie gibt damit zusätzlich zum Adäquatheitskriterium weitere Bedingungen an, denen eine Definition der semantischen Begriffe und insbesondere eine eindeutige Festlegung des Wahrheitsbegriffs genügen muß (vgl. 1940, S. 64). Eine *spezielle* Semantik definiert diese Begriffe, und zwar so, daß sie allen diesen Kriterien genügt. In der von Carnap entwickelten Semantik wird der Wahrheitsbegriff folgendermaßen eingeführt:

Mit den Sätzen der Objektsprache S sollen den Gegenständen des Universums, von denen sie sprechen (und die somit durch Ausdrücke von S bezeichnet werden), Eigenschaften zu- und abgesprochen werden, und es sollen zwischen ihnen Beziehungen festgestellt oder abgesprochen werden, und zwar jeweils solche, für die S Bezeichnungen hat.

Ein L-Zustand (ein logisch-möglicher Zustand) ist eine widerspruchsfreie und vollständige Unterscheidung eines jeden Gegenstands des Universums im Hinblick auf die Eigenschaften und Beziehungen, und eine Zustandsbeschreibung ist ein Satz von S, der, unter Verwendung der Bezeichnungsrelation, diesen Zustand in S beschreibt (oder, formal gesprochen, der den in der Metasprache formulierten Zustand im Sinne dieser Bezeichnungsrelation in die Objektsprache S übersetzt). Ein Satz ist wahr bei einem Zustand, wenn sich aus dem Zustand ein Sachverhalt ergibt, den der Satz beschreibt, und ansonsten falsch. Ein Satz ist L-wahr (logisch-wahr) genau dann, wenn er bei *allen* Zuständen wahr ist, und eine Behauptung L-impliziert ein Urteil genau dann, wenn es keinen Zustand gibt, bei dem zwar jene Behauptung, nicht aber dieses Urteil wahr ist.

Die Einführung solcher Logikbegriffe erlaubt es Carnap überhaupt erst zu sagen, weshalb seine bisherigen *syntaktischen* Bestimmungen der Logikbegriffe (als Beweisbarkeit, Ableitbarkeit aus den Axiomen usw.) *gerechtfertigt* sind:

weil nämlich nur die L-wahren Sätze beweisbar sind und weil ein Satz nur dann aus einer Aussage ableitbar ist, wenn er von ihr L-impliziert wird.

Zu den philosophisch-wichtigen Problemen, die Carnap mit diesem Instrumentarium in den Griff bekommen kann, gehören insbesondere das der Unterscheidung von *Intension* und *Extension* (etwa *Satzsinn* und *Wahrheitswert* oder *Eigenschaft* und *Klasse*) sowie das der genauen Bestimmung des Modells bzw. der Interpretation eines Kalküls. – In seinem Buch *Meaning and Necessity* zeigt Carnap darüber hinaus, wie man diese für die Standardlogik entwickelten Begriffe auch dazu verwenden kann, um bestimmte Systeme der Modallogik semantisch zu deuten. „... ich schlage vor, die Modalitäten als solche Eigenschaften von Propositionen [Sachverhalten] zu interpretieren, die bestimmten semantischen Eigenschaften der Sätze entsprechen, die diese Propositionen ausdrücken [beschreiben]. So ist z. B. eine Proposition logisch notwendig dann und nur dann, wenn ein Satz, der sie ausdrückt [beschreibt], logisch wahr ist." (1963, S. 62) – Die gesamte weitere Entwicklung der Semantik formaler Sprachen baut auf diesem von Carnap und Tarski entwickelten Wahrheitsbegriff auf. So haben Stig Kanger und Saul Kripke später diesen Ansatz verallgemeinert, so daß auch die nicht-logischen Notwendigkeiten semantisch charakterisierbar sind.

7. Induktive Logik

Die Resultate seiner Semantik-Theorie ermöglichen es Carnap, in seinem Buch *Logical Foundations of Probability* die *Induktion* (oder *induktive Logik*) als ein die *Logik* (oder *Deduktion*, oder *deduktive Logik*) ergänzendes Verfahren zu entwickeln. Im Sinne der Begriffsexplikation unterscheidet er dabei zunächst zwischen *objektiver Wahrscheinlichkeit,* die im endlichen Fall als relative Häufigkeit einer Eigenschaft in einer Bezugsklasse zu verstehen ist und die somit in einer genügend ausdrucksreichen Objektsprache ausgedrückt werden kann, und der *logischen Wahrscheinlichkeit* als einer Methode, die angibt, wie sehr eine Hypothese von einer Prämisse impliziert wird: widerspricht die Prämisse logisch der Hypothese und impliziert also logisch deren Negation, so ist die logische Wahrscheinlichkeit der Hypothese hinsichtlich dieser Prämisse 0, und impliziert sie diese logisch, so ist 1 die dazugehörige Wahrscheinlichkeit. Die Werte zwischen 0 und 1 können dann als *partielle logische Implikation* (im Gegensatz und in Ergänzung zur *totalen logischen Implikation,* die er (1940) expliziert hat) verstanden werden, wobei der Zahlwert anzeigt, wie nahe diese partielle Implikation bei der (deduktiv-)logischen Implikation oder aber bei der logischen Unverträglichkeit ist.

Ein logisch-wahrer Satz gilt bei allen Zuständen, ein logisch-falscher Satz gilt bei keinem. Ein Satz folgt deduktiv-logisch aus einer Prämisse genau dann, wenn er bei all den Zuständen gilt, bei denen auch die Prämisse gilt; ein Satz folgt dann induktiv aus einer Prämisse, wenn er bei einigen Zuständen gilt, bei denen auch die Prämissen gelten. Will man diese partielle Implikation durch Zahlen messen, so muß man diesen Zuständen Zahlenwerte als Maße zuordnen. In Anlehnung an die übliche Bestimmung der Wahrscheinlichkeit als dem Quotienten aus den günstigen und den möglichen Fällen kann man dann definieren: Der Wert der logischen Wahrscheinlichkeit für die Hypothese B relativ zur Prämisse A ist r genau dann, wenn r identisch mit dem Quotienten ist, dessen Zähler die Summe der Maße der Zustände ist, bei denen neben A und B gilt, und dessen Nenner die Summe der Maße der Zustände ist, bei denen A gilt. – In dem Buch *The Continuum of Inductive Methods* hat Carnap an Beispielen gezeigt, daß mit jeder induktiven Methode und damit auch mit jeder derartigen Zuordnung von Maßen zu Zuständen eine *Apriori-Annahme* über die Uniformität (den Grad der zu erwartenden Kausalität) des Universums verbunden ist.

Während Carnap (1950) und (1952) einfache Modellsprachen als Objektsprache konstruiert, für die er induktive Methoden entwirft, hat er in Skripten, die erst nach seinem Tod in (1971) veröffentlicht wurden, den Begriff der logischen Wahrscheinlichkeit als Funktion von Interpretationen bzw. Modellen von Sätzen entwickelt. Dieser so rekonstruierte Wahrscheinlichkeitsbegriff ist als Grundlage für statistische Verfahren zu verstehen, nicht als Ersatz für diese, ähnlich wie Freges und Russells Analysen den Begriff der natürlichen Zahlen auf logische Weise *grundlegen* und *nicht* die Zahlensysteme Dedekinds und Peanos *ersetzen* wollten.

8. Empirische, theoretische und metaphysische Begriffe

In dem Bestreben, Philosophie als eine rationale und intersubjektive Disziplin zu entwickeln, hatte sich Carnap in den zwanziger Jahren, vor allem unter dem Einfluß von Wittgensteins *Traktat,* in eine extreme antimetaphysische Position begeben: Begriffe wurden nur dann als (empirisch, oder kognitiv) sinnvoll angesehen, wenn sie entweder methodologische Begriffe wie die der Logik oder aber empirische Begriffe sind, d. h. Beobachtungsbegriffe und solche, die man mit Beobachtungsbegriffen definieren kann. Schon im *Aufbau* war es ihm aber nicht gelungen, die Begriffe der theoretischen Physik, nämlich die Zustandsgrößen, wenigstens teilweise auf Elementarerlebnisse zurückzuführen (1928, S. 180–182), wie er in seiner Autobiographie feststellt (1963, S. 19). Später erkannte er, daß bereits die relativ elementaren Dispositionsbegriffe, die man sowohl in phänomenalistischen als auch in physikalistischen Erkenntnistheorien auf Schritt und Tritt verwendet, nicht durch eine vollständige Definition eingeführt werden können (1936–37). Methodologische Untersuchungen an zentralen Begriffen mathematisch vorgehender Erfahrungswissenschaften führten ihn zu dem Ergebnis, daß diese häufig nicht einmal partiell auf Beobachtungsbegriffe zurückführbar sind, sondern durch Axiome beschrieben (oder, um mit Hilbert zu sprechen, durch diese Axiome implizit definiert) und durch Korrespondenzregeln lose mit den Beobachtungsbegriffen verknüpft werden müssen (1956 und 1959 sowie 1969, S. 225–270). Solche

Axiome können die darin vorkommenden *theoretischen Begriffe* nur *unvollständig* beschreiben, sie haben eine oft nicht zu überschauende Menge von Modellen, und legen nur deren *Struktur* fest. – Dieser Gedanke ist von Carnap in (1954, S. 176f.) erstmals skizziert und später auf mengentheoretischer Basis von Joseph D. Sneed aufgegriffen und von Wolfgang Stegmüller im Detail unter der Bezeichnung *Non-Statement-View wissenschaftlicher Theorien* entwickelt worden.

Auch seine Anforderungen an die empirische Signifikanz von Aussagen hat Carnap im Laufe der Jahre liberalisiert. War ursprünglich noch von Verifizierung die Rede, so schwächte er diese (in 1936–37) zur Bestätigungsfähigkeit ab und versteht nun darunter die Voraussagerelevanz, so daß er auf die Frage, ob auch metaphysische Systeme einen empirischen Sinn haben, jetzt antworten kann: ,,Da würde ich sagen, das hängt davon ab, ob die Metaphysiker wirklich imstande sind, für ihre Begriffe theoretische Postulate und – das ist der entscheidende Punkt – hinreichende Korrespondenzregeln zu geben. Wenn sie dazu in der Lage sind, dann würden wir ihre Metaphysik jetzt als Teil der Wissenschaft betrachten, der als solcher sicherlich sinnvoll ist. Aber selbst wenn da Begriffe vorkommen, die wir ausschalten möchten, so würden wir es nicht mehr ganz in derselben Weise wie früher tun. Wir würden sie nicht einfach als sinnlos bezeichnen. Nehmen wir an, es kommt der Begriff des Absoluten vor, und wir wissen nicht recht, wie wir ihn verstehen sollen. Wenn wir nun aus dem Gesamtsystem die Postulate über das Absolute wegstreichen und die Menge der Voraussagen, die wir machen können, dadurch nicht vermindert wird, so werden wir sagen, daß diese Postulate überflüssig sind und damit auch der Terminus ‚das Absolute‘, der in diesen Postulaten vorkommt. – Unsere Verurteilung lautet jetzt also nicht mehr, dies und das sei sinnlos, sondern dies und das ist überflüssig innerhalb einer Theorie. – Wenn der Autor einer Theorie weitere Postulate, die etwa den Begriff des Absoluten mit den anderer theoretischer Begriffe verknüpfen, und vor allem weitere Korrespondenzregeln hinzufügt, mag es sein, daß sich dadurch die Menge der möglichen Voraussagen vermehrt. Dann würden wir sagen, der Terminus ist nicht mehr überflüssig und als wissenschaftlicher anzuerkennen. Das hängt nicht davon ab, ob die Postulate sehr exakt oder unexakt sind. Das ist eine Sache der Entwicklungsstufe in der historischen Entwicklung der Wissenschaft, und von einer Wissenschaft in einer frühen Phase sollten wir nicht verlangen, daß sie ganz exakt ist." (1967, 364f.)

Martin Heideggers Satz ,,Das Nichts selbst nichtet" hatte Carnap bereits 1932 als sinnlos verworfen, und dabei bleibt er auch jetzt: ,,Z. B. in bezug auf die Aussagen von Martin Heidegger würde ich noch wie früher sagen, daß wir sie gänzlich als unverstehbar ablehnen, ob wir sie nun, wie damals, sinnlos nennen oder, wie heute, mit der vorsichtigeren Bezeichnung ‚ohne Erkenntnisgehalt' markieren oder, wie ich vorhin sagte, in einem anderen Zusammenhang als überflüssig im Gesamtsystem der Postulate der Wissenschaft bezeichnen – das macht keinen wesentlichen Unterschied. Ähnliches würden wir auch sagen in bezug auf gewisse heutige Neohegelianer. – Aber in einer anderen Hinsicht ist unsere Stellung doch geändert. Manches nämlich, was ich früher als Metaphysik abgelehnt habe, würde ich heute auffassen als eine Vorstufe der Wissenschaft, z. B. die Philosophie der Vorsokratiker. Wenn da beispielsweise gesagt wird, die Welt bestehe aus Wasser oder aus Feuer, oder die ganze Welt besteht aus Atomen, die nicht sichtbar sind, aber aus deren Zusammensetzung und Verhakung sich all die Qualitäten, die wir erleben, erklären – so könnte man das wohl interpretieren als allgemeine Hypothese über die Welt, als Hypothese, die zwar nach damaliger technischer Möglichkeit nicht experimentell nachprüfbar war, aber doch nicht prinzipiell unnachprüfbar war, so daß sie z. B. jetzt geprüft und für wissenschaftlich gültig angesehen werden kann. – Es scheint historisch und psychologisch notwendig für die Entwicklung der Wissenschaft, zunächst durch diese frühen Phasen hindurchzugehen, bevor das Denken zu einer wirklich systematischen wissenschaftlichen Form gelangt. – Sie sehen, daß unsere Einstellung zur Metaphysik oder zu zweifelhaften wissenschaftlichen Theorien heute liberaler, toleranter ist als früher. Ich glaube, das ist sehr wesentlich, daß wir diese tolerantere Einstellung einnehmen, so auch die frühen Phasen der Wissenschaft zu verstehen und sie nicht durch vorzeitige Kritik abzuschneiden." (1967, S. 368f.)

Die von den Empiristen und von Carnap vor allem in (1928a), (1928b) und (1932a) vertretene antimetaphysische Position besagt, daß es in den wissenschaftlichen Disziplinen nur analytische und empirische Wahrheiten gibt. Analytisch ist eine Wahrheit dann, wenn sie (eventuell unter Zuhilfenahme von mathematischen Grundsätzen) aus Definitionen logisch folgt, und empirisch ist sie dann, wenn sie zu ihrer Bewahrheitung Erfahrungen benötigt. Nichtanalytisch-apriorische Wahrheiten gibt es demnach nicht (in seiner Dissertation (1922) hatte Carnap noch solche vorausgesetzt). Diese radikale Auffassung hat er im Laufe der Zeit liberalisiert, nämlich in der Hinsicht, daß er zwar daran festgehalten hat, daß jede Wahrheit entweder analytisch oder empirisch ist, daß er aber den Begriff „analytisch" schrittweise erweitert hat. Die Untersuchungen zur induktiven Logik haben Carnap genötigt, für die Grundbegriffe der Objektsprache axiomatisch Zusammenhänge zu fordern, die keine Definitionen und also im ursprünglichen Sinn keine analytischen Wahrheiten sind; Carnap hat sie „Analytizitätspostulate" oder auch „Bedeutungspostulate" genannt. Seine Entdeckung, daß theoretische Begriffe nur durch Axiome einer empirischen Theorie beschrieben werden können, zwang ihn dazu, ein Verfahren (mit Hilfe des sogenannten Ramsey-Satzes) zu entwickeln, um auch hier den nichtempirischen Teil der Axiome vom empirischen zu trennen (vgl. 1969, S. 255–270). Zweifellos fallen unter die von ihm jetzt so beschriebenen analytischen Aussagen viele, die er (1922) im Sinne der kantischen Philosophie als nicht-analytisch-apriorische Urteile angesehen hat.

9. Sozialethik

Zu den Aussagen, die Carnap und andere logische Empiristen ursprünglich zu den sinnlosen gerechnet haben, gehören auch die Werturteile. Sätze dieser Art wurden *nicht* als *Aussagen* angesehen, die man in irgendeiner Weise *empirisch rechtfertigen* oder zumindest für *wahrscheinlich* oder *glaubhaft* halten könnte und die deshalb keinen *empirischen* Sinn haben, sondern (praktische) *Haltungen* oder *Stellungnahmen* sind. ,,Wir schließen sie nicht aus als völlig sinnlos – obwohl wir früher manchmal den Ausdruck ‚sinnlos' gebraucht haben –, sondern lediglich als Aussagen, die nicht die Art von Sinn haben, wie er im Gesamtgebiet der Erkenntnis vorkommt. Wir glauben, daß sie keinen Erkenntnisgehalt haben, das war auch eigentlich gemeint, wenn wir früher ‚sinnlos' sagten. Wir meinen also, daß sie nur eine Haltung zum Ausdruck bringen. – Wenn ich sage ‚nur', war damit keine Herabsetzung ihrer Wichtigkeit gemeint. Die Wertaussagen und die Probleme und Diskussionen über Wertaussagen gehören ganz gewiß zu den wichtigsten Problemen und Gesprächsstoffen zwischen Menschen – nicht nur zwischen Philosophen. Dennoch, glaube ich, sollte man sie nicht als Erkenntnis auffassen. Man sollte sagen: Ich stelle mir als Ideal einen Zustand der menschlichen Gesellschaft vor, der so und so beschaffen ist. – Mein eigenes Wertsystem ist das, was man in Amerika ‚Humanismus' genannt hat. Darunter wird ein Weltbild verstanden, in dem erstens keine übernatürlichen Wesenheiten wie Gott oder Teufel vorkommen, und in dem zweitens eine praktische Zielsetzung enthalten ist, die auf eine harmonisch organisierte Gesellschaftsform hinzielt, in der jedes Individuum ein gleiches Recht hat und in der jedem die Möglichkeiten geboten werden zur Entwicklung seiner Potentialität und zur Teilnahme an den Kulturgütern." (1967, S. 367f.)

Dieses Wertsystem beschreibt Carnap in seiner Autobiographie näher. ,,Es war und es ist meine Überzeugung, daß die großen Probleme der Organisierung der Ökonomie und der Organisierung der Welt gegenwärtig, im Zeitalter der Industrialisierung, nicht einfach durch ‚das freie Spiel der Kräfte' gelöst werden können, sondern eine rationale Planung erfordern. Für die Organisierung der Ökonomie bedeutet dies Sozialismus in irgendeiner Form." (1963, S. 83) Das Recht der Bürger kann nie als ein für allemal gesichert betrachtet werden, sondern muß ständig entwickelt und verteidigt werden. Philosophieren als soziale Tätigkeit, die eine Haltung ausdrückt, muß hierzu mithelfen, wie Carnap bereits im Vorwort zum *Aufbau* (1928, S. XX) nicht ohne poetische Anklänge geschrieben hat: ,,Wir spüren eine innere Verwandtschaft der Haltung, die unserer philosophischen Arbeit zugrunde liegt, mit der geistigen Haltung, die sich gegenwärtig auf ganz anderen Lebensgebieten auswirkt; wir spüren diese Haltung in Strömungen der Kunst, besonders der Architektur, und in den Bewegungen, die sich um eine sinnvolle Gestaltung des menschlichen Lebens bemühen: des persönlichen und gemeinschaftlichen Lebens, der Erziehung, der äußeren Ordnungen im Großen. Hier überall spüren wir dieselbe Grundhaltung, denselben Stil des Denkens und Schaffens. Es ist die

Gesinnung, die überall auf Klarheit geht und doch dabei die nie ganz durchschaubare Verflechtung des Lebens anerkennt, die auf Sorgfalt in der Einzelgestaltung geht und zugleich auf Großlinigkeit im Ganzen, auf Verbundenheit der Menschen und zugleich auf freie Entfaltung des Einzelnen. Der Glaube, daß dieser Gesinnung die Zukunft gehört, trägt unsere Arbeit."

Rolf Wiggershaus

MAX HORKHEIMER (1895-1973)
THEODOR W. ADORNO (1903-1969)

Horkheimer und Adorno zu kombinieren liegt nahe. Die Begriffe, die sich als erste zu ihrer Charakterisierung und Einordnung anbieten, gelten für beide gleichermaßen: Frankfurter Schule, Kritische Theorie, Institut für Sozialforschung, westlicher Marxismus, geistige Väter der Studentenbewegung. Auch ihrer beruflichen Position war etwas Spezifisches gemeinsam: sie waren Philosophieprofessoren, die ein sozialwissenschaftliches Institut leiteten. Außerdem verband sie eine jahrzehntelange Freundschaft, schrieben sie gemeinsam ein großes Werk, die *Dialektik der Aufklärung* – etwas, wozu es nur wenige Parallelen gibt, z. B. Marx' und Engels' *Deutsche Ideologie* oder Russells und Whiteheads *Principia Mathematica*. Seitdem verwiesen sie wiederholt auf die Gemeinsamkeit ihrer Gedanken.

Dennoch sind es zwei deutlich verschiedene Welten, in die man eintaucht, wenn man die Texte der beiden liest; sind es zwei sehr verschiedene Leben, die sie geführt haben. Ihre Philosophie ist nicht eine; die Geschichte ihrer Beziehung nicht einfach die Geschichte einer Freundschaft. Es war eine Symbiose, die einen Kristallisationskern für die Tradierung gesellschaftskritischen Denkens bildete.

I. Lebenswege

1. Horkheimer

Max Horkheimer wurde am 14. Februar 1895 in Zuffenhausen bei Stuttgart geboren, der damaligen Residenzstadt des Königreichs Württemberg. Der Vater war, wie schon der Großvater, Kaufmann. Er besaß mehrere Textilfabriken. Sein Lebensstil war konservativ jüdisch und großbürgerlich. 1917 wurde ihm vom König von Bayern als Anerkennung für ,,wohltätiges Wirken auf den verschiedensten Gebieten der Wohlfahrtspflege" der Titel eines Kommerzienrats verliehen. Max, der einzige Sohn, sollte die Fabriken des Vaters weiterführen. 1911 verließ er als Untersekundaner das Gymnasium und trat als Lehrling ins väterliche Unternehmen ein. Im gleichen Jahr lernte er Friedrich Pollock kennen, den ein Jahr älteren Sohn eines Lederfabrikanten. Damit begann eine lebenslange enge Beziehung. Gemeinsam reisten die beiden in den letzten Jahren vor dem Ersten Weltkrieg zur Vorbereitung auf die künftige Unternehmerlaufbahn nach Brüssel, Paris und London. Als der Erste Weltkrieg ausbrach, war Max Horkheimer gerade Juniorchef im väterlichen Betrieb geworden. Dadurch blieb es ihm zunächst erspart, am Krieg teilzunehmen, den er von Anfang an ablehnte. Aber auch das Dasein eines Juniorchefs machte ihm ein schlechtes Gewissen angesichts des elenden Lebens seiner Arbeiter und Arbeiterinnen.

Als er sich 1916 gegen den hartnäckigen Protest der Eltern mit der Privatsekretärin seines Vaters, der acht Jahre älteren Rose Riekher, Tochter eines verarmten Hoteliers, liierte, war es eine Entscheidung für die Zärtlichkeit einer einfachen Frau und gleichzeitig eine Art symbolischer Vermählung mit der Welt der Deklassierten und Arbeitenden. Die Novemberrevolution 1918 begrüßte er als ,,Aufstand des Volkes für Daseinsbedingungen, die ihm den Zugang zu wahrer Kultur ermöglichen" (Aus der Pubertät, S. 236).

In München holte Horkheimer gemeinsam mit Pollock das Abitur nach und begann 1919 zu studieren: Nationalökonomie, Psychologie und Philosophie. Dann gingen beide nach Frankfurt. In Kronberg am Fuße des Taunus kauften sie sich ein Haus, das sie seit 1920 gemeinsam bewohnten. Aus der Verlängerung der Vorbereitung auf die Unternehmerlaufbahn wurde der Beginn einer intellektuellen Karriere, die der Erkenntnis des Unwesens einer Gesellschaft galt, in der die einen die Ruhe und den Besitz genießen, für den die anderen zu leiden und zu verzichten haben. Im Rahmen eines großbürgerlichen Lebensstils ließen sich akademische Karriere und Sympathisieren mit den Kräften einer sozialen und kulturellen Revolution ohne Schwierigkeiten miteinander verbinden. 1923 promovierte Horkheimer mit einer Arbeit über Kant bei Hans Cornelius (einem von Lenin 1909 in *Materialismus und Empiriokritizismus* als Machist beschimpften Philosophen); 1925 wurde er Privatdozent und heiratete Rose Riekher. Im Sommer 1921 war er auf Anraten von Cornelius für ein Semester nach Freiburg gegangen, wo er Edmund Husserl hörte und sich für Heidegger begeisterte, für den, wie er seiner Freundin schrieb, ,,Philosophieren ... jeden Tag neu aus dem eigenen Erlebnis entspringt". Im Jahr darauf hatte er in Frankfurt Felix Weil und Theodor Wiesengrund-Adorno kennengelernt. Felix Weil, Sohn des Getreidekaufmanns und Millionärs Hermann Weil, betrieb seit 1922 auf Anregung des jungen sozialdemokratischen Staatswissenschaftsprofessors Kurt Albert Gerlach die Gründung eines Instituts für Sozialforschung, das sich der wissenschaftlichen Erforschung der bürgerlichen Gesellschaftsordnung widmen und dabei den Marxismus an der Universität hoffähig machen sollte.

Mit dem im Juni 1924 eröffneten Institut hatte Horkheimer selbst zunächst wenig zu tun, um so mehr sein Freund Pollock, der von Anfang an die rechte Hand des Institutsleiters, des österreichischen Sozialdemokraten und ,,Kathedermarxisten" Carl Grünberg war. Als 1930 die ersten kleinen Arbeiten Horkheimers erschienen: *Ein neuer Ideologiebegriff?*, *Anfänge der bürgerlichen Geschichtsphilosophie* und eine Rede über *Die gegenwärtige Lage der Sozialphiloso-*

Max Horkheimer (1895–1973)

phie und die Aufgaben eines Instituts für Sozialforschung, geschah es im Zusammenhang mit seiner Ernennung zum Nachfolger Grünbergs in der Leitung des Instituts und zum Ordinarius für Sozialphilosophie. Die zwanziger Jahre erschienen nun wie die bedächtige Vorbereitung auf eine Kombination von akademischer Philosophie und sozialistischen Sympathien. In seiner neuen beruflichen Position entwickelte sich Horkheimer zum Organisator und Vordenker einer kritischen Theorie der Gesellschaft. Zum Sprachrohr dieser Theorie wurde die *Zeitschrift für Sozialforschung*, die 1932 an die Stelle des Grünbergschen *Archivs für die Geschichte des Sozialismus und der Arbeiterbewegung* trat.

Im Februar 1933 floh Horkheimer vor dem Nationalsozialismus nach Genf, wo seit 1931 eine Zweigstelle des Instituts existierte. 1934 ging er nach New York, wo die Columbia University ein Haus zur Verfügung stellte und das Institut als ,,Institute of Social Research" seine Arbeit fortsetzen konnte. Es verstand sich als deutsches Institut im Exil und publizierte bis Kriegsbeginn bei einem französischen Verlag fast ausschließlich auf Deutsch. 1936 erschien die erste große Teamarbeit des Instituts, die *Studien über Autorität und Familie*, für die seit Beginn der dreißiger Jahre in verschiedenen westeuropäischen Ländern empirische Untersuchungen durchgeführt worden waren. Im übrigen stand im Vordergrund die *Zeitschrift für Sozialforschung*, für deren Profil prägend war ein sich in unterschiedlichen kulturellen Bereichen betätigendes Interesse an der Verwirklichung bürgerlich-aufklärerischer Ideale, die durch den Faschismus ad absurdum geführt zu werden drohten.

Was Adorno anläßlich Horkheimers siebzigsten Geburtstages im Rückblick auf die frühen zwanziger Jahre äußerte, daß Horkheimer ihm nämlich kaum als Student erschienen sei, sondern ,,eher als ein junger Herr aus wohlhabendem Haus, der der Wissenschaft ein gewisses distanziertes Interesse zollt", galt auch für Horkheimers Verhältnis zum Institut. Aus dessen Stiftungsmitteln gut bezahlt, leitete er es – mit Pollock als dem für Finanzen und Verwaltung und Leo Löwenthal als dem für den Redaktions- und Bürobetrieb Zuständigen zur Seite – in der Haltung dessen, der sich als unabhängige Person in allen Lebenslagen für das Gute einsetzte und u. a. seine besondere Aufmerksamkeit dem ihm anvertrauten Institut zuwendete. Im Frühjahr 1941 zog er mit seiner Frau nach Los Angeles, wo er sich ein Haus hatte bauen lassen. Hierher, wo zahlreiche prominente deutsche Emigranten wohnten, folgte ihm zunächst Adorno, mit dem zusammen er von 1942–1944 die *Dialektik der Aufklärung* schrieb. 1942 erschien die letzte Nummer der inzwischen in *Studies in Philosophy and Social Science* umbenannten Zeitschrift des Instituts, eröffnet von Horkheimers Aufsatz *The End of Reason*. Die New Yorker Hauptstelle des Instituts führte nur noch ein Schattendasein. Horkheimers Haus und die Wohnungen Adornos und Marcuses in Los Angeles wurden zu einer Zweigstelle des Instituts erklärt, wo offiziell die Forschungsarbeit weiterging. Beibehalten wurden auch die Vorlesungen von Mitgliedern des Instituts an der Columbia University. (Aus solchen – im Frühjahr 1944 gehaltenen – Vorlesungen ging auch die letzte größere Veröffentlichung Horkheimers hervor: *Eclipse of Reason,* auf Deutsch später *Zur Kritik der instrumentellen Vernunft.*) Diese Strategie bewährte sich. Es gelang Horkheimer, das Rumpf-Institut an den 1944 begonnenen, vom American Jewish Committee finanzierten und auf ein Projekt des Instituts zurückgehenden Untersuchungen über Antisemitismus zu beteiligen, deren Resultat das 1949/50 erschienene 5bändige Kollektivwerk *Studies in Prejudice* war (darunter die *Authoritarian Personality*).

Angesichts der Einladung der Stadt Frankfurt, der Berufung auf einen Lehrstuhl für Philosophie und Soziologie und des Versprechens großzügiger Unterstützung für die Wiederherstellung des Instituts für Sozialforschung kehrte Horkheimer 1949 nach Frankfurt zurück – begleitet von Pollock und Adorno. Horkheimer machte nun eine späte äußerliche Karriere. 1951 und noch einmal 1952 wurde er Rektor der Universität. 1953 verlieh ihm die Stadt Frankfurt die Goethe-Plakette. Presse, Radio und Fernsehen interessierten sich für ihn. Er war ein beliebter Redner, der stets bereit war, die Notwendigkeit von mehr Humanität und die Unmöglichkeit ihrer Herbeizwingung in einer total verwalteten Welt zu bezeugen. Mit seiner Emeritierung im Jahre 1959 überließ er die Leitung des Instituts ganz Adorno. 1960 machte ihn die Stadt Frankfurt zu ihrem Ehrenbürger. Im gleichen Jahr siedelte er mit Pollock nach Montagnola in der Schweiz über. Er überlebte Adorno, seine Frau und Pollock. Am 7. Juli 1973 starb er achtundsiebzigjährig in Nürnberg.

2. *Adorno*

Theodor Wiesengrund-Adorno wurde am 11. September 1903 in Frankfurt am Main geboren. Er war das einzige Kind des Weingroßkaufmanns Oscar Wiesengrund und seiner Frau Maria, geb. Calvelli-Adorno della Piana. Die Mutter war bis zu ihrer Verheiratung Sängerin gewesen. Ihre Schwester Agathe, die zur Familie gehörte, war Pianistin. Im Frankfurter Haus und in der Sommerwohnung der Familie Wiesengrund in Amorbach verkehrten zahlreiche Musiker. Adornos Kindheit und Jugend waren geprägt von den beiden „Müttern" – wie er sie nannte – und der Musik. Auf dem Gymnasium übersprang er eine Klasse, beim Abitur war er von der mündlichen Prüfung befreit. Gegen Ende des Ersten Weltkriegs war der vierzehn Jahre ältere Siegfried Kracauer – Architekt, Simmel-Schüler und später Feuilleton-Redakteur der „Frankfurter Zeitung" – zu seinem Freund und intellektuellen Mentor geworden. Mit ihm arbeitete er über Jahre hinweg Samstag nachmittags auf unkonventionelle Art die *Kritik der reinen Vernunft* durch. Als Adorno 1921 in Frankfurt mit dem Studium der Philosophie, Psychologie und Musikwissenschaft begann, kannte er Georg Lukács' *Theorie des Romans* und Ernst Blochs *Geist der Utopie.* 1922 machte er die Bekanntschaft des acht Jahre älteren Max Horkheimer, 1923 die des elf Jahre älteren Walter Benjamin. So kam vieles zusammen, um ihn zu einem von Krieg, Politik und Geschäftsleben verschonten Frühreifen zu machen, an dem – wie er es später in den *Minima Moralia* unter dem Stichwort „Treibhauspflanze" einsichtsvoll schilderte – zunächst das Altkluge und Ernste, später das Infantile und krankhaft Verzehrende, stets aber der Narzismus aufreizend wirken konnten.

Als Adorno – seit 1923 neben seinem Studium als Musikkritiker tätig – 1924 bei den Frankfurter Musiktagen Fragmente aus Alban Bergs Oper „Wozzeck" hörte, ließ er sich voller Begeisterung dem Komponisten vorstellen und verabredete mit ihm, zum Unterricht nach Wien zu kommen. Er hatte vor, Komponist und Konzertpianist zu werden. Nachdem er noch mit einer Dissertation über Husserl bei Cornelius seinen Doktorgrad erworben hatte, ging er im Januar 1925 nach Wien. Er lebte eng mit Berg zusammen, lernte Arnold Schönberg und Anton von Webern kennen, erlebte die Vorlesungen des von Berg und Schönberg hoch verehrten Karl Kraus, besuchte einmal Georg Lukács, dessen „Unscheinbarkeit" und „Intangibilität" ihn beeindruckten, an dem ihm aber auch – wie er Kracauer schrieb – u. a. mißfiel, wie er „in der üblichen Weise hämisch" Kierkegaard als einen „ideologischen Repräsentanten des versinkenden Bürgertums" abtat. Als Adorno Mitte 1926 nach Frankfurt zurückkehrte – enttäuscht vom persönlichen Umgang mit seinen musikalischen Vorbildern und Schönbergs Ablehnung der Adornoschen Arbeiten über die Wiener Neue Musik –, kam er nicht als künftiger Musiker zurück, wohl aber als ein fortgeschrittener Musiktheoretiker, dem die Schönbergsche Revolution in der Musik zur Erfahrungsgrundlage für die Einschätzung der Richtigkeit und Aktualität philosophischer Gedankengänge geworden war, wie er sie bei den Nicht-Akademikern Lukács, Bloch, Kracauer und Benjamin kennengelernt hatte und weiter kennenlernte. Seine berufliche Zukunft sah er nun an der Universität.

Mitte 1927 schloß er eine umfangreiche Arbeit über den *Begriff des Unbewußten in der transzendentalen Seelenlehre* ab, mit der er sich bei Cornelius habilitieren wollte. Er begrüßte darin die Freudsche Psychoanalyse als ein Mittel zur Entzauberung des Unbewußten, erklärte dieses zu einem Bestandteil des von der Corneliusschen Transzendentalphilosophie erfaßten Bewußtseins und sah in diesem Unternehmen einen Akt der Aufklärung, dem allerdings in der Realität durch die ökonomische Verfassung der Gesellschaft Grenzen gesetzt seien. Cornelius und sein Assistent Horkheimer waren mit der Arbeit offenbar nicht einverstanden. Adorno zog sie zurück. In den folgenden Jahren war er häufig in Berlin, wo seine Freundin Gretel Karplus, die Tochter eines Lederfabrikanten, wohnte, und wo er mit Bloch und Benjamin zusammenkam.

1930 habilitierte er sich mit einer Arbeit über *Kierkegaard, Konstruktion des Ästhetischen* bei dem protestantischen Existentialtheologen und religiösen Sozialisten Paul Tillich. Im Mai 1931 hielt er seine Antrittsvorlesung als Privatdozent über *Die Aktualität der Philosophie*. Damit trat er dem Lehrkörper der Frankfurter Universität in einem Augenblick bei, da sie ihre Blütezeit erlebte. Anfang der dreißiger Jahre lehrten an ihr außer Tillich unter anderem der Soziologe Karl Mannheim, der jüdische Religionsphilosoph Martin Buber, der Literaturhistoriker Max Kommerell, der Historiker Ernst Kantorowicz

Theodor W. Adorno (1903–1969)

(die beiden letzteren aus dem Georgekreis kommend), der Gestaltpsychologe Max Wertheimer, der Wirtschaftswissenschaftler Adolph Löwe, der Pädagoge Carl Mennicke (die beiden letzteren – wie Tillich – zu den religiösen Sozialisten gehörend). Mit dem Institut für Sozialforschung hatte Adorno kaum zu tun, wohl aber mit der *Zeitschrift für Sozialforschung,* für deren erste Nummer er einen Aufsatz *Zur gesellschaftlichen Lage der Musik* schrieb.
Die Machtergreifung der Nationalsozialisten bedeutete für Adorno keine unmittelbare Bedrohung. Weiterlehren konnte er allerdings als ,,Halbjude" nicht mehr. Versuche, bei der *Vossischen Zeitung* in Berlin eine Anstellung als Musikkritiker zu finden, scheiterten. Er entschloß sich, in England seine akademische Karriere fortzusetzen. Das war schwieriger als er dachte. Von 1934 bis 1937 lebte er abwechselnd in Deutschland und Oxford, wo er als ,,advanced student" am Merton College mit einer Arbeit über Husserl (die erst nach dem Zweiten Weltkrieg beendet wurde und 1956 unter dem Titel *Zur Metakritik der Erkenntnistheorie* erschien) zunächst den Grad eines ,,Doctor of Philosophy" erwerben wollte. Als Horkheimer ihm im Herbst 1937 telegraphierte, er könne sofort in die USA übersiedeln, wenn er bereit sei, bei einem Radioprojekt mitzuarbeiten, sagte Adorno, inzwischen mit Gretel Karplus verheiratet, zu.

Bei seiner Ankunft in New York im Februar 1938 wurde er regelrechtes Mitglied des Institute of Social Research. Gleichzeitig war er von 1938 bis 1940 Leiter des musikalischen Teils des von Paul Lazarsfeld geleiteten Princeton Radio Research Project. Adorno, der seinen 1938 in der *Zeitschrift für Sozialforschung* veröffentlichten Aufsatz *Über den Fetischcharakter in der Musik und die Regression des Hörens* als theoretischen Rahmen für seine Mitarbeit an dem von der Rockefeller Foundation finanzierten Radioprojekt begriff, verfaßte umfangreiche Memoranden und Aufsätze, die allerdings die an handfesten, kommerziell verwertbaren empirischen Untersuchungen interessierten Auftraggeber unbefriedigt ließen, so daß die Finanzierung seiner Arbeit im Herbst 1939 eingestellt wurde.
Die Zeit von 1941 bis 1949 verbrachte Adorno (wie er sich inzwischen mit Nachnamen nannte, während das ,,Wiesengrund" zum abgekürzten Vornamen W. geschrumpft war) im Zentrum der Kulturindustrie, in Los Angeles in der Nähe Hollywoods. Diese Zeit wurde zum Höhepunkt seines Schaffens. 1942 bis 1944 schrieb er zusammen mit Horkheimer die *Dialektik der Aufklärung.* 1945 widmete er dem fünfzig Jahre gewordenen Freund sein persönlichstes Buch, die *Minima Moralia. Reflexionen aus dem beschädigten Leben.* Parallel zur *Dialektik der Aufklärung* schrieb er gemeinsam mit dem sozialistischen Schönberg-Schüler und Brecht-Freund Hanns Eisler den Band *Kompositionen für den Film,* bei dessen Erscheinen im Jahr 1947 er allerdings seine Mitautorschaft verleugnete, weil Eisler wegen seines kommunistischen Bruders in eine politische Affäre verwickelt war. In den Jahren 1943 bis 1946 war Adorno musikalischer Berater Thomas Manns bei dessen Roman *Doktor Faustus,* im Sommer 1948 schloß er sein Buch über *Die Philosophie der neuen Musik* ab. An

den vom American Jewish Committee finanzierten und anfangs von Horkheimer geleiteten Untersuchungen war Adorno seit 1944 beteiligt als Co-director des „Berkeley Project on the Nature and Extent of Antisemitism" und Mitautor der *Authoritarian Personality,* bei der sein spekulatives Denken und die für die US-amerikanischen Mitarbeiter selbstverständliche Forderung nach empirischer Kontrollierbarkeit eine derart erfolgreiche Verbindung eingingen, daß dieses Buch zu einem „Klassiker" der Soziologie wurde.

Als Adorno 1949 mit Horkheimer nach Frankfurt zurückkam, bestand zwischen ihnen eine fest eingespielte Beziehung. Horkheimer schätzte die produktive Genialität und die Ergebenheit Adornos, mit dem zusammen er in Gestalt der *Dialektik der Aufklärung* endlich einen alten Plan hatte verwirklichen können, nämlich ein gewichtiges philosophisches Werk zu schreiben. Adorno schätzte an Horkheimer den Schutz eines repräsentativen Patriarchen, der als Redner und Pädagoge beeindruckend war. In den fünfziger Jahren stand Adorno im Schatten Horkheimers. Er wurde 1950 zunächst bloß außerplanmäßiger Professor; 1952/53 ging er noch einmal nach Los Angeles, wo er in Erfüllung eines vom Institut gegebenen Versprechens unter ungünstigen Bedingungen als wissenschaftlicher Leiter der Hacker-Foundation wirkte und sich höchst unwohl fühlte; 1956 wurde er dann ordentlicher öffentlicher Professor und 1959 Direktor des Instituts für Sozialforschung, dessen geschäftsführender Direktor er seit 1953 war und für das er seit 1955 die *Frankfurter Beiträge zur Soziologie* mitherausgab. Gleichzeitig profilierte er sich als einer der scharfsinnigsten Kulturkritiker Westdeutschlands, der in Vorträgen und Aufsätzen in einer Zeit der Restauration, die auch die Kultur erfaßt hatte, Gedanken der Weimarer intellektuellen Linken weitergab. 1963 erschienen die *Prismen* – eine Sammlung von zwischen 1937 und 1953 geschriebenen Aufsätzen – als erstes seiner Bücher in einer Massenauflage als Taschenbuch. In den sechziger Jahren fand Adorno, der nie einen Ruf an eine andere Universität bekam und bei allem Stolz auf Nonkonformität doch auf Würdigung und Ehrung angewiesen war, endlich Anerkennung bei Fachkollegen: 1963 wurde er zum Vorsitzenden der Deutschen Gesellschaft für Soziologie gewählt, 1965 in diesem Amt bestätigt.

Die wichtigsten philosophischen Gegner waren noch die alten: die Existentialontologie und der Neopositivismus. Gegen Heidegger richteten sich Adornos 1964 erschienener *Jargon der Eigentlichkeit. Zur deutschen Ideologie* und der erste Teil der *Negativen Dialektik.* Die Diskussion zwischen Karl Popper und Adorno auf einer Arbeitstagung der Deutschen Gesellschaft für Soziologie 1961 in Tübingen wurde zum Auslöser für den sogenannten Positivismusstreit in der deutschen Soziologie. Die Wiederbelebung der alten Auseinandersetzungen um das Verhältnis von Human- und Naturwissenschaften, Philosophie und Wissenschaft, Theorie und Praxis wurde in der zweiten Hälfte der sechziger Jahre überlagert durch die Auseinandersetzungen um die Hochschulreform und die Studentenbewegung, um das Verhältnis der Frankfurter Schule dazu und zu Phänomenen der Kulturrevolution und des Linksextremismus.

Daß die Wut über die Protestbewegung sich gegen den richtete, der die gesellschaftliche Realität unermüdlich an ihren in Phrasen fortgeschleppten, von Jugendlichen wieder ernst genommenen Idealen maß, mußte verbittern. Daß dann Studenten den, der ihre Einschätzung der Situation nicht teilte, bekämpften und lächerlich zu machen suchten, statt ihn um dessentwillen, was er geleistet hatte, zu würdigen – das war vielleicht noch bitterer. Kurz vor der Vollendung der *Ästhetischen Theorie,* einer kritischen Rechtfertigung autonomer Kunst, starb Adorno am 6. August 1969 während eines Urlaubs in der Schweiz.

II. Werk

Es gibt kaum einen Text von Horkheimer und Adorno, der nicht an eigene Erfahrungen, Gefühle, Probleme des Lesers rührt. Es handelt sich nie um Schulphilosophie, sondern stets um Lebens-Philosophie – von Horkheimer vorgetragen eher im Stile der Rede eines welterfahrenen, an einer klaren Sicht menschlichen Zusammenlebens und menschlicher Geschichte interessierten Mannes; von Adorno dargelegt eher im Stile eines sensiblen, aus Begeisterung oder Empörung pointierenden und kühne Gedankengänge schätzenden Schriftstellers. Die Gemeinsamkeiten zwischen ihnen sind nicht größer als die eines jeden von ihnen mit bestimmten anderen Denkern, ja zuweilen sogar geringer. Sie gehörten einer größeren Gruppe von Intellektuellen an. Zu ihr rechnen außer ihnen vor allem Georg Lukács, Ernst Bloch, Walter Benjamin, Siegfried Kracauer und Herbert Marcuse. Mit Horkheimers und Adornos Werk bekannt machen heißt deshalb zu einem wesentlichen Teil, das jeweils besondere Profil ihrer Gedanken nachzuzeichnen.

1. *Horkheimer und die Kritische Theorie der Gesellschaft*

Die kritische Theorie der Gesellschaft wurde im wesentlichen von Horkheimer in Zusammenarbeit mit Erich Fromm (seit 1930 Mitarbeiter des Instituts für Sozialforschung) und Herbert Marcuse (seit 1933 Instituts-Mitglied) entwickelt. Die Arbeiten von Adorno, Leo Löwenthal und Walter Benjamin fügten sich dem ein oder an. Die kritische Theorie ist ein Produkt der dreißiger Jahre. Die Zeit ihrer Ausbildung fiel zusammen mit dem ersten Jahrzehnt von Horkheimers Institutsleitung und dem Erscheinen der von Horkheimer im Auftrag des Instituts herausgegebenen *Zeitschrift für Sozialforschung,* in der die Aufsätze der „kritischen Theoretiker" erschienen. Es war ein Jahrzehnt, in dem der Faschismus den Anfang vom Ende der bürgerlichen Kultur demonstrierte, aber die Hoffnung noch nicht endgültig überholt schien, daß die Arbeiterklasse sich doch noch als die entscheidende gesellschaftliche Kraft für die Realisierung einer besseren Gesellschaft erweisen würde – ja diese Hoffnung wurde gerade angesichts des Faschismus noch einmal angestachelt, zeigte dieser doch allen Zeitgenossen mit äußerster Eindringlichkeit, wie die Barbarei aussah, die überall drohte, wo nicht die höhere Gesellschaftsform des Sozialismus verwirklicht wurde.

Der Begriff „kritische Theorie" tauchte zum erstenmal auf in Horkheimers 1937 in der *Zeitschrift für Sozialforschung* (fortan ZfS) erschienenem Aufsatz *Traditionelle und kritische Theorie*. Daß er – und nicht zuvor oder gleichzeitig gebrachte Ausdrücke wie „materialistische Theorie" oder „ökonomische Geschichtsauffassung" – zur Erkennungsmarke wurde, hat gute Gründe. „Kritische Theorie der *Gesellschaft*" heißt es, weil das Elend der Gegenwart nicht an eine unzureichende Beherrschung der Natur, sondern an eine unzulängliche gesellschaftliche Struktur geknüpft ist. „Kritische *Theorie* der Gesellschaft" heißt es, weil die Mittel der Philosophie zur Analyse der Gesellschaft nicht ausreichen. „*Kritische* Theorie der Gesellschaft" heißt es, weil es um die Erkenntnis des kritischen Weltzustandes und der Ansatzmöglichkeiten für eine vernünftigere Gesellschaftsordnung geht.

Horkheimer sah in der kritischen Theorie der Gesellschaft die zeitgemäße Variante des Marxismus. Daß die verschiedenen Selbstbenennungen darauf nur indirekt verwiesen, hatte mehrere Gründe: diplomatisches Geschick; Vermeidung der Identifikation mit dogmatischen Varianten des Marxismus bzw. Parteiideologien; das Bedürfnis, alles Aufgenommene zu eigenständiger, aktualitätsbezogener Erkenntnis zu verarbeiten; Berücksichtigung der Tatsache, daß Marx nur einen Teil der Tradition darstellte, der Horkheimer und seine Mitarbeiter sich verbunden fühlten, und ein umfassenderer Name der umfassenderen aktuellen Gesellschaftstheorie angemessener war.

„Die Methode der ökonomischen Geschichtsauffassung", schrieb Horkheimer im Juli 1934 an Fromm, „der Sinn ihrer Kategorien erfährt im Fortschritt der geschichtlichen Ereignisse selbst tiefgreifende Veränderungen, ohne daß doch die zu Grunde liegenden Intentionen, welche mit dem Kampf um Aufhebung der herrschenden Ungerechtigkeit zusammenhängen, aufhören, in ihr wirksam zu sein. Diese Intentionen sind es, an welchen sich im besonderen Fall materialistische Denkweise viel rascher erkennen läßt als an dem Manipulieren mit spezifisch national-ökonomischen Kategorien." So sah das Selbstverständnis einer Theorie aus, die auf den ersten Blick eklektisch wirken konnte – zusammenmontiert aus frühem und spätem Marx, der entlarvenden Geschichtsbetrachtung Schopenhauers und Nietzsches und Hegelianischer Geschichtsphilosophie, französischer Aufklärung und Psychoanalyse, neukantianischer Erkenntnistheorie und Elementen der Lebensphilosophie, philosophischer Spekulation und wissenschaftlicher Forschung. In Wirklichkeit war es eine über ein Jahrzehnt hinweg errichtete flexible theoretische Struktur, die das Realitäts- und Selbstbewußtsein derer erhellen sollte, die bereit waren, mit Bewußtsein und Vernunft die menschliche Geschichte zu gestalten. Wollte man kurz das Gemeinsame der verschiedenen Komponenten der kritischen Theorie bezeichnen, so müßte es heißen: humane Nüchternheit – eine Nüchternheit, wie sie Marx beschwor, als er in der *Einleitung* zu seinem Aufsatz *Zur*

Kritik der Hegelschen Rechtsphilosophie schrieb: „Die Kritik hat die imaginären Blumen an der Kette zerpflückt, nicht damit der Mensch die phantasielose, trostlose Kette trage, sondern damit er die Kette abwerfe und die lebendige Blume breche. Die Kritik der Religion enttäuscht den Menschen, damit er denke, handle, seine Wirklichkeit gestalte wie ein enttäuschter, zu Verstand gekommener Mensch, damit er sich um sich selbst und damit um seine wirkliche Sonne bewege."

Zum Teil sind Horkheimers Texte aus den dreißiger Jahren Paraphrasen zur Marxschen Theorie – im Ton gesetzter, aber auch den jungen und den späten Marx stets als Einheit, die Kritik der politischen Ökonomie als bewußt aktualitätsbezogene Form der Philosophie (und insofern nicht mehr einfach Philosophie) sehend. Von diesem Hintergrund heben sich einige Komplexe ab, die das Neue oder das spezifisch Horkheimersche an der kritischen Theorie ausmachen: 1) die Bestimmung des Status der kritischen Theorie, 2) der durch die Einbeziehung des psychischen Faktors geschärfte Blick auf Geschichte und Gegenwart, 3) die gesellschaftstheoretische Deutung philosophischer Probleme.

1) Den Status der kritischen Theorie hat Horkheimer in verschiedenen Aufsätzen zu bestimmen versucht, von denen *Traditionelle und kritische Theorie* (ZfS 1937) nur der bekannteste ist. Es ist ein Versuch, der teilweise mehr besticht als überzeugt, mehr ein Selbstverständnis artikuliert, als das Problem offen beim Namen nennt. Nichtsdestoweniger ist er wegen seiner Differenziertheit und Anschaulichkeit als Kristallisationspunkt für weitere Überlegungen unüberholt.

Horkheimer bestimmt den Charakter der kritischen Theorie in doppelter Frontstellung gegen Metaphysik und Szientivismus. Mit diesen beiden Begriffen bezeichnet er die Philosophie und die Wissenschaft der neueren Zeit, die nach der Trennung beider voneinander dazu übergingen, ihre jeweilige Erkenntnisweise absolut zu setzen. Die verschiedenen metaphysisch orientierten Richtungen bis hin zur Existentialontologie und philosophischen Anthropologie lenken ab von der Analyse der vorhandenen Gesellschaft. Sie suchen zeitlose Antworten auf zeitlose Fragen zu geben. Der Szientivismus verabsolutiert die Einzelwissenschaften. Er erklärt eine bestimmte, historisch entstandene und auf dem Gebiet der Naturbeherrschung erfolgreiche Erkenntnisweise zur einzig gültigen. In ihrem Rahmen werden Tatsachen und Beziehungen zwischen Tatsachen konstatiert. Solche Feststellungen erlauben Prognosen, die für zweckmäßiges Handeln nützlich sind. Indem diese Erkenntnisweise zur einzig rationalen erklärt wird, wird die Vernünftigkeit anderer Erkenntnis- und Handlungsweisen bestritten, so auch jener, die unter Berufung auf das Subjekt der Erkenntnis, dessen Interessen sich nicht in Naturbeherrschung und der Anpassung an Tatsachen erschöpfen, für die Veränderung letztlich gesellschaftlich produzierter Tatsachen eintritt. Metaphysik nimmt die Realität nicht ernst genug, ist mit Sinngebung und Verklärung allzu rasch bei der

Hand. Der Szientivismus sieht die Realität verengt und verkürzt; Sinnfragen ergeben sich für ihn gar nicht erst. Für die Lebenspraxis eines auf mündiges und humanes Handeln bedachten Menschen geben beide nichts her.
Die kritische Theorie füllt nun gewissermaßen diese Lücke. Sie versteht sich als Teil des gesellschaftlichen Lebens, genauer: als die theoretische Seite jener Bestrebungen, die die Einzelwissenschaften ignorieren und die die Metaphysik in realitätsferne Bahnen zu lenken sucht, nämlich der Anstrengungen zur Verbesserung der menschlichen Verhältnisse. Rational ist für die kritische Theorie gerade: die Erhellung des Mißverhältnisses zwischen der erfolgreichen Beherrschung der Natur und der Fortdauer gesellschaftlichen Elends und gesellschaftlicher Anarchie; und die Erhellung des Interesses daran, die erfolgreiche Beherrschung der Natur durch gesellschaftliche Verhältnisse zu krönen, in denen das Schicksal des Einzelnen nicht mehr dem blinden Zufall unterliegt, die Folgen seines Handelns nicht mehr unabsehbar sind. Die Parteilichkeit des Theoretikers für eine günstige Entwicklung der Gesellschaft rechtfertigt dabei auf keinen Fall größere Zweifel an der intellektuellen Redlichkeit als der Verzicht von Wissenschaftlern auf ausdrückliche eigene Wertung zugunsten der absehbaren Zielsetzungen durch die führenden Schichten der Industriegesellschaft.

Die so verstandene kritische Theorie hatte bereits mit Horkheimers Übernahme der Institutsleitung konkrete Gestalt anzunehmen begonnen. Schon in seiner Antrittsvorlesung hatte er von der „neuartigen, schwierigen und bedeutsamen Aufgabe" gesprochen, „einen großen empirischen Forschungsapparat in den Dienst sozialphilosophischer Probleme zu stellen". Das folgende Jahrzehnt stand im Zeichen des Versuchs, Philosophie und Einzelwissenschaften im Rahmen interdisziplinärer Arbeit zu kombinieren, die Philosophie durch die Einzelwissenschaften an die Realität heranzubringen, die Einzelwissenschaften durch die Philosophie auf die wesentlichen Probleme zu konzentrieren.

Die Rechtfertigung der Kritik sah Horkheimer damals in drei Faktoren. Die bürgerliche Klasse hatte einst selbst die Ideale der Freiheit, Gleichheit und Gerechtigkeit verkündet. Sie hatte sie durch ihre Praxis für unverbindlich erklärt, ohne aber schon ein offen zynisches Verhältnis zu ihnen zu haben. Diese Ideale waren von der Arbeiterklasse aufgegriffen worden, die ihnen durch die Veränderung der Produktionsverhältnisse in der gesellschaftlichen Wirklichkeit Geltung verschaffen wollte. Auch die Arbeiterklasse hatte allerdings durch ihre Praxis Zweifel daran geweckt, ob es ihr mit solchen radikalen Vorstellungen wirklich ernst sei. Als dritten Faktor betrachtete Horkheimer das Glücksverlangen der Menschen, das weiterer Rechtfertigung oder Begründung nicht bedurfte. Die Existenz dieses Glücksverlangens suchte er in Untersuchungen zur Anthropologie des bürgerlichen Zeitalters zu belegen.

2) Der selbstkritische Blick des privilegierten Sohnes der bürgerlichen Klasse, die offene Sprache der „dunklen Schriftsteller" des Bürgertums (darunter

Macchiavelli, Hobbes, Mandeville) und die von Erich Fromm detailliert durchgeführte marxistische Aneignung der Psychoanalyse – all dies ermöglichte Horkheimer eine Sicht der Geschichte der bürgerlichen Gesellschaft, die zu einer beeindruckenden Demonstration der Berechtigung der Theorie von den unterdrückten wahren Interessen der benachteiligten sozialen Gruppen wurde. Für die große Kraft des Glücksanspruchs der Erniedrigten und Ausgebeuteten zeugte der ungeheure Aufwand, der für seine bisherige Unterdrückung nötig war. Daß es wirklich das Verlangen nach Glück war, das da unterdrückt wurde, bezeugten die verschiedenen Auffassungen der Menschennatur in der politischen und religiösen Literatur der bürgerlichen Epoche. „Sowohl bei der zynischen Verkündung der Bosheit und Gefährlichkeit der menschlichen Natur", heißt es in einem der großartigsten Aufsätze Horkheimers: *Egoismus und Freiheitsbewegung* (ZfS 1936, S. 164), „die durch einen starken Herrschaftsapparat im Zaume gehalten werden müsse, und bei der ihr entsprechenden puritanischen Lehre von der Sündhaftigkeit des Einzelnen, der mit eiserner Disziplin, in absoluter Unterwerfung unter das Gesetz der Pflicht seine eigenen Triebe niederhalten solle, wie auch bei der entgegengesetzten Beteuerung der ursprünglich reinen und harmonischen Verfassung des Menschen, die bloß durch beengende und korrupte Verhältnisse der Gegenwart gestört sei, bildet die absolute Verwerfung jeder egoistischen Triebregung die selbstverständliche Voraussetzung." Es war das Streben nach Genuß und Glück, das als Egoismus verdammt wurde. „Der größere Teil der Menschheit sollte sich daran gewöhnen, den eigenen Anspruch auf Glück zu meistern, den Wunsch zurückzudrängen, ebenso gut zu leben wie jener kleinere Teil, der es sich eben darum gern gefallen ließ, daß, genau genommen, seine Existenz von diesem brauchbaren, moralischen Verdikt verurteilt wurde ... Auf ein rechtes Exemplar der bürgerlichen Oberschicht wirkt die moralische Propaganda seiner eigenen Klasse gegenüber der Gesamtgesellschaft so zurück, daß ihm die Ausbeutung und freie Verfügung über Menschen und Dinge, seiner eigenen Ideologie nach, keine Freude macht, sondern als Dienst am Ganzen, als soziale Leistung, Erfüllung eines vorgezeichneten Lebensweges erscheinen muß, damit er sich zu ihr bekennt und sie bejaht." (a. a. O., S. 168, 170)

Die Psychoanalyse erlaubt es, die psychischen Vermittlungen zwischen Gesellschaftsstruktur und Charakter, zwischen gesellschaftlich-ökonomischer Position und Bewußtsein aufzuzeigen. Sie gibt der kritischen Theorie starke Argumente dafür an die Hand, daß das Bedürfnis der Benachteiligten sich in dem Maße offen und unverstellt als eines nach Glück und vernünftigem Zusammenleben erweisen wird, in dem die gesellschaftlichen Verhältnisse dies zulassen.

Vor diesem Hintergrund gewinnt der geschichtsphilosophische Pessimismus, den Horkheimer mit Schopenhauer teilt, eine spezifische Funktion. Die nüchterne Einsicht, daß die Verklärungen des metaphysischen und des religiösen Optimismus nur einem Jenseits gelten, aber im Diesseits nichts ändern; daß die Geschichte nur soviel Sinn hat, wie sie durch das Handeln der Menschen gewinnt – diese Einsicht kann zur Verzweiflung führen, aber auch dazu, alle Energien auf das Diesseits und die irdischen Möglichkeiten der Menschen zu lenken.

3) Weitere Zeugnisse für die Berechtigung ihres Interesses und die Richtigkeit ihrer Interpretationen sieht die kritische Theorie in den Werken der Künstler und Philosophen. Die Philosophen gingen nicht, wie die kritische Theorie, vom historischen Wandel des Verhältnisses von Subjekt, Theorie und Gegenstand aus, sondern suchten nach zeitlos gültigen Einsichten. Hinter ihrem Rücken aber setzte sich das durch, was die kritische Theorie für sich bewußt akzeptiert, nämlich die Verflochtenheit in das gesellschaftliche Leben ihrer Zeit. Die Brüche und Dunkelheiten gerade an den entscheidenden Stellen der philosophischen Gedankensysteme lassen sich als Ausdruck gesellschaftlicher Probleme entziffern, deren Tragweite sich erst den Spätergeborenen enthüllt. Sie zeugen von den Widersprüchen und Leiden der Gesellschaft, den Nöten und Verhärtungen der Individuen. Was sich aus ihnen ablesen läßt, fügt sich in ein bestimmtes Bild der Geschichte ein und bestätigt es so. Bei dieser Sicht der Geschichte wird das Maß an gesellschaftlichem Elend, das für die Erlangung der Herrschaft über die Natur unumgänglich schien, genau konstatiert. Denn es soll nicht länger anhalten als nötig.

Horkheimer führt die gesellschaftstheoretische Deutung philosophischer Probleme am bestechendsten am Beispiel der Kantischen Erkenntnistheorie vor. Die Schwierigkeiten, die sich bei der Bestimmung des Verhältnisses von passiver Sinnlichkeit und aktivem Verstand, des Sinns von Begriffen wie reine oder ursprüngliche Apperzeption ergeben, deutet er als Ausdruck der widersprüchlichen Form der menschlichen Aktivität in der bürgerlichen Gesellschaft: die Individuen verfolgen mit Scharfsinn ihre Ziele und halten das Ganze in Gang, aber es ist ihnen zugleich entfremdet und erscheint als regiert von Zufall und Glück.

2. Adorno und die negativ-dialektische Philosophie

Die Arbeit am Projekt der kritischen Theorie der Gesellschaft wurde Anfang der vierziger Jahre abgebrochen. Dafür gab es eine Reihe von Motiven. Mit dem Hitler-Stalin-Pakt und der weltweiten Ausbreitung des Krieges war es unübersehbar geworden, daß es keine gesellschaftliche Klasse und keine Nation gab, die für eine bessere Gesellschaft zu kämpfen bereit war. Eine Periode mit Aussichten auf gesellschaftlichen Fortschritt schien endgültig vorbei. Von der Kritik der politischen Ökonomie war nun, da sie nicht zur theoretischen Seite der umwälzenden Praxis der Arbeiterklasse geworden war, nur die richtige Voraussage einer gesellschaftlichen Katastrophe für den Fall des Ausbleibens jener Praxis geblieben. Der Liberalismus erschien Horkheimer nun als ein freundliches Zwischenspiel, die vierzehn Jahre der Weimarer Republik als etwas eher für die Intellektuellen als für das Proletariat Reizvolles, der Faschismus als ein System, das den Arbeitern möglicherweise gar nicht als Verschlechterung vorkam. „The fundamental concepts of civilization are in a process of rapid decay", begann Horkheimer seinen Aufsatz *The End of Reason* in der letzten Nummer der Zeitschrift des Instituts. „The rising generation no longer feels any confidence in them, and Fascism has strengthened their suspicions." (ZfS 1941, S. 366) Er sah in der Wirklichkeit keine Anknüpfungspunkte mehr für eine wechselseitige Beziehung von Theorie und Praxis. So verwandelte sich die kritische Theorie wieder in eine Philosophie zurück, die der Wissenschaft nicht mehr zutraute, daß sie eine Umformung und Verfeinerung der aufs Große zielenden philosophischen Fragen bewirken könnte. Sie konzentrierte sich darauf, sich nicht dem Gegebenen anzupassen, ohne sich ihm gegenüber aber auf irgendein Absolutes zu berufen.

Bei diesem Stand der kritischen Theorie bzw. Philosophie vereinte sich – wie es Adorno später in einem *Offenen Brief an Max Horkheimer* (Die Zeit, 12. 2. 1965) zu dessen siebzigstem Geburtstag im Jahre 1965 ausdrückte – „Dein politischer dégoût am Weltlauf mit meinem, der mich auf eine alles Einverständnis kündigende Musik verwies. Die Spannung der Pole jedoch, von denen wir herkamen, ist nicht zergangen und wurde uns fruchtbar." Hatte in den dreißiger Jahren für die kritische Theorie vorwiegend Adornos Musikexpertentum im Vordergrund gestanden, so wurde nun die dem zugrundeliegende Philosophie zur Basis der engen Zusammenarbeit Horkheimers und Adornos.

Adorno hatte am Existenzrecht der Philosophie nie gezweifelt, im Proletariat nie einen Faktor gesehen, an den sich besondere Hoffnungen auf eine Verwirklichung der Philosophie knüpfen ließen. Am Beispiel der Schönbergschule hatte er die Erfahrung gemacht, daß ernste musikalische Arbeit, ohne Rücksicht aufs Publikum durchgeführt, als bester Ausdruck ihrer Zeit und zugleich als Protest gegen sie erlebt werden konnte. Die Methode Georg Lukács' in der *Theorie des Romans,* ästhetische Formen als Chiffren des geschichtlichen Standes des Geistes zu deuten; seine These in dem berühmten Aufsatz *Die Verdinglichung und das Bewußtsein des Proletariats,* in den Antinomien der bürgerlichen Philosophie schlage sich die Struktur der bürgerlich-kapitalistischen Gesellschaft nieder, in der das Warenprinzip total geworden sei; Blochs, Kracauers und Benjamins Verfahren, die Kraft der Philosophie auf unphilosophische Gegenstände zu richten und (wie Adorno es in seiner 1931 gehaltenen Antrittsvorlesung *Die Aktualität der Philosophie* ausdrückte) „im kleinen die Maße des bloß Seienden zu sprengen"; der durch das konstruktive Verfahren der expressiven Wiener Neuen Musik und die Psychoanalyse gefestigte Glaube an „das Licht des erhellenden und wärmenden Bewußtseins" (so Adorno 1930 in seinem Aufsatz *Reaktion und Fortschritt* in der Wiener Musik-Zeitschrift *Der Anbruch*) – all das fügte sich für Adorno zusammen zu der Gewißheit, daß sich Philosophie in erneuerter Form fortsetzen ließ. Den Marxismus erlebte er von vornherein in einer philosophisch vermittelten Form – nicht als Herausforderung, die Philosophie durch Verwirklichung aufzuheben, sondern als Rechtfertigung der Ansicht, daß der Künstler wie der Philosoph der Beseitigung des Warenfetischs dann am besten dienten, wenn sie an den Problemen ihres Arbeitsbereichs weiterarbeiteten. Was er u. a. in seinem ersten Beitrag für die *ZfS* – *Zur gesellschaftlichen Lage der Musik* (1932) – für die Musik formulierte, galt ihm genauso stets für die Philosophie: ,,Ihr frommt es nicht, in ratlosem Entsetzen auf die Gesellschaft hinzustarren: sie erfüllt ihre gesellschaftliche Funktion genauer, wenn sie in ihrem eigenen Material und nach ihren eigenen Formgesetzen die gesellschaftlichen Probleme zur Darstellung bringt, welche sie bis in die innersten Zellen ihrer Technik in sich enthält." (ZfS 1932, S. 105) So konnte Schönberg, lediglich die eigenen Konsequenzen der vorhandenen Musik verfolgend, zur Entwicklung einer neuen Musik kommen, ,,der zwar unmittelbare gesellschaftliche Funktionen nicht zukommen, ja die die letzte Kommunikation mit der Hörerschaft durchschnitten hat, die aber einmal an immanent-musikalischer Qualität, dann an dialektischer Aufklärung des Materials alle andere Musik der Zeit hinter sich zurückläßt und eine so vollkommene rationale Durchkonstruktion darbietet, daß sie mit der gegenwärtigen gesellschaftlichen Verfassung schlechterdings unvereinbar ist, die denn auch ... die Natur wider den Angriff des Bewußtseins zu Hilfe ruft, den sie bei Schönberg erfuhr." Seine Aufgabe als Philosoph sah Adorno deshalb darin, sich am philosophischen Idealismus als der sich bis in die neuesten Varianten durchhaltenden Form der bürgerlichen Philosophie abzuarbeiten, ihn durch die Verfolgung der darin angelegten Konsequenzen bestimmt zu negieren und auf diese Weise (wie er es 1936 in einem Aufsatz über *Musikpädagogische Musik* für die Wiener Musikzeitschrift *23* formulierte) ,,dialektisch aus ihr die Elemente einer guten Rationalität freizusetzen".

Dem dienten seine erste veröffentlichte philosophische Arbeit, die Habilitationsschrift über Kierkegaard; seine Husserl-Studien während der Oxforder Zeit; die gemeinsam mit Horkheimer geschriebene *Dialektik der Aufklärung;* schließlich die späte *Negative Dialektik*. Seinem Selbstverständnis nach rekonstruierte er damit eine ,,Logik des Zerfalls" (sie bezeichnete er 1966 in einer Notiz zur *Negativen Dialektik* als die noch aus seinen Studentenjahren stammende älteste seiner philosophischen Konzeptionen), die zu einer neuen Philosophie führte. Diese suchte nicht mehr die Totalität des Wirklichen zu erzeugen oder zu begreifen, sondern die Kraft des Begriffs in die Selbstentfaltung des konkreten Gegenstandes zu verwandeln. Diese Philosophie war dann vielfältig anwendbar und wurde auch von Adorno vielfältig angewendet.

Es gab für sie keinen festen Namen. Adorno betrachtete sie schon in seiner programmatischen Antrittsvorlesung von 1931 als materialistisch und dialektisch, ohne aber daraus eine Bezeichnung abzuleiten. Später sprach er u. a. von ,,kritischer Theorie". Wegen der Kontinuität seines Ansatzes und um dessen spezifischen Charakter hervorzuheben, scheint es am sinnvollsten, den Titel von Adornos großem Spätwerk, *Negative Dialektik,* rückwirkend als Namen für seine Philosophie von Anfang an zu verwenden. ,,Negative *Dialektik*" heißt es, weil sein Denken von der Erfahrung von Konflikten und Widersprüchen ausgeht – Widersprüchen wie denen zwischen Individuum und Gesellschaft, Natur und Geschichte, Begriff und Gegenstand, Theorie und Praxis, Ideologie und Wirklichkeit. ,,*Negative* Dialektik" heißt es, weil diese Philosophie das Fortschreiten zum Schein der Versöhnung verweigert, stattdessen um der wahren Versöhnung willen die gegenwärtige Unversöhntheit der Widersprüche betont – das Recht des Einzelnen gegen das Allgemeine, das unwahr und gewaltsam ist; das Recht der Natur gegen die Geschichte, die bisher auf ihre Unterwerfung hinauslief; das Recht des Objekts gegen das Subjekt, das auf die Subsumtion des Gegenstandes unter allgemeine Begriffe aus ist. Sie ist dabei zeit- und situationsbezogen, kann auch das Recht des Allgemeinen gegen das verblendete Einzelne, das Recht der Geschichte gegen die dumpfe Natur, das Recht des Begriffs gegen den unerhellten Gegenstand betonen.

Den gewaltigen Anspruch, der in dieser Philosophie steckt, zeigt am deutlichsten die *Dialektik der Aufklärung* – eine Sammlung von Essays (,,*Philosophische Fragmente* hatte der ursprüngliche Titel gelautet, der dann zum Untertitel wurde). Bei der Kritik des Idealismus geht es um nicht weniger als die gegenwärtige Krise der europäischen Zivilisation. Sie ist selbstverständlich in den Augen zweier mit dem Marxismus vertrauter Philosophen nicht durch eine neue Philosophie zu beheben. Aber die Vorstellung einer Dialektik von Produktivkräften und Produktionsverhältnissen reicht offenbar nicht aus, um eine Gegenwart zu begreifen, die von den brutalen Schrecken des Nationalsozialismus und des Stalinismus, den sublimen Schrecken der Kulturindustrie und der Beschränkung der Relevanz der Wissenschaften auf den technologischen Fortschritt gekennzeichnet ist. Diese Situation verweist auf eine Dialektik, die tiefer liegt als die von Produktivkräften und Produktionsverhältnissen und sie noch umgreift. Adorno und Horkheimer sehen sie in der Dialektik zwischen dem, was als wesentlichste Kraft des Fortschritts gilt: dem rationalen Denken, und dem, was in seiner Existenz bedroht scheint: dem Glück bzw. der Glücksfähigkeit der Menschen und der Ehrwürdigkeit der Natur. Das sind eben die Faktoren, die im Denken der neuesten Philosophie – der Metaphysik wie des Szientivismus – keinen Platz mehr haben. Diese Strömungen repräsentieren das Selbstbewußtsein der Gegenwart. Ohne dessen Änderung müssen alle technologischen wie gesellschaftlichen Fortschritte blind bleiben.

Das ist die Grunderfahrung, aus der sich die zentralen Motive der negativdialektischen Philosophie speisen: 1) Kritik des idealistischen Subjektbegriffs, 2) Kritik des identifizierenden Denkens, 3) rationaler Revisionsprozeß gegen die Rationalität.

1) Im idealistischen Begriff des Subjekts, das als Erzeugungs- oder Konstitutionsprinzip der Welt aufgefaßt wird, sieht Adorno den prägnantesten Ausdruck der Konsequenzen, die der Anspruch des Subjekts auf Herrschaft über die Natur hat. Was dieser Subjektbegriff beinhaltet, zeigt modellhaft die ,,Urgeschichte der Subjektivität", wie sie sich an Homers *Odyssee* ablesen läßt, jenem Zeugnis des Übergangs vom mythischen zum rationalen Denken. Als

eindringlichste Allegorie jener ,,Urgeschichte der Subjektivität" erweist sich die Szene der Vorbeifahrt des gefesselten Odysseus an den Sirenen. ,,Er neigt sich", heißt es im Ersten Exkurs der *Dialektik der Aufklärung,* ,,dem Liede der Lust und vereitelt sie wie den Tod. Der gefesselt Hörende will zu den Sirenen wie irgendein anderer. Nur eben hat er die Veranstaltung getroffen, daß er als Verfallener ihnen nicht verfällt. Er kann mit aller Gewalt seines Wunsches, die die Gewalt der Halbgöttinnen selber reflektiert, nicht zu ihnen, denn die rudernden Gefährten mit Wachs in den Ohren sind taub nicht bloß gegen die Halbgöttinnen, sondern auch gegen den verzweifelten Schrei des Befehlshabers. Die Sirenen haben das Ihre, aber es ist in der bürgerlichen Urgeschichte schon neutralisiert zur Sehnsucht dessen, der vorüberfährt." Entzauberung der äußeren Natur und kalkulierender Umgang mit ihr auf der einen Seite, Fesselung der inneren Natur und Verzicht auf die spontane Erfüllung des Glücksbedürfnisses auf der anderen gehen Hand in Hand. So vermag sich das Subjekt zu erhalten, seine Identität zu wahren, aber nur durch Verhärtung. Wenn das Subjekt sich schließlich als Herrscher über die Natur etabliert hat, hat es mit der äußeren Natur auch die innere vollständig entzaubert. Die Selbsterhaltung ist verwildert, denn deren Sinn, das Glück des Individuums, zählt nicht mehr.

2) Im Lichte dieser ,,Urgeschichte der Subjektivität" zeigt sich der für die Gegenwart entscheidend gewordene Charakterzug des europäischen Denkens. Das absolute Prinzip der Metaphysik, das geschlossene System des absoluten Idealismus, der transzendentale Erkenntnisapparat des subjektiven Idealismus, die logisch-mathematischen Verfahren der exakten Wissenschaften begreifen sich nicht als Vermittlungen zwischen Subjekt und Objekt, zwischen Mensch und Natur, sondern als Systeme, durch die alles erst zu dem wird, was zählt. Die Angst vor der dunklen, übermächtigen Natur ist dadurch überwunden, daß sie zu einem qualitätslosen Chaos herabgesetzt worden ist, von dem nur das vernommen wird, was den Filter des Erkenntnissystems durchlaufen hat. Es wird nicht nach dem gefragt, was etwas ist, sondern danach, unter welche Begriffe eines disponierenden Denkens es subsumiert werden kann. Dieses Denken identifiziert die Dinge mit einem Allgemeinen. Was darin nicht aufgeht, das Nicht-Identische, zählt nicht.

Damit werden aber auch die Regungen des erkennenden Subjekts selbst verworfen, die anderem gelten als dem Identifizierten an den Dingen. Gerade das am erkennenden Subjekt, was der Korrektur einer verselbständigten Vermittlung zwischen Subjekt und Objekt dienen könnte, gilt dem Denken ebenfalls als Bedrohung. Das Subjekt soll sich identifizieren mit dem Erkenntnissystem, dem es seine Selbsterhaltung verdankt. Aber abgeschnitten von der Natur außer sich und in sich wird es wahnhaft. Es fühlt sich allmächtig, weil es keinen Widerstand mehr sieht. Es sieht nur, was es sich unterwirft. Es ist dieser Zug des modernen Denkens – mit einem an der Psychoanalyse geschulten Blick pointiert gezeichnet –, in dem Adorno den gemeinsamen Nenner der Bewußtseinsverfassung der Konsumenten der Kulturindustrie wie der von

Vorurteilen Erfaßten sieht. Es ist die Unfähigkeit zur Erfahrung, ihre Verhinderung durch der Selbstreflexion feindliche Erkenntnisweisen, Clichés, Wahnsysteme.

3) In der verwilderten Selbsterhaltung manifestiert sich die Selbstzerstörung der Aufklärung, der Zerfall des idealistischen Denkens. Aus dessen Rekonstruktion gewinnen Adorno und Horkheimer die Elemente eines positiven Begriffs von Aufklärung. Die wahnhafte Selbstüberschätzung des Subjekts wird als paranoische Überkonsequenz gesehen, die einen Mangel an Konsequenz des Denkens anzeigt. Die Distanzierung von der Natur hat sich verselbständigt und nicht in einer zweiten Reflexion auf sich selbst gerichtet. Sie suchte sich von der Natur zu befreien, statt sich als Natur zu befreien. So entsteht das Gegenbild eines Subjekts, das sich in der Distanz zur Natur seiner als Natur bewußt ist, sich weder gegen seine innere noch gegen die äußere Natur zu verhärten braucht und sich mit einem Mehr an Subjektivität dem Objekt überläßt, dessen qualitativen Momenten es auf diese Weise gerecht zu werden vermag. „In nichts anderem", so heißt es in den *Elementen des Antisemitismus* in der *Dialektik der Aufklärung*, „als in der Zartheit und dem Reichtum der äußeren Wahrnehmungswelt besteht die innere Tiefe des Subjekts. ... Nur in der Vermittlung, in der das nichtige Sinnesdatum den Gedanken zur ganzen Produktivität bringt, deren er fähig ist, und andererseits der Gedanke vorbehaltlos dem übermächtigen Eindruck sich hingibt, wird die kranke Einsamkeit überwunden, in der die ganze Natur befangen ist. Nicht in der vom Gedanken unangekränkelten Gewißheit, nicht in der vorbegrifflichen Einheit von Wahrnehmung und Gegenstand, sondern in ihrem reflektierten Gegensatz zeigt die Möglichkeit der Versöhnung sich an."

Des transzendierenden Moments der Utopie in solchen dem eigenen Anspruch nach immanent-kritischen Konstruktionen war Adorno sich bewußt, auch der mystizistischen Herkunft von Gedankenfiguren wie der, daß im Übermaß des Widersinns die Wahrheit zum Greifen nahe trete oder daß nur durch das Aufsichnehmen der Verdinglichung die Verdinglichung gesprengt werden könne. Das waren Elemente einer „verwegenen Reflexion" (so hatte er seinerseits einmal Blochs frühe Philosophie charakterisiert), deren Ausschluß aus dem Denken mit schuld war an der Selbstzerstörung der Aufklärung. Durch ihre Einbeziehung gelang es Adorno, der Philosophie einen Teil ihrer Relevanz für die Lebenspraxis zurückzugeben.

III. Bedeutung zu Lebzeiten und Wirkungsgeschichte

„Kritische Geister sind wir, die wir uns nicht von den Phrasen haben benebeln lassen, die mit Lebensqualität und mit Gerechtigkeit und Glückseligkeit und Menschlichkeit usw. in die Welt gesetzt worden sind." So äußerte sich ein bekannter und einflußreicher deutscher Politiker, Franz Josef Strauß, 1977 im

Bundestag – zu einer Zeit, da die bis dahin einzige Reformperiode in der Bundesrepublik als beendet und bei vielen als gescheitert galt. ,,Wenn die Beamten, welche die Industrie in ihren intellektuellen Ressorts, den Universitäten, Kirchen und Zeitungen, unterhält, der Philosophie den Paß ihrer Prinzipien abverlangen, mittels deren sie ihr Umherspüren legitimiert, gerät sie in tödliche Verlegenheit. Sie erkennt keine abstrakten Normen oder Ziele an, die im Gegensatz zu den geltenden praktikabel wären. Ihre Freiheit von der Suggestion des Bestehenden liegt gerade darin, daß sie die bürgerlichen Ideale, ohne ein Einsehen zu haben, akzeptiert, seien es die, welche seine Vertreter wenn auch entstellt noch verkündigen, oder die, welche als objektiver Sinn der Institutionen, technischer wie kultureller, trotz aller Manipulierung noch erkennbar sind. Sie glaubt der Arbeitsteilung, daß sie für die Menschen da ist, und dem Fortschritt, daß er zur Freiheit führt. Deshalb gerät sie leicht mit der Arbeitsteilung und dem Fortschritt in Konflikt." So schrieben es in den vierziger Jahren in der US-amerikanischen Emigration Horkheimer und Adorno in der *Dialektik der Aufklärung*. Die Konfrontation dieser beiden Zitate wirft ein Licht auf Größe und Grenzen der Bedeutung Horkheimers und Adornos zu Lebzeiten und danach.

Seit den vierziger Jahren waren sich beide darin einig, daß es keine Hoffnung auf den unmittelbar zu verwirklichenden Sozialismus gab. Dennoch hielten sie daran fest, die Gesellschaft mit dem unversöhnten Blick dessen zu sehen, der an die Möglichkeit ihrer radikalen Veränderung glaubt. Ihnen genügte die abstrakte Möglichkeit und – vor allem Horkheimer – ihre Abstützung durch den Hinweis auf die bürgerlichen Ideale, in denen einst der positive Sinn des Prozesses der Aufklärung zutage getreten war. Das reichte offenbar auch in den siebziger Jahren noch aus, um Gegner einer radikalen Veränderung der gesellschaftlichen Verhältnisse nervös zu machen. Diese Ideale wurden von Horkheimer und Adorno aber nicht mehr als eine Kraft rekonstruiert, die Entwicklungstendenzen innewohnte, die bedeutsamen gesellschaftlichen Konflikten und Problemen entsprangen. Die größte Wirkung hatten beide deswegen in den fünfziger und sechziger Jahren, als es um die Entzauberung eines fetischisierten Gesellschaftssystems und des fetischisierten Geistes und um die Weitergabe von Problemstellungen ging, von denen aus weitergedacht werden konnte. Das Westdeutschland, in das Horkheimer und Adorno zurückkehrten, stand im Zeichen der Restauration. In dieser Situation konnte es schon wie ein Akt der Befreiung wirken, wenn die Gesellschaft zwar nicht in der Perspektive ihrer Veränderbarkeit, wohl aber ihrer Veränderungsbedürftigkeit gezeigt wurde. Horkheimer tat dies vor allem als erfolgreicher akademischer Lehrer, Adorno als Musik-, Literatur-, Erziehungs- und Sozialwissenschaftstheoretiker.

Als Musiktheoretiker brachte er seit seinen 1952 in Darmstadt vorgetragenen *Thesen zur Musikpädagogik* Unruhe in die Reihen der Vertreter der ,,Jungen Musik", die in den fünfziger Jahren eine ,,neue Volksgemeinschaft" beschworen. Gleichzeitig bekam seine 1949 erschienene *Philosophie der neuen*

Musik eine kaum zu überschätzende Bedeutung für das Bewußtsein und Selbstbewußtsein der musikalischen Avantgarde, die sich um die ,,Internationalen Ferienkurse für Neue Musik" in Darmstadt zentrierte. Die Wirkung war allerdings zweideutig. Denn das Aufzeigen der gesellschaftlichen Relevanz avantgardistischer Musik wurde auch mißverstanden als Rechtfertigung von Kompositionen, die bloß technisch fortgeschritten waren, ohne dabei dem eigenen Zustand des Hörers Ausdruck zu verleihen. Als Vertreter einer atonalen, nicht durch neue Ordnungssysteme wiederum künstlich gefesselten Musik konnte Adorno immer wieder zum Korrektor oder Anreger neuer avantgardistischer Strömungen werden. Da es einen systematischen Gegenentwurf nicht gab, prägte Adornos geschichtsphilosophisch orientierte Musiktheorie noch die Sprach- und Denkfiguren seiner Gegner.

Als eine befreiende Aktion gegen die Abgestandenheit und Selbstgenügsamkeit des Geistes und für die Moderne konnte auch Adornos Zweifrontenkampf auf dem Gebiet der Literaturkritik und -theorie wirken, den er Mitte der fünfziger Jahre begann und der in den *Noten zur Literatur* festgehalten ist. Die starken Strömungen der werkimmanenten und der existential-ontologischen Interpretation – repräsentiert durch Germanisten wie Wolfgang Kayser oder Emil Staiger – bekamen nun Konkurrenz durch Adornos Methode, auf dem Weg über werkimmanente Analysen die gesellschaftlichen Bezüge der Literatur aufzudecken. Gleichzeitig konnte Adorno mit diesem Verfahren am Beispiel Becketts gerade avantgardistische Literatur unter Hinweis auf ihre literarische Konsequenz wie gesellschaftliche Relevanz rechtfertigen. Den wichtigen Hintergrund sowohl der musik- wie der literaturtheoretischen Arbeiten bildete die bereits in einem Essay in der *Dialektik der Aufklärung* ausführlich skizzierte Kritik der Kulturindustrie, die wesentlich dazu beitrug, daß fortan ein naives Verhältnis zur Kultur der spätindustriellen Gesellschaft kaum noch möglich war.

Ende der fünfziger Jahre setzten dann die Vorträge und Gespräche zu Themen der Erziehung und Bildung ein. Die erste Auflage der *Eingriffe* in Höhe von zehntausend Exemplaren war bereits im Jahr des Erscheinens – 1963 – vergriffen; der nach Adornos Tod herausgegebene Band *Erziehung zur Mündigkeit* erschien im Januar 1981 als Taschenbuch in der 7. Auflage und erreichte damit das 68. Tausend – Hinweise auf eine unterschwellige und bis heute ungebrochene Wirkungsgeschichte bei Pädagogen, Sozialarbeitern, Publizisten usw.

In dem der kritischen Theorie nahestehendsten Bereich, den Sozialwissenschaften, wurde die Frankfurter Schule zu einem weithin bekannten Begriff durch den Anfang der sechziger Jahre ausgelösten Positivismusstreit. Es ging dabei um den Unterschied zwischen einer kritischen Soziologie, die an der Idee der Gesellschaft als Subjekt festhielt, und der herrschenden Soziologie, die die Gesellschaft als Objekt nahm, dem die Wissenschaft sich nicht verbundener fühlte als der zu beherrschenden Natur. Adorno betonte nicht mehr, wie einst Horkheimer in seinem Aufsatz *Traditionelle und kritische Theorie,* die aktuelle Veränderbarkeit der Gesellschaft, wohl aber ihre Unversöhntheit und Widersprüchlichkeit und die Notwendigkeit einer Soziologie, die dem Ausdruck zu verleihen vermochte. Diese Position wurde zu einem der Faktoren einer immer stärker internationalisierten Diskussion um die Logik der Sozialwissenschaften – einer Diskussion, in deren Verlauf neben der kritischen Soziologie der Frankfurter Schule die Wiederbelebung phänomenologischer und die Entwicklung sprachanalytisch orientierter Ansätze die bis dahin dominierende Position der US-amerikanischen positivistischen Soziologie schwächte und zur Herstellung einer Art von Pluralismus führte.

Als dann die Protestbewegung sich vorübergehend auf die Frankfurter Schule berief, tat sie es bezeichnenderweise im Rückgriff vor allem auf die kritische – noch auf die Arbeiterbewegung und den Sozialismus setzende – Theorie Horkheimers, dessen Aufsätze aus den dreißiger und frühen vierziger Jahren als Raubdrucke kursierten und von Horkheimer selbst erst 1968 mit einem distanzierenden Vorwort neu veröffentlicht wurden.

Mehr oder weniger parallel zur Protestbewegung hatten Vertreter der Frankfurter Schule wie Oskar Negt, Albrecht Wellmer und Jürgen Habermas auf andere Art den Entmutigungseffekt der Nachkriegs-Position Horkheimers und Adornos zu überwinden versucht. Oskar Negt ging und geht es darum, die kritische Philosophie durch die Offenheit für aktuelle gesellschaftliche Erfahrungen, für Ansätze zur Organisation gesellschaftlicher Opposition und zu alternativen Lebensformen zu einem wie auch immer distanzierten Bestandteil politischer Praxis zu machen. Überragende Bedeutung für die weitere Entwicklung der Theorie erlangte schon zu Lebzeiten Adornos und Horkheimers Jürgen Habermas. Für seine theoretische Produktion sind drei Elemente charakteristisch. Mit der Rechtfertigung der Normen der kritischen Gesellschaftstheorie durch die Idealisierungen, die allem kommunikativen Handeln zugrunde liegen, versucht er die Überzeugungskraft der Gesellschaftskritik unabhängig zu machen von dem Appell an bürgerliche Ideale oder der stillschweigenden Inanspruchnahme des messianischen Lichts einer alles umfassenden Versöhnung. Indem er dem Programm einer rationalen Korrektur der Dialektik der Aufklärung konkrete Gestalt zu verleihen sucht durch die Annahme einer gesellschaftlichen Rationalisierung im Sinne eines wachsenden Niveaus der Chancen zu einer vernünftigen und moralischen Regelung des Zusammenlebens, mildert er den Pessimismus der Lehre von der total verwalteten Welt und die komplementäre überschwengliche Utopie einer Versöhnung mit der Natur ab zur Idee einer Gesellschaft, die den technischen Fortschritt mit praktischer Vernunft unter gemeinsame Kontrolle bringen kann. Mit der Annahme eines Prozesses gesellschaftlicher Rationalisierung, bei dem Anstöße zum Fortschritt nicht mehr vom Anwachsen der Produktivkräfte erwartet werden, sondern von Konflikten zwischen dem wachsenden Bewußtsein für die Elemente eines guten Lebens und der Aufrechterhaltung gesellschaftlicher Verhältnisse, die eine Verlängerung der Lebensformen einer Ökonomie der Armut darstellen – mit einer solchen Annahme erscheint auch die Kombination von Philosophie und Einzelwissenschaften wieder vielversprechend, die einst für das Projekt der kritischen Theorie kennzeichnend war. Insgesamt erscheint so Habermas' Unternehmen als der faszinierende Versuch, auch ohne das Vertrauen auf die revolutionäre Praxis einer sozialen Klasse die Gesellschaft in der Perspektive ihrer Veränderbarkeit, nicht bloß ihrer Veränderungsbedürftigkeit zu analysieren.

Außerhalb Deutschlands ist das Interesse an der Frankfurter Schule besonders groß in den USA und in Italien. In Italien gilt es – bereits seit den sechziger Jahren – vor allem den älteren Vertretern, vielleicht wegen der leichteren Identifizierbarkeit ihres marxistischen Ausgangspunktes. In den USA überwiegt das Interesse an Habermas' Denken – womit die Grenze der Hinweise auf die Wirkungsgeschichte des Horkheimerschen und Adornoschen Denkens erreicht ist.

Martin Meyer

JEAN-PAUL SARTRE

(1905–1980)

Ist Jean-Paul Sartre ein Klassiker des philosophischen Denkens? Jede Zeit hat ihren eigenen Begriff von Klassik. Sartre selbst weigerte sich noch in den letzten Jahren seines Lebens, eine Würde anzunehmen, die seinen Arbeiten das Siegel des Definitiven aufgedrückt hätte. Er wollte nicht mit einer Lehre identifiziert werden; und er wollte nicht, daß diese Lehre den Status eines in sich geschlossenen Corpus bekam. Aber mit einer emphatisch artikulierten Ablehnung gegenüber historiographischer Verfestigung im Monument steht Sartre nicht allein. Die Philosophie im zwanzigsten Jahrhundert hebt den Begriff der Klassik, wie er für sie selbst zur Anwendung kommen müßte, insofern auf, als sie die Krise der Gewißheit nicht nur zum Thema der Traditionskritik macht, sondern auch bei sich selbst beobachtet. „Wege, nicht Werke" – so wollte Heidegger sein Denken verstanden wissen. Paradigmatisch hat der späte Wittgenstein den Prozeß des Suchens aufgegriffen, indem er in seinen eigenen Arbeiten die Kluft zwischen der Sicherheit des Wissens und dem Beginn des Fragens öffnet.

Sartre ist in den dreißiger und vierziger Jahren einer Strömung verpflichtet, die in Heidegger ihren Scheitelpunkt hat. Er findet später den Weg zum Marxismus. Weder Heidegger noch der Marxismus hindern ihn daran, die Probleme von Existentialismus bzw. Marxismus umzulagern und neu zu deuten. Vielleicht ist es der Begriff der Kontingenz, der als Leitthema Sartres Philosophie bis zuletzt begleitet. Die Grenzen, die menschliches Dasein einschränken und doch auch zu einem Überstieg veranlassen, werden nicht nur beschrieben als Grenzen, die immer schon da sind, sondern auch als die Signatur der Epoche. Damit ist Sartre modern, wie es auch zu einem Klassiker gehört: daß er wirkungsmächtig ist über die Standortangaben der Philosophiegeschichte hinaus.

I. Lebensweg

Als 1963 Jean-Paul Sartres autobiographischer Essay *Die Wörter* erschien, sprach man von der überraschenden Hinwendung des Philosophen zu einem Thema, das vorher bloß andeutungsweise und dann im Medium einer Reflexion auf allgemeine Gesetze von Leben und Gemeinschaft zur Sprache gekommen war. Sartre wurde intim. Man las diesen Bericht einer seltsam in sich verschlossenen Kindheit begierig in der Hoffnung auf Erhellung von Sartres Physiognomie überhaupt. Und man erwartete – vielleicht ein wenig enttäuscht,, daß das doch umfangreiche Buch ausschließlich von der Kindheit handelte – eine Fortsetzung. Sie kam indessen nicht. Wie es auch Sartre nicht darum gegangen war, im Alter von 58 Jahren ohne spezifische Absicht biographisch zu werden; die Tat der *Wörter* setzte voraus, daß der beschriebene Lebensabschnitt – die Kindheit – als abgeschlossen und insofern gegen-ständlich empfunden wurde. In dieser Kindheit spiegelte sich das französische Bürgertum in der gehobenen Allüre der Bildung. Mit seinem Essay glaubte Sartre den Schlußstrich unter eine Welt und ihre Anschauungen gezogen zu haben, der er entstammte, aber – seiner Meinung nach – schließlich entwachsen war.

Folgt man den ersten Kapiteln des Buches, so ist man zunächst in Geschichten und genealogische Filiationen verstrickt, die bis in die Mitte des 19. Jahrhunderts zurückweisen. Die Mutter entstammt einer Elsässer Lehrerfamilie. Ihr Vater – Sartres Großvater – ist Deutschlehrer. Sartres Vater ist der Sohn eines Landarztes. 1904 lernt er in Cherbourg als Marineoffizier die zwanzigjährige Anne-Marie Schweitzer kennen. Sie heiraten, und als einziges Kind der kurzen Ehe wird am 21. Juni 1905 in Paris Jean-Paul Sartre geboren. Nach der Geburt des Sohnes stirbt der Vater; die Mutter zieht mit dem Kind zu ihren Eltern nach Meudon. – An die Stelle des Vaters tritt der Großvater. Charles Schweitzer, ,,der sich für Victor Hugo hält", ist ein gebildeter Mann. Nach dem deutschen Sprach- und Kulturraum hin offen, unterrichtet er den Enkel anfangs selbst. Im Haus des Großvaters sind die Bücher Symbol einer bürgerlichen Existenz. Sartre lernt die Welt durch die Bücher kennen. Das Wort von den ,,Kulturbädern" ist noch in der kritischen Umgebung von 1963 ambivalent; Bildung ist Besitz und gleichwohl Voraussetzung einer denkerisch vollzogenen Befreiung.

1911 zieht die Familie von der Provinzstadt Meudon nach Paris. Im Oktober 1915 tritt Sartre als Externer in die Vorschule des Lycée Henri IV ein. Wo der autobiographische Bericht der *Wörter* endet, beginnt das Leben als Kampfsituation. ,,Wie das Gute ohne das Böse" haben sich die Jahre von 1905 bis 1914 dem Erzähler in Erinnerung gerufen. Die Zäsur, die mit den Schlußseiten der *Wörter* näherrückt, ist eine doppelte. 1914 beginnt der Weltkrieg. Im April 1917 heiratet Sartres Mutter nochmals. Der von Sartre gehaßte Stiefvater ist ein begüterter Reeder aus La Rochelle. Die Geborgenheit, die bildungsmäßig der Großvater gestiftet hatte, wird durch die Übersiedlung von Paris nach der Hafenstadt im Golf von Biscaya beendet.

In La Rochelle besucht Sartre das Gymnasium. 1918 kommt er zurück an das Pariser Lycée Henri IV, 1924, im Alter von 19 Jahren, immatrikuliert er sich an der renommierten Ecole Normale Supérieure und bestätigt eine in den *Wörtern* rekonstruierte Prophezeiung. Das erste Ziel intellektueller Strebsamkeit ist erreicht. Sartre studiert zunächst Philologie. Er liest Bergson, Freud, Nietzsche, Marx, Stendhal, legt Examina ab in Psychologie, Soziologie, Logik und beginnt eine Dissertation über *Die Einbildungskraft in der Psychologie.* Daneben schreibt er an einem Roman. 1929, noch an der Ecole Normale, lernt er die Literatur-Studentin Simone de Beauvoir kennen. Sie wird ihm Diskussionspartnerin und Lebensgefährtin, Begleiterin auf seinen vielen Reisen und Chronistin seiner exoterischen Existenz. Als Tochter eines wohlhabenden Pariser Juristen teilt sie seine Herkunft aus dem gehobenen Bürgertum und seine zunehmend deutlicher artikulierte Kritik an dieser Form gesellschaftlichen Lebens. Im November 1929 beginnt der achtzehnmonatige Militärdienst. In der Freizeit verfaßt Sartre Theaterstücke und einen Romanessay *Epiméthée.* Zwischen 1931 und 1944 ist er an verschiedenen Orten als Gymnasiallehrer tätig: in Le Havre, Laon, Neuilly-sur-Seine und Paris.

In Le Havre vermag Sartre seine literarischen Intentionen erstmals schärfer zu fassen. Er erfährt die Kontingenz der Welt, und es ist dieser Begriff, der ihm programmatisch Wegweiser für literarische und philosophische Anschauung wird. Sartre arbeitet an seinem ersten für die Öffentlichkeit bestimmten Roman *Der Ekel.* Kurze Pariser Aufenthalte fördern die Freundschaft mit Raymond Aron. Aron hatte ein Jahr als Stipendiat am Institut Français in Berlin verbracht. Er empfiehlt Sartre, sich für das Jahr 1933/34 zu bewerben. Etwa gleichzeitig lernt Sartre Husserls Philosophie durch Emmanuel Lévinas' Darstellung *Die Idee der unmittelbaren Erkenntnis in der Phänomenologie Husserls* kennen. Den Sommer verbringen Sartre und Simone de Beauvoir in Italien. Im Herbst 1933 kommt Sartre nach Berlin. Er liest Husserl und Heidegger im Original und revidiert seinen Roman. Der Essay *Die Transzendenz des Ego,* 1936 publiziert, legt Zeugnis ab von der Beschäftigung mit der Phänomenologie. 1940 erscheint dann eine umfangreichere Abhandlung *Das Imaginäre. Phänomenologische Psychologie der Einbildungskraft,* die sowohl formal wie inhaltlich eine Summe früher Texte zum Thema ist.

1938 war *Der Ekel* veröffentlicht worden. Albert Camus hatte im *Alger républicain* eine kluge Kritik verfaßt. Im Januar 1939 legt Sartre einen Band Kurzgeschichten, betitelt *Die Mauer,* vor. Am 3. September 1939 bricht der Krieg aus, Sartre wird eingezogen und gerät im Juni 1940 für neun Monate in Kriegsgefangenschaft. Als sich im Untergrund der Widerstand formiert, schließt sich Sartre einem Kreis um Maurice Merleau-Ponty an, ohne sich militant zu engagieren; der Kampf bleibt geistig. Sartre befaßt sich nun intensiv mit seinem ersten philosophischen Hauptwerk. *Das Sein und das Nichts* nimmt Kontur an und liegt im Sommer 1943, zunächst wenig beachtet, als Buch vor. Theaterstücke entstehen.

Nach dem Friedensschluß wird Sartre im Auftrag der Zeitungen *Combat* und *Figaro* als Korrespondent nach Amerika gesandt. Im August 1945 wird die Zeitschrift *Les Temps Modernes* gegründet. Der Redaktion gehören Simone de Beauvoir, Michel Leiris, Maurice Merleau-Ponty, Albert Olivier und Jean Paulhan an. Sartre ist Chefredakteur.

Die unmittelbare Nachkriegsära stellt die französischen Intellektuellen vor politische Entscheidungen. Sartre optiert, am Anfang noch vorsichtig, für den

Kommunismus. Es kommt zum Bruch mit André Malraux, André Gide, Arthur Koestler, Raymond Aron. Sartre entwickelt seine These von der engagierten Literatur theoretisch in dem Aufsatz *Was ist Literatur?* (1947) und praktisch in der Fragment gebliebenen Roman-Tetralogie *Die Wege der Freiheit* (1945–1949). Merleau-Ponty rechtfertigt den Kommunismus mit *Humanismus und Terror* (1947). Camus distanziert sich von der marxistischen Geschichtsphilosophie in *Der Mensch in der Revolte* (1951). Sartre stellt sich neben Merleau-Ponty mit dem Artikel *Die Kommunisten und der Frieden* vom Juli 1952. Als Parteigänger der Kommunisten nimmt Sartre im selben Jahr am kommunistischen Weltfriedenskongreß teil. 1956 gibt er seinen Austritt aus der Partei bekannt. Vorher, von September bis November 1955, hatten Sartre und Simone de Beauvoir eine größere Reise durch die Sowjetunion und China unternommen.

Seit 1945 läßt sich kaum mehr eine Grenze ziehen zwischen esoterischen und exoterischen Positionen Sartres. Die „Ehe" von Existenzphilosophie und Marxismus durchdringt politische wie weltanschauliche und philosophieinterne Fragen. Schillernd und nicht ohne Widersprüche, paßt sich die Lehre den Kurskorrekturen ihres Autors geschmeidig an. Anfang 1960 besucht Sartre Castros Kuba und lobt es. Er entwirft ein Manifest, das für die Loslösung Algeriens von Frankreich plädiert. Und er publiziert 1960 sein zweites philosophisches Hauptwerk, die *Kritik der dialektischen Vernunft,* eine Soziallehre, die Einsichten des Existentialismus mit solchen der marxistischen Theorie mischt. Den Winter 1962/63 verbringen Sartre und seine Gefährtin in Moskau; er benutzt sein Prestige, um auf die Not dissidenter Schriftsteller aufmerksam zu machen. 1964 lehnt er, spektakulär, den Nobelpreis für Literatur ab.

Untrennbar verbunden ist Sartres Name mit den Pariser Studentenunruhen vom Mai 1968. Er wird das Sprachrohr des Protests, geht auf die Straße. Erst spät entdeckt er ansatzweise seinen Irrtum, ohne zu widerrufen. Sartre wendet sich, resigniert, einem letzten literarischen Projekt zu: der monumentalen Biographie Flauberts. 1975 verfaßt er für den *Nouvel Observateur* ein *Selbstporträt mit siebzig Jahren.* Die letzten Jahre vor seinem Tod ist er beschäftigt mit dem Projekt einer Ethik. Fast blind, nicht mehr fähig, die Gedanken auf dem Papier zu ordnen, benutzt er ein Tonbandgerät, um das Letzte noch zu sagen. Er stirbt am 15. April 1980 in Paris.

II. Werk

Sartre ist auch Philosoph. Diesem Urteil in unpolemischer Absicht entspricht die Tatsache, daß von einer ausschließlichen Konzentration auf Philosophie oder gar Schulphilosophie im Fall von Sartre nicht gesprochen werden kann. Das Œuvre ist vielschichtig und sperrt sich gegen Klassifikationen. Sartre selbst fühlte sich seit dem Ende des Zweiten Weltkriegs ebenso der Exoterik des Kulturkritikers und Literaten wie dem esoterischen Geschäft der Philosophie verbunden. Während das erste philosophische Hauptwerk, *Das Sein und das Nichts,* noch entschieden in den problemgeschichtlichen Kontext ,,klassischen" Philosophierens gehört, steht die *Kritik der dialektischen Vernunft* 1960 am vorläufigen Ende einer Entwicklung. Zwischen 1943 und 1960 wendet sich Sartre dem Marxismus zu, nimmt er Partei für die politische Linke, schreibt er als engagierter Schriftsteller.

Es gibt zwei Möglichkeiten, Sartres philosophische Schriften in einen Zusammenhang zu stellen. Einmal, daß man von der Voraussetzung einer Kontinuität des Werks ausgeht und ex post die einzelnen Stationen in eine sinnfällige und relationale Reihe bringt. Die Konsistenz im Denken würde damit zu einer Konsistenz der Inhalte. Zweitens, daß man monographisch verfährt, um erst am Ende die Frage nach der inneren Geschlossenheit zu beantworten. Beide Wege haben ihre Gefahren. Einerseits widersetzt sich Sartres Philosophie einer rekonstruierenden Überhöhung auf Kohärenz hin. Anderseits gewinnt sie – zumal in der Perspektive der gesamten, nicht aufs Philosophische beschränkten Produktion – eine Notwendigkeit, die nicht ohne die systematische Entfaltung gewisser Leitthemen denkbar ist.

Diese Einführung versucht, einen Mittelweg zu beschreiten, der in der Sache selbst begründet ist. 1943 wird *Das Sein und das Nichts* veröffentlicht. Siebzehn Jahre später, 1960, folgt die *Kritik der dialektischen Vernunft.* Es gibt eine Tradition, von der her *Das Sein und das Nichts* als Theorieentwurf der menschlichen Freiheit gedeutet wird.[1] Sartre selbst hat dieser Auslegung nie energisch widersprochen. Aber anderseits wird Sartres Freiheitsbegriff nicht mit seinen entsprechenden Wert-Korrelaten und der normativen Grundierung in einer Ethik verknüpft. Er ist – wie im Folgenden zu zeigen sein wird – bestimmt durch Prinzipien der Negation. Klaus Hartmann, der sowohl die frühe wie auch die Schrift von 1960 in zwei ausgezeichneten Abhandlungen dargestellt hat (vgl. Hartmann, 1963, 1965), beurteilt *Das Sein und das Nichts* 1963 – zu einem Zeitpunkt, da er die *Kritik der dialektischen Vernunft* offenbar noch nicht assimiliert hat – skeptisch hinsichtlich einer Perspektive auf gelingende soziale Freiheit. In seiner Stellungnahme von 1966 zur *Kritik* versucht er freilich, die möglichen Ausweitungen von *Das Sein und das Nichts* für die Sozialleher der *Kritik* aufzuzeigen.

Zunächst allerdings, wenn man von den möglichen Perspektiven des frühen auf das späte Werk abstrahiert und *Das Sein und das Nichts* in einer philosophieimmanenten Tradition zentriert, treten andere Überlegungen in den Vordergrund. Sartre verdankt seine ersten ausformulierten philosophischen Fragen der Phänomenologie. In dem 1975 entstandenen *Selbstporträt mit siebzig Jahren* schränkt er die Bedeutung von *Das Sein und das Nichts* insofern ein, als er das Werk biographisch umgrenzt und damit relativiert. Er sei damals ein ,,egoistischer Vorkriegsindividualist mehr oder weniger Stendhalscher Prägung" gewesen (*Sartre über Sartre,* S. 145); *Das Imaginäre* – die Arbeit, die die ersten phänomenologischen Studien zusammenschließt und ansatzweise schon überhöht – wird, ganz im Sinn von Husserl, als Text der Selbst-Beobachtung des

Jean-Paul Sartre (1905–1980)

Subjekts ausgelegt: es war „das Allgemeingültige, was ich suchte" *(Selbstporträt, S. 210).*

Den Auftakt macht der Essay *Die Transzendenz des Ego* 1936. Der Titel nimmt einen Begriff von Husserl auf. Husserls phänomenologisches Programm war – wie die Philosophie von Marx, die Lebensphilosophie und der Positivismus – eine Antwort auf das System des Deutschen Idealismus. Während aber der junge Marx und Dilthey den Rückgang hinter die Tradition mit einer Wiederentdeckung des Ursprünglichen – der Bedürfnis-Natur des Menschen (Marx), des faktischen und geschichtlichen Lebens „mit Bezug auf die Realitäten" (Dilthey) – verbanden, verstand Husserl die Phänomenologie „nicht als ein der Reflexivität des Lebens entstammender Lebensvollzug".[2] Phänomenologie war Wissenschaft gerade deshalb, weil sie in der Distanz zum zweckgebundenen Leben arbeitete. Sie suchte sich selbst in ihrem strengen phänomenologischen Vorgehen als letzten Begründungszusammenhang aller Wissenschaften. Im Spätwerk von Husserl ging es um den Nachweis der „allgemeinen Strukturen der Lebenswelt" (*Die Krisis der europäischen Wissenschaften und die transzendentale Philosophie, S. 142*).

Sartres Husserl-Rezeption ist durch zwei Phasen gekennzeichnet. Während der Aufsatz *Die Transzendenz des Ego* (1936) noch Husserls Intention einer Überwindung des Gegensatzes von Idealismus und Realismus folgt, zeigt sich in der größeren Abhandlung *Das Imaginäre* bereits eine kritische Unterhöhlung von Husserls Position. Der Aufsatz von 1936 ist programmatisch so gefaßt, daß – entsprechend Husserls Devise „Zu den Sachen selbst" – die Realität dem Subjekt unmittelbar zugänglich gemacht werden soll. Vier Jahre später bezeichnet Sartre das Bewußtsein als etwas Negatives; die Beziehung zur Welt ist als Negation angesprochen. Damit ist ein Grundthema von *Das Sein und das Nichts* umrißartig enthüllt.

Auch Heideggers Kritik an Husserl wurde für Sartre wichtig. In *Sein und Zeit* hatte Heidegger zu zeigen versucht, daß das transzendentale Ego – von Heidegger zur seinsverstehenden Existenz umgedeutet – nicht ohne den Zusammenhang mit dem Sein zu denken ist. Sartre artikuliert sein Unbehagen an der Konstitution des reinen Bewußtseins in *Das Sein und das Nichts* zunächst auf der Ebene der Gegenstände. Die Phänomene – das, was dem Subjekt als Vermittlung des Gegenstands erscheint – sind mehr als bloß Geltungsleistungen des Bewußtseins. Sie müssen, so Sartres Forderung, durch ein Sein „gestützt" werden: die Hauptthematik von *Das Sein und das Nichts*.

Sartre nennt das Werk im Untertitel einen „Essay zur phänomenologischen Ontologie" und deutet damit einen spezifischen Zusammenhang zwischen Phänomenologie und Ontologie an. Sartres ontologisches Interesse verdankt sich einerseits einer frühen Marx-Lektüre und Hegel-Kenntnissen, die durch Kojèves Pariser Vorlesungen zwischen 1933 und 1939 akzentuiert worden sind. Und anderseits öffnet Heideggers *Sein und Zeit* Sartre die Augen für die Themen der Existenz, der Freiheit und der Kontingenz. Indessen soll die Phänomenologie Husserlscher Abstammung das Instrumentarium zur Erschließung der Seinsproblematik bereithalten. Der Weg zum Sein führt über die phänomenologische Reflexion.

Es gibt, so postuliert Sartre, ein vom Bewußtsein unabhängiges Sein an sich. Sartre verwirft die idealistische These, daß das Sein in dem *percipi* (erkannt werden) des Bewußtseins liege. Wissen und Erkennen sind nämlich nicht ihrerseits auf das percipi zurückzuführen. Bewußtsein ist Bewußtsein von etwas, transzendiert also zu einem selbständigen Gegenstand hin.

Aber das Sein erschließt sich dem Bewußtsein nicht unmittelbar. Es offenbart sich in den Phänomenen. Das Bewußtsein vermag einen Sinn von Sein aufzuspüren, der über die phänomenale Gegebenheit dem Subjekt enthüllt wird. Sartre stellt demnach einerseits ein Sein des Bewußtseins fest – das *percipi*-Sein –, anderseits das Sein des Phänomens, dem wiederum ein Sein unterliegt, da es sonst mit dem Subjekt zusammenfiele. Wie begründet Sartre erkenntnistheoretisch die Struktur des Bewußtseins?

Das Bewußtsein muß – damit es nicht unbewußtes Bewußtsein gibt, was nach Sartre absurd wäre – seiner selbst bewußt sein. Freilich ist der Bezug ein unmittelbarer. Das unmittelbare Bewußtsein ist „nicht-setzend", nicht erklärend; es ist jedoch konstitutiv für das setzende – und also: reflexive – Bewußtsein. Sartre nennt es das präreflexive cogito. Die Konstruktion eines präreflexiven cogitos stützt erkenntnistheoretisch die Annahme eines zunächst intentional auf die Gegenstände verwiesenen Bewußtseins. Doch das Bewußtsein geht nicht – wie bei Husserl – in seinem Gegenstand auf. Es steht in einer Seinsbeziehung: das Bewußtsein ist in Relation zum Gegenstand: dem Ansichsein. Präreflexives cogito und cogito bilden eine Einheit, die als Zirkelbewegung vorzustellen ist. Das Bewußtsein von einem transzendierenden Akt (cogito) setzt die bereits vollzogene Transzendenz (präreflexives cogito) voraus. Das präreflexive cogito entspricht existentiell dem menschlichen Dasein, dem es um sein Sein geht. Der Seinszusammenhang zwischen Bewußtsein und anderem Sein muß nun letzteres ins Spiel bringen: das „hinter" den Phänomenen liegende Sein, das Sein, das die Phänomene „stützt". Sartre nennt es Ansichsein.

Nachdem Sartre gezeigt hat, daß erstens das Sein des Gegenstandes nicht im erkennenden Subjekt gegründet ist, zweitens aber den dem Subjekt erscheinenden Seins-Phänomenen ein Sein „stützend" zukommen muß, kann er sich diesem – dem Ansichsein – zuwenden. Dem Fürsichsein (so Sartres Ausdruck für das menschliche Dasein) auf der Subjektseite korrespondiert das Ansichsein auf der Objektseite.

Sartre definiert das Ansichsein dreifach. Einmal: „Das Sein ist an sich." Dann: „Das Sein ist, was es ist." Endlich: „Das Ansichsein ist." (*Das Sein und das Nichts,* S. 35) Es gehört zur Struktur des Ansichseins, daß es ohne Bezug zu sich selbst ist; diesen stiftet allein das Subjekt. Deshalb bezeichnet Sartre das Ansichsein als „sich undurchsichtig", „mit sich selbst erfüllt", „massiv" (ebda., S. 34). Latenz und Kontingenz des Ansichseins besagen, daß es Identität nur durch Beziehungslosigkeit hat. Es ist nicht ausgezeichnet durch Prinzipien wie Existenz und Essenz, die es – unabhängig von einer Beziehung zum Subjekt – zu einem endlichen Seienden machen könnten.

Im Verhältnis zum Phänomen allerdings – zu dem, was sich als Erscheinungsweise des Gegenstandes für das Subjekt zeigt – fundiert das Ansichsein jenes. Das Ansichsein ist unmittelbar zum Phänomen. Es gehört nun zu der Struktur des von Sartre so entworfenen Seinsverhältnisses, daß erst das Subjekt im Ansichsein eine Bestimmtheit weckt; damit diese Seinsbestimmung des Ansichseins zustande kommt, muß Ansichsein als solches negiert werden. Dem Subjekt kommt diese Tätigkeit zu. Konsequent kann Sartre das Subjekt – das Fürsichsein – als das Nichts des Seins verstehen. Der Haupttitel von *Das Sein und das Nichts* erfährt so eine Präzisierung.

Man sieht: die Seinsbeziehung zwischen Ansichsein und Fürsichsein ist allein ermöglicht in der Struktur des Subjekts. Sartre versucht den Nachweis dafür, daß das Bewußtsein als Nichts gedacht werden muß, zunächst phänomenologisch und ohne systematischen Zwang zu erbringen. Nichtsein ist – relational zum Bewußtsein – ein Bestand des Wirklichen. Im Seinsbereich erfährt das Subjekt die Welt qua Limitation. Im Verhältnis zum Sein unterhält der Mensch eine „individualisierende Einschränkung mit *einem* Seienden auf dem Urgrund seines Zusammenhangs mit dem Sein" (ebda., S. 45). Schon in der Frage zeigt sich ein Begreifen des Nichtseins. Weiter begegnet das Nichts gegenständlich in der Welt – als Defizienz, als Ausschnitt oder Beschränkung, als Nichtwissen. Da aber das Ansichsein, wie dargestellt wurde, reine Positivität ist, geht der nichtende Bezug von einem Sein aus, das durch sein eigenes Nichts eine Einheit mit diesem bildet: vom Fürsichsein. Das Fürsichsein löst sich in doppelter Weise; einmal vom Sein, so daß das Sein zum Gegenstand des Subjekts wird; weiter von sich selbst, von den Determinanten seiner Faktizität, so daß Freiheit als Negation möglich ist.

Der Mensch vermag negativ zu sich Stellung zu nehmen. Jede Option für etwas Bestimmtes schließt anderes aus, so daß Sartre die Einheit des Subjekts als Identität und Differenz konstituieren kann. Hypostasiert der Mensch indessen eine bestimmte Option zu einem Sein, ohne dialektisch andere Optionen der Möglichkeit nach offenzuhalten, so ist er „unwahrhaftig". Er verschenkt sich an das „Man". Umgekehrt ist Unwahrhaftigkeit deshalb immer schon im Spiel, weil das Subjekt das Ideal seiner Seinstotalität nie erreicht.

Folgt man der Explikation des Fürsichseins weiter, ergeben sich genauere Strukturen im Seinsverhältnis des Bewußtseins zu sich selbst und zum Objekt. Als „Dasein" ist das Fürsichsein ein je bestimmtes in einer bestimmten Welt. Die Erfahrung der Kontingenz, die sich im Verhältnis zum Ansichsein ebenso wie in der Relation zum Selbst als Limitation ereignet, korreliert mit der „faktischen Notwendigkeit" des Daseins. Nun ist das Fürsichsein einerseits für sein Sein verantwortlich, denn es wählt sich den Sinn seiner Situation. Anderseits steht es je schon durch seine Existenz in einem Kontext, den das Fürsichsein als kontingenten erfährt. Es entspricht der Struktur des Subjekts, daß es sein Ansichsein überschreitet und infolgedessen negiert. Der „Mangel" an Sein wird aufgehoben im Streben nach Ganzheit: nach Totalität, nach „Identität in sich selbst". Aber das Fürsichsein kommt über das ständige Sich-Entwerfen nicht hinaus. Totalität ist unerreichbar; das Fürsichsein hat – als Bewußtsein – nicht die Struktur des Ansichseins. Daseinsanalytisch gesprochen schiebt sich die Faktizität der Welt zwischen das Subjekt und seine Möglichkeiten. Freiheit ist Wahl und im Wählen Negation.

Weil menschliches Dasein wesentlich Negativität ist, kommt dem Fürsichsein als einem ekstatischen Sein die Zeitlichkeit zu. Das Subjekt hat Vergangenheit. Es „ist" diese Vergangenheit, und doch wiederum nicht, denn es ist schon über sie hinaus. Es gibt wenige Stellen in *Das Sein und das Nichts,* die emphatischer – und entsprechend auf Heidegger bezogen – formuliert sind als jene über die Zeitlichkeit. Vergangenheit wird dem Fürsichsein zum Ansichsein – zur Kontingenz, zur Faktizität. Die Geburt ist die Negation des Ansichseins. Im Tod zeigt sich der „Sieg des Ansichseins über das Fürsichsein" (ebda., S. 211). Zukunft bezeichnet Sartre als Ideal des Fürsichseins, indem das Subjekt mit seinen Möglichkeiten zusammenfällt. Doch Gegenwart – als die Negation von Ansichsein und Möglichkeit – ist das „existierende Prinzip". Das Sein negierend, ist sich das Subjekt gegenwärtig. Es „ist" nicht Sein; im negierenden Bezug zum Sein „hat" es indessen Sein – nämlich als bestimmtes.

Neben den Prinzipien Ansichsein und Fürsichsein hat das „Für-Andere-Sein" keinen im strikten Sinn ontologischen Status. Dem cogito steht ontologisch nur das Ansichsein gegenüber. Sartres „phänomenologische Ontologie" gerät dort in gewisse Schwierigkeiten, wo das Verhältnis des Subjekts zu einem anderen Subjekt thematisiert werden muß. Das Problem ist: strukturell betrachtet erfährt das Fürsichsein den Anderen als Gegenstand. Dennoch ist der Andere ebenfalls Fürsichsein und kehrt so das Verhältnis um. Phänomenologisch zeigt Sartre, daß im *Blick* die Ambivalenz des Subjekt-Subjekt-Verhältnisses prägnant wird. Indem der Andere mich ansieht, erfahre ich ihn als Subjekt – und mich selbst als seinen Gegenstand. Da ich das „Faktum der Gegenwart einer fremden Freiheit" (ebda., S. 365) nicht akzeptieren kann, weil diese mich zum Objekt macht, muß ich mich vom Anderen absetzen, indem ich seinen Subjekt-Status negiere. So gilt: „Der Konflikt ist der ursprüngliche Sinn des Für-Andere-Seins" (S. 467). Höhere Totalität – etwa im Sinn der kategorialen Dialektik Hegels – ist nicht möglich. Sartre bezeichnet Hegel als „erkenntnistheoretischen Optimisten" (S. 322). Hegels Oppositionen sind mithin auf reale Verhältnisse zurückgebracht: die Bewegung des Geistes fällt dem Verdikt des Idealismus zum Opfer. Sartres Ontologie ist gleichsam eine statische.

Klaus Hartmann, dessen Darstellung (vgl. Hartmann 1963) für die hier gegebene Zusammenfassung der Lehre Sartres maßgebend war, hat die Theorie von *Das Sein und das Nichts* als „Umformung Hegels" (a. a. O., S. 118) bezeichnet. Sartre entwirft, zunächst mit dem Instrumentarium der Phänomenologie, eine Ontologie der Intentionalität. Ausgelegt wird das Sein des Subjekts. Während für Hegel Bestimmungen wie Sein, Dasein und Fürsichsein bloß relational zu ihrer kategorialen Überhöhung Geltung haben, lehnt Sartre die Immanenz des Denkens als idealistisch ab. Seine Seinsprinzipien – Ansichsein und Fürsichsein – sind irreduzibel. Damit ist freilich für den frühen Sartre eine Soziallehre unter Berücksichtigung intersubjektiv vermittelter Freiheit nicht möglich. Weder läßt sich aus der Ontologie von *Das Sein und das Nichts* normativ eine Ethik entwickeln, noch läßt der von Sartre definierte Seins-Begriff eine metaphysische Sinn-Transzendenz entfalten. Und weil Sartre gleichsam hinter den Antagonismus-Begriff der marxistischen Lehre zurückgreift – indem Sozialität per se ein Antagonismus ist und nicht erst in bestimmten Klassengegensätzen dazu wird –, scheint auch eine Verbindung mit dem Marxismus abgewiesen.

Sartre selbst hat das Bedürfnis nach einer marxistisch fundierten Sozialphilosophie zunächst mit Erfahrungen identifiziert, die jenseits von fachphilosophischen Erörterungen vorgegeben waren. Es war der Zweite Weltkrieg mit Besatzungsmacht und Widerstand, der den „egoistischen Vorkriegsindividualisten" in die Wirklichkeit stieß. Im *Selbstporträt* wird die *Kritik der dialektischen Vernunft* als endgültige Antwort auf die Frage nach der gedanklichen Überwindung des materiellen Mangels, „der Grundlage aller vergangenen und gegenwärtigen Antagonismen zwischen den Menschen" (*Selbstporträt*, S. 188), gedeutet.

Zwischen den beiden großen Arbeiten klaffen siebzehn Jahre. Zwei kürzere Schriften bilden ansatzweise den Übergang zur *Kritik*. Nämlich: *Der Existentialismus ist ein Humanismus* (1946), und *Materialismus und Revolution* (1949). In der Existentialismus-Arbeit, die auf einem ein Jahr zuvor gehaltenen Vortrag fußt, resümiert Sartre primär die zentralen Positionen von *Das Sein und das Nichts*. Freilich scheint ein ethischer Gedanke blaß auf, wo gesagt wird, daß im Handeln das Subjekt auch sein handelndes Gegenüber zu respektieren hat. Freiheit könne nur unter der Bedingung als Ziel aufgefaßt werden, daß auch die Freiheit anderer als Ziel genommen werde. Auch spricht Sartre von Verantwortung, wenn er ausführt, daß die Wahl, in dem sie das Subjekt engagiere, die ganze Menschheit engagiere. Im Tun des Menschen wäre Verantwortung vorausgesetzt. Wofür Verantwortung, wird allerdings nicht präzisiert. Eine Norm müßte ohnehin von der in *Das Sein und das Nichts* entwickelten Faktizität zersetzt werden.

Einen anderen Zugang zu einer sozialen Theorie versucht der Essay *Materialismus und Revolution* zu öffnen. Der Text befaßt sich unter anderem kritisch mit der Doktrin des Marxismus, wie sie in der Form des dialektischen Materialismus sich verfestigt hat. Diese Lehre reduziert nach Sartre das Denken zum Epiphänomen, indem der Mensch bloß Funktion des Naturprozesses ist. Damit wird die Autonomie der Wahrheitsfindung unterlaufen und die Unmöglichkeit unterstellt, sich als freier Handelnder verstehen zu können. Die Leitmotive der *Kritik der dialektischen Vernunft* qua Kritik nehmen Gestalt an.

Sartre faßt sein zweites Hauptwerk zunächst und durchaus im Kantischen Sinn als Kritik auf. Aus der größeren Fragestellung einer Theorie sozialer

Freiheit – die in einer Absetzbewegung von *Das Sein und das Nichts* das dort beschriebene reine Person-Person-Verhältnis überwinden müßte – wird die Kritik an jenen Thesen der marxistischen Lehre herauspräpariert, die eine angemessene Integration des Marxismus in den Kontext der von Sartre geforderten Freiheitslehre verhindern.

Sartre bezeichnet die Widerspiegelungstheorie als Metaphysik. Er lehnt die Dialektik der Natur, die prozeßhaft auch menschliches Dasein – und damit Erkenntnis – determiniert, als idealistisches Konstrukt ab. Wie ist überhaupt die gedankliche Entfaltung eines Sinngesetzes des dialektischen Materialismus begründbar, wenn das Sein sich gegen jede menschliche Sinngebung sperrt und weiterhin eine transzendentale Rechtfertigung durch das Subjekt abgewiesen wird, weil dieses bloß Teil der Natur ist?

Weil der dialektische Materialismus auf diese Frage keine befriedigende Antwort weiß, verlangt Sartre eine Einschränkung des Dialektik-Begriffs. Die Dialektik, die in den Klassengegensätzen, in der Entfremdung und in der Forderung nach gesellschaftlicher Freiheit liegt, wird bejaht. Doch sie ist bloß verbindlich für den praktischen, historisch-sozialen Bereich, wo der Mensch mehr ist als das Objekt einer ihm übergeordneten Notwendigkeit.

Die Einsicht, die aus der Daseinsanalyse von *Das Sein und das Nichts* gewonnen wurde, kann an diesem Punkt weiterentwickelt werden. Die existentialistische Pointe ist insofern nicht hintergehbar, als der einzelne Mensch als transzendental-ontologischer Grund am Beginn möglichst sozialer Freiheit steht. Die Soziallehre muß die unabdingbare Subjektivität berücksichtigen. Gesellschaftliche Freiheit könnte sich bloß in einer Art „Totalisierung" ergeben. Sartre verwirft auch in seinem zweiten Hauptwerk Hegels kategoriale Progression. Er denkt eine strukturale Anthropologie. Der Dualismus zwischen Fürsichsein und Anderem soll freilich aufgelöst werden in eine Pluralität sozialer „Gruppen". Wenn diese Gruppen nur strukturell erfaßt werden können, kann indessen die Totalisierung – als Zusammenschließung von Subjekten – nicht als begriffliche Synthese gefaßt werden. Die Prozesse der Gruppenbildung sind reversibel – und mit ihnen ist es auch die soziale Freiheit, die stets in ihr Gegenteil umzuschlagen droht.

Indem Sartre struktural vorgeht, nimmt er weder eine normative Position ein, noch denkt er teleologisch. Die Faktizität, die in der *Kritik* durchscheint, entspricht Sartres Methode, etwas zu konstituieren, was real immer schon da ist. Damit ist eine hypothetische Sinngebung nicht a priori zurückgewiesen. Bloß müßte sie sich zunächst auf die Geschichte richten, um als Geschichtsphilosophie die historische Abfolge vergangener Totalisierungen als allenfalls sinnerfüllt nachzuweisen.

Gemäß diesem Programm einer strukturalen Anthropologie stellt Sartre den Menschen nicht mehr bloß als Bewußtsein dar, sondern als Praxis – als Handelnden, der inmitten von Seiendem ist. Praxis ist nun allerdings kein von einer Prinzipienlehre abgeleiteter Begriff; sie ist Grund und Seiendes zugleich. Indem Sartre den Menschen von seinen Bedürfnissen her bestimmt, wird

Handlung funktional auf Bedürfnisbefriedigung bezogen. Die Dialektik, die zwischen Subjekt und Materie spielt, ist die Logik der Arbeit. Es herrscht ein Konflikt zwischen der Innerlichkeit, die den Organismus in sich einigt, und der äußeren Ordnung, die das Subjekt aufgrund seiner Bedürfnisstruktur bindet. Freiheit ist dem Menschen insofern gegeben, als er – innerhalb des Lebens als Arbeit – das Materielle in der einen oder anderen Weise sich zu unterwerfen vermag, ohne umgekehrt je von der Bindung an die Materie loszukommen.

Vor dem Horizont der Begegnung mit der Materie als Ansichsein vollzieht sich jetzt das Verhältnis des Menschen zum Menschen in gewandelter Form. Die Kontingenz des Anderen wird nicht mehr nur – wie auf der Folie von *Das Sein und das Nichts* – als Anlaß zum Konflikt verstanden. Solidarität ist möglich in gemeinsamer Arbeit gegenüber der Materie. Sartre führt an diesem Punkt den Begriff des Dritten ein. Der Dritte – als Instanz des Zwangs: als Exponent der herrschenden Klasse, als Zeitnehmer in einer Fabrik – provoziert eine Paar-Bildung von zwei Einzelnen, die sich als Wir-Objekt dieses Dritten erfahren. Eine so forcierte Gemeinschaft ist indessen erst aus der Entfremdung heraus erklärbar.

Nun muß Sartre ein Prinzip angeben, das als universelles Apriori die Strukturen von Arbeit und Entfremdung in ihrem den Menschen bestimmenden Anspruch verständlich macht. Dieses ist der Mangel bzw. die Knappheit. Die Knappheit bewirkt, daß der Mensch den Anderen als seinen Gegner ansieht, und sie bewirkt weiter die Gegensätze der Klassen. Knappheit fundiert allerdings – anders als im Marxismus – die Entfremdung nicht einfach als historisch gewachsene Bedingtheit, sondern strukturell-anthropologisch die Beziehung des Menschen zum Menschen prinzipiell. Die Unendlichkeit der Bedürfnisse sprengt auch den Rahmen einer Natur, die – hypothetisch – unendlich viel zu geben vermöchte. Knappheit ist prinzipiell unaufhebbar.

Als weitere Struktur der Kontingenz erläutert Sartre die Materie. Die Materie gestattet dem Menschen die Bedürfnisbefriedigung. Damit wird sie zur „Gegeninstanz", der der Mensch einen je bestimmten Sinn „einschreibt". An sich ist die Materie indifferent gegenüber Prägungen. Anderseits konfrontiert sie das Subjekt unmittelbar als sein Gegenüber: als Milieu, als Umwelt, als Gegenstand der Praxis. Deshalb ist es möglich, daß der Mensch, in der Konfrontation mit der Materie, bereits fremde Sinnverleihungen vorfindet und den Anderen als seinen Konkurrenten erfährt. Weil der Mensch als Arbeiter etwas von der Materie will, wird die Materie zur „Gegenfinalität". Freilich stehen hinter der Materie stets Oppositionen von menschlichen Gruppen. Beispielsweise ist der Eigentümer der Nutznießer der Gegenfinalität. Sartre erörtert in diesem Zusammenhang den Begriff des Eigentums.

Einerseits hat das Eigentum einen prinzipiell-ontologischen Status. Besitz ist immer schon mit der menschlichen Existenz gegeben. Anderseits wirkt das Eigentum vereinzelnd: Es treibt das Subjekt in die Isolation und hat insofern eine defiziente soziale Bestimmung. Sartres ontologische Analyse des Eigentums läßt sich nicht mit der marxistischen Lehre identifizieren. Das Haben ist ein Bezug des Subjekts, Habenwollen ist die Tätigkeit, in der das Subjekt sein Ganzsein erstrebt. Eine Erklärung der Klassengegensätze ist damit noch nicht geliefert.

Wie sieht Sartre die Klassenstruktur? Er zerteilt sie in den Dualismus von Arbeiterkollektiv und Industriellen. Die Einheit der Klasse setzt das Bewußtsein einer Opposition voraus. Während die Industriellen kein im strengen Sinn verallgemeinerbares Interesse haben, gilt gleiches nicht für die Arbeiter. Zu Wir-Objekten gemacht, sind sie der Materie als Unfreie ausgeliefert. Wie kann ein Bewußtsein dieser Situation provoziert werden? Generell erfährt sich die Arbeiterklasse zunächst als ohnmächtig. Da Freiheit nicht plötzlich und unvermittelt der gesamten Klasse zuteil werden kann, muß sie von der Einzelpraxis aus eingeleitet werden. Die Gruppe – als neue Stufe innerhalb der strukturalen Anthropologie – steht am Ausgangspunkt gelingender Sozialität.

Sartre bezeichnet die Gruppe als „Gestalt" von Gemeinschaft. In ihrem Werden liegt etwas Ereignishaftes. Sartre kennt keine logische oder auch dialektische Progression, die den Zusammenschluß zur Gruppe vernünftig machen könnte. Die Gruppe muß passieren. Ein Moment, das den Zusammenschluß begünstigt, ist die Gefahr. In der Gefahr erlebt sich das Subjekt als einzelnes und vereinzeltes. Es weiß aber um die Situation, die es mit anderen Subjekten teilt; es entsteht daraus eine Einheit der Handlung, die aber das Sein des Subjekts qua Fürsichsein nicht unterläuft; die Gruppe ist nicht Seinseinheit, sondern praktische Einheit.

Als handelnde Einheit ist die Gruppe durch zwei Möglichkeiten gefährdet. Sie zerfällt einmal im Rückfall ins Kollektiv. Und sie droht sich aufzulösen, wenn ihr Ziel erreicht ist. Der Widerspruch ist merkwürdig: die Gruppe soll auch nach der Erreichung eines Ziels stabil bleiben, obwohl sich ihr Dasein bloß auf die Tatsache eines Ziels stützt. Sartre postuliert allerdings nicht ein beliebiges Ziel, sondern den Endsieg – und bringt damit ein seltsam teleologisches, mit der marxistischen Doktrin konform gehendes Element in die Argumentation ein. Es ist der Eid, der, als praktische Erfahrung der Gruppe, den Zusammenhalt intern garantieren soll. Er bekräftigt das Werden der Gruppe und stabilisiert sie als gesetztes Gegenüber zur Umwelt.

Im Moment, wo die Gruppe als sozial gefestigt angesehen werden kann, erfolgt eine weitere – innere – Differenzierung. Herrschaft nach Hierarchien ist unvermeidlich, tangiert aber wiederum das Fürsichsein des Subjekts nicht. Ferner sind die Maßstäbe, die gelten, bloß für die Angehörigen der Gruppe verbindlich und intersubjektiv einsehbar. Es gibt keine absolute Koordination der verschiedenen Gruppen im Hinblick auf ihre gesamtgesellschaftliche Integration. Auch hier distanziert sich Sartre sowohl vom Marxismus wie auch von Hegel. Insofern ist das Ziel der Gruppe „selbstisch" und besteht etwa in der Abwehr der Anderen, die nicht zur Gruppe gehören. Man muß allerdings sehen, daß Sartre die Gruppe nicht einfach als mögliche Form sozialer Kommunikation betrachtet. Der Mensch ist in seiner Freiheit auf die Zugehörigkeit zur Gruppe bezogen.

Sartre nennt deshalb die *Kritik der dialektischen Vernunft* im Untertitel eine „Theorie der praktischen Gruppen". Damit ist schon von Anfang an und programmatisch abgewiesen, was sowohl bei Hegel wie auch im Marxismus eine progressive Überhöhung erfährt: Es gibt bei Sartre strenggenommen keine totalisierende Finalität. Das zeigt sich weiter, wo Sartre die Gruppe der Gesellschaft entgegenstellt. Die Anderen als Opposita sind der Gruppe Objekte ihrer Herrschaft; der strikte Gruppenmonismus führt negativ dazu, die Gesellschaft als Inbegriff der Antagonismen von Gruppen und Kollektiven anzusehen. Etwas komplexer wird die Darstellung des Staates. Systematisch gesehen die oberste Gruppe, ist er die Vereinigung von Verwaltern, Bürokraten, Organisatoren usw. Ferner ist er die vermittelnde Instanz bei Konfliktfällen unter den Herrschenden. Das Recht des Staates ist aus der Klassendifferenz erwachsen, steht aber, als Herrschaft, formal über dieser Differenz. Dem Staat wird die Möglichkeit einer vermittelnden Einigung der verschiedenen sozialen Interessen abgesprochen. Er ist zwar von der Rechtswahrung her betrachtet allgemeine Struktur, doch dem Wesen nach Organ der herrschenden Klasse.

Sartre denkt hier insofern konsequent, als auch die Diktatur des Proletariats einen Überorganismus staatsähnlicher Art zeitigen würde, der abzulehnen ist. Sartre plädiert generell für Entbürokratisierung, Arbeiterkomitees, partikuläre Gruppen. Diese Forderung entspringt der Einsicht, daß jede Einheit bloß Einheit für jemanden (hier: eine Gruppe) ist, der Andere totalisiert. Der Vorteil der strukturalen Beschreibung liegt in diesem Zusammenhang darin, daß von einer utopischen Vereinigung Aller auf ein gemeinsames Ziel hin Abstand genommen wird. Es gibt für Sartre bloß partikulare Freiheiten.

Sartre sieht allerdings einen Ausweg, der der marxistischen Doktrin eine grundsätzliche Chance lassen könnte. Dazu bedürfte es des Blicks auf die Geschichte. Die Geschichte müßte zeigen, wie sich die unterdrückten Klassen gegen „böse" Gegenklassen zu behaupten vermochten, und daraus ließe sich eine Teleologie ableiten. So wäre die Finalität des Marxismus allenfalls zu retten. Den zweiten Band der *Kritik,* der diesem Thema zugedacht war, hat Sartre nie geschrieben.

Abschließend wäre zu fragen, in welchem Ausmaß die im äußersten Antagonismus mündende Sozialstruktur von *Das Sein und das Nichts* auch für die *Kritik der dialektischen Vernunft* verbindlich geworden ist. Sartre sieht sich am Beginn des zweiten Hauptwerks mit zwei Problemen konfrontiert. Erstens lehnt er die den Naturprozeß hypostasierende Doktrin des dialektischen Materialismus ab, möchte aber an wesentlichen marxistischen Einsichten wie Klassengegensätzen und Entfremdung festhalten. Die *Kritik* soll auf dem Boden der marxistischen Philosophie formuliert werden. Zweitens soll sich der Existentialismus als Korrektur des Marxismus empfehlen, nicht in der „reinen" Form, wie sie in *Das Sein und das Nichts* entworfen ist, doch so, daß an der unverkürzten Subjektivität nicht gerüttelt wird. Damit sind Optionen eingebracht, die den Duktus der *Kritik* mitbestimmen.

Sie können die große gedankliche Leistung von Sartres Soziallehre nicht mindern, aber partiell gewisse Schwierigkeiten der strukturalen Anthropologie verstehbar machen. Zwar ist die Einsicht, daß es in der Konfrontation mit der Materie zu einer ,,positiven" Begegnung von Mensch und Mensch kommen kann, eine Überwindung des rigorosen Antagonismus-Denkens, wie es in dem frühen Werk manifest ist. Freiheit im sozialen Kontext ist nicht mehr unter allen Umständen Negation. Anderseits präsentieren sich die Gruppen qua Handlungssubjekte wieder in Strukturen der Gegensätzlichkeit, so daß ein höherer Zusammenschluß nicht zur Diskussion steht. Zudem ist das Fürsichsein des Subjekts von dessen Gruppenzugehörigkeit nicht betroffen, weil die Gruppe keinen Seinsstatus im strengen Sinn, sondern bloß einen Handlungsstatus hat. Auch die Überwindung des materiellen Mangels kann nur teilweise und im Hinblick auf bestimmte Ziele gelingen. Die These, daß der Mensch seiner Bedürfnisstruktur gemäß jeweils mehr will, als ihm je zur Verfügung stehen könnte, wirft die Soziallehre an einem entscheidenden Punkt auf die Ontologie des Subjekts zurück. Dadurch freilich beläßt Sartre dem Menschen eine widersprüchliche Struktur, die reicher ist als jene, die ihm der Marxismus zuspricht.

III. Würdigung und Wirkungsgeschichte

Sartres philosophische Bedeutung ist noch nicht abzuschätzen. Wenn die Kontroversen, die er – vor allem in Frankreich – seit dem Erscheinen von *Das Sein und das Nichts* ausgelöst hat, ein Indiz für die mächtige Wirkung dieser Philosophie sind, dann gehört Sartre zweifellos zu den großen Figuren des Denkens im zwanzigsten Jahrhundert. Mißt man bloß mit der fachphilosophischen Elle, dann hat Sartre weder ein einschlägig tradierbares Lehrgebäude hinterlassen noch eine Schule im esoterischen Sinn gegründet.

Sartre trifft sich darin mit Heidegger. Seine Ontologie kann nicht in dem Sinn Wissenschaft sein, daß sie in ein Forschungsprogramm aus- und umzubauen wäre. Sie genügt auf eigentümliche Art sich selbst. Es gibt dafür einen Hinweis, der indirekt die Schwierigkeiten beleuchtet, die bei Heidegger wie bei Sartre auftauchen, wo eine Auffächerung in Themen gefordert wird, die von der Existentialanalyse ausgespart waren. Es handelt sich um die Frage nach einer Ethik. 1947 gibt Heidegger in dem sogenannten *Brief über den Humanismus* eine Antwort, die die Unmöglichkeit einer auf der Basis von *Sein und Zeit* zu entwickelnden Ethik bestätigt. Ein Jahr vorher, 1946, hatte Sartre in dem Vortrag *Der Existentialismus ist ein Humanismus* die radikalsten Konsequenzen von *Das Sein und das Nichts* dahingehend abgeschwächt, daß er nur noch sehr vage von einer horizonthaften Norm sprach: das Ziel meiner Freiheit involviere die Freiheit der Anderen als mein eigenes. Damit war der Boden des frühen Hauptwerks bereits verlassen.

Anders als bei Heidegger urgiert im Fall von Sartre das gesellschaftspolitische Engagement seit 1945 eine Öffnung der Philosophie zur sozialen Praxis.

Die Widersprüche, die Sartres spätere philosophische Arbeiten zeichnen, sind mindestens zu einem bedeutenden Teil Widersprüche aus Exoterik.

Dem Werk kann die „große Linie" dennoch nicht abgesprochen werden. Es hat sich vielmehr gezeigt, daß gewisse Leitmotive von *Das Sein und das Nichts* auch in der *Kritik der dialektischen Vernunft* wieder aufscheinen. Den ontologischen Status des Fürsichseins, wie er das Sein des Menschen auszeichnet, gibt Sartre auch nicht preis, wo er – als Bedingung für gelingende Sozialpraxis – durch den Handlungsbegriff (im Sinn von Arbeit) ergänzt wird. Natürlich wird damit die Frage unabweisbar, wie tauglich Sartres Ontologie für das Verstehen des menschlichen Daseins – nicht zuletzt als kommunikativer Prozeß – ist. Das Fürsichsein ist bestimmt durch den Modus der Negation. In diesen Begriff faßt Sartre sowohl Husserls Lehre von der Gerichtetheit des Subjekts auf seinen Gegenstand, wie auch Heideggers Lehre von der Welt des Daseins als Sinnbereich. Der Vorzug einer so präzisierten Deutung der menschlichen Bezüge liegt darin, daß Freiheit als ein Akt aufgefaßt werden kann, der den Menschen über das Gegebene hinaushebt, indem Gegebenes jeweils negiert wird. Es ergibt sich daraus ein unendlicher Prozeß, da der Mensch niemals das Stadium einer ruhenden Identität erreicht. Klaus Hartmann hat deshalb von einer ontologischen Bekräftigung der Sisyphos-Thematik, wie sie bei Camus präsentiert wird, gesprochen.[3]

Problematischer erscheint der negierende Bezug des Subjekts da, wo ein menschliches Gegenüber auftritt. Sartres Lehre hypostasiert in der Beziehung Ich-Anderer ein antagonistisches Verhältnis, so daß gelingende kommunikative Praxis (von der Liebe bis zum Gemeinschaftssinn) nicht in den Blick rückt. Die Lehre kennt hier deshalb keinen sozialen Horizont, weil Sartre einen im strikten Sinn ontologischen Status nur dem Ansichsein und dem Fürsichsein zuschreibt und das Für-Andere-Sein davon ableitet.

Man muß die *Kritik der dialektischen Vernunft* tatsächlich in gewissem Sinn als Antwort und als Korrektiv gegenüber dem hypostasierenden Befund von *Das Sein und das Nichts* lesen. Soziale Freiheit muß möglich sein. Das ist die Forderung des Marxismus, dem aber die realen Verhältnisse insofern Anlaß zur Kritik geben, als nach der Doktrin erst der Sieg des Proletariats die Freiheit in den Zustand ihrer Verwirklichung befördert. Sartre verwirft die Teleologie, die im dialektischen Materialismus schließlich zu einem Prozeßdenken führt, in dem der Mensch als handelndes Subjekt ausgeschaltet ist. Zudem will er keine Geschichtsphilosophie mit der Aufgabe einer Freiheitstheorie betrauen. Die strukturale Anthropologie soll plausibel machen, was ohnehin schon da ist: es gibt, partiell, soziale Freiheit. Allerdings schränkt Sartre die Bedeutung dieser Einsicht drastisch ein. Gedacht ist nicht an eine Affirmation bestehender Sozialstrukturen. Die *Kritik der dialektischen Vernunft* ist vielmehr energisch bloß an jenem Teil der Gesellschaft interessiert, der unterdrückt wird: das ist die Arbeiterschaft, wobei alle weiteren Formen von Unterdrückung – sublimere im geistigen Bereich, offensichtlichere im Komplex von Kolonialismus und Dritter Welt – ausgeklammert werden. Man mag darüber spekulieren, ob der nie geschriebene zweite Teil der Kritik, also der auf die Geschichte gerichtete, sie berücksichtigt hätte. So, wie Sartres Soziallehre vorliegt – und auch das gehört zu den Widersprüchen –, ist sie orientiert am und bezogen aufs Modell des modernen Industriestaats; gleichwohl verlangt sie universale Gültigkeit.

Sartre hat sich nach 1960 nie systematisch von der Lehre der *Kritik* distanziert. Sie blieb ihm eine gültige Theorie bis zuletzt, gerade wenn er in den späten Gesprächen die partikulare Existenz der Gruppen – die spätestens seit 1968 nicht mehr allein auf die Industriearbeiter bezogen war – noch betonte. Ein Hauch von Anarcho-Syndikalismus kam ins Spiel und wurde vor allem von den Exponenten des Mai 68 in revolutionären Atem verlängert.

Im Blick auf die Wirkungsgeschichte der Philosophie Sartres ergibt sich die Schwierigkeit, echte Rezeption von bloß rhetorischer Affirmation bzw. Ablehnung zu unterscheiden. Längst ist die Sekundärliteratur über Sartre ins Unüberschaubare gewachsen. Auch ist in der Rezeption nicht immer eindeutig zwischen Literatur und Philosophie, Philosophie und Politik, Politik und Literatur zu trennen. Rekurriert man nur auf die Philosophie – ein nach 1945 ohnehin problematisches Unterfangen –, gerät beispielsweise die Beziehung Camus-Sartre aus dem Blick und damit die frühe Wirkungsgeschichte von *Das Sein und das Nichts*. Diese läuft in ihrer popularisierten und exoterischen Form unter der Flagge des Existentialismus und bezieht sich mindestens sowohl auf den Roman *Der Ekel* wie auf das erste philosophische Hauptwerk.

Merleau-Ponty klagte im Sommer 1945 über den mangelnden Ernst der Auseinandersetzung mit Sartre. Die „linke" Ablehnung des Existentialismus beruhte auf der Überzeugung, daß Sartres Buch das gemeinschaftsfördernde Erlebnis der Résistance auszuhöhlen trachtete. Differenzierter kritisiert Merleau-Ponty, wenn er Sartre 1945 fehlende Einsicht in die Intersubjektivität des Daseins vorwirft.[4] Das Buch sei zu antithetisch gebaut, stütze sich zu sehr auf die Antithese von Fürsichsein und Ansichsein, sei zu wenig dialektisch vermittelt.

Auch G. Lukács spricht in *Existentialisme ou Marxisme?* 1946 von den Problemen, die Sartre hat, wenn er auf der Ebene von *Das Sein und das Nichts* ein soziales Verhältnis zu anderen zu konstituieren versucht. Das Werk wird kritisiert von der thomistischen Philosophie, die Sartres Logik Inkonsistenz vorwirft.[5] Es wird abgelehnt vom gemäßigt konservativen Lager, dem bald Malraux und später auch Raymond Aron (mit seinem Buch *L'Opium des Intellectuels* 1955) zugehören. Es wird mit Zustimmung vor allem bei den Literaten von Saint-Germain-des-Prés aufgenommen, die Sartres Ontologie als Freiheitslehre vereinfachen.[6] Auch Merleau-Ponty verteidigt trotz der oben erwähnten Einwände Sartres Werk als Versuch unter dem Signum der Freiheit.[7]

Nicht weniger Kontroversen löste 1960 das Erscheinen der *Kritik der dialektischen Vernunft* aus. Das Buch kommt in einem Augenblick, da Sartre die politische Affirmation des Marxismus in Form der kommunistischen Parteiideologie schon hinter sich hat. Es kann nicht darum gehen, dem Marxismus blind eine neue Theorie zu geben. Die Kritik aus dem marxistischen Lager ist prägnant: von Roger Garaudy,[8] Henri Lefèbvre,[9] auch Adam Schaff.[10] Der generelle Vorwurf lautet, Sartre abstrahiere von der Geschichte. Raymond Aron mißt in seiner Rezension[11] die *Kritik* an der Doktrin des Marxismus und hält sie von daher für unvollkommen. Die Verbindung von Existentialismus und Marxismus, wie sie dem Werk inhärent ist, provoziert Irritation. Dazu kommt die Ablehnung der Soziallehre Sartres durch jene, die sich durch den Begriff der strukturalen Anthropologie angesprochen fühlen. Ihr Hauptexponent ist Claude Lévi-Strauss. In seinem Buch *La pensée sauvage*[12] verwirft er Sartres selektive Auswahl historischer Beispiele, die einen Sinn von Handlung suggeriere, dessen Überbewertung der Geschichte qua Struktur widerspräche.

Auch im Fall des zweiten Hauptwerks wird die Diskussion rasch auf weltanschauliche Optionen hin verschoben. Es ist Sartre selbst, der durch seine Aktivitäten im Mai 1968 und auch noch später einen Aktionismus symbolisiert, der der ernsthaften Beschäftigung mit der *Kritik* nicht förderlich ist. Zu bequem ist die Identifizierung des ,,Marxisten" Sartre mit seiner ,,marxistischen" Soziallehre.

In welchem Ausmaß Sartre für die Fachphilosophie neu zu entdecken ist, bleibt eine offene Frage. Man soll sich indessen hüten, eine Langzeitwirkung auszuschließen. Daß Sartre weder im ersten, noch im zweiten Hauptwerk ,,klassische" Antworten zu formulieren vermochte, darf nicht darüber hinwegtäuschen, daß beide Texte mit einer Anstrengung des Begriffs gedacht sind, die sie jenseits von konkreten Ergebnissen zu Jahrhundertwerken macht.

BIBLIOGRAPHIEN

IMMANUEL KANT

1. Werke

Gesammelte Schriften, begonnen v. der Königl. Preuß. *Akademie* der Wissenschaften (sog. Akademieausgabe, abgekürzt als: Ak.Ausgabe. oder: AA), 1. Abtlg. (Bd. I bis IX): Werke; 2. Abtlg. (Bd. X–XIII): Briefwechsel, 3. Abtlg. (Bd. XIV–XXIII): Nachlaß, Berlin 1900–1955; 4. Abtlg. (Bd. XXIV–XXIX): Vorlesungen, Berlin 1966 ff., zuletzt Bd. 29 erschienen; 5. Abtlg.: Kant-Index, Bd. XXX ff. (noch nicht erschienen).
Bd. I–IX auch als Studienausgabe: Kants Werke. Akademietextausgabe, Berlin 1968; die Anmerkungen dazu: 2 Bde.: Berlin/New York 1977.
Sämtliche Werke, hrsg. v. *K. Vorländer, O. Buek, W. Kinkel, F. M. Schiele*, 10 Bde. (Philosoph. Bibliothek), Leipzig 1904–1914.
Werke, hrsg. v. *E. Cassirer*, 11 Bde., Berlin 1912–1922.
Werke in sechs Bänden, hrsg. v. *W. Weischedel*, Wiesbaden 1956–1964 (Nachdruck: Darmstadt 1963–1964; seitenidentische Paperbackausgabe in 12 Bden.: Frankfurt/M. 1968; *Register:* Frankfurt/M. o. J.).
Gute Studienausgaben der einzelnen Texte, auch des Briefwechsels, zumeist auf der Grundlage der Vorländer-Ausgabe (Briefwechsel: *J. H. v. Kirchmann*), mit hilfreichen Einleitungen (Entstehungsgeschichte und Inhalts- bzw. Problemübersichten) sowie guten Sach- und Namensregistern:
Philosophische Bibliothek, Hamburg.
Gute Einzelausgaben auch bei *Reclam*, Stuttgart, u. *Suhrkamp*, Frankfurt/M.
Politische Schriften, hrsg. v. *O. H. v. d. Gablentz*, Köln/Opladen 1965.
Zehbe, J. (Hrsg.): Immanuel Kant. Briefe, Göttingen 1970.
– (Hrsg.): Briefe an Kant, Göttingen 1971 (nützliche Auswahl).

2. Literatur

2.1 Hilfsmittel

Adickes, E.: German Kantian Bibliography, 2 Bde., Boston/New York, B. Franklin, 1895–96 (Neudruck: Würzburg o. J.) (verzeichnet neben sämtlichen Schriften Kants in bisher größter Vollständigkeit Schriften über Kant und im Umkreis der Kantischen Philosophie bis 1804; über 2800 Titel; zu allen wichtigeren Schriften knappe Inhaltsangabe und Beurteilung).
Überweg, F.: Grundriß der Geschichte der Philosophie, 3. Teil: Die Philosophie der Neuzeit bis zum Ende des 18. Jahrhunderts, Berlin ^{12}1924, S. 709–749 (ausführliche Hinweise zur Kant-Literatur bes. des 19. Jahrhunderts).
Lehmann, K. H., Horst, H.: Dissertationen zur Kantischen Philosophie (dt. Dissertationen 1885–1953), in: Kant-Studien 51 (1959/60) 228–257.

Die *Kant-Studien* führen seit Bd. 60 (1969) eine fortlaufende Bibliographie von Arbeiten über Kant, von 1952 an nachgeholt, besorgt v. *R. Malter.*

Hinske, N., Weischedel, W.: Kant-Seitenkonkordanz, Darmstadt 1970 (ermöglicht es, die Kant-Texte in den verschiedenen Ausgaben, Ak. Ausg., Cassirer, Vorländer, Weischedel usw., aufzufinden).

Schmid, C. Chr. E.: Wörterbuch zum leichtern Gebrauch der Kantischen Schriften, Jena ²1798, neu hrsg. v. *N. Hinske,* Darmstadt 1980.

Eisler, R.: Kant-Lexikon. Nachschlagewerk zu Kants sämtlichen Schriften, Briefen und handschriftlichem Nachlaß, Berlin 1930 (Nachdruck: Hildesheim 1964, Paperback 1972) (bringt zu allen wichtigeren Stichworten die einschlägigen Kant-Zitate, bei größeren Artikeln mit zusammenfassenden Einleitungen – unentbehrlich, aber vor allem in der Zitierweise unbefriedigend: Ak.Ausg. nicht berücksichtigt).

Ratke, H.: Systematisches Handlexikon zu Kants Kritik der reinen Vernunft, Leipzig 1929, Hamburg ²1965 (sehr hilfreich, auch für Anfänger; zur Hauptschrift Kants und zu den *Prolegomena* weit ausführlicher als das Eisler-Lexikon).

Martin, G.: Sachindex zu Kants *Kritik der reinen Vernunft,* Berlin 1967.

2.2 Leben und philosophische Entwicklung; allgemeine Werke

Hauptquellen für Kants Leben sind der Briefwechsel, dann auch die drei im Jahre 1804 in Königsberg erschienenen Biographien von:

Borowski, L. E., Jachmann, R. B., Wasianski, E. A. C.; als: *Groß, F.* (Hrsg.): Immanuel Kant. Sein Leben in Darstellungen von Zeitgenossen, Berlin 1912; Nachdruck: Darmstadt 1968; auch als: *Drescher, S.* (Hrsg.): Wer war Kant?, Pfullingen 1974.

Von den älteren Werken noch lesenswert:

Fischer, K.: Immanuel Kant. Entwicklungsgeschichte und System der kritischen Philosophie, 2 Bde., Mannheim 1860, ⁶1928; Nachdruck: Darmstadt 1976 (von einem Hegelschüler die erste große Monographie).

Cassirer, E.: Kants Leben und Lehre, Berlin ²1928; Nachdruck: Hildesheim 1977.

Vorländer, K.: Immanuel Kants Leben, Leipzig 1911, neu hrsg. v. *Malter, R.,* Hamburg ³1974 (immer noch die beste Biographie).

–: Immanuel Kant. Der Mann und das Werk, 2 Bde., Leipzig 1924; neu hrsg. v. *Malter, R.,* Hamburg ²1977.

Neuere Werke:

Adickes, E.: Kants Opus postumum, Berlin 1920; Nachdruck: Vaduz 1978.

Beck, L. W.: Studies in the Philosophy of Kant, New York, Bobbs-Merill, 1965.

–: (Hrsg.) Kant Studies Today, La Salle/Ill., Open Court, 1969.

Broad, C. D.: Kant. An Introduction, Cambridge, University Press, 1978.

Delekat, F.: Immanuel Kant. Historisch-kritische Interpretation der Hauptschriften, Heidelberg ³1969.

Gerhard, V., Kaulbach, F.: Kant, Darmstadt 1979 (zur Situation der Kantforschung).

Gram, M. S. (Hrsg.): Kant. Disputed Questions, Chicago, Quadran Books, 1967.

Gulyga, A.: Immanuel Kant, Frankfurt/M. 1981 (russ. Moskau 1977).

Heimsoeth, H., Henrich, D., Tonelli, G. (Hrsg.): Studien zu Kants philosophischer Entwicklung, Hildesheim 1967.

Hinske, N.: Kant als Herausforderung an die Gegenwart, Freiburg/München 1980.

Höffe, O.: Immanuel Kant. Leben, Werk, Wirkung, München 1983.
Jaspers, K.: Kant, in: ders.: Die großen Philosophen, Bd. 1, München/Zürich 1981, S. 397–616.
Kaulbach, F.: Immanuel Kant, Berlin 1969.
Kojève, A.: Kant, Paris, Gallimard, 1973.
Körner, S.: Kant, Harmondsworth, Penguin, 1955; dt. Kant, Göttingen 1967 (eine meist zuverlässige Einführung).
Lehmann, G.: Beiträge zur Geschichte und Interpretation der Philosophie Kants, Berlin 1969.
Philonenko, A.: L'œuvre de Kant. La philosophie critique, 2 Bde., Paris, J. Vrin, 1969.
Proceedings of the IVth International Colloquium in Biel – Actes du IV Colloque International de Bienne – Akten des IV. Internationalen Kolloquiums in Biel, in: Dialectica 35, H. 1–2 (1981).
Ritzel, W.: Immanuel Kant. Zur Person, Bonn 1975.
Schultz, U.: Immanuel Kant in Selbstzeugnissen und Bilddokumenten, Reinbeck 1965.
Stavenhagen, K.: Kant und Königsberg, Göttingen 1949.
Verneaux, R.: Le Vocabulaire de Kant, Bd. I: Doctrines et Méthodes, Paris 1967; Bd. II: Les Pouvoirs de l'esprit, Paris, Presses Universitaires de France, 1973.
Weil, E.: Problèmes Kantiens, Paris, J. Vrin, ²1970.
Wolff, R. P. (Hrsg.): Kant. A Collection of Critical Essays, London/Melbourne, Macmillan, 1968.

2.3 Theoretische Philosophie

Kommentare zur Kritik der reinen Vernunft:

Vaihinger, H.: Kommentar zur Kritik der reinen Vernunft, 2 Bde., Stuttgart ²1922, Nachdruck: Aalen 1970, New York/London 1976.
Smith, N. K.: A Commentary to Kant's ‚Critique of Pure Reason', London, Macmillan, ²1923, Nachdruck: New York, Humanities, 1962.
Paton, H. J.: Kant's Metaphysic of Experience. A commentary on the first half of the ‚Kritik der reinen Vernunft', 2 Bde., London, Humanities, 1936, ⁴1965.
Wolff, R. P.: Kant's Theory of Mental Activity, Cambridge/Mass., Peter Smith, 1963, Nachdruck: 1973.
Heimsoeth, H.: Transzendentale Dialektik. Ein Kommentar zu Kants Kritik der reinen Vernunft, 4 Teile, Berlin 1966–71.
Bennett, J.: Kant's Analytic, London/New York, Cambridge, University Press, 1966.
–: Kant's Dialectic, London/New York, Cambridge, University Press, 1974.
Walsh, W. H.: Kant's Criticism of Metaphysics, Edinburgh, University Press, 1975 (ein Kommentar als fortlaufender Essay).
Wilkerson, T. E.: Kant's Critique of Pure Reason, Oxford, Clarendon Press, 1960.
Strawson, P. F.: The Bounds of Sense. An essay on Kant's ‚Critique of pure reason', London, Methuen, 1966; dt. Königstein/Ts. 1981.
Apel, M.: Kommentar zu Kants ‚Prolegomena'. Eine Einführung in die kritische Philosophie, Leipzig ²1923.

Studien zur theoretischen Philosophie:

Adickes, E.: Kant als Naturforscher, 2 Bde., Berlin 1924–25.
Al-Azm, S.: The Origins of Kant's Arguments in the Antinomies, Oxford, Clarendon Press, 1972.
Beck, L. W.: Kant's Theory of Knowledge, Dordrecht, Reidel, 1974.
Bieri, P., Horstmann, R.-P., Krüger, L. (Hrsg.): Transcendental Arguments and Science. Essays in epistemology, Dordrecht u. a., Reidel, 1979 (kritische Diskussion Kantischer Probleme aus analyt. und wissenschaftstheoret. Perspektive).
Bird, G.: Kant's Theory of Knowledge. An outline of one central argument in the ‚Critique of pure reason', New York/London, Routledge & Kegan Paul, 1962, ²1965.
Brittan, Jr., G. G.: Kant's Theory of Science, Princeton, University Press, 1978.
Bröcker, W.: Kant über Metaphysik und Erfahrung, Frankfurt/M. 1970.
Cassirer, H. W.: Kant's First Critique, London, G. Allen & Unwin, 1954.
Cohen, H.: Kants Theorie der Erfahrung, Berlin 1871, ²1885 (Kant als Wissenschaftsphilosoph, neukantianische Perspektive).
Daval, R.: La Métaphysique de Kant, Paris, Presses Universitaires de France, 1951 (der Schematismus als Kants Zentralidee).
Gloy, K.: Die Kantische Theorie der Naturwissenschaft. Eine Strukturanalyse ihrer Möglichkeiten, ihres Umfangs und ihrer Grenzen, Berlin/New York 1976.
Gram, M. S.: Kant. Ontology and the A Priori, Evanston, Ill., Northwestern University Press, 1968.
Heidegger, M.: Kant und das Problem der Metaphysik, Frankfurt/M. 1929, ⁴1973.
–: Die Frage nach dem Ding. Zu Kants Lehre von den transzendentalen Grundsätzen, Tübingen 1962, ²1975.
–: Kants These über das Sein, Frankfurt/M. 1963.
–: Phänomenologische Interpretation von Kants Kritik der reinen Vernunft, hrsg. v. I. Görland, Frankfurt/M. 1977.
Heimsoeth, H.: Studien zur Philosophie I. Kants, Bd. 1: Metaphysische Ursprünge und ontologische Grundlagen, Köln 1970, Bonn ²1971; Bd. 2: Methodenbegriffe der Erfahrungswissenschaften und Gegensätzlichkeiten spekulativer Weltkonzeption, Bonn 1970.
Henrich, D.: Identität und Objektivität. Eine Untersuchung über Kants transzendentale Deduktion, Heidelberg 1976.
Hinske, N.: Kants Weg zur Transzendentalphilosophie. Der dreißigjährige Kant, Stuttgart 1970.
Holzhey, H.: Kants Erfahrungsbegriff. Quellengeschichtliche und bedeutungsanalytische Untersuchungen, Basel/Stuttgart 1970.
Kopper, J., Malter, R. (Hrsg.): Materialien zu Kants ‚Kritik der reinen Vernunft', Frankfurt/M. 1975 (Beiträge aus dem dt., frz. u. engl. Sprachraum von Hegel bis Paton u. Kojève).
Kopper, J., Marx, W. (Hrsg.): 200 Jahre Kritik der reinen Vernunft, Hildesheim 1981.
Malherbe, M.: Kant ou Hume. Ou la raison et le sensible, Paris, J. Vrin, 1980.
Marquard, O.: Skeptische Methode im Blick auf Kant, Freiburg/München 1958, ²1978.
Martin, G.: Immanuel Kant. Ontologie und Wissenschaftstheorie, Berlin ²1968.
Plaas, P.: Kants Theorie der Naturwissenschaft, Göttingen 1965.
Prauss, G.: Erscheinung bei Kant. Ein Problem der ‚Kritik der reinen Vernunft', Berlin 1971.

–: Kant und das Problem der Dinge an sich, Berlin 1974.
Reich, K.: Die Vollständigkeit der kantischen Urteilstafel, Berlin 1932, ²1948.
Schäfer, L.: Kants Metaphysik der Natur, Berlin 1966.
Schüßler, I.: Philosophie und Wissenschaftspositivismus. Die mathematischen Grundsätze in Kants Kritik der reinen Vernunft und die Verselbständigung der Wissenschaften, Frankfurt/M. 1979.
Sellars, W.: Science and Metaphysics. Variation on Kantian themes, London, Routledge & Kegan Paul, 1968.
Stegmüller, W.: Gedanken über eine mögliche rationale Rekonstruktion von Kants Metaphysik der Erfahrung, in: ders.: Aufsätze zu Kant und Wittgenstein, Darmstadt ²1972.
Stuhlmann-Laeisz, R.: Kants Logik, Berlin 1976.
Tonelli, G.: Kant dall'estetica metafisica all'estetica psicoempirica. Studi sulla genesi del criticismo, 1754–1771, e sulle sue fonti, in: Memorie dell'Academica delle Scienze di Torino, Turin, Ediz. di Filosofia, Bd. III, 2, 1955, S. 77–420.
–: Elementi metodologici e metafisici in Kant dal 1745 al 1768, Turin, Ediz. di Filosofia, 1959.
Tuschling,B. (Hrsg.): Probleme der ‚Kritik der reinen Vernunft'. Kant-Tagung Marburg 1981, Berlin/New York 1984.
Vleeschauwer, H. J.: La déduction transcendentale dans l'œuvre de Kant, 3 Bd., Antwerpen/Paris/Den Haag, De Sikkel, 1934–37; kürzere Fassung: L'évolution de la pensée kantienne, Paris, Alcan, 1939; engl. The Development of Kantian Thought, London, Routledge & Kegan Paul, 1962.
Vuillemin, J.: Physique et métaphysique kantienne, Paris, Presses Universitaires de France, 1955.
Walsh, W. H.: Reason and Experience, Oxford, Clarendon Press, 1947.

2.4 Ethik

Acton, H. B.: Kant's Moral Philosophy, London, Macmillan, 1970.
Alquié, F.: La morale de Kant, Paris, Presses Universitaires de France, 1974.
Beck, L. W.: A Commentary on Kant's Critique of Practical Reason, Chicago, University of Chicago Press, 1960; dt. Kants *Kritik der praktischen Vernunft*. Ein Kommentar, München 1974.
Benton, R. J.: Kant's Second Critique and the Problem of Transcendental Arguments, Den Haag, Nijhoff, 1977.
Bittner, R., Cramer, K. (Hrsg.): Materialien zu Kants ‚Kritik der prakt. Vernunft', Frankfurt 1975 (Texte aus Kants handschriftl. Nachlaß u. Arbeiten aus der frühen Kant-Diskussion bis in die 2. Hälfte des 19. Jhs., Auswahlbibliographie).
Carnois, B.: La cohérence de la doctrine kantienne de la liberté, Paris, Seuil, 1973.
Cohen, H.: Kants Begründung der Ethik, Berlin 1877, ²1910.
Delbos, V.: La philosophie pratique de Kant, Paris, Presses Universitaires de France, 1969.
Duncan, A. R. C.: Practical Reason and Morality, Edinburgh, Nelson, 1957.
Ebbinghaus, J.: Gesammelte Aufsätze, Vorträge und Reden, Darmstadt 1968, S. 80–96, 140–160.
Forschner, M.: Gesetz und Freiheit. Zum Problem der Autonomie bei I. Kant, München/Salzburg 1974.
Henrich, D.: Selbstverhältnisse, Stuttgart 1982, S. 6–56.

Höffe, O.: Introduction à la philosophie pratique de Kant. La morale, le droit, l'histoire et la religion, Albeuve, Editions Castella, 1984.
Kaulbach, F.: Das Prinzip Handlung in der Philosophie Kants, Berlin 1969.
Krings, H.: System und Freiheit. Gesammelte Aufsätze, Freiburg/München 1980.
Krüger, G.: Philosophie und Moral in der Kantischen Kritik, Tübingen 1931, ²1967.
Messer, A.: Kommentar zu Kants ethischen und religionsphilosophischen Hauptschriften, Leipzig 1929.
Moritz, M.: Kants Einteilung der Imperative, Lund-Kopenhagen, Berlingska Boktrykkeriet, 1960.
Oelmüller, O. (Hrsg.): Transzendentalphilosophische Normenbegründungen, Paderborn 1978.
Paton, H. J.: The Categorial Imperative. A study in Kant's moral philosophy, London, Pennsylvania Press, 1947, ⁵1965, Paperback 1967, dt. Der kategorische Imperativ, Berlin 1962.
Prauss, G.: Kant über Freiheit als Autonomie, Frankfurt/M. 1983.
Ross, W. D.: Kant's Ethical Theory. A commentary on the ‚Grundlegung zur Metaphysik der Sitten', Oxford, University Press, 1954.
Schilpp, P. A.: Kant's Pre-Critical Ethics, Evanston/Ill., Garland Publ., 1928.
Schmucker, J.: Die Ursprünge der Ethik Kants in seinen vorkritischen Schriften und Reflexionen, Meisenheim 1961.
Singer, M. G.: Generalisation in Ethics. An essay in the logic of ethics with the rudiments of a system of moral philosophy, London, Atheneum, 1961, ²1971 (dt. Verallgemeinerung in der Ethik. Zur Logik moralischen Argumentierens, Frankfurt/M. 1975).
Williams, T. C.: The Concept of the Categorical Imperative, Oxford, University Press 1968.
Wolff, R. P.: The Autonomy of Reason. A commentary on Kant's ‚Groundwerk of the Metaphysic of Morals', New York, Harper & Row, 1973.

2.5 Rechts- und Staatsphilosophie

Batscha, Z. (Hrsg.): Materialien zu Kants Rechtsphilosophie, Frankfurt 1976: Beiträge aus der modernen Kantforschung.
Busch, W.: Die Entstehung der kritischen Rechtsphilosophie Kants: 1762–1780, Berlin 1979.
Ebbinghaus, J.: Gesammelte Aufsätze, Vorträge und Reden, Darmstadt 1968, S. 24–57, 161–193.
Goyard-Fabre, S.: Kant et le problème du droit, Paris, J. Vrin, 1975.
Gregor, M. J.: Laws of Freedom, Oxford/New York, Routledge, 1963.
Kersting, W.: Wohlgeordnete Freiheit. Immanuel Kants Rechts- und Staatsphilosophie, Berlin/New York 1983.
La Philosophie Politique de Kant (= Annales de Philosophie Politique 4), Paris, Presses Universitaires de France 1962: Beiträge von E. Weil, M. Villey, L. W. Beck, R. Polin u. a.
Luf, G.: Freiheit und Gleichheit. Die Aktualität im politischen Denken Kants, Wien/New York 1978.
Ritter, C.: Der Rechtsgedanke Kants nach den frühen Quellen, Frankfurt/M. 1971.
Saage, R.: Eigentum, Staat und Gesellschaft bei I. Kant, Stuttgart u. a. 1973.

Saner, H.: Kants Weg vom Krieg zum Frieden. Bd. 1: Widerstreit und Einheit. Wege zu Kants politischem Denken, München 1967.
Vlachos, G.: La Pensée politique de Kant. Métaphysique de l'ordre et dialectique du progrès, Paris, Presses Universitaires de France, 1962 (sucht Kants Gesamtwerk als primär politische Theorie zu erweisen).
Williams, H. L.: Kant's Political Philosophy, Oxford, Blackwell, 1983.

2.6 Geschichtsphilosophie

Galston, W. A.: Kant and the Problem of History, Chicago/London, University of Chicago Press, 1975.
Weyand, K.: Kants Geschichtsphilosophie, Köln 1964.
Yovel, Y.: Kant and the Philosophy of History, Princeton, University Press, 1980.

2.7 Religionsphilosphie

Albrecht, M.: Kants Antinomie der praktischen Vernunft, Hildesheim 1978.
Bohatec, J.: Die Religionsphilosophie Kants in der Religion innerhalb der Grenzen der bloßen Vernunft, Hamburg 1938, Nachdruck: Hildesheim 1966.
Bruch, J.-L.: La philosophie religieuse de Kant, Paris, Aubier-Montaigne, 1969.
England, T. E.: Kant's Conception of God, London, Nelson, 1929.
Reboul, O.: Kant et le problème du mal, Montréal, Presses de l'Université de Montréal, 1971.
Webb, C. C. J.: Kant's Philosophy of Religion, Oxford, Clarendon Press, 1926, Nachdruck: New York 1970.
Wood, A. W.: Kant's Moral Religion, Ithaca, Cornell Univ. Press, 1970.

2.8 Kritik der Urteilskraft

Baeumler, A.: Kritik der Urteilskraft und ihre Systematik, Halle 1923; Nachdruck als: Das Irrationalitätsproblem in der Ästhetik und Logik des 18. Jahrhunderts bis zur Kritik der Urteilskraft, Darmstadt 1981.
Bartuschat, W.: Zum systematischen Ort von Kants Kritik der Urteilskraft, Frankfurt/M. 1972.
Cassirer, H. W.: A Commentary on Kant's Critique of Judgement, London, Methuen, 1938, ²1970.
Cohen, H.: Kants Begründung der Ästhetik, Berlin 1899.
Cohen, T., Guyer, P. (Hrsg.): Essays in Kant's Aesthetics, Chicago/London, University of Chicago Press, 1982.
Düsing, K.: Die Teleologie in Kants Weltbegriff, Bonn, 1968.
Guyer, P.: Kant and the Claims of Taste, Cambridge, Mass./London, Harvard University Press, 1979.
Kulenkampff, J.: Kants Logik des ästhetischen Urteils, Frankfurt 1978.
Kulenkampff, J. (Hrsg.): Materialien zu Kants ‚Kritik der Urteilskraft', Frankfurt 1974 (Texte zur Vor- und Entwicklungsgeschichte der Kantischen Ästhetik sowie deren kritischen Diskussion).
Kuypers, K.: Kants Kunsttheorie und die Einheit der Kritik der Urteilskraft, Amsterdam/London, North-Holland Publ. Comp., 1972.

Lebrun, G.: Kant et la fin de la métaphysique. Essai sur la ,,Critique de la faculté de juger", Paris, A. Collin, 1970.
Löw, R.: Philosophie des Lebendigen. Der Begriff des Organischen bei Kant, sein Grund und seine Aktualität, Frankfurt/M. 1980.
McFarland, J. D.: Kant's Concept of Teleology, Edinburgh, University of Edinburgh Press, 1970.
Marc-Wogau, K.: Vier Studien zu Kants Kritik der Urteilskraft, Uppsala/Leipzig, Lundequist, 1938.

2.9 Zur Geschichte des Kantianismus

Dussort, H.: L'école de Marbourg, Paris, Presses Universitaires de France, 1963.
Holz, H.: Transzendentalphilosophie und Metaphysik. Studie über Tendenzen in der heutigen philosophischen Grundlagenproblematik, Mainz 1966 (Geschichte der Wirkung Kants auf die Neuscholastik).
Lehmann, G.: Geschichte der nachkantischen Philosophie, Berlin 1931.

JOHANN GOTTLIEB FICHTE

1. Werkausgaben

Seit 1962 erscheint – eine mustergültige Edition – die historisch-kritische Gesamtausgabe der Bayerischen Akademie der Wissenschaften, hrsg. v. *R. Lauth, H. Jacob* u. a. (Stuttgart-Bad Cannstatt). Sie umfaßt vier Reihen: I Werke, II Nachgelassene Schriften, III Briefwechsel, IV Kollegnachschriften.
Auch die erste Werkausgabe durch Fichtes Sohn I. H. Fichte ist in einer Taschenbuchausgabe wieder greifbar: Fichtes Werke, hrsg. v. *I. H. Fichte*, Bd. I–XI, Berlin 1971.
Zahlreiche Einzeltexte, zumeist auf der Grundlage der Ausgabe von *F. Medicus* oder der Akademie-Ausgabe, sind in der Philosoph. Bibliothek von F. Meiner (Hamburg) erschienen.

2. Literatur

2.1 Hilfsmittel

Eine nahezu vollständige Zusammenstellung bis 1968 enthält:
Baumgartner, H. M., Jacobs, W. G.: Fichte-Bibliographie, Stuttgart 1968.
Über die gerade in den siebziger Jahren ,,explodierende" Fichte-Literatur gibt es noch keine vollständige Bibliographie. Eine gute Übersicht gibt aber der Forschungsbericht von *H. Girndt:* Forschungen zu Fichte seit Beginn und im Umkreis der Kritischen Edition seiner Werke. In: ZfphF Bd. 38, H. 1 (1984).

2.2 Biographien

Eine Biographie auf dem heutigen Stand der Forschung existiert nicht. Hervorragend immer noch:
Léon, X.: Fichte et son temps, 3 Bde., Paris, Colin, 1922–1927.
Außer den älteren Biographien von
Fichte, I. H.: J. G. Fichtes Leben und literarischer Briefwechsel, 2 Bde., Leipzig 1862
und
Medicus, F.: Fichtes Leben, Leipzig 1914
sind aufschlußreich die Briefausgaben und die Dokumente zeitgenössischer Stellungnahmen:
Fichtes Briefwechsel, hrsg. v. *H. Schulz*, 2 Bde., Leipzig 1925.
Fichte in vertraulichen Briefen seiner Zeitgenossen, hrsg. v. *H. Schulz*, Leipzig 1923.
Fichte im Gespräch, hrsg. v. *E. Fuchs*, 4 Bde. (Bd. 1–3 erschienen), Stuttgart-Bad Cannstatt 1978 ff.

2.3 Sammelbände, Monographien

Einen Überblick über den neuesten Stand der Forschung geben die Festschrift für R. Lauth:
Hammacher, K., Mues, A. (Hrsg.): Erneuerung der Transzendentalphilosophie, Stuttgart-Bad Cannstatt 1979,
sowie die Akten des Fichte-Kongresses in Zwettl/Österreich 1977:
Hammacher, K. (Hrsg.): Der transzendentale Gedanke, Hamburg 1981.
Von der älteren Fichte-Literatur immer noch maßgeblich:
Wundt, M.: Fichte-Forschungen, Stuttgart 1927.
Heimsoeth, H.: Fichte, München 1923 (Nachdruck 1970) (vorzügliche Einführung).
Guéroult, M.: L'Évolution et la structure de la doctrine de la science chez Fichte, Paris, Société d'édition Les Belles Lettres, 1930.
Repräsentativ für den Stand der Forschung bis 1962 sind die Sammelbände zum 200. Geburtstag:
Archives de Philosophie, Bd. 25, 1962.
Wissen und Gewissen, hrsg. v. *M. Buhr*, Berlin 1962.
Zur Einführung gut geeignet sind auch die beiden Gedächtnisreden aus dem Jubiläumsjahr:
Schulz, W.: J. G. Fichte, Vernunft und Freiheit, Pfullingen 1962.
Weischedel, W.: Der Zwiespalt im Denken Fichtes, Berlin 1962.
Die entscheidenden Anstöße für die neuere Forschung gingen aus von:
Lauth, R.: Zur Idee der Transzendentalphilosophie, München/Salzburg 1965.
Henrich, D.: Fichtes ursprüngliche Einsicht, Frankfurt 1966.
Janke, W.: Fichte, Berlin 1970.
Die Entstehung der frühen Wissenschaftslehre Fichtes untersuchen:
Kabitz, W.: Studien zur Entwicklung der fichteschen Wissenschaftslehre aus dem kantischen System, Darmstadt ²1968 (zuerst 1905).
Schrader, W. H.: Empirisches und absolutes Ich, Stuttgart-Bad Cannstatt 1972.
Moiso, F.: Natura e cultura nel primo Fichte, Mailand, Mursia, 1979.

Die wichtigsten neueren Untersuchungen zur frühen Wissenschaftslehre außerdem:

Inciarte, F.: Transzendentale Einbildungskraft, Bonn 1970.

Baumanns, P.: Fichtes ursprüngliches System. Sein Standort zwischen Kant und Hegel, Stuttgart-Bad Cannstatt 1972.

Claesges, U.: Geschichte des Selbstbewußtseins, Den Haag, Nijhoff, 1974.

Janke, W.: Historische Dialektik, Berlin 1977.

Zur praktischen Philosophie Fichtes:

Buhr, M.: Revolution und Philosophie, Berlin 1965.

Philonenko, A.: La liberté humaine dans la philosophie de Fichte, Paris, Vrin, 1966.

Willms, B.: Die totale Freiheit, Köln/Opladen 1967.

Hahn, K.: Staat, Erziehung und Wissenschaft bei J. G. Fichte, München 1969.

Batscha, Z.: Gesellschaft und Staat in der politischen Philosophie Fichtes, Frankfurt/M. 1970.

Verweyen, H. J.: Recht und Sittlichkeit in J. G. Fichtes Gesellschaftslehre, Freiburg/München 1975 (zuverlässigste Gesamtdarstellung der praktischen Philosophie Fichtes).

Druet, P. P.: Fichte, Paris, Seghers 1977.

Zur Religionsphilosophie:

Ritzel, W.: Fichtes Religionsphilosophie, Stuttgart 1956.

Wagner, F.: Der Gedanke der Persönlichkeit Gottes bei Fichte und Hegel, Gütersloh 1971.

Zur späten Wissenschaftslehre:

Radermacher, H.: Fichtes Begriff des Absoluten, Frankfurt/M. 1970.

Schulte, G.: Die Wissenschaftslehre des späten Fichte, Frankfurt/M. 1971.

Schüßler, I.: Die Auseinandersetzung von Idealismus und Realismus in Fichtes Wissenschaftslehre, Frankfurt/M. 1972.

Widmann, J.: Die Grundstruktur des transzendentalen Wissens nach Joh. Gottl. Fichtes Wissenschaftslehre 1804,[2] Hamburg 1977.

Brüggen, M.: Fichtes Wissenschaftslehre. Das System in den seit 1801/02 entstandenen Fassungen, Hamburg 1979.

Zum Verhältnis Fichtes zu Kant, Schelling und Hegel:

Julia, D.: La question de l'homme et le fondement de la philosophie, Paris, Aubier, 1964.

Girndt, H.: Die Differenz des Fichteschen und Hegelschen Systems in der Hegelschen „Differenzschrift", Bonn 1965.

Siep, L.: Hegels Fichte-Kritik und die Wissenschaftslehre von 1804, Freiburg/München 1970.

Schurr, A.: Philosophie als System bei Fichte, Schelling und Hegel, Stuttgart-Bad Cannstatt 1974.

Lauth, R.: Schellings Identitätsphilosophie und Fichtes Wissenschaftslehre, Freiburg/München 1975.

Probleme des Verhältnisses der Philosophie Fichtes zur sprachanalytischen Philosophie erörtern:

Pothast, U.: Über einige Fragen der Selbstbeziehung, Frankfurt/M. 1971.

Baumanns, P.: Fichtes Wissenschaftslehre, Bonn 1974.

Jergius, H.: Philosophische Sprache und analytische Sprachkritik, Freiburg/München 1975.

Tugendhat, E.: Selbstbewußtsein und Selbstbestimmung, Frankfurt/M. 1979.
Lütterfels, W.: Bin ich nur öffentliche Person? Königstein/Ts. 1982.

GEORG WILHELM FRIEDRICH HEGEL

1. Werkausgaben

Seit 1968 erscheinen in einer historisch-kritischen Ausgabe bei Felix Meiner (Hamburg) Hegels *Gesammelte Werke,* im Auftrag der Deutschen Forschungsgemeinschaft herausgegeben von der Rheinisch-Westfälischen Akademie der Wissenschaften. Diese Ausgabe soll einmal alles enthalten, was Hegel veröffentlicht hat und was von ihm handschriftlich oder durch posthume Editionen überliefert ist. Außer den von Hegel eigenhändig verfaßten Schriften (17 Bände) gehören dazu (in einer noch unbestimmten Anzahl von Bänden) einerseits Hegels Vorlesungen, zu denen teilweise eigenhändige Manuskripte vorliegen, vor allem aber zahlreiche Hörernachschriften; andererseits die Briefe von und an Hegel. Ein Abschluß der Ausgabe ist erst im nächsten Jahrhundert zu erwarten. Bis dahin muß man sich bezüglich vieler Texte an Publikationen einzelner Titel und an Gesamtausgaben halten, die auf älteren, wenig befriedigenden Editionskonzepten beruhen. Die derzeit am leichtesten zugänglichen unter diesen Gesamtausgaben sind:

Glockner, H. (Hrsg.): Sämtliche Werke, Stuttgart 1927–40 (sog. Jubiläumsausgabe).
Michel K. M. (Hrsg.): Werke in 20 Bänden, Frankfurt/Main 1970/71 (sog. Theorie-Werkausgabe).
Beide Ausgaben beruhen im wesentlichen auf der von den Schülern Hegels veranstalteten
„Freundesvereinsausgabe": Werke, Berlin 1832–45.
Neben diesen Ausgaben existiert der Torso einer nach anderen Prinzipien verfahrenden Gesamtausgabe, die G. Lasson im Rahmen der Philosophischen Bibliothek des Meiner-Verlags begonnen und J. Hoffmeister mit verändertem Konzept bis zu seinem Tod fortgesetzt hat:
Lasson, G., Hoffmeister, J. (Hrsg.): Sämtliche Werke, Leipzig, später Hamburg, 1905 ff. (Zahlreiche Einzeltitel dieser Ausgabe sind noch im Buchhandel und enthalten Material, das sich nicht in den Ausgaben findet, die auf der editorischen Arbeit der Hegel-Schüler beruhen.)

2. Bibliographie

Über Näheres zu den Werkausgaben sowie über die Literatur zu Hegel und zu Hegels Wirkung unterrichtet vorzüglich ein Literaturbericht, der jüngst in der Sammlung Metzler erschienen ist:
Helferich, Ch.: Georg Wilhelm Friedrich Hegel, Stuttgart 1979.

3. Sekundärliteratur und wichtige Primärtext-Editionen

Die Angaben im Folgenden beschränken sich auf neueste Literatur und Materialien, die zur Einarbeitung in den heutigen Diskussionsstand dienlich sind.

Zu Hegel im ganzen

Gulyga, A.: Georg Wilhelm Friedrich Hegel, Leipzig 1974.
Pöggeler, O. (Hrsg.): Hegel. Einführung in seine Philosophie, Freiburg/München 1977.
Taylor, C.: Hegel, Cambridge 1975 (dt. Frankfurt/M. 1978).

Zu den Jugendschriften und frühen Jenaer Arbeiten

Henrich, D.: Historische Voraussetzungen von Hegels System, in: ders.: Hegel im Kontext, Frankfurt/M. 1971.
Kondylis, P.: Die Entstehung der Dialektik. Eine Analyse der geistigen Entwicklung von Hölderlin, Schelling und Hegel bis 1802, Stuttgart 1979.
Siep, L.: Anerkennung als Prinzip der praktischen Philosophie. Untersuchungen zu Hegels Jenaer Philosophie des Geistes, Freiburg/München 1979.
Timm, H.: Fallhöhe des Geistes. Das religiöse Denken des jungen Hegel, Frankfurt/M. 1979.

Zur ‚Phänomenologie des Geistes'

Fulda, H. F., Henrich, D. (Hrsg.): Materialien zu Hegels „Phänomenologie des Geistes", Frankfurt/M. 1973.
Marx, W.: Hegels Phänomenologie des Geistes. Die Bestimmung ihrer Idee in „Vorrede" und „Einleitung", Frankfurt/M. 1971.
Ottmann, H.: Das Scheitern der Einleitung in Hegels Philosophie. Eine Analyse der Phänomenologie des Geistes, München/Salzburg 1973.
Pöggeler, O.: Hegels Idee der Phänomenologie des Geistes, Frankfurt/München 1973.

Zur ‚Wissenschaft der Logik' und zur Hegelschen Dialektik

Düsing, K.: Das Problem der Subjektivität in Hegels Logik. Systematische und entwicklungsgeschichtliche Untersuchungen zum Prinzip des Idealismus und der Dialektik, Bonn 1976.
Fink-Eitel, H.: Dialektik und Sozialethik. Kommentierende Untersuchungen zu Hegels *Logik*, Meisenheim a. G. 1978.
Horstmann, R.-P. (Hrsg.): Seminar: Dialektik in der Philosophie Hegels, Frankfurt/M. 1978.
Krohn, W.: Die formale Logik in Hegels *Wissenschaft der Logik*. Untersuchungen zur Schlußlehre, München 1972.
Theunissen, M.: Sein und Schein. Die kritische Funktion der Hegelschen Logik, Frankfurt/M. 1978.
Wolff, M.: Der Begriff des Widerspruchs. Eine Studie zur Dialektik Kants und Hegels, Meisenheim a. G. 1981.

Zur ‚Encyclopädie'

Angehrn, E.: Freiheit und System bei Hegel, Berlin/New York 1977.
Petry, M. J. (Hrsg.): Hegel's Philosophy of Nature. Edited and translated with an introduction and explanatory notes, 3 Bde., London 1970.
– (Hrsg.): Hegel's Philosophy of Subjective Spirit. Edited and translated with an introduction and explanatory notes, 3 Bde., Dordrecht 1979.
Puntel, L. B.: Darstellung, Methode und Struktur. Untersuchungen zur Einheit der systematischen Philosophie Hegels, Bonn 1973.
Theunissen, M.: Hegels Lehre vom absoluten Geist als theologisch-politischer Traktat, Berlin 1970.

Zur ‚Rechtsphilosophie' und Berliner Wirksamkeit

Avineri, S.: Hegels Theorie des modernen Staates, Frankfurt/M. 1976.
D'Hondt, J.: Hegel in seiner Zeit. Berlin 1818–1831, Berlin 1973.
Hočevar, R. K.: Hegel und der Preußische Staat. Ein Kommentar zur Rechtsphilosophie von 1821, München 1973.
Ilting, K. H. (Hrsg.): Georg Wilhelm Friedrich Hegel, Vorlesungen über Rechtsphilosophie 1818 bis 1831, Edition und Kommentar in 6 Bden., erschienen Bd. I–IV, Stuttgart 1973.
– (Hrsg.): G. W. F. Hegel, Vorlesungen. Religionsphilosophie, Bd. I: Die Vorlesung von 1821, Neapel 1978.
Riedel, M.: Materialien zu Hegels Rechtsphilosophie, 2 Bde., Frankfurt/M. 1975.
Ritter, J.: Hegel und die französische Revolution, Frankfurt/M. 1965.

Zur Wirkungsgeschichte und Aktualität

Heede, R., Ritter, J. (Hrsg.): Hegel-Bilanz. Zur Aktualität und Inaktualität der Philosophie Hegels, Frankfurt/M. 1973.
Kaltenbrunner, G. K. (Hrsg.): Hegel und die Folgen, Freiburg 1970.
Löwith, K.: Von Hegel zu Nietzsche. Der revolutionäre Bruch im Denken des 19. Jahrhunderts, Zürich ^{1}1941 (auch Frankfurt/M. 1969).
Marcuse, H.: Vernunft und Revolution. Hegel und die Entstehung der Gesellschaftstheorie, Neuwied/Berlin 1962 (engl.: 1941).
Negt, O. (Hrsg.): Aktualität und Folgen der Philosophie Hegels, Frankfurt/M. 1970.
Ottmann, H.: Individuum und Gemeinschaft bei Hegel. Bd. I: Hegel im Spiegel der Interpretationen, Berlin/New York 1977.
Planty-Bonjour, G.: Hegel et la pensée philosophique en Russie 1830–1917, Den Haag 1974.
Stuke, H.: Philosophie der Tat. Studien zur „Verwirklichung der Philosophie" bei den Junghegelianern und den wahren Sozialisten, Stuttgart 1963.
Tschižewskij, D. (Hrsg.): Hegel bei den Slawen, Darmstadt ^{2}1961.

FRIEDRICH WILHELM JOSEPH SCHELLING

1. Werkausgaben

Friedrich Wilhelm Joseph von Schellings sämtliche Werke, 1. Abteilung Bd. I–IX, 2. Abteilung Bd. I–IV, 1856–1861 (zitiert wird nach dieser Ausgabe, in der Regel mit durchlaufender Bandzählung I–XIV).
Schellings Werke. Nach der Originalausgabe in neuer Anordnung hrsg. von *M. Schröter*, 6 Hauptbde. und 6 Ergänzungsbde., München 1927–1959; Nachdruck 1962–1971.
Friedrich Wilhelm Joseph Schelling, Historisch-kritische Ausgabe, im Auftrag der Bayerischen Akademie der Wissenschaften hrsg. von *H. M. Baumgartner, W. G. Jacobs, H. Krings* und *H. Zeltner*, Stuttgart 1976 ff. Ca. 80 Bde. Bis jetzt erschienen: aus der Reihe I (Werke) die Bde. 1–3.

2. Einzelausgaben

Einige leicht zugängliche, zum Studium geeignete Ausgaben:
System des transzendentalen Idealismus, hrsg. von *R.-E. Schulz*, Hamburg 1957; Nachdruck 1962.
Vorlesungen über die Methode des akademischen Studiums, hrsg. von *W. E. Ehrhardt*, Hamburg 1974.
Schelling, Über das Wesen der menschlichen Freiheit, mit einem Essay von *W. Schulz*, Frankfurt 1975.
Zur Geschichte der neueren Philosophie. Münchner Vorlesungen, Darmstadt 1953; Nachdruck 1959 und 1974.

3. Nachschriften von Vorlesungen

Koktanek, A. M.: Schellings Seinslehre und Kierkegaard, München 1962.
Frank, M. (Hrsg.): Schellings Philosophie der Offenbarung 1841/42, Frankfurt 1977.
Fuhrmans, H. (Hrsg.): Initia philosophiae universae. Erlanger Vorlesung WS 1820/21, Bonn 1969.
– (Hrsg.): Grundlegung der positiven Philosophie. Münchner Vorlesung WS 1832/33 und SS 1833, Bd. 1, Turin, Bottega d'Erasmo, 1972.
Vetö, M. (Hrsg.): Friedrich W. J. Schelling, Stuttgarter Privatvorlesungen, version inédite, Turin, Bottega d'Erasmo, 1973.

4. Hilfsmittel

Plitt, G. L.: Aus Schellings Leben in Briefen, 3 Bde., Leipzig 1869–1870.
Fuhrmans, H.: Dokumente zur Schelling-Forschung IV. Schellings Verfügung über seinen literarischen Nachlaß, in: Kant-Studien 51 (1959/60) 14–26.
– (Hrsg.): F. W. J. Schelling, Briefe und Dokumente. Bd. 1 (1775–1809), Bonn 1962; Bd. 2 (Zusatzband: 1775–1803), Bonn 1973; Bd. 3 (Zusatzband: 1803–1809), Bonn 1975.

Lohrer, L. (Hrsg.): Schelling und Cotta. Briefwechsel 1803–1849, Stuttgart 1965.
Schulz, W. (Hrsg.): Fichte-Schelling. Briefwechsel, Frankfurt 1968.
Tilliette, X.: Schelling im Spiegel seiner Zeitgenossen, Turin, Bottega d'Erasmo, 1974.
Frank, M., Kurz, G. (Hrsg.): Materialien zu Schellings philosophischen Anfängen, Frankfurt 1975.
Damm, S.: „Lieber Freund, ich komme weit her schon an diesem frühen Morgen". Caroline Schlegel-Schelling in ihren Briefen, Darmstadt und Neuwied 1980.
Schneeberger, G.: Friedrich Wilhelm Joseph Schelling. Eine Bibliographie, Bern 1954.
Sandkühler, H. J.: Friedrich Wilhelm Joseph Schelling, Stuttgart 1970.
Zeltner, H.: Schelling-Forschung seit 1954, Darmstadt 1975.

5. Allgemeine Darstellungen

Anz, W.: Idealismus und Nachidealismus, in: Die Kirche in ihrer Geschichte, ein Handbuch. Bd. 4, Lieferung P, Göttingen 1975.
Fischer, K.: Schellings Leben, Werke und Lehre (Geschichte der neueren Philosophie Bd. 7), Heidelberg 1923.
Habermas, J.: Das Absolute und die Geschichte. Von der Zwiespältigkeit in Schellings Denken, Diss. (ungedr.), Bonn 1954.
Jaspers, K.: Schelling. Größe und Verhängnis, München 1955.
Knittermeyer, H.: Schelling und die romantische Schule, München 1929.
Rosenkranz, K.: Schelling. Vorlesungen, gehalten im Sommer 1842 an der Universität Königsberg, Danzig 1843; Neudruck Aalen 1969.
Tilliette, X.: Schelling. Une philosophie en devenir, 2 Bde., Paris, Librairie philosophique J. Vrin, 1970.

6. Sammelbände

Verhandlungen der Schelling-Tagung in Bad Ragaz vom 22.–25. September 1954, in: Studia philosophica Vol. XIV, Basel, Verlag für Recht und Gesellschaft, 1954.
Schelling-Studien. Festgabe für M. Schröter zum 85. Geburtstag, hrsg. von *A. M. Koktanek,* München/Wien 1965.
Schelling. Einführung in seine Philosophie, hrsg. von *H. M. Baumgartner,* Freiburg 1975.
Die Philosophie des jungen Schelling. Beiträge zur Schelling-Rezeption in der DDR, Collegium philosophicum Jenense 1, Weimar 1977.
Schellings Philosophie der Freiheit (Reden zur Feier des 200. Geburtstags von Schelling), Leonberg 1977.
Natur, Kunst, Mythos: Beiträge zur Philosophie F. W. J. Schellings, hrsg. von *S. Dietzsch,* Berlin(Ost) 1978.
Schelling. Seine Bedeutung für eine Philosophie der Natur und der Geschichte, hrsg. von *L. Hasler,* Stuttgart-Bad Cannstatt 1981.

7. Schellings Anfänge und die Naturphilosophie

Burmann, E. O.: Die Transzendentalphilosophie Fichte's und Schelling's dargestellt und erläutert, Uppsala 1891.

Görland, I.: Die Entwicklung der Frühphilosophie Schellings in der Auseinandersetzung mit Fichte, Frankfurt 1973.
Hablützel, R.: Dialektik und Einbildungskraft. F. W. J. Schellings Lehre von der menschlichen Erkenntnis, Basel 1954.
Holz, H.: Die Idee der Philosophie bei Schelling. Metaphysische Motive in seiner Frühphilosophie, Freiburg 1977.
Marquard, O.: Über die Depotenzierung der Transzendentalphilosophie. Einige philosophische Motive eines neueren Psychologismus in der Philosophie, Habil. (ungedr.), Münster 1963.
Massolo, A.: Il primo Schelling, Florenz, G. C. Sansoni, 1953.
Meier, F.: Die Idee der Transzendentalphilosophie beim jungen Schelling, Winterthur, Verlag P. G. Keller, 1961.
Metzger, W.: Die Epochen der Schellingschen Philosophie von 1795–1802. Ein problemgeschichtlicher Versuch, Heidelberg 1911.
Nauen, F. G.: Revolution, Idealism and Human Freedom: Schelling, Hölderlin and Hegel and the Crisis of early German Idealism, Den Haag, Martinus Nijhoff, 1971.
Petterlini, A.: Esperienza e ragione nel primo Schelling, Verona, Fiorini, 1972.
Rosenzweig, F.: Das älteste Systemprogramm des deutschen Idealismus. Ein handschriftlicher Fund, Heidelberg 1917.
Schlanger, J. E.: Schelling et la réalité finie, Paris, Presses Universitaires de France, 1966.
Schneider, R.: Schellings und Hegels schwäbische Geistesahnen, Bonn 1938.
Wild, Ch.: Reflexion und Erfahrung. Eine Interpretation der Früh- und Spätphilosophie Schellings, Freiburg/München 1968.
Bubner, R. (Hrsg.): Das älteste Systemprogramm. Hegel-Studien, Beiheft 9, Bonn 1973.

8. Transzendentaler Idealismus und Identitätssystem

Jähnig, D.: Schelling. Die Kunst in der Philosophie, 2 Bde., Tübingen 1966 und 1969.
Lauth, R.: Die Entstehung von Schellings Identitätsphilosophie in der Auseinandersetzung mit Fichtes Wissenschaftslehre 1795–1801, Freiburg/München 1975.
Schurr, A.: Philosophie als System bei Fichte, Schelling und Hegel, Stuttgart-Bad Cannstatt 1974.
Watson, J.: Schelling's Transcendental Idealism: A Critical Exposition, Chicago, S. C. Griggs and Co., 1882.
Zeltner, H.: Schellings philosophische Idee und das Identitätssystem, Heidelberg 1931.

9. Freiheits- und Weltalterphilosophie

Brown, R. F.: The Later Philosophy of Schelling. The Influence of Boehme on the Works of 1809–1815, London, Bucknell University Press and Associate Presses, 1974.
Fuhrmans, H.: Schellings Philosophie der Weltalter, Düsseldorf 1954.
Haynes, P. C.: Reason and Existence. Schellings Philosophy of History, Leiden, E. J. Brill, 1967.
Heidegger, M.: Schellings Abhandlung über das Wesen der menschlichen Freiheit (1809), hrsg. v. H. Feick, Tübingen 1971.
Hollerbach, A.: Der Rechtsgedanke bei Schelling, Frankfurt 1957.
Holz, H.: Spekulation und Faktizität. Zum Freiheitsbegriff des mittleren und späten Schelling, Bonn 1970.

Jaeger, A.: Gott. Nochmals Heidegger, Tübingen 1978.

Kile, F. O., jr.: Die theologischen Grundlagen von Schellings Philosophie der Freiheit, Leiden, E. J. Brill, 1965.

Loer, B.: Das Absolute und die Wirklichkeit in Schellings Philosophie. Mit der Erstedition einer Handschrift aus dem Berliner Schelling-Nachlaß, Berlin/New York 1974.

Marquet, J. F.: Liberté et existence. Etude sur la formation de la philosophie de Schelling, Paris, Editions Gallimard, 1973.

Marx, W.: Schelling: Geschichte, System, Freiheit, Freiburg/München 1977.

Sandkühler, H. J.: Freiheit und Wirklichkeit. Zur Dialektik von Politik und Philosophie bei Schelling, Frankfurt 1968.

Wieland, W.: Schellings Lehre von der Zeit. Grundlagen und Voraussetzungen der Weltalterphilosophie, Heidelberg 1956.

10. Spätphilosophie

Frank, M.: Der unendliche Mangel an Sein. Schellings Hegel-Kritik und die Anfänge der Marxschen Dialektik, Frankfurt 1975.

Frantz, K.: Schellings positive Philosophie, Köthen 1879–1880; Nachdruck Aalen 1968.

Fuhrmans, H.: Schellings letzte Philosophie. Die negative und positive Philosophie im Einsatz des Spätidealismus, Berlin 1940.

Hayes, V. C.: Myth, Reason and Revelation: Perspective on and a Summary Translation of Three Books from Schelling's Philosophy of Mythology and Revelation, Ph. D. Dissertation, Columbia University 1970.

Hemmerle, K.: Gott und das Denken nach Schellings Spätphilosophie, Freiburg 1968.

Kasper, W.: Das Absolute in der Geschichte. Philosophie und Theologie der Geschichte in der Spätphilosophie Schellings, Mainz 1965.

Oeser, E.: Die antike Dialektik in der Spätphilosophie Schellings. Ein Beitrag zur Kritik des Hegelschen Systems, Wien/München 1965.

Schulz, W.: Die Vollendung des deutschen Idealismus in der Spätphilosophie Schellings, Stuttgart 1955, Pfullingen 1975 (um zwei Aufsätze von 1954 erweitert).

Volkmann-Schluck, K.-H.: Mythos und Logos. Interpretationen zu Schellings Philosophie der Mythologie, Berlin 1969.

ARTHUR SCHOPENHAUER

1. Texte

1.1 Werkausgaben

Sämtliche Werke. Nach der ersten, von Julius Frauenstädt besorgten Gesamtausgabe neu bearbeitet u. hrsg. v. *Arthur Hübscher,* 7 Bände, Wiesbaden ³1972 (zuverlässigste historisch-kritische Gesamtausgabe).

Sämtliche Werke. Textkritisch bearbeitet u. hrsg. v. *W. von Löhneysen,* 5 Bände, Stuttgart/Frankfurt a. M. 1960–1965 (mit Erklärungen von Fremdwörtern und modernisierter Orthographie).

Werke in 10 Bänden. Nach der Ausgabe von Arthur Hübscher, editor. Anhang (Bd. 10) v. *Angelika Hübscher,* Zürich 1977 (preisgünstige, brauchbare Ausgabe mit Erklärung von Fremdwörtern und Übersetzung fremdsprachiger Zitate; enthält nicht die Schrift über die Farben. Ergänzungsband siehe Haffmans).

Ältere Werkausgaben erschienen: 1873/74, hrsg. v. *J. Frauenstädt;* 1891, hrsg. v. *E. Grisebach;* 1894, hrsg. v. *R. Steiner;* o.J. (ca. 1902), hrsg. v. *M. Köhler;* 1911–1942, hrsg. v. *P. Deussen;* 1916–1919 Großherzog Wilhelm Ernst Ausgabe; 1919ff., hrsg. v. *O. Weiß.*

1.2 Nachlaß und Briefe

Handschriftlicher Nachlaß, hrsg. v. *Arthur Hübscher,* 5 Bände in 6, Frankfurt a. M. 1966–75.

Gesammelte Briefe, hrsg. v. *Arthur Hübscher,* Bonn 1978.

1.3 Neuere Einzelausgaben

Über die vierfache Wurzel des Satzes vom zureichenden Grunde, hrsg. v. *M. Landmann* u. *E. Tielsch,* Hamburg 1957.

Preisschrift über die Freiheit des Willens, hrsg. v. *H. Ebeling,* Hamburg 1978.

Aphorismen zur Lebensweisheit, hrsg. v. *Arthur Hübscher,* München 1978.

2. Literatur

2.1 Hilfsmittel

Artikel zu Schopenhauer, eine fortlaufende Bibliographie von Veröffentlichungen von und über Schopenhauer sowie Informationen der Schopenhauer-Gesellschaft, die 1911 von Paul Deussen gegründet wurde, erscheinen im Schopenhauer-Jahrbuch.

Frauenstädt, J.: Schopenhauer-Lexikon, 2 Bde., Leipzig 1871.

Hertslet, W. L.: Schopenhauer-Register, Leipzig 1890.

Wagner, G. F.: Schopenhauer-Register, hrsg. v. A. Hübscher, Stuttgart-Bad Cannstatt ²1982 (um Einleitung u. Seitenkonkordanz ergänzter Neudruck d. Ausg. von 1909).

Stäglich, H.: Johann Wolfgang von Goethe und Arthur Schopenhauer – Eine chronologisch geordnete Bibliographie einschlägiger Literatur, Bonn ³1960.

Arthur Schopenhauer – Gespräche, hrsg. v. *A. Hübscher,* Stuttgart-Bad Cannstatt 1971.

Hübscher, A.: Schopenhauer-Bibliographie, Stuttgart-Bad Cannstatt 1981.

2.2 Gesamtdarstellungen und Auswahlbände

Arthur Schopenhauer – Die Persönlichkeit und das Werk in eigenen Worten des Philosophen, dargestellt v. *K. Pfeiffer,* nebst einem Anhang: Schopenhauer als Erlebnis, Leipzig 1925.

Schopenhauer, dargeboten u. ausgewählt v. *Th. Mann,* Zürich 1948.

Schopenhauer, Auswahl und Einltg. v. *R. Schneider,* Frankfurt a. M. 1956.

Wolff, H. M.: Arthur Schopenhauer – Hundert Jahre später, Bern/München 1960 (enthält irreführende Darstellungen).

Arthur Schopenhauer in Selbstzeugnissen und Bilddokumenten dargestellt v. W. *Abendroth*, Reinbek b. Hamburg 1967 (rm 133) (ist in manchen Punkten mangelhaft, siehe Schopenhauer-Jahrbuch 49 (1968) 124).
Copleston, F.: Arthur Schopenhauer – philosopher of pessimism, London, Search Pr., ²1975.
Hübscher, A.: Denker gegen den Strom – Schopenhauer: gestern, heute, morgen, Bonn ²1982 (beste Gesamtdarstellung).
Weimer, W.: Schopenhauer, Darmstadt 1982.

2.3 Einzelne Abhandlungen

Améry, J.: Schopenhauer – Gefährte und Gefahr, in: Merkur 32 (1978) 605–611.
Ausmus, H. J.: Schopenhauer's View of History, in: History and Theory 15 (1976) 141–145.
Bäschlin, D. L.: Schopenhauers Einwand gegen Kants transzendentale Deduktion der Kategorien, Meisenheim a. Glan 1968.
Bahr, H.-D.: Das gefesselte Engagement – Zur Ideologie der kontemplativen Ästhetik Schopenhauers, Bonn 1970.
Baillot, A.: L'influence de la philosophie de Schopenhauer en France (1860–1900), Paris, J. Vrin, 1927.
Brann, H. W.: Schopenhauer and Spinoza, in: Journal for History of Philosophy 10 (1972) 181–196.
–: Schopenhauer und das Judentum, Bonn 1975.
Busch, H.: Das Testament Arthur Schopenhauers, Wiesbaden 1950.
Clegg, J. S.: Logical Mysticism and the Cultural Setting of Wittgenstein's *Tractatus*, in: Schopenhauer-Jahrb. 59 (1978) 29–47.
Dederer, A.: Schopenhauer und Popper, in: Schopenhauer-Jahrb. 59 (1978) 77–88.
Diemer, A.: Schopenhauer und die moderne Existenzphilosophie, in: Schopenhauer-Jahrb. 43 (1962) 27–41.
Ebbinghaus, J.: Schopenhauer, in: Gesammelte Aufsätze, Vorträge und Reden, Darmstadt 1968, S. 226–233.
Ehrlich, J.: Wilhelm Busch der Pessimist – Sein Verhältnis zu Arthur Schopenhauer, Bern 1962.
Gottfried, P.: Arthur Schopenhauer as a Critic of History, in: Journal of the History of Ideas 36 (1975) 331–338.
Gupta, R. K.: Freud and Schopenhauer, in: Journal of the History of Ideas 36 (1975) 721–728.
Haffmans, G. (Hrsg.): Über Arthur Schopenhauer, Zürich ²1978 (Ergänzungsband zur Zürcher Werkausgabe (1977). Enthält Essays von F. Nietzsche, Th. Mann, L. Marcuse, M. Horkheimer u. A. Hübscher sowie zahlreiche Zitate von bekannten Autoren über Schopenhauer, auch solche mit Schopenhauer-Erwähnung in Texten über andere Autoren).
Holzhauer, H.: Willensfreiheit und Strafe – Das Problem der Willensfreiheit in der Strafrechtslehre des 19. Jhs. u. seine Bedeutung für den Schulenstreit, Berlin 1970.
Hübscher, A.: Schopenhauer und die Religionen Asiens, in: Schopenhauer-Jahrb. 60 (1979) 1–16 (in diesem Band finden sich weitere Artikel zu den Religionen Asiens).
–: Schopenhauer, Wagner, Nietzsche, in: Schopenhauer-Jahrb. 59 (1978) 89–99.

Krauss, I.: Studien über Schopenhauer und den Pessimismus in der deutschen Literatur des 19. Jahrhunderts, Bern 1931.

Kulenkampf, A.: Hätten wir anders handeln können? Bemerkungen zum Problem der Willensfreiheit, in: Schopenhauer-Jahrb. 59 (1978) 15–28.

Landmann, M.: Schopenhauer heute, in: A. Schopenhauer: Über die vierfache Wurzel ..., hrsg. v. M. Landmann u. E. Tielsch, Hamburg 1957, S. IX–XXXIV.

Leser, N.: Schopenhauer und Lenin, in: Schopenhauer-Jahrb. 58 (1977) 1–14.

Mockrauer, F.: Der Begriff des Gewissens bei Schopenhauer, in: Kreise um Schopenhauer, Festschr. f. A. Hübscher, Wiesbaden 1962, S. 56–66.

Neidert, R.: Die Rechtsphilosophie Schopenhauers und ihr Schweigen zum Widerstandsrecht, Tübingen 1966.

Nitzschke, B.: Die reale Innenwelt – Anmerkungen zur psych. Realität bei Freud und Schopenhauer, München 1978.

Ostwald, W.: Goethe, Schopenhauer und die Farbenlehre, Leipzig ^{2}1931.

Sattes, H.: Selbstmord – ein Ausweg? in: Schopenhauer-Jahrb. 59 (1978) 48–59.

Schirmacher, W. (Hrsg.): Zeit der Ernte – Studien zum Stand der Schopenhauer-Forschung. Festschrift für Arthur Hübscher. (Stuttgart-Bad Cannstatt 1982)

Schmidt, A.: Schopenhauer und der Materialismus, in: A. Schmidt: Drei Studien über Materialismus, München-Wien 1977, S. 21–79, auch in: Schopenhauer-Jahrb. 58 (1977) IX–XLVIII.

Simmel, F.: Schopenhauer und Nietzsche – Ein Vortragszyklus, Leipzig 1907.

Sorg, B.: Zur literarischen Schopenhauer-Rezeption im 19. Jh., Heidelberg 1975.

Tengler, R.: Schopenhauer und die Romantik, Berlin 1923 (Nachdr. Nendeln/Liechtenstein, Kraus Reprint, 1967).

Weyers, R.: Arthur Schopenhauers Philosophie der Musik, Kölner Beitr. zur Musikforschung 88, Regensburg 1976.

Das Schopenhauer-Archiv befindet sich bei der Stadt- und Universitätsbibliothek Frankfurt a. M.

JOHN STUART MILL

1. Textausgaben

Die erste kritische Gesamtausgabe der Werke und Briefe, versehen mit ausführlichen Darstellungen der Textgeschichte und umfangreichen Einführungsessays von Fachgelehrten, erscheint seit 1963:
Collected Works of John Stuart Mill. General editor: *J. M. Robson,* Toronto/London, University of Toronto Press/Routledge & Kegan Paul, 1963 ff.

Eine deutsche Gesamtausgabe mit autorisierten Übersetzungen der wichtigsten Werke (außer den posthum veröffentlichten) liegt in einem Nachdruck vor:
John Stuart Mill: Gesammelte Werke, hrsg. v. *Theodor Gomperz,* 12 Bde., Leipzig 1869–1880, Nachdruck Aalen 1968.

2. Lieferbare Einzelausgaben und Textsammlungen

Auguste Comte and Positivism, Ann Arbor, University of Michigan Press, 1961.
Autobiography, New York, Signet Classics, 1964.
Essays on Politics and Culture, hrsg. v. G. *Himmelfarb,* Gloucester, Mass. 1973.
Three Essays on Religion, New York, AMS Press, 1970.
The Subjection of Women, Cambridge, Mass./London, MIT Press, 1970.
Utilitarianism, Liberty, Representative Government, London/New York, Everyman's Library 1972.
Utilitarianism and other works, hrsg. v. *M. Warnock,* London/Glasgow, Collins 1979.

3. Übersetzungen

Neben den in die Gomperz-Werkausgabe aufgenommenen Texten liegen ältere deutsche Übersetzungen vor von:

An Examination of Sir William Hamilton's Philosophy (1865), dt. *Eine Prüfung der Philosophie Sir William Hamiltons,* Halle 1908.
Three Essays on Religion (1874), dt. *Über Religion,* Berlin 1875.
Autobiography (1873), dt. *Selbstbiographie,* Stuttgart 1874.
Von den in der Gomperz-Ausgabe enthaltenen Werken sind das *System of Logic* (1843) bereits früher (*Die inductive Logik,* Braunschweig 1849, ^{4}1877 unter dem Titel *System der deductiven und inductiven Logik*), die *Principles of Political Economy* (1848) später noch einmal (*Grundsätze der politischen Ökonomie,* Jena 1913/21, ^{2}1924) übersetzt worden.
In lieferbaren Neu- bzw. Erstübersetzungen liegen vor:
Betrachtungen über die repräsentative Demokratie, hrsg. v. *K. L. Shell,* Paderborn 1971.
Drei Essays über Religion, hrsg. v. *D. Birnbacher,* Stuttgart 1984.
Einige ungelöste Probleme der politischen Ökonomie, hrsg. v. *H. G. Nutzinger,* Frankfurt/New York 1976.
Die Freiheit, hrsg. v. *A. Grabowsky,* Darmstadt ^{4}1973.
Die Freiheit, hrsg. v. *A. von Borries,* Frankfurt 1969.
Über die Freiheit, hrsg. v. *M. Schlenke,* Stuttgart 1974.
Der Utilitarismus, hrsg. v. *D. Birnbacher,* Stuttgart 1976.
J. St. Mill, H. Taylor-Mill, H. Taylor: Die Hörigkeit der Frau und andere Schriften zur Frauenemanzipation, Frankfurt/M. 1976.

4. Literatur

4.1 Bibliographien

Die vollständigste Bibliographie von Mills Schriften, die auf dem von Mill selbst angefertigten Verzeichnis seiner zahlreichen Veröffentlichungen basiert, ist:
MacMinn, N., J. R. Hainds u. *J. M. McCrimmon:* Bibliography of the Published Writings of John Stuart Mill, Evanston, Ill., Northwestern University Press, 1945.
Vollständige Bibliographien der Sekundärliteratur zu Mill finden sich in dem periodisch erscheinenden von *J. M. Robson* herausgegebenen *Mill News Letter* (Toronto University Press 1965 ff.).

Brauchbare Auswahlbibliographien sind enthalten in:
McCloskey, H. J.: John Stuart Mill: A Critical Study (s. u.).
Schneewind, J. B. (Hrsg.): Aufsatzband zu Mill (s. u.).

4.2 Zur Biographie

Borchard, R.: John Stuart Mill: The Man, London, Watts, 1957.
Hayek, F. A. von: John Stuart Mill and Harriet Taylor: Their Friendship and Subsequent Marriage, London, Routledge & Kegan Paul, 1951.
★*Packe, M. St. J.:* The Life of John Stuart Mill, London, Secker & Warburg, 1954.
Pappé, H. O.: J. S. Mill and the Harriet Taylor Myth, Melbourne, Melbourne University Press, 1960.

4.3 Zur Geschichte des Utilitarismus

Albee, E.: A History of English Utilitarianism, New York, Collier Books, ³1962 (¹1901).
Halévy, E.: La formation du radicalisme philosophique, 3 Bde., Paris 1901–1904; engl.: The Growth of Philosophical Radicalism, hrsg. v. J. Plamenatz, London, Faber & Faber, 1972.
Hamburger, J.: Intellectuals in Politics. J. St. Mill and the Philosophical Radicals, New Haven, Yale University Press, ²1966.
Plamenatz, J.: The English Utilitarians, revised edition, Oxford, Blackwell, 1958.
Quinton, A.: Utilitarian Ethics, London, Macmillan, 1973.
★*Stephen, L.:* The English Utilitarians, 3 Bde., London, Duckworth, 1900 (Neudruck London School of Economics 1950).
Viner, J.: Bentham and J. S. Mill: The Utilitarian Background, in: American Economic Review 39 (1949) 360–382; wiederabgedruckt in: J. Viner: The Long View and the Short. Studies in Economic Theory and Policy, Glencoe, Ill., Free Press, 1958, 306–331.

4.4 Zur Philosophie Mills

★*Anschutz, R. P.:* The Philosophy of J. S. Mill, Oxford, Clarendon Press, ³1969 (¹1953).
Bedau, H. A.: Justice and Classical Utilitarianism, in: C. J. Friedrich u. J. W. Chapman (Hrsg.): Justice, New York, Atherton Press, 1963, 284–305.
Berlin, I.: Four Essays on Liberty, London, Oxford University Press, 1969.
★*Britton, K.:* John Stuart Mill, New York, Dover Publications, ²1969 (¹1953).
Carr, R.: The Religious Thought of John Stuart Mill: A Study in Reluctant Scepticism, in: Journal of the History of Ideas 23 (1962) 475–495.
Cranston, M.: John Stuart Mill, Longmans, Green & Co., London 1958.
Halliday, R. J.: J. S. Mill, London, George Allen & Unwin, London 1976.
Jackson, R.: An Examination of the Deductive Logic of John Stuart Mill, London, Oxford University Press, 1941.
Jacobs, H.: Rechtsphilosophie und politische Philosophie bei John Stuart Mill, Bonn 1965.
Ludwig, M.: Die Sozialethik des John Stuart Mill, Zürich 1963.
★*McCloskey, H. J.:* John Stuart Mill: A Critical Study, London, Macmillan, 1971.

Rausch, H.: John Stuart Mill, in: H. Maier, H. Rausch und H. Denzer (Hrsg.), Klassiker des politischen Denkens, Bd. II, München, 1968, 240–261.
Robson, J. M.: The Improvement of Mankind. The Social and Political Thought of John Stuart Mill, Toronto/London, Toronto University Press/Routledge & Kegan Paul, 1968.
Ryan, A.: The Philosophy of John Stuart Mill, London, Macmillan, 1970.
*Ryan, A.: John Stuart Mill, London/Boston, Routledge & Kegan Paul, 1974.
*Schneewind, J. B. (Hrsg.): Mill. A Collection of Critical Essays, London, Macmillan, 1969.
Winch, P.: Die Idee der Sozialwissenschaft und ihr Verhältnis zur Philosophie, Frankfurt a. M. 1966, Kap. 3.
Woods, T.: Poetry and Philosophy. A Study of the Thought of John Stuart Mill, London, Hutchinson, 1961.
(* = besonders wichtige oder empfehlenswerte Werke)

SÖREN KIERKEGAARD

1. Textausgaben

1.1. Dänische Originalausgaben

Samlede Værker, hrsg. v. *A. B. Drachmann, J. L. Heiberg* und *H. O. Lange,* 14 Bde., Kopenhagen 1901–06 (2. Aufl. 15 Bde., 1920–36).
Papirer, hrsg. v. *P. A. Heiberg, V. Kuhr* und *E. Torsting,* 20 Bde., Kopenhagen 1909–48 (Die Ausgabe der Tagebücher ist gegliedert in A. echte Tagebuchaufzeichnungen, B. literarische Entwürfe zum gedruckten Werk und C. Aufzeichnungen über Studium und Lektüre).

1.2 Deutsche Werkausgaben

Gesammelte Werke, übers. v. *Hermann Gottsched* und *Christopf Schrempf,* 12 Bde., Jena 1909–22 (²1922–25).
Gesammelte Werke, übers. v. *Emanuel Hirsch* unter Mitwirkung zahlreicher Fachgelehrter, 36 Abteilungen, Düsseldorf/Köln 1950 ff.
Philosophisch-Theologische Schriften, übers. v. *Walter Rest* und *Hermann Diem,* 4 Bde., Köln 1951 ff.
Werke übers. v. *Liselotte Richter,* 4 Bde., Hamburg 1960 ff.
Entweder-Oder; Philosophische Brosamen und Unwissenschaftliche Nachschrift; Die Krankheit zum Tode und anderes; Einübung im Christentum und anderes, hrsg. und eingeleitet v. *Hermann Diem* und *Walter Rest,* 4 Bde., München 1975–77 (dtv).
Philosophische Brocken und De omnibus dubitandum est; Über den Begriff der Ironie; Die Krankheit zum Tode, Der Hohepriester – der Zöllner – die Sünderin, übers. v. *Emanuel Hirsch,* 3 Bde., Frankfurt 1975–76 (stw).
Gesammelte Werke, hrsg. v. *Emanuel Hirsch* u. *Hayo Gerdes,* 31 Bde., Gütersloh 1978 ff. (GTB Siebenstern).

Der Begriff Angst, übers., mit Einleitung u. Kommentar hrsg. v. *Hans Rochol*, Hamburg 1984 (Meiner).
Die Tagebücher, Auswahlband von *Theodor Haecker*, Innsbruck 1923 (⁴München 1933).
Die Tagebücher, ausgewählt, neugeordnet und übers. v. *Hayo Gerdes*, 5 Bde., in: Gesammelte Werke, hrsg. v. *E. Hirsch*.
Briefe, ausgew., übers. u. mit einem Nachwort versehen v. *Walter Boehlich*, Köln u. Olten 1955.

2. Literatur

2.1. Bibliographien, Literaturberichte

Himmelstrup, J.: Sören Kierkegaard, International Bibliografi, Kopenhagen 1962.
Jörgensen, A.: Sören Kierkegaard-litteratur 1961–1970, Aarhus 1971.
Brecht, F. J.: Die Kierkegaardforschung im letzten Jahrfünft, in: Literarische Berichte aus dem Gebiete der Philosophie 25 (1931) 5–35.
Fahrenbach, H.: Die gegenwärtige Kierkegaard-Auslegung in der deutschsprachigen Literatur von 1948–1962, in: Philosophische Rundschau, Sonderheft: Kierkegaard-Literatur, 1962, Beiheft 3.
Holm, S., Eilschon-Müller, M., Oldenburg, M.: Sören Kierkegaard-litteratur 1956–1960, in: Kierkegaardiana 7 (1968) 252–267.
Lawson, L. A.: Kierkegaard's Presence in Contemporary American Life, New York, Scarecrow, 1971.
Pieper, A.: Sören Kierkegaard, Inter-esse zwischen Theorie und Praxis, in: Philosophische Rundschau 24 (1977) 129–145.

2.2. Biographien

Rohde, P. P.: Sören Kierkegaard in Selbstzeugnissen und Bilddokumenten, Hamburg 1959.
Brandt, F.: Sören Kierkegaard. Sein Leben – seine Werke, Kopenhagen 1963.
Gerdes, H.: Sören Kierkegaard. Leben und Werk, Berlin 1966.

2.3. Ausgewählte Sekundärliteratur

Adorno, Th. W.: Kierkegaard, Konstruktion des Ästhetischen, Tübingen 1933 (Frankfurt ³1966).
Anz, W.: Kierkegaard und der deutsche Idealismus, Tübingen 1956.
Blass, J. L.: Die Krise der Freiheit im Denken Sören Kierkegaards. Untersuchungen zur Konstruktion der Subjektivität, Ratingen 1968.
Deuser, H.: Sören Kierkegaard. Die paradoxe Dialektik des politischen Christen, München 1974.
Elrod, J. W.: Being and Existence in Kierkegaard's Pseudonymous Works, Princeton 1975.
Fahrenbach, H.: Kierkegaards existenzdialektische Ethik, Frankfurt 1968.
Haecker, Th.: Sören Kierkegaard und die Philosophie der Innerlichkeit, München 1913.
–: Der Begriff der Wahrheit bei Sören Kierkegaard, Innsbruck 1932.

Holl, J.: Kierkegaards Konzeption des Selbst, Meisenheim 1972.
Hügli, A.: Die Erkenntnis der Subjektivität und die Objektivität des Erkennens bei Sören Kierkegaard, Zürich 1973.
Jaspers, K.: Vernunft und Existenz, München 1960.
Kühnhold, Ch.: Der Begriff des Sprunges und der Weg des Sprachdenkens. Eine Einführung in Kierkegaard, Berlin/New York 1975.
Löwith, K.: Kierkegaard und Nietzsche oder theologische und philosophische Überwindung des Nihilismus, Frankfurt 1933.
Pieper, A.: Geschichte und Ewigkeit bei Sören Kierkegaard. Das Leitproblem der pseudonymen Schriften, Meisenheim 1968.
Rehm, W.: Kierkegaard und der Verführer, München 1949.
Schäfer, K.: Hermeneutische Ontologie in den Climacus-Schriften Sören Kierkegaards, München 1968.
Scheier, C.-A.: Kierkegaards Ärgernis. Die Logik der Faktizität in den ,,Philosophischen Bissen", Freiburg/Br. 1983.
Schmid, H.: Kritik der Existenz. Analysen zum Existenzdenken Sören Kierkegaards, Zürich 1966.
Schmidinger, H.: Das Problem des Interesses und die Philosophie Sören Kierkegaards, Freiburg/Br. 1983.
Schröer, H.: Die Denkform der Paradoxalität als theologisches Problem. Eine Untersuchung zu Kierkegaard und der neueren Theologie als Beitrag zur theologischen Logik, Göttingen 1960.
Schultzky, G.: Die Wahrnehmung des Menschen bei Sören Kierkegaard. Zur Wahrheitsproblematik der theologischen Anthropologie, Göttingen 1977.
Schulz, W.: Existenz und System, Pfullingen ²1977.
Slök, J.: Die Anthropologie Sören Kierkegaards, Kopenhagen 1954.
Struve, W.: Die neuzeitliche Philosophie als Metaphysik der Subjektivität. Interpretationen zu Kierkegaard und Nietzsche, München 1948.
Theunissen, M.: Der Begriff Ernst bei Sören Kierkegaard, Freiburg/München 1958.
Theunissen, M., Greve, W.: Materialien zur Philosophie Sören Kierkegaards, Frankfurt 1979.
Thulstrup, N.: Kierkegaards Verhältnis zu Hegel und zum spekulativen Idealismus, Stuttgart 1972.
Tzavaras, J.: Bewegung bei Kierkegaard, Frankfurt 1978.
Wilde, F.-E.: Kierkegaards Verständnis der Existenz, Copenhagen 1969.

KARL MARX

1. Texte

Marx, K., Engels, F.: Werke und Briefe (MEW), 39 Bde., Berlin-Ost 1957 ff. (zur Zeit vollständigste Ausgabe).
In der Textwiedergabe der Jugendschriften zuverlässiger:
Marx, K.: Werke – Schriften – Briefe, hrsg. v. *Lieber, H.-J., Furth, P.* u. *Kautsky, B.*, Stuttgart 1962 ff.

Nur als Einzelausgaben:

Marx, K.: Grundrisse der Kritik der politischen Ökonomie, Berlin-Ost 1953 u. ö. (philosophisch interessantester Entwurf der reifen Ökonomiekritik im ganzen).

Marx, K.: Das Kapital – Kritik der politischen Ökonomie, Erster Band, Neudruck der 1. Auflage von 1867, Hildesheim 1980.

Weitere Ausgaben:

Marx, K.: Texte zu Methode und Praxis, I–III, (rowohlts klassiker), hrsg. v. G. Hillmann, Hamburg 1966/67.

Marx-Engels-Studienausgabe, hrsg. v. *I. Fetscher,* Frankfurt/Main 1966/67.

Die Marx-Engels-Gesamtausgabe (MEGA), Berlin u. Moskau 1927 ist Fragment geblieben und seit kurzem in Ostberlin in einem bis ins nächste Jahrhundert reichenden Projekt erneut in Angriff genommen worden. (Die Seitenzählung der MEGA für die *Pariser Manuskripte* gibt auch die Ausgabe von *G. Hillmann,* Bd. II, a. a. O., die gleichwohl den Text von *Lieber/Furth* verwendet und daher hier zugrunde gelegt wurde.)

2. Literatur

2.1 Zur Biographie

McLellan, D.: Karl Marx – Leben und Werk, München 1974.

Blumenberg, W.: Karl Marx in Selbstzeugnissen und Bilddokumenten, Hamburg 1962.

2.2 Zur Geschichte des Marxismus

Vranicki, P.: Geschichte des Marxismus, 2 Bde., Frankfurt/Main 1972/74.

Fetscher, I.: Karl Marx und der Marxismus, München 1967.

Kolakowski, L.: Die Hauptströmungen des Marxismus, 3 Bde., München/Zürich 1977–79.

2.3 Interpretationen

2.3.1 Zum Verhältnis Marx – Hegel

Bekker, K.: Marx' philosophische Entwicklung, sein Verhältnis zu Hegel, Zürich/New York 1940.

Henrich, D.: Karl Marx als Schüler Hegels (1961), in: ders.: Hegel im Kontext, Frankfurt/Main 1971, S. 187–207.

Hartmann, K.: Die Marxsche Theorie, Berlin 1970 (bisher umfassendste und gründlichste philos. Darstellung u. Auseinandersetzung in deutscher Sprache. Vernachlässigt aber die Probleme „dialektischer Darstellung" – dazu:)

Göhler, G.: Die Reduktion der Dialektik durch Marx, Stuttgart 1980 (Zusammenfassung neuerer Diskussionen).

Bubner, R.: Logik und Kapital, in: ders.: Dialektik und Wissenschaft, Frankfurt/Main 1973, S. 44–88.

Theunissen, M.: Krise der Macht – Thesen zur Theorie des dialektischen Widerspruchs, in: Beyer, W. R. (Hrsg.): Hegel-Jahrbuch 1974, Köln 1975, S. 318–329.

Fulda, H. F.: Dialektik als Darstellungsmethode in Marx' „Kapital", in: Ajatus, Bd. 38,

1977 (bisher überzeugendste Interpretation, Kurzfassung auch in Beyer, W. R. (Hrsg.): Hegel-Jahrbuch 1974, a. a. O., S. 204–210).

Lange, E. M.: Das Prinzip Arbeit – Drei metakritische Kapitel ..., Berlin 1980.

Ursprünglich fremdsprachige Beiträge:

Zelený, J.: Die Wissenschaftslogik bei Marx und ‚Das Kapital' (1962), Frankfurt/Main 1968.

Taylor, C.: Hegel, Cambridge 1975, Kap. XX (dt. Frankfurt/M. 1978).

2.3.2 Zum „jungen Marx" und den Junghegelianern

Popitz, H.: Der entfremdete Mensch – Zeitkritik und Geschichtsphilosophie des jungen Marx (1953), Frankfurt/M. ²1967.

Thier, E.: Das Menschenbild des jungen Marx, Göttingen 1961.

Stuke, H.: Philosophie der Tat – Studien zur Verwirklichung der Philosophie ..., Stuttgart 1963.

Tucker, R.: The Marxian Revolutionary Idea, London 1969.

Böhler, D.: Metakritik der Marxschen Ideologiekritik, Frankfurt/M. 1970 (systematische Interpretation unter Gesichtspunkten der „Kritischen Theorie").

Meyer, Th.: Der Zwiespalt in der Marxschen Emanzipationstheorie, Kronberg/Ts. 1973 (originell, argumentiert gegen Überbetonung der Abhängigkeit von Hegel bei Hartmann 1970 u. betont Einfluß von Fichte, Feuerbach und Heß).

McLellan, D.: Die Junghegelianer und Karl Marx, München 1974 (sehr instruktiv zur überblicksartigen Orientierung).

v. Magnis, F.: Normative Voraussetzungen im Denken des jungen Marx, Freiburg/München 1975.

Lange, E. M.: Verein freier Menschen, Demokratie, Kommunismus, in: *Angehrn, E., Lohmann, G.* (Hrsg.): Marx und Ethik, Königstein/Ts. 1985 (Skizze einer argumentierenden Jugendgeschichte des Marxschen Denkens bis 1844).

2.3.3 Zu ‚Grundrissen' und ‚Kapital'

Petry, F.: Der soziale Gehalt der Marxschen Werttheorie, Jena 1916.

Schmidt, A.: Der Begriff der Natur in der Lehre von Marx (1962), Neuausgabe Frankfurt/M. 1971.

Rosdolsky, R.: Zur Entstehungsgeschichte des Marxschen ‚Kapital', 2 Bde., Frankfurt/M. u. Wien ²1969 (erläuternder Kommentar zu den *Grundrissen,* der zu philosophischen Aspekten nichts sagen will).

Becker, W.: Kritik der Marxschen Wertlehre, Hamburg 1972.

Lange, E. M.: Wertformanalyse, Geldkritik und die Konstruktion des Fetischismus bei Marx, in: Neue Hefte f. Philosophie 13, Göttingen 1978, S. 1–46.

Schampel, J.: Das Warenmärchen – Über den Symbolcharakter der Ware im ‚Kapital' ..., Königstein/Ts. 1982 (krit. Analyse mit sprachphilosophischen Mitteln der Erlanger Schule).

2.3.4 Ökonomische Marx-Lektüre, Marxistische Ökonomie u. Wissenschaftstheoretische Rekonstruktionsversuche

Hilferding, R.: Das Finanzkapital (1910), Frankfurt/M. 1968.

Luxemburg, R.: Die Akkumulation des Kapitals (1913), Frankfurt/M. 1966.

Lenin, W. I.: Der Imperialismus als höchstes Stadium des Kapitalismus (1917), in: ders., Werke, Bd. 22, Berlin-Ost 1960, S. 189–309.
Rubin, I. I.: Studien zur Marxschen Werttheorie (1924), Frankfurt/M. 1973.
Sweezy, P. M.: Theorie der kapitalistischen Entwicklung (1942), Frankfurt/M. 1970.
Lange, O.: Politische Ökonomie (1959), 2 Bde., Frankfurt/M. 1963/68.
Mandel, E.: Marxistische Wirtschaftstheorie (1962), Frankfurt/M. 1968.
Dobias, P.: Zur Struktur des Marxschen Systems (1970), in: Eberle, F. (Hrsg.): Aspekte der Marxschen Theorie 1, Frankfurt/M. 1973, S. 228–254.
Nutzinger, H. G., Wolfstetter, E. (Hrsg.): Die Marxsche Theorie und ihre Kritik, 2 Bde., Frankfurt/M. u. New York 1974.
Helberger, C.: Marxismus als Methode, Frankfurt/M. 1974.
Steinvorth, U.: Eine analytische Interpretation der Marxschen Dialektik, Meisenheim a. Glan 1977.
Diederich, W., Fulda, H. F.: Sneed'sche Strukturen in Marx' „Kapital", in: Neue Hefte f. Philos. 13, Göttingen 1978, S. 47–80.
Nowak, L.: The Structure of Idealization. Towards a systemat. interpretation of the Marxian idea of science. Dordrecht, Holland 1980.
Steedman, I.: Marx after Sraffa, London 1981 (zuerst 1977).

2.3.5 Orthodoxer Marxismus

Lenin, W. I.: Staat und Revolution (1917/18), in: Werke Bd. 25, Berlin-Ost 1960, S. 393–507.
–: Materialismus und Empiriokritizismus (1909), in: Werke Bd. 14, Berlin-Ost 1964, S. 7–412.
–: Philosophische Hefte, in: Werke Bd. 38, Berlin-Ost 1973.
Stalin, J. W.: Über die Grundlagen des Leninismus (1924), in: ders.: Werke Bd. 6, Berlin-Ost 1950, S. 62–166.
–: Zu den Fragen des Leninismus (1926), in: Werke Bd. 8, Berlin-Ost 1950, S. 10–81.
–: Über dialektischen und historischen Materialismus (1938), in: Fragen des Leninismus, Moskau 1947, S. 647–679.
Rosental, M. M.: Die dialektische Methode der politischen Ökonomie von Karl Marx, Berlin-Ost 1969.

2.3.6 Westlicher Marxismus und Marx-Diskussion

Lukács, G.: Geschichte und Klassenbewußtsein (1923), Neuwied u. Berlin 1970.
Korsch, K.: Marxismus und Philosophie (1923/30), Frankfurt/M. 1966.
Bloch, E.: Geist der Utopie (1918/23), Frankfurt/M. 1964.
–: Das Prinzip Hoffnung, Frankfurt/M. 1959.
Horkheimer, M., Adorno, T. W.: Dialektik der Aufklärung (1947), Frankfurt/M. 1971.
Horkheimer, M.: Zur Kritik der instrumentellen Vernunft (1947), Frankfurt/M. 1967.
Marcuse, H.: Vernunft und Revolution (1941), Neuwied/Berlin ²1962.
–: Die Gesellschaftslehre des sowjetischen Marxismus (1957), Neuwied/Berlin 1964.
Adorno, T. W.: Negative Dialektik, Frankfurt/M. 1966.
Habermas, J.: Theorie und Praxis (1963), Neuausgabe Frankfurt/M. 1971.
–: Erkenntnis und Interesse, Frankfurt/M. 1968.
–: Zur Rekonstruktion des Historischen Materialismus, Frankfurt/M. 1976.

Sartre, J.-P.: Kritik der dialektischen Vernunft (1960), Reinbek b. Hamburg 1967.
–: Existentialismus und Marxismus – Eine Kontroverse zwischen J.-P. Sartre, R. Garaudy, J. Hyppolite, J. P. Vigier und J. Orcel (1962), Frankfurt/M. 1965.
Althusser, L.: Für Marx (1965), Frankfurt/M. 1968.
Althusser, L., Balibar, E.: Das Kapital lesen, 2 Bde. (1968), Hamburg 1972.
Cohen, G. A.: Karl Marx's Theory of History – A Defence, Princeton 1978.
Wood, A. W.: Karl Marx, London 1981. (Beste neuere Darstellung des ‚Materialisten' Marx durch einen amerikanischen Philosophen.)

WILHELM DILTHEY

1. Texte

1.1 Werkausgabe

Dilthey, W.: Gesammelte Schriften, verschiedene Hrsg., verschiedene Auflagen der einzelnen Bde.; bisher Bände I–XIX, Leipzig, später Stuttgart/Göttingen 1914 ff. (Einzige Werkausgabe der Schriften Diltheys; weitere Bde. werden in den nächsten Jahren erscheinen.)

1.2 Einzelwerke

Das Erlebnis und die Dichtung. Lessing, Goethe, Novalis, Hölderlin, Kleine Vandenhoeck-Reihe, Göttingen ¹⁴1965.
Von Deutscher Dichtung und Musik. Aus den Studien zur Geschichte des deutschen Geistes, hrsg. von *H. Nohl* und *G. Misch,* Göttingen ²1957.
Die große Phantasiedichtung und andere Studien zur vergleichenden Literaturgeschichte, hrsg. v. *H. Nohl,* Göttingen, 1954.
Grundriß der Logik und des Systems der philosophischen Wissenschaften. Für Vorlesungen, Berlin 1865.
Bibliographisch-literarischer Grundriß der allgemeinen Geschichte der Philosophie, Berlin ⁶1965, hrsg. und ergänzt v. *H. G. Gadamer* unter dem Titel: Grundriß der allgemeinen Geschichte der Philosophie, Frankfurt 1949.
Der junge Dilthey. Ein Lebensbild in Briefen und Tagebüchern 1852–1870, zusammengestellt von *Clara Misch,* geb. Dilthey, Stuttgart, Göttingen ²1960 (biographisch sehr aufschlußreich).
Briefwechsel zwischen W. Dilthey und dem Grafen Paul Yorck von Wartenburg 1877–1897, hrsg. v. *Sigrid von der Schulenburg,* Phil. und Geisteswiss. Buchreihe, I. Bd., Halle 1932 (unentbehrlich für die Erforschung der Entwicklung des Denkens von Dilthey).

1.3 Einzelausgaben

Die Philosophie des Lebens. Eine Auswahl aus seinen Schriften, ausgewählt v. *H. Nohl,* mit einem Vorwort v. *O. F. Bollnow,* Stuttgart, Göttingen 1961.

Der Aufbau der geschichtlichen Welt in den Geisteswissenschaften, eingel. v. *M. Riedel,* Suhrkamp Theorie, Frankfurt 1970 (enthält Auszüge aus Ges. Schriften, Bd. VII und eine knappe Einführung).
Schriften zur Pädagogik, hrsg. v. *H. H. Groothoff* u. *U. Herrmann,* Paderborn 1971.
Texte zur Kritik der historischen Vernunft, hrsg. v. *H. U. Lessing,* Göttingen 1983.

2. Literatur

2.1 Bibliographie

Herrmann, U.: Bibliographie Wilhelm Dilthey, Quellen und Literatur, Pädag. Bibliog. Reihe A. Bd. I, Weinheim, Berlin, Basel 1969 (die vollständigste Dilthey-Bibliographie, thematisch gegliedert und mit Registern versehen).

2.2 Dilthey-Jahrbuch für Philosophie und Geschichte der Geisteswissenschaften, Göttingen 1983ff.

2.3 Monographien, Abhandlungen

Obwohl eine umfassende Gesamtdarstellung des Werkes immer noch fehlt, liegen zu einzelnen Themen sehr gute Untersuchungen vor:

Antoni, C.: Vom Historismus zur Soziologie, Stuttgart 1949.

Aron, R. Cl.: La philosophie critique de l'histoire. Essai sur une théorie allemande de l'histoire, Paris, Gallimard, ^{2}1950.

Bollnow, O. F.: Dilthey. Eine Einführung in seine Philosophie, Stuttgart, Berlin, Köln, Mainz ^{3}1967 (wohl die beste, wenn auch etwas einseitige Einführung in Diltheys Werk, dargestellt als Lebensphil.).

Diwald, H.: Wilhelm Dilthey, Erkenntnistheorie und Philosophie der Geschichte, Göttingen, Berlin, Frankfurt 1963.

Gadamer, H. G.: Wahrheit und Methode, Grundzüge einer philosophischen Hermeneutik, Tübingen 4. Aufl. unver. Nachdruck d. 3. erw. Aufl. 1975. (Gadamer stellt Diltheys Werk in den Zusammenhang der Frage nach der Wahrheit der Kunst.)

Habermas, J.: Erkenntnis und Interesse, Theorie Suhrkamp, Frankfurt ^{3}1975.

Herrmann, U.: Die Pädagogik W. Diltheys. Ihr wissenschaftstheoretischer Ansatz in Diltheys Theorie der Geisteswissenschaften, Göttingen 1971 (beste Darstellung der Pädagogik).

Ineichen, H.: Erkenntnistheorie und geschichtlich-gesellschaftliche Welt, Diltheys Logik der Geisteswissenschaften, Frankfurt/Main 1975 (kritisiert Diltheys Erkenntnistheorie von der Kantischen Transzendentalphilosophie her als Psychologismus).

Johach, H.: Handelnder Mensch und objektiver Geist, Zur Theorie der Geistes- und Sozialwissenschaften bei Wilhelm Dilthey, Meisenheim/Glan 1974 (beste Darstellung des Systems der Wissenschaften und seiner Herkunft).

Krausser, P.: Kritik der endlichen Vernunft. Wilhelm Diltheys Revolution der allgemeinen Handlungstheorie, Frankfurt/Main 1968 (eigenwillige, aber einseitige Interpretation des Gesamtwerkes von systemtheoretischen Gesichtspunkten aus).

Landgrebe, L.: Wilhelm Diltheys Theorie der Geisteswissenschaften, in: Jahrbuch für Phil. und phän. Forschung 9 (1928) 237–366.

Lieber, H. J.: Geschichte und Gesellschaft im Denken Diltheys, in: Kölner Zeitschrift für Soziologie und Sozialpsychologie 17 (1965) 703–741.

Lukács, G.: Die Zerstörung der Vernunft, Werke Bd. 9, Darmstadt und Neuwied 1962 (Dilthey wird zu einseitig als Vorläufer des modernen Irrationalismus dargestellt und kritisiert).

Makkreel, R. A.: Dilthey Philosopher of the Human Studies, Princeton, Univ. Press, 1975.

Misch, G.: Lebensphilosophie und Phänomenologie. Eine Auseinandersetzung der Diltheyschen Richtung mit Heidegger und Husserl, Darmstadt ^{3}1967 (vorzügliche, aber zu sehr dem lebensphilosophischen Irrationalismus verhaftete Darstellung).

v. Renthe-Fink, L.: Geschichtlichkeit, Ihr terminologischer und begrifflicher Ursprung bei Hegel, Haym, Dilthey und Yorck, Abhdl. der Akad. der Wissenschaften, Göttingen 1964 (grundlegend für die Geschichte des Terminus ,,Geschichtlichkeit").

Riedel, M.: Das erkenntnistheoretische Motiv in Diltheys Theorie der Geisteswissenschaften, in: Hermeneutik und Dialektik I, hrsg. v. R. Bubner u. a., Tübingen 1970, S. 233–255.

Rodi, F.: Morphologie und Hermeneutik. Zur Methode von Diltheys Ästhetik, Stuttgart, Berlin, Köln, Mainz 1969 (vorzügliche Darstellung von Diltheys Ästhetik).

Rothacker, E.: Einleitung in die Geisteswissenschaften, Darmstadt ^{2}1965 (versucht Diltheys Grundlegung der Geisteswissenschaften zu vollenden).

Suter, J. Fr.: Philosophie et histoire chez Wilhelm Dilthey, Studia Philosophica, Sup. 8, Basel 1960.

FRIEDRICH NIETZSCHE

1. Werkausgaben

Friedrich Nietzsche: Werke. Kritische Gesamtausgabe. Hrsg. v. *G. Colli* und *M. Montinari,* Berlin/New York 1967 ff. (Studienausgabe in 15 Bänden, München 1980).

Friedrich Nietzsche: Werke in 3 Bänden und ein ausführlicher Index-Band. Hrsg. v. *K. Schlechta,* München ^{8}1977.

2. Literatur

2.1 Hilfsmittel und Jahrbuch

Reichert, H. W., Schlechta, K. (Hrsg.): International Nietzsche Bibliography, Chapel Hill, N. C., ^{2}1968 (Fortsetzung in den Nietzsche-Studien – nach Ländern geordnet, oft mit knappem Kommentar in englischer Sprache).

Montinari, M., Müller-Lauter, W., Wenzel, H. (Hrsg.): Nietzsche-Studien, Berlin/New York 1972 ff. (Jahrbuch, Forum der internationalen Nietzsche-Forschung. In jedem zweiten Band wird die von Reichert und Schlechta begonnene Bibliographie fortgesetzt).

2.2 Person und Leben

Janz, C. P.: Friedrich Nietzsche Biographie, 3 Bde., München 1978 (Korrektur zu der einseitigen und teilweise verfälschenden Darstellung durch N.s Schwester; greift auch auf unbekannte Zeugnisse zurück).

2.3 Monographien

Löwith, K.: Nietzsches Philosophie der ewigen Wiederkehr des Gleichen, Hamburg ³1978 (Gesamtdeutung von N.s Philosophie aus seiner Lehre von der ewigen Wiederkehr des Gleichen: N. versuche, die Krisis seiner Zeit nach dem „Tode Gottes" zu überwinden: „auf der Spitze der Modernität" solle, nach L. vergeblich, die vorsokratische Weltsicht wiedergewonnen werden).

Jaspers, K.: Nietzsche. Eine Einführung in das Verständnis seines Philosophierens, Berlin ²1947 (will N. gegen die Inanspruchnahme durch die Nationalsozialisten verteidigen: N.s Denken als „Grenzüberschreitung" aller Werte und Wahrheiten, die aber die wesenhafte Vieldeutigkeit der Welt nicht aufzuheben vermag).

Kaufmann, W.: Nietzsche. Philosoph – Psychologe – Antichrist. Aus dem Amerikanischen übersetzt von J. Salaquarda, Darmstadt, Wiss. Buchgesellschaft 1982. (Auch für den interessierten Laien verständliche Einführung in N.s Philosophie; ein eher psychologisch ausgerichtetes Verständnis seiner Philosophie.)

Fink, E.: Nietzsches Philosophie, Stuttgart ³1973. (In Anlehnung an Heidegger betrachtet F. N.s Philosophie unter dem Gesichtspunkt einer Auseinandersetzung mit der abendländischen Metaphysik. – Ergebnis: N.s Grundthemen wie die Gleichsetzung von Sein und Wert, die Lehre vom Willen zur Macht, von der ewigen Wiederkunft, vom Tode Gottes und vom Übermenschen entsprechen den Grundproblemen der Metaphysik. Im Gedanken vom „Spiel" jedoch finde N. zu einer Philosophie nichtmetaphysischer Ursprünglichkeit und zurück zu Heraklit.)

Heidegger, M.: Nietzsche, 2 Bde., Pfullingen 1961 (Standardwerk mit Vorlesungen H.s von 1936 bis 1940 sowie Abhandlungen (bis 1946).

Ulmer, K.: Nietzsche. Einheit und Sinn seines Werkes, Bern 1962. (Führt die Vielfalt in N.s Denken auf den „Willen zum großen Menschentum und zur höheren Kultur" zurück.)

Deleuze, G.: Nietzsche et la philosophie, Paris, P. U. F., 1962 (N. als Gegenposition zu Hegel. Gegen die Macht des Negativen, die Aufwertung des Leidens und die dialektische Positivität dringe N. zu den sinnschaffenden Kräften und Werten vor: Philosophie als „l'art d'interpréter et d'évaluer", als „affirmation de l'affirmation").

Danto, A. C.: Nietzsche as Philosopher, New York, Macmillan, 1965 (Verdeutlichung der zusammenhängenden Denkstruktur N.s und seiner Kritik an der Korrespondenztheorie der Wahrheit aus der Sicht der sprachanalytischen Philosophie).

Granier, J.: Le problème de la vérité dans la philosophie de Nietzsche, Paris, Edit. du Seuil, 1966. (Sich auf Heidegger beziehende, am Text orientierte Interpretation: N. sei nicht der Denker der Vollendung der Metaphysik, sondern überwinde im Gedanken des Willens zur Macht das setzend-vorstellende Denken endgültig.)

Volkmann-Schluck, K.-H.: Leben und Denken. Interpretationen zur Philosophie Nietzsches, Frankfurt/M. 1968. (Von Heidegger ausgehend unterstreicht V.-S. die Bedeutung des Nihilismus als des „Rückstoßes der Metaphysik auf sich selbst" für das Begreifen der Gegenwart.)

Müller-Lauter, W.: Nietzsche. Seine Philosophie der Gegensätze und die Gegensätze seiner Philosophie, Berlin 1971 („Immanente Darstellung und Kritik"; geht von der Problematik der tatsächlichen oder vermeintlichen Gegensätze in N.s Werk aus).

Röttges, H.: Nietzsche und die Dialektik der Aufklärung, Berlin/New York 1972 (zeigt anhand der Entwicklung N.s, in Gegenüberstellung von Kant und N. und in Anlehnung an Hegel, wie der Anspruch der Aufklärung in Nihilismus umschlägt, wenn die Reflexion auf ihre eigene Bedingtheit unterbleibt).

Grimm, R. H.: Nietzsche's Theory of Knowledge, Berlin/New York 1977 (erarbeitet am Spätwerk Nietzsches einen „gänzlich neuen und völlig beweglichen Maßstab für ‚Wahrheit'" und seine „Fluß-Ontologie des Willens zur Macht" als dessen bloße Stützung).

Magnus, B.: Nietzsche's Existential Imperative, Bloomington/London 1978 (diskutiert die zwiespältige Forschungsgeschichte zum Gedanken der ewigen Wiederkehr des Gleichen und deutet ihn als Gegenmythos zum „zeitscheuen Tier" Mensch).

Kaulbach, F.: Nietzsches Idee einer Experimentalphilosophie, Köln/Wien 1980 (zeigt die Bedeutung der Idee Nietzsches vom Versuchscharakter aller Philosophie – im Zusammenhang mit der Forderung nach Gerechtigkeit im Begriff des philosophischen Erkennens).

Figl, J.: Interpretation als philosophisches Prinzip. Friedrich Nietzsches universale Theorie der Auslegung im späten Nachlaß, Berlin/New York 1982.

Montinari, M.: Nietzsche lesen, Berlin/New York 1982 (zur Werk-, Editions- und Rezeptionsgeschichte Nietzsches).

2.4 Sammelbände

Hillebrand, B. (Hrsg.): Nietzsche und die deutsche Literatur, 2 Bde., München/Tübingen 1979 (enthält mehr als 200 Texte zur Wirkung N.s auf die deutsche Literatur bis zur Mitte des 20. Jahrhunderts).

Guzzoni, A. (Hrsg.): 90 Jahre philosophische Nietzsche-Rezeption, Meisenheim 1979 (enthält neben Texten von Jaspers, Löwith, Heidegger, Fink und Danto Beispiele der Nietzsche-Rezeption in Frankreich – Sartre, Foucault, Rey, Pautrat – und von Hauptvertretern der N.-Rezeption in den ersten Jahrzehnten unseres Jahrhunderts).

Salaquarda, J. (Hrsg.): Nietzsche, Darmstadt 1980 (repräsentative Auswahl von Aufsätzen der Nietzsche-Forschung aus der Zeit seit 1948).

AMERIKANISCHE PRAGMATISTEN

1. Zum Pragmatismus allgemein

Bernstein, R. J.: Praxis und Handeln, Frankfurt/M. 1975 (Teile aus: Praxis and Action, Philadelphia 1971) (vor allem zu Peirce und Dewey; Vergleich zwischen Pragmatismus, Existentialismus, Marxismus und analytischer Philosophie als den gegenwärtigen Hauptströmungen).

Martens, E. (Hrsg.): Texte der Philosophie des Pragmatismus. Ch. S. Peirce, W. James, F. C. S. Schiller, J. Dewey, Stuttgart 1975 (mit einer ausführlichen Einleitung).

Thayer, H. S.: Meaning and Action. A Study of American Pragmatism, New York 1973 (eine ausgezeichnete Einführung zu Peirce, James, Dewey, Lewis und Mead; gekürzte Fassung der Ausgabe von 1968).

2. Zu Peirce

2.1 Texte

Collected Papers of Ch. S. Peirce, Bd. I–VI hrsg. v. *C. Hartshorne* u. *P. Weiss,* Cambridge/Mass. 1931–35; Bd. VII–VIII hrsg. v. *A. W. Burks,* Cambridge/Mass. 1958 (bisher maßgebliche, aber unvollständige Werkausgabe).
Eine Neuausgabe von Peirces sämtlichen veröffentlichten wie unveröffentlichten Arbeiten wird unter der Leitung von *M. H. Fisch* und *E. C. Moore* vorbereitet (Indianapolis, Indiana). Als Ersatz dient solange eine Mikrofilm-Ausgabe (Greenwich, Conn., Johnson Associates, 1977).

Deutsche Peirce-Ausgaben:
Schriften I. Zur Entstehung des Pragmatismus, mit einer Einführung hrsg. v. *K.-O. Apel,* übersetzt v. *G. Wartenberg,* Frankfurt 1967; Schriften II. Vom Pragmatismus zum Pragmatizismus, mit einer Einführung hrsg. v. *K.-O. Apel,* übersetzt v. *G. Wartenberg,* Frankfurt 1970 (bisher die vollständigste dt. Text-Auswahl).
Die Festigung der Überzeugung und andere Schriften, hrsg. u. eingeleitet von *E. Walther,* Baden-Baden 1967.
Über die Klarheit unserer Gedanken. How to Make Our Ideas Clear, Kommentar, Einleitung und übersetzt v. *K. Oehler,* Frankfurt 1968.
Lectures on Pragmatism. Vorlesungen über Pragmatismus, mit Einleitung und Anmerkungen hrsg. v. *E. Walther,* Hamburg 1973.

2.2 Literatur

Apel, K.-O.: Der Denkweg von Charles S. Peirce. Eine Einführung in den amerikanischen Pragmatismus, Frankfurt/M. 1975.
Feibleman, J. K.: An Introduction to the Philosophy of Ch. S. Peirce. Interpreted as a System. With a Foreword by B. Russell, Cambridge/Mass. u. London 1969 (zuerst 1946).
v. Kempski, J.: Ch. S. Peirce und der Pragmatismus, Stuttgart u. Köln 1952 (erste ausführliche Einführung zu Peirce im dt. Sprachbereich).
Ketner, K. L., Kloesel, C. J. W., Ransdell, J. M., Fisch, M. H., Hardwick, C. S. (Hrsg.): A Comprehensive Bibliography and Index of the Published Works of Charles Sanders Peirce with a Bibliograpy of Secundary Studies, Greenwich, Conn., Johnson Associates, 1977.
Oehler, K.: Idee und Grundriß der Peirceschen Semiotik, in: Zeitschrift f. Semiotik 1 (1979) 9–22.
Scholz, H.: Rezension der „Collected Papers", in: Deutsche Literaturzeitung, 1934, Sp. 392–395; 1936, Sp. 137–144 (Scholz würdigte als erster in der deutschen Rezeption Peirce als Logiker und Wissenschaftstheoretiker).
Wartenberg, G.: Logischer Sozialismus. Die Transformation der Kantschen Transzendentalphilosophie durch Ch. S. Peirce, Frankfurt/M. 1971.

Über die neueste Peirce-Forschung unterrichten folgende Zeitschriften und Periodika: Transactions of the Ch. S. Peirce Society, University of Massachusetts Press, 1965 ff. The Ch. S. Peirce Newsletter, 1973 ff.
Peirce Studies, ab 1979 (beide hrsg. v. Institute for Studies in Pragmaticism, Lubbock, Texas).

3. Zu James

3.1 Texte

Eine Werk-Ausgabe (The Works of William James) ist im Entstehen: Hrsg. v. *Burkhardt, F. H., Bowers, F., Skrupskelis, J. K.*, Cambridge/Mass., London, Harvard University Press, Vol. I: Pragmatism, 1975; Vol. II: The Meaning of Truth, 1975.
The Will to Believe and other Essays in Popular Philosophy, London, New York, Toronto 1897; dt.: Der Wille zum Glauben und andere popularphilosophische Essays, übers. v. *T. Lorenz*, Stuttgart 1899 (siehe auch in Martens 1975).
Pragmatism: A New Name for some Old Ways of Thinking; dt.: Der Pragmatismus. Ein neuer Name für alte Denkmethoden. Volkstümliche philosophische Vorlesungen, übers. v. *W. Jerusalem*, Leipzig 1908 (mit einer Einleitung hrsg. v. *K. Oehler*, Hamburg 1977).
The Meaning of Truth. A Sequel to ,,Pragmatism", New York u. London 1909.
A Pluralistic Universe, New York 1909; dt.: Das pluralistische Universum, Leipzig 1914.
Essays in Radical Empiricism and Pluralistic Universe, hrsg. v. *R. B. Perry*, London, New York u. Toronto 1912.

3.2 Literatur

Flournoy, T.: Die Philosophie von W. James, Tübingen 1930.
Jacoby, G.: Der Pragmatismus. Neue Bahnen in der Wissenschaftslehre des Auslands, Leipzig 1909 (die erste objektive und bis heute lesenswerte Darstellung des Jamesschen Pragmatismus).
Perry, R. B.: The Thought and Character of W. James, 2 Bde., London 1935.
Seigfried, C. H.: Bibliography of Writings by and about William James, in: Corti, W. R. (Hrsg.): The Philosophy of William James, Hamburg 1976, S. 385–393.

4. Zu Dewey

4.1 Texte

Eine vollständige Werk-Ausgabe ist im Entstehen; bisher erschienen: The Early Works, 1882–1898, 5 Bde., Southern Illinois Press, University Press, 1969–1972; The Middle Works, 1899–1924, 15 Bde., 1976 ff. (bisher Bde. 1–8 erschienen).
The Child and the Curriculum (1902) and The School and Society (1900), Chicago u. London 1956; dt.: Schule und Gesellschaft, Leipzig 1905.
How We Think. A Restatement of the Relation of Reflective Thinking to the Educative Process, Boston 1933; dt.: Wie wir denken. Eine Untersuchung über die Beziehung

des reflektiven Denkens zum Prozeß der Erziehung, mit Einführung von L. *Deuel*, übersetzt von A. *Burgeni*, Zürich 1951 (Auszüge in: Martens 1975).
Essays in Experimental Logic, Chicago 1916.
Democracy and Education. An Introduction to the Philosophy of Education, New York 1916; dt.: Demokratie und Erziehung. Eine Einleitung in die philosophische Pädagogik, Braunschweig 1930.
Reconstruction in Philosophy, New York 1920.
Human Nature and Conduct. An Introduction to Social Psychology, New York 1922; dt. in: John Dewey: Psychologische Grundfragen der Erziehung. Der Mensch und sein Verhalten. Erfahrung und Erziehung, eingeleitet und hrsg. v. *W. Correll*, München u. Basel 1974.
The Quest of Certainty, New York 1929.
Experience and Education, New York 1938; dt. in: John Dewey 1974.
Logic. The Theory of Inquiry, New York 1938.

4.2 Literatur

Boydston, J. A., Poulos, K.: Checklist of Writings About John Dewey 1887–1977, Southern Illinois University Press, ²1978 (Bibliographie zur Forschungsliteratur; erweiterte Ausgabe).
Childs, J. L.: American Pragmatism and Education. An Interpretation and Criticism, New York 1956.
Schilpp, P. A. (Hrsg.): The Philosophy of J. Dewey, New York ²1951 (¹1939).
Thomas, M. H.: John Dewey: A Centennial Bibliography, University of Chicago Press, 1962 (chronologisch aufgebaut); *Boydston, J. A.* (Hrsg.): Guide to the Works of John Dewey, Southern Illinois University Press, 1970 (nach Sachgebieten geordnet).

5. Zur Wirkungsgeschichte

Bense, M.: Semiotik. Allgemeine Theorie der Zeichen, Baden-Baden 1967.
Hardwick, C. S.: Peirce's Influence on some Philosophers: A Guess at the Riddle, in: Peirce Studies, 1979, S. 25–30.
Lenk, H.: Pragmatische Vernunft, Stuttgart 1979 (skizziert im Anschluß an Kants opus postumum mit N. Rescher einen „methodologischen Pragmatismus").
Martens, E.: Dialogisch-pragmatische Philosophiedidaktik, Hannover 1979.
Oehler, K.: Zur Logik einer Universalpragmatik, in: Semiosis 1 (1976) 14–23.
Rorty, A. (Hrsg.): Pragmatic Philosophy, New York 1966 (Textauszüge mit Einleitung und Bibliographie in drei Abschnitten: die frühen Pragmatisten; die frühen Kritiker; neuere Kritiken und Fortentwicklungen).
Russell, B.: Der Pragmatismus, in: ders.: Philosophische und politische Aufsätze, hrsg. v. *U. Steinvorth*, Stuttgart 1971, S. 61–98 (zuerst erschienen 1909; eine scharfe Auseinandersetzung mit James und Schiller).
The Monist 3 (1980): The Relevance of Carles Sanders Peirce.
Wells, H. K.: Pragmatism. Philosophy of Imperialism, New York 1954 (dt.: Berlin-Ost 1957).
Stachowiak, H. (Hrsg.): Pragmatik, Hamburg (in Vorb., erscheint 1985ff., mehrbändiges Handbuch zur Geschichte und Systematik pragmatischen Denkens).

GOTTLOB FREGE

1. Schriften Freges

Begriffsschrift, eine der arithmetischen nachgebildete Formelsprache des reinen Denkens, Halle a. S. 1879 (Nachdruck in *Angelelli, I.* (Hrsg.): Begriffsschrift und andere Aufsätze, Darmstadt 1964).

Die Grundlagen der Arithmetik. Eine logisch-mathematische Untersuchung über den Begriff der Zahl, Breslau 1884 (Nachdrucke: Breslau 1934 u. Darmstadt u. Hildesheim 1961).

Grundgesetze der Arithmetik, begriffsschriftlich abgeleitet, Bd. I: Jena 1893; Band II: Jena 1903 (Nachdruck: Darmstadt u. Hildesheim 1962).

Angelelli, I. (Hrsg.): Kleine Schriften, Darmstadt und Hildesheim 1967 (enthält sämtliche Veröffentlichungen Freges mit Ausnahme der vorgenannten Bücher).

Hermes, H., Kambartel, F., Kaulbach, F. (Hrsg.): G. Frege, Nachgelassene Schriften, Hamburg 1969 (enthält den Text aller im wissenschaftlichen Nachlaß Freges nach dem 2. Weltkrieg noch erhaltenen Schriften) = NB I.

Gabriel, G., Hermes, H., Kambartel, F., Thiel, Ch., Veraart, A. (Hrsg.): G. Frege, Wissenschaftlicher Briefwechsel, Hamburg 1976 = NB II.

In den genannten Veröffentlichungen liegt das gesamte erhaltene Werk Freges vollständig vor.

Auswahl einzelner Texte bieten:

Patzig, G. (Hrsg.): G. Frege: Funktion, Begriff, Bedeutung. Fünf logische Studien, Göttingen (1962) ^{5}1980 (enthält die Haupttexte Freges zur Semantik).

– Hrsg.): G. Frege: Logische Untersuchungen, Göttingen (1966) ^{2}1976 (enthält u. a. die drei späten Fregetexte: ,,Der Gedanke", ,,Die Verneinung" und ,,Gedankengefüge").

Gabriel, G. (Hrsg.): G. Frege: Schriften zur Logik und Sprachphilosophie aus dem Nachlaß, Hamburg 1971 (enthält ausgewählte Texte aus den ,,Nachgelassenen Schriften").

Kreiser, L. (Hrsg.): G. Frege: Schriften zur Logik aus dem Nachlaß, Berlin (Ost) 1973 (etwas umfangreichere Auswahl als in dem vorgenannten Band).

Freges Schriften sind z. T. auch in Übersetzungen greifbar. Fast alle wichtigen Schriften sind ins Englische, ein erheblicher Teil der wichtigen Schriften ist auch ins Italienische und Spanische, einiges auch ins Französische übersetzt worden; von Übersetzungen ins Russische oder Japanische ist nichts bekannt.

2. Literatur

2.1 Sammelbände

Klemke, E. D. (Hrsg.): Essays on Frege, Urbana, Chicago und London, University of Illinois Press, 1968. (Enthält 26 wichtige Aufsätze in englischer Sprache aus den Jahren 1945–1964, 2 für den Band erstmalig geschriebene Essays, ferner Auszüge aus Büchern von Russell, Anscombe und Geach sowie englische Übersetzungen der drei Aufsätze ,,Der Gedanke", ,,Die Verneinung" und ,,Gedankengefüge" von Frege.)

Schirn, M. (Hrsg.): Studien zu Frege I–III, Stuttgart-Bad Cannstatt 1976. (Die drei

Bände enthalten 36 Beiträge zu Freges Logik und Philosophie der Mathematik (Bd. I), Logik und Sprachphilosophie (Bd. II) und Logik und Sematik (Bd. III) in deutscher und – überwiegend – englischer Sprache.)
Thiel, Ch. (Hrsg.): Frege und die moderne Grundlagenforschung. Symposium, gehalten in Bad Homburg im Dezember 1973, Meisenheim am Glan 1975 (enthält 12 Beiträge zu dem genannten Symposium).
Umfangreiche Bibliographien enthalten die Sammelbände von *Gabriel*, S. 187–218, und *Schirn*, S. 157–197 (diese Bibliographie, die die Literatur bis 1975 erfaßt und 493 Beiträge zur Sekundärliteratur nachweist, ist hinsichtlich Umfang und Genauigkeit unübertroffen); ferner
Bynum, T. W. (Hrsg.): Gottlob Frege, Conceptual Notation and related articles, Oxford, Clarendon Press, 1972, S. 239–287 (bis 1966).

2.2 Bücher und Texte in Sammelwerken

Bartlett, J. M.: Funktion und Gegenstand. Eine Untersuchung in der Logik von Gottlob Frege, München 1961.
Bell, D.: Frege's Theory of Judgement, Oxford, Clarendon, 1979 (kompetente und klar entwickelte Einführung in Freges Urteilstheorie).
Carl, W.: Sinn und Bedeutung – Studien zu Frege und Wittgenstein, Königstein 1982.
Dummett, M.: Gottlob Frege, in: Edwards, P. (Hrsg.): The Encyclopedia of Philosophy, London und New York, Macmillan, 1957, Bd. III, S. 225–237 (berücksichtigt auf knappstem Raum die wichtigsten Aspekte der Philosophie Freges).
–: Frege, Philosophy of Language, London, Duckworth, (1973) ²1981 (bedeutendes Buch, das aber mehr einen Dialog mit Frege führt als dem Leser präzise Fregekenntnisse zu vermitteln).
Egidi, R.: Ontologia e conoscenza matematica. Un saggio su Gottlob Frege, Florenz, Sansoni, 1963.
Føllesdal, O.: Husserl und Frege. Ein Beitrag zur Beleuchtung der Entstehung der phänomenologischen Philosophie, Oslo 1958.
Geach, P.: Frege, in: Anscombe, G. E. M. und Geach, P. T.: Three Philosophers, Oxford, Blackwell, (1961) ²1963, S. 127–162 (konzentrierte, stellenweise eigenwillige Darstellung).
Kneale, W.: Frege's General Logic, in: Kneale, W., und Kneale, M.: The Development of Logic, Oxford, Clarendon, 1962, S. 478–512 (konzise und lichtvolle Darstellung).
Largeault, J.: Logique et Philosophie chez Frege, Paris und Löwen, Edition Nauwelaerts, 1970.
Patzig, G.: Gottlob Frege und die logische Analyse der Sprache, in: Patzig, G.: Sprache und Logik, Göttingen, Vandenhoeck & Ruprecht, (1970) ²1981, S. 77–100.
Scholz, H.: Gottlob Frege, in: Scholz, H.: Mathesis universalis. Abhandlungen zur Philosophie als strenger Wissenschaft, Basel/Stuttgart, Schwabe (1961) ²1969 (Darmstadt), S. 268–278. (Hebt besonders Freges Ontologie als Fortsetzung der leibnizischen Tradition hervor.)
Sluga, H.: Gottlob Frege, London, Boston und Henley, Routledge & Kegan Paul, 1980 (ein Versuch, Freges Theorien in einen übergreifenden Zusammenhang zu stellen).
Thiel, Ch.: Sinn und Bedeutung in der Logik Gottlob Freges, Meisenheim am Glan 1965. (Engl. 1968, span. 1972. Vorzügliche Darstellung der Theorien Freges und kritische Diskussion ihrer Schwächen.)

–: Gottlob Frege. Die Abstraktion, in: Speck, J. (Hrsg.): Die Grundprobleme der großen Philosophen. Philosophie der Gegenwart Bd. I, Göttingen 1972, S. 9–44 (meisterhaft klare Darstellung des Grundgedankens von Freges „Grundlagen").

EDMUND HUSSERL

1. Texte

Der belgische Franziskaner *Prof. H. L. Van Breda* rettete Husserls Nachlaß vor den Nationalsozialisten und gründete 1939 an der Universität Löwen ein Husserl-Archiv. Es veröffentlicht seit 1950 in Zusammenarbeit mit dem später gegründeten Husserl-Archiv an der Universität Köln im Nijhoff-Verlag, Den Haag, die *Husserliana* (im folgenden abgekürzt: Hua). Diese historisch-kritische Edition umfaßt die von Husserl selbst veröffentlichten oder für die Veröffentlichung vorgesehenen Werke, die wichtigsten unveröffentlichten Vorlesungen, Vorträge und Aufsätze und – als Beilagen oder als eigene Bände – thematisch gruppierte Auswahlen aus den Manuskripten.
Grundlegend sind die programmatisch einführenden Hauptwerke von 1913, 1927 und 1936:
Ideen zu einer reinen Phänomenologie und phänomenologischen Philosophie. 1. Buch: Allgemeine Einführung in die reine Phänomenologie (Hua 3, ^{2}1976).
Cartesianische Meditationen und Pariser Vorträge (Hua 1, ^{2}1963) (auch als Studienausgabe: hrsg. v. *E. Ströker,* Hamburg 1976).
Die Krisis der europäischen Wissenschaften und die transzendentale Phänomenologie. Eine Einleitung in die phänomenologische Philosophie (Hua 6, ^{2}1962) (der 1. und 2. Teil als Studienausgabe: hrsg. v. *E. Ströker,* Hamburg 1977).
Ebenfalls zur Einführung geeignet sind die Vorlesungstexte von 1907 und 1925: Die Idee der Phänomenologie. Fünf Vorlesungen (Hua 2, ^{2}1958).
Phänomenologische Psychologie. Vorlesungen Sommersemester 1925 (Hua 9, 1962) (hierin besonders der 1927/28 verfaßte Artikel „Phänomenologie" für die Encyclopaedia Britannica). Zur Einführung könnte auch dienen die Studienausgabe des Aufsatzes von 1911:
Philosophie als strenge Wissenschaft, hrsg. v. *W. Szilasi,* Frankfurt a. M. 1965.
Zur Vertiefung der Einführungs- und Grundlegungsproblematik unentbehrlich ist die Vorlesung:
Erste Philosophie (1923/24). 1. Teil: Kritische Ideengeschichte (Hua 7, 1956); 2. Teil: Theorie der phänomenologischen Reduktion (Hua 8, 1959).
Einen Gesamtüberblick über die Konstitutionsproblematik verschafft:
Ideen ... 2. Buch: Phänomenologische Untersuchungen zur Konstitution (Hua 4, 1952). Schon zu Husserls Lebzeiten berühmt gewordene konkrete Analysen enthalten die Bände:
Zur Phänomenologie des inneren Zeitbewußtseins (1893–1917) (Hua 10, 1966).
Formale und transzendentale Logik. Versuch einer Kritik der logischen Vernunft (Hua 17, 1974) (auch beim selben Verlag als Studienausgabe in 2 Bänden).
Andere Analysen zu einer relativ überschaubaren Thematik enthalten:
Ding und Raum. Vorlesungen 1907 (Hua 16, 1973).

Analysen zur passiven Synthesis. Aus Vorlesungs- und Forschungsmanuskripten 1918–1926 (Hua 11, 1966). Außerhalb der Hua:
Erfahrung und Urteil, redigiert u. hrsg. v. L. Landgrebe, Hamburg ⁴1972.
Unentbehrlich für das Studium konkreter phänomenologischer Analysen sind noch immer die Logischen Untersuchungen. Bisher ist nur der Text der 1. u. 2. Aufl. (1900/1913) von Band I: Prolegomena zur reinen Logik, als Hua 18, 1975, erschienen. Der 1. u. 2. Teil des II. Bandes: Untersuchungen zur Theorie und Phänomenologie der Erkenntnis, ist als Nachdruck der 2., teilweise stark umgearbeiteten Aufl. von 1913/1921 beim Niemeyer-Verlag, Tübingen 1968, erhältlich.

2. Literatur

2.1 Allgemeine Untersuchungen

Ein Großteil der Arbeiten zu Husserl ist in der Reihe *Phaenomenologica* (im folgenden abgekürzt: Ph) des Nijhoff-Verlags, Den Haag, erschienen. Einen ersten zuverlässigen Gesamtüberblick über Husserls Denken mit weiterführenden bibliographischen Hinweisen vermittelt:
Janssen, P.: Edmund Husserl, Freiburg/München 1976.
Die schon klassisch gewordenen Einführungen in zentrale Fragen des Husserlschen Denkens stammen von seinen beiden letzten Assistenten:
Fink, E.: Studien zur Phänomenologie 1930–1939 (Ph 21, 1966) (darin vor allem der 2. u. der 4. Aufsatz).
Landgrebe, L.: Der Weg der Phänomenologie, Gütersloh 1963 (darin vor allem der 1., 2., 5. u. 6. Aufsatz).
Noch immer sehr lehrreich ist die Einführung in Sinn und Aufgabe der phänomenologischen Forschung in einer Heidegger-Vorlesung von 1925:
Prolegomena zur Geschichte des Zeitbegriffs, hrsg. v. *P. Jaeger* (Gesamtausgabe Bd. 20), Frankfurt a. M. 1979, S. 13–182.
Für die Husserl-Diskussion wichtige Aufsätze enthalten:
Noack, H. (Hrsg.): Husserl, (Wege der Forschung Bd. 40) Darmstadt 1973.
Fink, E.: Nähe und Distanz, Freiburg/München 1976.
Boehm, R.: Vom Gesichtspunkt der Phänomenologie (Ph 26, 1968).
Hilfreich für das Husserl-Studium sind die Artikel zu Begriffen der Husserlschen Phänomenologie in:
Historisches Wörterbuch der Philosophie, hrsg. v. *J. Ritter*, Basel/Stuttgart, seit 1971 (bisher 6 Bde., A–O).
Einige Zentralgedanken Husserls, von denen die neuere Kritik ein schiefes Bild gibt, referiert treffend:
Aguirre, A.: Die Phänomenologie Husserls im Licht ihrer gegenwärtigen Interpretation und Kritik, Darmstadt 1982.

2.2 Spezielle Untersuchungen zu den wichtigsten Themen im Text:

Zu I.:
Spiegelberg, H.: The phenomenological movement (Ph 5/6, ²1976).
Gadamer, H. G.: Die phänomenologische Bewegung, in: Kleine Schriften III, Tübingen 1972, S. 150–189.

Schuhmann, K. (Hrsg.): Husserl-Chronik. Denk- und Lebensweg E. Husserls, Den Haag, Nijhoff, 1977.

Lübbe, H.: Bewußtsein in Geschichten, Freiburg i. Br. 1972 (darin zur Entstehungssituation der Phänomenologie: S. 9–80).

Biemel, W.: Die entscheidenden Phasen der Entfaltung von Husserls Philosophie, in: Zeitschr. f. philos. Forschg. 13 (1959) 187–213.

Sokolowski, R.: The formation of Husserl's concept of constitution (Ph 18, 1964).

Zu II.1.:

Tugendhat, E.: Der Wahrheitsbegriff bei Husserl und Heidegger, Berlin 1967.

Zum Teleologiebegriff Husserls:

Hoyos-Vasquez, G.: Intentionalität als Verantwortung (Ph 67, 1976).

Zur Kritik der phänomenologischen Wesenslehre:

Adorno, Th. W.: Zur Metakritik der Erkenntnistheorie, Frankfurt a. M. ²1972.

Eley, L.: Die Krise des Apriori (Ph 10, 1961).

Klassische Einführung in die Wesenslehre der frühen Phänomenologie:

Reinach, A.: Was ist Phänomenologie?, München ²1951.

Zu II.2.:

Rang, B.: Kausalität und Motivation (Ph 53, 1973).

Brand, G.: Welt, Ich und Zeit, Den Haag, Nijhoff, 1955.

Held, K.: Lebendige Gegenwart (Ph 23, 1966).

Claesges, U.: E. Husserls Theorie der Raumkonstitution (Ph 19, 1964).

Zur Intersubjektivität:

Theunissen, M.: Der Andere, Berlin 1965.

Waldenfels, B.: Das Zwischenreich des Dialogs (Ph 41, 1971).

Held, K.: Das Problem der Intersubjektivität und die Idee einer phänomenologischen Transzendentalphilosophie, in: Perspektiven transzendental-phänomenologischer Forschung, hrsg. v. U. Claesges u. K. Held (Ph 49, 1972), S. 3–60.

Zu II.3.:

Funke, G.: Phänomenologie – Metaphysik oder Methode?, Bonn 1966.

Seebohm, Th.: Die Bedingungen der Möglichkeit der Transzendentalphilosophie, Bonn 1962.

Kern, I.: Husserl und Kant (Ph 16, 1964).

Schuhmann, K.: Die Fundamentalbetrachtung der Phänomenologie (Ph 42, 1971).

Drüe, H.: E. Husserls System der phänomenologischen Psychologie, Berlin 1963.

Gurwitsch, A.: Das Bewußtseinsfeld, Berlin 1975.

Landgrebe, L.: Faktizität und Individuation, Hamburg 1982.

Zu II.4.:

Aguirre, A.: Genetische Phänomenologie und Reduktion (Ph 38, 1970).

Zur passiven Genesis:

Holenstein, E.: Phänomenologie der Assoziation (Ph 44, 1972).

de Almeida, G. A.: Sinn und Inhalt in der genetischen Phänomenologie E. Husserls (Ph 47, 1972).

Zur Lebensweltproblematik:

Blumenberg, H.: Lebenswelt und Technisierung unter Aspekten der Phänomenologie (1963), in: Wirklichkeiten in denen wir leben, Stuttgart 1981.

Marx, W.: Vernunft und Lebenswelt, und: Lebenswelt und Lebenswelten, in: Vernunft und Welt (Ph 36, 1970), S. 45–77.
Claesges, U.: Zweideutigkeiten in Husserls Lebenswelt-Begriff, in: Perspektiven ... (Ph 49, 1972, s. o.!), S. 85–101.
Landgrebe, L.: Lebenswelt und Geschichtlichkeit des menschlichen Daseins, in: Phänomenologie und Marxismus, Bd. 2, hrsg. v. B. Waldenfels u. a. Frankfurt a. M. 1977, S. 13–58.
Ströker, E. (Hrsg.): Lebenswelt und Wissenschaft in der Philosophie E. Husserls, Frankfurt a. M. 1979.

Zu Phänomenologie und philosophische Tradition:
Janssen, P.: Geschichte und Lebenswelt (Ph 35, 1970).
Orth, E. W. (Hrsg.): Dialektik und Genesis in der Phänomenologie, (Phänomenologische Forschungen Bd. 10) Freiburg/München 1980.

HENRI BERGSON

1. Texte

1.1 Werkausgaben

Œuvres, Ed. *A. Robinet,* Paris, Presses Univ. de France, 1970.
Mélanges, Ed. *A. Robinet,* Paris, Presses Univ. de France, 1972.
Ecrits et paroles, Ed. *R. M. Mossé-Bastide,* Bd. 1–3, Paris, Presses Univ. de France, 1957–1959.

1.2 Einzelausgaben

Essai sur les données immédiates de la conscience, Paris, Alcan, 1889.
Matière et mémoire, Paris, Alcan, 1896.
Le rire, Paris, Alcan, 1900.
L'Evolution créatrice, Paris, Alcan, 1907.
L'Energie spirituelle, Paris, Alcan, 1919.
Durée et simultanéité, Paris, Alcan, 1922.
Les deux sources de la morale et de la religion, Paris, Alcan, 1932.
La pensée et le mouvant, Paris, Alcan, 1934.

1.3 Übersetzungen

Zeit und Freiheit, Jena 1911 (letzte Ausg. Meisenheim 1949).
Materie und Gedächtnis, Jena 1908 (letzte Ausg. Frankfurt 1982).
Das Lachen, Jena 1921 (letzte Ausg. Zürich 1972).
Einführung in die Metaphysik, Jena 1909.
Schöpferische Entwicklung, Jena 1912 (letzte Ausg. Zürich 1967).
Die seelische Energie, Jena 1928.

Die beiden Quellen der Moral und der Religion, Jena 1933 (letzte Ausg. Olten 1980).
Denken und schöpferisches Werden, Meisenheim 1948.

2. Literatur

2.1 Bibliographie

Gunter, P. A. Y.: Henri Bergson, Bowling Green, Philosophy Doc. Center, 1974.
Umfassende Bibliographien enthalten auch:
Mossé-Bastide, R. M.: Bergson éducateur, Paris, Presses Univ. de France, 1955.
Pflug, G.: Henri Bergson, Berlin, de Gruyter, 1959.

2.2 Person und Leben

Chevalier, J.: Entretiens avec Bergson, Paris, Plon, 1959.
Delattre, F.: Dernières années d'Henri Bergson, Paris, Presses Univ. de France, 1943.
Desaymard, J.: Bergson à Clermont-Ferrand, Clermont-Ferrand, Bellet, 1910.
Maire, G.: Bergson, mon maître, Paris, Grasset, 1935.

2.3 Gesamtdarstellungen

Barlow, M.: Bergson, Paris, Ed. Universitaires, 1966.
Barthélemy-Madaule, M.: Bergson, Paris, Presses Univ. de France, 1968.
Chevalier, J.: H. Bergson, nouv. éd., Paris, Plon, 1942.
Cresson, A.: Bergson. Sa vie, son œuvre, Paris, Presses Univ. de France, 1958.
Deleuze, G.: Le Bergsonisme, Paris, Presses Univ. de France, 1966.
Herman, D. J.: The Philosophy of Henri Bergson, Washington, Univ. Pr. of America, 1980.
Jankélévitch, V.: Henri Bergson, Paris, Presses Univ. de France, ²1975.
Jurevičs, P.: Henri Bergson, Freiburg i. Br., Alber, 1949.
Lindsay of Birker, A. D.: The Philosophy of Bergson, Port Washington, Kennikat Pr., ²1968.
Mossé-Bastide, R. M.: Bergson éducateur, Paris, Presses Univ. de France, 1955.
Pflug, G.: Henri Bergson, Berlin, de Gruyter, 1959.
Pilkington, A. E.: Bergson and his influence, Cambridge, Cambridge Univ. Pr., 1976.
Scharfstein, B.-A.: Roots of Bergson's philosophy, New York, Columbia Univ. Pr., 1943.

2.4 Monographien

2.4.1 Beziehungen zu anderen Denkern

Barthélemy-Madaule, M.: Bergson adversaire de Kant, Paris, Presses Univ. de France, 1966.
–: Bergson und Teilhard de Chardin, Olten, Walter, 1970.
Delattre, F.: Ruskin et Bergson, Oxford, Clarendon Pr., 1947.

Henry, A.: Bergson, maître de Péguy, Paris, Elzévir, 1948.
Jäckel, K.: Bergson und Proust, Breslau 1934.
Jamil, K. M.: Nietzsche and Bergson in the domain of evolutionary and moral philosophies, Rajshahi, Internat. Print. 1959.
Kallen, H. M.: William James and Henri Bergson, New York, AHS, 1980.
Lehrmann, C.: Bergsonisme et judaîsme, Genf, Ed. Union, 1937.
Loomba, R. M.: Bradley and Bergson, Lucknow, Upper India Publ. House, 1937.
Megay, J. N.: Bergson et Proust, Paris, Vrin, 1976.
Mossé-Bastide, R. M.: Bergson et Plotin, Paris, Presses Univ. de France, 1959.
Pallière, A.: Bergson et le judaîsme, Paris, Alcan, 1933.
Politzer, G.: Freud e Bergson, Florenz, La nuova Italia, 1970.
Vialatoux, J.: De Durkheim à Bergson, Paris, Bloud & Gay, 1939.

2.4.2 Erkenntnistheorie

Adolphe, L.: La dialectique des images chez Bergson, Paris, Presses Univ. de France, 1951.
Fressin, A.: La perception chez Bergson et chez Merleau-Ponty, Paris, L. C. D. U. et S. E. D. E. S. réunis, 1967.
Gilson, B.: L'Individualité dans la philosophie de Bergson, Paris, Vrin, 1978.
Husson, L.: L'intellectualisme de Bergson, Paris, Presses Univ. de France, 1947.
Mourélos, G.: Bergson et les niveaux de réalité, Paris, Presses Univ. de France, 1964.

2.4.3 Physik und Mathematik

Čapek, M.: Bergson and modern physics, Dordrecht, Reidel, 1971.
Gunter, P. A. Y. (Hrsg.): Bergson and the evolution of physics, Knoxville, Univ. of Tennessee Pr., 1969.
Millet, J.: Bergson et le calcul infinitésimal, Paris, Presses Univ. de France. 1974.

2.4.4 Raum und Zeit

Bachelard, G.: La dialectique de la durée. Nouv. éd., Paris, Presses Univ. de France, 1972.
Chahine, O. E.: La durée chez Bergson, Paris, Structures nouv., H. Boucher, 1970.
Gorsen, P.: Zur Phänomenologie des Bewußtseinsstroms, Bonn, Bouvier, 1966.
Heidsieck, F.: Henri Bergson et la notion d'espace, Paris, Presses Univ. de France, 1961.
Robinet, A.: Bergson et les métamorphoses de la durée, Paris, Seghers, 1965.

2.4.5 Biologie

Léotard, G.: En marge de Bergson ou essai sur la matérialité de la mémoire, Dilbeek, Ed. Marguerite, 1938.
Trotignon, P.: L'idée de vie chez Bergson et la critique de la métaphysique, Paris, Presses Univ. de France, 1968.

2.4.6 Ästhetik

Baldino, P.: L'arte nella concezione di Bergson, Neapel, A. de Frede, 1974.
Bayer, R.: L'esthétique de Bergson, Paris, Presses Univ. de France, 1943.
Szathmary, A.: The aesthetic theory of Bergson, Cambridge, Harvard Univ. Press, 1937.

2.4.7 Ethik

Austermann, M.: Die Entwicklung der ethischen und religionsphilosophischen Gedanken bei Henri Bergson, Frankfurt, R. G. Fischer, 1981.
Bretonneau, G.: Création et valeur éthiques chez Bergson, Paris, Sedes, 1975.
Rolland, E.: La finalité morale dans le bergsonisme, Paris, Beauchesne, 1937.

2.4.8 Sozialphilosophie

Ebacher, R.: La philosophie dans la cité technique, Paris, Bloud et Gay, 1968.
Fabris, M.: La filosofia sociale di Henri Bergson, Bari, Resta, 1966.
Lafrance, G.: La philosophie sociale de Bergson, Ottawa, Ed. de l'Univ. d'Ottawa, 1974.

2.4.9 Religionsphilosophie

Adolphe, L.: La philosophie religieuse de Bergson, Paris, Alcan, 1946.
Cariou, M.: Bergson et le fait mystique, Paris, Aubier Montaigne, 1976.
Gouhier, H.: Bergson et le Christ des Evangiles, Paris, Fayard, 1961.
Kelley, J. J.: Bergson's mysticism, Freiburg (Schweiz) St. Paul's Pr., 1954.
Lavelle, L.: La pensée religieuse d'Henri Bergson, Paris, Presses Univ. de France, 1943.
Levesque, G.: Bergson. Vie et mort de l'homme et de Dieu, Paris, Les Ed. du Cerf, 1973.
Phoba, M.: Bergson et la théologie morale, Paris, Champion, 1977.
Sertillanges, A. G.: Henri Bergson et le catholicisme, Paris, Flammarion, 1941.
Sundén, H.: La théorie bergsonienne de la religion, Uppsala, Almqvist & Wiksell, 1940.

2.5 Sammelwerke

Les Etudes bergsoniennes, Bd. 1–11, Paris, Presses Univ. de France, 1948–1976. (Die bisher erschienenen Bände enthalten neben Beiträgen zur Philosophie Bergsons wichtige Dokumente. Die Sammlung wird fortgesetzt.)

BERTRAND RUSSELL

1. Werke

Eine Gesamtausgabe ist nicht vorhanden. Seit 1983 erscheint eine auf 28 Bde. berechnete Ausgabe aller Aufsätze und ungedruckten Manuskripte aus dem Nachlaß: *The Collected Papers of Bertrand Russell,* ed. K. Blackwell et al., Vol. I, *Cambridge Essays 1888–99.*

London, Allen & Unwin, 1983. Vol. VII. *Theory of Knowledge: The 1913 Manuscript.* London, Allen & Unwin, 1984. Wir verzeichnen in chronologischer Folge die philosophisch wichtigsten Schriften und Teil-Sammlungen. (* Sternchen bezeichnen Monographien.)

* A Critical Exposition of the Philosophy of Leibniz, Cambridge, Univ. Press, 1900.

Sur la logique des relations avec des applications à la théorie des séries, in: Rev. de math. (Riv. di mat.) 7, Turin 1900/1, S. 115–148, engl. Übers. in: Logic and Knowledge.

* The Principles of Mathematics, Cambridge, Univ. Press, 1903, 2. Aufl., mit neuer Einführung, London, Allen & Unwin, 1937.

On Denoting, in: Mind n. s. 14 (1905) 479–493, auch in: Logic and Knowledge.

,,McColl, Symbolic logic and its applications" (Rezension) in: Mind n.s. 15 (1906) 255–260.

'If' and 'imply': A Reply to Mr. McColl., in: Mind n.s. 17 (1908) 300–301.

Mathematical Logic as Based on the Theory of Types, in: Am. Journ. of Math. 30 (1908) 222–262, auch in: Logic and Knowledge.

* (mit A. N. Whitehead:) Principia Mathematica I (1910), II (1912), III (1913), Cambridge, Univ. Press. 2. Aufl. Bd. I (mit neuer Einleitung und 3 Appendices!) 1925, Bde. II u. III 1927. (Von Bd. I ein Teilnachdruck als Taschenbuchausgabe: Cambridge, Univ. Press, seit 1962).

The Philosophy of Logical Atomism, in: The Monist 28 (1918) 495–527, auch in: Logic and Knowledge;*dt.: Die Philosophie des Logischen Atomismus, München 1976 (Sammlung Dialog 104).

* Introduction to Mathematical Philosophy, London, Allen & Unwin, 1919; *dt.: Einführung in die mathematische Philosophie, Wiesbaden 1975.

,,F. P. Ramsey, The Foundations of Mathematics" (Rezension) in: Mind n. s. 40 (1931) 476–482.

* The Analysis of Matter, London, Kegan Paul, Trench, Trubner & Co., 1927; dt.: Philosophie der Materie, Leipzig 1929 u. 1932.

* An Inquiry into Meaning and Truth, London, Allen & Unwin, 1940.

My Mental Development, und Reply to Criticism, in: Philosophy of B. Russell, hrsg. v. *P. A. Schilpp.*

* Human Knowledge, Its Scope and Limits, London, Allen & Unwin, 1948; dt.: Das menschliche Wissen, Berlin 1958.

* Logic and Knowledge: Essays 1901–1950, hrsg. v. *R. C. Marsh,* London, Allen & Unwin, 1956.

* My Philosophical Development, London, Allen & Unwin, 1959; dt.: Philosophie. Die Entwicklung meines Denkens, München 1973 (Sammlung Dialog 101).

* Autobiography I, II, III, London, Allen & Unwin, 1967–69; dt.: Autobiographie I/II/III, Frankfurt am Main, Suhrkamp TB 1972/73/74.

2. Sekundärliteratur

Bibliographie (zweisprachig: Englisch u. Deutsch) von *W. Martin:* Bertrand Russell. A Bibliography of his Writings/Eine Bibliographie seiner Schriften. 1895–1976. München, New York, London, Paris 1981.

Russells Nachlaß und seine Bibliothek sind im Besitz der McMaster University in Hamilton (Ontario). Dort erscheint:

Russell: The Journal of the Bertrand Russell Archives, hrsg. v. *K. Blackwell,* (McMaster Univ. Press) Hamilton, Ontario, 1971 ff.

Über Person und Leben gibt reichliche Auskunft die lesenswerte *Autobiographie,* daneben

Wood, A.: Bertrand Russell, the Passionate Sceptic, London, Allen & Unwin, 1957.

Clark, R. W.: The Life of Bertrand Russell, London 1975.

Sandvoss, E. R.: Bertrand Russell, Reinbek 1980 (Rowohlt Bildmonographien 282).

Eine große monographische Darstellung des philosophischen *und* literarischen Werks fehlt.

Über das philosophische Werk zusammenfassend:

Ayer, A. J.: Bertrand Russell, New York, Viking Press. 1972; dt.: München 1973.

Ausführlicher, mit eindringender Sachdiskussion:

Jager, R.: The Development of Bertrand Russell's Philosophy, London, Allen & Unwin, u. New York, Humanities Press, 1972.

Repräsentative Zusammenfassungen der Sekundär-Literatur zu den Haupt-Aspekten von Russells Philosophie bieten:

The Philosophy of Bertrand Russell, hrsg. v. *P. A. Schilpp,* (Library of Living Philosophers, Bd. 5) 1944; Neudruck, mit ergänzter Bibliographie der Veröffentlichungen Russells bis 1962, bei Harper & Row (Torchbooks), New York 1963.

Essays on Bertrand Russell, hrsg. v. *E. D. Klemke,* Urbana, Univ. of Illinois Press, 1970.

Bertrand Russell's Philosophy, hrsg. v. *G. Nakhnikian,* London, Duckworth, 1974.

Bertrand Russel Memorial Volume, hrsg. v. *G. W. Roberts,* London, Allen & Unwin, 1979.

Außerdem hilfreich sind besonders:

Fritz, C. A.: Bertrand Russell's Construction of the External World, London 1952.

Church, A.: Russellian Simple Type Theory, in: Proceedings and Addresses of the American Philosophical Association, vol. 47, 1973/74, 21–33.

Carl, W.: Bertrand Russell – Die Theory of Descriptions, in: Grundprobleme der großen Philosophen, Philosophie der Gegenwart I, hrsg. v. *J. Speck,* Göttingen 1972, (UTB 147), 215–263.

LUDWIG WITTGENSTEIN

1. Werkausgaben

Die meisten in deutscher Sprache veröffentlichten Arbeiten findet man in: Schriften, Frankfurt a. M. ab 1960. 7 Bände. (Soweit deutsche Übersetzungen von im Original englischsprachigen Texten zitiert werden, wurden sie gelegentlich leicht verändert.)

Aufzeichnungen über Logik, Spetember 1913, in: Schriften 1.

Aufzeichnungen, die G. E. *Moore* in Norwegen nach Diktat niedergeschrieben hat, April 1914, in: Schriften 1.

Tagebücher 1914–16, hrsg. G. H. *von Wright* und G. E. M. *Anscombe,* in: Schriften 1.

Tractatus Logico-Philosophicus, London 1922, in: Schriften 1.

Some Remarks on Logical Form, Proc. Arist. Soc. Supp. Vol. IX (1929) 162–72.
Philosophische Bemerkungen, hrsg. von *R. Rhees*, in: Schriften 3 (auch Taschenbuch-Ausgabe).
Philosophische Grammatik, hrsg. von *R. Rhees*, in: Schriften 4 (auch Taschenbuch-Ausgabe).
The Blue and Brown Books, Blackwell, Oxford 1958. dt: Das blaue Buch. Eine philosophische Betrachtung, hrsg. von *R. Rhees*, in: Schriften 5 (auch Taschenbuch-Ausgabe).
Bemerkungen über die Grundlagen der Mathematik, hrsg. von *G. E. M. Anscombe, R. Rhees* und *G. H. von Wright*, rev. und erw. Ausgabe in: Schriften 6.
Philosophische Untersuchungen, hrsg. von *G. E. M. Anscombe* und *R. Rhees* in: Schriften 1 (auch Taschenbuch-Ausgabe).
Zettel, hrsg. von *G. E. M. Anscombe* und *G. H. von Wright*, in: Schriften 5.
Über Gewißheit, hrsg. von *G. E. M. Anscombe* und *G. H. von Wright*, Frankfurt a. M. 1970.
Vermischte Bemerkungen. Eine Auswahl aus dem Nachlaß, hrsg. von *G. H. von Wright* unter Mitarbeit von *H. Nyman*, Frankfurt a. M. 1977.
Bemerkungen über die Farben, hrsg. von *G. E. M. Anscombe*, Frankfurt a. M. 1979.

2. Vorlesungs- und Gesprächsaufzeichnungen

Wittgenstein und der Wiener Kreis, Gespräche, aufgezeichnet von *F. Waismann*, hrsg. von *B. F. McGuinness* in: Schriften 3.
Wittgenstein's Lectures 1930–33 von *G. E. Moore* in: Mind 63 (1954) und 64 (1955). Abgedruckt in *Moore, G. E.*: Philosophical Papers, Allen & Unwin, London 1959.
Wittgenstein's Lectures Cambridge 1930–32, Aufzeichnungen von *John King* und *Desmond Lee*, hrsg. von *D. Lee*, Blackwell, Oxford 1980.
Wittgenstein's Lectures Cambridge 1932–35, Aufzeichnungen von *Alice Ambrose* und *Margaret Macdonald*, hrsg. von *A. Ambrose*, Blackwell, Oxford 1979.
Lectures and Conversations on Aesthetics, Psychology and Religious Belief, Aufzeichnungen von *Y. Smythies, R. Rhees* und *J. Taylor*, hrsg. von *Cyril Barrett*, Blackwell, Oxford 1966 (dt: Göttingen 1968).
Lectures on the Foundations of Mathematics, Cambridge 1939, Aufzeichnungen von *R. G. Bosanquet, N. Malcolm, R. Rhees* und *Y. Smythies*, hrsg. von *Cora Diamond*, The Harvester Press, Sussex 1976 (dt: Schriften 7).

3. Briefe von Wittgenstein

Engelmann, P.: Briefe und Begegnungen, hrsg. von *B. F. McGuinness*, München 1970.
Briefe an Ludwig von Ficker, hrsg. von *G. H. von Wright* und *W. Methagl*, in: Brenner Studien1, Salzburg 1969.
Letters to C. K. Ogden, hrsg. von *G. H. von Wright*, Blackwell, Oxford 1973.
Letters to Russell, Keynes and Moore, hrsg. von *G. H. von Wright*, Blackwell, Oxford 1974.
Die meisten der erhaltenen Briefe Wittgensteins sind abgedruckt in: Briefwechsel, hrsg. von *B. F. McGuinness*, Frankfurt a. M. 1980.

4. Leben

Malcolm, N.: Ludwig Wittgenstein – Ein Erinnerungsbuch. Mit einer biographischen Skizze von G. H. von Wright, München 1960.
Wuchterl, K., Hübner, A.: Wittgenstein, Hamburg 1979.
Russell, B.: Autobiography, Allen & Unwin, London 1975.
Janik, A., Toulmin, S.: Wittgenstein's Vienna, Simon & Schuster, New York 1973.

5. Allgemeine Literatur

Eine ausführliche Bibliographie von Schriften über Wittgenstein in:
Fann, K. T.: Die Philosophie Ludwig Wittgensteins, München 1971.

Eine Bibliographie von Aufsätzen und Büchern in deutscher Sprache in:
Wuchterl/Hübner a. a. O.

Die beste Einführung zu Wittgenstein:
Kenny, A.: Wittgenstein, Frankfurt a. M. 1974.

Ein hervorragender Sammelband:
Rhees, R.: Discussions of Wittgenstein, Routledge, London 1970.

Besonders zu empfehlen sind die ersten 4 Aufsätze in:
Vesey, G. (Hrsg.): Royal Institute of Philosophy Lectures, Vol. 7: Understanding Wittgenstein, Macmillan, London 1974.

Es empfiehlt sich durchzuarbeiten:
Coope, C. u. a.: Wittgenstein-Übungsbuch, Beiheft 2 zu: Schriften, Frankfurt 1972.
Hacker, P. M. S.: Einsicht und Täuschung, Wittgenstein über Philosophie und die Metaphysik der Erfahrung, Frankfurt a. M. 1978.
Pitcher, G.: Die Philosophie Wittgensteins, Freiburg/München 1967.
Malcolm, N.: Wittgenstein, in: The Encyclopedia of Philosophy, hrsg. von *P. Edwards,* Macmillan, New York 1967.
Terricabras, J. M.: Ludwig Wittgenstein, Kommentar und Interpretation, Freiburg/München 1978.

6. Tractatus

Anscombe, G. E. M.: An Introduction to Wittgenstein's Tractatus, Hutchinson, London 1959.
Black, M.: A Companion to Wittgenstein's Tractatus, Cambridge University Press, Cambridge 1964.
Copi, I. M., Beard, R. W. (Hrsg.): Essays on Wittgenstein's Tractatus, Routledge, London 1966.
Griffen, J.: Wittgenstein's Logical Atomism, Oxford University Press, Oxford 1964.
Müller, A.: Ontologie in Wittgensteins Tractatus, Bonn 1967.
Stenius, E.: Wittgensteins Traktat; eine kritische Darlegung seiner Hauptgedanken, Frankfurt a. M. 1967.

7. Die ‚Untersuchungen' und das Spätwerk

Jones, O. R.: The Private Language Argument, Macmillan, London 1971.
Pitcher, G. (Hrsg.): Wittgenstein: The Philosophical Investigations, Macmillan, London 1968.
Savigny, E. von: Die Philosophie der normalen Sprache, Frankfurt a. M. ²1974.
Specht, E. K.: Die sprachphilosophischen und ontologischen Grundlagen im Spätwerk Ludwig Wittgensteins, Kant Studien Ergänz. Heft 84, Köln 1963.
Waismann, F.: Logik, Sprache, Philosophie, Stuttgart 1967. (Wichtig, weil Wittgenstein selbst als Autor beteiligt war, wie dem Nachwort im einzelnen zu entnehmen ist.)
Bei weitem das beste Buch über Wittgensteins Philosophie der Mathematik:
Wright, C.: Wittgenstein on the Foundations of Mathematics, Duckworth, London 1980.
Putnam, H.: Analyticity and Apriority – Beyond Wittgenstein and Quine, in: Midwest Studies in Phil. 4 (1979) 423–441.

MARTIN HEIDEGGER

1. Textausgaben

1.1 Martin Heidegger Gesamtausgabe

Die Ausgabe, die (bei Klostermann) in Frankfurt/M. erscheint und auf etwa 80 Bände veranschlagt ist, gliedert sich in vier Abteilungen:
I. Veröffentlichte Schriften 1910–1976.
II. Vorlesungen 1923–1944.
III. Unveröffentlichte Abhandlungen.
IV. Aufzeichnungen und Hinweise.
Bevor etwas aus der III. oder IV. Abteilung erscheint, sollen zunächst alle Bände der I. und II. Abteilung erscheinen; als Anhang zur letzteren sollen einige der frühen Freiburger Vorlesungen (1919–1923) ediert werden. Die Ausgabe hat den Charakter einer Ausgabe letzter Hand, die nach Heideggers eigenen Vorstellungen ohne jeglichen historisch-kritischen Apparat erscheint; die Vorlesungen werden, ohne Angabe der Quellen im einzelnen, aufgrund von Heideggers eigenem (mehr oder minder ausgearbeiteten) Manuskript und von Vorlesungsmitschriften zu einem lesbaren Text kompiliert. Der Wert der Ausgabe ist deshalb in Fachkreisen umstritten.
Bis jetzt (Mitte 1984) liegen 23 Bände vor, sechs Neuausgaben von Büchern (Frühe Schriften: Sein und Zeit; Erläuterungen zu Hölderlins Dichtung; Holzwege; Wegmarken; Aus der Erfahrung des Denkens) und siebzehn Vorlesungen: Prolegomena zur Geschichte des Zeitbegriffs (SS 1925); Logik. Die Frage nach der Wahrheit (WS 1925/26); Die Grundprobleme der Phänomenologie (SS 1927); Phänomenologische Interpretation von Kants Kritik der reinen Vernunft (WS 1927/28); Metaphysische Anfangsgründe der Logik im Ausgang von Leibniz (SS 1928); Die Grundbegriffe der Metaphysik. Welt – Endlichkeit – Einsamkeit (WS 1929/30); vom Wesen der mensch-

lichen Freiheit (SS 1930); Hegels Phänomenologie des Geistes (WS 1930/31); Aristoteles, Metaphysik IX (SS 1931); Hölderlins Hymnen ‚Germanien' und ‚Der Rhein' (WS 1934/35); Einführung in die Metaphysik (SS 1935); Die Frage nach dem Ding. Zu Kants Lehre von den transzendentalen Grundsätzen (WS 1935/36); Grundbegriffe (SS 1941); Hölderlins Hymne ‚Andenken' (WS 1941/42); Hölderlins Hymne ‚Der Ister' (SS 1942); Parmenides (WS 1942/43); Heraklit (SS 1943 u. 1944).

1.2 Einzelausgaben der in Buchform erschienenen Werke

Frühe Schriften, Frankfurt 1972 (enthält Promotions- und Habilitationsschrift).
Sein und Zeit, Halle 1927 (Tübingen ^{14}1977).
Kant und das Problem der Metaphysik, Bonn 1929 (Frankfurt ^{4}1973).
Erläuterungen zu Hölderlins Dichtung, Frankfurt 1944 (^{4}1971).
Holzwege, Frankfurt 1950 (^{5}1972).
Einführung in die Metaphysik, Tübingen 1953 (^{4}1976).
Vorträge und Aufsätze, Pfullingen 1954 (^{4}1978).
Was heißt Denken?, Tübingen 1954 (^{3}1973).
Der Satz vom Grund, Pfullingen 1957 (^{4}1978).
Identität und Differenz, Pfullingen 1957 (^{6}1970).
Unterwegs zur Sprache, Pfullingen 1959 (^{5}1976).
Nietzsche (2 Bde), Pfullingen 1961 (^{3}1976).
Die Frage nach dem Ding, Tübingen 1962 (^{2}1975).
Wegmarken, Frankfurt 1967 (^{2}1978).
Zur Sache des Denkens, Tübingen 1969 (^{2}1976).
Heraklit (zus. mit E. Fink), Frankfurt 1970.
Schellings Abhandlung über das Wesen der menschlichen Freiheit (1809), Tübingen 1971.
Vier Seminare, Frankfurt 1977.
Alle weiteren Schriften sind in den Bibliographien von H.-M. Saß verzeichnet.

2. Literatur

2.1 Die (allermeisten) *Publikationen* von und über Heidegger bis zum Jahre 1980 sind verzeichnet in:
Saß H.-M.: Heidegger-Bibliographie, Meisenheim 1968.
–: Materialien zur Heidegger-Bibliographie 1917–1972, Meisenheim 1975.
–: Martin Heidegger. Bibliography and Glossary, Bowling Green (Ohio) 1982.

2.2 Eine zuverlässige allgemeine *Einführung und Übersicht*, ohne einen eigentlichen Versuch der Interpretation, geben:
Pöggeler, O.: Der Denkweg Martin Heideggers, Pfullingen 1963 (^{2}1983).
Richardson, W. J.: Heidegger. Through Phenomenology to Thought, Den Haag, Martinus Nijhoff, 1963 (^{2}1967).
Biemel, W.: Martin Heidegger (rowohlts bildmonographien), Hamburg 1973.

2.3 *Biographische Arbeiten* über Heidegger fehlen bis jetzt völlig. Einzelne Bruchstücke findet man – abgesehen von Heideggers Texten ,,Mein Weg in die Phänomenologie" (in: Zur Sache des Denkens, Tübingen ^{2}1976, 81–90), ,,Antrittsrede vor der Heidel-

berger Akademie der Wissenschaften" (in: Frühe Schriften, Frankfurt/M. 1972, IX--XI) - in den drei Büchern zu seinem Gedächtnis:
Neske, G. (Hrsg.): Erinnerung an Martin Heidegger, Pfullingen 1977.
Dem Andenken Martin Heideggers. Zum 26. Mai 1976, Frankfurt/M. 1977.
Zum Gedenken an Martin Heidegger 1889–1976, hrsg. von der Stadt Meßkirch, Meßkirch 1977.

2.4 Zum *nationalsozialistischen Engagement* Heideggers:
Schneeberger, G.: Nachlese zu Heidegger. Dokumente zu seinem Leben und Denken, Bern 1962.
Heidegger, M.: Das Rektorat 1933/34, in: Die Selbstbehauptung der deutschen Universität, Frankfurt/M. 1983.
Ott, H.: Martin Heidegger als Rektor der Universität Freiburg i. Br. 1933/34, in: Zeitschr. des Breisgau-Geschichtsvereins 102 (1983) 121–136. (Weitere Publikationen Otts stehen bevor.)
Heideggers Interview mit dem Nachrichtenmagazin „Der Spiegel" (31. 5. 1976).

2.5 Einige Werke, die für die *Interpretation* und *Auseinandersetzung* wichtig sind:
Müller, M.: Existenzphilosophie im geistigen Leben der Gegenwart, Heidelberg ³1964
Tugendhat, E.: Der Wahrheitsbegriff bei Husserl und Heidegger, Berlin 1967 (ähnlich in: Selbstbewußtsein und Selbstbestimmung, Frankfurt/M. 1979, 164–246).
Gethmann, C. F.: Verstehen und Auslegung. Das Methodenproblem in der Philosophie Martin Heideggers, Bonn 1974.
Haeffner, G.: Heideggers Begriff der Metaphysik, München 1974 (²1981).
v. Herrmann, F. W.: Subjekt und Dasein. Interpretationen zu „Sein und Zeit", Frankfurt/M. 1974.
Schaeffler, R.: Frömmigkeit des Denkens? Martin Heidegger und die katholische Theologie, Darmstadt 1978.
Noller, G.: Heidegger und die Theologie, München 1967.
Gadamer, H.-G.: Heideggers Wege. Studien zum Spätwerk, Tübingen 1983 (zu verschiedenen Aspekten und Perioden seit der Marburger Zeit).
Neben den Festschriften zum 60., 70. und 80. Geburtstag (Anteile, Frankfurt/M. 1950; Pfullingen 1959; Durchblicke, Frankfurt/M. 1970) bleibt der wichtigste Sammelband:
Pöggeler, O.: Heidegger, Perspektiven zur Deutung seines Werks, Köln-Berlin 1969. Darin besonders die Beiträge von Pöggeler, W. Schulz, K. Lehmann und K.-O. Apel.
Ein nützliches Arbeitsinstrument ist der von *H. Feick* zusammengestellte Index zu Heideggers ‚Sein und Zeit', Tübingen ²1968. Wichtiger noch: *Bast, R. – Delfosse, H.:* Handbuch zum Textstudium von Heideggers ‚Sein und Zeit'. Bd. I, Stuttgart 1979.

RUDOLF CARNAP

1. Texte

Eine bis 1961 vollständige Publikationsliste Carnaps in:
Schilpp (1963) 1015–1070.
Die für seine philosophische Entwicklung wichtigsten Publikationen:

Der Raum, Kant-Studien-Ergänzungshefte 56, Berlin 1922.
Über die Abhängigkeit der Eigenschaften des Raumes von denen der Zeit, in: Kant-Studien 28 (1923) 90–107, 30 (1925) 331–345.
Der logische Aufbau der Welt, Berlin 1928 a, Hamburg ^{4}1974 und Berlin 1979.
Scheinprobleme in der Philosophie: Das Fremdpsychische und der Realismusstreit, Berlin 1928 b, Frankfurt ^{5}1976.
Abriß der Logistik, mit besonderer Berücksichtigung der Relationstheorie und ihrer Anwendungen, Wien 1919.
Überwindung der Metaphysik durch logische Analyse der Sprache, in: Erkenntnis 2 (1931), 219–241.
Die physikalische Sprache als Universalsprache der Wissenschaft, in: Erkenntnis 2 (1931) 432–465.
Logische Syntax der Sprache, Wien 1934, ^{2}1968.
Wahrheit und Bewährung, in: Actes du Congrès internat. de philos. sc. IV, Sorbonne, Paris 1936, S. 18–23.
Testability and Meaning, in: Phil. of Sc. 3 (1936) 419–471, 4 (1937) 1–40 (als selbständiges Buch erschienen bei Yale Univ. Pr., New Haven, Conn. 1950).
Introduction to Semantics, Harvard Univ. Pr., Cambridge, Mass. 1942; Formalization of Logic, Harvard Univ. Pr., Cambridge, Mass. 1942 (beide zusammen sind 1961 und ^{3}1968 als eigenes Buch erschienen).
Meaning and Necessity, Univ. of Chicago Pr., Chicago 1947, ^{6}1970 (übersetzt von *W. Bader:* Bedeutung und Notwendigkeit, Wien 1972).
Empiricism, Semantics, and Ontology, in: Revue intern. de philos. (Brüssel) 4 (1950) 20–40.
Logical Foundations of Probability, Univ. of Chicago Pr., Chicago 1950, ^{4}1971.
The Continuum of Inductive Methods, Univ. of Chicago Pr., Chicago 1952.
Meaning Postulates, in: Philosophical Studies (Minneapolis) ^{3}1952, S. 65–73.
Einführung in die symbolische Logik, Wien 1954, ^{3}1973 (eine vollständige Neubearbeitung vom Abriß [1929]).
The Methodological Character of Theoretical Concepts, in: Minnesota Studies in the Philosophy of Science I, hrsg. von *H. Feigl* und *M. Scriven,* Univ. of Minneapolis Pr., Minneapolis, 1956, 38–76, übersetzt in: Zeitschr. philos. Forschg. 14 (1960) 209–233, 571–518.
Induktive Logik und Wahrscheinlichkeit, bearbeitet von *W. Stegmüller,* Wien 1959.
Beobachtungssprache und theoretische Sprache, in: Dialectica 12 (1959) 236–248.
The Aim of Inductive Logic, in: Logic, Methodology and Philosophy of Science, hrsg. von *W. Nagel* u. a., Univ. of Calif. Pr., Stanford, Calif, 1962, 303–318.
Philosophical Foundations of Physics, Basis Books Inc., New York 1966, übersetzt von *W. Höring:* Einführung in die Philosophie der Naturwissenschaft, München ^{2}1974.
Zusammen mit *R. C. Jeffrey:* Studies in Inductive Logic and Probability I, Univ. of Calif. Pr., Berkeley 1971.

2. Literatur

2.1 Sammelbände

Schilpp. P. A. (Hrsg.): The Philosophy of Rudolf Carnap, La Salle, Open Court, 1963.
Hintikka, J. (Hrsg.): Rudolf Carnap. Logical Empirist, Dordrecht, D. Reidel Publ. Co., 1975.

2.2 Untersuchungen

Aus erster Hand über den Wiener Kreis und damit auch über Carnap informiert:
Kraft, V.: Der Wiener Kreis, Wien 1950 (in diesem Buch findet man vor allem eine gute Darstellung der Gedanken des ‚Aufbau‘).
Dieser wird kritisch analysiert in: *Goodman, N.*: The Structure of Appearance, Indianapolis, The Bobbs Merril Co., ²1966, Kap. V.
Einen sehr guten historisch-systematischen Überblick zur Philosophie Carnaps findet man in: *Stegmüller, W.:* Hauptströmungen der Gegenwartsphilosophie, Stuttgart ³1965, Kap. IX und X.
Als Übersicht kann ferner auch benützt werden:
Krauth, L.: Die Philosophie Carnaps, Wien 1970.
Zusätzlich auch Probleme der Bedeutung und der Analytizität, der operationalen Begriffsbestimmung und des Psychologismus diskutiert:
Wilson, F.: The Notion of Logical Necessity in the Later Philosophy of Rudolf Carnap, in: *A. Hausman-Wilson,* Carnap and Goodman: Two Formalists, Den Haag, Martinus Nijhoff, 1967, S. 97–225.
Zur Genese der Begriffe ‚Analyse‘ und ‚analytisches Urteil‘:
Engfer, H.-J., W. K. Essler: Analyse, in: *H. Krings* u. a. (Hrsg.): Handbuch philosophischer Begriffe I, München 1973, S. 65–78.
Seine beiden Versionen der induktiven Logik werden gut verständlich und doch systematisch und in genügender Ausführlichkeit dargestellt in:
Stegmüller, W.: R. Carnap: Induktive Wahrscheinlichkeit, in: *J. Speck:* Grundprobleme der großen Philosophen – Philosophie der Gegenwart I, Göttingen 1972, S. 45–97.
Eine Darstellung der ersten Version findet man in:
Essler, W. K.: Induktive Logik, Freiburg-München 1970.
Systematisch wird seine zweite Version entwickelt in: *Stegmüller, W.:* Probleme und Resultate der Wissenschaftstheorie IV/I, Berlin 1973, Teil II.
Zum Problembereich der Dispositionsbegriffe vgl.: *Essler, W. K.:* Wissenschaftstheorie I – Definition und Reduktion, Freiburg-München 1970, Kap. V.
–: Über die Kreativität der bilateralen Reduktionssätze, in: Erkenntnis 9 (1975) 383–392.

MAX HORKHEIMER/THEODOR W. ADORNO

a) MAX HORKHEIMER

1. Werke

Eine Werkausgabe existiert nicht. Da es von Horkheimer fast nur Aufsätze und Vorträge gibt, sind die meisten Bücher Zusammenstellungen verschiedener Texte aus verschiedenen Zeiten.

Aus der Pubertät, München 1974 (frühe Novellen und Tagebuchauszüge).
Anfänge der bürgerlichen Geschichtsphilosophie, Frankfurt 1971 (ursprünglich 1930).
Notizen 1950–1969 u. Dämmerung,. Notizen in Deutschland, Frankfurt 1974 (Dämmerung urspr. unter dem Pseudonym H. Regius, Zürich 1934).
Kritische Theorie, Frankfurt 1968, 2 Bde. (enthalten fast vollständig und in leicht überarbeiteter Form und, soweit die Originale englischsprachig waren, in deutscher Übersetzung Horkheimers in der ZfS erschienene Beiträge sowie Horkheimers Beitrag zu den *Studien über Autorität und Familie,* Paris 1936).
Gesellschaft im Übergang. Aufsätze, Reden und Vorträge 1942–1970, hrsg. v. *W. Brede,* Frankfurt 1972, nach einer Verramschaktion das gleiche Taschenbuch noch einmal: Frankfurt 1981.
Sozialphilosophische Studien. Aufsätze, Reden und Vorträge 1930–1972, hrsg. v. *W. Brede,* Frankfurt 1972 (enthält die Antrittsvorlesung).
Zur Kritik der instrumentellen Vernunft. Aus den Vorträgen und Aufzeichnungen seit Kriegsende, hrsg. v. *A. Schmidt,* Frankfurt 1974 (enthält die deutsche Übersetzung der *Eclipse of Reason).*
Zeitschrift für Sozialforschung, hrsg. v. Max Horkheimer, dtv reprint, 9 Bde., München 1980.

2. Sekundärliteratur

Dubiel, H.: Wissenschaftsorganisation und politische Erfahrung. Studien zur frühen Kritischen Theorie, Frankfurt 1978.
Schmidt, A.: Zur Idee der kritischen Theorie. Nachwort in: Horkheimer, Kritische Theorie, Bd. II.
Wellmer, A.: Kritische Gesellschaftstheorie und Positivismus, Frankfurt 1969 (eine gründliche Diskussion des Verhältnisses von moderner Wissenschaftstheorie, Kritischer Theorie und Marxismus).

b) THEODOR W. ADORNO

1. Werke

Gesammelte Schriften, hrsg. v. *R. Tiedemann,* 23 Bde., Frankfurt 1970ff. (noch nicht vollständig erschienen).

Kierkegaard. Konstruktion des Ästhetischen, Tübingen 1933 (jetzt: suhrkamp taschenbuch wissenschaft (stw), Frankfurt 1974).
Philosophie der neuen Musik, Tübingen 1949 (jetzt: stw, Frankfurt 1978).
Minima Moralia. Reflexionen aus dem beschädigten Leben, Frankfurt 1951 (jetzt: Bibliothek Suhrkamp, Frankfurt 1969).
Zur Metakritik der Erkenntnistheorie. Studien über Husserl und die phänomenologische Antinomien, Stuttgart 1956 (jetzt: edition suhrkamp, Frankfurt 1972).
Vorlesung zur Einleitung in die Erkenntnistheorie, Frankfurt o. J. (Nachschrift der Tonbandaufzeichnungen der unter dem gleichen Titel im Wintersemester 1957/58 in Frankfurt gehaltenen Vorlesung).
Philosophische Terminologie. Zur Einleitung, aus dem Nachlaß hrsg. v. *R. z. Lippe*, 2 Bde., Frankfurt 1974, stw (Nachschrift von Tonbandaufzeichnungen der unter dem gleichen Titel 1962 und 1963 in Frankfurt gehaltenen Vorlesungen).
Drei Studien zu Hegel, Frankfurt 1963 (jetzt: stw, Frankfurt 1974).
Jargon der Eigentlichkeit. Zur deutschen Ideologie, Frankfurt 1964 (es).
Negative Dialektik, Frankfurt 1966 (jetzt: stw, Frankfurt 1975, Taschenbuchausgabe der 2. Auflage, die sich von der ersten durch zwei kleine Ergänzungen unterscheidet).
Ästhetische Theorie, aus dem Nachlaß hrsg. v. *G. Adorno* u. *R. Tiedemann,* Frankfurt 1973 (stw).
(zusammen mit *Horkheimer):* Dialektik der Aufklärung. Philosophische Fragmente, Amsterdam 1947 (jetzt: Frankfurt 1971).

2. Literatur

2.1 Hilfsmittel

Schultz, K.: Vorläufige Bibliographie der Schriften Th. W. Adornos, in: *Schweppenhäuser, H.* (Hrsg.): T. W. Adorno zum Gedächtnis. Eine Sammlung, Frankfurt 1971, S. 177–239 (führt die veröffentlichten Texte Adornos auf – noch nicht vollständig, aber in großer Übersichtlichkeit chronologisch und bis hin zu den kürzesten Texten einzeln).
Lang, *P. C.:* Kommentierte Auswahlbibliographie 1969–1979, in: *Lindner, B./Lüdke, W. M.* (Hrsg.): Materialien zur ästhetischen Theorie Theodor W. Adornos. Konstruktion der Moderne, Frankfurt 1980, S. 509–556 (stw; stellt ein Stück kenntnisreicher Rezeptionsgeschichte dar, nicht nur für die ästhetische, sondern auch für die im engeren Sinne philosophische Thematik Adornos).
Görtzen, R.: Theodor W. Adorno. Vorläufige Bibliographie seiner Schriften und der Sekundärliteratur, in: *Friedeburg, L. v./Habermas, J.* (Hrsg.): Adorno-Konferenz 1983, Frankfurt 1983, S. 402–471.

2.2 Sekundärliteratur

Arnold, H. L. (Hrsg.): Theodor W. Adorno, Text u. Kritik, Sonderband, München 1977 (enthält den für die philosophische Entwicklung Adornos aufschlußreichen Beitrag von *C. Pettazzi:* Studien zu Leben und Werk Adornos bis 1938).
Buck-Morss, S.: The Origin of Negative Dialectics. Theodor W. Adorno, Walter Benjamin and the Frankfurt Institute. Sussex, Hassocks, 1977 (bisher kenntnisreichste und

verständlichste Darstellung der Beziehungen zwischen Adornos und Benjamins Denken).

Grenz, F.: Adornos Philosophie in Grundbegriffen. Auflösung einiger Deutungsprobleme, Frankfurt 1974 (anregender Versuch eines werkimmanent-philologisch verfahrenden Umgangs mit Adornos Philosophie).

Habermas, J.: Urgeschichte der Subjektivität und verwilderte Selbstbehauptung, in: Die Zeit, 12. Sept. 1969, jetzt in: *Habermas, J.:* Politik, Kunst, Religion. Essays über zeitgenössische Philosophen, Stuttgart 1978, Reclam (eine Kritik der grundlegenden Kategorien der Adornoschen Philosophie und die Skizzierung eines Projekts zu ihrer Weiterentwicklung bzw. Korrektur).

Friedeburg, L. v., Habermas, J. (Hrsg.) Adorno-Konferenz 1983, Frankfurt 1983 (enthält sämtliche Vorträge eines Symposions, das im September 1983 in Frankfurt anläßlich der 80. Wiederkehr von Adornos Geburtstag stattfand).

Lindner, B., Lüdke, W. M. (Hrsg.): s. 2.1 (beleuchtet in zahlreichen Aufsätzen verschiedener Autoren den engen Zusammenhang von Kunst und Philosophie bei Adorno. Der Aufsatz von *K. M. Michel:* Versuch, die *Ästhetische Theorie* zu verstehen, beleuchtet auf angenehm nüchterne Weise Verwirrendes an Adornos Philosophie).

JEAN-PAUL SARTRE

1. Texte

1.1 Werkausgaben

Eine geschlossene Werkausgabe liegt bisher weder im französischen Originaltext noch in deutscher Übersetzung vor.

1.2 Einzelausgaben

La transcendance de l'égo, in: Recherches Philosophiques 1936/37.
Une idée fondamentale de la phénoménologie de Husserl, Paris, NRF, 1939.
Esquisse d'une théorie des émotions, Paris, Hermann, 1939.
L'imagination, Paris, P.U.F., 1936.
L'Imaginaire, Paris, Gallimard, 1940.
L'Etre et le Néant, Paris, Gallimard, 1943.
L'existentialisme est un humanisme, Paris, Nagel, 1949.
Matérialisme et révolution, in: Situations III, Paris, Gallimard, 1949.
Critique de la raison dialectique, Tome I, Paris, Gallimard, 1960.
Débat sur la dialectique, in: Marxisme et existentialisme, Controverse sur la dialectique, Paris, Plon, 1962.
Problèmes du marxisme, in: Situations VI und VII, Paris, Gallimard, 1964/65.
Pouvoir et liberté, Dialogue avec Pierre Victor, in: Libération, 6. 1. 1977.
L'espoir maintenant, Dialogue, in: Le Nouvel Observateur, Nr. 800, 801, 802, Paris 1980.

Les Mots, Paris, Gallimard, 1963.
Autoportrait à soixante-dix ans, in: Situations X, Paris, Gallimard, 1976.
Lettres au Castor, Paris, Gallimard, 1983.
Les carnets de la drôle de guerre, Paris, Gallimard, 1983.
Cahiers pour une morale, Paris, Gallimard, 1983.

1.3 Übersetzungen

Ist der Existentialismus ein Humanismus?, Zürich 1947.
Materialismus und Revolution, Zürich 1950.
Das Sein und das Nichts, Reinbek 1962.
Die Transzendenz des Ego. Drei Essays (darin: Über die Einbildungskraft; Entwurf einer Theorie der Emotionen), Reinbek 1964.
Marxismus und Existentialismus. Versuch einer Methodik, Reinbek 1964.
Die Wörter, Reinbek 1965.
Existentialismus und Marxismus. Eine Kontroverse zwischen Sartre, R. Garaudy, J. Hyppolite, J. P. Vigier und J. Orcel, Frankfurt 1965.
Kritik der dialektischen Vernunft, Reinbek 1967.
Das Imaginäre. Phänomenologische Psychologie der Einbildungskraft, Reinbek 1971.

2. Literatur

2.1 Person und Leben

de Beauvoir, S.: La force de l'âge, Paris, Gallimard, 1960.
de Beauvoir, S.: La cérémonie des adieux, Paris, Gallimard, 1981.
Biemel, W.: Jean-Paul Sartre in Selbstzeugnissen und Bilddokumenten, Reinbek bei Hamburg 1964.
Jeanson, F.: Sartre dans sa vie, Paris, Le Seuil, 1974.
Lejeune, Ph.: Le pacte autobiographique, Paris, Le Seuil, 1975.
Madsen, A.: Jean-Paul Sartre und Simone de Beauvoir. Die Geschichte einer ungewöhnlichen Liebe, Düsseldorf 1980.
Murdoch, I.: Sartre. Romantic Rationalist, London, Collins, 1971.

2.2 Kommentare

Garaudy, R.: Perspectives de l'homme, Paris, P. U. F., ³1961.
Holz, H. H.: Jean-Paul Sartre, Meisenheim 1951.
–: Der französische Existentialismus, München 1958.
Jeanson, F.: Le problème moral et la pensée de Sartre, Paris, Le Seuil, 1959.
Kuhn, H.: Begegnung mit dem Nichts, Tübingen 1950.
Müller, M.: Existenzphilosophie im geistigen Leben der Gegenwart, Heidelberg 1949.
Schaff, A.: Marx oder Sartre?, Wien 1964.
Streller, J.: Zur Freiheit verurteilt. Ein Grundriß der Philosophie Jean-Paul Sartres, Hamburg 1962.
Wahl, J.: Les Philosophies de l'existence, Paris, Colin, 1954.
Warnock, M.: The Philosophy of Sartre, London, Hutchinson, 1965.

Zehn, G. A.: Historische Vernunft und direkte Aktion. Zur Politik und Philosophie von Jean-Paul Sartre, Stuttgart 1964.

2.3 Monographien, Abhandlungen

Aron, R.: Histoire et dialectique de la violence, Paris, Gallimard, 1973.
Gorz, A.: Le Socialisme difficile, Paris, Le Seuil, 1967.
Hartmann, K.: Grundzüge der Ontologie Sartres in ihrem Verhältnis zu Hegels Logik, Berlin 1963.
–: Sartres Sozialphilosophie. Eine Untersuchung zur ,,Critique de la raison dialectique. Tome I.", Berlin 1966.
Hübner, K.: Fichte, Sartre und der Nihilismus, in: Zeitschr. f. phil. Forschung 10 (1956) 29–43.
Kopper, J.: Die Dialektik der Gemeinschaft, Frankfurt 1960.
Marcuse, H.: Existentialism. Remarks on Jean-Paul Sartre's L'Etre et le Néant, in: Philosophy and phenomenological Research 8 (1948) 309–336.
Merleau-Ponty, M.: La querelle de l'existentialisme, in: Les Temps Modernes 1945 (S. 345 ff.).
–: Humanisme et Terreur. Essai sur le Problème communiste, Paris, Gallimard, 1947.
–: Les Aventures de la dialectique, Paris, Gallimard, 1955.
–: Le Visible et l'Invisible, Paris, Gallimard, 1964.
Moller, J.: Absurdes Sein. Eine Auseinandersetzung mit der Ontologie Jean-Paul Sartres, Stuttgart 1959.

2.4 Bibliographien

Biemel, W.: Jean-Paul Sartre in Selbstzeugnissen und Bilddokumenten, Reinbek bei Hamburg 1964.
Contat, M., Rybalka, M.: Les Ecrits de Sartre. Chronologie, bibliographie commentée, Paris, Gallimard, 1970.
Wilcox, R.: Jean-Paul Sartre: A Bibliography of International Criticism, Alberta, The University of Alberta Press, 1975.

ANMERKUNGEN

Ludwig Siep: Johann Gottlieb Fichte

[1] Dt.: *Philosophie des Abendlandes,* Zürich 1950, S. 593.

[2] Im folgenden wird soweit wie möglich nach der Akademie-Ausgabe (= GA) zitiert – bei noch nicht erschienenen Bänden nach der Ausgabe von *I. H. Fichte.* Die Seitenzählung dieser Ausgabe (= SW) wird ihrer besseren Zugänglichkeit (Taschenbuchausgabe) wegen mitangegeben. Vgl. Bibliographie 1.

[3] So wörtlich im Brief an Achelis vom November 1790 (GA III/1, S. 193 f.).

[4] *August Wilhelm Rehberg* (1757–1836), geheimer Kanzleisekretär in Hannover, verfaßte 1793 *Untersuchungen über die französische Revolution,* in denen er die französische ,,Constitution" von 1791 einer scharfen Kritik unterzog.

[5] *Enérgeia* bedeutet im Griechischen sowohl Tätigkeit wie Wirksamkeit und Wirklichkeit. Die scholastische Übersetzung der Aristotelischen *enérgeia* als *actus* (von *agere,* handeln) verstärkt noch das Moment der Tätigkeit.

[6] Vgl. Kant: Gesammelte Schriften (Akad.-Ausg.), 1. Abt. Bd. III, S. 108.

[7] Vgl. *R. Chisholm:* What is a Transcendental Argument? in: Neue Hefte für Philosophie 14 (1978) 18–22.

[8] *Gottlob Ernst Ludwig Schulze,* Mitschüler Fichtes in Pforta, veröffentlichte unter dem Pseudonym ,,Aenesidemus" 1792 eine ,,skeptische" Auseinandersetzung mit Reinhold und Kant, die Fichte 1794 in der Jenaer Allg. Literaturzeitung rezensierte.

[9] Der Begriff des ,,Anstoßes", mit dem Fichte das durch alle transzendentale Leistungen des Subjekts unerklärbare Gegebensein des Nicht-Ich kennzeichnet, hat einen mechanisch-moralischen Doppelsinn. Vgl. dazu *F. Inciarte:* Das Problem der Außenwelt im transzendentalen Idealismus, in: Philosophisches Jahrbuch 76 (1968) 121–140.

[10] Vgl. u. a. *P. F. Strawson:* Einzelding und logisches Subjekt (engl.: Individuals), Stuttgart 1972, S. 111–149, und *B. Williams:* Probleme des Selbst, Stuttgart 1979, S. 7–36.

[11] Vgl. *L. Siep:* Methodische und systematische Schwierigkeiten in Fichtes Grundlage des Naturrechts, in: *Hammacher* (Hrsg.), 1980.

[12] *Th. Nagel:* The Objective Self; dt.: Das objektive Selbst. In: *L. Siep* (Hrsg.), Identität der Person. Basel/Stuttgart 1983.

[13] Vgl. dazu die Einführung von *H. Hirsch* zur Neuausgabe des Geschlossenen Handelsstaates, Hamburg 1979 (Bd. 316 der Philos. Bibliothek).

[14] F. H. Jacobi (1743–1819), Philosoph und Dichter, hatte diesen Vorwurf in einem Sendschreiben an Fichte im Jahre 1799 erhoben. Vgl. *Jacobi,* Werke in 6 Bänden, Nachdr. Darmstadt 1968, Bd. 3, S. 44.

[15] Vgl. dazu den ersten Teil der Wissenschaftslehre von 1804 und den Kommentar dazu in *W. Jankes* Ausgabe (Frankfurt/M. 1966).

Hans Friedrich Fulda: Georg Wilhelm Friedrich Hegel

A. Zeittafel

1770   27. August: in Stuttgart geboren
1774   Schulbeginn
1788   Eintritt ins Tübinger Stift und Beginn des Studiums
1790   Magister der Philosophie
1793   Magister der Theologie und theologisches Konsistorialexamen; ab Oktober: Hauslehrer in Bern
1797   ab Januar: Hauslehrer in Frankfurt am Main
1798   (anonyme) Veröffentlichung einer politischen Streitschrift (erste Publikation)
1801   Übersiedlung nach Jena, Habilitation, Veröffentlichung der Habilitationsschrift und der ersten kritisch-philosophischen Abhandlung
1805   Ernennung zum außerordentlichen Professor der Philosophie
1807   Die „Phänomenologie" erscheint. Hegel übernimmt die redaktionelle Leitung der Bamberger Zeitung
1808   ab November: Rektor des Gymnasiums in Nürnberg
1811   Heirat mit Marie von Tucher
1812   Buch I der „Logik"
1813   Buch II der „Logik"
1816   Buch III der „Logik"; ab Oktober: Professor an der Universität Heidelberg
1817   „Encyclopädie der philosophischen Wissenschaften", 1. Ausgabe
1818   Nachfolger Fichtes an der Universität Berlin
1820   Herbst: „Grundlinien der Philosophie des Rechts"
1827   Zweite Ausgabe der „Encyclopädie"
1829   Rektor der Universität Berlin
1831   Neubearbeitung der „Logik" begonnen. Es kommt nur noch zur Umgestaltung von Buch I (erschienen 1832); 14. November: gestorben während der Cholera-Epidemie

B. Verzeichnis der Literatur zu den Quellenverweisen im Text

Fichte, J. G.: Ausgewählte Werke in sechs Bänden. Hrsg. v. Fritz Medicus. Leipzig 1911; *ders.:* Nachgelassene Schriften. Schriften aus den Jahren 1790–1800. Hrsg. v. H. Jacob. Berlin 1937. *Hegel, G. W. F.:* Encyclopädie der philosophischen Wissenschaften im Grundrisse. Heidelberg 1817. Diese Erstausgabe ist abgedruckt in Band VI der „Jubiläumsausgabe": G. W. F. Hegel, Sämtliche Werke, neu hrsg. v. Hermann Glockner. Stuttgart 1956; *ders.:* Gesammelte Werke, Hamburg 1968ff.; *ders.:* Werke in zwanzig Bänden („Theorie-Werkausgabe" des Suhrkamp Verlags), Frankfurt/M. 1971. *Hoffmeister, J.:* (Hrsg.): Briefe von und an Hegel. Vier Bände. Hamburg 1952–1960. *Kant, I.:* Kritik der reinen Vernunft. Riga 1781[1]; *ders.:* Kritik der praktischen Vernunft. Riga 1788[1]; *ders.:* Religion innerhalb der Grenzen der bloßen Vernunft. Königsberg 1793[1]. *Marx, K.:* Das Kapital. Kritik der politischen Ökonomie. Erster Band. Buch I: Der Produktionsprozeß des Kapitals. Hamburg 1867. *Nohl, H.:* Hegels theologische Jugendschriften nach den Handschriften der Kgl. Bibliothek in Berlin. Tübingen 1907 (Zitiert: „N"). *Rosenkranz, K.:* Georg Wilhelm Friedrich Hegels Leben. Berlin 1844. *Rousseau, J. J.:* Du Contrat Social ou Principes du Droit Politique. Paris 1762.

C. Anmerkungen

[1] Man kann zeigen, daß der Begriff einer dialektischen Methode im Sinne eines anwendbaren Verfahrens von außen an Hegels Philosophie herangetragen wurde.

[2] Zu den wichtigsten Lebensdaten Hegels vgl. die Zeittafel unter A.

[3] Seitenzahl der Originalpaginierung. Sie ist angegeben in der von W. Weischedel besorgten Kant-Ausgabe des Insel-Verlags und der Wissenschaftlichen Buchgesellschaft.

[4] Das ist der Titel des zweiten Teils der *Kritik der praktischen Vernunft*.

[5] Hegels Jugendschriften wurden 1907 von *H. Nohl* als *Hegels theologische Jugendschriften* herausgegeben. Sie werden hier mit „N" bezeichnet und nach dieser Ausgabe zitiert. In Kursivschrift ist die entsprechende Seitenzahl der bei Suhrkamp erschienenen Hegel-Ausgabe, Band I, beigefügt.

[6] *Vgl. Kant,* Religion innerhalb ..., S. 134; Hegels Brief an Schelling vom Ende Januar 1795 (Briefe, Bd. I, S. 18); Kant, a. a. O., S. 157, 212; vgl. Hölderlin an Hegel, 10. 7. 74 (Briefe, Bd. I, S. 9).

[7] *C. Ch. Storr,* Annotationes quadam theologices ad philosophiam Kantii de religione doctrinam, Tübingen 1793 (dt. 1794). Zur näheren Charakterisierung dieser Schrift, wie auch zu den folgenden Ausführungen, vgl. *D. Henrich,* Historische Voraussetzungen von Hegels System, und ders., Hegel und Hölderlin, in: ders., Hegel im Kontext, Frankfurt/M. 1971, S. 41 ff., 9 ff.

[8] F. H. Jacobi, Über die Lehre des Spinoza in Briefen an Herrn Moses Mendelssohn, Breslau 1785; neue vermehrte Ausgabe Breslau 1789. Vgl. zum Spinozismusstreit *H. Timm,* Gott und die Freiheit, Frankfurt/M. 1974.

[9] „Ein System ist, wenn die Idee des Ganzen vor den Teilen hervorgeht" (*Kant,* Vorlesungen über philosophische Enzyklopädie, hrsg. v. *G. Lehmann,* 1961, S. 31). Im Hegelschen Systemkonzept ging den Teilen vorher das Ideal, insofern es als Einheit allem vorauszusetzen ist. Die „Teile" aber waren vor allem Freiheit als Vereinigung wirklich machende Einstellungen, wie Moralität, Gesinnung, Liebe und Religion. Zweifellos gehörten aber auch Lebensformen dazu, in denen sich solche Einstellungen *historisch* konkretisiert haben. Die Teile waren in einer Stufenfolge angeordnet, in der jeweils die niedrigere Stufe die Möglichkeit der nächsthöheren erhält und sichert, während die höhere die niedrigere ergänzt, indem sie eine Forderung weiter gehender Vereinigung erfüllt, die an der niedrigeren Stufe entsteht. Auf diese Weise wurden im System verschiedene praktische Einstellungen und Gehalte nicht nur konjunktiv verbunden, sondern wechselweise relativiert, wurden Ansprüche, die mit ihnen verbunden sind, gegeneinander abgegrenzt, aber auch innerhalb der gezogenen Grenzen gerechtfertigt und miteinander zu einem Ganzen vereinigt.

[10] Als exemplarisch für solche Trennung galt Hegel das Schicksal. Noch eine der zwölf Habilitationsthesen Hegels lautet, Prinzip der Moralehre sei, daß man Achtung vor dem Schicksal haben muß.

[11] Wenn man will, kann man diese Annahme die Keimzelle der späteren Hegelschen Dialektik nennen und daran erkennen, wie wenig formal die Fragen waren, in deren Bearbeitung Hegel zum Dialektiker wurde.

[12] Soweit nicht anders vermerkt, werden Hegels Werke im folgenden nach der Theorie-Werkausgabe des Suhrkamp-Verlags zitiert. Stellen, die anders nicht nachzuweisen sind, sind angegeben nach der Ausgabe der *Gesammelten Werke* (= *GW*), Hamburg 1968 ff., Stellen der En-

cyclopädie, Erstausgabe, nach der „Jubiläumsausgabe".

[13] So lautete der ursprünglich vorgesehene Werktitel.

[14] Doch in der Benennung lag noch eine zeitspezifische, Fichte-kritische Pointe. Die neue Disziplin sollte eine philosophische Logik sein. Fichte hingegen hat die Auffassung vertreten, die Logik könne nicht zur Philosophie gerechnet werden. Er *selbst* hatte also eine fundamentale Untersuchung des Denkens aus der Philosophie ausgeklammert! – Ferner sollte die neue Disziplin Logik *und* Metaphysik sein – unter diesem Doppeltitel hat Hegel sie bis ans Ende seines Lebens in Vorlesungen gelehrt. Auch Fichte hatte in fast allen seinen Jenenser Semestern eine Veranstaltung über Logik und Metaphysik angeboten. Aber diese hatte bloß ein Propädeutikum zur Philosophie sein sollen, während die *Wissenschaft der Logik* sich und ihren Gegenstand den Forderungen strenger Rechtfertigung unterwerfen wollte, die Fichte selbst aufgestellt, aber nicht hinreichend beachtet hatte.

[15] Element ist: 1. das Elementarische, Einfachste – solches ist auch das Denken innerhalb eines Absoluten, das als Geist begriffen wird (vgl. Bd. III, S. 28); 2. ein Medium unter anderen Medien, in die es umgewandelt werden kann – ein „fließendes Moment" des Ganzen (vgl. Bd. VIII, §§ 15, 18 A); 3. ein Medium, von dem zu sagen ist, daß das in ihm Befindliche vermischt oder unvermischt, also „rein" vorkommen kann – letzteres gilt von der Idee im Element des Denkens; 4. etwas, das die stofflichen Bestandteile zu demjenigen liefert, das sich „im" Element befindet – die reinen Gedankenbestimmungen, die dem Begriff des Absoluten zur Explikation verhelfen sollen; 5. etwas, das diese stofflichen Bestandteile gleichsam aufzehrt und zu bloßen Formen herabsetzt, die sich abwandeln – zu den Gedankenbestimmungen als Gedankenformen; 6. ein Medium, das die natürliche Sphäre der Aktivität des in ihm Befindlichen bildet.

[16] Am konsequentesten ist in dieser Hinsicht Adorno verfahren, indem er die Überzeugung, das Ganze sei das Unwahre, zum Motto seiner Hegel-Rezeption gemacht hat.

[17] Vgl. dazu vom Verfasser: Zum Theorietypus der Hegelschen Rechtsphilosophie, in: Hegel-Studien Beiheft 21. Bonn 1981.

Hermann Braun: Friedrich Wilhelm Joseph Schelling

[1] Schellings Werke werden, wie üblich, nach der von Schellings Sohn besorgten ersten Gesamtausgabe zitiert, die in zwei Abteilungen 1856–1861 in insgesamt 14 Bänden erschienen ist; die Zitate sind im Text ausgewiesen (z. B. Bd. IX, S. 360). Die Weltalterentwürfe werden mit der Abkürzung W und der entsprechenden Seitenzahl nach dem von *M. Schröter* herausgegebenen Nachlaßband zitiert: F. W. J. Schelling, Die Weltalter. Fragmente, München 1946.

[2] In der zeitgemäßen Absicht, ein Lehrbeispiel für die „Verwurzelung genialer Leistungen im Volkstum" zu geben, hat Robert Schneider 1938 Schellings und Hegels Verhältnis zu ihren „schwäbischen Geistesahnen" (insbes. Bengel und Oetinger) untersucht; es ist eine in ihren Ergebnissen bis heute wichtige Erschließung der pietistischen Tradition, in der Schelling und Hegel aufgewachsen sind. – Die Auswahl „Fichte für heute" von Ludwig Roselius ließ die parteiamtliche Prüfungskommission zum Schutze des NS-Schrifttums am 11. Oktober 1938 in die NS-Bibliographie eintragen.

³ *Martin Heidegger*, Schellings Abhandlung über das Wesen der menschlichen Freiheit (1809), hrsg. v. Hildegard Feick, 1971, S. 117.

⁴ F. W. J. Schelling, Briefe und Dokumente II, hrsg. v. H. Fuhrmans, 1973, S. 62.

⁵ Ebd. S. 63.

⁶ Ebd. S. 63. Zur Situation der Theologie und Philosophie im Tübinger Stift in der damaligen Zeit vgl. *Martin Brecht*, Die Anfänge der idealistischen Philosophie und die Rezeption Kants in Tübingen (1788–1795), in: 550 Jahre Eberhard-Karls-Universität Tübingen, Beiträge zur Geschichte der Universität Tübingen 1477–1977, S. 381–428.

⁷ *Weltseele, eine Hypothese der höheren Physik* (1798); *Einleitung zu dem Entwurf eines Systems der Naturphilosophie oder über den Begriff der spekulativen Physik* (1799); *Erster Entwurf eines Systems der Naturphilosophie* (1799); *Allgemeine Deduktion des dynamischen Prozesses oder der Kategorien der Physik* (1800); *Über den wahren Begriff der Naturphilosophie und die richtige Art, ihre Probleme aufzulösen* (1801).

⁸ Schelling im Spiegel seiner Zeitgenossen, hrsg. v. X. Tilliette, 1974, S. 137.

⁹ Schelling, Philosophie der Offenbarung 1841/42, hrsg. u. eingel. v. M. Frank, 1977, S. 10f.

¹⁰ Brief vom 6. September 1854, veröff. in: Studia philosophica XIV, 1954, S. 273.

¹¹ Bibliothèque d'Histoire de la Philosophie, 2 Bde., 1970.

¹² Zitiert nach der jetzt maßgeblichen vollständigen Ausgabe des „Kritischen Journals", das Hegel und Schelling gemeinsam herausgaben und in dem sie ihre Beiträge nicht durch Angaben zur Autorschaft unterschieden, in: G. W. F. Hegel, Ges. Werke, Bd. 4, 1968, S. 274.

¹³ *Friedrich Heinrich Jacobi*, Über die Lehre des Spinoza in Briefen an Moses Mendelssohn (1785), in: Werke, Bd. 4, 1. u. 2. Abt. – Zum Studium unentbehrlich ist immer noch die reich kommentierte Ausgabe des Spinozabüchleins von H. Scholz, Hauptschriften zum Pantheismus-Streit, 1916, insbes. S. 72–103. – Vgl. Fr. H. Jacobi, hrsg. v. K. Hammacher, 1971; darin insbes. *H. Timm*, Die Bedeutung der Spinozabriefe Jacobis für die Entwicklung der idealistischen Religionsphilosophie, S. 35–81.

¹⁴ Vgl. dazu *Wolfgang Wieland*, Die Anfänge der Philosophie Schellings und die Frage nach der Natur; in: Natur und Geschichte, Karl Löwith zum 70. Geburtstag, 1967, S. 406–440. Wiederabgedruckt in: Materialien zu Schellings philosophischen Anfängen, hrsg. v. M. Frank und G. Kurz, 1975, 237–279.

¹⁵ Die neueste Auseinandersetzung darüber dokumentiert der Band: Das älteste Systemprogramm – Studien zur Frühgeschichte des deutschen Idealismus, hrsg. v. *Rüdiger Bubner*, 1973. Siehe darin vom Verf.: Philosophie für freie Geister – zu Hegels Manuskript: ... eine Ethik. S. 17–33.

¹⁶ F. W. J. Schelling's philosophische Schriften, Erster Band, Landshut 1809, S. VI.

¹⁷ Siehe dazu *Klaus Düsing*, Spekulation und Reflexion – zur Zusammenarbeit Schellings und Hegels in Jena, in: Hegel-Studien 5, 1969, S. 95–120.

¹⁸ Siehe dazu *Wilhelm Anz*, Idealismus und Nachidealismus, in: Die Kirche in ihrer Geschichte – Theologie und Philosophie im 19. Jahrhundert, 1975, S, 121; 123f.

¹⁹ *Gotthold Ephraim Lessing*, Erziehung des Menschengeschlechts, § 76.

²⁰ Vgl. dazu die von *Walter Schulz* mit einem Essay eingeleitete Ausgabe von Schellings Schrift *Über das Wesen der menschlichen Freiheit*, 1975, insbes. S. 23f.

²¹ Vgl. dazu *Alexander Hollerbach*, Der Rechtsgedanke bei Schelling, 1957.

²² Irreführend ist, was *Manfred Schröter* in seiner Einleitung zu den Weltalterfragmenten anmerkt: man sehe hier Schel-

lings Entwürfe in „Frische und Naivität". Schelling ist vielmehr dabei – und dies alles andere als naiv –, eine neue Sprache der Philosophie zu finden.
²³ *Schelling und Cotta. Briefwechsel 1803–1849*, 1965, S. 87f.
²⁴ Jacob Burckhardt, der Basler Historiker, hat Schellings Vorlesungen über Philosophie der Offenbarung 1842 in Berlin gehört. Er nahm gnostische Züge in Schellings Diktion wahr, ein „Unheimliches, Monströses, Gestaltloses" in seiner Lehre: „Ich dachte jeden Augenblick, es müsse irgendein Ungetüm von asiatischem Gott auf zwölf Beinen dahergewatschelt kommen und sich mit zwölf Armen sechs Hüte von sechs Köpfen nehmen. Es wird selbst den Berliner Studenten nach und nach unmöglich werden, diese furchtbare, halbsinnl. Anschauungs- und Ausdrucksweise auszuhalten. Es ist entsetzlich, eine lange geschichtliche Auseinandersetzung der Schicksale des Messias anzuhören, welche episch und gedehnt und verwickelt und dennoch ohne alle Gestaltung ist. Wer Schellings Christentum noch lieben kann, der muß ein weites Herz haben." *J. Burckhardt*, Briefe zur Erkenntnis seiner geistigen Gestalt, hg. v. *Fr. Kaphan*, 1935, 58; jetzt auch in: Schelling, Philosophie der Offenbarung 1841/42 ... a. a. O. 451.
²⁵ *Friedrich Albert Lange*, Geschichte des Materialismus und Kritik seiner Bedeutung in der Gegenwart, hrsg. v. *H. Cohen*, Iserlohn, o. J., S. 472.
²⁶ *Michael Theunissen*, Die Idealismuskritik in Schellings Theorie der negativen Philosophie, in: Stuttgarter Hegel-Kongreß 1975, Hegel-Studien Beiheft 17, 1977, S. 173ff. – Vgl. auch *Manfred Frank*, Der unendliche Mangel an Sein – Schellings Hegel-Kritik und die Anfänge der Marxschen Dialektik, 1975. – Daß viele sich dem Klassiker Schelling deshalb mit sachlichem Interesse nähern, weil sie von ihm Hilfe zur Befreiung von einer klassischen Tradition des Denkens erwarten, bestätigen auch Systematiker unter den Theologen. *Paul Tillich* anerkennt Schelling nur als Vorläufer eines existentialistischen Protests gegen den „Essentialismus" der Tradition seit Platon. Vgl. seine Rede zur Schelling-Feier am 26. September 1954, in: Zeitschr. f. philos. Forschg. 1955, S. 197ff. Eine vor kurzem erschienene theologische Interpretation von Heideggers Vorlesung über die Freiheitsschrift zieht Schelling und Heidegger auf weitläufige Vergleichsebenen auseinander und endet mit dem Ergebnis: „Ungeklärt bleibt alles im Offenen. Geklärt ist einzig die ungefähre Stoßrichtung von Heideggers Fragen." So bei *Alfred Jäger*, Gott. Nochmals Heidegger, 1978, S. 295.
²⁷ Marx/Engels, Werke 27, 1963, S. 420f. Siehe dazu *P. Ruben*, in: Natur – Kunst – Mythus, Beiträge zur Philosophie F. W. J. Schellings, 1978, S. 37.
²⁸ *Hans Jörg Sandkühler*, Freiheit und Wirklichkeit – zur Dialektik von Politik und Philosophie bei Schelling, 1968.
²⁹ *Ernst Tugendhat*, Einführung in die sprachanalytische Philosophie, 1976, S. 250.

Wolfgang Breidert: Arthur Schopenhauer

¹ Über die Unrechtmäßigkeit dieser Formel siehe *H. Blumenberg:* Die Genesis der kopernikanischen Welt, Frankfurt a. M. 1975, S. 691–713.

² *E. Sokal:* Das Salto-mortale des Gedankens, in: Annalen der Naturphilosophie 3 (1904) 99.
³ *S. Freud:* Eine Schwierigkeit der

Psychoanalyse, in: Gesammelte Werke XII, London 1947, S. 7.
⁴ *H. Sachsse:* Kausalität – Gesetzlichkeit – Wahrscheinlichkeit, Darmstadt 1979, S. 57f.

Dieter Birnbacher: John Stuart Mill

¹ *Jenseits von Gut und Böse,* Aphorismus 253.
² *C.-A. Helvétius,* De l'Esprit, Buch III, Kap. 1 („Die Erziehung kann alles.").
³ Zit. nach der Einleitung von *H. Waentig* zu: *J. S. Mill,* Grundsätze der politischen Ökonomie, übers. v. W. Gehrig, Bd. 1, Jena ²1924, S. XI.
⁴ Interessanterweise verteidigt Mill die Todesstrafe für schwere Fälle von Mord als das am wenigsten grausame Mittel, von diesen Taten abzuschrecken. Die Abschreckungswirkung der Todesstrafe sei besonders groß, während sie für den Täter selbst weniger schwer wiege als Zeitstrafen, die in ihrer lebenszerstörenden Wirkung gewöhnlich unterschätzt würden. Auch wenn die Abschreckungswirkung auf hartgesottene Verbrecher geringfügig sei, so komme es doch bei der Strafandrohung darauf an, bei der großen Mehrheit derer, die nicht zu den hartgesottenen Verbrechern zählen, eine so starke emotionale Abneigung gegen dieses Verbrechen einzuprägen, daß sie bereits vor dem Gedanken daran zurückschrecken. Wegen der Irreversibilität der Todesstrafe im Fall eines Justizirrtums solle sie jedoch ausgeschlossen sein, solange der Fall auch nur den geringsten Zweifel offenläßt. *(Speech in Favor of Capital Punishment,* in: *F. Feinberg/H. Gross* (Hrsg.), Philosophy of Law, Encino, Cal./Belmont, Ca., 1975, S. 619–622.)
⁵ *W. James,* The Principles of Psychology, Bd. 1, New York 1890, S. 357.
⁶ Vgl. Introduction to the Principles of Morals and Legislation, Kap. 17, Abschn. 1, § 4, Anm.
⁷ *Grundsätze der politischen Ökonomie,* Buch IV, Kap VI, § 2, in: Gesammelte Werke, Bd. 7, S. 61–63. – Zu Mill als Vorkämpfer einer ökologischen Politik siehe *J. Rodman,* The Liberation of Nature?, in: Inquiry 20 (1977), S. 115f.

Annemarie Pieper: Sören Kierkegaard

¹ In der 1842/43 entstandenen, Fragment gebliebenen Erzählung *Johannes Climacus oder De omnibus dubitandeum est* (zitiert werden Kierkegaards Werke nach der von Emanuel Hirsch besorgten Ausgabe der Gesammelten Werke, siehe Bibliographie 1.2; oben genannte Schrift in Bd. 10, S. 109ff.) schildert Kierkegaard die seiner eigenen offensichtlich sehr ähnliche Erziehung des jungen Climacus durch einen Vater, der es versteht, das Kind auf eine spielerische Weise dialektisch zu schulen, d. h. Phantasie und Verstand zugleich rhetorisch auszubilden.

² Kierkegaard war fest davon überzeugt, daß auf seiner Familie ein Fluch lastete, hatte doch sein Vater als Kind in einem Augenblick tiefster Verzweiflung Gott verflucht. Kierkegaard sah es als eine direkte Folge dieses Fluchs an, daß fünf seiner Geschwister jung starben, und erwartete, daß auch der einzige noch lebende Bruder und er selbst vor Erreichung des 34. Lebensjahres (das Alter Jesu Christi) sterben würden und sein Vater zur Strafe alle seine Kinder überleben müßte. Als dann der Vater im Alter von 86 Jahren starb und der Bruder ebenso

wie Kierkegaard selbst wider Erwarten das kritische Alter unbeschadet erreichten, deutete Kierkegaard den Tod des Vaters als ein Opfer, das dieser aus Liebe zu seinem jüngsten Sohn gebracht habe. – Kierkegaards kurz nach dem Tode des Vaters 1838 erschienenes erstes Buch trug daher den beziehungsreichen Titel *Aus den Papieren eines noch Lebenden*. Vgl. auch die Bemerkung, die Kierkegaard am Tage seines 34. Geburtstags am 5. 5. 1847 in sein *Tagebuch* (= *TB*) schreibt: ,,Verwunderlich, daß ich jetzt 34 Jahre alt geworden bin. Das ist mir völlig unbegreiflich; ich war so sicher, vor dem Geburtstag oder an ihm zu sterben, daß ich versucht sein könnte anzunehmen, mein Geburtstag sei verkehrt angegeben, so daß ich doch an meinem 34. stürbe" (*TB* Bd. II, S. 98).

[3] Kierkegaard lernte Hegels Philosophie zu Beginn seines Studiums weniger durch ein intensives Studium der Hegelschen Schriften als durch die zum Teil sehr entstellende Vermittlung seiner theologischen Lehrer H. L. Martensen und J. L. Heiberg einerseits, der Dichterphilosophen F. C. Sibbern und P. M. Möller andererseits kennen. Vgl. dazu *N. Thulstrup:* Kierkegaards Verhältnis zu Hegel und zum spekulativen Idealismus, Stuttgart 1972. Vgl. auch *B. Henningsen:* Paul Martin Möller oder Die dänische Erziehung des Sören Kierkegaard, Frankfurt/M. 1973

[4] Über das Verhältnis Kierkegaards zu Regine ist viel gerätselt worden. Die Tagebücher dokumentieren in eindrucksvoller Weise, daß sich Kierkegaard bis an sein Lebensende immer wieder mit Regine beschäftigt hat und daß ihn ihre Heirat mit Fritz Schlegel im Jahre 1847 tief verletzt hat. Obwohl die privaten Eintragungen in den Tagebüchern mit einiger Vorsicht heranzuziehen sind, da Kierkegaard eine spätere Veröffentlichung nicht ausgeschlossen hat, scheint der Grund für den Bruch mit Regine darin zu liegen, daß Kierkegaard es ihr ersparen wollte, einen zutiefst schwermütigen Mann mit seiner Vorgeschichte, der überdies noch aus einer fluchbeladenen Familie stammte, zu heiraten.

[5] Hegel hatte bis 1818 in Berlin gelehrt, und seine Philosophie wurde in den vierziger Jahren durch seine Schüler Karl Werder und Philipp Konrad Marheineke vertreten, deren Vorlesungen Kierkegaard mit Interesse besucht hat, ohne jedoch nachhaltige Anregungen erhalten zu haben.

[6] Vgl. dazu *A. M. Koktanek:* Schellings Seinslehre und Kierkegaard, München 1962. Das Buch enthält Kierkegaards Nachschrift von Schellings Vorlesung.

[7] Zu Kierkegaards Leben vgl. ausführlich die informative Bilddokumentation von *P. P. Rohde:* Sören Kierkegaard in Selbstzeugnissen und Bilddokumenten, Hamburg 1959.

[8] Die Ausnahme bilden die erbaulichen und christlichen Reden, die zum großen Teil im Predigtstil geschrieben und überwiegend theologischen Inhalts sind.

[9] Die pseudonymen Verfasser ergänzen sich oft paarweise. Climacus z. B. entwickelt aus der Sicht eines Nichtchristen, der an der vom Christentum verheißenen ewigen Seligkeit interessiert ist, eine Theorie, wie man Christ werden kann, während Anti-Climacus als Christ in außerordentlichem Maß sich dazu berufen fühlt, das Christentumsverständnis seiner Zeitgenossen einer Kritik zu unterziehen. Einige Pseudonyme nehmen auch dezidiert Stellung zu Thesen anderer Pseudonyme. Vgl. z. B. den Anhang zur *Unwissenschaftlichen Nachschrift* (*UN* Bd. I, S. 245–296), in dem sich Climacus mit allen vor dieser Schrift erschienenen Werken Kierkegaards kritisch-zustimmend auseinandersetzt.

[10] Climacus stellt eine analoge Bezie-

hung im sokratischen Lehrer-Schüler-Verhältnis dar. Der Lehrer hat lediglich mäeutische Funktion, die überflüssig wird, sobald der Schüler selbständig zu urteilen und zu handeln vermag. Vgl. dazu das 1. Kapitel der *Philosophischen Brocken*.

[11] „Das Christentum braucht einen Geburtshelfer, keinen Verkünder, sondern einen, der davon ausgeht, daß die Menschen das Höchste besitzen, und ihnen helfen will, sie aufmerksam auf ihren Besitz zu machen" (*TB* Bd. I, S. 89). „Die Kategorie meines gesamten Werks ist: aufmerksam zu machen auf das Religiöse, das Christliche – jedoch ohne Vollmacht" (*Der Gesichtspunkt für meine Tätigkeit als Schriftsteller*, S. 4).

[12] „Ich bin nämlich unpersönlich in dritter Person oder persönlich in dritter Person, ein Souffleur, der dichterisch *Verfasser* hervorgebracht hat, deren Vorworte wiederum ihr Erzeugnis sind, ja deren *Namen* es sind. Es ist also in den pseudonymen Büchern nicht ein einziges Wort von mir selbst; ich habe keine Meinung über sie außer als Dritter, kein Wissen um ihre Bedeutung außer als Leser, nicht das entfernteste private Verhältnis zu ihnen" (*UN* Bd. I, S. 340).

[13] In *Entweder-Oder* wird die ästhetische Verschlossenheit in der Selbstdarstellung A's und in der Kritik B's an der ästhetischen Lebensform deutlich herausgestellt. So bekennt A: „Mein Leid ist meine Ritterburg, die einem Adlerhorste gleich hoch auf des Berges Spitze zwischen Wolken liegt; niemand kann sie erstürmen. Von ihr stoße ich hernieder in die Wirklichkeit und packe meine Beute; jedoch ich bleibe nicht da unten, ich bringe meine Beute heim, und diese Beute ist ein Bild, das ich hineinwebe in die Tapeten meines Schlosses. Allda lebe ich einem Toten gleich. Alles, was erlebt ist, tauche ich unter in die Taufe des Vergessens zum ewigen Leben der Erinnerung. Alles Endliche und Zufällige ist vergessen und getilgt" (*E-O* Bd. I, S. 45f.). B nimmt dazu kritisch Stellung: „Du lebst wirklich vom Raub. Du schleichst unbemerkt die Leute an, stiehlst ihnen ihren glücklichen Augenblick ..., steckst dieses Schattenbild in Deine Tasche ... und holst es hervor, wenn du magst." „Du schwebst beständig über Dir selber; aber der höhere Äther, das feinere Sublimat, darein Du verflüchtigt bist, ist das Nichts der Verzweiflung, und unter Dir erblickst Du eine Vielfalt von Kenntnissen, Einsichten, Studien, Beobachtungen, welche für Dich doch keine Wirklichkeit haben, sondern von Dir ganz nach Laune benutzt und verknüpft werden, und damit schmückst Du so geschmackvoll als möglich den Palast für des Geistes Prunksucht aus, in dem Du Dich gelegentlich aufhältst" (*E-O*, Bd. II, S. 11, S. 211).

[14] Vgl. *Begriff Angst*, S. 13: „Die Ethik zeigt die Idealität als Aufgabe und setzt voraus, daß der Mensch im Besitz der Bedingungen ist."

[15] In der Schrift *Begriff Angst* wird von Vigilius Haufniensis die Genesis der Sünde unter psychologischem und dogmatischem Gesichtspunkt thematisiert.

[16] Zum Folgenden vgl. die fünf Kapitel der *Philosophischen Brocken*.

[17] Vgl. den historischen Teil der *Materialien zur Philosophie Sören Kierkegaards*, hrsg. v. M. Theunissen und W. Greve, Frankfurt 1979, S. 107–174. Dort sind eine Reihe von Rezensionen und ihre Rezeption durch Kierkegaard auszugsweise abgedruckt.

[18] Eine umfassende Darstellung und Analyse der Wirkungsgeschichte Kierkegaards ist noch ein Desiderat. Ein kursorischer Überblick findet sich in den *Materialien zur Philosophie Sören Kierkegaards*, a.a.O., S. 54–104.

Ernst Michael Lange: Karl Marx

[1] Thesen über Feuerbach (1845), 11. These, in: *K. Marx, Frühe Schriften,* hrsg. v. *H.-J. Lieber* u. *P. Furth,* 2. Band, Darmstadt 1971, S. 4.

[2] *K. Marx, F. Engels,* Die deutsche Ideologie (1846), a. a. O., S. 24.

[3] Vgl. zu diesem Programm *H. Stuke* 1963 und *D. McLellan* 1974.

[4] Zur Kritik der politischen Ökonomie. Erstes Heft (1859), Vorwort, Marx-Engels, Werke und Briefe (= MEW), Bd. 13, S. 7. – Das Vorwort enthält eine sehr konzise intellektuelle Autobiographie von Marx und eine prägnante Zusammenfassung des Historischen Materialismus.

[5] Vgl. *Th. Meyer* 1973, S. 44 ff. – Die im Text folgenden Zitate nach: Frühe Schriften, hrsg. v. *H.-J. Lieber* u. *P. Furth,* 1. Band, Stuttgart 1962, S. 497 u. S. 503.

[6] Die Heilige Familie (1845); Die deutsche Ideologie.

[7] Zur Kritik ..., Vorwort, MEW, Bd. 13, S. 10.

[8] Der Bürgerkrieg in Frankreich, hrsg. v. *F. Engels* 1891, MEW, Bd. 17.

[9] Beide waren in den *Deutsch-Französischen Jahrbüchern* erschienen. Marx verweist auf beide Autoren in den *Pariser Manuskripten* (Marx-Engels-Gesamtausgabe (= MEGA), Bd. I 3, S. 34, S. 107, S. 118) und hat Engels' Arbeit noch spät als „geniale Skizze zur Kritik der ökonomischen Kategorien" gerühmt. (Zur Kritik ..., Vorwort, MEW, Bd. 13, S. 10). – Heß' Aufsatz in: Philosophische und sozialistische Schriften, hrsg. v. *A. Cornu* u. *W. Mönke,* Berlin-Ost 1961, S. 329–348; Engels' in MEW, Bd. 1, S. 499–524. – Zum Einfluß von Heß auf Marx vgl. *D. McLellan* 1974, S. 175–181.

[10] *L. Feuerbach* 1842, in: Kleine Schriften, hrsg. v. *K. Löwith,* Frankfurt 1966, S. 125.

[11] *Hegel,* Rechts-, Pflichten- und Religionslehre für die Unterklasse (1810), Erläuterungen z. Einl. § 9; zit. nach *G. W. F. Hegel,* Werke in 20 Bdn., Frankfurt 1970, Bd. 4, S. 217.

[12] „Übersetzen" – *Hegel,* Logik II, hrsg. v. *G. Lasson,* S. 349 u. S. 389; Enzyklopädie § 475, Werke Bd. 10, S. 297; Rechtsphilosophie § 109, Werke Bd. 7, S. 208; Phänomenologie des Geistes, hrsg. v. *J. Hoffmeister,* S. 450: „Übersetzen ... in das *gegenständliche* Element".

[13] Phänomenologie des Geistes, a. a. O., S. 266.

[14] Ebd. S. 286 (Sperrungen beseitigt).

[15] *Adam Smith,* Eine Untersuchung über Wesen und Ursachen des Volkswohlstandes, Buch II, 3. Kap., Jena 1923, Bd. 2, S. 80 f.; im englischen Original heißt es: „It is, *as it were,* a certain quantity of Labour stocked and stored up" (Wealth of Nations, hrsg. v. *E. Cannan* 1904, Vol. 1, S. 351). – *F. Engels,* Umrisse ..., a. a. O., S. 508: „Es zeigt sich aber sogleich, daß Kapital und Arbeit identisch sind, da die Ökonomen selbst gestehen, Kapital sei ‚aufgespeicherte Arbeit'." – Ebenso *M. Heß,* Über das Geldwesen, a. a. O., S. 335 f.

[16]. Allerdings gab es in der Tradition der Politischen Ökonomie auch Anhaltspunkte für das Verständnis von Kapital als substantiell aufgehäufter Arbeit, die sich von Lockes Eigentumstheorie herleiten. Vgl. *J. Locke,* Über die Regierung, Stuttgart 1974, S. 22 (§ 27). Zur Interpretation vgl. *R. Brandt,* Zu Lockes Lehre vom Privateigentum, in: Kant-Studien LXIII, 1972, S. 426 bis 435.

[17] *A. Smith,* Eine Untersuchung ..., Buch I, 6. Kap., a. a. O., Bd. 1, S. 59 f.

[18] Zur Kritik ..., Vorwort, MEW, Bd. 13, S. 9.

[19] Vgl. *M. Theunissen* 1974, der auf

diesen Zusammenhang aufmerksam gemacht hat.
[20] G. W. F. *Hegel,* Logik II, hrsg. v. G. Lasson, S. 48–53.
[21] K. *Hartmann* 1970, S. 236, nennt im Hinblick auf diesen Umstand *Das Kapital* eine ,,Theorie der sich vollbringenden Kritik".
[22] Diese Beobachtung ist Ausgangspunkt der bisher überzeugendsten Rekonstruktion von Marx' Dialektik-Auffassung bei H. F. *Fulda* 1977, der ich im folgenden verpflichtet bin.
[23] Phänomenologie des Geistes, hrsg. v. J. *Hoffmeister,* S. 20.
[24] Vgl. P. M. *Sweezy* 1942, S. 23–36; P. *Dobias* 1970, S. 228–254.
[25] Vgl. C. *Helberger* 1974; U. *Steinvorth* 1977 und vor allem W. *Diederich/ H. F. Fulda* 1978. Letztere entkrampfen das durchweg polemisch-kritische Verhältnis der Analytischen Wissenschaftstheorie zu Marx durch Anwendung des sogenannten *non-statement view* wissenschaftlicher Theorien, den J. D. Sneed entwickelt hat.

Josef Simon: Friedrich Nietzsche

[1] Die Stellenangaben beziehen sich auf die Ausgabe von *Colli* und *Montinari.* Dabei bezeichnen die römische Ziffer die Abteilung, die arabische Ziffer vor dem Komma die Nummer des Bandes und die arabische Ziffer hinter dem Komma die Seitenzahl.

Günther Patzig: Gottlob Frege

[1] Der wissenschaftliche Nachlaß, von A. Frege dem Seminar für Logik und mathematische Grundlagenforschung der Universität Münster im Jahre 1935 übergeben, verbrannte 1945 nach einem Luftangriff in der dortigen Universitätsbibliothek; nur ein Teil wurde in Kopien und Abschriften gerettet.
[2] *The meaning of ,,Bedeutung" in Frege,* in: Analysis 30 (1970), S. 177–189; dt. mit ,,Postscript 1975" in: *Schirn,* Bd. III, S. 51–69.
[3] *Frege, G.:* (Ausführungen über Sinn und Bedeutung), *NB* I, S. 128–136.

Mark Helme: Ludwig Wittgenstein

[1] G. H. *von Wright,* 1969, Die Entstehung des *Tractatus,* in: Briefe an L. von Ficker, S. 73–110.
[2] G. H. *von Wright,* 1979, in: C. G. Luckhardt (Hrsg.), Wittgenstein: Sources and Perspectives.
[3] Wie üblich, werden Stellen im *Tractatus* durch ihre Dezimalzahl angegeben.
[4] M. *Helme,* 1979, Der Begriff der Verifikation in Wittgensteins *Tractatus,* in: *Zeitschrift für Germanistische Linguistik,* 7.1, S. 56–61.
[5] F. *Waismann,* 1930/1931, Logische Analyse des Wahrscheinlichkeitsbegriffs, in: *Erkenntnis* 1.
[6] Ich bin Eike von Savigny und Andreas Kemmerling für ihre vielen Verbesserungen des deutschen Textes sehr zu Dank verpflichtet.

Martin Meyer: Jean-Paul Sartre

[1] Vgl. *H. H. Holz*, 1951. Auch, etwas differenzierter, *Rud. W. Meyer* in seinem Aufsatz: Maurice Merleau-Ponty und das Schicksal des französischen Existentialismus, in: Philosoph. Rundschau 3 (1955) 129–165.
[2] *Werner Marx*, Vernunft und Lebenswelt, in: Vernunft und Welt, Den Haag 1970, S. 47.
[3] *Klaus Hartmann*, Freiheit als Negation?, in: Neue Zürcher Zeitung, Nr. 262, 1979, S. 68.
[4] *Maurice Merleau-Ponty*, Sens et Non-Sens, Paris, Nagel, 1948, S. 142.
[5] Vgl. *M. Blondel*, The inconsistency of J.-P. Sartre's Logic, in: The Thomist 10 (1947) 393–397.
[6] Vgl. *C. E. Magny*, Système de Sartre, in: Esprit 13 (1945) 564–580.
[7] *M. Merleau-Ponty*, Sens et Non-Sens, S. 83.
[8] *R. Garaudy*, in: Marxisme et Existentialisme, 1962, S. 27–43.
[9] *H. Lefèbvre*, Marx. Sa vie, son œuvre 1964, S. 22–27.
[10] *A. Schaff*, Marx oder Sartre?, 1964.
[11] *R. Aron*, in: Figaro littéraire, 29. 10. 1964.
[12] *C. Lévi-Strauss*, La pensée sauvage, Paris, Plon, 1962.

PERSONENREGISTER

Abbe, E. 251
Abendroth, W. 471
Achelis, H. N. 513
Acton, H. B. 457
Adickes, E. 453f., 456
Adolphe, L. 496f.
Adorno, G. 508
Adorno, Th. W. 90, 167, 185, *409–432*, 476, 480, 493, 507–509, 516
Aguirre, A. 492f.
Al Azm, S. 456
Albee, E. 474
Albrecht, M. 459
de Almeida, G. A. 493
Alquié, F. 457
Altenstein, K. 43
Althusser, L. 186, 481
Ambrose, A. 500
Améry, J. 471
Anaxagoras 74
Anaximander 126
Angehrn, E. 465, 479
Angelelli, I. 489
Anschutz, R. P. 474
Anscombe, G. E. M. 344, 489f., 499ff.
Anti-Climacus (S. Kierkegaard) 155, 158, 160, 163, 520
Antoni, C. 482
Anz, W. 467, 476, 517
Apel, K.-O. 249, 486, 504
Apel, M. 455
Aristoteles 19, 80, 116, 144, 168, 173, 200, 229, 246, 254, 286, 292, 362, 366, 373, 376, 503
Arnold, H. L. 508
Aron, R. 435f., 450f., 482, 511, 524
Äsop 135
Augustinus 367
Ausmus, H. J. 471
Austermann, M. 497
Austin, J. L. 272
Avineri, S. 465
Ayer, A. J. 499

Bachelard, G. 496
Bacon, F. 133, 204
Bader, W. 505
Baeumler, A. 459
Bahr, H.-D. 471
Baillot, A. 471
Bain, A. 229, 234, 304
Bakunin, M. A. 90, 170f.
Baldino, P. 497
Balibar, E. 481
Barlow, M. 495
Barrett, C. 500
Barth, K. 167
Barthélemy-Madaule, M. 495
Bartlett, J. M. 490
Bartuschat, W. 459
Baruzi, J. 314
Bäschlin, D. L. 471
Bast, R. 504
Batscha, Z. 458, 462
Bauch, B. 388, 397
Bauer, B. 89, 169f.
Baumanns, P. 55, 462
Baumgarten, A. G. 9, 16, 20, 35
Baumgartner, H. M. 114, 460, 466f.
Bayer, R. 497
Beard, R. W. 501
Beaufret, J. 382
de Beauvoir, S. 435f., 510
Beck, L. W. 454, 456ff.
Becker, W. 479
Beckett, S. 430
Bedau, H. A. 474
Behmann, H. 388
Bekker, K. 478
Belinskij, V. G. 90
Bell, D. 490
Bengel, J. A. 516
Benjamin, W. 413f., 418, 424, 508f.
Bennett, J. 455
Bense, M. 250, 488
Bentham, J. 132–134, 136f. 140, 142f., 145, 474

Benton, R. J. 457
Berg, A. 414
Bergson, H. 129, 247, *298–314*, 434, 494–497
Berkeley, G. 20, 118, 120f., 229, 235, 298, 307
Berlin, I. 474
Bernstein, R. J. 485
Bevan, J. 342
Beyer, W. R. 478f.
Beyme, K. F. 43
Bialloblotzky, A. 251
Biemel, W. 493, 503, 510f.
Bieri, P. 456
Binder, J. 89
Birault, H. 382
Bird, G. 456
Birnbacher, D. 473
v. Bismark, O. 89, 188
Bittner, R. 457
Black, M. 272, 501
Blackwell, K. 497, 499
Blass, J. L. 476
Bloch, E. 90, 167, 185, 413f., 418, 424, 428, 480
Blondel, M. 299, 313, 522
Blumenberg, H. 493, 518
Blumenberg, W. 478
Böckh, A. 188
Boehlich, W. 476
Bohatec, J. 459
Böhler, D. 479
Boehm, R. 492
Böhme, J. 110, 468
Bollnow, O. F. 481f.
Boltzmann, L. 345
Boole, G. 150, 256
Borchard, R. 472
Borowski, L. E. 454
v. Borries, A. 473
Bosanquet, B. 91
Bosanquet, R. G. 500
Bouillaud, J. 304, 307
Bowers, F. 487
Boydston, J. A. 488
Bradley, F. H. 91, 496
Brahms, J. 340
Braig, C. 362

Brand, G. 493
Brandt, F. 476
Brandt, R. 522
Brann, H. W. 471
Braun, H. 517
Braun, O. 94
Brecht, B. 416
Brecht, F. J. 476
Brecht, M. 517
Van Breda, H. L. 491
Brede, W. 507
Brentano, F. 278, 362
Bretonneau, G. 497
Brittan, G. G. 456
Britton, K. 342, 474
Broad, C. D. 454
Broca, P. 307
Bröcker, W. 456
Brouwer, L. E. J. 341
Brown, R. F. 468
Bruch, J.-L. 459
Brüggen, M. 45, 462
Brunner, E. 167
Bruno, G. 200
Brunschvicg, L. 39
Buber, M. 167, 414
Bubner, R. 468, 478, 483, 517
Buchbinder, H. (S. Kierkegaard) 154
Buck-Morss, S. 508
Buek, O. 453
Buhr, M. 461f.
Bultmann, R. 167, 362
Burckhardt, J. 203, 518
Burgeni, A. 488
Burke, E. 35
Burkhardt, F. H. 487
Burks, A. W. 486
Burmann, E. O. 467
Busch, H. 471
Busch, Werner 458
Busch, Wilhelm 129, 471
Butor, M. 313
Bynum, T. W. 490

Caird, E. 91
Calvelli-Adorno della Piana, A. 413
Calvelli-Adorno della Piana, M. 413
Camus, A. 167, 435f., 449f.

Čapek, M. 496
Cannan, E. 522
Cantor, G. 270, 273, 322
Cariou, M. 497
Carl, W. 490, 499
Carlyle, Th. 136, 143
Carnap, A. 386
Carnap, J. S. 386
Carnap, R. 249, 251, 272, 358, *385–408*, 504
Carnois, B. 457
Carr, R. 474
Cassirer, E. 39, 397, 453f.
Cassirer, H. W. 456, 459
Castro, F. 436
Chahine, O. E. 496
v. Chamisso, A. 117
Chapmann, J. W. 474
Charcot, J. M. 304
Chevalier, J. 313, 495
Childs, J. L. 488
Chisholm, R. 513
Church, A. 262, 327, 499
Cieszkowski, A. 90
Claesges, U. 462, 493f.
Clark, R. W. 499
Claudel, P. 313
Clegg, J. S. 471
Cleß, W. J. 95
Climacus (S. Kierkegaard) 154f., 158ff., 520
Cohen, G. A. 481
Cohen, H. 39f., 456f., 459, 518
Cohen, T. 459
Coleridge, S. T. 137
Colli, G. 483, 523
Comte, A. 136f., 151, 192, 229, 302, 304, 473
de Condillac, E. 304
Constantius, C. (S. Kierkegaard) 154f.
Contat, M. 511
Coope, C. 501
Copi, I. M. 501
Copleston, F. 471
Cornelius, H. 410, 414
Cornu, A. 522
Correll, W. 488
Corti, W. R. 487

Cotta, J. F. 98, 111f., 467, 518
Cousin, V. 90, 302, 304f.
Cramer, K. 457
Cranston, M. 474
Cresson, A. 495
Croce, B. 90
Crusius, C. A. 9, 20

D'Alembert, J.-B. le Rond 9
Damm, S. 467
Danto, A. C. 484f.
Darwin, C. 10, 309
Daval, R. 456
Dedekind, R. 270, 273, 404
Dederer, A. 471
Delattre, F. 300, 495
Delbos, V. 457
Delekat, F. 454
Deleuze, G. 484, 495
Delfosse, H. 504
Demokrit 169
Denzer, H. 475
Desaymard, J. 495
Descartes, R. 9f., 45, 48f., 118, 121, 206, 214, 232, 288, 291, 293, 306, 339, 359, 364, 373
Desmond, L. 499
Deuel, L. 488
Deuser, H. 476
Deussen, P. 470
Dewey, J. 227f., 236, *242–247*, 248f., 485–488
Diamond, C. 500
Diem, H. 475
Diemer, A. 471
Diederich, W. 480, 523
Dietzsch, S. 467
Dilthey, W. 89, 150, *187–202*, 370, 377, 439, 481ff.
Diwald, H. 482
Dobias, P. 480, 523
Doumic, R. 299
Drachmann, A. B. 475
Drescher, S. 454
Drüe, H. 493
Druet, P. P. 462
Dubiel, H. 507
Dubislav, W. 390

Dummet, M. 352, 490
Duncan, A. R. C. 457
Durkheim, E. 312, 496
Düsing, K. 459, 464, 517
Dussort, H. 460

Ebacher, R. 497
Ebbinghaus, J. 131, 457f., 471
Ebeling, H. 470
Eberle, F. 480
Ebner, F. 167
Edwards, P. 490, 501
Egidi, R. 490
Ehrhardt, W. E. 466
Ehrlich, J. 471
Eilschon-Müller, M. 476
Einstein, A. 301, 387, 393
Eisler, H. 416
Eisler, R. 454
Eley, L. 493
Elrod, J. W. 476
Empedokles 126
Engelmann, P. 341, 345f., 351, 500
Engels, F. 89, 94, 99, 170f., 176, 181, 185, 409, 477f., 518, 522
Engfer, H. J. 394, 506
England, T. E. 459
Epikur 169
Eremita, V. (S. Kierkegaard) 154f.
Eschenmayer, C. A. 111
Essler, W. K. 394, 506
Euken, R. 301

Fabris, M. 497
Fahrenbach, H. 476
Fann, K. T. 501
Fechner, G. T. 188, 197, 304
Feibleman, J. K. 486
Feick, H. 468, 504, 517
Feigl, H. 341, 358, 388f., 393, 505
Feinberg, J. 519
Feltin, M. 302
Fetscher, I. 478
Feuerbach, L. 89, 94, 114, 170f., 173, 479, 522
Fichte, I. H. 460f., 513
Fichte, J. G. 37f., *40–61,* 67, 70, 79, 81, 93, 96f., 100, 102–105, 107, 112f., 116, 120, 151, 169, 200, 362, 370, 460–463, 467f., 479, 511, 513f., 516
v. Ficker, L. 345f., 500
Figl, J. 485
Finch, E. 316
Fink, E. 220, 382, 484f., 492, 503
Fink-Eitel, H. 464
Fisch, M. H. 486
Fischer, K. 39, 187, 251, 454, 467
Fiske, J. 229
Flaubert, G. 62, 436
Flournoy, T. 487
Føllesdal, O. 490
Forschner, M. 457
Foucault, M. 485
Fourier, Ch. 169
Frank, M. 466f., 469, 517f.
Frank, P. 388, 392
Frantz, K. 469
Franz, I. 300
Frauenstädt, J. 469f.
Frege, A. 252, 521
Frege, C. A. 251
Frege, G. 49, 150, 193, *251–273,* 277, 320f., 326, 341, 345f., 352f., 358, 360, 385–389, 400f., 404, 489ff., 523
Fressin, A. 496
Freud, S. 39, 120, 127, 129, 414, 434, 471f., 496, 518
Friedeburg, L. v. 508f.
Friedrich II., d. Große 12, 201
Friedrich, C. J. 474
Friedrich Wilhelm I. 12
Friedrich Wilhelm II. 12
Friedrich Wilhelm IV. 99
Frisch, M. 167
Fritz, C. A. 499
Fromm, E. 418f., 422
Fuchs, E. 461
Fuhrmans, H. 466, 468f., 517
Fulda, H. F. 464, 478, 480, 516, 523
Funke, G. 493
Furth, P. 477f., 522

v. d. Gablentz, O. H. 453
Gabler, G. A. 89
Gabriel, G. 489f.

Gadamer, H. G. 202, 297, 382, 481 f., 492, 504
Galilei, G. 7
Galston, W. A. 459
Gans, E. 89
Garaudy, R. 185, 451, 481, 510, 524
Geach, P. 272, 489 f.
Gehrig, W. 519
Gentile, G. 90
George, S. 416
Gerdes, H. 475 f.
Gerhard, V. 454
Gerlach, K. A. 410
Gethmann, C. F. 504
Gide, A. 436
Gilson, B. 496
Girndt, H. 460, 462
Gladstone, W. E. 133
Glockner, H. 89, 96, 463, 514
Gloy, K. 456
Gödel, K. 358, 388, 400
Göhler, G. 478
v. Goethe, J. W. 42 f., 104, 116 f., 191, 197, 202, 386, 413, 470, 472, 481
Goldschmidt, M. A. 154
Gomperz, Th. 472
Goodmann, N. 398, 506
Görland, I. 468
Gorsen, P. 496
Görtzen, R. 508
Gorz, A. 511
Gotter, P. 98
Gottfried, P. 471
Gottsched, H. 475
Gouhier, H. 497
Goyard-Fabre, S. 458
Grabowsky, A. 473
Gram, M. S. 454, 456
Granier, J. 484
Green, N. St. J. 229
Gregor, M. J. 458
Grelling, K. 390
Grenz, F. 509
Greve, W. 477, 521
Griffen, J. 501
Grimm, R. H. 485
Grisebach, E. 470
Groothoff, H. H. 482

Groß, F. 454
Gross, H. 519
Grünberg, C. 410, 412
Guéroult, M. 45, 461
Gulyga, A. 454, 464
Gundolf, F. 202
Gunter, P. A. Y. 493, 496
Gupta, R. K. 471
Gurwitsch, A. 493
Guyer, P. 459
Guzzoni, A. 485
Gwinner, W. 117

Habermas, J. 54, 185, 249, 382, 431 f., 467, 480, 482, 508 f.
Hablützel, R. 468
Hacker, P. M. S. 501
Haeckel, E. 386
Haecker, Th. 476
Haffmans, G. 470 f.
Haeffner, G. 504
Hahn, H. 388
Hahn, K. 462
Hainds, J. R. 473
Halévy, E. 474
Halliday, R. J. 474
Hamann, J. G. 37
Hamburger, J. 474
Hamelin, O. 39
Hammacher, K. 461, 513, 517
Hardwick, C. S. 249, 486, 488
Hare, R. M. 25, 39
Haering, Th. 89
Harris, W. T. 91
Hartley, D. 133
Hartmann, K. 437, 442, 449, 478 f., 511, 523 f.
Hartmann, N. 39, 362
Hartshorne, C. 486
Hasler, L. 467
Haufniensis, V. (S. Kierkegaard) 154 f., 521
Hausman-Wilson, A. 506
v. Hayek, F. A. 474
Hayes, V. C. 469
Haym, R. 89, 91, 188, 483
Haynes, P. C. 468
Heede, R. 465

Hegel, G. W. F. 30, 37f., 40, 42, 51, 54, 60, *62–92*, 94–100, 102ff., 107, 110f., 113f., 117, 151, 153f., 162, 168f., 172f., 178, 181f., 185, 187f., 191, 197, 200f., 211, 222, 244, 340, 370, 372ff., 406, 419, 420, 439, 442, 446f., 456, 462–465, 468f., 477ff., 483, 485, 503, 508, 511ff., 515, 518, 522f.
Heiberg, J. L. 475, 520
Heiberg, P. A. 475
Heidegger, M. 39f., 61, 90, 94, 167, 185, 202, 213, 220, 274, 283, 286, 297, 311, *361–384,* 405, 410, 417, 433, 435, 439, 442, 448f., 456, 468f., 483ff., 492f., 502ff., 517f.
Heidsieck, F. 496
Heimsoeth, H. 454ff., 461
Heine, H. 170
Helberger, C. 480, 523
Held, K. 493
Helferich, Ch. 463
Helme, M. 523
v. Helmholtz, H. 39, 188, 304
Helvétius, C.-A. 134f., 519
Hemmerle, K. 469
Hempel, C. 390
v. Henning, L. 89
Henningsen, B. 520
Henrich, D. 454, 456f., 461, 464, 478, 515
Henry, A. 496
Heraklit 126, 217, 484, 503
Herder, J. G. 10, 37, 197
Herman, D. J. 495
Hermes, H. 489
v. Hermann, F. W. 504
Herrmann, U. 482
Herschel, J. F. W. 9
Hertslet, W. L. 470
Hertz, H. 345
Hertz, P. 388
Herz, H. 43
Heß, M. 89, 170ff., 176, 479, 522
Hesse, H. 129
Hilbert, D. 400f., 404
Hilferding, R. 185, 479
Hillebrand, B. 485
Hillmann, G. 478
Himmelfarb, G. 473
Himmelstrup, J. 476
Hinske, N. 454, 456
Hintikka, J. 506
Hirsch, E. 475f., 519
Hirsch, H. 513
Hitler, A. 363, 392, 423
Hobbes, Th. 27, 29f., 31, 40, 126, 422
Hočevar, R. K. 465
Höffe, O. 455, 458
Hoffmeister, J. 463, 514, 522f.
Hölderlin, F. 38, 42, 67, 95, 102f., 363, 380, 464, 468, 481, 502f., 515
Holenstein, E. 493
Holl, J. 477
Hollerbach, A. 468
Holm, S. 476
Holmes, O. W. 229
Holz, H. 460, 468
Holz, H. H. 510, 524
Holzhauer, H. 471
Holzhey, H. 456
Homer 426
d'Hondt, J. 465
Horaz 135
Höring, W. 505
Horkheimer, M. 90, 185, 248, *409–432,* 471, 480, 507ff.
Horst, H. 453
Horstmann, R.-P. 456, 464
Hotho, G. 89
Hoyos-Vasquez, G. 493
Hübner, A. 501
Hübner, K. 511
Hübscher, Angelika 470
Hübscher, Arthur 469ff.
Hügli, A. 477
v. Humboldt, A. 117
v. Humboldt, W. 37, 43, 116, 146, 188, 219
Hume, D. 8, 11, 13, 22, 25, 133, 390, 456
Husserl, E. 39, 90, 127, 251, 266, 268f., 271f., *274–297,* 362, 410, 414, 416, 425, 435, 437, 439f., 449, 483, 490–494, 504, 508f.
Husson, L. 496
Hutcheson, F. 24
Hyppolite, J. 481, 510

Ibsen, H. 167
Ilting, K. H. 465
Inciarte, F. 462, 513
Ineichen, H. 482

Jachmann, R. B. 454
Jäckel, K. 496
Jackson, R. 474
Jacob, H. 81, 460, 514
Jacobi, F. H. 59, 67, 95, 104f., 108f., 511, 513, 517
Jacobs, H. 474
Jacobs, W. G. 460, 466
Jacoby, G. 487
Jaeger, A. 469, 518
Jaeger, P. 492
Jager, R. 499
Jähnig, D. 468
James, H. d. Ä. 237
James, H. d. J. 237
James, W. 143, 227ff., *237–242,* 244, 248, 299, 314, 485–488, 496, 519
Jamil, K. M. 496
Janik, A. 345f., 501
Janke, W. 461f., 513
Jankélévitch, V. 313, 495
Janssen, P. 492, 494
Janz, C. P. 484
Jaspers, K. 8, 39, 103, 167, 202, 237, 362, 455, 467, 477, 484f.
Jean Paul 37, 42f., 45
Jeanson, F. 510
Jeffrey, R. C. 505
Jergius, H. 462
Jerusalem, W. 487
Jesus 32, 64, 162, 381, 518
Joachim, H. H. 91
Johach, H. 482
Jones, O. R. 502
Jörgensen, A. 476
Jourdain, Ph. 265
Julia, D. 462
Jurevičs, P. 495

Kabitz, W. 461
Kafka, F. 167
Kallen, H. M. 496
Kaltenbrunner, G. K. 465

Kambartel, F. 249, 489
Kanger, S. 403
Kant, I. *7–39,* 40, 45, 51ff., 60, 64–70, 81f., 85, 93, 95, 102f., 106f., 115ff., 120, 122, 126f., 130, 151, 169, 190–194, 197, 200, 204, 210, 215, 218, 228f., 231, 237, 248, 251, 255, 273, 287, 290, 322, 330, 336, 362, 364, 372f., 381, 396f., 410, 423, 443, 453–460, 462, 464, 482, 485f., 488, 495, 502f., 513ff., 517
Kantorowicz, E. 414
Kaphan, W. 518
Karplus, G. 414, 416
Kaspar, W. 469
Kaufmann, W. 484
Kaulbach, F. 454f., 458, 485, 489
Kautsky, B. 477
Kautsky, K. 171
Kayser, W. 430
Kelley, J. J. 497
Kemeny, J. G. 393
Kemmerling, A. 523
v. Kempski, J. 486
Kenny, A. 501
Kern, I. 493
Kerschensteiner, G. 246
Kersting, W. 458
Ketner, K. L. 486
Keynes, J. M. 500
Kierkegaard, A. 153
Kierkegaard, M. P. 153
Kierkegaard, P. Ch. 154
Kierkegaard, S. 90, *153–167,* 362, 373, 414, 425, 466, 475ff., 508, 519ff.
Kile, F. O. jr. 469
King, J. 500
Kinkel, W. 453
v. Kirchmann, J. H. 188, 453
Klein, G. M. 97
v. Kleist, H. 38, 82
Klemke, E. D. 489, 499
Kloesel, C. J. W. 486
Kneale, M. 490
Kneale, W. 490
Knittermeyer, H. 467
Knutzen, M. 9
Koestler, A. 436

Köhler, M. 470
Köhler, W. 390, 397
Kojève, A. 90, 439, 455 f.
Koktanek, A. M. 466 f., 520
Kolakowski, L. 478
Kommerell, M. 414
Kondylis, P. 464
Kopernikus, N. 129
Kopper, J. 456, 511
Körner, S. 455
Korsch, K. 185, 480
Kotarbinski, T. 391
Kracauer, S. 413 f., 418, 424 f.
Kraft, V. 388, 506
Kraus, K. 345, 414
Krauss, I. 472
Krausser, P. 482
Krauth, L. 506
Kreiser, L. 489
Krings, H. 458, 466, 506
Kripke, S. 403
Krohn, W. 464
Kroner, R. 89
Krüger, G. 458
Krüger, L. 456
Kugelmann, L. 180
Kuhn, H. 510
Kühnhold, C. 477
Kuhr, V. 475
Kulenkampf, A. 472
Kulenkampff, J. 459
Kurz, G. 467, 517
Kuypers, K. 459

Laberthonnière, L. 299
Labriola, A. 90
Lachelier, J. 299
Laffitte, P. 302
Lafrance, G. 497
de Lamarck, J. B. 130, 309
Lambert, J. H. 20
Landgrebe, L. 482, 492 ff.
Landmann, M. 470, 472
Lang, P. C. 508
Lange, E. M. 479
Lange, F. A. 113, 518
Lange, H. O. 475
Lange, O. 185, 480

Langevin, P. 311
de Laplace, P.-S. 9
Largeault, J. 490
Lask, E. 40
Lasker, E. 314
Lassalle, F. 40, 171 f., 180
Lasson, G. 89, 463, 522 f.
Lauth, R. 460 ff., 468
Lavater, J. C. 42
Lavelle, L. 497
Lawson, L. A. 476
Lazarsfeld, P. 416
Lebrun, G. 460
Lee, D. 500
Lefèbvre, H. 185, 451, 524
Lehmann, G. 455, 460, 515
Lehmann, K. 504
Lehmann, K. H. 453
Lehrmann, C. 496
Leibniz, G. W. 9, 121, 201, 219, 315, 317, 329–331, 339, 490, 498, 502
Leiris, M. 435
Lejeune, P. 510
Lenin, W. I. 90, 185, 410, 472, 480
Lenk, H. 241, 488
Léon, X. 461
Léotard, G. 496
Le Roy, E. 300, 311, 313
Leser, N. 472
Leśniewski, S. 391, 401
Lessing, G. E. 31, 42, 67, 102, 104, 109 f., 191, 207, 408, 517
Lessing, H. U. 482
Lévèque, Ch. 300
Levesque, G. 497
Levin, R. 43
Lévinas, E. 435
Lévi-Strauss, C. 451, 524
Lévy-Bruhl, L. 312
Lewin, K. 388, 390
Lewis, C. I. 248, 486
Lieber, H. J. 477 f., 483, 522
v. Liebig, J. 188
Liebmann, O. 38
Lieseberg, M. 252
Lindner, B. 508 f.
Lindsay of Birker, A. D. 495
z. Lippe, R. 508

Litt, Th. 202
Littré, E. 302
Locke, J. 22, 27, 30, 57f., 133, 168, 522
Loer, B. 469
Lohmann, G. 479
Lohrer, L. 467
v. Löhneysen, W. 469
Loomba, R. M. 496
Loos, A. 345
Lorentz, H. A. 311
Lorenz, T. 487
Lorenzen, P. 249
Lotz, J. B. 382
Lotze, H. 188, 251, 263
Löw, R. 460
Löwe, A. 416
Löwenthal, L. 412, 418
Löwith, K. 382, 465, 477, 484f., 517, 522
Lübbe, H. 89, 493
Luckhardt, C. G. 523
Lüdke, W. M. 508f.
Ludwig, M. 474
Luf, G. 458
Lukács, G. 90, 185, 413f., 418, 424, 450, 480, 483
Łukasiewicz, I. 256
Lukrez 299
Lütterfels, W. 463
Luxemburg, R. 185, 479

Macciavelli, N. 422
Macdonald, M. 500
Mach, E. 239, 410
MacMinn, N. 473
Madsen, A. 510
v. Magnis, F. 479
Magnus, B. 485
Magny, C. E. 522
Maier, H. 475
Maine de Biran, M.-F.-P. G. 298
Maire, G. 495
Makkreel, R. A. 483
Malcolm, N. 342, 349, 500f., 513
de Malebranche, N. 118, 121
Malherbe, M. 456
Malraux, A. 436, 450
Malter, R. 454, 456
Mandel, E. 185, 480

de Mandeville, B. 422
Mann, Th. 416, 470f.
Mannheim, K. 414
Marcel, G. 314
Marcus, A. F. 97
Marcuse, H. 90, 185, 382, 412, 418, 465, 480, 511
Marcuse, L. 471
Marc-Wogau, K. 460
Maréchal, J. 39
Marheineke, Ph. 89, 518
Marmontel, J.-F. 136
Marquard, O. 114, 456, 468
Marquet, J. F. 469
Marsh, R. C. 328, 498
Martens, E. 249, 485, 487f.
Martensen, H. L. 520
Martin, G. 454, 456
Martin, W. 498
Marx, K. 40, 58, 60ff., 88f., 91, 94, 99, 114, 131f., 138, *168–186,* 373, 409, 419f., 434, 439, 446f., 469, 477–481, 514, 518, 522f.
Marx, W. 456, 464, 469, 494, 524
Massolo, A. 468
Mauriac, C. 313
McCloskey, H. J. 474
McColl, H. 333, 498
McCrimmon, J. M. 473
McFarland, J. D. 460
McGuinness, B. F. 500
McLellan, D. 478f., 522
McTaggart, J. E. 91
Mead, G. H. 242, 248, 486
Medicus, F. 79, 460f., 514
Medon, s. C. Richter
Megay, J. N. 496
Meier, F. 468
Meiner, F. 390
Mendelssohn, M. 7, 104, 515, 517
Menger, K. 388
Mennicke, C. 416
Merleau-Ponty, M. 274, 294, 382, 435f., 450, 496, 511, 524
Messer, A. 458
Methagl, W. 500
Metzger, W. 468
Meyer, R. W. 524

Meyer, Th. 479, 522
Michel, K. M. 463, 509
Michelet, K. L. 89, 462, 508
Michelson, A. A. 311
Mill, J. 133–136, 138, 142f., 146
Mill, J. S. *132–152*, 192f., 304, 472–475, 519
Millet, J. 496
Misch, C. 481
Misch, G. 202, 314, 481, 483
Mittelstraß, J. 249
Mockrauer, F. 472
Moiso, F. 461
Moller, J. 511
Möller, P. M. 520
Mönke, W. 522
Montinari, M. 483, 485, 523
Moore, E. C. 486
Moore, G. E. 316, 335, 341, 499f.
Moritz, M. 458
Morley, E. W. 311
Morris, Ch. W. 248, 392
Moses 302
Mossé-Bastide, R. M. 494ff.
Mourélos, G. 496
Mues, A. 461
Müller, A. 501
Müller, M. 382, 504, 510
v. Müller, F. 105
Müller-Lauter, W. 483, 485
Murdoch, I. 510
Mynster, J. P. 154

Nagel, E. 249
Nagel, Th. 57, 511
Nagel, W. 505
Nakhnikian, G. 499
Napoleon I. 43, 52, 58, 152, 169
Natorp, P. 39, 362
Nauen, F. G. 468
Negt, O. 431, 465
Neidert, R. 472
Nelson, L. 39
Neske, G. 504
Neuburger, L. 300
Neurath, O. 358, 388, 390ff., 399
Newton, I. 7, 9, 12, 16, 20
Nicolai, F. 36

Niebuhr, R. 188
Nietzsche, F. 39, 112, 127, 129f., 132, *203–224*, 247, 351, 372f., 375, 381, 419, 434, 465, 471f., 477, 483ff., 496, 502, 523
Nishitani, K. 382
Nitzsch, K. I. 188
Nitzschke, B. 470
Noack, H. 492
Nohl, H. 89, 202, 481, 514f.
Noller, G. 504
Novalis 42, 481
Nowak, L. 480
Nutzinger, H. G. 473, 480
Nyman, H. 500

Odysseus 427
Ogden, C. K. 500
Oehler, K. 232, 241, 250, 486ff.
Oldenburg, M. 476
Olivier, A. 435
Ollé-Laprune, L. 299, 301
Oelmüller, O. 458
Oetinger, F. C. 516
Olsen, R. 154, 518
Orcel, J. 481, 510
Ortes, G. 184
Orth, E. W. 494
Oeser, E. 469
Ostwald, W. 341, 386, 472
Oswald, F. (Pseudonym f. F. Engels) 99
Ott, H. 504
Ottmann, H. 464f.
Overbeck, F. 362
Oxenford, J. 117

Packe, M. S. J. 474
Pallière, A. 496
Pappé, H. O. 474
Parmenides 45, 373, 503
Pascal, B. 240
Paton, H. J. 456, 458
Patzig, G. 271, 489f.
Paulhan, J. 435
Paulus, G. E. 97, 100
Pautrat, B. 485
Peano, G. 269f., 320, 404
Péguy, Ch. 313, 496

Peirce, Ch. S. 38, 225 ff., *228–237*, 239–242, 244 f., 247–250, 261, 485–488
Perry, R. B. 487
Pestalozzi, H. 42
Petri, E. 362
Petry, F. 479
Petry, M. J. 465
Pettazzi, C. 508
Petterlini, A. 468
Petty, W. 168
Pfeiffer, K. 470
Pflug, G. 495
Philonenko, A. 455, 462
Phoba, M. 497
Pieper, A. 476 f.
Pilkington, A. E. 495
Pitcher, G. 341 f., 501 f.
Pius X. 301
Plaas, P. 456
Plamenatz, J. 474
Planty-Bonjour, G. 465
Platon 76, 105, 114 ff., 123, 126, 168, 200, 214, 216, 229, 246, 258, 363, 372 ff., 518
Plechanow, G. W. 185
Plitt, G. L. 111, 466
Plotin 298, 496
Pöggeler, O. 464, 503 f.
Poincaré, H. 247, 322
Polin, R. 458
Politzer, G. 496
Pollock, F. 409–413
Popitz, H. 479
Popper, K. 38, 249, 314, 390, 417, 471
Post, E. L. 255
Pothast, U. 462
Poulos, K. 488
Prauss, G. 456 ff.
Protagoras 247
Proudhon, J.-P. 170 f.
Proust, M. 300, 313, 496
Puntel, L. B. 465
Putnam, H. 502

Quesnay, F. 168
Quine, W. V. O. 213, 249, 326, 340, 392 f., 502
Quinton, A. 474

Radermacher, H. 462
Rahn, J. 42
Rahner, K. 382
Ramsey, F. P. 249, 318, 326, 406, 498
Rang, B. 493
v. Ranke, L. 188
Ransdell, J. M. 486
Rasch, W. 106
Ratke, H. 454
Rausch, H. 475
Rawls, J. 39
Reboul, O. 459
Regius, H. (M. Horkheimer) 507
Rehberg, A. W. 42, 513
Rehm, W. 477
Reich, K. 457
Reichenbach, H. 388, 390, 393
Reichert, H. W. 483
Reinach, A. 493
Reinhold, K. 37, 42, 45, 50 ff., 513
Renan, E. 299
Renouvier, C. 39
v. Renthe-Fink, L. 483
Rescher, N. 488
Rest, W. 475
Rey, J. M. 485
Rhees, R. 344, 500 f.
Ribot, Th. 304
Ricardo, D. 135, 168
Richardson, W. J. 503
Richter, C. 117
Richter, L. 475
Rickert, H. 39, 202, 314, 362, 397
Riedel, M. 465, 482 f.
Rieger, G. K. 95
Riekher, R. 410
Rilke, R. M. 167
Ritter, C. 458
Ritter, H. 188
Ritter, J. 89, 465, 492
Ritzel, W. 455, 462
Robbe-Grillet, A. 313
Roberts, G. W. 499
Robinet, A. 494, 496
Robson, J. M. 138, 472 f., 475
Rochol, H. 476
Rodi, F. 483
Rodman, J. 519

Rohde, P. P. 476, 520
Rolland, E. 497
Rorty, A. 249, 488
Rosdolsky, R. 479
Roselius, L. 516
Rosenkranz, K. 64, 89, 467, 514
Rosental, M. M. 480
Roselius, L. 516
Rosenzweig, F. 167, 468
Ross, W. D. 458
Rothacker, E. 202, 483
Röttges, H. 485
Rousseau, J. J. 7, 24, 27, 31, 33, 64f., 68, 95, 136, 514
Ruben, P. 518
Rubin, I. 480
Ruge, A. 89, 169
Ruskin, J. 495
Russell, A. P. 316
Russell, B. 40, 45, 150, 240, 248, 251, 265, 269–272, *315–339,* 341, 345, 347, 349, 353f., 385f., 388ff., 392f., 404, 409, 486, 488f., 497–501
Russell, D. 316
Russell, E. 316
Russell, F. 316
Russell J. 316
Ryan, A. 475
Rybalka, M. 511

Saage, R. 458
Sachsse, H. 519
de Saint-Simon, C.-H. 169
Salaquarda, J. 484f.
Salat, J. 97
Sandkühler, H. J. 114, 467, 469, 518
Sandvoss, E. R. 499
Saner, H. 459
Sartre, J.-P. 40, 61, 63, 90, 167, 185, 274, 297, 382, *433–451,* 481, 485, 509ff., 524
Saß, H. M. 503
Sattes, H. 472
v. Savigny, E. 188, 502, 523
Schaeffler, R. 504
Schäfer, K. 477
Schäfer, L. 457
Schaff, A. 451, 510, 524

Schampel, J. 479
Scharfstein, B.-A. 495
Scheier, C.-A. 477
Scheler, M. 248, 274, 278, 283, 314
Schelling, C. 97f., 467
Schelling, F. W. J. 37f., 42f., 58, 63, 71, 74f., 77, 79, *93–114,* 151, 154, 187, 197, 302, 462, 464, 466–469, 503, 515ff., 520
Schelling, F. 100
Schelling, G. M. 95
Schelling, P. 98
Schiele, F. M. 453
Schiller, C. 97
Schiller, F. 38, 197
Schiller, F. C. S. 247, 485, 488
Schilpp, P. A. 335, 358, 458, 488, 498f., 504, 506
Schirmacher, W. 472
Schirn, M. 489, 523
Schlanger, J. E. 468
Schlechta, K. 483
Schlegel, A. W. 97
Schlegel, C., s. C. Schelling
Schlegel, Friedrich 42f., 58, 106, 197
Schlegel, Fritz 520
Schleiermacher, F. 58, 112, 116, 188, 191, 201
Schlenke, M. 473
Schlick, M. 341, 352, 358, 388f., 392
Schlier, H. 382
Schmid, C. Ch. E. 37, 454
Schmid, H. 477
Schmidinger, H. 477
Schmidt, A. 131, 472, 479, 507
Schmucker, J. 458
Schnädelbach, H. 553
Schneeberger, G. 467, 504
Schneewind, J. B. 474f.
Schneider, R. 468, 470, 516
Schnurrer, Ch. Fr. 95f.
Scholz, H. 272, 486, 490, 517
Schönberg, A. 414, 416, 424f.
Schopenhauer, Adele 116
Schopenhauer, Arthur 39, *115–131,* 152, 206, 345, 419, 422, 469–472, 518f.
Schopenhauer, H. F. 116
Schopenhauer, J. H. 116

Schrader, W. H. 461
Schrempf, C. 475
Schröder, E. 256, 320
Schröer, H. 477
Schröter, M. 466f., 516f.
Schrötter, Th. H. 43
Schubert, H. 269
Schuhmann, K. 493
v. d. Schulenburg, S. 481
Schulte, G. 462
Schultz, F. A. 9
Schultz, J. 37
Schultz, K. 508
Schultz, U. 455
Schultzky, G. 477
Schulz, E. 116
Schulz, H. 461
Schulz, R.-E. 466
Schulz, W. 94, 113, 461, 466f., 469, 477, 504, 517
Schulze, E. 116
Schulze, G. E. L. 513
Schurr, A. 462, 468
Schüßler, I. 59, 457, 462
Schütz, A. 248, 286
Schweitzer, A.-M. 434
Schweitzer, Ch. 434
Schweppenhäuser, H. 508
Scriven, M. 505
Seebohm, Th. 493
Seigfried, C. H. 487
Sellars, W. 457
Sertillanges, A. G. 497
Shaftesbury, A. 24
Shell, K. L. 473
Sibbern, F. C. 520
Sidgwick, H. 239
Siep, L. 462, 464, 513
de Silentio, J. (S. Kierkegaard) 154f.
Simmel, G. 247, 472
Singer, M. G. 25, 39, 458
Skrupskelis, J. K. 487
Sluga, H. D. 252, 490
Slök, J. 477
Smith, A. 168, 176f., 522
Smith, N. K. 455
Smythies, Y. 500
Sneed, J. D. 405, 480, 523
Soederblom, N. 301
Sokal, E. 518
Sokrates 131, 144, 154, 156, 162, 207, 214, 229
Sokolowski, R. 493
Sorel, G. 313
Sorg, B. 472
Spaventa, B. 90
Specht, E. K. 502
Speck, J. 491, 499, 506
Spencer, H. 299f., 304
Spengler, O. 130, 345
Spiegelberg, H. 492
Spinoza, B. 48, 51, 75, 94f., 104f., 108, 116, 200, 229, 298, 471, 515
Spranger, E. 202
Sraffa, P. 345
Stachowiak, H. 488
Stäglich, H. 470
Staiger, E. 430
Stalin, J. W. 185, 423, 480
Stavenhagen, K. 455
Steedman, I. 480
Stegmüller, W. 393, 405, 457, 505f.
Steiner, R. 470
Steinvorth, U. 480, 488, 523
Stendhal 434, 437
Stenius, E. 501
Stephen, L. 474
Steuart, J. 168
Stirling, J. 91
Stirner, M. 89, 170
Stoneborough, M. 341
Storr, C. C. 95f., 515
Strauß, D. F. 89
Strauß, F. J. 428
Strawson, P. F. 39, 455, 513
Streller, J. 510
Strindberg, A. 167
Ströker, E. 491, 494
Struve, W. 477
Stuhlmann-Laeisz, R. 457
Stuke, H. 465, 479, 522
Stumpf, C. 239
Sully, J. 299
Sundén, H. 497
Suter, J. F. 483
Swedenborg, E. 11

Sweezy, P. M. 480, 523
Szathmary, A. 497
Szilasi, W. 491

Taciturnus, Frater (S. Kierkegaard) 156
Taine, H. 302, 304f.
Tanabe, H. 382
Tannery, P. 256
Tarde, G. 300
Tarski, A. 326ff., 391, 393, 400, 403
Taylor, C. 464, 479
Taylor, Harriet 138f., 473f.
Taylor, Helen, 139, 473
Taylor, J. 500
Teilhard de Chardin, P. 314, 495
Tengler, R. 472
Terricabras, J. M. 501
Thayer, H. S. 237, 486
Theunissen, M. 114, 464f., 477f., 493, 518, 521f.
Thiel, Ch. 258f., 263, 489ff., 521
Thier, E. 479
Thomae, J. 269
Thomas von Aquin 369, 372, 450, 496
Thomas, M. H. 488
Thulstrup, N. 477, 520
Tieck, L. 43
Tiedemann, R. 507f.
Tielsch, E. 470, 472
Tillich, P. 414, 416, 518
Tilliette, X. 102, 114, 467, 517
Timm, H. 464, 515, 517
de Tocqueville, A. 31, 146
Tonelli, G. 454, 457
de Tonquédec, J. 299
Torsting, E. 475
Toulmin, S. 345, 501
Treitschke, H. 188
Trendelenburg, F. A. 188
Trotignon, P. 496
Trotzki, L. 242
Tschižewskij, D. 465
Tsujimura, K. 382
v. Tucher, M. 514
Tucker, R. 479
Tugendhat, E. 114, 265f., 268, 463, 493, 504, 518
Tuschling, B. 457

Twesten, A. 188
Tzavaras, J. 477

Überweg, F. 453
Uhland, L. 351
Ulmer, K. 484

Vaihinger, H. 39, 247, 455
Venn, J. 256
Veraart, A. 489
Verneaux, R. 455
Verweyen, H. J. 462
Vesey, G. 501
Vetö, M. 466
Vialatoux, J. 496
Vigier, J. P. 481, 510
Viktoria 133, 146
Villey, M. 458
Viner, J. 474
Vlachos, G. 459
Vleeschauwer, H. J. 457
Volkmann-Schluck, K.-H. 469, 484
Voltaire 31
Vorländer, K. 453f.
Verweyen, H. J. 45, 461
Vranicki, P. 478
Vuillemin, J. 457

Waentig, H. 517
Wagner, F. 462
Wagner, G. F. 470
Wagner, R. 117, 129, 204, 214, 471
Wahl, J. 510
Waismann, F. 341, 352, 358, 388f., 500, 502, 523
Waldenfels, B. 493f.
Walsh, W. H. 455, 457
Walther, E. 486
Walter, J. W. 95
Warnock, M. 473, 510
Wartenberg, G. 486
Wasianski, E. A. C. 454
Watson, B. 239, 248
Watson, J. 468
Webb, C. C. J. 459
Weber, M. 202
v. Webern, A. 414
Weil, E. 89, 455, 458

Weil, F. 410
Weil, H. 410
Weiller, K. 97
Weimer, W. 471
Weininger, O. 345
Weischedel, W. 453f., 461, 515
Weiß, O. 470
Weiss, P. 486
Wellmer, A. 431, 507
Wells, H. K. 248, 488
Welte, B. 382
Wenzel, H. 488
Werder, K. 520
Wertheimer, M. 397, 416
v. Westphalen, J. 169
Weyand, K. 459
Weyers, R. 472
Whitehead, A. N. 271, 316f., 320, 323, 409, 498
Widmann, J. 462
Wieland, Ch. M. 42, 115f.
Wieland, W. 469, 517
Wien, M. 388
Wiesengrund, O. 413
Wilbois, J. 313
Wilcox, R. 511
Wild, Ch. 468
Wilde, F.-E. 477
Wilhelm IV. 99
Wilkerson, T. E. 455
Wiliams, B. 513
Williams, H. L. 459
Williams, T. C. 458

Willms, B. 43, 462
Wilson, F. 506
Winch, P. 475
Wittgenstein, H. 342
Wittgenstein, K. 340
Wittgenstein, L. 39, 220, 249, 251, 271f., 317, 330, 339, *340–360,* 389f., 400, 404, 433, 440f., 457, 471, 490, 499ff., 523
Wittgenstein, P. 340
Wolff, Ch. 9, 16
Wolff, H. M. 470
Wolff, M. 464
Wolff, R. P. 455, 458
Wolfstetter, E. 480
Wood, A. W. 459, 481, 499
Woods, T. 475
Wordsworth, W. 136
Wright, C. 502
Wright, Ch. 229
v. Wright, G. H. 344, 499ff., 523
Wuchterl. H. 501
Wundt, M. 461

Xenophon 135

Yorck v. Wartenburg, P. 202, 481, 483
Yovel, Y. 459

Zehbe, J. 453
Zehn, G. A. 511
Zelený, J. 479
Zeltner, H. 466ff.
Zermolo, E. 326

SACHREGISTER

Abbild 328, 348
Abbildtheorie 59
Abduktion 236
Abschattung 280
Absolute, das 22, 51, 54, 60, 70, 76, 79, 82–84, 105
Abtrennungsregel 255, 268
Actus, siehe: Tätigkeit
Affekt 212 f.
Agnostizismus 91
Ähnlichkeit 398
Ähnlichkeitserinnerung 396 f.
Aktivität 398
Akzidenz 20, 82
Allgemeingültigkeit 8, 27
Allgemeinheit/allgemein 14, 34
Allheit 20
Analytik 19
  transzendentale 19
analytisch 11, 14, 19, 213, 256, 352
Analytizitätspostulat 406
Angst 368
Anschauung 14, 19 f., 23, 75, 105 f., 108
Ansichsein 440 ff., 449
Anthropologie 10, 12, 137, 159, 161, 168, 173, 193, 236, 245, 249, 366, 420 f.
  strukturale 444, 446, 448 f., 451
Antinomie 270, 273
  logische/mengentheoretische/semantische 270, 326 f.
Anzahl, siehe: Zahl
a posteriori 14
Apperzeption 21, 47, 292 f., 423
Appräsentation 286
a priori 8, 12, 14, 16 ff., 22, 39, 48, 256, 259, 366
Arbeit 172–174, 176 ff., 445
Arbeiterexklusivismusthese 169, 172
Arbeitskraft 182, 184
Arbeitszeit 180
Arithmetik 14, 20, 254, 256, 259 f., 268 f., 272 f.

Art des Gegebenseins 262
Arterhaltung 208 f.
Askese 128
Assoziationspsychologie 133 f., 239, 304
Ästhetik/ästhetisch 8, 34 f., 125–127, 161 ff., 190, 195–198, 214, 237, 307
  transzendentale 19
Astronomie 9
Atheismus 125
Atomismus 350
  logischer 329–331, 346
Aufklärung 7, 30 f., 58, 204, 428
Ausdruck 198 f., 332
Aussage 149, 232 f., 323 f., 331–334
  beschreibende – vorschreibende 149
  generelle 394
  kontingente 332
  notwendige 332
Aussage Erster Stufe 324
Aussagefunktion 323–325, 331
Aussagenlogik 254 f., 271
Aussagesatz 266, 332, 334
  atomarer 328 f., 347, 350 f., 353, 358
  molekularer 329, 347, 350
Aussageverknüpfung 254, 324
Außenwelt 279, 288, 306, 308
Autonomie 7, 26, 29, 39, 55, 130, 161
Axiom/axiomatisch 255, 268, 270, 322, 400, 404 f.
Axiom der Reduzierbarkeit 325 f.

Basissatz, siehe: Protokollsatz
Bedeutung 226 f., 232–234, 256, 260 ff., 348 f., 352, 354, 357–360
Bedeutungspostulat 406
Bedürfnis 24, 179, 422, 445
Befriedigung 143 f.
Begriff 16, 19 ff., 48, 79, 82, 159, 190, 193, 204, 211, 219, 228, 232 f., 244, 257–259, 261, 267 f., 281, 404–406, 426
  empirischer 404
  metaphysischer 405 f.
  theoretischer 405

Sachregister

Begriff a priori 21
Begriff erster/zweiter Stufe 257f.
Begriffserklärung/Begriffsexplikation 226, 231–234, 248, 394, 403
Begriffsumfang (siehe auch: Extension) 259, 267f.
Behaviorismus 233, 239, 248, 359
Beschreibung 196
Bestandteil des Glücks 142
Bestimmungsgrund 25, 75
Bewegung 122
Beweis 140, 150
Bewußtsein 26, 45, 51–56, 68, 76–78, 107, 118, 158–160, 178, 181, 195, 200, 211ff., 278–280, 282–288, 304–307, 367, 439–441
  intentionales 283, 289, 440
  natürliches (siehe auch: natürliche Einstellung) 76ff., 281f., 287
  reines 21, 439
  sittliches/moralisches 70, 191
Bewußtseinsstrom 292
Bewußtseinsstufe 77–79
Beziehung, siehe: Relation
Bibel 112
Bild 347f., 350
  logisches 346, 348
Bildtheorie der Sprache 346, 348
böse/das Böse 32f., 109f., 163, 210, 212, 337

Christentum/christlich 32, 58, 62, 64f., 89, 102, 139, 155, 161ff., 214, 223, 302, 313
Circulus-Vitiosus-Prinzip 322f.
Cogito 440, 442
  präreflexives 440

Dasein 366ff., 371, 440–442
Dauer 305, 307, 310, 312, 315
Deduktion/deduktiv 150, 403
  transzendentale 21, 60
Definition durch Abstraktion 258
Demokratie 146, 227, 245, 247
Denkbestimmung 83
Denken 53, 74, 80f., 158ff., 206f., 215f., 220, 239, 244, 246, 350, 373f., 378, 427
  begreifendes 79f.
  rationales 373, 426
Determinismus 124
Deutscher Idealismus 37f., 62, 72, 90, 106, 113, 153, 197, 201, 203, 229, 373, 439
Dezisionismus 29
Dialektik/dialektisch 19, 37f., 63, 76, 82ff., 172, 180f., 244, 297, 425f., 442, 444
  negative 425f.
  transzendentale 19, 22
Dialog 78
Dichtung 197f., 379f.
Ding an sich 21, 40, 50, 81, 120, 122f., 128
Dingsprache 399
diskursiv 59, 194
Diskussionsfreiheit 148
Disposition 398
Dispositionsbegriff 233, 400, 404
Dualismus 244, 288, 293, 399, 444

Egoismus 30, 422
Eigenname 261–263, 265–267, 328
Eigenschaft 257f., 325, 328, 403
Eigentum (siehe auch: Privateigentum) 57f., 445
Einbildungskraft 68
Eindruck 48
Eine, das 74, 79, 112
Einfache, das 52
Einheit 9, 20f., 45–48, 52, 67, 69–71, 75, 121, 128, 172
Einheitswissenschaft 150, 391
Einverleiben 211
Einzelding 328f.
élan vital (Lebensdrang) 247, 307, 309f., 312
Element 80f., 323f., 328, 347
Elementarerlebnis 397, 399
Empfindung 19, 133, 190, 293, 304, 337
Empirismus 13f., 19f., 38, 106, 192, 194, 233, 385, 396
  ethischer 24, 26
  logischer 38, 391
Endlichkeit/endlich 8, 19, 23, 74, 82, 220, 368f.
Energeia, siehe: Tätigkeit

Entäußerung 172f.
Entfremdung 172, 174, 176–178, 445
Enttäuschung 289
Entwurf 367, 370f.
Enzyklopädie 84ff.
Epoché 281f., 288–292
Er-eignis 377–382
Erfahrung 13f., 17–23, 106, 134, 140, 192, 235, 279, 289f., 308, 390
  äußere 192, 194
  innere 192
Erfüllung 278
Erkennen 8, 52–55, 440
Erkenntnis 13f., 16–21, 55, 63, 70, 77, 118, 120f., 124, 126, 128, 194, 198, 204, 208, 213f., 232, 234, 245, 275, 277, 279, 287, 296, 308, 367, 370, 397, 398, 407, 420, 427
  synthetische 20f.
Erkenntnistheorie 8, 11, 17, 118, 120, 128, 132, 188, 190, 192–195, 199, 227, 235, 244, 248, 279, 306, 328, 331, 344, 385, 398, 400, 404, 419, 423
Erklären – Verstehen 196
Erklärung 196, 222
  kausale 151
Erlebnis 192, 198f., 397
  intentionales 278–280, 283, 288–291
Erscheinung 18, 21f., 78, 80, 82, 123, 127, 280
Erziehung 245–247
Essentialismus 374, 377
Ethik 17, 23, 26, 31, 39, 58, 65, 68, 72, 127–129, 132, 134, 139, 143f., 146, 149, 161ff., 191, 196, 214, 237, 241, 298f., 312, 335–339, 345f., 351, 358, 443, 448
Ethologie 151
Evidenz 59, 240, 278f., 283
Evolution 125–127, 309
Evolutionstheorie 229
Ewigkeit 164ff., 439
Existenz 155f., 158–166, 167, 257f., 364, 368, 439
Existenzialismus 90, 185, 225–227, 239, 314, 433f., 447, 450f.
Existenzphilosophie 60, 153, 167, 297, 362, 436

Experimentalismus 245, 247
Explikandum 394
Explikat 394
Extension 268, 326, 347, 358, 403
Extensionalitätsaxiom 326

Faktum der Vernunft 26
Fallibilismus 38
Fatalismus 104f.
Finalismus 309
Form 321
  grammatische 321
  logische 321, 334, 348
Formalismus 191, 252
Forschungslogik 244f.
Fortschrittsglaube 7, 298
Frankfurter Schule 90, 382, 409, 430f.
Freiheit/frei 7f., 13, 18, 23, 25–28, 34f., 37, 55f., 66–68, 70f., 82, 95, 103–106, 127, 146–149, 160f., 163–166, 179, 231, 304ff., 437, 439, 441–449
Freiheitsakt 158, 160
Freiheitswesen 27
Friede 30
Fühlen 158, 160
Fundamentalontologie 370
Fundierung 283, 293
Fundierungsordnung 283
Funktion 254, 256, 260f., 263f., 267, 320f., 324–326
für sich 47f., 51
Fürsichsein 440ff., 449

Gattung 30, 173f., 176, 179
Gattungsbegriff 16
Gattungswesen 173f.
Gebrauchswert 180, 182
Gedächtnis 305ff.
Gedanke 262ff., 346
  herrschender 208–210, 217f.
Gedankenform 75, 79
Gefühl 194f., 197, 207
  moralisches 25
Gegebene, das 397
Gegebenheit 279, 289f., 292f.
Gegebenheitsweise 279ff., 288
Gegenstand 17f., 20, 179, 257, 261,

263f., 266, 279, 280–282, 289–292, 294f., 322, 324, 351, 355, 426
gegenständlich 293, 295
Gegenstandstheorie 8, 17
Gegenwartsbewußtsein 284f., 367
Gehirn 306f.
Geist 38, 54, 62, 78, 81, 106, 120, 160, 307, 359, 399
Geist – Natur 107f., 110
Geistesphilosophie 79
Geisteswissenschaft 39, 150, 187f., 190f., 192–195, 196, 198, 201f., 391, 399
Geneigtheit 67
Generalthesis 289f.
Genesis/genetisch 292, 294
Genuß 162f.
Geometrie 14, 16, 20
Gerechtigkeit 27
  politische 27
Geschichte 10, 30, 87f., 109f., 179, 193, 201, 294, 364, 419, 422f., 426, 444
Geschichtlichkeit 38, 87, 187, 190, 201f., 371
Geschichtsphilosophie 8, 30f., 33, 62, 87f., 168, 173, 419, 444
Geschicklichkeit 24, 371
Geschmacksurteil 35
Gesellschaft 86, 111, 146f., 179, 181f., 226, 247, 376, 410, 418f., 421–426, 429–431, 447
Gesellschaftsvertrag 28
Gesetz 24, 28, 34, 47, 150, 390, 394
  empirisches 36
  logisches 255
Gesetzgebung 33
Gesinnung 67, 337
Getrennte, das 68–70
Ge-viert 380f.
Gewahrwerden 194
Gewalt 29
Gewaltenteilung 28
Gewissen 103, 146
Gewißheit 40f., 48f., 51f., 60
Gewohnheit 11, 294f.
Glaube 31, 52f., 65f., 70, 121, 161, 165f., 213f., 218, 222, 240, 289, 314, 362
  moralischer 31

Glück 24, 139, 142, 144f., 148, 184, 421f., 426f.
Glückseligkeit 26, 32, 66
Glückswürdigkeit 32
Gott, 7, 13, 18, 23, 26, 31–33, 40, 52f., 60, 66, 70, 102f., 110, 120, 125, 160f., 164–166, 173, 204, 214–216, 222f., 240, 305, 310, 312f., 374f., 381f.
Gottesbeweis 10, 31, 53
  kosmologischer 31
  ontologischer 10, 31, 258
Grammatik 321
Grundrelation 397
Gruppe 446f.
gut/das Gute 23f., 26, 30, 33, 140, 142, 163, 166, 210, 214, 337
  das höchste Gut (summum bonum) 32, 237, 245

Habitualisierung 294
Handeln 8, 50, 52–55, 68, 158, 160, 172, 190, 236, 239, 248, 305
  sittliches 8
Handlung 21, 24f., 56, 84, 139, 147, 173, 233–236, 244, 305
  moralische 128, 191
  religiöse 70
  selbstbezogene 147f.
Handlungsbereitschaft 234
Handlungsregel 233f.
Handlungstheorie 227, 234–237
Hedonismus 137, 142, 144f., 162
Hegelsche Schule 88f.
Hermeneutik 40, 188, 198–201, 219, 297
Homo-mensura-Satz 247
Horizont 290, 292, 294–296, 364, 367, 370f.
Horizontbewußtsein 290, 294f.
Humanismus 247
Hyle 292f., 376
Hypothese 240, 244

Ich 45–53, 55, 57f., 61, 74f., 291f.
Ideal 68f.
Idealismus 45, 74f., 94, 113f., 118, 120, 123, 167, 200, 244, 287, 427, 439
  spekulativer, siehe: Deutscher Idealismus

transzendentaler 107f.
Idealität 158–160
Idealsprache 328, 331
Idee 18, 74, 80f., 126f., 232, 258, 373, 378
  metaphysische 23
  transzendentale 23
Identität 57, 172, 262
Identitätsurteil 49
Imperativ 24
  hypothetischer 24
  kategorischer 24–26, 28
  pragmatischer 24
  technischer 24
Impressionismus 127
Impuls 195
Individualität 55–58
Individuenbereich 325, 327
Individuum 56, 146f., 153, 156, 226, 325, 327f., 330f., 426
Induktion/induktiv 150, 403
  vollständige 254
Innenwelt 306
Innewerden 194ff., 199
Instinkt 309f.
Institution 134, 145
Instrumentalismus 244–246
Intellekt 121f., 123–125, 309f.
Intelligenz 195
intelligibel 11, 52
Intension 268, 393, 403
Intention/intentional 278, 289, 291, 296
Intentionalität 278f., 442
Interesse 24
Internationale, die 170f.
Interpersonalität 55–58
Intersubjektivität 17f., 40, 285f., 399
Introspektion 304f., 308
Intuition 140, 232, 308ff.
Intuitionismus 140, 146, 357
Isomorphismus 348
ist 59

Kalkül 320
Kapital 176, 178ff.
Kapitalismus 180, 183f.
Kategorie 20–22, 37, 50, 194, 397
Kausalität (Kausalgesetz, Kausalitätsprinzip) 11, 16, 21f., 25, 48, 306

Kehre 370f.
Kennzeichnung 265f., 333, 354
Kinästhese 293
Kirche 33, 65
Klasse (siehe auch: Menge) 267, 322f., 385, 398, 403
Klugheit 24, 142
Knappheit 445
Komik 307f.
Kommunismus 178f., 184
Konflikt 27f.
Konsens 28, 241, 245
Konsenstheorie 227, 234–237
Konstitution 19, 282f., 285f., 292–295
  genetische 295
Konstitutionsforschung 282, 286–288
Konstitutionssystem 396–398
Konstitutionstheorie 284, 292, 294
  genetische 294
Kontinuität 244
Körper 56f., 194f.
Korrelation 280, 282
Korrelationsanalyse 275–282
Korrespondenzregel 404f.
Kosmogonie 9, 109, 298
Kosmologie 10, 22, 82, 298
Kraft 21, 200
Kritische Theorie 48, 249, 409, 418–423, 424f.
Kritizismus 38, 106
Kunst 34, 108, 126f., 177, 193, 197, 200f., 206f., 215
Kunstwerk 108

Leben 71, 106, 115, 174, 178, 194f., 200, 209, 239, 296, 306, 309f.
Lebensgrundsatz 25
Lebensphilosophie 227, 239f., 314, 372, 419, 439
Lebenswelt 292–296, 297, 380f.
Legalität 24
Lehre 217–219
Leib 56f., 121f.
Leib – Seele 158
Leid/Leiden 21, 124f., 128
Liebe 67f., 222f.
Limitation 20
Logik 7, 9f., 14, 18–21, 75f., 79–82, 84,

149–151, 192–195, 208, 212, 214, 215–217, 222, 236f., 241, 244, 248, 251f., 254–256, 259f., 266, 268–270, 272, 277, 320–322, 327–334, 339, 345, 350, 353, 357, 385, 389, 391, 401f.
deduktive 150, 403
formale 19, 251
induktive 150, 393, 403f., 406
transzendentale 19
Logikkalkül 322
Logistik/Logizismus 251, 321, 346
Lust 23, 55, 137, 139, 143–145

Marxismus 88, 90, 93, 114, 130, 167, 168–186, 225–227, 274, 409f., 419, 425f., 433, 436, 443–445, 447, 449, 451
Materialismus 74, 109, 118, 130f., 200, 299, 443f., 449
Historischer 170
Materie 131, 305ff., 310, 445f.
Mathematik 7–9, 14, 16, 20, 251f., 270, 277, 320, 322, 325f., 357, 389, 396
Maxime 25
pragmatische 232f., 236, 241
Mechanismus/mechanistisch 36, 307–309
Mehrwert 182
Meinungsfreiheit 148
Menge 270, 323f., 385
Mengenlehre 322, 326
Mensch 28, 31f., 55, 60, 103f., 110f., 120–122, 127, 144, 150, 158–166, 172–174, 176, 178f., 201, 203, 208f., 216, 218, 222, 237, 296, 305, 312, 337, 366, 377f., 422, 427, 443–445, 448f.
theoretischer 206–208
Menschenbild 54
Menschenrecht 28
Menschenverstand, gesunder 75f.
Merkmal 257
Metapher 206, 215–219
Metaphysik (siehe auch: Schulmetaphysik) 7, 9–14, 16, 18f., 21–23, 26f., 38, 76, 79–82, 118, 121–123, 125, 128, 153, 190, 193, 200f., 204, 210, 213f., 220, 224, 233, 298, 300, 302, 305, 308ff., 327–332, 339, 354, 358, 366, 371–377, 380, 389, 405f., 420f., 426f.
dogmatische 18
kritische 18
Metasprache 326f., 332, 392, 400–402
Metatheorie 17, 207, 401
Methode 150f., 171, 225, 234f., 241, 280, 389
analytische 11
deduktive 190, 192
dialektische 62f., 181
induktive 190, 192, 404
maieutische 156
phänomenologische 290, 362
synthetische 11
wissenschaftliche 226ff., 240–242, 245
Methodenlehre 193
Mitleid 128
Mittel 25, 27, 179, 231, 247
Modalität 20, 35, 393, 403
Modus ponens 255
Möglichkeit 20, 393
Monade 121, 329f.
Monismus 123
Moral 10f., 23f., 29, 31f., 34, 46, 124, 127, 137, 139, 149, 177, 209, 212, 214, 219, 235f., 240f., 312, 345, 351
Moralität 24, 37, 66, 84, 124
Moralphilosophie 8, 12, 31, 33f., 335, 338
Moraltheologie 31–33
Motivation 144–146
Musik 127, 424f., 429f.
Mystik 312f.

Nächstenliebe 223
Name 347f., 351, 354
Natur, 10, 34–36, 70f., 107, 109f., 113, 149f., 162, 174, 176, 178f., 216, 240, 426–428
Naturalismus 91, 127, 200, 229
Naturgeschichte 110, 131
Naturgesetz 25
natürliche Einstellung (siehe auch: Bewußtsein, natürliches) 280–282, 286, 289, 291
Naturphilosophie 33f., 45, 79, 84, 96, 107, 109, 314

Naturwissenschaft 7–10, 14, 16, 36, 38f., 107, 112, 122f., 150f., 187, 190, 192f., 196, 198, 295, 298, 391, 399
Naturzustand 27f., 33, 107
Negation 20, 83, 172, 184, 441, 449
Neopositivismus 150, 233, 249, 391, 415
Neuhegelianismus 89
Neukantianismus 38–40, 89, 362
Nicht-ich 50–52, 54
Nichts, das 441
Nihilismus 203, 208, 220, 224, 364, 373, 377
Noema 280
noematisch 292f.
Noësis 280, 292f.
noetisch 280, 293
Nominalismus 241, 385
Norm 134, 191f.
Notwendigkeit/notwendig 8, 14, 20, 27, 46, 53, 82, 350, 393, 403
noumenal 21
Nützlichkeit/Nutzen 145, 148, 226, 237, 241
Nützlichkeitskalkül 143
Nützlichkeitsprinzip 134, 140, 142, 144f.

Objektivation 68, 122, 125f., 128, 200
Objektivismus 278, 295f., 377
Objektivität 17f., 285f., 295
Objektsprache 326f., 332, 391, 400–402, 406
Offenbarung 110
Ökonomie 151, 168, 174, 176–179, 185, 407, 420
Ökonomiekritik 171–173, 180, 185
Ontologie 17, 26, 82, 118, 120, 126, 209, 213, 217f., 220, 233, 263f., 287, 309f., 350f., 364, 369f., 374, 385, 439, 442f., 448f.
regionale 287
Ontotheologie 374
Operationalismus 233
Ordnung 46f.
Ordnungsprinzip 47

Pädagogik 190, 195–198, 245f., 249
Pantheismus 104, 109
Paradoxie 326
logische 326

Passivität 293f., 304
Person 25, 56f.
perspektivischer Anblick 280f.
Perspektivismus 210f.
Perzeption 121
Pessimismus 123–125, 129, 194, 385, 391, 396–398, 400, 404, 422
Pflicht 24, 29, 46, 65
phänomenal 21
Phänomenalismus 194, 385, 391, 396–398, 400, 404
Phänomenologie 39, 75, 78f., 90, 185, 274–297, 364, 435, 439
transzendentale 287, 295, 362
Philosophie (siehe auch: Transzendentalphilosophie) 7–9, 14, 45, 69f., 72, 74, 76, 84f., 91–93, 100, 102f., 105–107, 111f., 115, 123, 127, 153, 168–170, 172, 204–206, 207, 216, 220, 275, 279, 286–288, 295f., 299, 302, 308, 310f., 313, 335, 340, 344, 370, 375, 379, 385, 389, 396, 400, 420f., 426, 429
analytische 39, 48, 251, 272, 297, 363, 386, 391
kritische 11, 36
negativ-dialektische 423–428
politische 26–31
praktische 34, 37, 68, 85
Primat der praktischen 54f., 70, 74, 239, 371
theoretische 34, 37
Physik 9, 12, 14, 16, 20, 190, 396
Physikalismus 385, 391, 399f., 404
Poiesis 173
Politik 17, 134, 149, 245f.
Positivismus 38, 137, 150, 232, 241, 279, 297, 302, 304, 344, 352, 372, 376, 396, 439
logischer 339
Positivismusstreit 417, 430
Prädikat 82f., 254, 323, 328, 332f.
Prädikatenlogik 254f., 271, 320
Prädikationsstufe 323, 327
Pragmatik 248, 401
Pragmatismus 38, 91, 225–250, 298f., 306
Pragmatizismus 226, 231
Praxis (siehe auch: Theorie – Praxis)

Sachregister

102f., 156, 168, 170, 173, 225f., 239, 246, 444
Prinzip 18, 21, 23f., 25, 28, 33f., 48f., 55, 65, 106, 134, 140
Prinzip des Widerspruchs, siehe: Satz vom Widerspruch
Prinzip des zureichenden Grundes 9, 126, 374
Privateigentum (siehe auch: Eigentum) 174, 176–178, 184
Produktion 176
Produktionskraft 182f., 226, 426
Produktionsmittel 174, 176f., 183f.
Produktionsprozeß 173, 183f.
Proletariat 170
Protention 284
Protokollsatz 232f., 249, 352f.
Psychologie 22, 82, 150f., 188, 190, 192–198, 207, 274, 277, 292, 302ff., 360
beschreibende 196, 198
empirische 291, 297
erklärende 196
phänomenologische 292
Psychologismus 272, 277f.
Psychophysik 304, 306f.

Qualität 20, 35, 143f., 305
Quantität 20, 35, 143, 305
Quantifikation 254, 324
Quantor/Quantifikator 320, 347
Quasianalyse 397f.

Rationalismus/rationalistisch 10, 13f., 48, 123, 153, 232, 385, 386
kritischer 38, 249
Raum 11, 16f., 19–21, 122, 126, 194, 285, 305, 394, 396f.
Realismus 74, 118, 120, 123, 352, 357, 385, 439
physikalischer, siehe: Physikalismus
Realität 20, 49, 50, 53, 158f., 235
Recht 27–30, 55–58, 84, 86, 177, 198
öffentliches Recht, Privatrecht 28
Recht des Stärkeren 29
Rechtsordnung 27f.
Rechtspflicht 29
Rechtsphilosophie 26–30, 33, 39, 45, 56f., 84ff., 137, 149

Rechtspositivismus 29
Redeweise 401
formale 401
inhaltliche 401
Reduktion 282, 292
eidetische 288, 293
phänomenologische 280, 282, 287, 289f.
transzendental-phänomenologische 287f., 290, 295
reell 288, 293
Reflexion 51, 60, 69, 71, 75, 77, 107f., 158f., 204, 210f., 225, 367
phänomenologische 281f.
Reflexionsform 68f.
Regel 47, 236, 355–357
logische 255
regulativ 23, 26, 31, 36, 235
Reich Gottes 67f., 106
Reiz 195, 304, 306
Relation 20, 35, 261, 328, 397
Relationenlogik 320, 388
Relativismus 140, 227, 247, 252
Religion 31–33, 53, 64–66, 68–71, 74, 76, 102, 110f., 149–151, 164, 173, 177f., 197, 200, 206, 215, 240, 312, 386
Religionskritik 177f.
Religionsphilosophie 8, 31–33, 34, 45, 58, 298, 310, 313
Republik 27
Retention 284f.
Retroduktion, siehe: Abduktion
Reue 165
Rezeptivität/rezeptiv 8, 19

Sachverhalt 346–348, 350f.
Sagen, das 348f.
Sanktion 144f.
Sättigung 260
Satz 82f., 265, 333f., 346ff., 358, 402, 404
elementarer, siehe: atomarer Aussagesatz
komplexer, siehe: molekularer Aussagesatz
Satz vom Grund, siehe: Prinzip des zureichenden Grundes
Satz vom Widerspruch 9, 14, 22, 374

Schein 219
Scheinsatz 389
Schema 22
　transzendentales 22
Schmerz 125
Schöne, das 34f., 215
Schöpfung 173f., 310
Schuld 127
Schulmetaphysik 9, 11, 13
Sedimentierung 294f.
Seele 13, 18, 195, 306, 381, 399
Seiende, das 17, 21, 74, 364ff.
Sein 59f., 105, 160ff., 178, 181, 207, 263, 281–283, 296, 297, 310, 364ff., 439ff.
Sein – Sollen 158
Seinsglaube 281f., 289, 291, 295
Seinssetzung 289
Seinsvollzug 158
Sekundärprinzip 145
Selbst, das 57, 61, 160, 194f.
Selbständigkeit 53f.
Selbstbestimmung 56, 66f., 160
Selbstbewußtsein 21, 40, 45, 56, 107f., 158, 213
Selbstbezug 47, 160
Selbstentfremdung 174
Selbsterhaltung 58, 427f.
Selbsterkenntnis 128
Selbsterzeugung 174
Selbstinteresse 24
Selbstliebe 24
Selbstmord 29, 128
Selbstsetzung 61
Selbsttätigkeit 50, 54f., 57, 59, 121
Selbstverhältnis 47, 161
Selbstverwertung 182
Selbstverwirklichung 161
Selbstwerdung 158
Selbstzweck 147
Semantik 248, 251, 260–268, 326f., 332, 362, 393, 401ff.
　allgemeine 402
　empirische 402
　reine 402
　spezielle 402
Semiotik 232, 248f.
Setzen, das 54, 163

Sinn 30, 256, 260ff., 332f., 349, 354, 364, 369, 403, 407
Sinnenwelt 56f.
Sinnesdaten 232
Sinnlichkeit 8, 11, 19, 24, 34, 162f.
Sittengesetz 24, 26, 32, 53
Sittlichkeit/sittlich 11, 23–27, 31f., 54, 71, 76, 163f.
Situationsbewußtsein 367
Skepsis 17
Skeptizismus 13f., 22f., 26, 281
Sorge 367f.
Sosein 289, 374
Souveränität 29
Sozialethik 407f.
Sozialwissenschaft 150f.
Spekulation/spekulativ 74f., 107
Spiritualismus 74, 302, 305
Spontaneität/spontan 19, 34, 45–47, 121–123, 125
Sprache 105, 199, 219f., 232, 327, 329f., 332–334, 350, 353, 355f., 358, 379f., 389f., 398ff.
　private 356
Sprachanalyse 57, 241
Sprachphilosophie 40, 61, 248, 351, 359f.
Sprachspiel 249, 352, 356, 359
Sprung 161, 163
Staat 27–30, 55–58, 84, 86, 147f., 177f., 181, 193, 198, 447
Staatsphilosophie 27–30, 58
Stimmung 367
Stoa 144, 217
Stoff 292
Strafrecht 134
Streben 52–54, 125f., 142
Struktur 195f., 200, 331
　logische 329f., 334, 400
Strukturalismus 186
Subjekt 77, 82f., 118, 120–123, 126, 182f., 254, 426–428, 440–442, 448
Subjektivität 16, 18, 41, 50, 56, 60, 71, 77, 165, 370, 427f.
Subjekt – Objekt 68, 79, 106, 108, 118, 232, 244, 288, 306, 427f.
Substanz 20, 22, 77, 82, 329
Syllogistik 320–322

Symbolschrift/Symbolsprache 269, 320f.
Sympathie 145
Syntax 248, 331f., 390, 401
  logische 358, 300–402
Syntaxsprache 400f.
synthetisch 11, 14, 213, 256, 352
System 47, 51, 63, 69–71, 91, 103–105, 109, 156, 158
Systemkonzept 69f., 72
Systemphilosophie 37
Szientivismus 420f., 426

Tätigkeit 46–51, 53f.
Tatsache 240, 328f., 337, 346f., 350
  atomare 328f.
  Allgemein- 329
  Existenz- 329
Tatsachenaussage 192, 194
Tatsachenurteil 336, 338
Tauschwert 180, 182
Tautologie 350, 352
Teleologie 8, 34–36, 209, 279, 449
Theodizee 125
Theologie 9f., 22, 31f., 96, 103, 167, 173, 374, 382
  natürliche 10f., 22, 31
  philosophische 10, 31, 66, 67
Theorie 67, 86, 133, 156, 225, 239, 244, 249, 327, 380, 419
Theorie – Praxis 34, 133, 225–227, 234, 242, 249, 424, 426
Tod Gottes 220, 222, 375
Toleranz 146f.
Toleranzprinzip 400–402
Totalitätsbegriff 38, 124
transzendental 7, 13ff., 25, 34, 39, 46–51, 61, 107, 193, 287, 289, 291f., 302, 364, 427, 439
Transzendentalienlehre 47
Transzendentalität 47
Transzendentalphilosophie 8, 11, 13, 17f., 21, 26, 39, 48, 58–60, 282, 287–292, 297, 366, 383
Transzendenz/transzendent 18, 47, 209, 285f., 288, 293, 440
Trennung 71
Trieb 24, 55, 194f.

ästhetischer 55
praktischer 55
Tugend 26, 66, 144, 216
Tugendpflichten 29
Typentheorie 321–327, 331
Typus 196, 321f., 324f., 327f.

Übermensch 130, 209, 216, 220, 222
Umwertung 203, 214
Umwertung aller Werte 220f.
Unbedingte, das 22, 105, 163
unendlich 22, 54, 74, 82
Universalisierung, siehe: Verallgemeinerung
Universalsprache 321
Unsterblichkeit 7, 13, 18, 23, 26, 305
Ursache 20, 22, 82, 177
Urstiftung 294, 296
Urteil 14, 20f., 82, 190, 213, 223, 255
  analytisches 22, 259
  ästhetisches 35
  ethisches 336, 338
  moralisches 191
  synthetisches 14, 22, 38
Urteilen, das 49
Urteilskraft 19, 22, 34–36
  ästhetische 34
  teleologische 34
Utilitarismus 132, 134, 137, 139–146, 147, 151, 227, 236f., 241, 247, 310

Variable 260
Verallgemeinerung/Verallgemeinerbarkeit 25, 28, 39
Verantwortung 127, 443
Verbindlichkeit 191
Vereinigung 67–69
Vergegenständlichung 172–174, 176ff.
Verhältnis 158–160
Verifikation/Verifizierbarkeit 352, 357f., 392, 405
Vermeinen 277f.
Vermöglichkeit 290
Vernunft 7f., 11, 13–23, 31, 33f., 48, 53f., 66f., 88, 95, 121–123, 190, 204, 206, 373
  praktische 7, 23–26, 52, 54, 65–68, 146, 231

theoretische 7
Vernunftbegriff 18, 27 f.
Vernunfterkenntnis 13, 16, 77
Vernunftglaube 33
Vernunftkritik 7, 13–19, 106, 206
Vernunftprinzip 18, 29
Vernunftsystem 11
Vernunftwesen 24, 56
Verpflichtung 26
Verstand 19–21, 34
Verstandesbegriff 20 f.
Verstehen 198 f., 366 f.
Verzweiflung 161, 163
Vielheit 20, 128
Vitalfunktion 306
Volk 58, 65
Völkerbund 30
Volkssouveränität 29
Voluntarismus 121
Vorstellung 17, 21, 47, 118, 120 f., 124, 130, 134, 206, 263, 306 f.

Wahrheit/wahr 18 f., 41, 111, 148, 208, 212–214, 218, 223, 227, 234, 241, 261–263, 266, 275, 277, 326, 333 f., 336, 348, 370 f., 392 f.
  analytische 406
  empirische 406
  kontingente 333
  logische 389, 402
  notwendige 333
Wahrheitsfunktion 254, 261, 346 f., 350
Wahrheitskriterium 18, 234, 240 f.
Wahrheitstheorie 240–242, 248 f.
Wahrheitswert 254, 261–264, 267, 323, 332, 347, 403
Wahrnehmung 190, 283, 286, 293, 306
  äußere 192
  innere 192, 194
Wahrscheinlichkeit 404
  logische 404 f.
  objektive 404
Ware 180, 182
Welt 13, 18, 46 f., 57, 106, 118, 120, 122, 124 f., 127, 130, 168, 285, 288, 289–296, 329–331, 346, 348, 350, 355, 364, 367, 370 f., 375, 378, 381, 406
  primordiale 285 f.

Weltanschauung 198–201, 202, 218, 275
Weltbild 200, 219
Weltgeschichte 87 f., 110
Wert (siehe auch: Umwertung aller Werte) 176, 182, 191, 200, 203
Wertempfinden 336
Wertung 213–215
Werturteil 192, 335–337, 407
Wesen 82, 109, 178 f., 181, 200, 278, 280
Wesensschau 127
Widerspruch 10, 22, 88, 159, 181, 323
Widerstand 195
Wiener Kreis 352, 358, 388–392
Wille 13, 23–29, 66 f., 121–128, 131, 195, 206, 221
Willensakt 121 f.
Willensmetaphysik 121 ff.
Wille zum Glauben 240
Wille zur Macht 207, 220 f., 373
Willkür 27
Wirklichkeit 22, 69, 216, 346 f.
Wirkung 20, 22, 82, 177
Wissen 23, 31, 41, 45–52, 53 f., 56 f., 59 f., 77 f., 82, 84, 107, 211, 232, 314, 440
  absolutes 79
Wissenschaft 7, 14, 16 f., 39, 45 f., 78, 80, 84, 111, 126, 177, 183, 190, 203, 207–209, 221, 225 f., 228, 236, 275, 295 f., 304, 308, 310, 312, 335 f., 338, 364, 375 f., 389, 405 f., 420 f., 424, 426 f.
  verstehende 196
Wissenschaftslehre 45 ff., 193
Wissenschaftstheorie 16, 226, 248, 275, 386
  instrumentalistische 244 f.
Wollen 53 f., 56 f., 158, 160

Zahl 256–261
Zeichen 232, 256, 260, 262, 264 f., 267 f., 346 f., 350, 354
Zeichentheorie, siehe: Semiotik
Zeigen, das 348 f.
Zeit 11, 16, 19–22, 126, 194, 215, 218, 283 f., 286, 292, 300 f., 304 ff., 310–312, 364, 369, 371, 397, 442
  objektive 283 f.

Zeitbewußtsein 284–286, 292
Zentralisation 183f.
Ziel 142, 221, 239, 446
Zufälligkeit 20
Zustandsbeschreibung 402

Zweck 25, 27, 32, 35f., 142, 172, 179, 195–197, 208, 210, 231, 245, 247, 368
Zweifel 17, 76, 118, 122, 158f.
  methodischer 288, 291
  objektiver 172
  subjektiver 172f.

ABBILDUNGSVERZEICHNIS

Immanuel Kant. Porträt von J. B. Becker 1768 (Foto Werner Neumeister, München) *Seite 15*
Johann Gottlieb Fichte. Zeitgenössisches Porträt (Archiv Gerstenberg, Frankfurt a. M.) *Seite 44*
Georg Wilhelm Friedrich Hegel. Stich von L. Sichling nach einem Aquarell von L. L. Sebbers (Archiv H. F. Fulda) *Seite 73*
Friedrich Wilhelm Joseph Schelling. Foto um 1850 (Schellings Werke, Hrsg. Manfred Schröter, München 1965) *Seite 101*
Arthur Schopenhauer. Gemälde von Ludwig Sigismund Ruhl (Schopenhauer-Archiv, Frankfurt a. M.) *Seite 119*
John Stuart Mill. Zeitgenössischer Stich (Archiv Gerstenberg, Frankfurt a. M.) *Seite 141*
Sören Kierkegaard. Zeichnung von N. Chr. Kierkegaard (Königliche Bibliothek, Kopenhagen) *Seite 157*
Karl Marx (Archiv Gerstenberg, Frankfurt a. M.) *Seite 175*
Wilhelm Dilthey (Niedersächsische Staats- und Universitätsbibliothek, Göttingen) *Seite 189*
Friedrich Nietzsche (Archiv Gerstenberg, Frankfurt a. M.) *Seite 205*
Charles Sanders Peirce (Archiv E. Martens) *Seite 230*
William James (Archiv E. Martens) *Seite 238*
John Dewey (Süddeutscher Verlag, München) *Seite 243*
Gottlob Frege (Archiv G. Patzig) *Seite 253*
Edmund Husserl (Husserl-Archiv, Löwen) *Seite 276*
Henri Bergson (Süddeutscher Verlag, München) *Seite 303*
Bertrand Russell (dpa-Bild, München) *Seite 319*
Ludwig Wittgenstein (Suhrkamp-Verlag, Frankfurt a. M.) *Seite 343*
Martin Heidegger (Foto Siegfried von Quast, Murnau) *Seite 365*
Rudolf Carnap (Archiv W. K. Essler) *Seite 395*
Max Horkheimer (Foto Horst Tappe, Montreux) *Seite 411*
Theodor W. Adorno (Foto Wolfgang Haut, Nidderau) *Seite 415*
Jean-Paul Sartre (Süddeutscher Verlag, München) *Seite 438*

DIE AUTOREN

Dieter Birnbacher, geb. 1946, studierte Philosophie, Anglistik und Allgemeine Sprachwissenschaft in Düsseldorf, Cambridge und Hamburg. Promotion in Philosophie mit einer Arbeit über Wittgenstein. Akademischer Rat im Fach Philosophie an der Universität Essen Gesamthochschule. *Wichtigste Veröffentlichungen:* Die Logik der Kriterien. Analysen zur Spätphilosophie Wittgensteins (1974), *Herausgeber* einer Neuübersetzung von Mills „Utilitarianism" und einer deutschen Neuausgabe der „Drei Essays über Religion".

Hermann Braun, geb. 1932, studierte Philosophie, Anglistik, Germanistik und Geschichte in Tübingen und Heidelberg. Von 1962 bis 1973 Wiss. Assistent und Akad. Rat am Philosophischen Seminar der Universität Heidelberg, seit 1973 Professor der Philosophie an der Kirchlichen Hochschule Bethel. – *Veröffentlichungen:* Zum Verhältnis von Hermeneutik und Ontologie, in: Dialektik und Hermeneutik II (1970), Materialismus und Idealismus, in: Geschichtliche Grundbegriffe Bd. 3 (1981), Der Begriff des Menschen in der Philosophie der Neuzeit (1981). – Herausgeber (zus. mit M. Riedel): Natur und Geschichte, Karl Löwith zum 70. Geburtstag.

Wolfgang Breidert, geb. 1937, Studium der Mathematik und Physik in Göttingen, München und Gießen, Staatsexamen 1963, Studium der Philosophie, Dr. phil. 1967 (Univ. Bochum). Wissenschaftl. Assistent (Gießen, Bochum, Münster), seit 1973 akademischer Oberrat am Institut für Philosophie der Universität Karlsruhe. *Wichtigste Veröffentlichungen:* Das aristotelische Kontinuum in der Scholastik (^{2}1979), Einleitung und Übers. zu G. Berkeley: Schriften über die Grundlagen der Mathematik und Physik (1969) und Philosophisches Tagebuch (1979). *Aufsätze:* Rhythmomachie und Globusspiel (1973), Mathematische und symbolische Erkenntnis bei Nikolaus von Kues (1977), Die nichteuklidische Geometrie bei Thomas Reid (1973), Der spielende Sisyphos (1977), Les mathém. et la méthode mathém. chez Hobbes (1979).

Wilhelm K. Essler, geb. 1940, studierte Philosophie, Germanistik und Pädagogik in München; er habilitierte sich dort 1968 für Logik und Wissenschaftstheorie und 1974 für Philosophie. 1966 Visiting Lecturer in Philadelphia. Seit 1979 Ordinarius in Frankfurt. *Wichtigste Veröffentlichungen:* Einführung in die Logik (^{2}1969), Induktive Logik (1970), Wissenschaftstheorie I (1970), II (1971), III (1973), IV (1979), Analytische Philosophie I (1972). *Mitherausgeber* der Zeitschrift „Erkenntnis".

Erich Fries, geb. 1934, studierte Klassische Philologie, Geschichtswissenschaft und Philosophie in Kiel, Tübingen, Göttingen und Paris. Promotion (Dr. phil.) 1962, Habilitation 1975, apl. Professor am Philosophischen Seminar der Universität Göttingen. *Wichtigste Veröffentlichungen:* Kants Kategorientafel und das offene Kategoriensystem in P. Natorps „Philosophische Systematik" (1962), Determination des freien Willens (in: Festschrift J. Klein, 1967), Aristotelische Logik bei Kant (1976).

Hans Friedrich Fulda, geb. 1930, studierte Philosophie, Soziologie und Psychologie in Heidelberg und Frankfurt. Promotion Dr. phil. in Heidelberg; Assistent an der Freien Universität Berlin (1961–65); Habilitation; Universitätsdozent und apl. Professor in Heidelberg. Seit 1974 Professor an der Universität Bielefeld. *Veröffentlichungen:* Das Problem einer Einleitung in Hegels Wissenschaft der Logik (1965, ²1975), Das Recht der Philosophie in Hegels Philosophie des Rechts (1968). Herausgeber (zus. mit D. Henrich): Materialien zu Hegels ,,Phänomenologie des Geistes" (1973), (zus. mit R. P. Horstmann und M. Thennissen): Kritische Darstellung der Metaphysik. Eine Diskussion über Hegels ,,Logik" (1980).

Gerd Haeffner, geb. 1941, studierte Philosophie in Pullach und München, Theologie in Lyon und Tübingen. Seit 1982 o. Professor für Philosophische Anthropologie und Geschichtsphilosophie an der Hochschule für Philosophie in München. Gastprofessuren in Québec (Kanada) und Kinshasa (Zaire). *Buchveröffentlichungen:* Heideggers Begriff der Metaphysik (1974,² 1981), Philosophische Anthropologie (1982).

Klaus Held, geb. 1936, studierte Philosophie und klassische Philologie in München, Freiburg i. Br., Bonn und Köln. Promotion 1962. 1963–1970 Wissenschaftl. Assistent für Philosophie an der Universität Köln. Habilitation 1970. 1971–1974 Wissenschaftl. Rat und Prof. für Philosophie an der Techn. Hochschule Aachen. Seit 1974 o. Prof. für Philosophie an der Bergischen Universität/Gesamthochschule Wuppertal. *Wichtigste Veröffentlichungen:* Lebendige Gegenwart. Die Frage nach der Seinsweise des transzendentalen Ich bei E. Husserl, entwickelt am Leitfaden der Zeitproblematik (1966), Das Problem der Intersubjektivität und die Idee einer phänomenologischen Transzendentalphilosophie (1972), Heraklit, Parmenides und der Anfang von Philosophie und Wissenschaft. Eine phänomenologische Besinnung (1980), Politica di pace e mondo vitale (1980).

Mark Helme, geb. 1951, studierte Philosophie, Psychologie und Soziologie in Warwick, Leeds und Oxford. 1977 promovierte er in Oxford mit einer Dissertation über Frege, Wittgenstein und die gegenwärtige Bedeutungstheorie zum Dr. phil. Seit 1977 ist er wissenschaftlicher Angestellter an der Technischen Universität Braunschweig. *Veröffentlichungen* u. a.: Der Begriff der Verifikation und Wittgensteins Tractatus (1979), An Elucidation of Tractatus 3.263 (1979), Understanding Wittgenstein's Meaning (1981).

Otfried Höffe, geb. 1943, studierte 1964–70 Philosophie, Geschichte, Theologie und Soziologie in Münster, Tübingen, Saarbrücken und München. Nach der Promotion zum Dr. phil. ,,Visiting Scholar" der Columbia University in New York (1970/71); 1971 Assistent. 1974/75 Habilitation für Philosophie an der Universität München. 1976 Lehrstuhlvertreter, 1977 o. Professor für Philosophie an der Universität Duisburg, seit 1978 Lehrstuhlinhaber für Ethik und Sozialphilosophie sowie Direktor des Internationalen Instituts für Sozialphilosophie und Politik an der Universität Freiburg i. Ü. (Schweiz). *Buchveröffentlichungen:* Praktische Philosophie – das Modell des Aristoteles (1971), Strategien der Humanität (1975, span. 1979, Taschenbuchausgabe 1985), Ethik und Politik (²1984), Sittlich-politische Diskurse (1981) Immanuel Kant (1983), Introduction à la philosophie pratique de Kant (1984). *Herausgeber:* Einführung in die utilitaristische Ethik (1975), John Rawls, Gerechtigkeit als Fairness (1977), Lexikon der Ethik (1977, ²1980, französ. 1983), Theorie-Diskussion ,,John Rawls, Eine Theorie der Gerechtigkeit" (1977), Große Denker (1980ff.), Thomas Hobbes: Anthropologie und Staatsphilosophie (1981). *Mitherausgeber:* Zeitschrift für philosophische Forschung.

Hans Ineichen, geb. 1946, studierte Philosophie in Löwen, Philosophie, Soziologie und Allgemeine Linguistik in Heidelberg und Erlangen und mathematische Logik in Bonn. 1967 Bachelier en philosophie, 1969 Licencié en philosophie, 1973 Promotion zum Dr. phil., 1974 bis 1977 European Scholar am Hertford College (Oxford); 1983/84 Habilitation in Erlangen; unterrichtet zur Zeit am Institut für Philosophie der Universität Erlangen-Nürnberg. *Buchveröffentlichungen:* Erkenntnistheorie und geschichtlich-gesellschaftliche Welt. Diltheys Logik der Geisteswissenschaften (1975); Erkenntnis, Wahrheit und Bedeutung. Sprachanalytische Untersuchungen zu den Einstellungssätzen (1985).*Aufsätze* zur Erkenntnistheorie, zur Geschichte der Philosophie und zur Semantik.

Ernst Michael Lange, geb. 1947, studierte Philosophie, Geschichte und Soziologie. Promotion 1971 an der Freien Universität Berlin, von 1972 bis 1979 Wissenschaftlicher Assistent am Philosophischen Seminar der Universität Heidelberg, dort Habilitation. Seit 1980 Privatdozent an der Freien Universität Berlin, Lehraufträge in Münster und Hamburg, Vertretung einer Professur in Göttingen. *Buchveröffentlichung:* Das Prinzip Arbeit – Drei metakritische Kapitel über Grundbegriffe, Struktur und Darstellung von Karl Marx' ,,Kritik der politischen Ökonomie" (1980). *Aufsätze* in Fachzeitschriften.

Ekkehard Martens, geb. 1943, studierte Philosophie, Klassische Philologie und Pädagogik in Frankfurt, Tübingen und Hamburg; erstes und zweites Staatsexamen in Philosophie und Klassischer Philologie 1969 und 1972, Promotion mit einer Arbeit über Platon 1972, Schuldienst, Wissenschaftl. Assistent für Philosophie an der Pädagogischen Hochschule in Münster, 1977 Habilitation am Fachbereich Erziehungswissenschaft der Universität Hamburg in Philosophiedidaktik; dort seit 1978 Professor für Didaktik der Philosophie und Alten Sprachen. *Wichtigste Veröffentlichungen:* Das selbstbezügliche Wissen in Platons ,,Charmides" (1973), Dialogisch-pragmatische Philosophiedidaktik (1979); Einführung in die Didaktik der Philosophie (1983). *Herausgeber:* Diskussion – Wahrheit – Handeln (1974), Texte der Philosophie des Pragmatismus (1975), Platon, Charmides. Griech. u. Dt. (1977), Was heißt Glück? (1979), Platon, Theätet. Griech. u. Dt. (1981); zus. mit H. Schnädelbach: Philosophie – ein Grundkurs (1984). *Mitherausgeber:* Zeitschrift für Didaktik der Philosophie.

Martin Meyer, geb. in Zürich 1951. Studium der Germanistik, der Philosophie und der Geschichte an der Universität Zürich, Promotion 1976. Die Dissertation trägt den Titel ,,Idealismus und politische Romantik". Seit 1974 Feuilleton-Redaktor der ,,Neuen Zürcher Zeitung". – *Veröffentlichungen:* Zahlreiche Publikationen zu Philosophie und Literaturkritik in der ,,Neuen Zürcher Zeitung" und Aufsätze über Sartre und Plessner im ,,Merkur". *Herausgeber:* Philosophie in der Schweiz (1981).

Günther Patzig, geb. 1926, studierte Klassische Philologie und Philosophie 1946–50 in Göttingen und Hamburg. Dr. phil. 1951 Göttingen, Staatsexamen 1952 in Hamburg.

1951/52 Studienaufenthalt in Indien und Ceylon als Stipendiat der UNESCO. 1953 Assistent am Philosophischen Seminar Göttingen, Privatdozent dort 1958. 1960 a. o. Professor für Philosophie in Hamburg, 1962 dort o. Professor, seit 1963 o. Professor und Direktor des Philosophischen Seminars in Göttingen, Mitglied der Akademie der Wissenschaften. *Veröffentlichungen* u. a.: Die aristotelische Syllogistik (1959, ³1969, engl. 1968, rumän. 1971), Sprache und Logik (1970, ²1980, ital. 1973), Ethik ohne Metaphysik (1971, span. 1976), Tatsachen, Normen, Sätze (1980). *Aufsätze* u. a.: Theologie und Ontologie in der Metaphysik des Aristoteles (1960), Satz und Tatsache (1964), Die logischen Formen praktischer Sätze in Kants Ethik (1966), Platons Ideenlehre, kritisch betrachtet (1970), Erklären und Verstehen (1973); *Ausgaben von Schriften* G. Freges (1962, ⁵1980 und 1966, ²1976), R. Carnaps (1966, ²1971) und J. Königs (1978). Zahlreiche *Beiträge zu Sammelwerken*.

Günther Pflug, geb. 1923, studierte Philosophie, Mathematik und Germanistik in Köln, Bonn und Paris. 1950 Dr. phil. Bonn, 1953 erstes Staatsexamen, 1955 zweites Staatsexamen für den höheren Bibliotheksdienst. Seit 1955 als Bibliothekar an den Universitäten Köln und Bochum, seit 1976 Generaldirektor der Deutschen Bibliothek Frankfurt. Honorarprof. in Bochum u. Frankfurt. *Veröffentlichung:* Der Aufbau des Bewußtseins bei W. Dilthey (Phil. Diss. 1950), Henri Bergson (1959). *Aufsätze:* J. O. de Lamettrie und die biologischen Theorien des 18. Jhdts. (1953), Die Entwicklung der historischen Methode im 18. Jhdt. (1954), Die Kritik H. Taines an der spiritualistischen Philosophie (1955), Sprache und Informationstheorie (1974), Hermeneutik und Kritik (1975), Philosophiegeschichte als Geschichtstheorie (1977), Methodik und Hermeneutik bei K. O. Müller (1979).

Annemarie Pieper, geb. 1941, Studium der Philosophie, Anglistik und Germanistik in Saarbrücken. Promotion 1967, Habilitation in München 1972, o. Professor für Philosophie an der Universität Basel. Mitglied der Schelling-Kommission der Bayerischen Akademie der Wissenschaften. *Wichtigste Veröffentlichungen:* Geschichte und Ewigkeit bei Sören Kierkegaard (1968), Sprachanalytische Ethik und praktische Freiheit (1973, ital. 1976), Pragmatische und ethische Normenbegründung (1979), Einführung in die philosophische Ethik (1979), Schelling: Philosophische Briefe über Dogmatismus und Kriticismus, in: Bd. I 3 der historisch-kritischen Ausgabe der Werke Schellings (1981), Albert Camus (1984), Ethik und Moral (1985).

Ludwig Siep, geb. 1942, studierte Philosophie, Germanistik, wiss. Politik und Geschichte an den Universitäten Köln und Freiburg i. Br. Promotion zum Dr. phil. 1969, Habilitation 1976. Lehrtätigkeit an den Universitäten Princeton (USA), Berlin (FU) und Heidelberg. Seit 1979 o. Prof. für Philosophie an der Universität Duisburg. *Wichtigste Veröffentlichungen:* Hegels Fichte-Kritik und die Wissenschaftslehre von 1804 (1970), Anerkennung als Prinzip der praktischen Philosophie (1979). *Mitherausgeber:* Der Idealismus und seine Gegenwart (1976).

Josef Simon, geb. 1930, studierte Philosophie, Germanistik, Geographie und Geschichte in Köln. Staatsexamen 1955, Promotion 1957. 1957–1960 Referent bei der Studienstiftung des deutschen Volkes in Bad Godesberg. Ab 1960 Wissenschaftlicher Assistent am Philosophischen Seminar der Universität Frankfurt a. M., 1967 Habilitation in Philosophie. 1971 ‚Professor an einer Universität' in Frankfurt. Seit 1971 o. Prof. für Philosophie an der Universität Tübingen. *Wichtigste Veröffentlichungen:* Das Problem der Sprache bei Hegel (1966), Sprache und Raum (1969), Sprachphilosophische Aspekte der Kategorienlehre (1971), Philosophie und linguistische Theorie (1971), Wahrheit als Freiheit (1978). *Herausgeber:* J. G. Hamann. Schriften zur Sprache (1967), Aspekte und Probleme der Sprachphilosophie (1974), Freiheit (1977).

Rolf Wiggershaus, geb. 1944, studierte Philosophie, Soziologie und Germanistik in Tübingen und Frankfurt und lebt ebendort als Philosoph und Schriftsteller. *Veröffentlichungen* (Hrsg.): Sprachanalyse und Soziologie (1975). Zeitschriftenaufsätze und Rundfunkbeiträge.

WEITERE WERKE ZUR GESCHICHTE DES DENKENS

Klassiker des politischen Denkens
Herausgegeben von Hans Maier, Heinz Rausch und Horst Denzer
Band 1: Von Plato bis Hobbes. 5. Auflage. 1979. XIV, 435 Seiten. Leinen
Band 2: Von Locke bis Max Weber. 4. Auflage. 1979. VIII, 433 Seiten. Leinen
(Beck'sche Sonderausgaben)

Klassiker des soziologischen Denkens
Herausgegeben von Dirk Käsler
Band 1: Von Comte bis Durkheim. 1976. 532 Seiten. Leinen
Band 2: Von Weber bis Mannheim. 1978. 594 Seiten. Leinen

Klassiker der Pädagogik
Herausgegeben von Hans Scheuerl
Band 1: Von Erasmus von Rotterdam bis Herbert Spencer
1979. 376 Seiten mit 22 Porträts. Leinen
Band 2: Von Karl Marx bis Jean Piaget
1979. 383 Seiten mit 21 Porträts. Leinen (Beck'sche Sonderausgaben)

Klassiker der Theologie
Herausgegeben von Heinrich Fries und Georg Kretschmar
Band 1: Von Irenäus bis Martin Luther. 1981. 462 Seiten mit 23 Porträts.
Leinen
Band 2: Von Richard Simon bis Dietrich Bonhoeffer
1983. 486 Seiten mit 20 Porträts. Leinen

Kurt Hübner
Die Wahrheit des Mythos
1985. 465 Seiten. Leinen

VERLAG C. H. BECK MÜNCHEN

ZU ETHIK UND WISSENSCHAFTSTHEORIE

Lexikon der Ethik
Herausgegeben von Otfried Höffe
2., neubearbeitete Auflage. 1980. 296 Seiten. Paperback
(Beck'sche Schwarze Reihe Band 152)

Einführung in die ultilitaristische Ethik
Klassische und zeitgenössische Texte
Herausgegeben von Otfried Höffe
1975. 196 Seiten. Broschiert (Beck'sche Elementarbücher)

Annemarie Pieper
Ethik und Moral
Eine Einführung in die praktische Philosophie
1985. Etwa 200 Seiten mit zahlreichen Tabellen. Broschiert
(Beck'sche Elementarbücher)

George E. Moore
Grundprobleme der Ethik
1975. 155 Seiten. Paperback (Beck'sche Schwarze Reihe Band 126)

John Losee
Wissenschaftstheorie
Eine historische Einführung
1977. 218 Seiten mit 24 Abbildungen. Broschiert
(Beck'sche Elementarbücher)

Helmut Seiffert
Einführung in die Wissenschaftstheorie
Band 1: Sprachanalyse – Deduktion – Induktion in Natur- und Sozialwissenschaften
10., überarbeitete und erweiterte Auflage. 1983. 278 Seiten. Paperback
Band 2: Geisteswissenschaftliche Methoden: Phänomenologie, Hermeneutik und historische Methode, Dialektik
8., überarbeitete und erweiterte Auflage. 1983. 368 Seiten. Paperback
Band 3: Handlungstheorie, Modallogik, Ethik, Systemtheorie
1985. 230 Seiten. Paperback
(Beck'sche Schwarze Reihe Bände 60, 61 und 270)

Lexikon der Erkenntnistheorie und Metaphysik
Herausgegeben von Friedo Ricken
1984. XIII, 256 Seiten. Paperback (Beck'sche Schwarze Reihe Band 288)

VERLAG C. H. BECK MÜNCHEN